Nientimp/Wilmanns/Micker (Hrsg.)
Verrechnungspreise im Außensteuergesetz

Zusätzliche digitale Inhalte für Sie!

Dieses Buch bietet Ihnen mehr als nur eine gedruckte Version! Nutzen Sie die folgenden Möglichkeiten, die Ihnen für dieses Produkt in der NWB Datenbank zur Verfügung stehen.

Online-Version

Sie haben das gedruckte Exemplar Ihres Buches nicht zur Hand oder möchten etwas schnell recherchieren? Dann nutzen Sie die Online-Version Ihres Buches. Diese steht Ihnen nach Eingabe des folgenden Freischaltcodes direkt zur Verfügung.

Schalten Sie sich Ihre digitalen Mehrwerte direkt frei:

Scannen Sie den QR-Code **oder** rufen Sie die Seite www.nwb.de auf.
Geben Sie den Freischaltcode ein und folgen Sie dem Anmeldedialog. Fertig!

Ihr Freischaltcode

BBFF–EKCS–VFMQ–ETKQ–CZOS–JA

www.nwb.de

Verrechnungspreise im Außensteuergesetz

Kommentierung von §§ 1, 1a AStG unter Einbeziehung der VWG Verrechnungspreise 2024

Herausgegeben von

Prof. Dr. Axel Nientimp
Dipl-Ökonom, Steuerberater, Fachberater für Internationales Steuerrecht, Düsseldorf

Prof. Jobst Wilmanns
Dipl.-Kaufmann, Steuerberater, Frankfurt am Main

Prof. Dr. Lars Micker, LL.M., BScEc
Hochschule für Finanzen NRW, Nordkirchen
Finanzverwaltung NRW

Unter Mitarbeit von

Dr. Mark Heitfeldt, M.Sc.
Steuerberater, Düsseldorf

Anna-Lena Scherer, M.Sc.
Wissenschaftliche Mitarbeiterin Universität Duisburg-Essen

nwb KOMMENTAR

ISBN 978-3-482-**68801**-0

NWB Verlag GmbH & Co. KG
Eschstr. 22
44629 Herne
service@nwb.de

Die bestimmungsgemäße Handhabung dieses Produkts stellt kein Risiko für die Gesundheit oder Sicherheit im Sinne der Verordnung über die allgemeine Produktsicherheit (EU) 2023/988 (GPSR) dar.

Satz: PMGi Agentur für intelligente Medien GmbH, Hamm
Druck: CPI books, Leck

Um eine gute Lesbarkeit zu gewährleisten, verwenden wir in Fachtexten in der Regel geschlechtsspezifische Personenbezeichnungen. Selbstverständlich sind damit alle Menschen gleichermaßen gemeint.

Druckprodukt mit finanziellem
Klimabeitrag
ClimatePartner.com/16605-2105-1001

Scannen Sie den QR-Code oder besuchen Sie **Climate-Partner.com/16605-2105-1001**, um mehr über unsere Druckprodukte mit finanziellem Klimabeitrag zu erfahren.

VORWORT

„Ein Buch ist das Licht, das Dunkelheit in Erkenntnis verwandelt.“ In diesem Sinne haben sich die Herausgeber des nwb Außensteuergesetz Kommentars, 4. Auflage entschieden, einen eigenen Kommentar zu § 1 AStG zu veröffentlichen. Ziel dieses Werkes ist es, den Anwendern und Interessierten eine vertiefte Analyse der §§ 1 und 1a AStG in Verbindung mit den jeweiligen Verordnungen und Verwaltungsgrundsätzen aus dem Blickwinkel von Theorie und Praxis zu vermitteln. Zugleich wollen die Herausgeber mit diesem Format eine Plattform schaffen, die die Leser laufend auf dem neuesten Stand hält.

Der Fremdvergleich als Korrekturmaßstab für Verrechnungspreise ist international und national eine der Normen, die sowohl in der Fachwelt als auch in der Praxis zwischen Finanzverwaltung und Steuerpflichtigen als auch bei internationalen (Vorab-)Verständigungsverfahren zwischen den Vertretern der jeweiligen Vertragsstaaten tiefgehende Kontroversen auslöst. Verrechnungspreise bilden durchweg bei international operierenden Konzernen den Schwerpunkt in Betriebsprüfungen, die Höhe der steuerlichen Gewinnkorrekturen sind vielfach exorbitant hoch und lösen damit vielfach unmittelbar Doppelbesteuerungen aus.

Die Gründe für diesen Umstand sind vielschichtig. Zum einen ist es eine Herausforderung für die genannten Unternehmensgruppen, grenzüberschreitende Wertschöpfungsketten basierend auf den komplexen, teilweise unklaren und unverlässlichen internationalen als auch nationalen Regelungen in steuerlich anerkannte Verrechnungspreissysteme zu „übersetzen“. Basierend auf den Zielen der Maximierung des Gewinns und des Shareholder-Values entwickeln Konzerne ihre Geschäftsmodelle auf der Grundlage von Profitcenterkonzepten. Steuerliche Vorschriften spielen bei der Strukturierung von Wertschöpfungsketten aufgrund der Ausrichtung auf die einzelne rechtliche Einheit i. d. R. nur eine untergeordnete Rolle. Für steuerliche Zwecke wird jedoch erwartet, diese Geschäftsmodelle bezogen auf die rechtlichen Konzerneinheiten und die verwirklichten Geschäftsbeziehungen in Funktions- und Risikoprofile zu überführen, hierauf aufbauend Verrechnungsmethoden für die einzelnen Geschäftsvorfälle zu ermitteln und daraus abgeleitet basierend auf Fremdvergleichsanalysen die angemessenen Verrechnungspreise zu ermitteln. In diesen Phasen der Transformation, der betrieblichen in die steuerliche Sphäre, prallen vielfach unterschiedliche Welten aufeinander. Somit unterliegen steuerliche Verrechnungspreissysteme in den Konzernen vielfach kontroversen Diskussionen, da diese oftmals unmittelbare Auswirkungen auf Management-Steuerungsmodelle wie auch auf Management-Vergütungssysteme haben können.

Zum anderen unterliegen die steuerlichen Regelungen zu Verrechnungspreisen einer permanenten Dynamik, d. h. die beschriebene Transformation wird beeinflusst von immer wieder veränderten rechtlichen Regelungen, bezogen auf Verrechnungspreisvorschriften selbst als auch angrenzende Steuerarten, wie Quellensteuern oder Zölle. Auslöser dieser Dynamik sind u. a. die laufenden Überarbeitungen der OECD-Standards zu Verrechnungspreisen und die hiermit verbundene Notwendigkeit der Umsetzung ins nationale Recht, die laufende Rechtsprechung und hiermit verbundene aufgeworfene Zweifelsfragen sowie die Notwendigkeit der Anpassung aufgrund veränderter ökonomischer Rahmenbedingungen. In diesem dargestellten Umfeld sind die Kontroversen zwischen Finanzverwaltung und Steuerpflichtigen vorgezeichnet.

Die Kommentierung geht daher umfassend auf die Neuerungen in den §§ 1 und 1a AStG einschließlich der Gesetzesbegründungen (Wachstumschancengesetz), Verordnungen und Verwaltungsanweisungen (u. a. die Verwaltungsgrundsätze Verrechnungspreise 2024) ein, insbesondere zur dynamischen Auslegung des § 1 AStG und die hiermit verbundene Rechtmäßigkeit, Einführung des Risikokontrollansatzes, auf die Neuerungen zu Finanzierungsleistungen, Funktionsverlagerung, immateriellen Werten und den Umsetzungsstand des BEPS-Aktionsplans (mit dem Fokus auf Pillar I) ein. Des Weiteren werden die laufenden EuGH-, BFH-, und FG-Rechtsprechungen zur Auslegung des Rechtsbegriffs der Geschäftsbeziehung, Betriebsstättenbesteuerung, Abgrenzung von § 1 Abs. 5 AStG als Gewinnermittlungs- und Gewinnkorrekturvorschrift sowie Funktionsverlagerung ein. Das Werk richtet sich somit an alle Anwender, die sowohl von der theoretischen als auch von der praktischen Seite die deutsche Regulatorik zu Verrechnungspreisen in Deutschland verstehen, umsetzen und ggf. auch die eigene Rechtsposition verteidigen wollen.

Zurückkommend auf die einleitende Erkenntnis bleibt nun der Wunsch, dass dieses Werk trotz der hohen Komplexität der steuerlichen Regelungen zu Verrechnungspreisen Inspirationen auslöst und Sie als guter Ratgeber begleitet.

Herausgeber und Verlag, November 2025

INHALTSVERZEICHNIS

LITERATURVERZEICHNIS

Bärsch/Ditz/Engelen/Quilitzsch, Die Reform des § 1 AStG – Überblick und erste kritische Würdigung, DStR 2021 S. 1785.

Bärsch/Nußbaum, FG Düsseldorf: Kürzung nach § 9 Nr. 3 GewStG bei inländischen Betriebsstätten – Aufteilung der Gewinne zwischen ausländischem Ort der Geschäftsleitung und inländischer Betriebsstätte, IStR 2020 S. 718.

Bartelt/Geberth, Referentenentwurf eines Wachstumschancengesetzes, DStR-Aktuell 2023 S. 140.

Bernhardt, Verrechnungspreise, 2. Aufl. 2017.

Bernstein/Herve/Rubart, Funktionsverlagerungen in Zeiten von zunehmendem Protektionismus: Steuerliche Implikationen am Beispiel der Automobilindustrie, IStR 2025 S. 548.

Brüggen/Hahn, Ein wertschöpfungsbasierter Steuerzugriff insbesondere auf digitale Geschäftsmodelle – Aktuelle Entwicklungen im Bereich der Betriebsstättenbesteuerung, BB 2020 S. 1047.

Busch, Die neue Rechtsprechung des BFH zur Sperrwirkung: neueste Urteile und systematischer Überblick, IStR 2020 S. 326.

Busch, RefE eines ATAD-Umsetzungsgesetzes: Überblick über die Verrechnungspreisaspekte, DB 2020 S. 191.

Busch, Zum Urteil des FG Niedersachsen v. 3.8.2023: Keine Funktionsverlagerung bei fristgerechter Kündigung konzerninterner Verträge, DStR 2025 S. 191.

Ditz, Verrechnungspreiskorrekturen bei einer Produktionsverlagerung auf eine Schwestergesellschaft – Anmerkungen zum BFH-Urteil v. 9.8.2023, ISR 2024 S. 123.

Ditz/Bärsch/Engelen/Quilitzsch, Unternehmensteuerrechtliche Änderungen im AStG – Ein erster Überblick über den Referentenentwurf des ATAD-Umsetzungsgesetzes v. 10.12.2019, DStR 2020 S. 73.

Ditz/Engelen/Leucht, Neue Regeln für die Korrektur von Verrechnungspreisen bei Finanzierungsbeziehungen – Kritische Würdigung des § 1 Abs. 3d und 3e AStG, DStR 2024 S. 1737.

Ditz/Haverkamp, Verrechnungspreiskorrekturen, Funktionsverlagerungen und die Kapitalertragsteuer, IStR 2020 S. 499.

Ditz/Licht/Linnemann, Zum Konkurrenzverhältnis zwischen vGA und § 1 AStG in Dreiecksfällen, ISR 2022 S. 165.

Ditz/Seibert, Referentenentwurf einer Funktionsverlagerungsverordnung, Ubg 2022 S. 398.

Ebeling, Wertermittlung für Funktionsverlagerungen in Schatzfällen – sind die Vorgaben des BMF gerichtsfest?, DB 2018 S. 2445.

Ebeling/Heidecke, Die Funktionsverlagerung in den Verwaltungsgrundsätzen Verrechnungspreise 2023, DStR 2023 S. 2689.

Ebeling/Heidecke/Sauer, Funktionsverlagerung bei Prinzipalstrukturen – Zugleich Besprechung des Urteils Niedersächsischen FG vom 3.8.2023 – 10 K 117/20, Ubg 2024 S. 562.

Engelen/Licht/Seibert, DEMPE-Konzept und Fremdvergleichsgrundsatz – Zum Erstanwendungszeitpunkt des DEMPE-Konzepts, IStR 2024 S. 88.

Engelen/Wargowske, Verrechnungspreisbesteuerung: Aktuelle Themen der Verrechnungspreisbesteuerung, u. a. § 1 Abs. 3d und 3c AStG und Funktionsverlagerung, ISR 2025 S. 117.

Eymann/Schneider, Funktionsverlagerungen nebst Renditekennziffern RoCE, RoS und RoI zur planerischen Verrechnungspreisbestimmung im Rahmen eines APA-Verfahrens – Eine kritische Analyse und Lösungsansätze für die Praxis, Ubg 2024 S. 672.

Freudenberg/Stein/Weskamp, Die Vertriebsfunktion in der Post BEPS Welt – Eine Analyse aus Sicht der Beraterpraxis, Ubg 2016 S. 603.

Frischmuth, Zur Abzugsfähigkeit von Zinsen bei rein künstlichen Finanzierungsgestaltungen, StuB 7/2025 S. 261 GAAAJ-88211.

Frotscher, Internationales Steuerrecht, 5. Aufl. 2020.

Gebel, Die (nunmehr eingeschränkte) Sperrwirkung des Art. 9 Abs. 1 OECD-MA, DStR 2019 S. 1896.

Glahe, Verlangt das Unionsrecht eine Möglichkeit zum Nachweis wirtschaftlicher Gründe im Fall fremdunüblicher Verrechnungspreise?, IStR 2015 S. 97.

Gosch, Von Äpfeln und Birnen – Ein steuerjuristischer Essay zum Maß des „Fremdvergleichens" im Konzern, DStR 2019 S. 2441.

Gosch, „Nah und verbunden" – Zum Nahestehen und Verbundensein im Steuerrecht, ISR 2020 S. 333.

Gosch, ISR 2020 S. 116.

Graw, DB 2018 S. 2656.

Greier/Friedrich, Betriebsstätten und kostenbasierte Verrechnungspreismethoden, IStR 2020 S. 158.

Greier/Friedrich, Betriebsstätten und kostenbasierte Verrechnungspreismethoden, IStR 2020 S. 206.

Greil/Saliger, Änderung im Bereich der Verrechnungspreise aufgrund des ATADUmsG und des AbzStEntlModG – Reform ohne inhaltliche Neuerungen?, ISR 2021 S. 330.

Grotherr, Neuerungen bei immateriellen Vermögenswerten: Anzeigepflicht, DEMPE-Funktionskonzept und Preisanpassungsklausel (Teil I und II), DStZ 2021 S. 952.

Grotherr, Grenzüberschreitende Funktionsverlagerung: Anzeigepflicht, Besteuerungsgrundzüge und Neuerungen bei den Verrechnungspreisvorschriften, DStZ 2022 S. 35.

Grotherr, Zweifelsfragen bei der Anwendung und den Rechtsfolgen des DEMPE-Funktionskonzepts (§ 6 1 Abs. 3c AStG) bei immateriellen Werten, Ubg 2021 S. 619.

Grotherr, Neuregelungen zu grenzüberschreitenden Finanzierungsbeziehungen und Finanzierungsdienstleistungen in einer Unternehmensgruppe durch das Wachstumschancengesetz (§ 1 Abs. 3d und 3e AStG) – Teil 1, Ubg 2024 S. 244.

Grotherr, Die modifizierte gesetzliche Preisanpassungsklausel (§ 1a AStG) und Möglichkeiten zur Vermeidung ihrer Anwendung, DB 2021 S. 2448.

Grotherr, Was ist ein besserer Wert als der Median?, IWB 15/2021 S. 601 JAAAH-85890.

Grotherr, Zum Tatbestand der grenzüberschreitenden Funktionsverlagerung, Ubg 2023 S. 622.

Grümmer/Schreiber, Das „unbeschadete" Verhältnis anderer Korrekturnormen zu § 1 AStG, UbG 2021 S. 70.

Halbach/Ackerman, Preisanpassungsklauseln im Nachgang zu Funktionsverlagerungen, ISR 2021 S. 172.

Haun/Klumpp, Zuordnung von Beteiligungen zum Betriebsvermögen einer Personengesellschaft bei grenzüberschreitenden Sachverhalten, IStR 2018 S. 662.

Haverkamp/Meinert, Die Funktionsverlagerung dem Grunde nach, Ubg 2020 S. 689.

Heidecke/Liebe, Konzernfinanzierung: Neuerung durch § 1 Abs. 3d und 3e AStG ab dem 1.1.2024 einschließlich eines Abgleichs mit der angedachten Zinshöhenschranke im § 4l EStG-E, Ubg 2024 S. 333.

Heidecke/Panchenko, Auftragsfertiger, Routinevergütungen, Funktionsverlagerung und Standortvorteile, IWB 3/2021 S. 126 EAAAH-70596.

Heidecke/Sauer, Neue Funktionsverlagerungsverordnung: Materielle und formelle Verschärfungen, ISR 2022 S. 404.

Hemmerich/Günther, Funktionsverlagerung in das Inland in Zeiten der COVID-19-Krise, IWB 20/2020 S. 845 TAAAH-61736.

Hentschel/Kraft, Funktionsverlagerungen in anstehenden Außenprüfungen – eine Bestandsaufnahme potenzieller Streitfragen, IStR 2015 S. 193.

Kahle, Zur Preisanpassungsklausel nach § 1a AStG, StuB 10/2022 S. 377 PAAAI-61730.

Kessler/Probst, Die Funktionsverlagerung in das Inland, IStR 2017 S. 251.

Ketteler-Eising, Besteuerung variabler Kaufpreise mit Earn-Out-Komponenten im Vergleich zu umsatz-/gewinnabhängigen Kaufpreisen als wiederkehrende Bezüge, DStR 2022 S. 1633.

Kluge, Das Internationale Steuerrecht, 4. Aufl. 2000.

Kluge/Probst, Gruppeninterne Finanzierungsbeziehungen im Lichte des neuen § 1 Abs. 3d AStG, IStR 2024 S. 615.

Kowallik, DAC6: Erste technische Erfahrungen mit der neuen EU-Meldepflicht für grenzüberschreitende Steuergestaltungen, beck.digitax 2021 S. 41.

Kroppen/Rasch, Handbuch Internationale Verrechnungspreise, 42. Aufl. 2025.

Krüger, DStZ 2024 S. 824.

Krüger, Konsequenzen und Grenzen des Hornbach-Urteils in der praktischen Betriebsprüfung, DStR 2019 S. 649.

Kußmaul/Nikolaus, Ertragssteuerrecht: Die Neuauflage des § 1 Abs. 3 AStG, StB 2022 S. 241.

Kußmaul/Pfirmann/Nikolaus, Die Behandlung von immateriellen Werten für Verrechnungspreiszwecke nach dem neu eingeführten § 1 Abs. 3c AStG, Ubg 2022 S. 429.

Leich, Die Besteuerung datenbasierter Einkünfte bei inländischen Körperschaften mit Auslandsbezug, IStR 2021 S. 967.

Leonhardt, § 1 Abs. 5 AStG als allgemeiner Gewinnabgrenzungsmaßstab für Betriebsstätten?, IStR 2019 S. 677.

Leonhardt, Kann die deutsch-steuerliche Implementierung des DEMPE-Konzepts der OECD Gewinnrealisierungen auslösen?, IStR 2021 S. 628.

Lishaut, BB 2018 S. 7095.

Macho/Steiner/Ruess, Verrechnungspreise kompakt, 4. Aufl. 2023.

Manthey/Zettl, Wirtschaftliches Eigentum an Rechten – Vertragsüberlassung oder Übertragung?, IStR 2021 S. 449.

Melan, Statische, dynamische, hyperdynamische DBA-Auslegung, IStR 2024 S. 766.

Mieses, Der freie Markt und seine Feinde, 1. Aufl. 2016.

Mössner, Steuerrecht international tätiger Unternehmen, 5. Aufl. 2018.

Neumann-Tomm, Die bloße Einkünftekorrekturfunktion des § 1 Abs. 5 AStG, IStR 2015 S. 907.

Nientimp, Aktuelle Entwicklungen im Wirtschafts- und Steuerrecht, Sonderheft DB 2020 S. 50.

Nientimp/Heitfeldt, Veröffentlichung des Berichts zu „Amount B" von „Pillar One" – Vereinfachte Anwendung des Fremdvergleichsgrundsatzes auf grundlegende Marketing- und Vertriebstätigkeiten, IStR-LB 2024 S. 30.

Nientimp/Heitfeldt, Die neuen Verwaltungsgrundsätze Verrechnungspreise 2024, IStR 2025 S. 280.

Nientimp/Riedl, Rubrik: Steuer- & Bilanzrecht / Kurzbeitrag zum BMF-Entwurf der Überarbeitung der Verwaltungsgrundsätze Verrechnungspreise 2023, GmbHR 2024 S. R296.

Nientimp/Scherer, Änderung der Grundsätze zu Verrechnungspreisen nach dem Abzugsteuerentlastungsmodernisierungsgesetz, IStR-LB 2021 S. 54.

Nientimp/Schwarz/Stein, Transferpaketbewertung auf Basis der Multiplikatorenmethode, DB 2016 S. 1718.

Nientimp/Stein/Hundebeck, Immaterielle Werte in der Post-BEPS-Welt: Eine ertragsteuerliche und zollrechtliche Standortanalyse, DStR 2016 S. 2871.

Nientimp/Stein/Schwarz/Holinski, Zuordnung und Vergütung immaterieller Werte in Betriebsstättenstrukturen, BB 2017 S. 407.

Nientimp/Thalmann, Die legislativen Abwehrmaßnahmen der EU-Mitgliedstaaten gegen nicht kooperative Steuerhoheitsgebiete, IStR-LB 2022 S. 45.

Nolden/Borgmann, Was lange währt, wird endlich gut – oder doch nicht?, IStR 2024 S. 598.

*Nolden/*Gilson, Konzernfinanzierung und Verrechnungspreise: Erfolgreiche Schadensbegrenzung?, IStR 2025 S. 615.

Oestreicher, IStR 2020 S. 22.

Oestreicher, Konzern-Gewinnabgrenzung, 1. Aufl. 2000.

Oestreicher, Umsetzung überarbeiteter OECD-Verrechnungspreisleitlinien 2017 bis 2020 in deutsches Recht, IStR 2020 S. 575.

Oestreicher/Schnitger/Wellens, Gewinnabgrenzung nach dem AOA, 1. Aufl. 2020.

Polka, Funktionsverlagerung – Atomisierung des Funktionsbegriffs – quod bonum est?, StB 2020 S. 51.

Rasch, Die Reform des § 1 AStG – Ergänzende Anmerkungen zu Greil/Saliger, ISR 2021 S. 336.

Rasch, ISR 2022 S. 318.

Rasch, Verwaltungsgrundsätze Verrechnungspreise 2023 – Schwerpunkt Funktionsverlagerung, ISR 2023 S. 432.

Rasch, Neue Verrechnungspreisregelungen in § 1 AStG und § 89a AO, IWB 11/2021 S. 441 LAAAH-80522.

Rasch, Neujustierung des § 1 AStG und des § 90 A0, IWB 8/2020 S. 296 EAAAH-47203.

Rasch, Verfahrensrecht: Internationale Streitbeilegung – Instrumente der Streitbeilegung und ihr Verhältnis untereinander, DStR 2024 S. 1043.

Rasch/Keser, Gruppenzinssatz: Begrenzung des Zinsabzugs und Dienstleistungen bei Finanztransaktionen – neuer § 1 Abs. 3d, e AStG-E: wieder nur eine Konkretisierung des Fremdvergleichs?, ISR 2024 S. 1.

Rasch/Leherpeur, Funktionsverlagerung und Verrechnungspreisfragen bei der Produktionsverlagerung ins Ausland – Zugleich Besprechung des Urteils des BFH vom 9.8.2023 - I R 54/19, Ubg 2024 S. 94.

Rasch/Rosenberger/Brülisauer, Auswirkungen dezentraler Homeoffice-Tätigkeiten auf die Betriebsstättenbegründung, Gewinnzuordnung und die Besteuerung der Arbeitnehmer, IStR-Beih 2021 S. 1.

Reichl/von Bredow, Exit-Tax mal anders?! – Die Anwendbarkeit der Regelungen des § 4f EStG auf die Verlagerung verlustbringender Funktionen, IStR 2015 S. 23.

Retzer/Meyer, Neue Regelungen zu konzerninternen Finanzierungen in § 1 AStG, IWB 10/2024 S. 398 PAAAJ-67057.

Retzer/Schell, FG Köln setzt klare Grenzen für die Annahme einer Funktionsverlagerung, IWB 18/2025 S. 695 YAAAJ-99727.

Saliger/Wargowske/Greil, Die neuen Verwaltungsgrundsätze Verrechnungspreise, IStR 2021 S. 571.

Schaumburg, Internationales Steuerrecht. 5. Aufl. 2023.

Schiffers, Wachstumschancengesetz in Kraft getreten!, GmbHR 2024 S. R116.

Schnitger, § 1 Abs. 1 AStG als neue „Allzweckwaffe" für Verrechnungspreiskorrekturen?, IStR 2020 S. 821.

Schnitger/Schäfer, Neuregelung der Verrechnungspreisbestimmung bei Finanzierungsbeziehungen – § 1 Abs. 3d und 3e AStG idF des Wachstumschancengesetzes v. 27.3.2024, IStR 2024 S. 606.

Schnorberger/Etzig, Verrechnungspreise in der Praxis nach dem ATAD-UmsG – Anmerkungen zum Referentenentwurf vom 24.3.2020, BB 2020 S. 1630.

Schnorberger/Etzig, Zur Zukunft der Funktionsverlagerungsbesteuerung und des § 1 AStG – Überlegungen zur EU-Rechtswidrigkeit auf der Grundlage der aktuellen Finanzrechtsprechung, BB 2024 S. 2135.

Scholz/Waldens/Proemel, Auswirkung des § 1 Abs. 3d S. 1 Nr. 2 AStG auf die Bestimmung konzerninterner Zinsen, IStR 2024 S. 593.

Schönfeld/Kahlenberg, EuGH entscheidet zu § 1 AStG und EU-Recht: Nachweis wirtschaftlicher Gründe für fremdunübliche Konditionen möglich!, IStR 2018 S. 498.

Schreiber/Greil, EuGH-Urteil „Hornbach": Wirtschaftliche Gründe für marktunübliche Verrechnungspreise – „Mach es zu deinem Projekt", DB 2018 S. 2527.

Schreiber/Retzer/Jasmund/Sommer, Die neue Funktionsverlagerungsverordnung, DB 2022 S. 2756.

Schwarz/Stein, Benchmarking von Verrechnungspreisen im Lichte der Neuregelungen des § 1 Abs. 3 AStG, DB 2022 S. 1017.

Schwarz/Stein, Inflation und Verrechungspreise, IStR 2025 S. 507.

Schwarz/Stein, Quantitative Verrechnungspreise, 1. Aufl. 2018.

Schwarz/Stein/Holinksi/Hoffmann, Kostenaufschläge bei der Verrechnung von konzerninternen Dienstleistungen, DB 2016 S. 2857.

Seeleitner/Sennewald/Müller, Praktische Fragestellungen bei der Anwendung des AOA auf Bau- und Montagebetriebsstätten, IStR 2017 S. 1013.

Solowjeff/Geserich, Prinzipalstruktur: Die steuerliche Einordnung der Etablierung einer Prinzipalstruktur als Überlassung einer Geschäftschance oder gar Funktionsverlagerung – Zugleich Anmerkung zum Urteil des FG Niedersachen vom 3.8.2023 – 10 K 117/20, ISR 2024 S. 397.

Sommer/Kundt/Cockx, Verrechnungspreise einer inländischen GmbH mit bosnischer Schwestergesellschaft – Anm. FG München v. 26.11.2019 - 6 K 1918/16 mit Praxishinweisen, ISR 2020 S. 246.

Staccioli, Internationale Konzernfinanzierungen – Der Geschäftszweck- Test gem. § 1 Abs. 3d AStG, ISR 2025 S. 209.

Stein/Schwarz, Verrechnungspreise immaterieller Werte im Lichte des DEMPE-Konzepts, DB 2021 S. 1292.

Stein/Schwarz/Burger, Die Besteuerung immaterieller Werte in multinationalen Unternehmensgruppen – Eine Analyse des Referentenentwurfs für ein ATADUmsG, IStR 2020 S. 83.

Stein/Schwarz/Holinski, Funktionales Eigentum und Wertschöpfungsbeitragsanalysen: Steuerliche Erfolgsermittlung bei immateriellen Werten mithilfe betriebswirtschaftlicher Konzepte, DStR 2017 S. 118.

Stein/Schwarz/Nientimp/van Leuven, Verluste im Baugewerbe – Praxisnahe Überlegungen zur Verlustaufteilung bei grenzüberschreitenden Bautätigkeiten im Kontext des AOA und aktueller Rechtsprechung zu finalen Verlusten, IStR 2018 S. 822.

Steiner/Ullmann, Neuausrichtung des Fremdvergleichsmaßstabs bei grenzüberschreitenden konzerninternen Gesellschafterdarlehen, DStR 2019 S. 2385.

Timmermans, Wechsel vom Vertragshändler zum Kommissionär innerhalb eines internationalen Konzerns, IWB 2/2000 S. 55 ZAAAA-39318.

Tipke/Lang, Steuerrecht, 25. Aufl. 2025.

Uterhark/Nagler, EuGH: Ist die Berichtigung von Einkünften nach § 1 AStG europarechtskonform? – Hornbach-Baumarkt AG, IStR 2018 S. 461.

van der Ham/Retzer, Verrechnungspreise: Voraussetzungen einer Funktionsverlagerung und der Zuordnung einer Geschäftschance bei Erweiterung des Funktions- und Risikoprofils einer ausländischen Vertriebsgesellschaft zu einem Eigenproduzenten, ISR 2025 S. 290.

van der Ham, Das neue OECD-Konsultationspapier zu Amount B – Verrechnungspreise einfach gemacht?, IStR 2023 S. 785.

Vögele/Borstell/Engler/Bernhardt, Handbuch der Verrechnungspreise, 6. Aufl. 2024.

Vögele/Borstell/van der Ham, Verrechnungspreise, 6. Aufl. 2024.

Wagemann, Abzugsbeschränkungen bei Zinsen für Konzerndarlehen im EU-Recht, IWB 1/2025 S. 41 PAAAJ-82648.

Wargowske/Greil, Aktuelle Themen der Verrechnungspreisbesteuerung, PIStB 2023 S. 41.

Wassermeyer/Baumhoff/Ditz, Verrechnungspreise international verbundener Unternehmen, 2. Aufl. 2022.

Wolff-Seeger/Saliger, Funktionsverlagerung durch Digitalisierung?, ISR 2017 S. 235.

Erster Teil: Internationale Verflechtungen

§ 1 Berichtigung von Einkünften

[1](1) [1]Werden Einkünfte eines Steuerpflichtigen aus einer Geschäftsbeziehung zum Ausland mit einer ihm nahestehenden Person dadurch gemindert, dass er seiner Einkünfteermittlung andere Bedingungen, insbesondere Preise (Verrechnungspreise), zugrunde legt, als sie voneinander unabhängige Dritte unter gleichen oder vergleichbaren Verhältnissen vereinbart hätten (Fremdvergleichsgrundsatz), sind seine Einkünfte unbeschadet anderer Vorschriften so anzusetzen, wie sie unter den zwischen voneinander unabhängigen Dritten vereinbarten Bedingungen angefallen wären. [2]Steuerpflichtiger im Sinne dieser Vorschrift sowie im Sinne des § 1a ist auch eine Personengesellschaft oder eine Mitunternehmerschaft; eine Personengesellschaft oder Mitunternehmerschaft ist selbst nahestehende Person, wenn sie die Voraussetzungen des Absatzes 2 erfüllt. [3]Für die Anwendung des Fremdvergleichsgrundsatzes ist davon auszugehen, dass die voneinander unabhängigen Dritten alle wesentlichen Umstände der Geschäftsbeziehung kennen und nach den Grundsätzen ordentlicher und gewissenhafter Geschäftsleiter handeln. [4]Führt die Anwendung des Fremdvergleichsgrundsatzes zu weitergehenden Berichtigungen als die anderen Vorschriften, sind die weitergehenden Berichtigungen neben den Rechtsfolgen der anderen Vorschriften durchzuführen.

(2) [2] [1]Dem Steuerpflichtigen ist eine Person nahestehend, wenn

1. die Person
   a. an dem Steuerpflichtigen oder der Steuerpflichtige an dieser Person mindestens zu einem Viertel unmittelbar oder mittelbar an dem gezeichneten Kapital, den Mitgliedschaftsrechten, den Beteiligungsrechten, den Stimmrechten oder dem Gesellschaftsvermögen beteiligt (wesentlich beteiligt) ist oder
   b. gegenüber dem Steuerpflichtigen oder der Steuerpflichtige gegenüber dieser Person Anspruch auf mindestens ein Viertel des Gewinns oder des Liquidationserlöses hat; oder

---

1 **Anm. d. Red.:** § 1 Abs. 1, 3 und 3b i. d. F. des Gesetzes v. 2.6.2021 (BGBl I S. 1259) mit Wirkung v. 9.6.2021; Abs. 2, 3a, 3c und 5 i. d. F. des Gesetzes v. 25.6.2021 (BGBl I S. 2035) mit Wirkung v. 1.7.2021; Abs. 3d, 3e und 6 i. d. F. des Gesetzes v. 27.3.2024 (BGBl 2024 I Nr. 108) mit Wirkung v. 28.3.2024; Abs. 4 i. d. F. des Gesetzes v. 22.12.2014 (BGBl I S. 2417) mit Wirkung v. 31.12.2014.

2 **Anm. d. Red.:** Zur Anwendung des § 1 Abs. 2 siehe § 21 Abs. 2.

2. die Person auf den Steuerpflichtigen oder der Steuerpflichtige auf diese Person unmittelbar oder mittelbar beherrschenden Einfluss ausüben kann; oder
3. eine dritte Person
   a. sowohl an der Person als auch an dem Steuerpflichtigen wesentlich beteiligt ist,
   b. sowohl gegenüber der Person als auch gegenüber dem Steuerpflichtigen Anspruch auf mindestens ein Viertel des Gewinns oder des Liquidationserlöses hat oder
   c. auf die Person als auch auf den Steuerpflichtigen unmittelbar oder mittelbar beherrschenden Einfluss ausüben kann; oder
4. die Person oder der Steuerpflichtige imstande ist, bei der Vereinbarung der Bedingungen einer Geschäftsbeziehung auf den Steuerpflichtigen oder die Person einen außerhalb dieser Geschäftsbeziehung begründeten Einfluss auszuüben oder wenn einer von ihnen ein eigenes Interesse an der Erzielung der Einkünfte des anderen hat.

[2]Satz 1 Nummer 3 Buchstabe a bis c gilt auch, soweit im Verhältnis der dritten Person zu der Person und dem Steuerpflichtigen jeweils eines der in Satz 1 Nummer 3 Buchstabe a bis c genannten Merkmale erfüllt ist.

(3) [1]Für die Bestimmung der dem Fremdvergleichsgrundsatz entsprechenden Verrechnungspreise (Fremdvergleichspreise) für eine Geschäftsbeziehung im Sinne des Absatzes 1 Satz 1 sind die tatsächlichen Verhältnisse maßgebend, die dem jeweiligen Geschäftsvorfall zugrunde liegen. [2]Insbesondere ist zu berücksichtigen, von welcher an dem Geschäftsvorfall beteiligten Person welche Funktionen in Bezug auf den jeweiligen Geschäftsvorfall ausgeübt, welche Risiken diesbezüglich jeweils übernommen und welche Vermögenswerte hierfür eingesetzt werden (Funktions- und Risikoanalyse). [3]Die Verhältnisse im Sinne der Sätze 1 und 2 bilden den Maßstab für die Feststellung der Vergleichbarkeit des zu untersuchenden Geschäftsvorfalls mit Geschäftsvorfällen zwischen voneinander unabhängigen Dritten (Vergleichbarkeitsanalyse); die diesen Geschäftsvorfällen zugrunde liegenden Verhältnisse sind in entsprechender Anwendung der Sätze 1 und 2 maßgebend, soweit dies möglich ist. [4]Abzustellen ist auf die Verhältnisse zum Zeitpunkt der Vereinbarung des Geschäftsvorfalls. [5]Der Fremdvergleichspreis ist grundsätzlich nach der im Hinblick auf die Vergleichbarkeitsanalyse und die Verfügbarkeit von Werten zu vergleichbaren Geschäftsvorfällen voneinander unabhängiger Dritter am besten geeigneten Verrechnungspreismethode zu bestimmen. [6]Unterschiede

zwischen den Verhältnissen der zum Vergleich herangezogenen Geschäftsvorfälle zwischen voneinander unabhängigen Dritten und den dem zu untersuchenden Geschäftsvorfall zugrunde liegenden Verhältnissen, die die Anwendung der Verrechnungspreismethode beeinflussen können, sind durch sachgerechte Anpassungen zu beseitigen, sofern dies möglich ist; dies gilt nur, wenn dadurch die Vergleichbarkeit erhöht wird. [7]Können keine Vergleichswerte festgestellt werden, ist für die Bestimmung des Fremdvergleichspreises ein hypothetischer Fremdvergleich unter Beachtung des Absatzes 1 Satz 3 aus Sicht des Leistenden und des jeweiligen Leistungsempfängers anhand ökonomisch anerkannter Bewertungsmethoden durchzuführen.

(3a) [1]Die Anwendung des Fremdvergleichsgrundsatzes führt regelmäßig zu einer Bandbreite von Werten. [2]Diese Bandbreite ist einzuengen, wenn nach Anwendung von Absatz 3 Satz 6 Unterschiede in der Vergleichbarkeit verbleiben. [3]Bieten diese Werte selbst keine Anhaltspunkte für eine bestimmte Einengung, so bleiben aus dieser Bandbreite das Viertel der kleinsten und das Viertel der größten Werte unberücksichtigt. [4]Liegt der vom Steuerpflichtigen für seine Einkünfteermittlung verwendete Wert außerhalb der Bandbreite gemäß Satz 1 oder der eingeengten Bandbreite, ist der Median maßgeblich, wenn der Steuerpflichtige nicht glaubhaft macht, dass ein anderer Wert innerhalb der Bandbreite dem Fremdvergleichsgrundsatz besser entspricht. [5]Bei der Anwendung des hypothetischen Fremdvergleichs nach Absatz 3 Satz 7 ergibt sich regelmäßig aus dem Mindestpreis des Leistenden und dem Höchstpreis des Leistungsempfängers ein Einigungsbereich. [6]In den Fällen des Satzes 5 ist der Mittelwert des Einigungsbereichs zugrunde zu legen, wenn der Steuerpflichtige nicht glaubhaft macht, dass ein anderer Wert innerhalb des Einigungsbereichs dem Fremdvergleichsgrundsatz entspricht.

(3b) [1]Wird eine Funktion einschließlich der dazugehörigen Chancen und Risiken sowie der mitübertragenen oder mitüberlassenen Wirtschaftsgüter oder sonstigen Vorteile verlagert und ist auf die verlagerte Funktion Absatz 3 Satz 7 anzuwenden, weil für die Verlagerung der Funktion als Ganzes (Transferpaket) keine Vergleichsdaten festgestellt werden können, ist der Einigungsbereich auf der Grundlage des Transferpakets zu bestimmen. [2]Hiervon kann abgesehen werden, wenn der Steuerpflichtige glaubhaft macht, dass weder wesentliche immaterielle Wirtschaftsgüter noch sonstige Vorteile Gegenstand der Funktionsverlagerung waren. [3]Dies gilt dann, wenn das übernehmende Unternehmen die übergehende Funktion ausschließlich gegenüber dem verlagernden Unternehmen ausübt und das Entgelt, das für die Ausübung der Funktion und die Erbringung der entsprechenden Leistungen anzusetzen ist, nach der Kostenaufschlagsmethode zu ermitteln ist.

(3c) [1]Die Übertragung oder Überlassung zur Nutzung eines immateriellen Werts ist zu vergüten, wenn diese auf der Grundlage einer Geschäftsbeziehung im Sinne des Absatzes 4 erfolgt und hiermit eine finanzielle Auswirkung für den Übernehmer, den Nutzenden, den Übertragenden oder den Überlassenden verbunden ist. [2]Immaterielle Werte sind Vermögenswerte,

1. die weder materielle Wirtschaftsgüter oder Beteiligungen noch Finanzanlagen sind,
2. die Gegenstand eines Geschäftsvorfalls sein können, ohne einzeln übertragbar sein zu müssen, und
3. die einer Person eine tatsächliche oder rechtliche Position über diesen Vermögenswert vermitteln können.

[3]Die Feststellung des Eigentums oder der Inhaberschaft an einem immateriellen Wert, einschließlich aus einem solchen abgeleiteter Rechte, ist Ausgangspunkt für die Bestimmung, welchem an dem Geschäftsvorfall beteiligten Unternehmen der Ertrag zusteht, der sich aus jedweder Art der Verwertung dieses immateriellen Werts ergibt. [4]Soweit eine dem Eigentümer oder dem Inhaber des immateriellen Werts nahestehende Person Funktionen im Zusammenhang mit der Entwicklung oder Erschaffung, der Verbesserung, dem Erhalt, dem Schutz oder jedweder Art der Verwertung des immateriellen Werts ausübt, hierzu Vermögenswerte einsetzt und Risiken übernimmt, sind diese Funktionen vom Eigentümer oder Inhaber der nahestehenden Person angemessen zu vergüten. [5]Die Finanzierung der Entwicklung oder Erschaffung, des Erhalts oder des Schutzes eines immateriellen Werts ist angemessen zu vergüten und berechtigt nicht zum Ertrag aus dem finanzierten immateriellen Wert.

(3d) [1] [1]Es entspricht nicht dem Fremdvergleichsgrundsatz, wenn ein aus einer grenzüberschreitenden Finanzierungsbeziehung innerhalb einer multinationalen Unternehmensgruppe resultierender Aufwand die Einkünfte des Steuerpflichtigen gemindert hat und

1. der Steuerpflichtige nicht glaubhaft machen kann, dass er
   a. den Kapitaldienst für die gesamte Laufzeit dieser Finanzierungsbeziehung von Anfang an hätte erbringen können und
   b. die Finanzierung wirtschaftlich benötigt und für den Unternehmenszweck verwendet

oder

1 **Anm. d. Red.:** Zur Anwendung des § 1 Abs. 3d siehe § 21 Abs. 1a.

1. soweit der seitens des Steuerpflichtigen zu entrichtende Zinssatz für eine grenzüberschreitende Finanzierungsbeziehung mit einer ihm nahestehenden Person den Zinssatz übersteigt, zu dem sich das Unternehmen unter Zugrundelegung des Ratings für die Unternehmensgruppe gegenüber fremden Dritten finanzieren könnte. [2]Wird im Einzelfall nachgewiesen, dass ein aus dem Unternehmensgruppenrating abgeleitetes Rating dem Fremdvergleichsgrundsatz entspricht, ist dieses bei der Bemessung des Zinssatzes zu berücksichtigen.

[2]Als Finanzierungsbeziehung gelten insbesondere ein Darlehensverhältnis sowie die Nutzung oder die Bereitstellung von Fremdkapital und fremdkapitalähnlichen Instrumenten.

(3e) [1] [1]Es handelt sich regelmäßig um eine funktions- und risikoarme Dienstleistung, wenn

1. eine Finanzierungsbeziehung von einem Unternehmen gegenüber einem anderen Unternehmen innerhalb einer multinationalen Unternehmensgruppe vermittelt wird oder
2. eine Finanzierungsbeziehung von einem Unternehmen an ein anderes Unternehmen innerhalb einer multinationalen Unternehmensgruppe weitergeleitet wird.

[2]Hiervon ist auch regelmäßig dann auszugehen, wenn ein Unternehmen in der Unternehmensgruppe für ein oder mehrere Unternehmen der Unternehmensgruppe die Steuerung von Finanzmitteln, wie etwa ein Liquiditätsmanagement, ein Finanzrisikomanagement, ein Währungsrisikomanagement oder die Tätigkeit als Finanzierungsgesellschaft, übernimmt. [3]Die Sätze 1 und 2 gelten nicht, wenn anhand einer Funktions- und Risikoanalyse nachgewiesen wird, dass es sich nicht um eine funktions- und risikoarme Dienstleistung handelt.

(4) [1]Geschäftsbeziehungen im Sinne dieser Vorschrift sind

1. einzelne oder mehrere zusammenhängende wirtschaftliche Vorgänge (Geschäftsvorfälle) zwischen einem Steuerpflichtigen und einer ihm nahestehenden Person,
   a. die Teil einer Tätigkeit des Steuerpflichtigen oder der nahestehenden Person sind, auf die die §§ **13**, **15**, **18** oder **21** des Einkommensteuergesetzes anzuwenden sind oder anzuwenden wären, wenn sich der

1 **Anm. d. Red.:** Zur Anwendung des § 1 Abs. 3e siehe § 21 Abs. 1a Satz 1.

Geschäftsvorfall im Inland unter Beteiligung eines unbeschränkt Steuerpflichtigen und einer inländischen nahestehenden Person ereignet hätte, und

b. denen keine gesellschaftsvertragliche Vereinbarung zugrunde liegt; eine gesellschaftsvertragliche Vereinbarung ist eine Vereinbarung, die unmittelbar zu einer rechtlichen Änderung der Gesellschafterstellung führt;

2. Geschäftsvorfälle zwischen einem Unternehmen eines Steuerpflichtigen und seiner in einem anderen Staat gelegenen Betriebsstätte (anzunehmende schuldrechtliche Beziehungen).

[2]Liegt einem Geschäftsvorfall keine schuldrechtliche Vereinbarung zugrunde, ist davon auszugehen, dass voneinander unabhängige ordentliche und gewissenhafte Geschäftsleiter eine schuldrechtliche Vereinbarung getroffen hätten oder eine bestehende Rechtsposition geltend machen würden, die der Besteuerung zugrunde zu legen ist, es sei denn, der Steuerpflichtige macht im Einzelfall etwas anderes glaubhaft.

(5) [1]Die Absätze 1, 3 bis 4 sind entsprechend anzuwenden, wenn für eine Geschäftsbeziehung im Sinne des Absatzes 4 Satz 1 Nummer 2 die Bedingungen, insbesondere die Verrechnungspreise, die der Aufteilung der Einkünfte zwischen einem inländischen Unternehmen und seiner ausländischen Betriebsstätte oder der Ermittlung der Einkünfte der inländischen Betriebsstätte eines ausländischen Unternehmens steuerlich zugrunde gelegt werden, nicht dem Fremdvergleichsgrundsatz entsprechen und dadurch die inländischen Einkünfte eines beschränkt Steuerpflichtigen gemindert oder die ausländischen Einkünfte eines unbeschränkt Steuerpflichtigen erhöht werden. [2]Zur Anwendung des Fremdvergleichsgrundsatzes ist eine Betriebsstätte wie ein eigenständiges und unabhängiges Unternehmen zu behandeln, es sei denn, die Zugehörigkeit der Betriebsstätte zum Unternehmen erfordert eine andere Behandlung. [3]Um die Betriebsstätte wie ein eigenständiges und unabhängiges Unternehmen zu behandeln, sind ihr in einem ersten Schritt zuzuordnen:

1. die Funktionen des Unternehmens, die durch ihr Personal ausgeübt werden (Personalfunktionen),
2. die Vermögenswerte des Unternehmens, die sie zur Ausübung der ihr zugeordneten Funktionen benötigt,
3. die Chancen und Risiken des Unternehmens, die sie auf Grund der ausgeübten Funktionen und zugeordneten Vermögenswerte übernimmt, sowie
4. ein angemessenes Eigenkapital (Dotationskapital).

[4]Auf der Grundlage dieser Zuordnung sind in einem zweiten Schritt die Art der Geschäftsbeziehungen zwischen dem Unternehmen und seiner Betriebsstätte und die Verrechnungspreise für diese Geschäftsbeziehungen zu bestimmen. [5]Die Sätze 1 bis 4 sind entsprechend auf ständige Vertreter anzuwenden. [6]Die Möglichkeit, einen Ausgleichsposten nach **§ 4g des Einkommensteuergesetzes** zu bilden, wird nicht eingeschränkt. [7]Auf Geschäftsbeziehungen zwischen einem Gesellschafter und seiner Personengesellschaft oder zwischen einem Mitunternehmer und seiner Mitunternehmerschaft sind die Sätze 1 bis 4 nicht anzuwenden, unabhängig davon, ob die Beteiligung unmittelbar besteht oder ob sie nach **§ 15 Absatz 1 Satz 1 Nummer 2 Satz 2 des Einkommensteuergesetzes** mittelbar besteht; für diese Geschäftsbeziehungen gilt Absatz 1. [8]Ist ein Abkommen zur Vermeidung der Doppelbesteuerung anzuwenden und macht der Steuerpflichtige geltend, dass dessen Regelungen den Sätzen 1 bis 7 widersprechen, so hat das Abkommen nur Vorrang, soweit der Steuerpflichtige nachweist, dass der andere Staat sein Besteuerungsrecht entsprechend diesem Abkommen ausübt und deshalb die Anwendung der Sätze 1 bis 7 zu einer Doppelbesteuerung führen würde.

(6) Das Bundesministerium der Finanzen wird ermächtigt, mit Zustimmung des Bundesrates durch Rechtsverordnung Einzelheiten des Fremdvergleichsgrundsatzes im Sinne der Absätze 1, 3 bis 3e und 5 und Einzelheiten zu dessen einheitlicher Anwendung zu regeln sowie Grundsätze zur Bestimmung des Dotationskapitals im Sinne des Absatzes 5 Satz 3 Nummer 4 festzulegen.

Inhaltsübersicht | Rz.

A. Übersicht (Nientimp)

I. Systematische Stellung, Zweck und wesentlicher Inhalt

1 Die §§ 1 und 1a AStG sind die **einzigen Vorschriften des ersten Teils** „Internationale Verflechtungen", deren Verrechnungspreisregelungen selbständig neben allen weiteren Bestimmungen des AStG stehen. Dieser erste Teil des AStG weist zu den weiteren Teilen des AStG keinen unmittelbaren Bezug auf. § 1 AStG ermöglicht als Rechtsfolge die Berichtigung von Einkünften, ist also eine **Einkünftekorrekturvorschrift.**[1] Somit setzt die Vorschrift die Verwirklichung eines Einkünfteerzielungstatbestandes voraus und wirkt grundsätzlich erst dann, wenn zu ermitteln ist, welche Einkünfte der Höhe nach aus dem Einkünfteerzielungstatbestand geflossen sind.[2] Damit greift die Korrekturvorschrift des § 1 AStG nicht in zivilrechtlich vereinbarte Beziehungen ein, sondern korrigiert nur die steuerliche Bemessungsgrundlage.[3] Nach der Gesetzesbegründung zum Amtshilferichtline-Umsetzungsgesetz soll der Abs. 5 explizit *„auch auf die Ermittlung der Einkünfte einer inländischen Betriebsstätte eines ausländischen Unternehmens"*[4] anwendbar sein.[5]

2 § 1 AStG gilt nur für **Geschäftsbeziehungen zum Ausland**. Er soll verhindern, dass Einkünfte eines Steuerpflichtigen, die nach den allgemeinen Vorschriften des innerstaatlichen Rechts der deutschen Besteuerung unterliegen, durch fremdunübliche Bedingungen, insbesondere fremdunübliche **Verrechnungspreise**, gemindert und somit der deutschen Besteuerung entzogen werden. § 1 AStG dient also der Vermeidung der Verlagerung von Steuersubstrat ins Ausland.[6] Die Regelung greift nicht allgemein, sondern nur bei Geschäftsbeziehungen mit **nahestehenden Personen zum Ausland**. Die Überschrift zum ersten Teil des Gesetzes **„Internationale Verflechtungen"** deutet auf das vom Gesetzgeber gesehene Problem hin, weshalb er hier ein besonderes Interesse an der steuerlichen Kontrolle der Einkünfte aus der Preisgestaltung bestimmter Steuerpflichtiger hat. Der fehlende Interessengegensatz zwischen den Beteilig-

---

1 Vgl. Wassermeyer, DB 1991 S. 1795; Ditz in Flick/Wassermeyer/Ditz/Schönfeld, Außensteuerrecht (113. Erg.-Lfg. 2025), § 1 AStG Rz. 19.

2 Vgl. Wassermeyer, DB 1991 S. 1795.

3 Vgl. Kraft in Kraft, AStG, 2. Aufl. 2019, § 1 AStG Rz. 11; siehe auch Ditz/Wassermeyer in Flick/Wassermeyer/Ditz/Schönfeld, Außensteuerrecht (113. Erg.-Lfg. 2025), § 1 AStG Rz. 20.3.

4 Vgl. BR-Drucks. 302/12 S. 104.

5 Für eine reine Einkünftekorrekturvorschrift und gegen eine allgemeine Gewinnermittlungsvorschrift von § 1 Abs. 5 AStG siehe BFH, Urteil v. 18.12.2024 - I R 49/23 CAAAJ-90855; BFH, Urteil. v. 18.12.2024 - I R 45/22 EAAAJ-90850; davor auch BFH, Beschluss v. 24.11.2021 - I B 44/21 (AdV) YAAAI-05464, BStBl 2022 II S. 431.

6 Siehe auch Wassermeyer, DB 2006 S. 298 f.; Kraft in Kraft, AStG, 2. Aufl. 2019, § 1 AStG Rz. 10 f.

ten einer solchen Geschäftsbeziehung unter nahestehenden Personen lässt befürchten, dass es zu einer Verlagerung von Steuersubstrat auf ausländische Steuersubjekte kommen kann. Gesetzgeberisches Ziel ist dabei die „Erfassung des zutreffenden Inlandsgewinns".[1] Wann eine Person dem inländischen Steuerpflichtigen nahestehend ist, wird abschließend in § 1 Abs. 2 AStG geregelt. § 1 AStG ist eine einseitig wirkende Norm, die nur dann eingreift, wenn die Einkünfte des Steuerpflichtigen gemindert werden, also im Ergebnis nur eine Einkünfteerhöhung zulässt. Sind die Einkünfte des inländischen Steuerpflichtigen dadurch erhöht, dass zwischen dem Steuerpflichtigen und der nahestehenden Person fremdunübliche Bedingungen, insbesondere Verrechnungspreise vereinbart worden sind, kommt es zu keiner Korrektur nach § 1 AStG. Für den Fremdvergleichsgrundsatz allgemein geht die deutsche Finanzverwaltung allerdings von einer einheitlichen Anwendung im In- und Outboundfall aus.[2]

3 Als Maßstab für die Überprüfung der Verrechnungspreise hat der Gesetzgeber den Fremdvergleichsgrundsatz kodifiziert. Im Rahmen des **Fremdvergleichsgrundsatzes** liegen steuerlich unangemessene Bedingungen vor, sofern der Steuerpflichtige mit seinem nahestehenden Geschäftspartner *„andere Bedingungen, insbesondere Preise (Verrechnungspreise), zugrunde legt, als sie voneinander unabhängige Dritte unter gleichen oder vergleichbaren Verhältnissen vereinbart hätten (Fremdvergleichsgrundsatz)"*[3]. Der steuerliche Vergleichsmaßstab für die Geschäftsbeziehung zwischen den nahestehenden Personen besteht also nicht aus einer tatsächlichen Größe, sondern aus einer **hypothetischen Größe**, dem was fremde Dritte **vereinbart hätten**. Als **Geschäftsbeziehung** bestimmt § 1 Abs. 4 AStG *„einzelne oder mehrere zusammenhängende wirtschaftliche Vorgänge (Geschäftsvorfälle)"*, denen keine gesellschaftsvertragliche Vereinbarung zugrunde liegt, sowie anzunehmende schuldrechtliche Beziehungen des Steuerpflichtigen, mit seiner in einem anderen Staat belegenen Betriebsstätte. Ob und ggf. in welchem Umfang bei konzerninternen Lieferungen und Leistungen die tatsächlich vereinbarten Bedingungen von denjenigen abweichen, die zwischen fremden Dritten vereinbart worden wären, ist keine Rechts-, sondern eine Tatsachenfrage, deren Beantwortung im gericht-

---

1 BT-Drucks. VI/2883, S. 23.

2 Vgl. BMF-Schreiben v.12.12.2024 - IV B 3 - S 1341/19/10017:004, BStBl 2024 I S. 207, Verwaltungsgrundsätze Verrechnungspreise Grundsätze für die Korrektur von Einkünften gem. § 1 AStG (**Verwaltungsgrundsätze Verrechnungspreise 2024**), Tz. 3.3.

3 § 1 Abs. 1 Satz 1 AStG.

lichen Verfahren in erster Linie dem FG obliegt.[1] Auch die Ermittlung des Korrekturbetrages erfolgt im Rahmen von § 1 AStG unter Anwendung des Fremdvergleichsgrundsatzes auf eine hypothetische Größe, da die Einkünfte so anzusetzen sind, „*wie sie unter den zwischen voneinander unabhängigen Dritten vereinbarten Bedingungen angefallen wären*"[2]. Somit findet sich der Maßstab des Fremdvergleichs sowohl auf der Tatbestands- als auch auf der Rechtsfolgenseite der Norm.

Zur Bestimmung von dem Fremdvergleichsgrundsatz entsprechenden Verrechnungspreisen, bestimmt der durch das Abzugsteuerentlastungsmodernisierungsgesetz[3] reformierte § 1 Abs. 3 AStG die am besten geeignete Verrechnungspreismethode und gibt das bisherige Konzept einer Hierarchie zwischen den verschiedenen Methoden auf. 4

Die Ausdehnung der Anwendung des Fremdvergleichsgrundsatzes auf die Gewinnabgrenzung in grenzüberschreitenden **Betriebsstättenfällen** erfolgt in § 1 Abs. 5 AStG. Hierdurch hat sich § 1 AStG zu „der" grundlegenden deutschen Einkünftekorrekturvorschrift im Bereich der internationalen steuerlichen Betriebsstättengewinnaufteilung entwickelt.[4] 5

Einstweilen frei 6–8

II. Verhältnis zu anderen Korrekturvorschriften

Eine Berichtigung der Einkünfte nach § 1 Abs. 1 AStG erfolgt „unbeschadet anderer Vorschriften". Dies bedeutet zunächst nur, dass § 1 AStG die Rechtsfolge der anderen steuerlichen Korrekturvorschriften nicht grundsätzlich ausschließt.[5] Die Bedeutung dieser Regelung des Gesetzes ist nicht eindeutig und umstritten.[6] Klar zu sein scheint, dass im Ergebnis eine Einkünfteberichtigung nur einmal vorzunehmen ist.[7] Somit ist für einen Korrekturbetrag entweder 9

1 Vgl. BFH, Urteil v. 6.4.2005 - I R 22/04, BStBl 2007 II S. 658; BFH, Urteil v. 18.5.2021 - I R 4/17 SAAAH-93024, BFHE 273 S. 440; BFH, Urteil v. 13.1.2022 - I R 15/21 DAAAJ-16160, BFH/NV 2022 S. 831.

2 § 1 Abs. 1 Satz 1 AStG.

3 Gesetz v. 2.6.2021, BGBl 2021 I S. 1259.

4 Vgl. Bärsch/Ditz/Engelen/Quilitzsch, DStR 2021 S. 1785.

5 Vgl. Debatin, RIW 1975 S. 599; siehe auch **Verwaltungsgrundsätze Verrechnungspreise 2024,** Tz. 1.3: „*Die Einkünftekorrekturvorschriften sind grundsätzlich voneinander unabhängig und nebeneinander anwendbar*".

6 Vgl. Ditz/Licht/Wassermeyer in Flick/Wassermeyer/Ditz/Schönfeld, Außensteuerrecht (113. Erg.-Lfg. 2025), § 1 AStG Rz. 26.3 ff., 172.

7 Vgl. Debatin, RIW 1975 S. 599; Wassermeyer in Wassermeyer/Baumhoff, Verrechnungspreise international verbundener Unternehmen, 2001, Rz. 2.7.

§ 1 AStG oder eine andere Korrekturvorschrift, wie die verdeckte Gewinnausschüttung (vGA, § 8 Abs. 3 Satz 2 KStG), die verdeckte Einlage (§ 8 Abs. 3 Satz 3 KStG), die Einlage (§ 4 Abs. 1 Satz 8 EStG) oder Entnahme (§ 4 Abs. 1 Satz 2 ff. EStG) anwendbar. Im Ergebnis soll der zutreffende Inlandsgewinn[1] besteuert werden.

10 Die herrschende Meinung ging dabei lange Zeit von einem Vorrang der vGA und anderen Korrekturnormen vor § 1 AStG, nicht jedoch von einem Wahlrecht des Rechtanwenders der Vorschriften aus.[2] Gegen diese Sichtweise stellte sich der BFH für die Gesetzesfassung vor der Unternehmensteuerreform 2008, die bisherige Rechtsprechung[3] ändernden Urteil vom 27.11.2019[4] und sah keinen Vorrang der vGA, beide Vorschriften überlagern sich nach Auffassung des BFH und der Rechtsanwender könne entscheiden, welche Korrekturnorm vorrangig zu prüfen sei, jedenfalls soweit die Rechtsfolgen der beiden Vorschriften nicht voneinander abweichen.[5] Aus dem Begriff „unbeschadet" las der BFH im juristischen Sinne ein Nebeneinander.[6] Aus dem Gesetzeszweck leitete der BFH eine Erfassung des zutreffenden Inlandsgewinnes ab,[7] ohne jedoch darzulegen, wie ein dieser definiert ist.[8]

11 Diese Sichtweise sei insbesondere bei ausländischen Dreiecksfällen mit Vorteilsverbrauch auf Ebene der gemeinsamen Muttergesellschaft zweier Tochtergesellschaften, falls etwa die eine Tochtergesellschaft der anderen ein fremdunüblich niedrig verzinstes Darlehn gewährt, anzuwenden. Hierbei kommt es mangels Einlagefähigkeit nicht zu einer verdeckten Einlage durch die Mutter an die Tochtergesellschaft, im Ergebnis kompensieren sich die vGA und ein kor-

---

1 So BFH, Urteil v. 9.6.2021 - I R 32/17, BStBl 2023 II S. 686 Tz. 18 und Verwaltungsgrundsätze Verrechnungspreise 2024, Tz. 1.3.

2 Vgl. Ditz/Licht/Wassermeyer in Flick/Wassermeyer/Ditz/Schönfeld, Außensteuerrecht (113. Erg.-Lfg. 2025), § 1 AStG Rz. 27.1; Kraft in Kraft, AStG, 2. Aufl. 2019, § 1 AStG Rz. 20; Schaumburg, Internationales Steuerrecht. 5. Aufl. 2023, Rz. 21.137; Greil/Wargowske in BeckOK AStG, § 1 AStG Rz. 161; Ditz/Licht/Linnemann, ISR 2022 S. 165. So auch BMF, Schreiben v. 14.7.2021 - IV B 5 - S 1341/19/10017 :001 BAAAH-83917, BStBl 2021 I S. 1098, Tz. 1.3.

3 Vgl. BFH, Urteil v. 9.11.1988 - I R 335/83, BStBl 1989 II S. 510.

4 Vgl. BFH, Urteil v. 27.11.2019 - I R 40/19 (I R 14/16) EAAAH-57860, DStR 2020 S. 2012, Rz. 42 ff.

5 Ähnlich zum Verhältnis von nichtabziehbaren Betriebsausgaben und einer vGA, siehe BFH, Urteil v. 4.12. 1996 - I R 54/95, DStR 1997 S. 492; anders zur vGa und § 1 AStG noch BFH, Urteil v. 9.11.1988 - I R 335/83, BStBl 1989 II S. 510.

6 Vgl. BFH, Urteil v. 27.11.2019 - I R 40/19 (I R 14/16) EAAAH-57860, DStR 2020 S. 2012, Rz. 43.

7 BFH, Urteil v. 27.11.2019 - I R 40/19 (I R 14/16) EAAAH-57860, DStR 2020 S. 2012, Rz. 44.

8 So auch Ditz/Licht/Linnemann, ISR 2022 S. 170 f.; Baumhoff/Ditz in Flick/Wassermeyer/Ditz/Schönfeld, Außensteuerrecht (113. Erg.-Lfg. 2025), § 1 AStG Rz. 18.1.

respondierender Vorteilsverbrauch auf Ebene der Muttergesellschaft.[1] In dem BFH-Fall verdrängte § 1 AStG als einzig anzuwendende Korrekturvorschrift die vGa auf der Gesellschafterebene, um das unter dem Fremdvergleichsgrundsatz zutreffende Inlandsergebnis zu erfassen.[2] In der Fassung von § 1 AStG durch das Unternehmensteuerreformgesetz 2008 (siehe → Rz. 50 f.) hält der BFH an dieser Rechtsprechung jedoch nicht mehr fest und sieht § 1 AStG nun wie vorher nur als **subsidiär** gegenüber der vGA anwendbar.[3] Ein Wahlrecht zur grundsätzlich möglichen Auswahl der Korrekturvorschriften sieht auch die Finanzverwaltung nicht,[4] sondern wendet § 1 AStG regelmäßig nur ergänzend, oder in besonderen Fällen, bei denen der zutreffende Inlandsgewinn nicht sichergestellt wird, an.[5] Allerdings wird auch durch die Finanzverwaltung nicht erläutert, wann ein Inlandsgewinn denn zutreffend ist und welcher Maßstab hierfür außerhalb des Fremdvergleichsgrundsatzes angelegt wird.

Sollten sich der Höhe nach aus § 1 AStG weitergehende Berichtigungen, als nach anderen Korrekturvorschriften, ergeben, stellt § 1 Abs. 1 Satz 4 AStG auf der Rechtsfolgenseite klar, dass solche weitergehenden Berichtigungen neben eventuelle Berichtigungen anderer Korrekturnormen treten. So findet § 1 AStG **ergänzende** Anwendung neben den anderen Korrekturvorschriften, wobei die weitergehende Rechtsfolge in diesen Fällen dem § 1 AStG zu entnehmen ist.[6] Im Ergebnis der BFH-Rechtsprechung kann § 1 AStG damit sowohl als **Auffangvorschrift** dem Grunde nach, als auch als **Auffüllvorschrift** der Höhe nach gesehen werden.[7] 12

Zwischen den Vorschriften des **Umsatzsteuergesetzes** und den Rechtsfolgen des § 1 AStG besteht kein unmittelbarer Zusammenhang und auch kein Konkurrenzverhältnis. Korrekturen der ertragsteuerlichen Bemessungsgrundlage 13

1 Vgl. Grümmer/Schreiber, UbG 2021 S. 70; Ditz/Licht/Linnemann, ISR 2022 S. 165; siehe auch BFH, Urteil v. 27.11.2019 - I R 40/19 (I R 14/16), DStR 2020 S. 2012, Rz. 45.

2 So auch Grümmer/Schreiber, UbG 2021 S. 76; im Ergebnis auch BMF, Schreiben v. 14.7.2021 - IV B 5 - S 1341/19/10017: 001 BAAAH-83917, BStBl 2021 I S. 1098, Tz. 1.3. Schnitger, IStR 2020 S. 821, hier 825 und 827 spricht von einer Einkünfteerhöhung „um jeden Preis", welche der BFH erzielen wollte.

3 Vgl. BFH, Urteil v. 9.8.2023 I R 54/19, BStBl 2024 II S. 675, Tz. 21.

4 Vgl. **Verwaltungsgrundsätze Verrechnungspreise 2024**, Tz. 1.3. Gegen ein Wahlrecht auch Ditz/Licht/Linnemann, ISR 2022 S. 165.

5 Vgl. **Verwaltungsgrundsätze Verrechnungspreise 2024,** Tz. 1.3, so bereits auch Greil/Wargowske in BeckOK AStG, § 1 AStG Rz. 161.

6 Vgl. Ditz/Wassermeyer in Flick/Wassermeyer/Ditz/Schönfeld, Außensteuerrecht (113. Erg.-Lfg. 2025), § 1 AStG Rz. 27.1 f. Siehe auch die Beispiele in BMF, Schreiben v. 14.7.2021 - IV B 5 - S 1341/19/10017 :001 BAAAH-83917, BStBl 2021 I S. 1098, Tz. 1.6.

7 Vgl. Grümmer/Schreiber, UbG 2021 S. 77, grundsätzlich auch Greil/Wargowske in BeckOK AStG, § 1 AStG Rz. 161 ff.

beeinflussen die umsatzsteuerliche Bemessungsgrundlage nicht unmittelbar.[1] Auch hinsichtlich der **Zollwertvorschriften** besteht kein Konkurrenzverhältnis mit § 1 AStG, so dass die beiden Rechtsbereiche grundsätzlich voneinander getrennt sind, obwohl aufgrund des dort ebenfalls angewendeten Fremdvergleichsgrundsatzes in der Praxis teilweise Beziehungen auftreten können.[2]

14–16 *Einstweilen frei*

III. Verhältnis zu den DBA

17 Bei grenzüberschreitenden Sachverhalten ist neben den Normen des innerstaatlichen Rechts auch ein eventuell abgeschlossenes DBA zu beachten. Der Fremdvergleichsgrundsatz („**dealing at arm's length principle**") dient dabei über Art. 9 OECD-MA[3] auch international als Maßstab für die Einkünftekorrektur:

Art. 9 Verbundene Unternehmen

(1) Wenn

a) ein Unternehmen eines Vertragsstaates unmittelbar oder mittelbar an der Geschäftsleitung, der Kontrolle oder dem Kapital eines Unternehmens des anderen Vertragsstaates beteiligt ist, oder

b) dieselben Personen unmittelbar oder mittelbar an der Geschäftsleitung, der Kontrolle oder dem Kapital eines Unternehmens eines Vertragsstaates und eines Unternehmens des anderen Vertragsstaates beteiligt sind

und in diesen Fällen die beiden Unternehmen in ihren kaufmännischen oder finanziellen Beziehungen an vereinbarte oder auferlegte Bedingungen gebunden sind, die von denen abweichen, die unabhängige Unternehmen miteinander vereinbaren würden, so dürfen die Gewinne, die eines der Unternehmen ohne diese Bedingungen erzielt hätte, wegen die-

---

1 Vgl. Kaminski in Strunk/Kaminski/Köhler, AStG/DBA (70. Erg.-Lfg. 2025), § 1 AStG Rz. 33; Pohl in Brandis/Heuermann, Ertragssteuerrecht, § 1 AStG Rz. 23.

2 Vgl. Kaminski in Strunk/Kaminski/Köhler, AStG/DBA (70. Erg.-Lfg. 2025), § 1 AStG Rz. 32. Siehe zum Verhältnis von Zollwert und Verrechnungspreis auch BMF, Schreiben v. 14.7.2021 - IV B 5 - S 1341/19/10017 :001 BAAAH-83917, BStBl 2021 I S. 1098, Tz. 4.7 f.; OECD Transfer Pricing Guidelines for Multinational Enterprises and Tax Administrations 2022 (diese OECD-Verrechnungspreisleitlinien sind in einer deutschen Übersetzung als Anlage zu den Verwaltungsgrundsätze Verrechnungspreise 2024 veröffentlicht worden, abgedruckt etwa in Schreiber/Nientimp, Verrechnungspreise, 11. Aufl. 2024, (im Folgenden zitiert als **OECD-LL**), Tz. 1.157 f; sowie Möller, IWB 17/2008 S. 873 JAAAC-89751; Nientimp/Stein/Hundebeck, DStR 2016 S. 2871.

3 So auch Art. 9 der Deutschen Verhandlungsgrundlage für DBA im Bereich der Steuern vom Einkommen und Vermögen.

ser Bedingungen aber nicht erzielt hat, den Gewinnen des Unternehmens zugerechnet und entsprechend besteuert werden.

(2) Werden in einem Vertragsstaat den Gewinnen eines Unternehmens dieses Staates Gewinne zugerechnet – und entsprechend besteuert –, mit denen ein Unternehmen des anderen Vertragsstaates in diesem Staat besteuert worden ist, und handelt es sich bei den zugerechneten Gewinnen um solche, die das Unternehmen des erstgenannten Staates erzielt hätte, wenn die zwischen den beiden Unternehmen vereinbarten Bedingungen die gleichen gewesen wären, die unabhängige Unternehmen miteinander vereinbaren würden, so nimmt der andere Staat eine entsprechende Änderung der dort von diesen Gewinnen erhobenen Steuer vor. Bei dieser Änderung sind die übrigen Bestimmungen dieses Abkommens zu berücksichtigen; erforderlichenfalls werden die zuständigen Behörden der Vertragsstaaten einander konsultieren.

Die dem Art. 9 OECD-MA nachgebildeten DBA-Klauseln sollen eine **wirtschaftliche Doppelbesteuerung vermeiden** und beschränken das innerstaatliche Recht.[1] Sie begründen keine Steuerpflicht, sie erhöhen auch keine Steuern über die innerstaatlichen Steuergesetze hinaus.[2] DBA-Berichtigungsklauseln kann daher auch nicht die Qualität zugesprochen werden, eine Rechtsgrundlage für nachteilige Einkunftsberichtigungen darstellen zu können. Sie haben also **keine self-executing Wirkung**.[3] Sie müssen durch innerstaatliches Recht ausgefüllt werden und beschränken eine nach dem Steuerrecht des Anwenderstaates bestehende Berichtigungsmöglichkeit.[4] *„Die völkervertragliche Vorgabe ist also gewissermaßen die Sollvorgabe für das nationale Recht“*.[5] 18

Die Definition des Fremdvergleichsgrundsatzes in Art. 9 Abs. 1 OECD-MA wird im Musterkommentar zum OECD-MA sowie in den **OECD-Verrechnungspreisleitlinien**, auf die Tz. 1 OECD-MK zu Art. 9 Abs. 1 explizit verweist, erläutern den Fremdvergleichsgrundsatz und beschreiben Operationalisierungen hierzu 19

1 Vgl. Etwa Kluge, Das Internationale Steuerrecht, 4. Aufl. 2000, S. 807 ff.; Eigelshoven in Vogel/Lehner, DBA, 7. Aufl. 2021, Art. 9 OECD-MA Rz. 18, 159.

2 Vgl. BFH, Urteil v. 12.3.1980 - I R 186/76, BStBl 1980 II S. 531; BFH, Urteil v. 21.1.1981 - I R 153/77, BStBl 1981 II S. 517; BFH, Urteil v. 21.6.2001 - I B 141/00 CAAAB-04892, BFHE 195 S. 398.

3 Vgl. Eigelshoven in Vogel/Lehner, DBA, 7. Aufl. 2021, Art. 9 OECD-MA Rz. 18 ff.; Schwenke/Greil in Wassermeyer, DBA, Art. 9 OECD-MA Rz. 147 ff.; Kluge, Das Internationale Steuerrecht, 4. Aufl. 2000, S. 809; jeweils m. w. N.

4 Vgl. BFH, Urteil v. 21.6.2001 - I B 141/00 CAAAB-04892, BFHE 195 S. 398; BFH, Urteil v. 17.12.2014 - I R 23/13 BStBl 2016 II S. 261, DStR 2015 S. 466.

5 Gosch, DStR 2019 S. 2441, 2446.

in der Form von Verrechnungspreismethoden.[1] Nach Art. 9 OECD-MA können die vereinbarten oder auferlegten Bedingungen („conditions are made or imposed") von Transaktionen zwischen verbundenen Unternehmen durch die Vertragsstaaten anhand des Fremdvergleichsgrundsatzes auf ihre Angemessenheit überprüft werden. Eine Abweichung von dem Fremdvergleichsgrundsatz in den kaufmännischen oder finanziellen Beziehungen („commercial or financial relations") der verbundenen Unternehmen erlaubt es den Vertragsstaaten, die entsprechenden Gewinne der Unternehmen zu korrigieren und zu besteuern, sofern es im nationalen Recht eine Rechtsgrundlage hierfür gibt.

20 Die Definition des Fremdvergleichsgrundsatzes in Art. 9 Abs. 1 OECD-MA besagt insbesondere, dass es unerheblich ist, ob die Bedingungen einer verbundenen Transaktion vereinbart oder auferlegt werden. Es kommt demnach vielmehr auf den wirtschaftlichen Gehalt der betreffenden Transaktion an, bzw. ob die vereinbarten oder auferlegten Preise dem Fremdvergleichsgrundsatz entsprechen.[2] Wie die Bedingungen einer Transaktion konkret zustande kommen, ist dabei unerheblich; hier sind multinationale Unternehmen frei.[3] Art. 9 OECD-MA beschäftigt sich nicht mit der Ermittlung der Preise zwischen verbundenen Unternehmen selbst, sondern nur mit dem Vergleichsmaßstab, der angewandt werden darf, um die Gewinne gegebenenfalls berichtigen zu können.[4] Tz. 1 OECD-MK zu Art. 9 **erläutert hierzu, Art. 9** *„befasst sich mit Gewinnberichtigungen die für steuerliche Zwecke vorgenommen werden"* und hat hierfür *„die Bedingungen für die Anwendung dieses Artikels, seine Folgen und die verschiedenen Methoden zu prüfen, die angewandt werden dürfen, um Gewinne zu berücksichtigen, wenn Transaktionen nicht unter den Bedingungen des freien Marktes abgewickelt worden sind."* **Formelle Anforderungen, etwa** an die Ausgestaltung der Vereinbarungen (z. B. Schriftform eines Vertrages) bestehen demnach nicht.[5]

---

1 Zur Rechtsnatur der Verrechnungspreisleitlinien siehe etwa Melan, IStR 2024, 766.

2 Vgl. Eigelshoven in Vogel/Lehner, DBA, 7. Aufl. 2021, Art. 9 OECD-MA Rz. 50.

3 Vgl. Adams/Coombs, Global Transfer Pricing: Principles and Practice, 2003, S. 10.

4 So Tz. 1 des OECD-MK zu Art. 9: *„[...] die Bedingungen für die Anwendung dieses Artikels, seine Folgen und die verschiedenen Methoden zu prüfen, die angewandt werden dürfen, um Gewinne zu berücksichtigen, wenn Transaktionen nicht unter den Bedingungen des freien Marktes abgewickelt worden sind"*.

5 Auch in einem rein nationalen Fall hat das BVerfG entschieden, dass die Schriftform eines Vertrages kein Tatbestandsmerkmal des § 4 Abs. 4 EStG ist, BVerfG, Beschluss v. 22.5.2025 - 2 BvR 172/24 ZAAAJ-94981.

Diese bisher von der herrschenden Meinung in der Literatur[1] vertretene Auffassung wurde von der Finanzverwaltung abgelehnt. Ursprünglich hat der BFH mit Urteil vom 11.10.2012[2] herausgearbeitet, dass unter den Art. 9 OECD-MA nachgebildeten Normen der DBA-Maßstab die Angemessenheit der Höhe nach ist, somit eine nationale *„Gewinnkorrektur, die sich nicht nur auf die Angemessenheit (Höhe) des Vereinbarten erstreckt, sondern – in einem zweistufigen Vorgehen – gleichermaßen auf dessen „Grund" (Üblichkeit, Ernsthaftigkeit), den Vergleichsmaßstäben des „Dealing at arm's length" fremd ist"*.[3] Diese zur Sperrwirkung der DBA gegenüber der vGA entwickelten Grundsätze galten nach dem BFH-Urteil vom 17.12.2014 auch für § 1 AStG.[4] *„Auch hier kann eine Einkünftekorrektur nur dann in Betracht kommen, wenn der vereinbarte Preis seiner Höhe, also seiner Angemessenheit nach dem Fremdvergleichsmaßstab nicht standhält."*[5] In dem BFH-Urteil vom 24.6.2015 bestätigte der BFH diese Auffassung erneut in einem Fall DBA Großbritannien bezüglich der Anwendung von § 1 AStG bei einer bei Teilwertabschreibung eines unbesichert begebenen Darlehens im Konzern, die das Finanzamt ursprünglich nach § 8b Abs. 3 KStG 2002 korrigiert hatte.[6] Die DBA-Normen gewährleisten nur dann den Zweck, die Unternehmensgewinne ohne Doppelbesteuerung aufzuteilen, wenn die beiden Abkommenspartner den Beurteilungsmaßstab gleichermaßen und verbindlich anwenden.[7] Die dem Art. 9 OECD-MA nachgebildeten Artikel der jeweiligen DBA entfalten somit eine **Sperr- oder Schrankenwirkung** gegenüber den nationalen Korrekturnormen.[8] Diese Schrankenwirkung ist auch bei der Operationalisierung des Fremdvergleichs durch Verrechnungspreismethoden zu berücksichtigen, falls etwa das Ergebnis nach § 1 AStG von dem nach dem 21

1 Vgl. Gosch in FS Korn, 2005, S. 395; Eigelshoven in Vogel/Lehner, DBA, 7. Aufl. 2021, Art. 9 OECD-MA Rz. 27; Eigelshoven/Nientimp, DB 2003 S. 2307; Gosch in Gosch, KStG, 4. Aufl. 2020, § 8 KStG Rz. 190 f.; Mank/Nientimp, DB 2007 S. 2163.

2 BFH, Urteil v. 11.10.2012 - I R 75/11, BStBl 2013 II S. 1046; siehe hierzu auch Andresen/Immenkötter, DB 2013 S. 534; Kircher/Moll, DStR 2013 S. 1111; Puls, IStR 2013 S. 704.

3 BFH, Urteil v. 11.10.2012 - I R 75/11, BStBl 2013 II S. 1046, Rz. 11.

4 Vgl. BFH, Urteil v. 17.12.2014 - I R 23/13, BStBl 2016 II S. 261.

5 BFH, Urteil v. 17.12.2014 - I R 23/13, BStBl 2016 II S. 261, Rz. 20.

6 Vgl. BFH, Urteil v. 24.6.2015 - I R 29/14, BStBl 2016 II S. 258.

7 Vgl. Eigelshoven in Vogel/Lehner, DBA, 7. Aufl. 2021, Art. 9 OECD-MA Rz. 20; BFH, Urteil v. 17.12.2014 - I R 23/13, BStBl 2016 II S. 261, Rz. 18.

8 Vgl. Eigelshoven in Vogel/Lehner DBA, 7. Aufl. 2021, Art 9 OECD-MA Rz. 18 ff., 27 f.; Kluge, Das Internationale Steuerrecht, 4. Aufl. 2000, S. 000 f.; Gosch in Gosch, KStG, 4. Aufl. 2020, § 8 KStG Rz. 190 f.; Rasch, Konzernverrechnungspreise im nationalen, bilateralen und europäischen Steuerrecht, 2001, S. 184 ff.; Nientimp, Steuerliche Gewinnabgrenzung im internationalen Konzern, 2003, S. 105 ff.; Stein, Verlagerung von Forschungs- und Entwicklungsfunktionen in multinationalen Konzernen, 2014, S. 68 ff.; siehe auch Wittendorff, Bulletin for International Taxation 2009 S. 111 ff.

anwendbaren DBA fremdüblichen Ergebnis abweicht. Auch eine solche Korrektur wäre unter einem DBA, welches eine dem Art. 9 OECD-MA nachgebildete Norm enthält, abkommensrechtlich nicht durchsetzbar.

22 Zu dieser Rechtsprechung vollzog der BFH nur wenige Jahre später in seinem ursprünglichen Grundsatzurteil vom 27.2.2019 zu einem Fall einer gewinnmindernden Ausbuchung eines unbesicherten Darlehns an eine belgische Tochtergesellschaft eine überraschende **Kehrtwende.**[1] Zwar wurde dieses Urteil nach einer Verfassungsbeschwerde mit Beschluss vom 4.3.2021[2] vom BVerfG aufgehoben und an den BFH zurückverwiesen, da es, nach Auffassung des BVerfG, zwar offenbleiben kann, ob das angegriffene BFH-Urteil gegen den Gleichheitssatz von Art. 3 Abs. 1 GG in seiner Ausprägung als Willkürverbot verstößt, es allerdings die Beschwerdeführerin wegen einer unzureichenden Auseinandersetzung mit der Vorlagepflicht zum EuGH (Art. 267 Abs. 3 AEUV) in ihrem Verfahrensgrundrecht auf den gesetzlichen Richter (Art. 101 Abs. 1 Satz 2 GG) verletzt.[3] In dem darauf neu verhandelten Verfahren behielt der BFH mit Urteil vom 13.1.2022[4] jedoch seine geänderte Rechtsauffassung zur Sperrwirkung bei, an der er zuvor bereits „nach erneuter Überprüfung“[5] in einigen weiteren Urteilen festgehalten hat.[6] Der BFH will nunmehr aus Art. 9 der jeweiligen DBA den Korrekturbereich von § 1 AStG nicht mehr auf reine (Verrechnungs-) Preisanpassungen beschränken, sondern auch etwa gewinnmindernde Ausbuchungen von Forderungen oder Teilwertabschreibungen hierauf durch § 1 AStG ermöglichen. Da auch eine Nichtbesicherung von Darlehen eine Bedingung ist, die unter Fremdvergleichsaspekten analysiert werden kann und die Einkünfteminderung durch die fehlende Besicherung eingetreten

1 BFH, Urteil. v. 27.2.2019 - I R 73/16, BStBl 2019 II S. 394; aufgehoben durch BVerfG, Beschluss v. 4.3.2021 - 2 BvR 1161/19 UAAAH-75225, IStR 2021, 363.

2 BVerfG, Beschluss v. 4.3.2021 - 2 BvR 1161/19 UAAAH-75225, DStR 2021 S. 777.

3 Auch bei der Auseinandersetzung mit den sonstigen Begründungen dieses BFH-Urteils kritisierte das BVerfG etwa, dass es „unverständlich ist, weshalb der BFH „ohne nähere Ausführungen“ feststellt, das Darlehen von fremden Dritten nur bei Vollbesicherung abschlossen würden. Ob der Umstand, dass der BFH seine Ausführungen zum Fremdvergleich in keiner Weise mit tatsächlichen Feststellungen unterlegt, die Grenze zur Willkür überschreitet, beantwortet das BVerfG nur deshalb nicht, weil es schon einen Verstoß gegen das Verfahrensrecht auf den gesetzlichen Richter (hier EuGH) sah; BVerfG, Beschluss v. 4.3.2021 - 2 BvR 1161/19 UAAAH-75225, DStR 2021 S. 777, Tz. 48 ff.

4 BFH, Urteil v. 13.1.2022 - I R 15/21 UAAAH-75225, IStR 2022 S. 505, Rz. 19.

5 BFH, Urteil. v. 9.6.2021 - I R 32/17 VAAAH-94047, BFHE 273 S. 475, Rz. 27.

6 Vgl. BFH, Urteil v. 27.2.2019 - I R 81/17, BStBl 2020 II S. 443; BFH, Urteil v. 27.2.2019 - I R 51/17, BStBl 2020 II S. 440; BFH, Urteil. v. 19.6.2019 - I R 5/17 (nv) JAAAH-39337, IStR 2020 S. 141; BFH, Urteil v. 19.6.2019 - I R 54/17 (nv) TAAAH-39338, IStR 2020 S. 230; BFH, Urteil v. 14.8.2019 - I R 34/18 (nv) WAAAH-49566, IStR 2020 S. 590; BFH, Urteil v. 18.12.2019 - I R 72/17 (nv) TAAAH-56280, IStR 2020 S. 907; BFH, Urteil v. 9.6.2021 - I R 32/17 VAAAH-94047, IStR 2021 S. 937.

ist, steht Art. 9 DBA einer Einkünftekorrektur nach § 1 AStG, so der BFH, nicht entgegen. Argumentiert wird, wie auch in den vorherigen Urteilen, mit dem Wortlaut von Art. 9 DBA, allerdings mit unterschiedlichem Ergebnis. Basierend auf dem Wiener Übereinkommen über das Recht der Verträge vom 23.5.1969[1] – welches allerdings – wie von Dietmar Gosch herausgearbeitet – beim Abschluss des relevanten DBA Belgien 1967 noch gar nicht in Kraft war[2] – ermittelt der BFH den Reglungsgehalt des in dem Urteil relevanten Art. 9 DBA Belgien anhand der gewöhnlichen Bedeutung der verwendeten Ausdrücke, hier „vereinbarte Bedingungen", und sieht auch eine fehlende Besicherung von Darlehen hiervon erfasst.[3] Die Sperrwirkung gegenüber den Sonderbedingungen in Form einer *„klaren, im Voraus getroffenen, zivilrechtlich wirksamen und tatsächlich durchgeführten Vereinbarung"*, an die beherrschende Gesellschafter bei der vGA gebunden sind (sog. formeller Fremdvergleich)[4], gilt, trotz der Aufhebung des Grundsatzurteils vom 27.2.2019[5] durch das BVerfG[6], weiterhin.[7] Obwohl die sehr kurze Begründung für die Abkehr von der bisherigen Sperrwirkungsbegründung[8] leider nur wenig Einblick in die Überlegungen des BFH zulässt, scheint der BFH grundsätzlich weiterhin von einer Sperrwirkung des Art. 9 DBA auszugehen, öffnet nun aber neben dem Verrechnungspreis auch für die sonstigen Vertragsbedingungen eine Fremdvergleichsüberprüfung im Rahmen von § 1 AStG, welche der BFH als nicht durch eine Sperrwirkung von Art. 9 DBA gehindert sieht.[9] So steht weder die angenommene Informationssymmetrie von § 1 Abs. 1 Satz 3 AStG, noch die Anpassung auf den Median (§ 1 Abs. 3a Satz 4 AStG) und auch die Unterstellung einer Preisanpassungsklausel in § 1a AStG nicht im Einklang des Fremdvergleich von Art. 9 DBA.[10]

1 BGBl 1985 II S. 927.

2 Vgl. Gosch, DStR 2019 S. 2441, 2447.

3 Vgl. BFH, Urteil. v. 27.2.2019 - I R 73/16, BStBl 2019 II S. 394, Rz. 24 ff.; aufgehoben durch BVerfG, Beschluss v. 4.3.2021 – 2 BvR 1161/19 UAAAH-75225, IStR 2021 S. 363.

4 Ursprünglich BFH, Urteil v. 11.10.2012 - I R 75/11 BStBl 2013 II S. 1046.

5 BFH, Urteil v. 27.2.2019 - I R 73/16, BStBl 2019 II S. 394, hier hatte der BFH diese Sperrwirkung explizit aufrechterhalten, siehe → Rz. 22; aufgehoben durch BVerfG, Beschluss v. 4.3.2021 - 2 BvR 1161/19 UAAAH-75225, IStR 2021 S. 363.

6 BverfG, Beschluss v. 4.3.2021 - 2 BvR 1161/19 UAAAH-75225, DStR 2021 S. 777.

7 So auch Schwenke/Greil in Wassermeyer, DBA, 167. EL, Art. 9 OECD-MA Rz. 163a.

8 Vgl. etwa Gosch in Gosch, KStG, 4. Aufl. 2020, Rz. 190a ff.; Gosch, DStR 2019 S. 2441; Gebel, DStR 2019 S. 1896; Busch, IStR 2020 S. 326; Die Abkehr begrüßen etwa Steiner/Ullmann, DStR 2019 S. 2385; siehe auch Schwenke/Greil in Wassermeyer, DBA, Art. 9 OECD-MA Rz. 147 ff.

9 Siehe Eigelshoven in Vogel/Lehner, DBA, 7. Aufl. 2021, Art. 9 OECD-MA Rz. 20a.

10 Vgl. Gosch in DStR 2019, S. 2441; Gosch in Gosch, AStG, § 1 AStG Rz. 32; Ditz in Schönfeld/Ditz, DBA, Art. 9 Rz. 28.

23 Stellt sich heraus, dass ein – im Sinne des DBA – nicht fremdüblicher Verrechnungspreis gezahlt wurde, ist die Finanzverwaltung des Staates, in dem das benachteiligte verbundene Unternehmen ansässig ist, zur Anpassung des Gewinns der Gesellschaft berechtigt, soweit der unangemessene Teil des Preises reicht. Hierdurch wird der Fremdvergleichsgrundsatz eingehalten. Andererseits ist der andere Staat regelmäßig im Falle einer dem Art. 9 Abs. 2 OECD-MA nachgebildeten DBA-Norm verpflichtet, eine korrespondierende Gegenberichtigung vorzunehmen. Ist der andere Staat zu einer **Gegenberichtigung** nicht bereit, steht es dem Steuerpflichtigen frei, ein **Verständigungsverfahren** nach dem einschlägigen DBA zu beantragen (Art. 25 OECD-MA). Dieses Verständigungsverfahren wird von den zuständigen Finanzbehörden (Competent Authorities) durchgeführt und hat das Ziel, einen einheitlichen, von beiden Staaten akzeptierten, Verrechnungspreis festzusetzen, so eine abkommenskonforme Besteuerung herbeizuführen und eine Doppelbesteuerung zu vermeiden. Nach ähnlichen Regeln verläuft das Verständigungsverfahren gemäß der **EU-Schiedskonvention**, welches in Art. 4 zudem den Fremdvergleichsgrundsatz kodifiziert.[1] Als wesentliche Vorteile der EU-Schiedskonvention für den Steuerpflichtigen sind hierbei die zeitliche Begrenzung und die verbindliche Vermeidung einer Doppelbesteuerung in dem auf das Verständigungsverfahren folgende **Schiedsverfahren** hervorzuheben. In einigen neueren DBA mit Staaten, die nicht in der EU sind, hat Deutschland ebenfalls Schiedsklauseln vereinbart.[2] Daneben tritt die EU-Streitbeilegungsrichtlinie[3] welche durch das EU-Doppelbesteuerungsabkommen-Streitbeilegungsgesetz – EU-DBA-SBG vom 13.12.2019 in Deutschland umgesetzt wurde.[4]

24 Da § 1 AStG als eine einheitliche Korrekturnorm für grenzüberschreitende Geschäftsbeziehungen anwendbar sein soll, hat der Gesetzgeber auch die Neufassung von Art. 7 OECD-MA zu Gewinnabgrenzung bei Betriebsstätten berücksichtigt. Im Rahmen der Neuformulierung der Auffassung der OECD-Mitgliedstaaten von der Selbständigkeitsfiktion („functionally separate entity approach") der Betriebsstätte durch den Authorised OECD Approach – AOA – soll die Betriebsstätte zur Betriebsstättengewinnermittlung wie ein eigenständi-

---

1 Übereinkommen über die Beseitigung der Doppelbesteuerung im Falle von Gewinnberichtigungen zwischen verbundenen Unternehmen (90/436/EWG). Siehe hierzu auch BMF, Schreiben v. 13.7.2006 - IV B 6 - S 1300 -340/06, BStBl 2006 I S. 461.

2 Zum Schiedsverfahren nach Art. 25 Abs. 5 OECD-MA, welches ebenfalls ein verbindliches Schiedsverfahren nach Scheitern des Verständigungsverfahrens vorsieht, vgl. Nientimp/Tomson, IStR 2009 S. 615; Herlinghaus, IStR 2010 S. 125.

3 Richtlinie (EU) 2017/1852 des Rates v. 10.10.2017 COM(2016) 686 final.

4 Siehe zu den einzelnen internationalen Streitbeilegungsverfahren etwa Rasch, DStR 2024, S. 1043.

ges und unabhängiges Unternehmen behandelt werden.[1] Die OECD-Verrechnungspreisleitlinien zur Anwendung von Art. 9 OECD-MA können dann analog auch für die Anwendung von Art. 7 OECD-MA verwendet werden.

Art. 7 Unternehmensgewinne

(1) Gewinne eines Unternehmens eines Vertragsstaates können nur in diesem Staat besteuert werden, es sei denn, das Unternehmen übt seine Geschäftstätigkeit im anderen Staat durch eine dort belegene Betriebsstätte aus. Übt das Unternehmen seine Geschäftstätigkeit auf diese Weise aus, so können die Gewinne, die der Betriebsstätte nach Abs. 2 zuzurechnen sind, im anderen Staat besteuert werden.

(2) Bei der Anwendung dieses Artikels sowie von Artikel 23 A, 23 B sind die Gewinne, die der in Abs. 1 genannten Betriebsstätte in jedem Vertragsstaat zuzurechnen sind, die Gewinne, die sie hätte erzielen können, insbesondere im Verkehr mit anderen Teilen des Unternehmens, dessen Betriebsstätte sie ist, wenn sie als selbstständiges und unabhängiges Unternehmen eine gleiche oder ähnliche Geschäftstätigkeit unter gleichen oder ähnlichen Bedingungen ausgeübt hätte; dabei sind die vom Unternehmen durch die Betriebsstätte und durch andere Unternehmensteile ausgeübten Funktionen, eingesetzten Wirtschaftsgüter und übernommenen Risiken zu berücksichtigen.

(3) Ändert ein Vertragsstaat die einer Betriebsstätte eines Unternehmens eines Vertragsstaates zuzurechnenden Gewinne in Übereinstimmung mit Abs. 2 und besteuert er dementsprechend Gewinne des Unternehmens, die bereits im anderen Staat besteuert worden sind, so nimmt der andere Staat eine entsprechende Änderung der von diesen Gewinnen erhobenen Steuer vor, soweit dies zur Beseitigung einer Doppelbesteuerung erforderlich ist. Bei dieser Änderung werden die zuständigen Behörden der Vertragsstaaten einander erforderlichenfalls konsultieren.

(4) Gehören zu den Gewinnen Einkünfte, die in anderen Artikeln dieses Abkommens behandelt werden, so werden die Bestimmungen jener Artikel durch die Bestimmungen dieses Artikels nicht berührt.

Einstweilen frei 25–27

1 Siehe etwa Nientimp/Ludwig, IWB 18/2013 S. 638 AAAAE-44750; Nientimp/Ludwig/Stein, IWB 22/2014 S. 815 ff. UAAAE-79803.

IV. Verhältnis zum Europarecht

28 Während für rein nationale Transaktionen die Korrekturnormen der vGA und der verdeckten Einlage gelten, greift § 1 AStG nur bei Geschäftsbeziehungen zum Ausland. Korrekturmaßstab für § 1 AStG ist der Fremdvergleichswert, für die vGA der gemeine Wert bzw. für Entnahmen, Einlagen und verdeckte Einlagen der Teilwert. Da § 1 AStG ausschließlich grenzüberschreitende, nicht aber innerstaatliche, Sachverhalte erfasst und den Fremdvergleichswert als Korrekturmaßstab enthält, muss er sich seit langem, aufgrund der steuerlichen Ungleichbehandlung von innerstaatlichen Transaktionen und Transaktionen mit anderen EU-Mitgliedstaaten, unionsrechtlicher Bedenken erwehren. Regelmäßig wurde hier insbesondere eine **Beschränkung der Niederlassungsfreiheit**[1] **und der Kapitalverkehrsfreiheit**[2] vermutet.

29 Im überwiegenden Teil der Literatur wurde lange Zeit die Auffassung vertreten, dass § 1 Abs. 1 AStG einen Verstoß gegen die Niederlassungsfreiheit und die Kapitalverkehrsfreiheit darstellt.[3] Allerdings ist diese Europarechtswidrigkeit und ein Verstoß gegen die Grundfreiheiten von Vertretern der Finanzverwaltung bestritten worden.[4] So hat der Gesetzgeber auch im Rahmen der Änderungen des § 1 AStG im Zuge der Unternehmensteuerreform 2008 keine Änderungen vorgenommen, um dieses europarechtliche Problem in Angriff zu nehmen.[5]

30 Auch in der deutschen Rechtsprechung wurden vielfach Zweifel zur Vereinbarkeit von § 1 AStG mit dem Europarecht geäußert. In einem Beschluss über die Aussetzung der Vollziehung hat der **BFH am 21.6.2001**[6] seine Bedenken hinsichtlich der Europarechtswidrigkeit des § 1 Abs. 1 AStG bekräftigt. Der BFH sah in diesem Beschluss die Europarechtskonformität des § 1 Abs. 1 AStG als ernstlich zweifelhaft. In dem Urteil des **FG Düsseldorf vom 19.2.2008**[7] brachte

1 Art. 43 EGV, jetzt Art. 49 AEUV.

2 Art. 56 EGV, jetzt Art. 63 AEUV.

3 Vgl. etwa Dautzenberg/Goksch, BB 2000 S. 904; Wassermeyer, IStR 2001 S. 113 f.; Herlinghaus, FR 2001 S. 242; Eigelshoven, IWB 2001 F. 3 Gr. 1 S. 1761; Köplin/Sedemund, IStR 2002 S. 120; Rödder, DStR 2004 S. 1632; Weber-Grellet, Europäisches Steuerrecht, 2005, S. 213 f.; Rasch/Nakhai, DB 2005 S. 1984; Baumhoff/Ditz/Greinert, DStR 2007 S. 1461; Rehm/Nagler, IStR 2008 S. 421.

4 Vgl. Naumann/Sydow/Becker/Mitschke, IStR 2009 S. 665.

5 Kritisch etwa zu der Vereinbarkeit der Regelungen zur Funktionsverlagerung mit Europarecht, Hammerschmitt/Rehfeld, IWB 5/2008 S. 229 RAAAC-72824; Rolf, IStR 2009 S. 152; a. A. Begründung zur FVerlV vom 25.5.2008, BR-Drucks. 352/08 S. 2 und 10; siehe auch → Rz. 369 ff.

6 Vgl. BFH, Urteil v. 21.6.2001 - I B 141/00 CAAAB-04893, BFHE 195 S. 398.

7 Vgl. FG Düsseldorf, Urteil v. 19.2.2008 - 17 K 894/05 E NAAAC-76544, IStR 2008 S. 449. Vgl. hierzu die Anmerkungen von Rehm/Nagler, IStR 2008 S. 421.

das Gericht unmissverständlich zum Ausdruck, dass es für den Urteilsfall, in dem ein im Inland ansässiger Steuerpflichtiger einer in Großbritannien ansässigen Ltd., an der er zu 75 % beteiligt war, ein zinsloses Darlehen aus seinem Privatvermögen gewährt hatte, die durch den BFH und das Schrifttum geäußerten Bedenken hinsichtlich der Vereinbarkeit von § 1 AStG mit dem Unionsrecht teilt. Nach Auffassung des FG Düsseldorf griff der § 1 Abs. 1 AStG ohne unionsrechtlichen Rechtsfertigungsgrund in die Niederlassungs- und Kapitalverkehrsfreiheit ein. Insbesondere sah der Senat in der Rechtfertigung der Finanzverwaltung, dass durch § 1 Abs. 1 AStG der Grundsatz des Fremdvergleichs des Art. 9 OECD-MA im deutschen Steuerrecht umgesetzt wurde und der Grundsatz der Gewinnabgrenzung und Einkünftezuordnung zwischen den Staaten international anerkannt sei, keine hinreichende Rechtfertigung für die Ungleichbehandlung des Auslandsfalls im Vergleich zum Inlandsfall.[1] Neben diesen EU-rechtlichen Bedenken verneinte das FG Düsseldorf im behandelten Fall allerdings grundsätzlich eine Anwendung von § 1 AStG, da es die Transaktion als unentgeltliche wirtschaftliche Stützungsmaßnahme qualifizierte, die nicht zu einer Geschäftsbeziehung i. S. von § 1 AStG führt. Anders verhält es sich jedoch im Urteil des **FG Münster vom 22.2.2008**,[2] das einen Verstoß von § 1 AStG gegen die Niederlassungsfreiheit feststellte und daher eine Anwendung von § 1 AStG verneinte. Unter Hinweis auf die Rechtsprechung des EuGH kam das FG Münster zu dem Ergebnis, dass der von § 1 Abs. 1 AStG ausgehende Verstoß gegen die Grundfreiheiten auch nicht durch das im Urteilsfall anzuwendende DBA Niederlande gerechtfertigt sei und daher nicht anwendbar sei.

Wegweisend zur Europarechtlichen Einordnung ist das **EuGH-Urteil vom** 31
12.1.2010 in der Rechtsache SGI.[3] Der EuGH hat hier einen Fall zu Art. 26 des belgischen Einkommensteuergesetzes, welcher ähnlich dem deutschen § 1 AStG gestaltet ist, behandelt.[4] Auch Art. 26 des belgischen Einkommensteuergesetzes beschränkt sich auf Gewinnkorrekturen bei grenzüberschreitenden Geschäftsbeziehungen, wohingegen rein belgische Transaktionen nicht korrigiert werden können. Dem Fall lag die Korrektur der belgischen Finanzbehörden für ein unverzinsliches Darlehen einer belgischen Kapitalgesellschaft (SGI) an ihre französische Tochtergesellschaft, an der sie 65 % der Anteile hielt, zu-

1 So auch Rehm/Nagler, IStR 2008 S. 423 f.

2 Vgl. FG Münster, Urteil v. 22.2.2008 - 9 K 509/07 K EAAAC-77986, EFG 2008 S. 923

3 Vgl. EuGH, Urteil v. 21.1.2010 - Rs. C-311/08 „Société de Gestion Industrielle SA (SGI)“ MAAAD-38538, IStR 2010 S. 144.

4 Vgl. zum Urteil Thömmes, IWB 3/2010 S. 107 DAAAD-37193; Becker/Sydow, IStR 2010 S. 195; Englisch, IStR 2007 S. 140.

grunde. Weiterhin wurden als unangemessen qualifizierte Zahlungen für die Verwaltungsratstätigkeit eines luxemburgischen Gesellschafters durch die belgischen Finanzbehörden korrigiert. Gegen diese Gewinnkorrekturen klagte die SGI vor dem zuständigen Gericht in Mons. Dieses legte die Frage nach der Vereinbarkeit von Art. 26 des belgischen Einkommensteuergesetzes mit der Niederlassungsfreiheit und der Kapitalverkehrsfreiheit dem EuGH vor, da bei der Gewährung eines zinslosen Darlehens an eine belgische Tochtergesellschaft keine Gewinnkorrektur möglich gewesen wäre.

32 Der EuGH sieht in den Unterschieden in der steuerlichen Behandlung von gebietsansässigen Gesellschaften und Gesellschaften aus anderen Mitgliedstaaten eindeutig eine **Beschränkung der Niederlassungsfreiheit.**[1] Hierzu genügt es bereits, wenn die Normen geeignet sind, die Ausübung der Niederlassungsfreiheit zu beschränken. Einen Nachweis einer tatsächlichen Beschränkung oder zusätzlichen steuerlichen Belastung im vorliegenden Fall bedürfe es nicht.[2] Auch die Möglichkeit, eine eventuelle Doppelbesteuerung durch ein Verständigungs- oder Schiedsverfahren nach der EU-Schiedskonvention[3] zu beseitigen, ändere nichts an der Beschränkung der Niederlassungsfreiheit.[4]

33 Im Weiteren führte das Gericht eine **Rechtfertigungsprüfung** durch. Hierbei prüfte das Gericht, ob diese tatbestandsmäßige Beschränkung der Niederlassungsfreiheit gerechtfertigt sei, da mit ihr ein berechtigtes und mit dem EG-Vertrag zu vereinbarendes Ziel verfolgt wird und dies durch zwingende Gründe des Allgemeininteresses gerechtfertigt ist.[5] Im vorliegenden Fall sieht der EuGH hier eine Rechtfertigung einer solchen Korrekturnorm durch die Notwendigkeit der Wahrung einer ausgewogenen Aufteilung der Besteuerungsbefugnis zwischen den Mitgliedstaaten und der Notwendigkeit der Verhinderung von Steuerumgehungen[6] zur Verhinderung rein künstlicher Konstruktionen zu steuerlichen Zwecken.[7] In einem letzten Schritt prüfte der EuGH, ob die belgischen Regelungen zur Erreichung dieser Ziele geeignet sind und nicht über das

1 Vgl. EuGH, Urteil v. 21.1.2010 - Rs. C-311/08 „Société de Gestion Industrielle SA (SGI)" MAAAD-38538, IStR 2010 S. 144, Tz. 55.

2 Vgl. EuGH, Urteil v. 21.1.2010 - Rs. C-311/08 „Société de Gestion Industrielle SA (SGI)" MAAAD-38538, IStR 2010 S. 144, Tz. 50.

3 Übereinkommen 90/436/EWG, ABl EG 1990 Nr. L 225 S. 10.

4 Vgl. EuGH, Urteil v. 21.1.2010 - Rs. C-311/08 „Société de Gestion Industrielle SA (SGI)" MAAAD-38538, IStR 2010 S. 144, Tz. 54.

5 Vgl. Thömmes, IWB 3/2010 S. 107, 110 DAAAD-37193.

6 Vgl. EuGH, Urteil v. 21.1.2010 - Rs. C-311/08 „Société de Gestion Industrielle SA (SGI)" MAAAD-38538, IStR 2010 S. 144, Tz. 69; siehe hierzu Becker/Sydow, IStR 2010 S. 197.

7 Vgl. EuGH, Urteil v. 21.1.2010 - Rs. C-311/08 „Société de Gestion Industrielle SA (SGI)" MAAAD-38538, IStR 2010 S. 144, Tz. 71.

hinausgehen, was zur Zielerreichung erforderlich ist. Im Rahmen dieser **Verhältnismäßigkeitsprüfung** hat der EuGH zwei erforderliche Bedingungen aufgestellt. Es muss dem Steuerpflichtigen die Möglichkeit eingeräumt werden, **wirtschaftliche Gründe** für den Abschluss des fremdunüblichen Geschäfts beizubringen, und zwar ohne ihn übermäßigen Verwaltungszwängen zu unterwerfen.[1] Zweitens muss sich die steuerliche Korrektur auf den **fremdunüblichen** Teil einer Transaktion beschränken.[2] Diesbezüglich verweist der EuGH in seinem Urteil „SGI" vom 21.1.2010 auf das EuGH-Urteil „Test Claimants in the Thin Cap Group Litigation" vom 13.3.2007, in welcher der Schlussantrag des Generalanwalts Geelhoed angeführt wird. Dieser führte aus, dass der Steuerpflichtige darlegen können muss, dass die Bedingungen seines Geschäfts zwar nicht denen eines Geschäfts mit einem Dritten entsprachen, es aber für den Abschluss des Geschäfts echte wirtschaftliche Gründe gab, die nicht in der Erlangung eines Steuervorteils bestanden.[3]

In der Entscheidung **Hornbach-Baumarkt** vom 31.5.2018[4] führte der EuGH seine SGI-Rechtsprechung an der konkreten Norm des deutschen § 1 AStG fort. 34
Die Klägerin, die deutsche Hornbach-Baumarkt AG, hatte gegenüber fremden Banken Patronatserklärungen für zwei niederländische Konzerngesellschaften abgegeben, ohne hierfür eine Vergütung zu erhalten. Die beiden niederländischen Gesellschaften hatten ein negatives Eigenkapital und waren für die Fortführung ihres Geschäftsbetriebs und die Finanzierung der beabsichtigten Errichtung eines Bau- und Gartenmarkts jeweils auf Bankkredite in der Größenordnung von 10–15 Mio. € angewiesen. Die finanzierende Bank hatte die Gewährung der Kredite von der Gestellung von Garantie- und Patronatserklärungen durch die Hornbach-Baumarkt AG abhängig gemacht. Das deutsche Finanzamt ging davon aus, dass eine solche Garantie zwischen fremden Dritten nur gegen Entgelt gegeben würde und korrigierte die Einkünfte der deutschen Patronatsgeberin nach § 1 AStG. Da bei rein inländischen Sachverhalten keine Korrektur erfolgt wäre, sah die Klägerin einen Verstoß gegen die Niederlassungsfreiheit.[5] Im Kern ging es bei diesem Fall um die Frage, ob wirtschaftliche

1 Vgl. EuGH, Urteil v. 21.1.2010 - Rs. C-311/08 „Société de Gestion Industrielle SA (SGI)" MAAAD-38538, IStR 2010 S. 144, Tz. 71.

2 Vgl. EuGH, Urteil v. 21.1.2010 - Rs. C-311/08 „Société de Gestion Industrielle SA (SGI)" MAAAD-38538, IStR 2010 S. 144, Tz. 72.

3 Vgl. EuGH, Urteil v. 21.1.2010 - Rs. C-311/08 „Société de Gestion Industrielle SA (SGI)" MAAAD-38538, IStR 2010 S. 144, Tz. 82.

4 EuGH, Urteil v. 31.5.2018 - Rs. C-382/16 „Hornbach-Baumarkt AG" PAAAG-86743, DStR 2018 S. 1221.

5 FG Rheinland-Pfalz, Vorlagebeschluss v. 28.6.2016 -1 K 1472/13 SAAAF-86116, EFG 2016 S. 1678.

Gründe einer Muttergesellschaft, die notwendige Bonität für ihre Tochtergesellschaften zur Verfügung zu stellen, ein Abweichen vom Fremdvergleichsgrundsatz europarechtlich rechtfertigen können. Im Ergebnis blieb der EuGH bei den Grundsätzen seiner SGI-Rechtsprechung. So entschied der EuGH, dass § 1 AStG geeignet ist, die Niederlassungsfreiheit zu beschränken, da dieser nur bei Geschäftsbeziehungen zum Ausland eine Korrektur vorsieht.[1] Der EuGH sieht auch weiterhin die Wahrung der Aufteilung der Besteuerungsrechte und Vermeidung von Steuerumgehung als möglichen Rechtfertigungsgrund für eine solche Ungleichbehandlung.[2] Allerdings verfolgt eine solche nationale Regelung berechtigte und mit dem Vertrag zu vereinbarende Ziele, die zwingenden Gründen des Allgemeininteresses entsprechen, und ist zur Erreichung dieser Ziele geeignet.[3] Der EuGH bestätigt auch eine solche einseitige Korrekturmöglichkeit in Höhe des Entgelts unter angenommenen Marktbedingungen,[4] was wohl eine andere Formulierung für den Fremdvergleichsgrundsatz ist. Im Rahmen der Verhältnismäßigkeitsprüfung, *„ob ein geschäftlicher Vorgang eine rein künstliche Konstruktion zu steuerlichen Zwecken darstellt, nicht über das hinausgeht, was zur Erreichung der Ziele der Notwendigkeit, die Ausgewogenheit der Aufteilung der Besteuerungsbefugnis zwischen den Mitgliedstaaten zu wahren, und der Notwendigkeit, Steuerumgehungen zu verhindern, erforderlich ist“*,[5] bleibt der EuGH bei den beiden Prüfungsschritten, ob sich die Korrektur am Fremdvergleichsgrundsatz orientiert und der Steuerpflichtige die Möglichkeit hat, Nachweise zu möglichen wirtschaftlichen Gründen zu erbringen, die Abschluss von Geschäften unter nicht fremdüblichen Bedingungen rechtfertigen.[6] Obwohl der § 1 AStG einen solchen **Motivtest** durch die Darlegung wirtschaftlicher Gründe nicht enthält, hat der EuGH diesen nicht für unionsrechtswidrig erklärt und geht wohl davon aus, dass ein solcher

---

1 Vgl. EuGH, Urteil v. 31.5.2018 - Rs. C-382/16 „Hornbach-Baumarkt AG“ PAAAG-86743, DStR 2018 S. 1221, Rz. 32 ff.

2 Vgl. EuGH, Urteil v. 31.5.2018 - Rs. C-382/16 „Hornbach-Baumarkt AG“ PAAAG-86743, DStR 2018 S. 1221, Rz. 43 ff.

3 EuGH, Urteil v. 31.5.2018 - Rs. C-382/16 „Hornbach-Baumarkt AG“ PAAAG-86743, DStR 2018 S. 1221, Rz. 44.

4 Vgl. EuGH, Urteil v. 31.5.2018 - Rs. C-382/16 „Hornbach-Baumarkt AG“ PAAAG-86743, DStR 2018 S. 1221, Rz. 45 f., 49.

5 EuGH, Urteil v. 31.5.2018 - Rs. C-382/16 „Hornbach-Baumarkt AG“ PAAAG-86743, DStR 2018 S. 1221, Rz. 49.

6 Vgl. EuGH, Urteil v. 31.5.2018 - Rs. C-382/16 „Hornbach-Baumarkt AG“ PAAAG-86743, DStR 2018 S. 1221, Rz. 49, 51 ff.

Motivtest (als **Escape-Klausel**)[1] im § 1 AStG, eventuell durch eine Geltung erhaltende Auslegung, möglich sei.[2]

In dem Fall Hornbach-Baumarkt geht der EuGH von der Möglichkeit aus, dass wenn die Tochtergesellschaft auf neues Kapital angewiesen ist, weil sie über kein ausreichendes Eigenkapital verfügt, wirtschaftliche Gründe die Überlassung von Kapital oder die unentgeltliche Abgabe von Garantie- und Patronatserklärungen durch die Muttergesellschaft unter nicht fremdüblichen Bedingungen rechtfertigen können.[3] Der EuGH sieht diese Gründe im Rahmen des wirtschaftlichen Eigeninteresses der Muttergesellschaft am geschäftlichen Erfolg der Tochtergesellschaft sowie in einer Verantwortung zur Finanzierung als Gesellschafterin.[4] Dies im konkreten Fall zu prüfen, ist Aufgabe des vorlegenden FG Rheinland-Pfalz. Neben dem eigentlichen Fremdvergleich[5] können sich aus der Gesellschafterstellung Gründe ergeben, die europarechtlich fremdunübliche Bedingungen und Preise durch § 1 AStG steuerlich nicht korrigierbar machen, was zur Folge hat, dass *„der Fremdvergleichsgrundsatz beträchtlichen Erosionen ausgesetzt ist"*[6] und sich in einigen Fällen auf die Verhinderung künstlicher Gestaltungen beschränkt. Die Frage, inwieweit der Fremdvergleichsgrundsatz zur Aufteilung des Besteuerungssubstrates noch gilt, oder nur noch der Verhinderung künstlicher Steuerumgehungsgestaltungen dient, lässt der EuGH hierbei leider offen.[7] 35

Im weiteren Rechtsgang hat das **FG Rheinland-Pfalz** in seinem Urteil vom 16.8.2023 erkannt, dass § 1 AStG einen Nachweis, wirtschaftliche Gründe für fremdunübliche Bedingungen darzulegen für den Steuerpflichtigen nicht ermöglicht.[8] Im Urteilsfall liegt ein Verstoß gegen die Niederlassungsfreiheit vor und § 1 AStG ist daher gemeinschaftsrechtskonform auszulegen, so dass der Steuerpflichtige die Möglichkeit erhält, aus seiner Gesellschafterstellung resultierende wirtschaftliche Gründe für die Vereinbarung nicht fremdüblicher Be-

1 So Uterhark/Nagler, IStR 2018 S. 467; Gosch, DStR 2019 S. 2441, 2444.

2 Siehe hierzu Uterhark/Nagler, IStR 2018 S. 467; Schnitger, IStR 2018 S. 470; Mitschke, IStR 2018 S. 470; Schreiber/Greil, DB 2018 S. 2534; Graw, DB 2018 S. 2656; zweifelnd Schönfeld/Kahlenberg, IStR 2018 S. 498, 500.

3 Vgl. EuGH, Urteil v. 31.5.2018 - Rs. C-382/16 „Hornbach-Baumarkt AG" PAAAG-86743, DStR 2018 S. 1221, Rz. 54, 56.

4 Vgl. EuGH, Urteil v. 31.5.2018 - Rs. C-382/16 „Hornbach-Baumarkt AG" PAAAG-86743, DStR 2018 S. 1221, Rz. 56.

5 So Gosch in Gosch, KStG, 4. Aufl. 2020, § 8 KStG Rz. 301a.

6 Gosch in Gosch, KStG, 4. Aufl. 2020, § 8 KStG Rz. 301a; dort auch das Folgende.

7 Vgl. Schreiber in FS für Heinz-Klaus Kroppen, 2020, S. 387.

8 Vgl. FG-Rheinland-Pfalz, Urteil v. 16.8.2023 - 1 K 1472/13, Revision beim BFH eingelegt I R 68/23.

dingungen mit einer nahestehenden Person im Ausland darzulegen und nachzuweisen.[1] In dem hier vorliegenden Fall sah das Gericht diese wirtschaftlichen, außersteuerlichen Gründe als gegeben an und stellt klar, dass es sich bei zu akzeptierenden Gründen, nicht nur um solche zur Rettung notleidender verbundenen Unternehmen handelt. Im Rahmen der Verhältnismäßigkeitsprüfung von § 1 AStG ist dabei weniger streng vorzugehen, als bei reinen Missbrauchsvermeidungsnormen, die wirtschaftlichen Gründe, die verdeutlichen, dass die Gestaltung nicht aus steuerlichen Gründen gewählt wurden, sollen aber von einem gewissen Gewicht sein. Ähnlich entschied das **FG Saarland** in seinem Urteil vom 25.9.2024 bei einem unverzinslichen Darlehen an eine als Auftragsfertiger tätige Tochtergesellschaft in Rumänien und räumte dem Steuerpflichtigen den Nachweis wirtschaftlicher Gründe im Rahmen von § 1 AStG ein.[2] Das Finanzgericht sah hier wirtschaftliche Gründe für unverzinsliche Darlehen, da die Fortführung bzw. Ausweitung des Geschäftsbetriebs der rumänischen Tochtergesellschaft von der Zuführung von Kapital abhing und die deutsche Gesellschafterin ein wirtschaftliches Eigeninteresse an deren geschäftlichen Erfolg hatte sowie eine gewisse Finanzierungsverantwortung trug.[3] Als legitime, betriebswirtschaftlich vernünftige Motive, die nicht in der Erlangung eines Steuervorteils bestehen, sah das Gericht konkret den Bau einer Werkshalle und die Zurverfügungstellung von Liquidität zur Vorfinanzierung der Umsatzsteuerschuld.[4] Im Ergebnis standen diese wirtschaftlichen Gründen einer Anwendung von § 1 AStG entgegen.

36 An die SGI- und Hornbach-Baumarkt-Entscheidungen schloss sich der EUGH in seinem Urteil **Impresa Pizzarotti** vom 8.10.2020 auch für steuerliche Anpassungen bei einer rumänischen Zweigniederlassung einer italienischen Gesellschaft aufgrund fremdunüblicher Darlehen an.[5]

37 Da somit auch § 1 AStG den Tatbestand einer Beschränkung der Niederlassungsfreiheit erfüllt,[6] sind die sich aus der Verhältnismäßigkeitsprüfung des EuGH ergebenden Einschränkungen auch bei dessen Anwendung im Zuge von

1 Vgl. FG-Rheinland-Pfalz, Urteil v. 16.8.2023 - 1 K 1472/13, dort auch das Folgende; Revision beim BFH eingelegt unter I R 68/23.

2 Vgl. FG Saarland, Urteil v. 25.09.2024 - 1 K 1258/18, Revision anhängig beim BFH unter I R 23/23.

3 Vgl. FG Saarland, Urteil v. 25.09.2024 - 1 K 1258/18, Tz. 54, Revision anhängig beim BFH unter I R 23/23.

4 Vgl. FG Saarland, Urteil v. 25.09.2024 - 1 K 1258/18, Tz. 54, Revision anhängig beim BFH unter I R 23/23.

5 EuGH, Urteil. v. 8.10.2020 - Rs. C-558/19 „Impresa Pizzarotti" YAAAH-63700, IStR 2021 S. 103.

6 So auch Becker/Sydow, IStR 2010 S. 197.

Geschäftsbeziehungen mit Personen in EU-Mitgliedstaaten zu beachten.[1] Eine Korrektur muss sich auf den Teil beschränken, der von dem abweicht, was fremde Dritte „unter Bedingungen des freien Wettbewerbs vereinbart hätten".[2] Fraglich ist nach dem so durch den EuGH statuierten unionsrechtlichen Fremdvergleichsgrundsatz, ob alle Teile des § 1 AStG diesem Maßstab entsprechen, insbesondere da ein expliziter Motivtest für wirtschaftliche Gründe als „Escape- Klausel" im § 1 AStG gar nicht vorgesehen ist.[3] So entsprechen die unterstellte Informationssymmetrie (§ 1 Abs. 1 Satz 3 AStG),[4] die Einengung der Bandbreite (§ 1 Abs. 3a Satz 2 und 3 AStG), die Anpassung auf den Median (§ 1 Abs. 3a Satz 4 AStG),[5] die Festlegung auf den Mittelwert beim hypothetischen Fremdvergleich (§ 1 Abs. 3 Satz 7 AStG)[6] und der Funktionsverlagerung (§ 1 Abs. 3b AStG)[7] sowie die Preisanpassungsklausel (§ 1a AStG)[8] nicht dem Fremdvergleichsmaßstab unter den Bedingungen des freien Wettbewerbs.[9] Schreiber und Greil weisen allerdings zu Recht darauf hin, dass in einem ersten Schritt die quantitativen Auswirkungen aus einer konkreten Anwendung der obigen Reglungen und damit die mögliche Ungleichbehandlung von rein innerstaatlichen Korrekturen bestimmt werden müssen.[10] Grundsätzlich kann auch die Festlegung fremdunüblicher Bedingungen aus grenzüberschreitenden Finanzierungsbeziehungen (§ 1 Abs. 3d AStG) eine Ungleichbehandlung zwischen inländischen und EU Fällen auslösen und den Schutzbereich der Niederlassungsfreiheit berühren.[11]

Weiterhin ist es trotz eines Verstoßes gegen den Fremdvergleichsgrundsatz im 38
Einzelfall grundsätzlich möglich, **wirtschaftliche Gründe** für den Abschluss ei

1 Vgl. Thömmes, IWB 3/2010 S. 107, 111 DAAAD-37193.

2 Vgl. EuGH, Urteil v. 21.1.2010 - Rs. C-311/08 „Société de Gestion Industrielle SA (SGI)" MAAAD-38538, IStR 2010 S. 144, Tz. 72.

3 Vgl. Uterhark/Nagler, IStR 2018 S. 467 ff.

4 So auch Englisch, IStR 2010 S. 141; Glahe, IStR 2010 S. 876.

5 Vgl. Englisch, IStR 2010 S. 142; Graw, DB 2018 S. 2656; siehe auch Schreiber in FS für Heinz-Klaus Kroppen, 2020, S. 402 f.

6 Englisch, IStR 2010 S. 142.

7 Vgl. Englisch, IStR 2010 S. 142; Schönfeld/Kahlenberg, IStR 2018 S. 501; zweifelnd Schreiber/Greil, DB 2018 S. 2533.

8 So auch Englisch, IStR 2010 S. 140 f.; Glahe, IStR 2010 S. 876; vor der EuGH Entscheidung SGI bereits: Goebel/Küntscher, Die Unternehmensbesteuerung, 2009, S. 242 f.

9 Keinen Verstoß gegen den Fremdvergleichsgrundsatz sehen im § 1 AStG Becker/Sydow, IStR 2010 S. 198.

10 Siehe Schreiber/Greil, DB 2018 S. 2533.

11 Zu einem Niederländischen Fall EuGH, Urteil v. 4.10.2024 - Rs. C-585/22 „X" HAAAJ-83371; siehe hierzu auch Wagemann, IWB 1/2025 S. 41 PAAAJ-82648; Frischmuth, StuB 7/2025 S. 261 GAAAJ-88211.

nes fremdunüblichen Geschäfts anzuführen.[1] Eine Verrechnungspreiskorrektur ist daher unionsrechtlich nicht zulässig, wenn die Preisfindung von außersteuerlichen Erwägungen getragen ist.[2] Gelingt dem Steuerpflichtigen das Anführen solcher Gründe, wäre der Verstoß von § 1 AStG gegen die Niederlassungsfreiheit nicht verhältnismäßig und somit eine Korrektur nicht zulässig. Dieser Nachweis darf dabei nicht durch übermäßige Verwaltungszwänge erschwert werden.[3] Solche wirtschaftlichen Gründe können sich nach Auffassung des EuGH auch aus der Gesellschafterstellung ergeben,[4] etwa Sanierungs- und Stützungsmaßnahmen für Gesellschaften sein, die ansonsten Zahlungsschwierigkeiten bekämen oder sich allgemein in wirtschaftlichen Schwierigkeiten befinden.[5] Hier werden etwa eigenkapitalersetzende Darlehen[6] oder zinslose und zinsgünstige Darlehen diskutiert.[7] Weiterhin können hierunter auch alle anderen Stützungsmaßnahmen für eine Gesellschaft in schwierigen wirtschaftlichen Situationen fallen, auch begünstigte Warenlieferungen.[8] Ob hierfür ein negatives Eigenkapital notwendig ist, bleibt unklar.[9] Daneben wird auch die betriebswirtschaftlich sinnvolle Abrechnung zu Grenzkosten angeführt, da dies nicht als Manipulation oder künstliche Konstruktion gewertet werden kann.[10] Das BMF hatte auf das EuGH-Urteil Hornbach-Baumarkt mit dem Schreiben vom 6.12.2018[11] reagiert, dieses allerdings inzwischen wieder aufgehoben[12] und wollte die wirtschaftlichen Gründe auf **sanierungsbedingte Maßnahmen**, welche die Überschuldung oder Zahlungsunfähigkeit vermeiden

1 Vgl. Thömmes, IWB 3/2010 S. 107, 111 DAAAD-37193.

2 Vgl. Englisch, IStR 2010 S. 141.

3 Vgl. EuGH, Urteil v. 21.1.2010 - Rs. C-311/08 „Société de Gestion Industrielle SA (SGI)" MAAAD-38538, IStR 2010 S. 144, Tz. 71.

4 Vgl. EuGH, Urteil v. 31.5.2018 - Rs. C-382/16 „Hornbach-Baumarkt AG" PAAAG-86743, DStR 2018 S. 1221, Rz. 51, 54, 56; siehe auch Schnitger, IStR 2018 S. 469.

5 Vgl. auch Thömmes, IWB 3/2010 S. 107 111 DAAAD-37193; Schnitger, IStR 2018 S. 469; Graw, DB 2018 S. 2657; so wohl auch Krüger, DStR 2019 S. 649.

6 So auch Schreiber/Greil, DB 2018 S. 2531.

7 Vgl. Greinert/Weigert, DB 2013 S. 2527; Schönfeld/Kahlenberg, IStR 2018 S. 500.

8 So Ditz/Quilitzsch, DB 2018 S. 2012.

9 Vgl. Graw, DB 2018 S. 2657; Mitschke, IStR 2018 S. 470.

10 Vgl. Schön, IStR 2011 S. 780 ff.; siehe hierzu auch die ökonomische Argumentation gegen Marktpreise als Maßstab steuerlicher Verrechnungspreise von Schneider, DB 2003 S. 53 ff.

11 BMF, Schreiben v. 6.12.2018 - IV B 5 - S 1341/11/10004-09 LAAAH-03419, BStBl 2018 I S. 1305.

12 Siehe BMF, Schreiben v. 14.7.2021 - IV B 5 - S 1341/19/10017 :001 BAAAH-83917, BStBl 2021 I S. 1098, Tz. 6.1; hier erfolgt nur noch in Tz. 3.97 der Hinweis: „*Wird ein Unternehmen erst durch die Verpflichtung der multinationalen Unternehmensgruppe oder eines Mitglieds dieser multinationalen Unternehmensgruppe gegenüber einem fremden Dritten in die Lage versetzt, Kapital aufnehmen zu können, handelt es sich in EU/EWR-Fällen bei der Verpflichtungsübernahme um einen Gesellschafterbeitrag (Rn. 3.69), wenn ein wirtschaftlicher Grund im Sinne des EuGH-Urteils vom 31. Mai 2018 in der Rechtssache C-382/16 (Hornbach) vorliegt.*"

und den Fortbestand der nahestehenden Person bzw. der Unternehmensgruppe zu sichern wollen, beschränken.

Anwendung fanden die Grundsätze des EuGH-Urteils SGI bereits in einer Entscheidung des **FG Schleswig-Holstein vom 29.11.2012**[1] zur unionsrechtskonformen Auslegung von § 1 AStG.[2] Das FG Schleswig-Holstein erkannte für einen Teil des zinslosen Darlehens eines inländischen Steuerpflichtigen an seine belgische Tochtergesellschaft einen wirtschaftlichen Grund, welcher die Abweichung vom Fremdvergleichsgrundsatz rechtfertigte. Bei unionsrechtskonformer Auslegung von § 1 AStG ergibt sich somit, dass eine Einkünftekorrektur für nicht erhaltene Zinsen von eigenkapitalähnlichem Gesellschafterfremdkapital nicht möglich ist. Typisierend erkannte das FG Schleswig-Holstein, ausgehend von der Wertung des Gesetzgebers in § 8a KStG in der im Streitjahr (2001) geltenden Fassung, wirtschaftliche Gründe für die Gewährung eines zinslosen Darlehens i. H. von 40 % der Summe aus Eigenkapital und Fremdkapital. Die Revision des **BFH vom 25.5.2014**[3] erkannte allerdings keine Unionsrechtswidrigkeit durch die Anwendung von § 1 AStG, da dessen belastende Wirkung sich auf den Ansatz einer fremdvergleichsgerechten Vergütung für das Darlehen beschränkt. Für den hier vorliegenden Fall der unverzinslichen Darlehen sah der BFH jedenfalls keinen weiteren Klärungsbedarf beim EuGH,[4] so dass die Möglichkeit zum Nachweis wirtschaftlicher Gründe bei unverzinslichen Darlehen wohl ausscheidet, jedenfalls solange nicht „sachbezogene wirtschaftliche Gründe" im Rahmen des Interesses des Darlehensgebers angeführt werden können.[5] Eine Aussage, ob § 1 AStG den Vorgaben des EuGH in vollem Umfang entspricht hat, der BFH in seiner Entscheidung explizit offen gelassen.[6] In dem Grundsatzurteil des BFH vom 27.2.2019 (vgl. 39

1 FG Schleswig-Holstein, Urteil v. 29.11.2012 - I K 118/07 FAAAH-27358 (Revision eingelegt beim BFH unter I R 88/12), ISR 2013 S. 122 m. Anm. Nientimp und Replik Hruschka; siehe hierzu auch Greinert/Weigert, DB 2013 S. 2524.

2 Siehe auch FG Düsseldorf, Urteil v. 28.3.2015 - 6 K 4087/11 F RAAAE-66189, EFG 2014 S. 1275 zur Anwendung des Urteils SGI auf Teilwertabschreibungen auf Darlehen und § 1 AStG. Die Revision des BFH, Urteil v. 24.6.2015 - I R 29/14, BStBl 2016 II S. 258 hat diese Argumentation allerdings nicht aufgegriffen.

3 BFH, Urteil v. 25.6.2014 - I R 88/12 LAAAE-80048, BFH/NV 2015 S. 57.

4 Vgl. BFH, Urteil v. 25.6.2014 - I R 88/12 LAAAE-80048, Rz. 21, BFH/NV 2015 S. 57. Zu Bedenken an der Nicht-Vorlage dieser Frage an den EUGH siehe Glahe, IStR 2015 S. 101.

5 Vgl. Glahe, IStR 2015 S. 98.

6 Vgl. BFH, Urteil v. 25.6.2014 - I R 88/12 LAAAE-80048, Rz. 21, BFH/NV 2015, 57.

→ Rz. 22.)[1] und den Folgeurteilen[2] sah der BFH keinen Verstoß bei einer Korrektur nach § 1 AStG. In der knappen Begründung sieht der BFH keinen Automatismus, dass wirtschaftliche Gründe die Wahrung der territorialen Besteuerungsrechte verdrängen, sondern es müsse abgewogen werden *„mit welchem Gewicht die jeweils zu beurteilende Abweichung vom Maßstab des Fremdüblichen in den Territorialitätsgrundsatz und die hierauf gründende Zuordnung der Besteuerungsrechte eingreift“*.[3] Auch in zwei Folgeurteilen folgt für den BFH aus dem EuGH-Urteil Hornbach-Baumarkt, *„dass bei Vorliegen einer rein künstlichen Gestaltung eine Korrektur über § 1 Abs. 1 AStG „per se“ mit dem Unionsrecht in Einklang steht; liegt demgegenüber keine rein künstliche Gestaltung vor, muss das nationale Gericht wirtschaftliche Gründe – sofern solche vorliegen – berücksichtigen und diese im Rahmen einer Abwägung daran messen, mit welchem Gewicht die jeweils zu beurteilende Abweichung vom Maßstab des Fremdüblichen in den Territorialitätsgrundsatz und die hierauf gründende Zuordnung der Besteuerungsrechte eingreift“*.[4] Dies hat der BFH in diesen Fällen getan, ohne allerdings die konkreten Gedanken und Gewichte seiner Abwägung offen zu legen. Zumindest in dem BFH-Urteil vom 27.2.2019 kam das Bundesverfassungsgericht zu dem Schluss, dass der BFH die Relevanz der EuGH-Entscheidung für den Streitfall zu Unrecht und mit nichtzutreffender Begründung verneint und sich nicht mit der Frage der Existenz von wirtschaftlichen Gründen auseinandergesetzt hat und dem EuGH auch keine entspreche Vorlage unterbreitet.[5] Da der BFH den Anwendungsbereich von § 1 AStG für die – (erstmals) in den Anwendungsbereich von § 1 Abs. 1 AStG einbezogenen – Bedingungen eine zweifelsfrei geklärte Rechtslage ohne hinreichende sachliche Begründung bejaht und damit den ihm zukommenden Beurteilungsrahmen in unvertret-

1 BFH, Urteil. v. 27.2.2019 - I R 73/16, BStBl 2019 II S. 394. Aufgehoben durch BVerfG, Beschluss v. 4.3.2021 - 2 BvR 1161/19 UAAAH-75225, IStR 2021 S. 363.

2 BFH, Urteil. v. 19.6.2021 - I R 32/17 VAAAH-94047, BFHE 273 S. 475, Rz. 27, allerdings ist dieses Urteil wegen eines unheilbaren Verfahrensmangel unwirksam, da der damalige Senatsvorsitzende den im Umlaufverfahren beschlossen Text des Urteils geändert, allerdings den übrigen am Urteil mitwirkenden Richtern nach der Unterschriftsleistung nicht zu Kenntnis gebracht hat, es wurde daher klarstellend aufgehoben durch BFH, Beschluss v. 3.3.2021 - I R 32/17 LAAAH-74726.

3 BFH, Urteil v. 27.2.2019 - I R 73/16 BAAAH-14765, DStR 2019, 1034, Tz 33. Aufgehoben durch BVerfG, Beschluss v. 4.3.2021 - 2 BvR 1161/19 UAAAH-75225, DStR 2021 S. 777.

4 Vgl. BFH, Urteil v. 14.8.2019 - I R 34/18 (nv) WAAAH-49566, IStR 2020, 590, Tz. 23; wortgleich in BFH, Urteil v. 14.8.2019 - I R 21/18 VAAAH-50060, BFH/NV 2020 S. 759 Tz. 30.

5 Vgl. BVerfG, Beschluss v. 4.3.2021 - 2 BvR 1161/19 UAAAH-75225, DStR 2021 S. 777, Tz. 52 ff. 56, 60.

barer Weise überschritten hat,[1] ist das Urteil vom BVerfG aufgehoben worden.[2]

Einstweilen frei 40–44

B. Entstehungsgeschichte, Rechtsentwicklung (Nientimp)

Die Vorgeschichte der Vorschrift geht zurück auf den Bericht der Bundesregierung an den Deutschen Bundestag über die Wettbewerbsverfälschungen, die sich aus Sitzverlagerungen und dem zwischenstaatlichen Steuergefälle ergeben (sog. „**Oasenbericht**“[3]) und den daraufhin ergangenen koordinierten Ländererlass (sog. „**Oasenerlaß**“[4]) vom 14.6.1965, der in seiner Ziffer I Gewinnverlagerungen in das Ausland anspricht und dazu anweist, solchen die steuerliche Anerkennung zu versagen, ohne hierfür jedoch eine gesetzliche Grundlage anzugeben. 45

Am 17.12.1970 beschloss die Bundesregierung „Leitsätze für ein **Gesetz zur Wahrung der steuerlichen Gleichmäßigkeit bei Auslandsbeziehungen und zur Verbesserung der steuerlichen Wettbewerbslage bei Auslandsinvestitionen**“.[5] Bereits am 23.12.1970 wurde ein erster Referentenentwurf vorgelegt, dessen § 1 im Aufbau größtenteils demjenigen entsprach, wie er Gesetz wurde. Es folgten zwei weitere Referentenentwürfe. Der Kabinettsentwurf vom 30.6.1971 verkürzte in Abs. 1 die angesprochenen Geschäftsbeziehungen auf solche „zum Ausland“, während die Referentenentwürfe noch von solchen „zwischen dem Inland und dem Ausland“ (erster Referentenentwurf) bzw. „zwischen dem Geltungsbereich dieses Gesetzes und dem Ausland“ gesprochen hatten. Eine wesentliche Änderung lag darin, dass im Einleitungssatz des Abs. 2 das Wort „insbesondere“ gestrichen wurde. Ferner erhielt jetzt Abs. 2 Nr. 3 einen wesentlich ausführlicheren Inhalt, der sich schon nahezu mit der Gesetzesfassung deckte. Der Regierungsentwurf[6] deckte sich hinsichtlich des § 1 mit dem Kabinettsentwurf. Im Gesetzgebungsverfahren hat der Finanzausschuss des Deutschen Bundestages noch einige Veränderungen vorgenom- 46

1 BVerfG, Beschluss v. 4.3.2021 - 2 BvR 1161/19 UAAAH-75225, DStR 2021 S. 777, Tz. 56.

2 Dieses „schlichte Durcherkennen“ des BFH ohne Anrufung des EUGH wurde bereits vorher etwa durch Gosch, DStR 2019 S. 2441, 2445 kritisiert.

3 BT-Drucks. 4/2412.

4 BStBl 1965 II S. 74.

5 DB 1971 S. 16.

6 BT-Drucks. 6/2882.

men.[1] Er änderte die Überschrift des ersten Gesetzesteils von „International verflochtene Unternehmungen" in „Internationale Verflechtungen". Dies wurde folgendermaßen begründet:[2] „*Die geänderte Überschrift des ersten Gesetzesteils verdeutlicht, dass § 1 neben Berichtigungen bei Gewerbetreibenden auch solche bei anderen Personen zulässt, z. B. bei Privaten, die einkommensmindernde Absprachen mit ihnen nahestehenden Verwandten oder Unternehmen treffen*". Nach wie vor blieb jedoch in Abs. 1 das Wort „Geschäftsbeziehungen" stehen und grenzt die hiernach berichtigungsfähigen Einkünfte ein. In Abs. 2 Nr. 3 wurde der Wortlaut „an der Erzielung von Einkünften des anderen" geändert in „an der Erzielung der Einkünfte des anderen". Der Ausschuss wollte damit klarstellen, „*daß sich das Eigeninteresse konkret auf die zur Berichtigung anstehenden Einkünfte beziehen muß*".[3] Schließlich wurde in Abs. 3 als zusätzlicher Anhaltspunkt für eine Schätzung die Umsatzrendite aufgenommen und im Bericht definiert als der „*unter den im Gesetz genannten Umständen aus dem Umsatz erzielbare Rohgewinn*".

47 Durch das **Einführungsgesetz zur Abgabenordnung** (EGAO) vom 14.12.1976[4] wurde in Abs. 3 die Bezugnahme auf § 217 RAO durch die Bezugnahme auf § 162 AO ersetzt.

48 Durch Art. 17 Abs. 1 des **Steueränderungsgesetzes 1992** vom 25.2.1992[5] ist § 1 AStG ein neuer Abs. 4 angefügt worden, der den Begriff „Geschäftsbeziehungen" i. S. des Abs. 1 erstmals gesetzlich definiert. Nach dieser Legaldefinition von Geschäftsbeziehungen muss die den Einkünften zugrunde liegende Beziehung entweder beim Steuerpflichtigen oder bei der nahestehenden Person zu Einkünften i. S. der §§ 13, 15, 18 oder 21 EStG führen. § 1 AStG in seiner durch das Steueränderungsgesetz 1992 geänderten Fassung trat am 28.2.1992 in Kraft. Erst aufgrund einer im Rahmen des **Standortsicherungsgesetzes** vom 13.9.1993[6] eingeführten Änderung des § 21 Abs. 4 Satz 2 AStG wurde sichergestellt, dass § 1 Abs. 4 AStG auf den gesamten Veranlagungszeitraum 1992 anwendbar wurde.

49 Durch das **Steuervergünstigungsabbaugesetz** (StVergAbG) vom 16.5.2003[7] ist § 1 Abs. 4 AStG erneut geändert worden. Als Reaktion auf das Urteil des BFH

1 Vgl. BT-Drucks. 6/3537.
2 Zu BT-Drucks. 6/3537.
3 Vgl. BT-Drucks. 6/3537.
4 BGBl 1976 I S. 3341.
5 BGBl 1992 I S. 297.
6 BGBl 1993 I S. 1569.
7 BGBl 2003 I S. 321.

vom 29.11.2000[1] wurde die Definition des Begriffs „Geschäftsbeziehung" dahingehend ergänzt, dass eine Geschäftsbeziehung jede den Einkünften zugrunde liegende schuldrechtliche Beziehung ist, die nicht den Charakter einer gesellschaftsvertraglichen Vereinbarung aufweist und die, wie bereits vor der Ergänzung der Definition, entweder beim Steuerpflichtigen oder bei der nahestehenden Person Teil einer Tätigkeit ist, auf die die §§ 13, 15, 18 oder 21 EStG anzuwenden sind oder im Falle eines ausländischen Nahestehenden anzuwenden wären, wenn die Tätigkeit im Inland vorgenommen würde.

Im Rahmen der **Unternehmensteuerreform 2008** hat § 1 AStG neben redaktionellen Änderungen auch weitreichende inhaltliche Änderungen erfahren. In redaktioneller Hinsicht ist § 1 AStG mit Wirkung zum 1.1.2008 durch Art. 7 des Unternehmensteuerreformgesetzes vom 14. 8. 2007[2] dahingehend überarbeitet worden, dass Abs. 1 neu gefasst und ein neuer Abs. 3 eingefügt wurde. Somit wurde aus dem bisherigen Abs. 3 der neue Abs. 4 und aus dem bisherigen Abs. 4 der neue Abs. 5. Satz 1 von Abs. 1 ist vollständig neu gefasst worden und weiterhin um die Sätze 2 und 3 ergänzt worden. Hierdurch wurden die Begriffe „Verrechnungspreise" und „Fremdvergleichsgrundsatz" gesetzlich definiert. Des Weiteren wurde für die Anwendung des Fremdvergleichsgrundsatzes insbesondere der doppelte ordentliche und gewissenhafte Geschäftsleiter sowie die äußerst umstrittene Unterstellung gleich verteilter Informationen zwischen den Transaktionspartnern eingeführt. Die bisher nicht vollständig geklärte Frage zum Verhältnis von § 1 AStG zu den anderen Einkünftekorrekturvorschriften des deutschen Steuerrechts beantwortet der Gesetzgeber in § 1 Abs. 1 Satz 3 AStG. Hiernach sind weitergehende Berichtigungen nach § 1 AStG neben den Rechtsfolgen der anderen Vorschriften vorzunehmen. Der durch das Unternehmensteuerreformgesetz 2008 neu eingefügte Abs. 3 operationalisiert den Fremdvergleichsgrundsatz und bestimmt eine Rangfolge von Verrechnungspreismethoden. Hierbei werden ebenfalls explizite und weitreichende Regelungen zur Verrechnungspreisbestimmung im Fall von Funktionsverlagerungen ins Gesetz eingeführt. 50

Der neu eingeführte § 1 Abs. 3 Satz 13 AStG enthält eine Ermächtigung, *„Einzelheiten zur Anwendung des Fremdvergleichsgrundsatzes im Sinne des Absatzes 1 und der Sätze 1 bis 12"* des Abs. 3 durch Rechtsverordnung zu bestimmen. Von dieser Ermächtigung hat das BMF mit Zustimmung des Bundes- 51

1 BFH, Urteil v. 29.11.2000 - I R 85/99 TAAAA-89330, BStBl 2002 II S. 720.

2 BGBl 2007 I S. 1912.

rates[1] durch die Verordnung zur Anwendung des Fremdvergleichsgrundsatzes nach § 1 Abs. 1 des Außensteuergesetzes in Fällen grenzüberschreitender Funktionsverlagerungen (**Funktionsverlagerungsverordnung – FVerlV**) vom 12. 8. 2008[2] eingeschränkt Gebrauch gemacht. Wie der Titel der Verordnung bereits andeutet, ist die Verordnungsermächtigung zunächst nur für die Fälle von Funktionsverlagerungen ausgeschöpft worden.

52 Durch Art. 11 des **EU-Umsetzungsgesetzes** vom 8.4.2010[3] sind die Sätze 9 und 10 von § 1 Abs. 3 AStG rückwirkend ab dem Veranlagungszeitraum 2008[4] geändert worden. Der Gesetzgeber hat hierdurch die sehr umstrittenen Regelungen zur Bestimmung von Verrechnungspreisen im Fall von **Funktionsverlagerungen** modifiziert. Neben sprachlichen „Klarstellungen" zur Anwendung des hypothetischen Fremdvergleichs in Fällen einer Funktionsverlagerung hat der Gesetzgeber eine dritte Escape-Klausel zur Nutzung von Einzelverrechnungspreisen anstelle einer Gesamtbewertung eines Transferpakets bei einer Funktionsverlagerung eingeführt.[5] Macht der Steuerpflichtige glaubhaft, dass zumindest ein wesentliches immaterielles Wirtschaftsgut Gegenstand der Funktionsverlagerung ist, und bezeichnet er es genau, so kann er – statt einer Gesamtbewertung – Einzelverrechnungspreise für die Bestandteile des Transferpakts ansetzen. Der Gesetzgeber verspricht sich hierdurch eine Erleichterung der Bewertung von Funktionsverlagerungen.[6]

53 Eine sehr weitreichende Überarbeitung erfuhr § 1 AStG durch Art. 6 des **Amtshilferichtlinie-Umsetzungsgesetz** vom 26.6.2013.[7] Ziel der Änderungen war insbesondere *„die Besteuerung grenzüberschreitender Vorgänge im Hinblick auf die Gewinnabgrenzung bzw. Gewinnverteilung klar und für alle Investitionsalternativen (Kapitalgesellschaften, Personengesellschaften, Betriebsstätten) einheitlich zu regeln"*.[8] Hierzu wurde der Anwendungsbereich der Vorschrift durch ei-

1 Siehe BR-Drucks. 352/08. Dem Entwurf des BMF hat der Bundesrat in seiner Sitzung am 4.7.2008 zugestimmt.

2 BGBl 2008 I S 1680.

3 Gesetz zur Umsetzung steuerlicher EU-Vorgaben sowie zur Änderung steuerlicher Vorschriften v. 8.4.2010, BGBl 2010 I S. 386.

4 Vgl. § 21 Abs. 16 AStG i. d. F. v. 2.6.2021, BGBl 2021 I S. 1259.

5 Siehe hierzu Eigelshoven/Nientimp, Die Unternehmensbesteuerung, 2010, S. 233; Poh, IStR 2010 S. 357, Lenz/Rautenstrauch, DB 2010 S. 696; Freudenberg/Ludwig, BB 2010 S. 1268.

6 Vgl. Bericht des Finanzausschusses zum Entwurf eines Gesetzes zur Umsetzung steuerlicher EU-Vorgaben sowie zur Änderung steuerlicher Vorschriften. BT-Drucks 17/939 S. 9.

7 Gesetz zur Umsetzung der Amtshilferichtlinie sowie zur Änderung steuerlicher Vorschriften (Amtshilferichtlinie-Umsetzungsgesetz – AmtshilfeRLUmsG) v. 26.6.2013, BGBl 2013 I S. 1809.

8 Begründung zum Jahressteuergesetz 2013, BT-Drucks. 302/12 S. 100 (das Jahressteuergesetz 2013 ist in dem AmtshilfeRLUmsG aufgegangen).

nen neuen Satz 2 in § 1 Abs. 1 AStG neu geregelt und als Steuerpflichtige wurden Personengesellschaften und Mitunternehmerschaften explizit aufgenommen. Weiterhin wurde die Definition der Geschäftsbeziehungen in dem neuen Abs. 4 als „wirtschaftliche Vorgänge" definiert und um „anzunehmende schuldrechtliche Beziehungen" in Betriebsstättenkonstellationen erweitert. Der neue Abs. 5 dient insbesondere der Umsetzung des **Authorised OECD Approach (AOA)** zur Anwendung eines einheitlichen Fremdvergleichsmaßstabes für die grenzüberschreitende Betriebsstättengewinnaufteilung.[1] Der neue Abs. 6 enthält eine neue Verordnungsermächtigung zur Regelung von Einzelheiten des Fremdvergleichsgrundsatzes, so dass die alte Verordnungsermächtigung in § 1 Abs. 3 Satz 13 AStG aufgehoben werden konnte. Neben der FVerlV (siehe → Rz. 51) hat das BMF diese Ermächtigung bisher auch für eine **Betriebsstättengewinnaufteilungsverordnung (BsGaV)** angewandt.[2] In Abs. 3 wurde die „Berücksichtigung funktions- und risikoadäquater Kapitalisierungszinssätze" aus Satz 9 in die grundsätzlichen Regelungen zum hypothetischen Fremdvergleich in Satz 6 vorgezogen. Der bisherige Maßstab für eine eventuelle Schätzung in Abs. 4 wurde vollständig gestrichen.

54 Durch das **Zollkodex-Anpassungsgesetz** vom 30.12.2014[3] wurde die Definition der Geschäftsbeziehungen in § 1 Abs. 4 AStG erneut umformuliert und insbesondere um eine engere Definition von gesellschaftsvertraglichen Vereinbarungen ergänzt. Die Änderungen durch das Zollkodex-Anpassungsgesetz sind erstmals für den Veranlagungszeitraum 2015 anzuwenden (§ 21 Abs. 22 AStG i. d. F. des Gesetzes v. 2.6.2021, BGBl 2021 I S. 1259).

55 Durch das **Abzugsteuerentlastungsmodernisierungsgesetz** (AbzStEntModG) vom 2.6.2021[4] wurde § 1 Abs. 3 AStG neu geregelt. Abs. 3 ist hierbei deutlich entschlackt worden und durch die Aufteilung in die thematisch getrennten Abs. 3a–3c wurde die Lesbarkeit und Verständlichkeit der Vorschrift deutlich erhöht.[5] Dabei wurden die bisherige Regelung zur **Methodenwahl** und das Stufenverhältnis zwischen den Verrechnungspreismethoden aufgegeben. Stattdessen wird eine „best method rule" eingeführt und die am besten geeignete Verrechnungspreismethode soll nun angewandt werden. Erstmalig wird der

1 Begründung zum Jahressteuergesetz 2013, BT-Drucks. 302/12 S. 104 (das Jahressteuergesetz 2013 ist in dem AmtshilfeRLUmsG aufgegangen).

2 Siehe etwa Nientimp/Ludwig, IWB 18/2013 S. 638 ff. AAAAE-44750; Nientimp/Ludwig/Stein, IWB 22/2014 S. 815 ff. UAAAE-79803.

3 BGBl 2014 I S. 2417.

4 BGBl 2021 I S. 1259.

5 Vgl. Nientimp, Aktuelle Entwicklungen im Wirtschafts- und Steuerrecht, Sonderheft DB 2020 S. 50; Kußmaul/Nikolaus, StB 2022 S. 241.

Fremdvergleichspreis gesetzlich als der Verrechnungspreis definiert, der dem Fremdvergleichsgrundsatz entspricht. Explizit eingeführt wurde der Ausgangspunkt der tatsächlichen Verhältnisse und eine **Funktions- und Risikoanalyse** für die Bestimmung fremdüblicher Verrechnungspreise. In einem neuen § 1 Abs. 3a AStG werden Aussagen zu **Bandbreiten** von Fremdvergleichsdaten und deren Einengung zusammengefasst. Im Wesentlichen bleibt es dabei, dass die sich ergebende Bandbreite bei Unterschieden in der Vergleichbarkeit einzuengen ist. Nunmehr wird geregelt, dass, falls die Werte selbst keine Anhaltspunkte für eine Einengung bieten, die Interquartilsmethode anzuwenden ist. Die Regelungen zu **Funktionsverlagerungen** wurden gestrafft und in dem neuen § 1 Abs. 3b AStG zusammengefasst. Dabei wurde die Definition des Transferpakets wieder gesetzlich geregelt. Eine Verschärfung wurde dadurch eingeführt, dass es für das Vorliegen einer Funktionsverlagerung nun ausreicht, dass neben den Chancen und Risiken Wirtschaftsgüter **oder** sonstige Vorteile verlagert werden; in der vorherigen Version mussten zur Erfüllung des Tatbestandes einer Funktionsverlagerung neben den Chancen und Risiken Wirtschaftsgüter **und** sonstige Vorteile verlagert werden.[1] Neu eingefügt wurden auch Regelungen zu immateriellen Werten in § 1 Abs. 3c AStG. Dabei werden **immaterielle Werte** erstmalig im Verrechnungspreiskontext gesetzlich definiert.[2] Ebenfalls wird nun das **DEMPE-Konzept** (Development, Enhancement, Maintenance, Protection, Exploitation) aus dem BEPS-Aktionsplan der OECD gesetzlich in Deutschland verankert.[3]

Die Regelungen zu **Preisanpassungsklauseln** wurden in dem neuen § 1a AStG zusammengefasst und überarbeitet. Der bisherige Zeitraum für mögliche Preisanpassungen aufgrund erheblicher Abweichungen der Gewinnerwartungen bei der Bepreisung von immateriellen Werten wird von zehn auf sieben Jahre verkürzt. Die ursprünglich vorgeschlagenen Neuregelungen zu Finanztransaktionen wurden nicht ins Gesetz übernommen.

56 Im kurz darauf verabschiedeten **ATAD-Umsetzungsgesetz** (ATADUmsG) vom 25.6.2021[4] wurde die Definition der nahestehenden Person in § 1 Abs. 2 AStG neu gefasst und erweitert. Die Bezugsgröße für eine wesentliche Beteiligung i. H. von 25 % wurde hierfür erweitert, indem neben dem gezeichneten Kapital

1 Vgl. Nientimp/Scherer, IStR-LB 2021 S. 54.

2 Vgl. Nientimp, Aktuelle Entwicklungen im Wirtschafts- und Steuerrecht, Sonderheft DB 2020 S. 51.

3 OECD, Aktionsplan zur Bekämpfung der Gewinnverkürzung und Gewinnverlagerung der OECD, 2014.

4 BGBl 2021 I S. 2035.

auch auf Mitgliedschaftsrechte, Beteiligungsrechte, Stimmrechte sowie der Beteiligung am Gesellschaftsvermögen, und auf den Anspruch auf mindestens 1/4 des Gewinns oder des Liquidationserlöses abzustellen ist. Daneben gab es kleinere Änderungen in § 1 Abs. 3a uns 3c AStG.

Mit Art. 10 des Gesetzes zur Stärkung von Wachstumschancen, Investitionen 57
und Innovation sowie Steuervereinfachung und Steuerfairness (**Wachstumschancengesetz**) vom 27.3.2024 wurden die neuen § 1 Abs. 3d und 3e AStG eingeführt.[1] Diese enthalten Regelungen zu **grenzüberschreitenden Finanzierungsbeziehungen** und -dienstleistungen von verbundenen Unternehmen. Mit dem Referentenentwurf zum Wachstumschancengesetz vom 12.7.2023 bzw. 14.7.2023 wurde zunächst die Einführung einer Zinshöhenschranke (§ 4l EStG-E) vorgeschlagen, die den Abzug von Zinsaufwendungen zwischen nahestehenden Personen i. S. des § 1 Abs. 2 AStG begrenzen sollte, soweit der vereinbarte Zinssatz einen gesetzlich definierten Höchstzinssatz übersteigt.[2] Im anschließenden Entwurf wurde die Zinshöhenschranke wieder gestrichen, dafür aber die neuen Regelungen der Abs. 3d und 3e mitaufgenommen. Nach vorläufigem Scheitern des Gesetzesvorhabens am 24.11.2023 im Bundesrat und nach späterem („unechtem") Vermittlungsausschussergebnis vom 21.2.2024, wurde die Einführung der beiden Abs. 3d und 3e dann mit Zustimmung des Bundesrates zum Wachstumschancengesetz am 22.3.2024 beschlossen. Die Formulierung von § 1 Abs. 3d und 3e AStG wurde mit wenigen Änderungen aus einem früheren Referentenentwurf des Gesetzes zur Umsetzung der Anti-Steuervermeidungsrichtlinie (ATAD-Umsetzungsgesetz) vom 24.3.2020 übernommen. Dort war die Einführung im Rahmen eines § 1a AStG-E geplant, der es jedoch nicht in die Beschlussfassung schaffte. Stattdessen wurde die Regelung zu Preisanpassungsklauseln als § 1a AStG eingeführt. **§ 1 Abs. 3d AStG** knüpft die steuerliche Fremdüblichkeit von grenzüberschreitenden Finanzierungsbeziehungen an die Glaubhaftmachung der Leistungsfähigkeit zur Erbringung des Kapitaldienstes sowie Notwendigkeit und Verwendung der Finanzierung zum Unternehmenszweck. Ebenso enthalten ist eine grundsätzliche Bindung des Zinssatzes an das Gruppenrating. Die Fremdüblichkeit eines abweichenden Zinssatzes ist glaubhaft zu machen. Zuletzt bestimmt Satz 2 eine nicht abschließende Definition des Begriffs „Finanzierungsbeziehung". **§ 1 Abs. 3e AStG** bestimmt, dass die Vermittlung und Weiterleitung von grenzüberschreitenden Finanzierungsbeziehungen in multinationalen Unternehmensgruppen dem Grundsatz nach eine funktions- und risikoar-

1 Vgl. Schiffers, GmbHR 2024 S. R116.
2 Vgl. Bartelt/Geberth, DStR-Aktuell 2023 S. 140.

me Dienstleistung darstellt. Das gilt auch für dezidierte Finanzierungsgesellschaften der Unternehmensgruppe. Eine abweichende Funktions- und Risikostärke der Finanzierungsdienstleitungen kann vom Steuerpflichtigen durch eine Funktions- und Risikoanalyse nachgewiesen werden.

58–63 *Einstweilen frei*

C. Erläuterungen zu § 1 Abs. 1 AStG (Nientimp)

I. Die Tatbestandsvoraussetzungen des § 1 Abs. 1 AStG

1. Einkünfte eines Steuerpflichtigen

Auf der Tatbestandsseite verlangt § 1 Abs. 1 AStG „Einkünfte eines Steuer- 64
pflichtigen". Für den persönlichen Anwendungsbereich ist daher zunächst ein **Steuerpflichtiger** Voraussetzung. Hierunter sind unabhängig von der Art der Steuerpflicht alle Personen zu verstehen, die im Inland steuerpflichtig sind. Es ist dabei unerheblich, ob der Steuerpflichtige der unbeschränkten oder der beschränkten Steuerpflicht unterliegt.[1] Als Steuerpflichtiger sind neben der natürlichen Person als Steuersubjekt der Einkommensteuer auch Körperschaften, Personenvereinigungen und Vermögensmassen als Steuersubjekte der Körperschaftsteuer erfasst. Nicht ausreichend ist eine Gewerbesteuerpflicht, da § 7 Satz 1 GewStG an den nach dem Einkommensteuergesetz und Körperschaftsteuergesetz zu ermittelnden Gewinn anknüpft.[2]

Der durch das AmtshilfeRLUmsG vom 26.6.2013 (siehe → Rz. 53) neu einge- 65
fügte Satz 2 bestimmt, dass auch eine **Personengesellschaft** oder eine **Mitunternehmerschaft** Steuerpflichtiger i. S. des § 1 AStG sein kann.[3]

Tatbestandlich setzt § 1 AStG weiterhin voraus, dass die **Einkünfte** des Steuer- 66
pflichtigen gemindert sind. Der Begriff „Einkünfte" bezieht sich auf sämtliche Einkünfte i. S. des § 2 EStG.[4] Mit dem Begriff „Einkünfte" in § 1 Abs. 1 Satz 1 AStG ist der Betrag gemeint, der sich nach der Anwendung der einschlägigen Einkünfteermittlungsvorschriften nach der Anwendung von sonstigen Einkünftekorrekturvorschriften, allerdings vor der Anwendung von § 1 AStG, ergibt.[5] Wie § 4 Abs. 1 Satz 1 EStG[6] geht auch § 1 AStG von einer **zweistufigen**

1 Das Gleiche gilt für die erweiterte oder fiktive unbeschränkte sowie für die erweitert beschränkte Steuerpflicht.

2 Vgl. Ditz/Licht/Wassermeyer in Flick/Wassermeyer/Ditz/Schönfeld, Außensteuerrecht (113. Erg.-Lfg. 2025), § 1 AStG Rz. 108.

3 So schon die alte Verwaltungsauffassung in BMF, Schreiben v. 14.5.2004 - IV B 4 - S 1340 - 11/04 ZAAAB-22327, BStBl 2004 I Sondernummer 1/2004 S. 3, Tz. 1.4.3; dagegen jedoch BFH, Urteil v. 17.12.1997 - I B 96/97, BStBl 1998 II S. 321.

4 Siehe auch Grell/Wargowske in BeckOK AStG, § 1 AStG Rz. 101; Ditz/Licht/Wassermeyer in Flick/Wassermeyer/Ditz/Schönfeld, Außensteuerrecht (113. Erg.-Lfg. 2025), § 1 AStG Rz.101.

5 Vgl. Ditz/Licht/Wassermeyer in Flick/Wassermeyer/Ditz/Schönfeld, Außensteuerrecht (113. Erg.-Lfg. 2025), § 1 AStG Rz. 102; siehe grundsätzlich auch Wassermeyer, IStR 2001 S. 633 ff.

6 Vgl. zur Systematik der zweistufigen Gewinnermittlung Mössner in FS Franz Wassermeyer, 2015, S. 63 ff.; Wassermeyer, IStR 2001 S. 633.

Gewinnermittlung aus.[1] Die Einkünfte werden auf einer ersten Stufe unter Anwendung der einschlägigen Einkünfteermittlungsvorschriften betragsmäßig berechnet.[2] Dieser Vorgang stellt die Ermittlung des in § 4 Abs. 1 Satz 1 EStG genannten Unterschiedsbetrages bzw. des in § 4 Abs. 3 EStG angeführten Überschusses der Betriebseinnahmen über die Betriebsausgaben bzw. des nach § 2 Abs. 2 Nr. 2 EStG ermittelten Überschusses der Einnahmen über die Werbungskosten bzw. des nach Durchschnittssätzen ermittelten Gewinns dar. Die Anwendung von § 1 AStG setzt daher eine **Minderung des vorläufig ermittelten Unterschiedsbetrags** i. S. des § 4 Abs. 1 Satz 1 EStG bzw. des nach § 4 Abs. 3 EStG ermittelten Überschusses der Betriebseinnahmen über die Betriebsausgaben bzw. des nach § 2 Abs. 2 Nr. 2 EStG ermittelten Überschusses der Einnahmen über die Werbungskosten bzw. des nach Durchschnittssätzen ermittelten Gewinns voraus.[3] Die Höhe der Minderung ergibt sich aus fremdunüblichen Bedingungen, insbesondere Verrechnungspreisen (vgl. → Rz. 77 ff.).

67 Einkünfte im steuerlich relevanten Sinne liegen nur dann vor, wenn diese mit **Einkunftserzielungsabsicht** erzielt worden sind. Deshalb liegt keine Minderung von Einkünften vor, wenn es dem Steuerpflichtigen an einer Einkunftserzielungsabsicht mangelt.[4] Somit fallen Einnahmen und Ausgaben im Zusammenhang mit „**Liebhaberei**" nicht unter § 1 AStG.[5] Unerheblich ist für die Einkünfte im Rahmen von § 1 AStG, ob es sich um steuerfreie Einkünfte handelt.[6]

68–69 *Einstweilen frei*

2. Geschäftsbeziehung zum Ausland

70 Die Minderung der Einkünfte des Steuerpflichtigen muss sich weiterhin „aus einer Geschäftsbeziehung zum Ausland" ergeben. Der Begriff **Geschäftsbeziehungen** ist in § 1 Abs. 4 AStG definiert. Danach sind unter Geschäftsbeziehungen einzelne oder mehrere zusammenhängende wirtschaftliche Vorgänge (Geschäftsvorfälle) zwischen dem Steuerpflichtigen und einer ihm nahestehenden

1 Vgl. Ditz/Wassermeyer in Flick/Wassermeyer/Ditz/Schönfeld, Außensteuerrecht (113. Erg.-Lfg. 2025), § 1 AStG Rz. 20.4 ff.

2 Vgl. Ditz/Wassermeyer in Flick/Wassermeyer/Ditz/Schönfeld, Außensteuerrecht (113. Erg.-Lfg. 2025), § 1 AStG Rz. 20.5.

3 Vgl. Ditz/Wassermeyer in Flick/Wassermeyer/Ditz/Schönfeld, Außensteuerrecht (113. Erg.-Lfg. 2025), § 1 AStG Rz. 20.5 ff.

4 Vgl. Kraft in Kraft, AStG, 2. Aufl. 2019, § 1 AStG Rz. 68.

5 Vgl. Kraft in Kraft, AStG, 2. Aufl. 2019, § 1 AStG Rz. 68.

6 Vgl. Greil/Wargowske in BeckOK AStG, § 1 AStG Rz. 101.

Person zu verstehen, denen keine gesellschaftsvertragliche Vereinbarung zugrunde liegt, und entweder beim Steuerpflichtigen oder der nahestehenden Person Teil einer Tätigkeit ist, auf die die §§ 13, 15, 18, oder § 21 EStG anzuwenden sind oder anzuwenden wären (siehe ausführlich → Rz. 602 ff.). Weiterhin gehören zu den Geschäftsbeziehungen auch anzunehmende schuldrechtliche Beziehungen zwischen dem Unternehmen eines Steuerpflichtigen und seiner in einem anderen Staat gelegenen Betriebsstätte.

Die Geschäftsbeziehung des Steuerpflichtigen muss **„zum Ausland"** bestehen. 71
Rein inländische Geschäftsbeziehungen fallen nicht unter den Anwendungsbereich des § 1 AStG, ebenso wenig wie rein ausländische Transaktionen ohne Inlandsbezug.[1] Es muss sich also um eine grenzüberschreitende Geschäftsbeziehung handeln.[2] Allerdings hat der Gesetzgeber den Begriff des Auslands im Rahmen von § 1 AStG nicht definiert, weshalb der Begriff unscharf bleibt. Grundsätzlich können zwei Kriterien für die Klassifikation des Auslands herangezogen werden. Zum einen die **geographische Belegenheit** der an der Geschäftsbeziehung beteiligten Subjekte.[3] Da das Außensteuergesetz als Nebengesetz zum Einkommensteuergesetz und Körperschaftsteuergesetz konzipiert ist, kann für die geografische Abgrenzung auf § 1 Abs. 1 EStG bzw. § 1 Abs. 3 KStG und dessen Definition des Inlands zurückgegriffen werden. Entscheidend ist aber die Zielsetzung des § 1 AStG, der Einkünfteminderungen bei inländischen Steuerpflichtigen korrigieren und den zutreffenden Inlandsgewinn erfassen will, wenn diese Einkunfteminderungen auf fremdunübliche Geschäftsbeziehungen mit nicht inländischen Steuerpflichtigen zurückzuführen sind und die betreffenden (verlagerten) Einkünfte daher nicht dem Zugriff der deutschen Finanzbehörden unterliegen. Daher ist eine Zuordnung zum Ausland nach dem **vorrangigen Besteuerungsrecht des ausländischen Staates** entscheidend.[4] Als Ausland ist somit der Bereich zu verstehen, der bezüglich der nahestehenden Person nicht dem primären Besteuerungszugriff des deutschen Fiskus unterliegt.

Als „Geschäftsbeziehungen zum Ausland" kommen daher in erster Linie Ge- 72
schäftsbeziehungen von Steuerinländern zu solchen Personen in Betracht, die

1 Siehe auch Ditz/Licht/Wassermeyer in Flick/Wassermeyer/Ditz/Schönfeld, Außensteuerrecht (113. Erg.-Lfg. 2025) § 1 AStG Rz. 114.

2 Vgl. Ditz/Licht/Wassermeyer in Flick/Wassermeyer/Ditz/Schönfeld, Außensteuerrecht (113. Erg.-Lfg. 2025), § 1 AStG Rz. 114.

3 Vgl. Kraft in Kraft, AStG, 2. Aufl. 2019, § 1 AStG Rz. 72.

4 Vgl. Vögle/Raab in Vögele/Borstell/Bernhardt, Verrechnungspreise, 5. Aufl. 2020, Kapitel A Rz. 201 f.; *Kraft* in Kraft, AStG, 2. Aufl. 2019, § 1 AStG Rz. 73; für einen sachlichen Bezug zum Ausland sprechen Greil/Wargowske in BeckOK AStG, § 1 AStG Rz. 103.

im Inland nicht der unbeschränkten Steuerpflicht unterliegen (sog. Steuerausländer); allerdings nur insoweit, als es sich nicht um Einkünfte handelt, die im Inland der beschränkten Steuerpflicht unterliegen. Der BFH stellt grundsätzlich auf die **personale Beziehung** zwischen dem inländischen Steuerpflichtigen und der nahestehenden Person ab, somit fehlt es an einem Auslandsbezug, wenn sich die Einkünfteminderungen nur im Inland auswirken,[1] so wie im Urteilsfall bei einem zinslosen Darlehen zwischen zwei inländischen (unbeschränkt steuerpflichtigen) GmbHs, von denen das Darlehen den Schweizer Betriebsstätten der GmbHs zugeordnet wurde. Hier sah der BFH eine inländische Geschäftsbeziehung zwischen den beiden GmbHs, da sich die Einkünfteminderungen nur im Inland auswirken.[2] In einem Nichtanwendungserlass hierzu stellt die Finanzverwaltung hingegen auf die **funktionale Beziehung** ab, da die entsprechend höheren Einkünfte der Betriebsstätte regelmäßig durch DBA freizustellen sind.[3]

73–74 *Einstweilen frei*

3. Nahestehende Person

75 Im Rahmen von § 1 AStG sollen nur Minderungen von Einkünften aus Geschäftsbeziehungen mit Personen im Ausland korrigiert werden, bei denen Gewinnverlagerungen vermutet werden. Anlass zu einer solchen Vermutung gibt es, wenn es aufgrund des **fehlenden Interessengegensatzes** an tatsächlichen Marktpreisen fehlt. Dies ist insbesondere bei rechtlich selbständigen Transaktionspartnern gegeben, die aber wirtschaftlich einheitlich geführt werden.[4] Bei fremden Dritten lassen die vermuteten gegensätzlichen Interessen eine solche Steuerarbitrage unwahrscheinlich erscheinen. Bei der nahestehenden Person kann es sich um natürliche und juristische Personen handeln. Der durch das AmtshilfeRLUmsG vom 26.6.2013 (siehe → Rz. 53) neu eingefügte Satz 2 stellt klar, dass eine Personengesellschaft oder eine Mitunternehmerschaft selbst nahestehende Person i. S. des § 1 AStG ist, wenn sie die Voraussetzungen von Abs. 2 erfüllt. In welchen Fällen eine Person als nahestehend gilt, ist in § 1 Abs. 2 AStG abschließend aufgezählt (siehe ausführlich → Rz. 114 ff.).

1 Vgl. BFH, Urteil v. 28.4.2004 - I R 5, 6/02, BStBl 2005 II S. 516, mit Nichtanwendungserlass hierzu BMF, Schreiben v. 22.7.2005, BStBl 2005 I S. 218.

2 Vgl. BFH, Urteil v. 28.4.2004 - I R 5, 6/02, BStBl 2005 II S. 516.

3 Vgl. BMF, Schreiben v. 22.7.2005, BStBl 2005 I S. 218; BFH, Urteil v. 28.4.2004 - I R 5, 6/02, BStBl 2005 II S. 516. Kritisch hierzu Strunk/Kaminski, IStR 2006 S. 141; Kraft in Kraft, AStG, 2. Aufl. 2019, § 1 AStG Rz. 75.

4 Vgl. hierzu Nientimp, Steuerliche Gewinnabgrenzung in internationalen Konzernen, 2003, S. 20 ff.; siehe auch BT-Drucks. 6/2883 S. 2394.

Einstweilen frei 76

4. Verrechnungspreise

Weitere Tatbestandsvoraussetzung von § 1 Abs. 1 AStG ist, dass der Steuerpflichtige bei seiner steuerlichen Einkünfteermittlung „andere Bedingungen, insbesondere Preise (Verrechnungspreise) zugrunde legt“ als fremdüblich wären. Durch den Klammerzusatz soll der Begriff „**Verrechnungspreis**“ gesetzlich definiert werden, was jedoch nur unvollständig gelingt. Durch den Zusatz „insbesondere Preise (Verrechnungspreise)“ scheint „Verrechnungspreise“ ein Beispiel oder Unterfall von Bedingungen zu sein, durch den die Einkünfteermittlung fremdunüblich verfälscht sein kann, so dass eine steuerliche Korrektur notwendig ist. Fraglich ist, welche anderen Bedingungen, die nichts mit Preisen zu tun haben, im Ergebnis zu einer verfälschten Einkünfteermittlung führen können. Grundsätzlich können dies nur solche Bedingungen sein, die sich auf die Höhe der Einkünfteermittlung auswirken, so dass im Ergebnis wohl hauptsächlich Preise bleiben.[1] Bedingungen, die keine Auswirkung auf die Entgelte von Geschäftsbeziehungen zwischen dem Steuerpflichtigen und den nahestehenden Personen haben, werden regelmäßig nicht zu einer verfälschten Einkünfteermittlung des Steuerpflichtigen führen und sind deshalb für § 1 Abs. 1 AStG nicht relevant (siehe zur eingeschränkten Schrankenwirkung der DBA → Rz. 17 ff.). Für die Anwendung von § 1 AStG kommt es daher regelmäßig nicht auf die einzelne Vereinbarung, sondern auf den Verrechnungspreis an.[2] 77

Obwohl der Begriff „**Bedingungen**“ grundsätzlich weit auszulegen ist, bleibt regelmäßig wohl hauptsächlich das bei der Einkünfteermittlung angesetzte Entgelt, also die vereinbarten Verrechnungspreise. Zu den Bedingungen können auch Vertragslaufzeiten, Zahlungsbedingungen, Lieferbedingungen, Rabatte, Preisanpassungsklauseln, Sicherheiten sowie Kündigungsklauseln gehören.[3] Ein Abweichen vom Fremdüblichen ist in diesen Fällen noch schwieriger messbar als bei dem Preis. Einkünfteminderungen aufgrund einzelner fremdunüblicher Bedingungen sollen auch nach § 1 AStG korrigierbar sein. Allerdings werden sich regelmäßig Unterschiede in diesen Bedingungen, wie Liefer- 78

---

1 So auch Wassermeyer, DB 2007 S. 535.

2 So noch FG Münster, Urteil v. 22.2.2008 - 9 K 509/07 K,F CAAAC-77986, EFG 2008 S. 923; siehe aber → Rz. 79.

3 Vgl. BMF, Schreiben v. 14.7.2021 - IV B 5 - S 1341/19/10017 :001 BAAAH-83917, BStBl 2021 I S. 1098, Tz. 1.22; siehe auch Greil/Wargowske in BeckOK AStG, § 1 AStG Rz. 111.1.; Pohl in Brandis/Heuermann, Ertragsteuerrecht (175. Erg.-Lfg. 2025), § 1 AStG Rz. 36.

und Zahlungsbedingungen oder Sicherheiten, im Preis auswirken. So soll auch nicht jede Abweichung vom Fremdüblichen bei solchen Bedingungen direkt zu einer Fremdunüblichkeit der gesamten Geschäftsbeziehung führen, sondern es soll eine Gesamtwürdigung des Einzelfalls vorgenommen werden.[1]

79 Der BFH hat in mehreren Urteilen entschieden (siehe zum Hintergrund der geänderten Rechtsprechung dieser Urteilsserie → Rz. 9 ff., 20 ff.), dass zu den fremdunüblichen Bedingungen auch fehlende Besicherungen von Darlehen gehören können.[2] Kommt es später zu einer Teilwertabschreibung des Darlehens beim nahestehenden Darlehensgeber, ist diese durch die fremdunüblich nicht vereinbarten Sicherheiten veranlasst und kann über § 1 AStG korrigiert werden.[3] Allerdings erkennt auch der BFH an, dass die Einräumung einer Sicherheit des Darlehensnehmers nicht die per se einzige fremdübliche Möglichkeit ist, Darlehen zwischen nahestehenden zu vergeben. Es muss nicht auf „bankübliche“ Sicherheiten abgestellt werden, auch Teilsicherungen können fremdüblich sein, oder die fehlenden Sicherheiten können durch erhöhte Zinsen, also Verrechnungspreise kompensiert werden.[4]

80 Dies verdeutlicht, dass unterschiedliche Bedingungen der Geschäftsbeziehungen sich zwischen fremden Dritten regelmäßig im Preis niederschlagen. Im Ergebnis werden sich Korrekturen aufgrund von fremdunüblichen Bedingungen außerhalb von Preisen auf Sonderfälle beschränken, in denen eine Korrektur des originären Verrechnungspreises steuerlich nicht möglich ist.

81 Auch § 1 Abs. 3 AStG als Operationalisierung des Fremdvergleichsgrundsatzes von § 1 Abs. 1 AStG befasst sich hauptsächlich mit der Preisfindung unter fremdüblichen Bedingungen als steuerlichen Maßstab und sieht die Bedingungen eher im Rahmen der Vergleichbarkeitsanalyse. Aus § 1 Abs. 1 AStG wird allerdings klar, dass der Verrechnungspreis der Preis ist, den der Steuerpflichtige seiner Einkünfteermittlung zugrunde gelegt hat. Dies ist also regelmäßig derjenige Preis, der zivilrechtlich zwischen den Partnern der Geschäftsbeziehung tatsächlich vereinbart wurde. § 1 Abs. 3 Satz 1 AStG definiert demgegen-

---

1 Verwaltungsgrundsätze Verrechnungspreis 2024, Tz. 1.22; siehe auch Greil/Wargowske in BeckOK AStG, § 1 AStG Rz. 112.

2 Vgl. BFH, Urteil v. 27.2.2019 - I R 81/17, BStBl 2020 II S. 443, Rz. 12; BFH, Urteil v. 27.2.2019 - I R 51/17, BStBl 2020 II S. 440; BFH, Urteil v. 14.8.2019 - I R 14/18 (nv) MAAAH-49565, BFH/NV 2020 S. 755; BFH, Urteil v. 14.8.2019 - I R 34/18 (nv) WAAAH-49566, IStR 2020 S. 590; BFH, Urteil v. 19.2.2020 - I R 19/17, BStBl 2021 II S. 223; BFH, Urteil v. 9.6.2021 - I R 32/17 VAAAH-94047, IStR 2021 S. 937.

3 Vgl. BFH, Urteil v. 27.2.2019 – I R 81/17, BStBl 2020 II S. 443, Rz. 12, 16.

4 So BFH, Urteil v. 9.6.2021 – I R 32/17 VAAAH-94047, IStR 2021 S. 937, Tz. 33 f. Siehe auch BFH, Urteil v. 18.05.2021 – I R 62/17, IStR 2021 S. 902.

über den steuerlichen Maßstab einer Korrektur, den **Fremdvergleichspreis**, als dem Fremdvergleichsgrundsatz entsprechenden Verrechnungspreis.

Verrechnungspreise sind nach **betriebswirtschaftlichem Verständnis** Preise, die anstelle von Marktpreisen benutzt werden oder als **Marktpreisimitationen** innerbetrieblich verwendet werden.[1] Diese Verrechnungspreise können unterschiedlichen Zwecken dienen,[2] 82

- der Preiskalkulation;
- der Koordination durch Delegation, um den Leistungsaustausch zwischen verschiedenen Kostenstellen zu bewerten;[3]
- der Koordination durch Dezentralisation als Lenkungspreise in der innerbetrieblichen Erfolgsrechnung;
- in der Rechnungslegung, insbesondere bei verbundenen Unternehmen zur Bewertung von Lieferungen und Leistungen für Zwecke der Besteuerung und des externen Rechnungswesens.

Da der Rechnungszweck den Rechnungsinhalt bestimmt,[4] kann es geboten sein, auch verschiedene Verrechnungspreise für die unterschiedlichen Zwecke anzusetzen.[5] Hierbei ist der fremdübliche Preis regelmäßig nicht der betriebswirtschaftlich sinnvolle Verrechnungspreis, so dass es gute ökonomische Gründe gibt, gerade nicht den Fremdvergleichspreis als Verrechnungspreis zu wählen.[6] Die für die steuerliche Einkünfteermittlung angesetzten Preise sind allerdings auf einer zweiten Stufe auf ihre steuerliche Angemessenheit zu überprüfen, um Steuerarbitragen zu verhindern. Die steuerliche Beurteilung der Angemessenheit von Verrechnungspreisen setzt einen Maßstab voraus, ab wann ein Verrechnungspreis nicht mehr als angemessen gilt.[7] Hierfür kodifi- 83

1 Vgl. Schneider, Betriebswirtschaftslehre, Band 2: Rechnungswesen, 2. Aufl. 1996, S. 466; Nientimp, Steuerliche Gewinnabgrenzung in internationalen Konzernen, 2003, S. 43 ff.

2 Vgl. Schneider in Chatfield/Vangermeersch, Encyclopaedia of Accounting History and Thought, 1995, S. 581; Schneider, Betriebswirtschaftslehre, Band 2: Rechnungswesen, 2. Aufl. 1996, S. 466 f. Siehe zu einer weiteren Klassifikation der Zwecke von Verrechnungspreisen etwa Schmidt/Sigloch/Henselmann, Internationale Steuerlehre, 2005, S. 334 f. Siehe zu einer anderen Systematisierung etwa Baumhoff/Ditz in Flick/Wassermeyer/Ditz/Schönfeld, Außensteuerrecht (113. Erg.-Lfg. 2025), § 1 AStG Anm. 16 ff.

3 In diesem Sinne auch Schön, IStR 2011 S. 777, 780: „Die eigentliche betriebswirtschaftliche Funktion der Verrechnungspreise liegt jedoch auf einem völlig anderen Gebiet: es geht um die effiziente Steuerung der konzerninternen Produktion, vor allem der Abstimmung zwischen betrieblichen Untereinheiten, die jeweils von selbständigen Agenten geleitet werden".

4 Vgl. Schneider, Betriebswirtschaftslehre, Band 2: Rechnungswesen, 2. Aufl. 1996, S. 33.

5 Für Unternehmen ist die Vereinbarung von Marktpreisen auch ohne Steuern wirtschaftlich nicht immer sinnvoll, vgl. Schneider, DB 2003 S. 53 ff.

6 Siehe etwa Schneider, DB 2002 S. 53 ff.; Schön, IStR 2011 S. 777, 780 f.

7 Vgl. Nientimp, Steuerliche Gewinnabgrenzung in internationalen Konzernen, 2003, S. 111.

ziert § 1 Abs. 1 Satz 1 AStG den Fremdvergleichsgrundsatz. Die Kernfrage ist daher, wie der **Fremdvergleichspreis**[1] ermittelt wird, der steuerlich als Vergleichsmaßstab dient und mit dem dann der tatsächlich steuerlich angesetzte Verrechnungspreis zu vergleichen ist.[2] Der Verrechnungspreis ist so verstanden eine beobachtbare Ist-Größe,[3] die mit der Soll-Größe, dem Fremdvergleichspreis, verglichen wird.[4] Diese Soll-Größe Fremdvergleichspreis ist nach § 1 Abs. 3 Satz 5 AStG mit der am besten geeigneten Verrechnungspreismethode zu bestimmen.

84–85 *Einstweilen frei*

5. Abweichung vom Fremdvergleichsgrundsatz

a) Fremdvergleichsgrundsatz

86 Als Maßstab zur Entscheidung, ob die Einkünfte des Steuerpflichtigen aus Geschäftsbeziehungen zum Ausland mit nahestehenden Personen gemindert wurden, bestimmt § 1 Abs. 1 Satz 1 AStG den **Fremdvergleichsgrundsatz**. Für diese Geschäftsbeziehungen ist hierbei also ein **Vergleich** zwischen den Einkünften, basierend auf den tatsächlich der Einkünfteermittlung zugrunde gelegten Preisen und einem Soll-Wert aus Fremdvergleichswerten, anzustellen. Der Soll-Wert ist abzuleiten aus Bedingungen, wie „sie voneinander unabhängige Dritte unter gleichen oder vergleichbaren Verhältnissen vereinbart hätten". Da sich auch der Korrekturbetrag auf die Einkünfte unter solchen fremdüblichen Bedingungen bezieht, ist der Fremdvergleichsmaßstab, sowohl auf der Tatbestandsseite als auch auf der Rechtsfolgenseite maßgeblich. Der Fremdvergleichsgrundsatz ist somit der Kern der Regelungen des § 1 AStG. Im Ergebnis werden die Einkünfte des Steuerpflichtigen zugrunde gelegt, wie sie sich bei fremdvergleichskonformen Entgelten ergeben **hätten**, also eines hypothetischen Wertes (siehe → Rz. 3, 215 ff.). Hierdurch wird klar, dass es als Rechtsfolge des § 1 AStG zu einer **Soll-Gewinnbesteuerung** kommt, wenn die tatsächlichen der Einkünfteermittlung zugrunde gelegten Einkünfte des Steuerpflichtigen von seinen Einkünften unter den unterstellten Bedingungen fremder Dritter negativ abweichen.

---

1 Als dem Fremdvergleichsgrundsatz entsprechender Verrechnungspreis (§ 1 Abs. 3 Satz 1 AStG).

2 Vgl. Wassermeyer, DB 2007 S. 536.

3 So auch Wassermeyer, DB 2007 S. 535.

4 Siehe auch Nientimp, Steuerliche Gewinnabgrenzung in internationalen Konzernen, 2003, S. 26 f.; Ditz/Licht/Wassermeyer in Flick/Wassermeyer/Ditz/Schönfeld, Außensteuerrecht (113. Erg.-Lfg. 2025), § 1 AStG Rz. 137.

Aus dem Wortlaut der Norm folgt, dass eine beim Steuerpflichtigen eingetretene Einkünfteminderung nur dann nach § 1 AStG zu korrigieren ist, sofern die Einkünfte **dadurch** gemindert sind, dass die zwischen dem Steuerpflichtigen und der nahestehenden Person vereinbarten Bedingungen, insbesondere Preise gegen den Fremdvergleichsgrundsatz verstoßen. Der Verstoß gegen den Fremdvergleichsgrundsatz muss also für die Minderung der Einkünfte des Steuerpflichtigen ursächlich gewesen sein.[1] 87

International ist der Fremdvergleichsgrundsatz unter dem Begriff des „**dealing-at-arm's-length-principle**" im Rahmen des Art. 9 OECD-MA (siehe → Rz. 17 ff.) und für Betriebsstätten in Art. 7 OECD-MA (siehe → Rz. 24) weit verbreitet. Operationalisiert wird der Fremdvergleichsgrundsatz durch „**Verrechnungspreismethoden**", die der Bestimmung fremdüblicher Preise oder Werte dienen (siehe → Rz. 177 ff.). Aufgrund der geltenden Privatautonomie ist kein Steuerpflichtiger zivilrechtlich verpflichtet, dem Fremdvergleich entsprechende Verrechnungspreise zu vereinbaren.[2] Der Steuerpflichtige kann zivilrechtlich „seine" Verrechnungspreise grundsätzlich frei aushandeln, nach einer steuerlich „falschen" Methode ermitteln, von der Muttergesellschaft diktierte Verrechnungspreise hinnehmen oder er kann die Verrechnungspreise sogar im Extremfall rein zufällig bestimmen.[3] Sollten diese allerdings fremdunüblich sein, kann es zu steuerlichen Einkünftekorrekturen kommen. Maßstab hierfür ist der Fremdvergleichspreis, als der dem Fremdvergleichsgrundsatz entsprechenden Verrechnungspreis.[4] 88

Zwischen fremden Dritten kommt es durch die **Marktprozesse** regelmäßig zu einem Ausgleich der gegensätzlichen Interessen, wodurch dem vereinbarten Marktpreis eine Richtigkeitsvermutung innewohnt.[5] Insofern kann der Marktpreis aus Sicht der Finanzbehörden als willkürfrei angesehen werden.[6] Aufgrund des fehlenden oder nicht ausreichenden Interessengegensatzes zwischen nahestehenden Personen ist der zivilrechtlich vereinbarte Preis allerdings steuerlich auf Abweichungen vom Marktpreis zu überprüfen. Die Unterstellung ist dann, dass diese Abweichungen vom Marktpreis nicht auf Aspek- 89

1 Vgl. Ditz/Licht/Wassermeyer in Flick/Wassermeyer/Ditz/Schönfeld, Außensteuerrecht (113. Erg.-Lfg. 2025), § 1 AStG Rz. 128.

2 Vgl. Schreiber in Kroppen/Rasch, Handbuch internationale Verrechnungspreise (43. Erg.-Lfg. 2024), VerwGr. Verf. § 90 AO, Rz. 156; Wassermeyer, DB 2007 S. 535.

3 Vgl. Eigelshoven/Nientimp, DB 2005 S. 1184, so wohl auch BFH, Urteil v. 17.10.2001 – I R 103/00, BStBl 2004 II S. 171.

4 Siehe § 1 Abs. 1 Satz 1 AStG.

5 Vgl. Wittmann, StuW 1993 S. 39.

6 Vgl. Nientimp, Steuerliche Gewinnabgrenzung in internationalen Konzernen, 2003, S. 21.

ten des geschäftlichen Handelns der Personen beruhen, sondern auf anderen Überlegungen. Ebenso wie bei natürlichen Personen und Personenunternehmen die betriebliche und die private Sphäre des Unternehmers voneinander abzugrenzen sind, so sind auch bei Kapitalgesellschaften die Sphären der Einkommenserzielung und der Einkommensverwendung bzw. -verteilung zu unterscheiden.[1] Zur praktischen Umsetzung der damit angesprochenen Sphärentrennung wird der Fremdvergleichsgrundsatz als Hilfskriterium angewandt.[2] Rechtsgrundlage der Differenzierung zwischen den Sphären der Einkommenserzielung und der Einkommensverwendung ist das im deutschen Ertragsteuerrecht verankerte und dieses beherrschende Veranlassungsprinzip.[3] Wenn die Rechtsgrundlage der Differenzierung zwischen den Sphären der Einkommenserzielung und der Einkommensverwendung das allgemeine Veranlassungsprinzip[4] ist und der Fremdvergleich zur praktischen Umsetzung dieser Differenzierung angewandt wird,[5] dann ergibt sich, dass auch der Fremdvergleich seine Rechtsgrundlage im allgemeinen Veranlassungsprinzip findet.[6] Der Fremdvergleich ist daher als **Subprinzip des Veranlassungsprinzips** anzusehen.[7]

90–91 *Einstweilen frei*

b) Prämissen für die Anwendung des Fremdvergleichs

92 Für den **steuerlichen Soll-Ist-Vergleich** ist ein Fremdvergleichswert als Vergleichsmaßstab zu ermitteln. Der **Fremdvergleichswert** ist im Regelfall ein **Fremdvergleichspreis**, den einander fremde Dritte unter gleichen oder vergleichbaren Verhältnissen vereinbart haben oder hätten. Hieraus wird deutlich, dass der Fremdvergleichswert und damit das Bezugsobjekt des im Rahmen des Fremdvergleichs stattfindenden Vergleichs stets **zwei Kriterien** erfüllen muss. Der als Vergleichsmaßstab herangezogene Fremdvergleichswert muss zunächst das Kriterium erfüllen, dass er von zwei voneinander unabhän-

1 Siehe zur vGA Gosch in Gosch, KStG, 4. Aufl. 2020, § 8 KStG Rz. 285.

2 Vgl. Wassermeyer in Debatin/Wassermeyer, DBA (167. Erg.-Lfg. 2024), Art. 9 OECD-MA Rz. 102.

3 Vgl. Weber-Grellet, DB 1998 S. 1532; Wassermeyer, DB 1998 S. 157.

4 Umfassend zum Veranlassungsprinzip Kreft in Herrmann/Heuer/Raupach, EStG (331. Erg.-Lfg. 2025), § 9 Anm. 130 ff.; Hey in Tipke/Lang, Steuerrecht, 25. Aufl. 2025, Rz. 8.205 ff.; siehe auch Rasch, Konzernverrechnungspreise im nationalen, bilateralen und europäischen Steuerrecht, 2001, S. 30 ff.

5 Vgl. Wassermeyer, IStR 2001 S. 636.

6 Vgl. Gosch in Gosch, KStG, 4. Aufl. 2020, § 8 KStG Rz. 290; Wassermeyer, StbJb 1998/99 S. 157.

7 Vgl. Wassermeyer, StbJb 1998/99 S. 157; ders., IStR 2001 S. 633; Rasch, Konzernverrechnungspreise im nationalen, bilateralen und europäischen Steuerrecht, 2001, S. 36 f.; Eigelshoven/Nientimp, DB 2003 S. 2307.

gigen Dritten vereinbart worden ist oder vereinbart worden wäre (**„Unabhängigkeit der Personen"**). Weiterhin muss der zwischen den beiden unabhängigen Unternehmen tatsächlich oder hypothetisch vereinbarte Fremdvergleichspreis unter gleichen oder vergleichbaren Verhältnissen vereinbart worden sein, wie sie auf die Bildung des tatsächlich vereinbarten Verrechnungspreises eingewirkt haben (**„Vergleichbarkeit der Verhältnisse"**).

Im Rahmen des Fremdvergleichs kann nur ein solcher Wert einen sinnvollen 93
Vergleichsmaßstab im Rahmen der Angemessenheitsprüfung bilden, der durch **voneinander unabhängige Dritte** vereinbart worden ist oder vereinbart worden wäre. Voneinander unabhängige Dritte werden in § 1 AStG nicht definiert, sind aber im Umkehrschluss solche Personen, die nicht nahestehend i. S. des § 1 Abs. 2 AStG sind. Allerdings sind fremde Dritte auch weitere Personen, bei denen ein **Interessengegensatz** im Verhältnis zum Transaktionspartner besteht und eine Einflussnahme auf die Entscheidungen des anderen, die über den Einfluss aus der Geschäftsbeziehung hinausgeht, nicht möglich ist.[1]

Weiterer wesentlicher Bestandteil des Fremdvergleichs ist die **Vergleichbarkeit** 94
der Verhältnisse, unter denen die Fremdvergleichswerte zustande kommen. Die Verhältnisse, unter denen sich die beobachteten Werte (Preise, Margen) zwischen fremden Dritten ergeben, müssen insofern mit den Verhältnissen zwischen dem Steuerpflichtigen und der nahestehenden Person vergleichbar sein, so dass zu erwarten ist, dass sich solche Werte auch zwischen ihnen ergeben würden. Hierfür ist regelmäßig eine Funktions- und Risikoanalyse der betroffenen Unternehmen durchzuführen (siehe → Rz. 183 ff.). Die Vergleichbarkeit kann dabei grundsätzlich nicht unabhängig von der Verrechnungspreismethode ermittelt werden (siehe → Rz. 201), welche die fremdüblichen Werte ableiten soll.

Für die Anwendung des Fremdvergleichsgrundsatzes verlangt § 1 Abs. 1 Satz 3 95
AStG weiterhin, dass davon auszugehen ist, *„dass die voneinander unabhängigen Dritten alle wesentlichen Umstände der Geschäftsbeziehung kennen"*. Die in dieser **Transparenzklausel**[2] bestimmte Unterstellung ist in vielerlei Hinsicht äußerst problematisch. Fraglich ist, was unter den wesentlichen Umständen einer Geschäftsbeziehung zu verstehen ist. Aus dem Zusammenhang folgt, dass es sich hierbei um die **für die Preisbildung wesentlichen Umstände** han-

---

1 Siehe auch Baumhof/Liebchen in Mössner, Steuerrecht international tätiger Unternehmen, 5. Aufl. 2018, Tz. 4.99 f.

2 Oder auch Hellseherklausel Ditz/Licht/Wassermeyer in Flick/Wassermeyer/Ditz/Schönfeld, Außensteuerrecht (113. Erg.-Lfg. 2025), § 1 AStG, Überschrift zu Rz. 22 5 f.

deln muss. Aus Sicht der Marktteilnehmer bedeutet dies, dass sowohl Nachfrager als auch Anbieter alle für die Preisbildung relevanten Informationen kennen müssten. Dies kann sich allerdings nicht auf alle Informationen beziehen, die überhaupt verfügbar sind, sondern beschränkt sich auf die infrage stehende Geschäftsbeziehung. Im Ergebnis unterstellt der Gesetzgeber also nicht vollständige Information (was unmöglich wäre), sondern nur **Informationssymmetrie** zwischen den Partnern der Geschäftsbeziehung. Die beiden unabhängigen Dritten der als Vergleich heranzuziehenden Referenztransaktion sollen also – unrealistischerweise – die gleichen wesentlichen Informationen über die Geschäftsbeziehung haben.

96 Problematisch wird die Transparenzklausel des § 1 Abs. 1 Satz 3 AStG insbesondere in Bezug auf den in § 1 Abs. 3 Satz 1–6 AStG behandelten tatsächlichen Fremdvergleich. Die in § 1 Abs. 3 AStG angesprochenen Verhältnisse, Werte, Vergleichswerte und Geschäftsvorfälle zwischen fremden Dritten bilden sich empirisch auf Märkten. Reale Märkte, jenseits von vollkommenen Märkten, sind durch Unsicherheiten und ungleich verteiltem Wissen zwischen den Marktteilnehmern geprägt.[1] § 1 Abs. 1 Satz 3 AStG ordnet aber entgegen dieser in der Wirklichkeit beobachtbaren Marktsituation als gesetzliche Fiktion an, dass für die Anwendung des steuerlichen Fremdvergleichsgrundsatzes davon auszugehen ist, dass die voneinander unabhängigen Dritten alle wesentlichen Umstände der Geschäftsbeziehung kennen. Diese Vorgabe des Gesetzes ist nach ihrem Wortlaut nicht auf den hypothetischen Fremdvergleich beschränkt, sondern gilt für die Anwendung jedes Fremdvergleichs, also auch des tatsächlichen.[2] Auch die Stellung in § 1 Abs. 1 AStG spricht für die **Gültigkeit der Transparenzklausel für den Fremdvergleich im Allgemeinen**. Bei einer Beschränkung auf den hypothetischen Fremdvergleich wäre diese Regel systematisch in § 1 Abs. 3 Satz 7 AStG sinnvoller aufgehoben.[3] Diese Sichtweise wird darüber hinaus durch die Gesetzesbegründung gestützt, in der es heißt, dass die gesetzliche Regelung der Transparenzklausel „insbesondere für den

1 Siehe hierzu etwa Varian, Grundzüge der Mikroökonomik, 2011, S. 628 ff.; Schneider, Informations- und Entscheidungstheorie, 1995, S. 4.

2 Vgl. Bödefeld/Kuntschik in Blumberg/Benz Unternehmensteuerreform 2008, S. 240, 249 f.; Frischmuth, IStR 2007 S. 486; Kroppen/Nientimp, IWB 17/2008 S. 2356, 2359; Greil/Wargowske in BeckOK AStG, § 1 AStG Rz. 150; Pohl in Brandis/Heuermann, Ertragsteuerrecht, § 1 AStG Rz. 40.

3 Siehe zu einer Kritik and der Transparenzklausel auch Liebchen in Flick/Wassermeyer/Ditz/Schönfeld, Außensteuerrecht (113. Erg.-Lfg. 2025), § 1 AStG Rz. 906 ff.; § 1 Abs. 3 Satz 7 AStG betont noch mal explizit, dass der hypothetische Fremdvergleich unter Beachtung von § 1 Abs. 1 Satz 3 durchzuführen ist.

hypothetischen Fremdvergleich wichtig“[1] sei. Dies bedeutet aber im Umkehrschluss, dass sie nicht ausschließlich nur für den hypothetischen Fremdvergleich, sondern allgemein gilt.[2]

97 Wendet man aber die gesetzlich angeordnete Transparenz und damit die Unterstellung symmetrisch verteilter Informationen auch auf den tatsächlichen Fremdvergleich an, befindet man sich in einem Dilemma: **Wettbewerb ist bei der Annahme gleich verteilten Wissens wegdefiniert.**[3] Gleich verteiltes Wissen zwischen den fremden Dritten ist aber eine Unterstellung des Fremdvergleichs im Rahmen des § 1 Abs. 1 AStG. Die Fremdvergleichswerte, die sich auf realen Wettbewerbsmärkten gebildet haben, bei denen regelmäßig unvollständige Informationen und Informationsasymmetrien zwischen den Marktpartner existieren, entsprechen nicht der Fiktion der Transparenzklausel in § 1 Abs. 1 Satz 3 AStG und wären deshalb für die Anwendung des Fremdvergleichsgrundsatzes nach dieser Vorschrift nicht geeignet. Jedenfalls können Steuerpflichtige bei den auf Märkten beobachtbaren Daten regelmäßig nicht wissen, ob die handelnden Personen alle wesentlichen Umstände der verwirklichten Geschäftsbeziehung vorab kannten und ob somit diese Daten der Fiktion des Gesetzgebers entsprechen.[4] Durch die **kontrafaktische Fiktion der Informationssymmetrie** wäre daher der Kern des Fremdvergleichsgrundsatzes, der Vergleich mit beobachteten Marktergebnissen fremder Dritter, ausgeschlossen. Der Gesetzgeber hätte damit durch die Fiktion der Transparenz den tatsächlichen Fremdvergleich abgeschafft und generell einen hypothetischen Fremdvergleich angeordnet.[5] Das kann nicht ernsthaft gewollt sein und würde dem § 1 Abs. 3 Satz 1–6 AStG praktisch keinerlei Anwendungsbereich einräumen. Dies zeigt, dass **die Transparenzklausel und ihre fehlende Beschränkung auf den hypothetischen Fremdvergleich völlig missglückt ist.**[6]

98 Zumindest für die zu ermittelnden Vergleichswerte von voneinander unabhängigen Dritten im Rahmen des tatsächlichen Fremdvergleichs kann daher nur eine **restriktive Auslegung** von § 1 Abs. 1 Satz 3 AStG sinnvoll sein.[7] Ansonsten gäbe es praktisch keine verwertbaren Fremdvergleichswerte zu beobachten.

1 BT-Drucks. 16/4841 S. 85.
2 Vgl. Kroppen/Nientimp, IWB 17/2008 S. 2356, 2359.
3 Vgl. Schneider, ZfbF 1989 S. 26; Schneider, Betriebswirtschaftslehre. Band 3: Theorie der Unternehmung, 1997, S. 40 ff., 134 ff.
4 Vgl. Kroppen/Nientimp, IWB 17/2008 S. 2356, 2359.
5 Vgl. Kroppen/Nientimp, IWB 17/2008 S. 2356, 2359.
6 Vgl. auch Bödefeld/Kuntschik in Blumberg/Benz, Unternehmensteuerreform, 2008, S. 240, 249 f.; Frischmuth, IStR 2007 S. 486; Kroppen/Nientimp, IWB 17/2008 S. 2356, 2359.
7 Vgl. Roeder, Die Unternehmensbesteuerung, 2008, S. 205.

Da die kontrafaktische Transparenzklausel in der Realität nicht anwendbar ist, kann sie auch nicht als Maßstab für einen tatsächlichen Fremdvergleich dienen. Selbst für den hypothetischen Fremdvergleich erhebt die Transparenzklausel einen hypothetischen Wert zum Maßstab des Fremdvergleichs, dessen Grundprämisse (Informationssymmetrie) nicht den beobachtbaren Verhältnissen voneinander unabhängiger Dritter auf Märkten entspricht. So wollen auch Greil und Wargowske die Transparenzklausel nur anwenden, um **„irreguläre Umstände“** für die Bestimmung des Fremdvergleichspreises auszuschließen.[1]

99 Die Transparenzklausel widerspricht auch dem Fremdvergleichsgrundsatz des Art. 9 OECD-MA, da dieser internationale Fremdvergleichsgrundsatz die „Bedingungen des freien Marktes (Arm's-length-Prinzip)“[2] als Vergleichsmaßstab unterstellt.[3] Daher wäre ein Fremdvergleichsgrundsatz mit Transparenzklausel **abkommensrechtlich nicht durchsetzbar**.[4] Grundsätzlich bestimmt der OECD-Musterkommentar: *„Eine Berichtigung der Bücher verbundener Unternehmen ist aber nicht zulässig, wenn die Geschäfte zwischen diesen Unternehmen unter den Bedingungen des freien Marktes (Arm's-length-Prinzip) abgewickelt worden sind.“*[5] Auch mit dem analog ausgestalteten Fremdvergleichsgrundsatz von Art. 4 der EU-Schiedskonvention wäre die Transparenzklausel nicht vereinbar[6] und könnte daher in Verständigungs- und Schiedsverfahren unter der EU-Schiedskonvention nicht berücksichtigt werden. Weiterhin hat der EuGH in Rechtsache SGI[7] entschieden, dass nationale Gewinnkorrekturen, die nur bei Geschäftsbeziehungen zu verbundenen Unternehmen im Ausland greifen, nur dann europarechtlich zulässig sind, wenn sich die steuerliche Berichtigung auf den fremdunüblichen Teil beschränkt (siehe → Rz. 31 ff.).[8] Bei der Anwendung des § 1 AStG sind daher die sich aus der Verhältnismäßigkeitsprüfung des EuGH ergebenen Einschränkungen zu beachten.[9] Dies ist auch bei der Anwen-

1 Vgl. Greil/Wargowske in BeckOK AStG, § 1 AStG Rz. 147 ff.

2 Tz. 2 OECD- MK zu Art. 9.

3 Siehe etwa zur OECD-Interpretation: OECD-LL, Tz. 1.2: „Kräfte des Marktes“; „externe Marktkräfte“, Tz. 1.5: „Erfordernissen des freien Marktes“, Tz. 1.14: „größtmögliche Angleichung an die Funktionsweise des freien Marktes“, der Fremdvergleichsgrundsatz „nimmt das normale Marktgeschehen als Maßstab“. Zur Literaturmeinung; Eigelshoven in Vogel/Lehner, DBA, 7. Aufl. 2021, Art. 9 OECD-MA Rz. 23; Klapdor, StuW 2008 S. 85; Wulf, DB 2007 S. 2280 f.

4 So auch Wassermeyer, DB 2007 S. 536; Wulf, DB 2007 S. 2280 f.

5 Tz. 2 OECD-MK zu Art. 9.

6 So auch /Liebchen in Flick/Wassermeyer/Ditz/Schönfeld, Außensteuerrecht (113. Erg.-Lfg. 2025), § 1 AStG Rz. 909.

7 Vgl. EuGH, Urteil v. 21.1.2010 - Rs. C-311/08 „SGI“ MAAAD-38538, IStR 2010 S. 144.

8 Auch der EuGH benutzt hier als Maßstab die „Bedingungen des freien Wettbewerbs“ für die Korrektur, EuGH, Urteil v. 21.1.2010 - Rs. C-311/08, „SGI“ MAAAD-38538, IStR 2010 S. 144.

9 Vgl. Thömmes, IWB 3/2010 S. 111 DAAAD-37193.

dung der Transparenzklausel zu beachten, die gerade kein Bestandteil des Fremdvergleichsprinzips ist.[1]

100 Als weitere Unterstellung des Fremdvergleichsgrundsatzes ordnet § 1 Abs. 1 Satz 3 AStG an, dass davon auszugehen ist, dass die voneinander unabhängigen Dritten […] „nach den Grundsätzen ordentlicher und gewissenhafter Geschäftsleiter handeln“. Dieser Rückgriff auf zwei **ordentliche und gewissenhafte Geschäftsleiter**[2] nähert die Fremdvergleichskonzeptionen der vGA und des § 1 AStG an.[3] Auch diese Unterstellung greift für die Anwendung des Fremdvergleichsgrundsatzes i. S. des § 1 AStG im Allgemeinen, also für den tatsächlichen und hypothetischen Fremdvergleich. Ziel der Theorie vom **doppelten ordentlichen Geschäftsleiter** ist es, den Interessengegensatz bei nahestehenden Personen zu schaffen.[4] Bei fremden Dritten ist dies nicht notwendig,[5] da dieser regelmäßig vermutet werden kann. Problematisch im Rahmen des tatsächlichen Fremdvergleichs ist daher auch hier, dass regelmäßig nicht überprüft werden kann, ob die beobachteten empirischen Daten, die als Vergleichswerte herangezogen werden, dieser Unterstellung genügen. Im Ergebnis kann sowohl der Steuerpflichtige als auch die Finanzverwaltung nicht ermitteln, ob die Werte, die sich auf Märkten ergeben haben, nicht auch von unordentlichen und gewissenlosen Geschäftsleitern vereinbart wurden. Daher ist die Unterstellung des doppelten ordentlichen Geschäftsleiters praktisch nur für den hypothetischen Fremdvergleich anwendbar.

101–103 *Einstweilen frei*

II. Die Rechtsfolgen des § 1 Abs. 1 AStG

1. Korrektur der Einkünfte

104 Als Rechtsfolge ordnet § 1 Abs. Satz 1 AStG an, dass die Einkünfte des Steuerpflichtigen so anzusetzen sind, „*wie sie unter den zwischen voneinander unabhängigen Dritten vereinbarten Bedingungen angefallen wären*“. Hierzu werden

---

1 So wohl auch Ditz/Licht/Wassermeyer in Flick/Wassermeyer/Ditz/Schönfeld, Außensteuerrecht (113. Erg.-Lfg. 2025), § 1 AStG Rz. 226.

2 Siehe zum ordentlichen und gewissenhaften Geschäftsleiter: Becker in FS für Georg Döllerer, 1988, S. 17 ff.; Wassermeyer in Schaumburg, Internationale Verrechnungspreise zwischen Kapitalgesellschaften, 1994, S. 123 ff.; Nientimp, Steuerliche Gewinnabgrenzung in internationalen Konzernen, 2003, 119 ff.; Rasch, Konzernverrechnungspreise im nationalen, bilateralen und europäischen Steuerrecht, 2001, S. 48 ff.; Stein, Verlagerung von Forschungs- und Entwicklungsfunktionen in multinationalen Konzernen, 2014, S. 52 ff.

3 Vgl. Kraft in Kraft, AStG, 2. Aufl. 2019, § 1 AStG Rz. 132.

4 Vgl. Baumhoff in FS Wassermeyer, 2015, S. 350.

5 So auch Pohl in Brandis/Heuermann, Ertragsteuerrecht, § 1 AStG Rz. 42.

die Ist-Einkünfte mit den fremdüblichen Soll-Einkünften verglichen und bei einer Abweichung der Ist-Einkünfte unter die Soll-Einkünfte auf diese korrigiert. Eine Korrektur ist nur in eine Richtung gegeben, falls die Einkünfte des Steuerpflichtigen gemindert sind, also unter dem fremdüblichen Maß liegen. Ziel der Korrektur ist es, die fremdunübliche Minderung der Einkünfte rückgängig zu machen. Daher kann die Korrektur auch nicht über die fremdüblichen Einkünfte hinausgehen. Auch die Ermittlung des Korrekturbetrags erfolgt dabei unter Anwendung des Fremdvergleichsgrundsatzes. Die Rechtsfolge des § 1 Abs. 1 AStG erschöpft sich in dem Ansatz **fiktiv erhöhter Einkünfte**, sie verändert nicht die ursprünglich vereinbarten Verrechnungspreise und fingiert weder Einnahmen noch Forderungen noch die Verwendung des Berichtigungsbetrages auf eine Beteiligung.[1]

105 Der ermittelte Korrekturbetrag zum Unterschiedsbetrag i. S. des § 4 Abs. 1 Satz 1 EStG setzt auf der zweiten Stufe der Gewinnermittlung und damit **außerhalb der Steuerbilanz** ein, ebenso wie die Erhöhung der Einkünfte des Überschussrechners i. S. des § 4 Abs. 3 EStG **außerhalb der Überschussrechnung** erfolgt.[2] Zeitlich ist diese Korrektur in dem Zeitpunkt anzusetzen, in welchem sich die fremdunüblichen Verrechnungspreise auf die Einkünfteermittlung des Steuerpflichtigen ausgewirkt haben.[3]

106–107 *Einstweilen frei*

2. Weitergehende Berichtigung als bei anderen Korrekturnormen

108 § 1 AStG ist „unbeschadet anderer" Korrekturvorschriften anzuwenden und kann damit sowohl als **Auffangvorschrift** dem Grunde nach, als auch als **Auffüllvorschrift** der Höhe nach angesehen werden.[4] (siehe → Rz. 12). Praktisch wird aus den grundsätzlich in Betracht kommenden „anderen Vorschriften" i. S. des § 1 Abs. 1 Satz 1 AStG regelmäßig der vGA und der verdeckten Einlage die größte Bedeutung zukommen. Sollten allerdings die Rechtsfolgen des § 1 AStG über die Rechtsfolgen der anderen Korrekturvorschriften hinausgehen, so sind diese weitergehenden Rechtsfolgen des § 1 AStG zusätzlich anzusetzen

1 Vgl. BFH, Urteil v. 30.5.1990 - I R 97/88, BStBl 1990 II S. 875.

2 Vgl. Ditz/Licht/Wassermeyer in Flick/Wassermeyer/Ditz/Schönfeld, Außensteuerrecht (113. Erg.-Lfg. 2025), § 1 AStG Rz. 157 ff.; Kraft in Kraft, AStG, 2. Aufl. 2019, § 1 AStG Rz. 151; Pohl in Brandis/Heuermann, Ertragsteuerrecht, § 1 AStG Rz. 49. Siehe auch BFH v. 30.5.1990 - I R 97/88 MAAAA-93423, BStBl 1990 II S. 875.

3 Vgl. Pohl in Brandis/Heuermann, Ertragsteuerrecht, § 1 AStG Rz. 51; sowie BMF, Schreiben v. 14.7.2021 - IV B 5 - S 1341/19/10017 :001 BAAAH-83917, BStBl 2021 I S. 1098, Tz. 4.1.

4 Vgl. Grümmer/Schreiber, UbG 2021 S. 77; grundsätzlich auch Greil/Wargowske in BeckOK AStG, § 1 AStG Rz. 161 ff.

(§ 1 Abs. 1 Satz 4 AStG). Dies ist insbesondere möglich, sofern der Fremdvergleichswert über den gemeinen Wert als Bewertungsmaßstab für die vGA hinausgehen sollte (siehe → Rz. 9 f.)

Einstweilen frei 109–113

D. Erläuterungen zu § 1 Abs. 2 AStG (Nientimp)

I. Bedeutung und Anwendungsbereich der Vorschrift

114 § 1 Abs. 1 AStG setzt eine Geschäftsbeziehung eines Steuerpflichtigen mit einer ihm nahestehenden Person voraus. Stehen Personen einander nahe, dann – so die Unterstellung – fehlt der **marktübliche Interessengegensatz**, der es verzichtbar macht, die Angemessenheit der vereinbarten Bedingungen aus steuerlicher Sicht zu überprüfen. Was unter einer nahestehenden Person zu verstehen ist, wird in § 1 Abs. 2 AStG in verschiedenen Alternativen abschließend definiert.[1]

115 Auch andere Vorschriften des AStG (§§ 7, 8, 17 AStG) verweisen auf die nahestehende Person des § 1 Abs. 2 AStG. Die Bedeutung der Definition reicht jedoch über das AStG hinaus.[2] So finden sich etwa in § 8a Abs. 3 KStG („**Zinsschranke**") und in § 4k Abs. 6 EStG (Betriebsausgabenabzug bei hybriden Gestaltungen) ausdrückliche Bezugnahmen auf § 1 Abs. 2 AStG. Für die Aufzeichnungspflichten eines Master Files definiert § 90 Abs. 3 Satz 4 AO eine multinationale Unternehmensgruppe bestehend aus mindestens zwei in verschiedenen Staaten ansässigen, i. S. des § 1 Abs. 2 AStG einander nahestehenden Unternehmen oder aus mindestens einem Unternehmen mit mindestens einer Betriebsstätte in einem anderen Staat; ob aus der Verwendung des Begriffs nahestehender **Unternehmen** anstelle von **Personen** eine Einschränkung für § 90 Abs. 3 AO folgt ist unklar. Ebenfalls Rückgriff auf die nahestehenden Personen i. S. des § 1 Abs. 2 AStG nehmen die Regeln des Steueroasen-Abwehrgesetzes.[3]

116 Ohne Bedeutung ist § 1 Abs. 2 AStG jedenfalls für die § 8 Abs. 3 Satz 2 KStG („**verdeckte Gewinnausschüttung**") und § 8 Abs. 3 Satz 4 KStG („**verdeckte Einlage**").[4] Ausreichend ist hierfür jede Beziehung eines Gesellschafters der Kapitalgesellschaft zu einer anderen Person, die den Schluss zulässt, sie habe die Vorteilszuwendung der Kapitalgesellschaft an die Person beeinflusst.[5] Bezie-

1 So schon BFH, Urteil v. 19.1.1994 - I R 93/93, BStBl 1994 II S. 725.

2 Siehe zu einem Überblick über steuerliche Regelungen zum Nahestehen Gosch, ISR 2020 S. 333.

3 Gesetz zur Abwehr von Steuervermeidung und unfairem Steuerwettbewerb (Steueroasen-Abwehrgesetz – StAbwG) v. 25.6.2021, siehe zu einem Überblick hierzu Nientimp/Thalmann, IStR-LB 2022 S. 45.

4 Vgl. hierzu BFH, Urteil v. 6.8.1985 - VIII R 280/81, BStBl 1986 II S. 17; BFH, Urteil v. 27.7.1988 - I R 68/84, BStBl 1989 II S. 57.

5 Vgl. H 8.5 KStR Nahestehende Person.

hungen, die hiernach ein Nahestehen begründen, können familienrechtlicher, gesellschaftsrechtlicher, schuldrechtlicher oder auch rein tatsächlicher Art sein.[1]

117–118 *Einstweilen frei*

II. Allgemeines zum Begriff der „nahestehenden Person“

119 § 1 Abs. 2 AStG enthält drei wesentliche Begriffsbausteine, nämlich

- den „**Steuerpflichtigen**“, das ist derjenige, dessen Einkünfte i. S. des § 1 Abs. 1 AStG ggf. gemindert sind;
- die „**Person**“, das ist derjenige, mit dem der Steuerpflichtige eine Geschäftsbeziehung zum Ausland i. S. des § 1 Abs. 4 AStG haben kann;
- das „**Nahestehen**“, das ist die in § 1 Abs. 2 AStG definierte Beziehung zwischen dem Steuerpflichtigen und der Person.

120 Sowohl beim „Steuerpflichtigen“ als auch bei der „Person“ handelt es sich jeweils um eine zumindest potenziell steuerpflichtige Person. Gemeint sind **natürliche oder juristische Personen** sowie **Personengesellschaften** und **Mitunternehmerschaften**.

121 Der durch das Amtshilferichtline-Umsetzungsgesetz vom 26.6.2013 (siehe → Rz. 53) neu eingefügte Satz 2 von Abs. 1 stellt klar, dass eine Personengesellschaft oder eine Mitunternehmerschaft sowohl Steuerpflichtiger als auch selbst nahestehende Person i. S. des § 1 AStG sein kann. Durch die Erwähnung der Person neben dem Steuerpflichtigen wird deutlich, dass § 1 AStG grundsätzlich mindestens **zwei Personen** voraussetzt. Eine Betriebsstätte ist weder Steuerpflichtiger noch nahestehende Person,[2] allerdings ist über § 1 Abs. 5 AStG für anzunehmende schuldrechtliche Beziehungen des § 1 Abs. 4 Nr. 2 AStG eine Einkünftekorrektur nach § 1 Abs. 1 AStG möglich.

122 § 1 Abs. 2 AStG sagt nicht explizit, zu welchem **Zeitpunkt** Personen einander nahestehen müssen. Aus dem Zusammenhang mit § 1 Abs. 1 AStG ergibt sich jedoch, dass das Nahestehen im Zeitpunkt der Vornahme der Geschäftsbeziehung vorliegen muss.[3] Ob sich die Personen vorher oder nachher nahestehen,

---

1 Vgl. BFH, Urteil v. 18.12.1996 - I R 139/94, BStBl 1997 II S. 301; siehe auch Gosch, ISR 2020 S. 333.

2 Vgl. Pohl in Brandis/Heuermann, Ertragsteuerrecht, 175. EL, § 1 AStG Rz. 58.

3 So auch Pohl in Brandis/Heuermann, Ertragsteuerrecht, § 1 AStG Rz. 59.

ist somit unerheblich.[1] Eine entsprechende Anwendung auf die Betriebsstättengewinnaufteilung erfolgt durch § 1 Abs. 5 AStG.

Durch das ATAD-Umsetzungsgesetz vom 25.6.2021 (siehe → Rz. 56) erhielt der Abs. 2 eine neue Struktur und eine Ausweitung des Merkmals einer wesentlichen Beteiligung. § 1 Abs. 2 Satz 1 AStG unterscheidet grundsätzlich das Nahestehen durch 123

- eine wesentliche Beteiligung (Nr. 1 Buchst. a),
- einen Gewinn- oder Liquidationserlösanspruch (Nr. 1 Buchst. b),
- einen beherrschenden Einfluss (Nr. 2),
- einen außerhalb der Geschäftsbeziehung begründeten Einfluss (Nr. 4 Alternative 1)
- sowie das eigene Interesse an der Einkünfteerzielung des anderen (Nr. 4 Alternative 2).

Darüber hinaus führen die Kriterien der wesentlichen Beteiligung, des Gewinns- oder Liquidationserlösanspruchs und des beherrschenden Einflusses auch zu einem Nahestehen, sofern dies über eine **dritte Person** erfolgt (Nr. 3 und § 1 Abs. 2 Satz 2 AStG). Die Aufzählung der Fälle des „Nahestehens" ist **abschließend**[2] und die Norm einer Analogie daher nicht zugänglich. 124

Einstweilen frei 125–127

III. Wesentliche Beteiligung

Eine wesentliche Beteiligung nach § 1 Abs. 2 Satz 1 Nr. 1 Buchst. a führt zu einem Nahestehen, wenn 128

- die „Person" an dem „Steuerpflichtigen" wesentlich beteiligt ist (Nr. 1 Buchst. a Alternative 1);
- oder umgekehrt, wenn der „Steuerpflichtige" an der „Person" wesentlich beteiligt ist (Nr. 1 Buchst. a Alternative 2).

Ist eine „dritte Person" sowohl an dem „Steuerpflichtigen" als auch an der „Person" wesentlich beteiligt, führt dies zu einem Nahestehen nach § 1 Abs. 2 Satz 1 Nr. 3 Buchst. a AStG (siehe → Rz. 150 f.). 129

---

1 Vgl. Pohl in Brandis/Heuermann, Ertragsteuerrecht, § 1 AStG Rz. 59, Stein/Schwarz in Haun/Kahle/Goebel, Außensteuerrecht (57. Erg.-Lfg. 2025), § 1 Abs. 2 AStG Rz. 28; Schlücke in Greil/Hummel, AStG, 1. Aufl. 2025, Rz. 327.

2 Vgl. BFH, Urteil v. 19.1.1994 - I R 93/93, BStBl 1994 II S. 725. Vgl. Pohl in Brandis/Heuermann, Ertragsteuerrecht, § 1 AStG Rz. 57.

130 § 1 Abs. 2 Satz 1 Nr. 1 Buchst. a AStG enthält eine Legaldefinition der **wesentlichen Beteiligung**. Entscheidend ist, dass einer (Person oder Steuerpflichtiger) am anderen (Person bzw. Steuerpflichtigen) „mindestens zu einem Viertel unmittelbar oder mittelbar" beteiligt ist. Mit Erreichen der **25 %**-igen Beteiligungsgrenze ist ein Nahestehen unwiderlegbar anzunehmen, auf eine tatsächliche Einflussnahme oder Einflussmöglichkeit kommt es nicht an.[1] Die Beteiligung kann an dem gezeichneten Kapital, den Mitgliedschaftsrechten, den Beteiligungsrechten, den Stimmrechten oder dem Gesellschaftsvermögen bestehen, wobei diese Aufzählung abschließend ist.[2]

131 Da derjenige, an dem eine Beteiligung besteht, nur eine Person sein kann und eine Beteiligung an einer natürlichen Person begrifflich ausgeschlossen ist, kommen als Beteiligungsobjekte grundsätzlich nur **juristische Personen** und **Personengesellschaften** in Betracht, nicht jedoch Stiftungen, Anstalten und Gebietskörperschaften.[3] Wie das **Maß der Beteiligung** zu bestimmen ist, sagt das Gesetz nicht. Dieses Maß hängt von der Rechtsform der Person oder des Steuerpflichtigen ab.[4]

132 Nach dem Gesetzeswortlaut kann die wesentliche Beteiligung unmittelbar oder mittelbar zu einem Nahestehen führen. Über wie viele **Stufen** eine mittelbare Beteiligung vorliegt ist unerheblich.[5] Sicher ist allerdings, dass in der Beteiligungskette einmal die Mindestquote von einem Viertel erfüllt sein muss. Wenn auf den übrigen Stufen ebenfalls nur diese Beteiligungsquote von einem Viertel vorliegt, tritt eine so starke Verdünnung der durchgerechneten Beteiligungsquote ein, dass darauf ein Nahestehen der Endglieder der Kette nicht mehr sinnvoll zu begründen ist. Daher ist die Mindestquote von einem Viertel bei einer **mehrstufigen Kette** die **durchgerechnete Quote**.[6]

BEISPIEL: Die A-AG ist an der B-AG zu 50 % beteiligt. Die B-AG ist wiederum zu 50 % an der X-S.A. beteiligt.

Die AG ist wesentlich an der X-S.A. beteiligt, da die durchgerechneten Beteiligungsquote 25 % beträgt.

---

1 Vgl. Kraft in Kraft, AStG, 2. Aufl. 2019, § 1 AStG Rz. 167; Schlücke in Greil/Hummel, AStG, 1. Aufl. 2025, Rz. 328.

2 Vgl. Schlücke in Greil/Hummel, AStG, 1. Aufl. 2025, Rz. 333.

3 Vgl. auch Tcherveniachki/Wassermeyer in Flick/Wassermeyer/Ditz/Schönfeld, Außensteuerrecht (113. Erg.-Lfg. 2025), § 1 AStG Rz. 513.

4 Siehe auch Pohl in Brandis/Heuermann, Ertragsteuerrecht, § 1 AStG Rz. 60.

5 Vgl. BFH, Urteil v. 10.4.2013 - I R 45/11, BStBl 2013 II S. 771.

6 Vgl. BFH, Urteil v. 10.4.2013 - I R 45/11, BStBl 2013 II S. 771; siehe auch Haßfurter in BeckOK AStG, § 1 AStG Rz. 239.

Umstritten ist, ob unmittelbare und mittelbare Beteiligungen zusammengerechnet werden können. 133

BEISPIEL: Die Person A ist an der Kapitalgesellschaft B zu 40 % und diese an der Kapitalgesellschaft C zu 50 % beteiligt. Gleichzeitig ist A an der Kapitalgesellschaft C unmittelbar zu 10 % beteiligt. Die Geschäftsbeziehungen bestehen zwischen A und C.

Die eine Ansicht in der Literatur stützt sich auf das Wort „oder" und verneint 134 die Möglichkeit einer **Zusammenrechnung von mittelbaren und unmittelbaren Beteiligungen.**[1] Da A isoliert betrachtet weder unmittelbar noch mittelbar (Beteiligungsquote unmittelbar nur 10 % und mittelbar nur 20 %) zu 25 % an C beteiligt ist, würde somit eine Anwendung des § 1 AStG bei Geschäftsbeziehungen zwischen A und C ausscheiden. Der Gesetzeswortlaut scheint hier für ein „entweder" zu sprechen, was allerdings wahrscheinlich nicht der Zielrichtung des Gesetzes entspricht und einige Gestaltungsräume eröffnen würde.[2] Der Wortlaut der Vorschrift kann allerdings auch so verstanden werden, dass **neben unmittelbaren „auch" mittelbare Beteiligungen zu berücksichtigen sind**, was wohl auch eher dem Gesetzeszweck entsprechen würde.[3]

Weiterhin ist fraglich, ob mehrere mittelbare Beteiligungen zusammengerechnet werden müssen: 135

BEISPIEL: Die Person A ist an der Kapitalgesellschaft B zu 40 % und diese an der Kapitalgesellschaft C zu 50 % beteiligt. Gleichzeitig ist A an der Kapitalgesellschaft X zu 50 % beteiligt, die unmittelbar 10 % der Anteile von C hält. Die Geschäftsbeziehungen bestehen zwischen A und C.

Bei einer Zusammenrechnung der mittelbaren Beteiligungen würde A mittel- 136 bar, über zwei verschiedene Beteiligungsstränge, insgesamt 25 % an C halten. Aus dem Gesetzeswortlaut ergibt sich nicht, dass genau „eine" mittelbare Be-

1 Vgl. Tcherveniachki/Wassermeyer in Flick/Wassermeyer/Ditz/Schönfeld, Außensteuerrecht (113. Erg.-Lfg. 2025), § 1 AStG Anm. 518 f.; Kaminski in Strunk/Kaminski/Köhler, AStG/DBA (70. Erg.-Lfg. 2025), § 1 AStG Rz. 339; Stein/Schwarz in Haun/Kahle/Goebel, Außensteuerrecht (57. Erg.-Lfg. 2025), § 1 Abs. 2 AStG Rz. 25.

2 Vgl. Pohl in Brandis/Heuermann, Ertragsteuerrecht, § 1 AStG Rz. 61; Kaminski in Strunk/Kaminski/Köhler, AStG/DBA (70. Erg.-Lfg. 2025), § 1 AStG Rz. 339.

3 Vgl. Kraft in Kraft, AStG, 2. Aufl. 2019, § 1 AStG Rz. 171; Pohl in Brandis/Heuermann, Ertragsteuerrecht, § 1 AStG Rz. 61; Haßfurter in BeckOK AStG, § 1 AStG Rz. 240.

teiligung zu 25 % bestehen muss, daher wäre in diesem Fall ein Nahestehen anzunehmen.[1] Wenn diese beiden mittelbaren Beteiligungen zu einem Nahestehen führen, ist unklar, weshalb dieses in dem Fall der unmittelbareren Beteiligung des Beispiels in → Rz. 133 verneint werden sollte. Allerdings wird in der Praxis in vielen dieser Fälle auch ein Nahestehen aufgrund der Nr. 1b, 3 oder 4 nicht unwahrscheinlich sein.[2]

137–139 *Einstweilen frei*

IV. Wesentlicher Gewinn- oder Liquidationserlösanspruch

140 Neu eingeführt wurde durch das ATADUmsG[3] die Alternative in § 1 Abs. 1 Satz 1 Nr. 1 Buchst. b AStG, dass ein Nahestehen auch durch einen Anspruch auf mindestens 25 % des Gewinns oder Liquidationserlöses begründet wird. Das Gesetz stellt hier ausdrücklich auf einen „**Anspruch**" ab, ob es tatsächlich zu einer Gewinnausschüttung oder einer Liquidation kommt, ist unerheblich, allerdings muss der Anspruch tatsächlich wirksam und durchsetzbar sein.[4] Eine gesellschaftsrechtliche Beteiligung ist hierfür nicht notwendig. So können etwa auch Fremdkapitalbeziehungen, die einen Gewinnanspruch von 25 % begründen, zu einem Nahestehen führen.[5] Insbesondere stille Beteiligungen, beteiligungsähnliche Darlehen oder Genussrechte können unter § 1 Abs. 1 Satz 1 Nr. 1 Buchst. b fallen.[6] Das Gesetz sieht hierfür keine Widerlegungsmöglichkeit vor.[7]

141–142 *Einstweilen frei*

---

1 Vgl. Pohl in Brandis/Heuermann, Ertragsteuerrecht, § 1 AStG Rz. 61; Kraft in Kraft, AStG, 2. Aufl. 2019, § 1 AStG Rz. 171; a. A. Tcherveniachki/Wassermeyer in Flick/Wassermeyer/Ditz/Schönfeld, Außensteuerrecht (113. Erg.-Lfg. 2025), § 1 AStG Rz. 518 f.

2 Siehe auch Kaminski in Strunk/Kaminski/Köhler, AStG/DBA (70. Erg.-Lfg. 2025), § 1 AStG Rz. 339; Haßfurter in BeckOK AStG, § 1 AStG Rz. 240.

3 Siehe → Rz. 56.

4 Vgl. Bärsch/Ditz/Engelen/Quilitzsch, DStR 2021 S. 1785. So wohl auch Schlücke in Greil/Hummel, AStG, 1. Aufl. 2025, § 1 AStG Rz. 343 f.; Haßfurter in BeckOK AStG, § 1 AStG Rz. 246.

5 Siehe hierzu Gosch, ISR 2020 S. 340; Bärsch/Ditz/Engelen/Quilitzsch, DStR 2021 S. 1785; Tcherveniachki/Wassermeyer in Flick/Wassermeyer/Ditz/Schönfeld, Außensteuerrecht (113. Erg.-Lfg. 2025), § 1 AStG Rz. 521.1 ff.

6 Vgl. Gosch, ISR 2020 S. 340; Stein/Schwarz in Haun/Kahle/Goebel, Außensteuerrecht (57. Erg.-Lfg. 2025), § 1 Abs. 2 AStG Rz. 29; Haßfurter in BeckOK AStG, § 1 AStG Rz. 247.

7 Vgl. Stein/Schwarz in Haun/Kahle/Goebel, Außensteuerrecht (57. Erg.-Lfg. 2025), § 1 Abs. 2 AStG Rz. 29.

V. Beherrschender Einfluss

Ebenso wie das Merkmal „wesentliche Beteiligung“ führt auch das Merkmal „beherrschender Einfluss“ zu einem Nahestehen und kann wahlweise in der einen oder anderen Richtung zwischen dem Steuerpflichtigen und der Person vorliegen (§ 1 Abs. 2 Satz 1 Nr. 2 AStG). Definiert ist der Einfluss in § 1 AStG nicht und bleibt daher unbestimmt. Der Einfluss muss beherrschend sein, hiervon ist auszugehen, wenn dem Steuerpflichtigen bzw. der Person **kein wesentlicher Entscheidungsspielraum** bei der Vereinbarung der (konkreten) Geschäftsbeziehung verbleibt, ein bloß mitbestimmender Einfluss genügt daher nicht.[1] 143

Nicht entscheidend ist, ob der Einfluss tatsächlich ausgeübt wurde. Es genügt, dass er ausgeübt werden kann,[2] es reicht also eine für den beherrschenden Einfluss geeignete Grundlage. Dies folgt aus dem Wortlaut und dem Zweck des § 1 Abs. 2 AStG. Ausreichend für ein „Nahestehen“ nach § 1 Abs. 2 Satz 1 Nr. 2 AStG ist auch, dass der Einfluss nur mittelbar, auch über mehrere Stufen, ausgeübt werden kann.[3] In diesem Fall müssen der Vermittler des Einflusses und das Endglied der Kette jedoch jeweils abhängig sein. 144

Der beherrschende Einfluss setzt eine **strukturelle Grundlage** voraus.[4] Ein lediglich faktischer Einfluss oder bloße **marktmäßige Abhängigkeit**, z. B. eines Lieferanten oder Lizenzgebers, ist daher nicht ausreichend.[5] Die Einflussnahmemöglichkeit muss sich auf die konkrete Geschäftsbeziehung beziehen, die zur Einkünfteminderung des Steuerpflichtigen geführt hat.[6] Ob auch im Hinblick auf andere Geschäftsbeziehungen ein beherrschender Einfluss ausgeübt werden kann, ist ausgehend vom Zweck der Norm unerheblich. Kapitalbeteiligungen werden regelmäßig bereits durch § 1 Abs. 2 Satz 1 Nr. 1 AStG erfasst. 145

---

1 Vgl. Pohl in Brandis/Heuermann, Ertragsteuerrecht, § 1 AStG Rz. 63; Kraft in Kraft, AStG, 2. Aufl. 2019, § 1 AStG Rz. 176; Tcherveniachki/Wassermeyer in Flick/Wassermeyer/Ditz/Schönfeld, Außensteuerrecht (113. Erg.-Lfg. 2025), § 1 AStG Rz. 522 f.

2 Vgl. Haßfurter in BeckOK AStG, § 1 AStG Rz. 252; Pohl in Brandis/Heuermann, Ertragsteuerrecht, § 1 AStG Rz. 63.

3 Vgl. Tcherveniachki/Wassermeyer in Flick/WassermeyerDitz/Schönfeld, Außensteuerrecht, § 1 AStG Rz. 522 f.; Kraft in Kraft, AStG, 2. Aufl. 2019, § 1 AStG Rz. 178; Haßfurter in BeckOK AStG, § 1 AStG Rz. 253.

4 Vgl. Tcherveniachki/Wassermeyer in Flick/Wassermeyer/Ditz/Schönfeld, Außensteuerrecht (113. Erg.-Lfg. 2025), § 1 AStG Rz. 522; Pohl in Brandis/Heuermann, Ertragsteuerrecht, § 1 AStG Rz. 63; a. A. Haßfurter in BeckOK AStG § 1 AStG Rz. 254.

5 Vgl. Tcherveniachki/Wassermeyer in Flick/Wassermeyer/Ditz/Schönfeld, Außensteuerrecht (113. Erg.-Lfg. 2025), § 1 AStG Rz. 522; Stein/Schwarz in Haun/Kahle/Goebel, Außensteuerrecht (57. Erg.-Lfg. 2025), § 1 Abs. 2 AStG Rz. 31; a. A. Haßfurter in BeckOK AStG, § 1 AStG Rz. 254.

6 Vgl. Pohl in Brandis/Heuermann, Ertragsteuerrecht, § 1 AStG Rz. 63.

Allerdings sind Kapitalbeteiligungen neben anderen Einflussmöglichkeiten zu berücksichtigen, sofern sie insgesamt zu einem beherrschenden Einfluss führen.[1]

146 Spezielle Anforderungen an die beherrschte Person knüpft das Gesetz nicht, so dass hierunter auch natürliche Personen, Körperschaften und Personengesellschaften sowie Mitunternehmerschaften fallen.[2]

147–149 *Einstweilen frei*

VI. Nahestehen durch Dritte

150 § 1 Abs. 2 Satz 1 Nr. 3 AStG lässt es für das Nahestehen ausreichen, wenn ein Dritter sowohl an der Person als auch an dem Steuerpflichtigen wesentlich beteiligt ist, einen Anspruch auf mindestens 25 % des Gewinns oder Liquidationserlöses hat oder einen beherrschenden Einfluss ausüben kann. Gemeint sind damit regelmäßig **Dreiecksfälle** von Schwestergesellschaften, an denen eine gemeinsame dritte Person wesentlich beteiligt ist oder durch sie beherrscht wird.[3]

151 Über § 1 Abs. 2 Satz 2 AStG ist nun geklärt, dass auch eine Kombination der drei Kriterien, wesentliche Beteiligung, Gewinn- oder Liquidationsanspruch und beherrschender Einfluss über einen Dritten, zu einer nahestehenden Person führen.[4] Wer als Dritter infrage kommt, sagt das Gesetz nicht. Die dritte Person kann daher eine natürliche Person, eine juristische Person oder eine Personengesellschaft oder Gemeinschaft sein.[5] Unerheblich ist, ob sie im Inland oder Ausland ansässig ist.[6]

152–153 *Einstweilen frei*

---

1 Siehe zu diesen Fragen das FG Hessen, Urteil v. 2.6.2021 - 4 K 485/20 (anhängig beim BFH unter I R 38/21).

2 Vgl. Haßfurter in BeckOK AStG, § 1 AStG Rz. 257; Tcherveniachki/Wassermeyer in Flick/Wassermeyer/Ditz/Schönfeld, Außensteuerrecht (113. Erg.-Lfg. 2025), § 1 AStG Rz. 524.

3 So auch Pohl in Brandis/Heuermann, Ertragsteuerrecht, § 1 AStG Rz. 65; Kraft in Kraft, AStG, 2. Aufl. 2019, § 1 AStG Rz. 183; Haßfurter in BeckOK AStG, § 1 AStG Rz. 261.

4 So auch Pohl in Brandis/Heuermann, Ertragsteuerrecht, § 1 AStG Rz. 65; Haßfurter in BeckOK AStG, § 1 AStG Rz. 274. Zur Vorgängerregelung siehe Kraft in Kraft, AStG, 2. Aufl. 2019, § 1 AStG Rz. 184.

5 Vgl. Pohl in Brandis/Heuermann, Ertragsteuerrecht, § 1 AStG Rz. 66.

6 Vgl. BFH, Urteil v. 10.4.2013 - I R 45/11, BStBl 2013 II S. 771; siehe auch Pohl in Brandis/Heuermann, Ertragsteuerrecht, § 1 AStG Rz. 66.

VII. Außerhalb der Geschäftsbeziehung begründeter Einfluss

154 Nach § 1 Abs. 1 Satz 1 Nr. 4 Alternative 1 AStG ist ein Nahestehen dann zu bejahen, wenn die Person bzw. der Steuerpflichtige imstande ist, bei der Vereinbarung der Bedingungen einer Geschäftsbeziehung auf den jeweils anderen **Einfluss** auszuüben, der außerhalb dieser Geschäftsbeziehung begründet ist. Die Regelung ist dabei „schwammig“[1] gefasst und in der Anwendung eher unscharf.

155 § 1 Abs. 1 Satz 1 Nr. 4 Alternative 1 AStG setzt voraus, dass die Person bzw. der Steuerpflichtige imstande ist, bei der Vereinbarung der Bedingungen einer Geschäftsbeziehung auf den jeweils anderen Einfluss auszuüben. Unbeantwortet lässt das Gesetz die Frage, welche **Intensität** von Einfluss notwendig ist, um die Nähebeziehung nach dieser Vorschrift zu begründen. Aus § 1 Abs. 2 Satz 1 Nr. 2 AStG lässt sich lediglich ableiten, dass kein beherrschender Einfluss erforderlich ist.[2] Allerdings muss die Einflussnahmemöglichkeit dennoch von einem besonderen Gewicht sein.[3] So ist eine familiäre Beziehung für sich nicht schon ein Beweis für eine Einflussmöglichkeit.[4] Diese muss vielmehr durch darüberhinausgehende Faktoren nachgewiesen werden.

156 Die Regelung des § 1 Abs. 1 Satz 1 Nr. 4 Alternative 1 AStG setzt nicht voraus, dass tatsächlich Einfluss auf den Steuerpflichtigen bzw. die andere „Person“ ausgeübt worden ist. Ausreichend ist wie auch im Anwendungsbereich des § 1 Abs. 2 Satz 1 Nr. 2 AStG, dass die Möglichkeit hierzu bestanden hätte.[5] Daneben soll auch eine mittelbare **Einflussnahmemöglichkeit** ausreichend sein.[6] Dreieckverhältnisse sind von der Norm allerdings explizit nicht miterfasst.[7]

157 Die Einflussnahmemöglichkeit muss außerhalb der Geschäftsbeziehung begründet sein. Sie muss ihren Ursprung aber nicht außerhalb jeglicher Geschäftsbeziehungen haben.[8] Ein in der steuerlich zu überprüfenden **Geschäfts-**

1 So Tcherveniachki/Wassermeyer in Flick/Wassermeyer/Ditz/Schönfeld, Außensteuerrecht (113. Erg.-Lfg. 2025), § 1 AStG Rz. 507; siehe auch Stein/Schwarz in Haun/Kahle/Goebel, Außensteuerrecht (57. Erg.-Lfg. 2025), § 1 Abs. 2 AStG Rz. 36.

2 Vgl. Pohl in Brandis/Heuermann, Ertragsteuerrecht, § 1 AStG Rz. 67.

3 Vgl. Tcherveniachki/Wassermeyer in Flick/Wassermeyer/Ditz/Schönfeld, Außensteuerrecht (113. Erg.-Lfg. 2025), § 1 AStG Rz. 532; Pohl in Brandis/Heuermann, Ertragsteuerrecht, § 1 AStG Rz. 67; Schlücke in Greil/Hummel, AStG, 1. Aufl. 2025, § 1 AStG Rz. 368.

4 So auch BFH, Urteil v. 19.1.1994 - I R 93/93, BStBl 1994 II S. 725.

5 Vgl. FG Hessen, Urteil v. 23.3.2011 - 4 K 419/10 RAAAD-86585, BeckRS 2011 S. 95805. Siehe auch Haßfurter in BeckOK AStG, § 1 AStG Rz. 278

6 Vgl. FG Hessen, Urteil v. 23.3.2011 - 4 K 419/10 RAAAD-86585, BeckRS 2011 S. 95805.

7 Vgl. Haßfurter in BeckOK AStG, § 1 AStG Rz. 279

8 Vgl. Stein/Schwarz in Haun/Kahle/Goebel, Außensteuerrecht (57. Erg.-Lfg. 2025), § 1 Abs. 2 AStG Rz. 26; Haßfurter in BeckOK AStG, § 1 AStG Rz. 279.

beziehung selbst begründeter Einfluss soll niemals geeignet sein, die Geschäftspartner zu „nahestehenden“ Personen zu machen. Ausreichend ist nach dem Gesetz, dass die Einflussnahmemöglichkeit ihren Ursprung außerhalb „dieser“, d. h. der konkret zu berichtigenden Geschäftsbeziehung hat.[1] Die Marktmacht z. B. des Monopolisten oder Oligopolisten ist aus dem Markt begründet und fällt daher gerade nicht unter § 1 AStG.[2]

158 Häufig können **persönliche** und **verwandtschaftliche** Beziehungen unter Nr. 4 fallen. Hierbei kann allerdings nicht ohne weiteres ein fehlender Interessengegensatz bei den Geschäftsbeziehungen angenommen werden. Eine Ausdehnung der nahestehenden Personen auf diesen Kreis würde den Anwendungsbereich von § 1 AStG stark überdehnen. Ohne einen konkreten Nachweis der Einflussnahmemöglichkeit kann dies nicht überzeugen.[3]

159–161 *Einstweilen frei*

IIX. Eigenes Interesse an der Einkünfteerzielung

162 Der „Steuerpflichtige“ und die „Person“ stehen sich gem. § 1 Abs. 2 Satz 1 Nr. 4 Alternative 2 AStG dann nahe, „wenn einer von ihnen ein eigenes Interesse an der Erzielung der Einkünfte des anderen hat“. Dieser Tatbestand soll nach dem Willen des Gesetzgebers alle anderen in Betracht kommenden Näheverhältnisse auf- und einfangen. Er ist ebenso unbestimmt wie das Merkmal der Einflussmöglichkeit. Durch die Unbestimmtheit der eigenen Interessen besteht insbesondere hier die Gefahr einer ausufernden Interpretation.[4] Im Einzelnen setzt sich der Tatbestand aus folgenden Einzelmerkmalen zusammen:

- Interesse,
- „eigenes“ Interesse,
- an der Erzielung der Einkünfte des anderen.

163 § 1 AStG regelt nicht ausdrücklich, welcher Art das genannte Interesse sein muss. Denkbar erscheint es, hier ein **wirtschaftliches Interesse** zu verlangen, was beispielsweise zu bejahen ist, wenn die Einkünfte des Ausländers zugleich Maßstab für davon abhängige Einkünfte (Gewinnbeteiligungen, Provisionen)

1 Vgl. FG Hessen, Urteil v. 23.3.2011 - 4 K 419/10 RAAAD-86585, BeckRS 2011 S. 95805.

2 Vgl. Tcherveniachki/Wassermeyer in Flick/Wassermeyer/Ditz/Schönfeld, Außensteuerrecht (113. Erg.-Lfg. 2025), § 1 AStG Rz. 532.

3 Vgl. auch Kraft in Kraft, AStG, 2. Aufl. 2019, § 1 AStG Rz. 190; siehe auch BFH, Urteil v. 19.1.1994 - I R 93/93, BStBl 1994 II S. 725.

4 Vgl. Kraft in Kraft, AStG, 2. Aufl. 2019, § 1 AStG Rz. 194.

des Inländers sind. Nach Auffassung des BFH[1] reicht jedoch regelmäßig bereits auch ein **persönliches Interesse** aus. Dies entspricht auch der Rechtsauffassung der Finanzverwaltung[2] und der überwiegenden Literatur.[3]

Besondere Bedeutung gewinnt das persönliche Interesse innerhalb **familiärer Beziehungen**. Allein betrachtet, begründet ein Verwandtschaftsverhältnis keine Interessenidentität, allerdings sind diese hier in Betracht zu ziehen.[4] 164

Ebenso muss ein **eigenes** Interesse an der Einkünfteerzielung des jeweils anderen hinzukommen. Die Verfolgung von wirtschaftlichen oder persönlichen Fremdinteressen genügt somit nicht.[5] Das Vorliegen von Fremdinteressen steht jedoch noch nicht der Annahme von eigenen Interessen im Wege. 165

Letztlich muss ein Interesse an der Erzielung von Einkünften des jeweils anderen bestehen. Wie aus dem Bericht des Finanzausschusses des Deutschen Bundestages anlässlich der Beratung des AStG[6] abgeleitet werden kann, muss sich das Interesse auf die **zur Berichtigung anstehenden Einkünfte** selbst beziehen.[7] Ein Interesse, das sich nur auf die Einkünfteerzielung allgemein erstreckt, reicht deshalb nicht aus.[8] 166

Ein eigenes Interesse an der Erzielung der Einkünfte des anderen soll sich nach Auffassung der Finanzverwaltung[9] und der Gesetzesbegründung[10] auch auf Netzwerke und deren Organisationseinheiten beziehen.[11] So soll bei rechtlich selbständigen Unternehmen in einem globalen Netzwerk, die sich insbesondere durch eine enge strategische und fachliche Vernetzung dieses Netzwerks 167

1 Vgl. BFH, Urteil v. 19.1.1994 - I R 93/93, BStBl 1994 II S. 725.

2 Vgl. BMF, Schreiben v. 14.7.2021 - IV B 5 - S 1341/19/10017 :001 BAAAH-83917, BStBl 2021 I S. 1098, Tz. 1.13.

3 Vgl. Pohl in Brandis/Heuermann, Ertragsteuerrecht, § 1 AStG Rz. 69; Kraft in Kraft, AStG, 2. Aufl. 2019, § 1 AStG Rz. 195; Haßfurter in BeckOK AStG, § 1 AStG Rz. 286.

4 Vgl. BFH, Urteil v. 19.1.1994 - I R 93/93, BStBl 1994 II S. 725. Siehe auch Kraft in Kraft, AStG, 2. Aufl. 2019, § 1 AStG Rz. 196; Haßfurter in BeckOK AStG, § 1 AStG Rz. 286; Schlücke in Greil/Hummel, AStG, 1. Aufl. 2025, § 1 AStG Rz. 371.

5 Vgl. Pohl in Brandis, Heuermann, Ertragsteuerrecht, § 1 AStG Rz. 69.

6 BT-Drucks. 6/3537 S. 3.

7 BFH, Urteil v. 19.1.1994 - I R 93/93, BStBl 1994 II S. 725; siehe auch Haßfurter in BeckOK AStG, § 1 AStG Rz. 289.

8 Vgl. auch BFH, Urteil v. 19.1.1994 - I R 93/93, BStBl 1994 II S. 725 und auch Tcherveniachki/Wassermeyer in Flick/Wassermeyer/Ditz/Schönfeld, Außensteuerrecht (113. Erg.-Lfg. 2025), § 1 AStG Rz. 534 f.

9 Vgl. BMF, Schreiben v. 14.7.2021 - IV B 5 - S 1341/19/10017 :001 BAAAH-83917, BStBl 2021 I S. 1098, Tz. 1.13.

10 Vgl. Regierungsentwurf zum ATADUmsG vom 19.4.2021, BT-Drucks. 19/28652 S. 46.

11 So auch Haßfurter in BeckOK AStG, § 1 AStG Rz. 290 f.; Saliger/Wargowske/Greil, IStR 2021 S. 573.

ausweisen ein Nahestehen begründet werden.[1] Fremde voneinander unabhängige Franchiseunternehmen sollen allerdings nicht hierunter fallen.[2] Ob eine solche weite Auslegung vom Gesetzeswortlaut gedeckt ist allerdings fraglich.[3]

168–170 *Einstweilen frei*

IX. Erweiterung der Beziehungen durch Dritte

171 Der § 1 Abs. 2 Satz 2 AStG erweitert die Fälle des Nahestehens durch Dritte von § 1 Abs. 2 Satz 1 Nr. 3 AStG (siehe → Rz. 150) auf Kombinationen der Bedingungen von Nr. 3.

172–176 *Einstweilen frei*

1 Vgl. Verwaltungsgrundsätze Verrechnungspreise 2014, Tz. 1.14; siehe hierzu Haßfurter in Beck-OK AStG, § 1 AStG Rz. 290 f. Sog. „Big 4-Klause"; siehe Oestreicher, IStR 2020 S. 583; Gosch, ISR 2020 S. 340.

2 Vgl. Regierungsentwurf zum ATADUmsG vom 19.4.2021, BT-Drucks. 19/28652 S. 46.

3 Vgl. Oestreicher, IStR 2020 S. 584; Stein/Schwarz in Haun/Kahle/Goebel, Außensteuerrecht (57. Erg.-Lfg. 2025), § 1 Abs. 2 AStG Rz. 41; Schlücke in Greil/Hummel, AStG, 1. Aufl. 2025, § 1 AStG Rz. 376 ff. Siehe zu einer möglichen Sperrwirkung von Art. 9 DBA auch Gosch, ISR 2020 S. 340.

E. Erläuterungen zu § 1 Abs. 3 AStG (Nientimp)

I. Operationalisierung des Fremdvergleichsgrundsatzes zur Überprüfung von Verrechnungspreisen

1. Verrechnungspreis und Fremdvergleichspreis

§ 1 Abs. 3 AStG beschäftigt sich mit den **Verrechnungspreismethoden** und ihrer Anwendung. Verrechnungspreismethoden dienen der Operationalisierung des in § 1 Abs. 1 AStG als Maßstab der steuerlichen Überprüfung festgelegten Fremdvergleichsgrundsatzes. § 1 Abs. 3 AStG definiert hierfür den **Fremdvergleichspreis** als den dem Fremdvergleichsgrundsatz entsprechenden Verrechnungspreis. Eine Regelung für die tatsächlich zivilrechtlich vereinbarten Preise zwischen nahestehenden Personen trifft § 1 Abs. 3 AStG nicht. § 1 Abs. 3 AStG sieht keine eigenständigen Rechtsfolgen vor, sondern bestimmt die Regeln zur Anwendung des Fremdvergleichsgrundsatzes, bei dessen Abweichen § 1 Abs. 1 AStG eine Einkünftekorrektur vorsieht[1]. 177

Zur Feststellung der in § 1 Abs. 1 AStG verlangten Einkünfteminderung sind die für die steuerliche Gewinnermittlung angesetzten Preise auf ihre Angemessenheit zu überprüfen. Die steuerliche Beurteilung der Angemessenheit von Verrechnungspreisen setzt einen **Maßstab** voraus, ab wann ein Verrechnungspreis nicht mehr als angemessen gilt.[2] Hierfür kodifiziert § 1 Abs. 1 Satz 1 AStG den Fremdvergleichsgrundsatz. Fraglich ist daher, wie der **Fremdvergleichspreis** ermittelt wird, der steuerlich als Vergleichsmaßstab dient und mit dem anschließend der tatsächlich angesetzte Verrechnungspreis zu vergleichen ist.[3] Der Verrechnungspreis ist so verstanden eine beobachtbare **Ist-Größe**,[4] die mit der **Soll-Größe**, dem Fremdvergleichspreis, verglichen wird.[5] Durch das Abzugsteuerentlastungsmodernisierungsgesetz (siehe → Rz. 55) wurde diese Systematik gesetzlich klar kodifiziert. Bei Abweichungen des tatsächlich angesetzten Verrechnungspreises vom Fremdvergleichspreis kommt es dann ggf. zu einer Einkünftekorrektur nach § 1 Abs. 1 AStG (siehe → Rz. 104 f.). Die in § 1 Abs. 3 AStG beschriebenen Regeln zur Bestim- 178

1 So auch Saliger in BeckOK AStG, § 1 AStG Rz. 328.
2 Vgl. Nientimp, Steuerliche Gewinnabgrenzung in internationalen Konzernen, 2003, S. 111.
3 Vgl. Wassermeyer, DB 2007 S. 536.
4 So auch Wassermeyer, DB 2007 S. 535.
5 Siehe auch Nientimp, Steuerliche Gewinnabgrenzung in internationalen Konzernen, 2003, S. 26 f.

mung von Verrechnungspreismethoden dienen ausschließlich der Bestimmung von Fremdvergleichswerten.[1] Die Ermittlung des tatsächlich vereinbarten Verrechnungspreises kann daher auch anhand einer anderen Methode erfolgen als der als Maßstab für die steuerliche Angemessenheit dienende Fremdvergleichspreis.

179 Für die Ermittlung von Fremdvergleichspreisen ist auf die **tatsächlichen Verhältnisse** des jeweiligen Geschäftsvorfalls abzustellen. Für die **Vergleichbarkeitsanalyse** sind sowohl die rechtlichen Vertragsbeziehungen als auch der wirtschaftliche Gehalt der Geschäftsbeziehung zu berücksichtigen.[2] Dabei bezieht sich § 1 Abs. 3 Satz 1 AStG auf den jeweiligen Geschäftsvorfall, der i. S. von § 1 Abs. 4 als *„einzelne oder mehrere zusammenhängende Vorgänge (Geschäftsvorfälle) zwischen einen Steuerpflichtigen und einer ihm nahestehenden Person"* definiert ist (siehe → Rz. 604 ff.). Hieraus lässt sich schließen, dass sich Satz 1 von Abs. 3 auf die tatsächlichen Verhältnisse der jeweiligen Geschäftsvorfälle zwischen den nahestehenden Personen bezieht, also den ersten Teil der in den OECD-Verrechnungspreisleitlinien beschriebenen Vergleichbarkeitsanalyse.[3] Dieser erste Teil *„besteht darin, die kaufmännischen oder finanziellen Beziehungen zwischen den verbundenen Unternehmen sowie die Bedingungen und wirtschaftlich relevanten Begleitumstände dieser Beziehungen zu identifizieren, damit der konzerninterne Geschäftsvorfall sachgerecht abgegrenzt wird; der zweite besteht darin, die Bedingungen und wirtschaftlich relevanten Umstände des sachgerecht abgegrenzten konzerninternen Geschäftsvorfalls mit den Bedingungen und relevanten wirtschaftlichen Umständen vergleichbarer Geschäftsvorfälle zwischen voneinander unabhängigen Unternehmen zu vergleichen..*[4]

180 Anwendbar sind die neuen Regeln des § 1 Abs. 3 AStG nach § 21 Abs. 1 AStG ab dem Veranlagungszeitraum 2022.

181–182 *Einstweilen frei*

2. Funktions- und Risikoanalyse

183 Im Rahmen dieser Vergleichbarkeitsanalyse der ersten Stufe, der Ermittlung des Sachverhalts unter Berücksichtigung der tatsächlichen Verhältnisse, ist

---

1 *„Für die Bestimmung der dem Fremdvergleichsgrundsatz entsprechenden Verrechnungspreise (Fremdvergleichspreise) […]"*, § 1 Abs. 3 Satz 1 AStG.

2 Vgl. Saliger in BeckOK AStG, § 1 AStG Rz. 328; Schwarz/Stein in Greil/Hummel, AStG, 1. Aufl. 2025, § 1 AStG Rz. 513.

3 Vgl. OECD-LL, Tz. 1.33.

4 OECD-LL, Tz. 1.33; siehe auch → Rz. 196 ff.

nach § 1 Abs. 3 Satz 2 AStG eine **Funktions- und Risikoanalyse** der an dem Geschäftsvorfall beteiligten nahestehenden Personen als Basis jeder Verrechnungspreisanalyse durchzuführen.[1] Neben den ausgeübten **Funktionen** und übernommenen **Risiken** sind auch die eingesetzten **Vermögenswerte** zu berücksichtigen. Auch hier ist der jeweilige Geschäftsvorfall maßgeblich.

Im Kern geht es bei der Funktions- und Risikoanalyse darum, die Vergleichbar- 184
keit des vereinbarten Verrechnungspreises und der beobachteten Fremdvergleichswerte als Maßstab zu operationalisieren. Laut Verwaltungsauffassung sind die zugeordneten Funktionen, Risiken und eingesetzten Vermögenswerte ein Maßstab für die Wertigkeit der Tätigkeit innerhalb der gesamten **Wertschöpfungskette** der multinationalen Unternehmensgruppe, welche Grundlage der Zuordnung des anteiligen Gewinns am Gesamtgewinn sein soll.[2] Die Funktions- und Risikoanalyse des § 1 Abs. 3 Satz 2 AStG verlangt allerdings eindeutig nur eine **qualitative Beschreibung**, der Funktionen, Risiken und eingesetzten Vermögenswerte, keine quantitative Wertschöpfungsbeitragsanalyse.[3]

Die OECD-LL behandeln diesen Analyseschritt unter dem Begriff **Funktionsana- 185
lyse** (functional analysis).[4] Im Rahmen einer Funktionsanalyse sollen die von den am Geschäftsvorfall beteiligten Unternehmen wahrgenommenen wirtschaftlich signifikanten Tätigkeiten und Aufgaben, genutzten oder bereitgestellten Vermögenswerte und übernommenen Risiken identifiziert werden.[5] Diese Funktions- und Risikoanalysen können Unterschiede in den Verhältnissen aufzeigen, unter welchen die Fremdvergleichswerte, im Vergleich zu der Geschäftsbeziehung des Steuerpflichtigen mit den nahestehenden Personen, realisiert wurden. Eine Funktions- und Risikoanalyse ist für die Untersuchung der Geschäftsvorfälle des Steuerpflichtigen durchzuführen,[6] die dann als Basis für eine Vergleichbarkeitsanalyse (§ 1 Abs. 3 Satz 3 AStG dient). § 1 Abs. 3 AStG gibt keinerlei Hinweis zum Umfang der Funktions- und Risikoanalysen, daher ist grundsätzlich eine Funktions- und Risikoanalyse ausreichend, die eine Vergleichbarkeit mit den ermittelten Fremdvergleichswerten ermöglicht.

1 Siehe allgemein zur Berücksichtigung einer Funktionsanalyse schon BFH, Urteil v. 6.4.2005 - IR 22/04, BStBl 2007 II S. 658.
2 Vgl. Verwaltungsgrundsätze Verrechnungspreise 2024, Tz. 3.7.
3 So auch Schwarz/Stein in Greil/Hummel, AStG, 1. Aufl. 2025, § 1 AStG Rz. 402
4 Vgl. OECD-LL, Tz. 1.51 ff.
5 Vgl. OECD-LL Glossar, Tz. 1.51.
6 Siehe auch § 4 Nr. 3 GAufzV zur Funktions- und Risikoanalyse des Steuerpflichtigen und der nahestehenden Person für Dokumentationszwecke.

186 Die Beschreibung der innerhalb des Geschäftsvorfalls **ausgeübten Funktionen** versucht herauszuarbeiten, welche Tätigkeiten auf welche Art und Weise und unter welchen wirtschaftlichen und rechtlichen Verhältnissen von den nahestehenden Personen ausgeübt werden und dient dazu, die Vergleichbarkeit mit Geschäftsvorfällen fremder Dritter zu analysieren.[1] Die OECD sieht als Ziel der Funktionsanalyse die ausgeübten oder auszuübenden wirtschaftlich erheblichen Tätigkeiten und Verantwortungen festzustellen und zu vergleichen.[2] Zu klären ist dabei etwa, ob die Unternehmen auf der gleichen Handelsstufe und in vergleichbaren Märkten tätig sind. Auch die Dauer der Geschäftsbeziehungen und die verschiedenen Geschäftsstrategien sowie die jeweiligen betriebswirtschaftlichen und auch rechtlichen Rahmenbedingungen können hierbei relevant sein. Problematisch ist, dass der **Begriff der Funktion** nicht im Gesetz definiert ist. Nur für Zwecke der Funktionsverlagerung im Rahmen des § 1 Abs. 3b AStG findet sich in § 1 Abs. 1 FVerlV eine Definition der Funktion (siehe → Rz. 416 ff.), die aber nicht mit der Funktion für die Funktionsanalyse identisch ist. Für die Frage einer Funktionsverlagerung ist eine Funktion *„eine Geschäftstätigkeit, die aus einer Zusammenfassung gleichartiger betrieblicher Aufgaben besteht, die von bestimmten Stellen oder Abteilungen eines Unternehmens erledigt werden. Sie ist ein organischer Teil eines Unternehmens, ohne dass ein Teilbetrieb im steuerlichen Sinn vorliegen muss“*.[3] Für Zwecke der Funktionsanalyse ist diese Definition nicht brauchbar.[4] Geht es bei der Funktionsverlagerung um die Übertragung von betrieblichen Einheiten, die organischer Teil eines Unternehmens sind, ist im Rahmen der Funktionsanalyse herauszuarbeiten, inwiefern die beobachteten Fremdvergleichswerte auf die Vergleichstransaktion übertragen werden können. Hierfür sind zwar die betrieblichen Aufgaben wichtig, die die Marktpartner ausüben, ob diese organischer Teil des Unternehmens sind, ist jedoch regelmäßig nicht erheblich. Die OECD-Umschreibung *„von den am Geschäftsvorfall wahrgenommenen wirtschaftlich signifikanten Tätigkeiten und Aufgaben“*[5] ist zwar sehr weit, erfasst den Begriff der Funktion aber wohl besser.

---

1 Siehe auch Schwarz/Stein in Greil/Hummel, AStG, 1. Aufl. 2025, § 1 AStG Rz. 397 ff.

2 Vgl. OECD-LL, Tz. 1.51 ff.

3 Die Gesetzesbegründung zur Unternehmensteuerreform 2008 nennt als Beispiele von Funktionen im Rahmen von Funktionsverlagerungen: „Vertrieb, Produktion usw.“, siehe BT-Drucks. 16/4841 S. 84. Das BMF übernimmt diese Definition in den Verwaltungsgrundsätzen Verrechnungspreise 2024, Anlage 2, Glossar.

4 So auch Hofacker in Haase, AStG/DBA, 4. Aufl. 2024, § 1 AStG Tz. 212 f.; Pohl in Brandis/Heuermann, Ertragsteuerrecht, § 1 AStG Rz. 76. Für eine Übernahme des Funktionsbegriffs aus der FVerlV aber wohl Schwarz/Stein in Greil/Hummel, AStG, 1. Aufl. 2025, § 1 AStG Rz. 405.

5 OECD-LL, Tz. 1.51.

Bereits die inzwischen aufgehobenen Verwaltungsgrundsätze 1983 verlangten die Berücksichtigung der Funktionen der nahestehenden Personen bei der Verrechnungspreisbestimmung und nannten hier beispielhaft Herstellung, Montage, Forschung und Entwicklung, verwaltungsbezogene Leistungen, Absatz und Dienstleistungen als Funktionen.[1] In den aktuellen Verwaltungsgrundsätze Verrechnungspreise 2024 ist eine solche beispielhafte Aufzählung nicht mehr enthalten. Auch die OECD hat in den aktuellen OECD-Verrechnungspreisleitlinien 2022 auf eine konkrete Auflistung von Funktionen verzichtet.[2] In einem Beispiel werden dort nur noch Logistik-, Lagerhaltungs-, Marketing- und Vertriebsfunktionen genannt.[3] Schreiber nennt in seinen exemplarischen Funktions- und Risikoanalysen etwa auch Marketingstrategie, Preispolitik, Kundenpflege, Kundendienst, Einkauf sowie Produktions- und Investitionsplanung.[4] Die genannten Aufzählungen sind nicht als erschöpfend anzusehen. Im Einzelfall können auch nur Teile dieser Funktionen oder weitere betriebliche Funktionen einen möglichen Einfluss auf die Preisgestaltung auf freien Märkten haben. 187

Die Vergleichbarkeit im Hinblick auf die übernommenen **Risiken** stellt darauf 188
ab, wie die Vertragspartner die Risiken aus den Geschäftsbeziehungen untereinander aufgeteilt haben. Einen Einfluss auf die Preise hat dabei insbesondere, wer bestimmte Markt- und Kapazitätsrisiken und somit insbesondere Verlustrisiken trägt. Je nach Transaktion können hierbei relevante Zahlungsausfall-, Lager-, Transport-, Garantie- und Gewährleistungsrisiken zu berücksichtigen sein. Auch die Frage schwankender Wechselkurse, Inflation und weitere finanzielle Risiken können bei einer Vielzahl von Geschäften signifikanten Einfluss auf die Marktergebnisse haben.

Für eine Vergleichbarkeit im Hinblick auf die **eingesetzten Vermögenswerte** 189
kommt es darauf an, von welcher Art und Qualität diese Wirtschaftsgüter sind.[5] Insbesondere immaterielle Vermögenswerte, wie Patente, Markenrechte, Know-how und Software, haben häufig einen bedeutenden Einfluss auf die Marktpreise. Hierbei sind auch die Dauer und der Grad eines eventuellen

1 Vgl. BMF, Schreiben v. 23.2.1983 - IV C 5 - S 1341 - 4/83, BStBl 1983 I S. 218, Tz. 2.1.3. Aufgehoben durch BMF, Schreiben v. 14.7.2021 - IV B 5 - S 1341/19/10017 :001 BAAAH-83917, BStBl 2021 I S. 1098, Rz. 6.1.

2 So noch in den OECD-LL 2010 mit den Beispielfunktionen Design, Herstellung, Montage, Forschung & Entwicklung, Service, Einkauf, Vertrieb, Marketing, Werbung, Transport, Finanzierung und Management, Tz. 1.43.

3 Vgl. OECD-LL, Tz. 1.55.

4 Vgl. Schreiber in Kroppen/Rasch, Handbuch Internationale Verrechnungspreise (43. Erg.-Lfg. 2024), Tz. 3.4.11.4, Anm. 173-175.

5 Vgl. OECD-LL, Tz. 1.19.

rechtlichen Schutzes wichtig. Weiterhin können auch die eingesetzten materiellen Vermögenswerte sowie die zur Verfügung stehenden finanziellen Mittel von Bedeutung für die Geschäftsbeziehung sein.[1]

190 Implizit geht die Überlegung der Funktions- und Risikoanalyse davon aus, dass die Anzahl und Qualität der übernommenen Funktionen der jeweiligen Marktpartner eine Auswirkung auf die Marktpreise zwischen diesen haben. Entsprechendes gilt für die übernommenen Risiken. Hier ist die Hypothese, dass fremde Dritte sich auf solche Risiken nur dann einlassen, wenn hierbei eine Chance auf Erzielung einer höheren Rendite besteht als bei risikoärmeren unternehmerischen Aktivitäten.[2]

191 Die **Aufzeichnungspflichten** zu Verrechnungspreisen nach § 90 Abs. 3 AO i. V. mit § 4 Nr. 3 GAufzV sehen die Erstellung einer Funktions- und Risikoanalyse vor. Hierbei sind Informationen über die jeweils vom Steuerpflichtigen und den nahestehenden Personen im Rahmen der Geschäftsbeziehungen ausgeübten Funktionen und übernommenen Risiken sowie deren Veränderungen über die eingesetzten **wesentlichen Vermögenswerte**, die vereinbarten Vertragsbedingungen, die gewählten Geschäftsstrategien sowie die bedeutsamen Markt- und Wettbewerbsverhältnisse beizubringen. Darüber hinaus ist eine qualitative Beschreibung der Wertschöpfungskette und der vom Steuerpflichtigen übernommenen Wertschöpfungsbeiträge in die Aufzeichnungen aufzunehmen. Diese Wertschöpfungsbeiträge ergeben sich regelmäßig im Rahmen der Angemessenheitsdokumentation unter Beachtung des Fremdvergleichsgrundsatzes.

192–195 *Einstweilen frei*

3. Vergleichbarkeitsanalyse

196 Im Rahmen der Vergleichbarkeitsanalyse von § 1 Abs. 3 Satz 3 AStG ist auf der Zweiten Stufe die **Vergleichbarkeit** der auf der ersten Stufe analysierten tatsächlichen Verhältnisse (Satz 1) sowie der Funktions- und Risikoanalyse (Satz 2) des Geschäftsvorfalls mit nahestehenden Personen, mit den Geschäftsvorfällen unabhängiger Dritter zu bestimmen. Der Zweck der Vergleichbarkeitsanalyse besteht darin, die preisbestimmenden Faktoren zwischen unabhängigen Dritten zu identifizieren und mit den Verhältnissen (der Sätze 1 und 2) des Geschäftsvorfalls mit nahestehenden Personen zu vergleichen.[3]

---

1 Siehe zu solchen Kapitalanpassungsrechnungen Schmidtke/Weigert, IWB 8/2010 S. 292 KAAAD-41601.

2 Siehe OECD-LL, Tz.1.56.

3 Vgl. Schwarz/Stein in Greil/Hummel, AStG, 1. Aufl. 2025, § 1 AStG Rz. 511.

Was Vergleichbarkeit genau bedeutet, sagt der Gesetzgeber nicht – auch nicht, welches Maß an Vergleichbarkeit, also welches Vergleichbarkeitsniveau, verlangt wird. Der **Maßstab** der Vergleichbarkeit sind die tatsächlichen Verhältnisse (Satz 1) sowie die Funktions- und Risikoanalyse (Satz 2) des konkreten[1] Geschäftsvorfalls zwischen unabhängigen Dritten. Diese Daten von beobachtbaren Fremdvergleichswerten und Bedingungen beziehen sich dabei auf die Verhältnisse, unter denen diese Werte auf Märkten realisiert wurden, also etwa Geschäfts- und Marktbedingungen und die Funktions- und Risikoverteilung zwischen den Marktpartnern. Diese Verhältnisse müssen mit den Verhältnissen, unter denen die nahestehenden Personen agieren, vergleichbar sein. Sie müssen es also erwarten lassen, dass solche Werte oder Werte innerhalb der ermittelten Bandbreite (siehe → Rz. 284 ff.) sich auch ergeben hätten, wenn die nahestehenden Personen auf Märkten gehandelt hätten. Hierbei verlangt die Finanzverwaltung das Heranziehen „aller Faktoren, die sich auf die Preisgestaltung auswirken könnten".[2] Dies ist zu weitgehend, da nicht abgrenzbar ist welche Faktoren sich hypothetisch auf die Preisgestaltung auswirken **könnten**. Darüber hinaus verlangt Vergleichbarkeit im Unterschied zur Identität keine vollständige Deckungsgleichheit der Verhältnisse.[3] 197

Der Gesetzgeber erkennt durch den Nebensatz „**soweit dies möglich ist**" an, dass solche Vergleichbarkeitsinformationen von fremden Dritten häufig sehr schwer ermittelbar sind und regelmäßig einen geringeren Informationsgehalt haben als die Daten von nahestehenden Personen. Daher dürfen an Art und Umfang der Daten zu den tatsächlichen Verhältnissen und die Funktions- und Risikoanalyse der Geschäftsbeziehungen zwischen unabhängigen Dritten keine hohen Anforderungen gestellt werden. 198

Die **OECD-LL** erläutern im Rahmen der **Vergleichbarkeitsanalyse** die Frage, inwiefern Fremdvergleichsdaten ausreichen, um eine Vergleichbarkeit zwischen den verbundenen Transaktionen und den Transaktionen zwischen fremden 199

1 Vgl. Pohl in Brandis/Heuermann, Ertragsteuerrecht, § 1 AStG Rz. 77; Schwarz/Stein in Greil/Hummel, AStG, 1. Aufl. 2025, § 1 AStG Rz. 512; siehe auch Liebchen in Flick/Wassermeyer/Ditz/Schönfeld, Außensteuerrecht (113. Erg.-Lfg. 2025), § 1 AStG Rz. 561.

2 Vgl. Verwaltungsgrundsätze Verrechnungspreise 2024, Tz. 3.19.

3 Siehe zu einer grundlegenden Kritik an der Unterscheidung von eingeschränkter und uneingeschränkter Vergleichbarkeit aus der bis zum Veranlagungszeitraum geltenden Version von § 1 Abs. 3 AStG Wassermeyer, DB 2007 S. 537.

Dritten zu ermöglichen.[1] Die Verwaltungsgrundsätze Verrechnungspreise 2024 verweisen explizit auf das Kapitel III der OECD-LL, deren Grundsätze die Finanzverwaltung anwendet.[2] Vergleichbar im Sinne der OECD-LL bedeutet, dass keiner der Unterschiede zwischen den Vergleichsobjekten die untersuchte Bedingung (z. B. Preis oder Marge) **wesentlich beeinflussen** kann, oder dass entsprechend genaue Berichtigungen erfolgen können, um die Auswirkung dieser Unterschiede zu beseitigen.[3]

200 Sowohl die OECD-LL als auch die Verwaltungsgrundsätze Verrechnungspreise 2024 fassen die Aspekte der Vergleichbarkeitsanalyse in beispielhaften **Vergleichbarkeitsfaktoren** zusammen:

- die vertraglichen Bedingungen des Geschäftsvorfalls;
- die Funktions- und Risikoanalyse;
- die Eigenschaften des übertragenen Wirtschaftsguts oder der geleisteten Dienste;
- die wirtschaftlichen Verhältnisse der Beteiligten und des Markts, auf dem sie tätig sind;
- die von den Beteiligten verfolgten Geschäftsstrategien.[4]

201 Grundsätzlich gilt, dass die Vergleichbarkeit nur in Abhängigkeit der Verrechnungspreismethode bestimmt werden kann. Die OECD betont etwa, dass es für die sachgerechte Anwendung der Wiederverkaufspreismethode, im Vergleich zur Preisvergleichsmethode, in geringerem Maße auf die Vergleichbarkeit der betreffenden Produkte ankommt.[5] Im Rahmen der Diskussion über die Beschaffung von hinreichend verwertbaren Fremdvergleichswerten stellt die OECD klar, dass die Bestimmung angemessener Verrechnungspreise keine

1 Vgl. OECD-LL, Kapitel III. In dem 2010 neu eingeführten Kapitel III hat die Vergleichbarkeitsanalyse nun ein eigenes Kapitel. Insgesamt ist der Vergleichbarkeitsanalyse ein deutlich größerer Raum beigemessen worden. Das Thema wird umfangreicher und detaillierter behandelt, was dessen Bedeutung besser Rechnung trägt. Diese Überlegungen der OECD basieren größtenteils auf einem Diskussionspapier: OECD, Comparability: Public Invitation to Comment on a Series of Draft Issues Notes, 10.5.2006. Siehe ausführlich zur Kommentierung von Kapitel III der OECD-LL: Dawid/Renaud in Kroppen, Rasch, Handbuch Internationale Verrechnungspreise (43. Erg.-Lfg. 2024).

2 Vgl. Verwaltungsgrundsätze Verrechnungspreise 2024, Tz. 3.18.

3 Vgl. OECD-LL, Tz. 1.40, sowie Glossar; siehe etwa für interne Vergleichswerte auch Tz. 3.28 und für die Preisvergleichsmethode auch Tz. 2.20.

4 OECD-LL, Tz. 1.36; Verwaltungsgrundsätze Verrechnungspreise 2024, Tz. 3.19. Siehe ausführlich zu den Vergleichbarkeitsfaktoren und der Vergleichbarkeitsanalyse Stein/Schwarz in Greil/Hummel, AStG, 1. Aufl. 2025, § 1 AStG Rz. 521–538.

5 Vgl. OECD-LL, Tz. 2.28.

exakte Wissenschaft ist.[1] Daher ist anzuerkennen, dass die Daten im Hinblick auf ihre Vergleichbarkeit „nicht immer perfekt sein werden“.[2]

Einstweilen frei 202–203

4. Zeitpunkt der Vergleichbarkeitsanalyse

Für die in Satz 1–3 beschriebene Funktions- und Risiko- sowie Vergleichbarkeitsanalyse, in der die tatsächlichen Verhältnisse und die Funktionen und Risiken zu vergleichen sind, ist auf den Zeitpunkt der Vereinbarung des Geschäftsvorfalls abzustellen (§ 1 Abs. 3 Satz 4 AStG).[3] Eine Festlegung auf den Price-Setting-Ansatz[4] war hierdurch von dem Gesetzgeber allerdings explizit nicht beabsichtigt,[5] so dass auch der Outcome-Testing-Ansatz[6] durch § 1 Abs. 3 Satz 4 AStG nicht eingeschränkt wird. So sieht die Finanzverwaltung auch vor, dass der Steuerpflichtige sich auf nachträglich bekannt gewordene Daten von fremden Dritten beziehen kann,[7] die sich auf den Zeitpunkt der Vereinbarung des Geschäftsvorfalls mit nahestehenden Personen beziehen.[8] 204

Einstweilen frei 205–207

II. Verrechnungspreismethoden

1. Tatsächlicher Fremdvergleich

Gegenüber der Fassung vor dem Abzugsteuerentlastungsmodernisierungsgesetz verzichtet das Gesetz nun auf die Nennung einzelner Verrechnungspreismethoden und gibt auch die Methodenhierarchie der verwendbaren Verrechnungspreismethoden bei uneingeschränkt vergleichbaren und nur eingeschränkt vergleichbaren Fremdvergleichswerten auf. Der Fremdvergleichspreis als Soll-Wert des steuerlichen Vergleichs (siehe → Rz. 178) ist nach der **am** 208

1 Vgl. OECD-LL, Tz. 1.33, 3.55, 4.8.

2 OECD-LL, Tz. 3.38.

3 Siehe zur vGA auch BFH, Urteil v. 18.5.2021 - I R 4/17 SAAAH-93024, IStR 2021 S. 893, Tz. 47.

4 Siehe OECD-LL, Tz. 3.69.

5 Siehe Antwort der Bundesregierung auf die Kleine Anfrage der Abgeordneten Katja Hessel, Christian Dürr, Grigorios Aggelidis, weiterer Abgeordneter und der Fraktion der FDP – BT-Drucks. 19/18057 zu der Änderung im damals geplanten ATAD-Umsetzungsgesetz.

6 Siehe OECD-LL, Tz. 3.70.

7 Faktisch ist dies der Regelfall, da die Daten von fremden Dritten regelmäßig erst nachträglich öffentlich werden.

8 Vgl. Verwaltungsgrundsätze Verrechnungspreise 2024, Tz. 3.38; so auch Verwaltungsgrundsätze 2020, BMF, Schreiben v. 3.12.2020 - IV B 5 - S 1341/19/10018 :001 EAAAH-65921, BStBl 2020 I S. 1325, Tz. 49.

besten geeigneten Verrechnungspreismethode zu bestimmen. Dies entspricht auch der Maßgabe in den OECD-LL,[1] die auch die deutsche Finanzverwaltung als Grundlage für die Verwendung der Verrechnungspreismethode anwenden will.[2]

209 Sowohl die OECD als auch die deutsche Finanzverwaltung nennen explizit fünf Verrechnungspreismethoden.[3] Hierunter fallen die drei geschäftsvorfallbezogenen Standardmethoden, und zwar die Preisvergleichsmethode, die Wiederverkaufspreismethode und die Kostenaufschlagsmethode, sowie die zwei geschäftsvorfallbezogenen Gewinnmethoden in Form der geschäftsvorfallbezogenen Nettomargenmethode (TNMM) und der geschäftsvorfallbezogenen Gewinnaufteilungsmethode (Profit Split). Darüber hinaus sind andere Methoden oder eine Kombination mehrerer Methoden möglich, um einen Fremdvergleichspreis zu ermitteln.[4] In den OECD-LL stehen die geschäftsvorfallbezogenen Standardmethoden und die geschäftsvorfallbezogenen Gewinnmethoden grundsätzlich auf gleicher Stufe, sie sehen die Standardmethoden jedoch häufig als unmittelbarer anwendbar an und geben ihnen einen Vorzug, sollten diese gleichermaßen zuverlässig anwendbar sein wie die geschäftsvorfallbezogenen Gewinnmethoden.[5] Sowohl die OECD-LL[6] als auch die Gesetzesbegründung[7] zu § 1 Abs. 3 AStG räumen dann der Preisvergleichsmethode einen Vorrang ein, falls diese und eine andere Verrechnungspreismethode gleichermaßen zuverlässig angewandt werden können.[8] In der Praxis wird die überwiegende Anzahl der Verrechnungspreisfälle allerdings mithilfe der geschäftsvorfallbezogenen Gewinnmethoden gelöst.

210 Der **Auswahlprozess** zur Entscheidung für die am besten geeignete Verrechnungspreismethode ist vom Rechtsanwender darzulegen. Eine objektiv eindeutige Entscheidung wird in allen praxisrelevanten Fällen unmöglich sein, so dass hier nur verlangt werden kann, die subjektiven Auswahlkriterien darzulegen und die Anwendbarkeit der verschiedenen Verrechnungspreismethoden,

1 Siehe OECD-LL, Tz. 2.2; so auch Saliger in BeckOK AStG, § 1 AStG Rz. 390.

2 Vgl. Verwaltungsgrundsätze Verrechnungspreise 2024, Tz. 3.9.

3 Vgl. OECD-LL, Tz. 2.1 ff.; Verwaltungsgrundsätze Verrechnungspreise 2024, Tz. 3.9; dort auch das Folgende.

4 Vgl. OECD-LL, Tz. 2.9, 2.12; Verwaltungsgrundsätze Verrechnungspreise 2024, Tz. 3.10.

5 Vgl. OCED-LL, Tz. 2.3.

6 Siehe OECD-LL, Tz. 2.3, 2.15.

7 Siehe Gesetzesentwurf der Bundesregierung zum Abzugsteuerentlastungsmodernisierungsgesetz vom 17.3.2021, BT-Drucks. 19/27632 S. 72.

8 So auch der BFH, Urteil v. 18.5.2021 - I R 4/17 SAAAH-93024, IStR 2021 S. 893, Tz. 35.

auch in Abhängigkeit der beobachtbaren Vergleichswerte, abzuwägen.[1] Im gerichtlichen Verfahren ist es Aufgabe des Finanzgerichts, die im Einzelfall geeignete Verrechnungspreismethode auszuwählen.[2] Grundsätzlich ist es nicht notwendig, mehrere Methoden anzuwenden.[3]

Der **tatsächliche Fremdvergleich** versucht, Fremdvergleichspreise mithilfe von beobachtbaren Daten aus tatsächlich verwirklichten Geschäften unverbundener Transaktionspartner abzuleiten. Die Ermittlung von Fremdvergleichswerten im Rahmen von § 1 Abs. 3 Satz 5 AStG mithilfe von Verrechnungspreismethoden verlangt daher die **Verfügbarkeit von Werten** vergleichbarer Geschäftsvorfälle voneinander unabhängiger Dritter. Der tatsächliche Fremdvergleich benötigt also empirische Werte von fremden Dritten, im Gegensatz zum hypothetischen Fremdvergleich nach Satz 7 (→ Rz. 271), der ohne solche Vergleichswerte fremder Dritter auskommt. **Wert** ist hierbei ein weit auszulegender Begriff, der grundsätzlich alle Daten fremder Dritter beinhaltet, die für die Anwendung von Verrechnungspreismethoden relevant sind. Ausgangspunkt sind hierbei immer tatsächlich beobachtbare Marktdaten. Hierunter sind also etwa Preise für Lieferungen und Leistungen, Margen, Gewinn- und Kostenaufschläge sowie Gewinnaufteilungen aus Transaktionen fremder Dritter zu verstehen. § 1 Abs. 3 GAufzV spricht in diesem Zusammenhang von „Vergleichsdaten“ wohingegen die Finanzverwaltung den Begriff „Vergleichswerte“ verwendet,[4] gemeint ist wohl das Gleiche. Aus diesen Wertbegriffen und aus der Grundkonzeption des Fremdvergleichs folgt, dass es sich hierbei um tatsächlich **verwirklichte Marktergebnisse** zwischen einander nicht nahestehenden Personen, also fremden Dritten, handeln muss,[5] sowie um sicher erzielbare Marktergebnisse auf Basis verbindlicher Rechtspositionen, etwa Angeboten. Daher ist das Gesetz durch die sog. **Transparenzklausel** in Bezug auf empirisch ermittelbare Fremdvergleichswerte widersprüchlich, da fremde Dritte auf Märkten ihre Entscheidungen regelmäßig auf ungleich verteilten Informationen basieren. Durch die **kontrafaktische Fiktion der Informationssym-** 211

1 So auch Schwarz/Stein in Greil/Hummel, AStG, 1. Aufl. 2025, § 1 Abs. 3 AStG Rz. 548.

2 So zur vGA etwa BFH, Urteil v. 17.10.2001 - I R 103/00, BStBl 2004 II S. 171; BFH, Urteil v. 18.5.2021 - I R 4/17 SAAAH-93024, IStR 2021 S. 893, Tz. 31.

3 Vgl. § 2 Abs. 2 GAufzV; siehe auch OCED-LL, Tz. 2.12.

4 Siehe Verwaltungsgrundsätze Verrechnungspreise 2024, Tz. 3.12.

5 Siehe OECD-LL verteilt, etwa Einführung Tz. 6 „als unabhängige, auf freien Märkten operierende Unternehmen“; Tz. 1.2 „externe Marktkräfte“ oder „tatsächliche Marktkräfte“; Tz. 1.11 „nimmt das normale Marktgeschehen als Maßstab“. Die Verwaltungsgrundsätze Verrechnungspreise 2024, sprechen hingegen an verschiedenen Stellen nur von „Markt“, die VerwG 1983 bestimmten hierfür noch sehr klar als „Maßstab die Verhältnisse des freien Wettbewerbs“, Tz. 2.1.1, ähnlich Tz. 2.1.5.

metrie wäre daher der Kern des Fremdvergleichsgrundsatzes, der Vergleich mit beobachteten Marktergebnissen fremder Dritter, ausgeschlossen. Das kann nicht ernsthaft gewollt sein und würde § 1 Abs. 3 Satz 1–6 AStG praktisch keinerlei Anwendungsbereich einräumen. Zumindest für die für einen tatsächlichen Fremdvergleich benötigten Werte von unabhängigen Dritten kann daher nur eine äußerst **restriktive Auslegung** von § 1 Abs. 1 Satz 2 AStG sinnvoll sein,[1] da es ansonsten praktisch keine verwertbaren Fremdvergleichswerte zu beobachten gäbe. Da die kontrafaktische Transparenzklausel in der Realität nicht anwendbar ist, kann sie auch nicht als Maßstab für einen tatsächlichen Fremdvergleich dienen (siehe hierzu ausführlich → Rz. 95 ff.).

212 Bei der Ermittlung von empirischen Fremdvergleichswerten kann grundsätzlich zwischen einem internen und einem externen Fremdvergleich unterschieden werden:

213 Der **interne Fremdvergleich** stellt auf Transaktionen eines Steuerpflichtigen mit unabhängigen Dritten ab. Vorrausetzung ist, dass Transaktionen unter vergleichbaren Bedingungen auch mit unabhängigen Dritten auf dem freien Markt stattfinden.

214 Für einen **externen Fremdvergleich** sind dementsprechend vergleichbare Transaktionen unter vergleichbaren Umständen zwischen voneinander unabhängigen Dritten, die weder Steuerpflichtiger noch nahestehende Person sind, zu identifizieren. Diese werden auf die Transaktionen zwischen den nahestehenden Personen übertragen.

215 Die Unterscheidung in tatsächlichen und hypothetischen Fremdvergleich bezieht sich in erster Linie auf die in das **Modell zur Simulation oder Imitation von Marktpreisen** einfließenden **Daten**. In zweiter Linie bezieht sie sich aber auch auf die subjektive Überzeugung darüber, welches theoretische Modell (operationalisiert in Form einer Verrechnungspreismethode) realitätsnäher Marktpreise simulieren kann. Letztendlich beruhen alle Verrechnungspreismethoden auf der Hypothese, ein geeignetes Modell zur Abbildung von Marktprozessen zu liefern. Hinter den Verrechnungspreismethoden steht also stets eine erklärende Theorie für das Zustandekommen von Marktpreisen.[2] Ergebnis dieser Verrechnungspreismethoden ist der im Modell imitierte „Marktpreis" als Soll-Objekt für den steuerlichen Vergleich mit den beobachtbaren Ist-Wer-

1 Vgl. Kroppen/Nientimp, IWB 17/2008 S. 845, 848 YAAAC-89746; Roeder, Die Unternehmensbesteuerung, 2008, S. 205.

2 Vgl. Nientimp, Steuerliche Gewinnabgrenzung in internationalen Konzernen, 2003, S. 26; eventuell mit Ausnahme der Preisvergleichsmethode bei vollständiger Identität der Bedingungen und vollkommenen Märkten.

ten. Dieses Soll-Objekt ist daher für die gegebene Situation zwischen nahestehenden Personen regelmäßig ein hypothetischer Wert, da die nahestehenden Personen untereinander gerade nicht auf Märkten agieren, sondern es sich ökonomisch um ein Unternehmen handelt und es somit immer an tatsächlich beobachtbaren Marktpreisen zwischen diesen nahestehenden Personen für die steuerliche Gewinnermittlung fehlt.[1]

Ausschlaggebend für die Unterscheidung in tatsächlichen und hypothetischen Fremdvergleich ist daher, wie unmittelbar die beobachteten Fremdvergleichswerte auf die Situation zwischen nahestehenden Personen übertragen werden können. Dies ist bei beobachteten Preisen, Margen, Gewinn- und Kostenaufschlägen sowie Gewinnaufteilungen aus tatsächlich verwirklichten Marktprozessen sehr viel unmittelbarer und direkter als bei dem zukunftsgerichteten hypothetischen Fremdvergleich i. S. des § 1 Abs. 3 Satz 7 AStG, der eine Verhandlungssituation von Marktpartnern imitieren soll (siehe zum hypothetischen Fremdvergleich → Rz. 271 ff.). Während der tatsächliche Fremdvergleich konkret verwirklichte Ergebnisse von vergleichbaren Marktprozessen auch als Ergebnis eines hypothetischen Marktergebnisses bei den nahestehenden Personen unterstellt, versucht der hypothetische Fremdvergleich, bei Abwesenheit von beobachtbaren Marktergebnissen, erst ein Marktergebnis zu simulieren, um dieses als Soll-Ergebnis auf die Beziehung zwischen den Nahestehenden zu übertragen. Der tatsächliche Fremdvergleich arbeitet also mit der Hypothese, dass sich die beobachtbaren Marktergebnisse auf die Vergleichssituation übertragen lassen. Ausgangspunkt des hypothetischen Fremdvergleichs ist eine viel weitergehende Hypothese, und zwar, dass das Marktpreiserklärungsmodell des hypothetischen Fremdvergleichs konkrete Marktpreise korrekt imitieren kann. Dem hypothetischen Fremdvergleich ist daher eine deutlich höhere Unsicherheit immanent als dem tatsächlichen Fremdvergleich. Der tatsächliche Fremdvergleich bezieht sich auf beobachtbare Werte, die zwischen fremden Dritten tatsächlich auf Märkten erzielt wurden. Fraglich ist, ob diese Ergebnisse des tatsächlichen Fremdvergleichs auf die Geschäftsvorfälle zwischen nahestehenden Personen übertragbar sind. Beim hypothetischen Fremdvergleich ist hingegen unsicher, ob das **Marktpreiserklärungsmodell** für den hypothetischen Markt zwischen nahestehenden Personen überhaupt realistisch ist, und ob das daraus ermittelte Ergebnis überhaupt ein mögliches Marktergebnis ist, zusätzlich zu der Unsicherheit der in das Modell einfließenden Gewinnerwartungen der Zukunft. 216

1 Vgl. Nientimp, Steuerliche Gewinnabgrenzung in internationalen Konzernen, 2003, S. 20 ff.

217 Die Vergleichswerte für den tatsächlichen Fremdvergleich stammen aus Geschäftsvorfällen zwischen **voneinander unabhängigen Dritten**. Nach dem Sinn und Zweck von § 1 AStG sind diese voneinander unabhängigen Dritten alle nicht nahestehenden Personen i. S. des § 1 Abs. 2 AStG.

218–219 *Einstweilen frei*

2. Geschäftsvorfallbezogenen Standardmethoden

a) Preisvergleichsmethode

220 Bei der Anwendung der Preisvergleichsmethode **(comparable uncontrolled price method – CUP)** werden vergleichbare Transaktionen zwischen fremden Dritten unter vergleichbaren Umständen gesucht und deren Preise mit denen der fraglichen Transaktion zwischen nahestehenden Personen (price of the controlled transaction) verglichen.[1] Vergleichsmaßstab sind hier also tatsächlich beobachtete Marktpreise zwischen fremden Dritten. Die hinter der Preisvergleichsmethode stehende Hypothese besagt, dass, wenn der konzerninterne Verrechnungspreis von dem beobachteten Marktpreis abweicht, der Grund dafür in der gesellschaftsrechtlichen Abhängigkeit liegen muss.[2] Bei einem ungünstigen Abweichen des Verrechnungspreises vom vergleichbaren Marktpreis würde ein gedachter unabhängiger Dritter die Transaktionen nicht innerhalb des Konzerns, sondern auf dem freien Markt tätigen.

221 Die allgemein anerkannte Stärke der Preisvergleichsmethode ist der sehr unmittelbare Vergleich zwischen der infrage stehenden Transaktion mit der nahestehenden Person und der Referenztransaktion auf dem Markt. In vielen Staaten wird die Preisvergleichsmethode daher als die bevorzugte Verrechnungspreismethode angesehen.[3] *„Bei der Preisvergleichsmethode handelt es sich um die Grundmethode zur Bestimmung angemessener Verrechnungspreise, weil sie unmittelbar zur Feststellung des Vergleichspreises führt.“*[4] Eine sachgerechte Anwendung der Preisvergleichsmethode setzt allerdings einen hohen Grad an Vergleichbarkeit der betreffenden Transaktionen bezüglich der für die Preisbildung relevanten Faktoren voraus.[5] Dies umfasst grundsätzlich die weitgehende Vergleichbarkeit der Produkte, der Märkte, der Güter oder Dienstleis-

---

1 Siehe zur Preisvergleichsmethode OECD-LL, Tz. 2.13 ff.

2 Vgl. Etwa Berry/Bradford/Hines, CES Working Paper Series 11/1991 S. 9 f.; *Oestreicher*, Konzern-Gewinnabgrenzung, 2000, S. 36; Nientimp, Steuerliche Gewinnabgrenzung in internationalen Konzernen, 2003, S. 127.

3 Siehe auch OECD-LL, Tz. 2.14.

4 BFH, Urteil v. 18.5.2021 - I R 4/17 AAAH-93024, IStR 2021 S. 893, Tz. 35, m. w. N.

5 Vgl. Dawid/Dorner, IWB 5/2002 S. 241 UAAAA-39807.

tungen, der Transaktionsvolumina und sonstigen Bedingungen der Transaktionen, wie etwa langfristige und zuverlässige Lieferbedingungen. Eine vollständige Identität der verglichenen Transaktionen ist jedoch nicht notwendig.[1] Für eine Vergleichbarkeit ist daher zu überprüfen, ob keiner der erkannten Unterschiede den Preis auf dem freien Markt erheblich beeinflussen kann oder ob entsprechend genaue Anpassungen vorgenommen werden können, um die erheblichen Auswirkungen zu beseitigen.[2] Dies ist z. B. bei unterschiedlichen Zahlungszielen[3] oder Lieferbedingungen[4] möglich, während eine Vergleichbarkeit von Transaktionen auf unterschiedlichen Handelsstufen (Großhandel vs. Einzelhandel) regelmäßig schwieriger ist. Häufig scheitern mögliche Anpassungsrechnungen auch an der Quantifizierbarkeit des Unterschiedes zwischen den betreffenden Transaktionen.

Sind die vergleichbaren Transaktionen mit unverbundenen Unternehmen durch das Unternehmen selbst getätigt worden, sind die Vergleichsdaten für einen internen Preisvergleich im Unternehmen vorhanden.[5] Erfolgt also beispielsweise der Vertrieb für ein Produkt sowohl über nahestehende als auch über unverbundene Vertriebsunternehmen und sind diese Transaktionen vergleichbar (vergleichbare Märkte,[6] Handelsstufe, Menge, Liefer- und Zahlungsbedingungen etc.), können diese Preise zum Vergleich herangezogen werden. Daten für einen externen Preisvergleich sind regelmäßig selten verfügbar. Dies liegt daran, dass vergleichbare Transaktionen häufig nicht auf Märkten, sondern nur innerhalb von Konzernen getätigt werden. 222

Insbesondere wenn es sich um typisierte Transaktionen für homogene Güter mit normierten Qualitätseigenschaften handelt, wie sie etwa an Börsen für **Finanzprodukte** oder **Rohstoffe** gehandelt werden, kann die Preisvergleichsmethode häufig durchgeführt werden. In den OECD-Verrechnungspreisleitlinien wird in Tz. 2.24 dazu das Beispiel von kolumbianischen Kaffeebohnen, die 223

1 Vgl. etwa Kuckhoff/Schreiber, Verrechnungspreise in der Betriebsprüfung, 1997, S. 41; Dawid/Dorner, IWB 5/2002 S. 241 UAAAA-39807; Schwarz/Stein in Greil/Hummel, AStG, 1. Aufl. 2025, § 1 AStG Rz. 552; siehe auch OECD-LL, Tz. 2.15. f. Der BFH spricht hier von „im Wesentlichen identische Leistungsbeziehungen"; BFH, Urteil v. 6.4.2005 - IR 22/04, BStBl 2007 II S. 658.

2 Vgl. OECD-LL, Tz 1.5 und 2.15.

3 Vgl. Dawid/Dorner, IWB 5/2002 S. 241 f. UAAAA-39807; Kuckhoff/Schreiber, Verrechnungspreise in der Betriebsprüfung, 1997, S. 43.

4 Vgl. OECD-LL, Tz. 2.25.

5 In dem zur vGA ergangenen BFH, Urteil v. 17.10.2001 - I R 103/00, BStBl 2004 II S. 171 berücksichtigte der BFH Fremdumsätze von weniger als 5 % nicht für den internen Preisvergleich eines Vertriebsunternehmens mit langanhaltenden Verlusten.

6 Der BFH beurteilt bei unterschiedlichen Märkten eine uneingeschränkte Vergleichbarkeit zurückhaltend, vgl. BFH, Urteil v. 17.2.1993 - IR 3/92, BStBl 1993 II S. 457.

keine Marke tragen und von vergleichbarer Art, Qualität und Menge sind, angeführt. Dabei müssen die beiden zu vergleichenden Transaktionen in einem nahen zeitlichen Zusammenhang auf derselben Handels- bzw. Produktionsstufe sowie unter vergleichbaren Umständen erfolgen. Sind die erforderlichen Informationen nur für brasilianische Kaffeebohnen vorhanden, so ist zu untersuchen, ob der Umstand der unterschiedlichen Herkunft sich am Markt in unterschiedlichen Preisen niederschlägt. Sofern möglich, ist dem durch Zu- bzw. Abschläge Rechnung zu tragen.[1] So können für eine Reihe von Commodities, insbesondere über Börsen oder Auktionen, Marktpreise ermittelt werden.[2] Grundsätzlich ist die Preisvergleichsmethode aber auch für Dienstleistungen anwendbar,[3] etwa über den Vergleich von Stundensätzen.

224 Ein weiteres Beispiel wäre die Anwendung der Preisvergleichsmethode auf **Darlehen** und **Garantien** zwischen verbundenen Unternehmen. Verglichen werden hier direkt die **Zinsen** als Preis für die Geldüberlassung in Form von Zinssätzen.[4] Hier ist ein Preisvergleich mit den Konditionen von Bankdarlehen unter Anwendung von Anpassungsrechnungen, etwa für unterschiedliche Bonitäten, Fälligkeiten oder Sicherheiten, möglich. Weiterhin kann aus öffentlich zugänglichen Finanzdatenbanken eine Bandbreite verwirklichter Marktzinssätze unter Berücksichtigung der jeweiligen Kreditwürdigkeit (regelmäßig ausgedrückt in Form eines Ratings, etwa von Standard and Poor's, Moody's oder Fitch), Laufzeit, Währung usw. ermittelt werden.[5]

225 Ebenso ist auch bei Geschäftsbeziehungen über **immaterielle Wirtschaftsgüter** die Preisvergleichsmethode anwendbar. Verglichen werden hier unmittelbar **Lizenzen** als Preis für die Nutzung eines immateriellen Wirtschaftsgutes in Form von Lizenzsätzen. Zwar sind die hinter einer Lizensierung stehenden immateriellen Wirtschaftsgüter – wie Markennamen, Logos, Patente, Know-how u. ä. – häufig einzigartig, allerdings sehr wohl durch andere immaterielle Wirt-

1 Siehe zu möglichen quantitativen Anpassungen, etwa durch Regressionsrechnungen Dawid/Dorner, IWB 5/2002 S. 241, 244 ff. UAAAA-39807.

2 Vgl. Hülshorst/Mank in Kroppen/Rasch, Handbuch Internationale Verrechnungspreise (43. Erg.-Lfg. 2024), Tz. 46, 56 f., 74.1 ff.; Dawid/Dorner, IWB 5/2002 S. 241, 244 UAAAA-39807; Saliger in BeckOK AStG, § 1 AStG Rz. 393.

3 Vgl. OECD-LL, Tz. 7.31, siehe auch Verwaltungsgrundsätze Verrechnungspreise 2024, Tz. 3.72.

4 Auch der BFH, Urteil v. 25.5.2014 - I R 88/2, BFH/NV 2015 S. 57, geht von Möglichkeit der Anwendung der Preisvergleichsmethode bei Finanztransaktionen aus. Eindeutig für die Preisvergleichsmethode und gegen die Kostenaufschlagsmethode in BFH, Urteil v. 18.5.2021 - I R 4/17 AAAH-93024, IStR 2021 S. 893, Tz. 39, m. w. N.

5 Vgl. Hülshorst/Mank in Kroppen/Rasch, Handbuch Internationale Verrechnungspreise (43. Erg.-Lfg. 2024), Anm. 75 f.; Adam/Coombs, Global Transfer Pricing, Principles and Practice, 2003, S. 50 ff.

schaftsgüter substituierbar, da die Funktionen, die diese immateriellen Wirtschaftsgüter im Unternehmen ausüben, in vielen Fällen auch durch vergleichbare immaterielle Wirtschaftsgüter ausgeübt werden können. Hierfür können mithilfe von öffentlich zugänglichen Datenbanken umfangreiche Fremddaten über tatsächlich abgeschlossene Lizenzen ermittelt werden, die häufig einen Vergleich ermöglichen.[1] Auch aus **Franchiseverträgen** lässt sich häufig ein Fremdvergleich von Lizenzvereinbarungen über Markenrechte, meist in einem Paket mit anderen immateriellen Wirtschaftsgütern und Dienstleistungen, ableiten.[2] So ist in der Praxis in der Tat zu beobachten, dass vergleichbare Franchise-Gebühren in den jeweiligen Branchen, etwa im Gastronomiebereich, für im Prinzip einzigartige Markennamen und spezielles Produkt- und Geschäfts-Know-how gezahlt werden. Ein solcher Vergleich entspricht auch dem früheren Ansatz in vielen Betriebsprüfungen, bei dem die Betriebsprüfer auf die Lizenzkartei des Bundesamtes für Finanzen (jetzt Bundeszentralamt für Steuern) abstellten. Der seltene Fall eines internen Preisvergleichs ergibt sich etwa bei dem Aufbau neuer Märkte, bei welchem Lizenzen an fremde Dritte gegeben werden.[3]

Die Probleme der Identifikation tatsächlich vergleichbarer Transaktionen und 226
der Anwendung der Preisvergleichsmethode zeigen sich in der BFH-Entscheidung vom 6.4.2005.[4] Der BFH hat darin einen internen Preisvergleich mit dem Argument verworfen, dass eine andauernde Verlustsituation einer Vertriebsgesellschaft die Unvergleichbarkeit der betreffenden Transaktionen indiziere. Im verhandelten Fall hatte eine Schweizer Gesellschaft Waren an eine verbundene deutsche Vertriebsgesellschaft geliefert. Die Preise entsprachen einer allgemeinen Preisliste, die auch für unabhängige Dritte Anwendung fand. Der Vertrieb der von dem verbundenen Unternehmen bezogenen Waren war für die deutsche Vertriebsgesellschaft dauerhaft verlustträchtig. Der BFH stellt auf die Verluste ab, die aus den betreffenden Transaktionen resultieren und die ein unabhängiger Vertreiber nicht akzeptiert hätte. Einen Preisvergleich hat der BFH bei anhaltender negativer Rendite des Vertriebsunternehmens abgelehnt.[5]

Einstweilen frei 227–228

1 Vgl. Eigelshoven in Vogel/Lehner DBA, 7. Aufl. 2021, Art. 9 OECD-MA Rz. 73b; Adams/Coombs, Global Transfer Pricing: Principles and Practice, 2003, S. 65.

2 Vgl. Becker in Oestreicher, Internationale Verrechnungspreise, 2003, S. 121 f.

3 Vgl. Becker in Oestreicher, Internationale Verrechnungspreise, 2003, S. 119.

4 Vgl. BFH, Urteil v. 6.4.2005 - IR 22/04, BStBl 2007 II S. 658.

5 Siehe kritisch hierzu auch Baumhoff/Ditz/Greinert, IStR 2005 S. 592 ff.

b) Wiederverkaufspreismethode

229 Startpunkt der **Wiederverkaufspreismethode (resale price method)** ist der Marktpreis, zu dem ein Produkt oder eine Leistung an einen fremden Abnehmer weiterverkauft wird.[1] Von diesem Wiederverkaufspreis wird eine für die übernommenen Funktionen und Risiken angemessene, marktübliche Bruttomarge abgezogen. Formal stellt dieser so retrograd ermittelte Wert den angemessenen Fremdvergleichspreis für die Transaktion zwischen dem Lieferanten/Hersteller und dem nahestehenden Vertreiber dar:

	Verkaufspreis an fremde Dritte
-	Bruttomarge (Handelsspanne) für die Vertriebsfunktion
=	Verrechnungspreis

230 Vergleichsmaßstab ist hierbei regelmäßig die **Bruttogewinnmarge**, welche die nahestehende Person hätte erzielen können, wenn sie vergleichbare Funktionen für fremde Dritte ausgeübt und Risiken getragen hätte.[2] Der Hauptanwendungsfall der Wiederverkaufspreismethode liegt bei verbundenen Vertriebsunternehmen, die ihre Waren von verbundenen Unternehmen einkaufen. Durch diese Berechnung soll der Preisbildungsprozess auf Märkten imitiert werden, wobei direkt allerdings nur eine Marktseite betrachtet wird, die des Wiederverkäufers.[3] In der Einseitigkeit der Betrachtung unterscheidet sich die Wiederverkaufspreismethode dabei aber nicht von den meisten anderen Verrechnungspreismethoden, da die Kostenaufschlagsmethode und die transaktionsbezogene Nettomargenmethode ebenfalls nur eine Seite berücksichtigen.[4]

231 Für die sachgerechte Anwendung der Wiederverkaufspreismethode kommt es im Vergleich zur Preisvergleichsmethode grundsätzlich in geringerem Maße auf die Vergleichbarkeit der betreffenden Produkte an.[5] Dies liegt daran, dass nicht auf den Preis direkt, sondern auf die fremdübliche Marge abgestellt wird. Der BFH spricht etwa von einem „*Vergleich mit Handelsspannen anderer Vertriebsunternehmen derselben Struktur, Branche und Größenordnung*".[6] Auch bei der Wiederverkaufspreismethode kann durch Anpassungsrechnungen die Ver-

1 Die Wiederverkaufspreismethode wird in Tz. 2.27 ff. der OECD-LL erläutert.

2 Vgl. OECD-LL, Tz. 2.27.

3 Vgl. Berry/Bradford/Hines, CES Working Paper Series No. 11/1991 S. 12; Nientimp, Steuerliche Gewinnabgrenzung in internationalen Konzernen, 2003, S. 131.

4 Vgl. OECD-LL, Tz 2.66.

5 Vgl. OECD-LL, Tz. 2.23 f.

6 BFH, Urteil v. 6.4.2005 - IR 22/04, BStBl 2007 II S. 658.

gleichbarkeit der Fremdvergleichswerte erhöht werden. Da etwa der Umfang der Lagerhaltung das Risiko und die Kapitalkosten eines Vertreibers beeinflusst, kann es bei Unterschieden in der Lagerhaltung sinnvoll sein, diese durch Anpassungsrechnungen zu eliminieren.[1]

Die Wiederverkaufspreismethode wird typischerweise bei Transaktionen mit 232
nahestehenden **Vertriebsgesellschaften** angewandt,[2] welche Waren ein- und wieder verkaufen. Aus der Natur der Wiederverkaufspreismethode ergibt sich, dass hierbei nicht notwendigerweise Preise, sondern Margen, verglichen werden. In der Praxis wird die Wiederverkaufspreismethode regelmäßig nicht auf einzelne Produkte oder Waren angewandt, sondern auf vergleichbare Produktgruppen oder Leistungsbündel.[3] Bei homogenem Funktions- und Risikoprofil für alle Produkte gilt dies auch für die gesamte Vertriebsgesellschaft. Hierbei werden dann regelmäßig die Bruttomargen aus dem Geschäft mit Nahestehenden mit denen aus dem Geschäft mit fremden Dritten verglichen.

Verlässliche Informationen über Bruttomargen, welche unabhängige Unter- 233
nehmen aus vergleichbaren Transaktionen erzielen, sind i. d. R. nur schwer zu erlangen. Aus den in öffentlich zugänglichen Datenbanken hinterlegten Finanzdaten lassen sich nur bedingt Bruttomargen ableiten. Darüber hinaus sind auch nur selten verlässliche Informationen zu den von den Vergleichsunternehmen konkreten, tatsächlich ausgeübten Funktionen und getragenen Risiken zugänglich, welche für eine Vergleichbarkeit der Bruttomargen häufig notwendig sind. Andere Quellen sind in aller Regel nicht verfügbar. Im Grunde genommen müsste man für eine Bruttomargenanalyse Zugriff auf die interne Kostenrechnung der Vergleichsunternehmen haben. Die praktische Durchführung der Wiederverkaufspreismethode in Reinform scheitert daher häufig an der unzureichenden Datenlage im Hinblick auf Fremdvergleichswerte (Margen) der Vergleichsunternehmen.[4] Die Wiederverkaufspreismethode wird daher teilweise auch mit der TNMM (siehe → Rz. 242 ff.) kombiniert, indem die angemessene Bruttomarge mithilfe von vergleichbaren Nettomargen und den Vertriebs- und Verwaltungskosten ermittelt wird.[5]

Einstweilen frei 234–235

1 Siehe zu einem Beispiel: Kuckhoff/Schreiber, Verrechnungspreise in der Betriebsprüfung, 1997, S. 47; allgemein zu Anpassungsrechnungen Dawid/Dorner, IWB 5/2002 S. 241, 254 ff. UAAAA-39807.

2 So auch BFH, Urteil v. 17.10.2001 - IR 103/00, BStBl 2004 II S. 171.

3 Vgl. Pohl in Brandis/Heuermann, Ertragsteuerrecht, § 1 AStG Rz. 92.

4 Siehe hierzu auch Schwarz/Stein in Greil/Hummel, AStG, 1. Aufl. 2025, § 1 AStG Rz. 553.

5 Vgl. Eigelshoven in Vogel/Lehner, DBA, 7. Aufl. 2021, Art. 9 OECD-MA Rz. 75.

c) Kostenaufschlagsmethode

236 Die Anwendung der **Kostenaufschlagsmethode (cost plus method)** geht von den Kosten aus, die auf der Ebene des Lieferanten bzw. Leistungserbringers für die Erbringung der infrage stehenden Lieferung bzw. Leistung an den verbundenen Empfänger anfallen.[1] Diese Kosten zuzüglich eines in Hinblick auf Funktionen und Risiken angemessenen Aufschlages (mark-up) ergeben den Verrechnungspreis. Nach dem Verständnis der OECD ist das Vergleichsergebnis hierbei allerdings tatsächlich weniger der Preis, sondern der Kostenaufschlag als Bruttogewinnmarge in Form eines **Bruttokostenaufschlags**, welche die nahestehende Person hätte erzielen können, wenn sie dieselben Funktionen für fremde Dritte ausgeübt hätte.[2] Teilweise wird unter der Kostenaufschlagsmethode sowohl eine Bruttomethode als auch eine Nettomethode gesehen,[3] was auch in der Praxis regelmäßig so gehandhabt wird.[4] Grundüberlegung dieser Marktpreissimulation ist, dass ein unabhängiger Dritter in einer Marktwirtschaft langfristig nur Preise akzeptieren wird, die ihn neben der Kostendeckung auch einen angemessenen Gewinn erwirtschaften lassen.[5] Tatsächlich ist zu beobachten, dass fremde Dritte ihre Preisforderungen anhand der Kostenaufschlagsmethode ermitteln.[6] In der Praxis ist allerdings auch zu beobachten, dass fremde Dritte für bestimmte Transaktionen oder für begrenzte Zeiträume Lieferungen und Leistungen unterhalb der Vollkosten anbieten.

237 Ein zentraler Punkt bei der Anwendung der Kostenaufschlagsmethode ist die sachgerechte Bestimmung der anzusetzenden **Kostenbasis**.[7] Die Ermittlung der Kostenbasis erfolgt dabei hauptsächlich auf Vollkostenbasis, teilweise aber auch auf Teilkostenbasis, wenn eine solche Kalkulation fremdüblich ist.[8] Auch Grenzkosten können eine sachgerechte Kostenbasis darstellen.[9] Neben der vergangenheitsbezogenen Ist-Kostenrechnung ist auch eine Normal- oder Plankostenrechnung anerkannt. Erfolgt eine Ermittlung der Verrechnungspreise auf Plankostenbasis, stellt sich die Frage, ob später auf Ist-Kosten anzupas-

1 Die Kostenaufschlagsmethode wird in Tz. 2.45 ff. der OECD-LL erläutert.

2 Vgl. OECD-LL, Tz. 2.52, 2.54.

3 Vgl. Kuckhoff/Schreiber, Verrechnungspreise in der Betriebsprüfung, 1997, S. 51.

4 So auch Eigelshoven in Vogel/Lehner, DBA, 7. Aufl. 2021, Art. 9 OECD-MA Rz. 79.

5 Vgl. Nientimp, Steuerliche Gewinnabgrenzung in internationalen Konzernen, 2003, S. 133 f.

6 Vgl. Casley, International Transfer Pricing Journal 1999 S. 38 ff. m. w. N.

7 Vgl. ausführlich zur Kostenbasis etwa OECD-LL, Tz. 2.50 ff.; Liebchen in Flick/Wassermeyer/Ditz/Schönfeld, Außensteuerrecht (113. Erg.-Lfg. 2025), § 1 AStG Rz. 68 ff.; Schwarz/Stein in Greil/Hummel, AStG, 1. Aufl. 2025, § 1 AStG Rz. 555.

8 Vgl. OECD-LL, Tz. 2.51 f.

9 Vgl. OECD-LL, Tz. 2.55, 2.57.

sen ist.[1] Eine solche Anpassung ist bei Kalkulationen zwischen fremden Dritten nicht die Regel. Andererseits sollen im Rahmen der Kostenaufschlagsmethode die Kosten und nicht nur Planzahlen als Grundlage genommen werden. An diesem Grundgedanken ändert sich nichts, wenn unterjährig Vorauszahlungen auf Basis von Planzahlen geleistet werden. Relevant wird diese Frage, wenn es aufgrund einer Anpassung auf Ist-Zahlen zu einer wesentlichen Ausgleichszahlung kommt.

Der zweite zentrale Punkt bei der Kostenaufschlagsmethode nach der Definiti- 238
on einer sachgerechten Kostenbasis ist der fremdübliche Kostenaufschlag. Fremdübliche Kostenaufschlagsätze lassen sich auf Basis der ausgeübten Funktionen und getragenen Risiken im Wege der oben beschriebenen Datenbankanalysen bestimmen.[2] Dazu sind unabhängige Unternehmen zu identifizieren, die vergleichbare Leistungen erbringen. Aus der Natur der Kostenaufschlagsmethode ergibt sich, dass hierbei nicht notwendigerweise Preise verglichen werden, sondern im Ergebnis Kostenaufschläge.

Die Kostenaufschlagsmethode wird regelmäßig für die Bestimmung eines an- 239
gemessenen Entgeltes für die Erbringung von **Dienstleistungen** an nahestehende Personen angewendet.[3] Auch **Auftragsforschung**[4] und **Auftragsfertigung**[5] werden angesichts ihrer Ähnlichkeit zur Dienstleistungserbringung häufig auf Basis der Kostenaufschlagsmethode vergütet. Daneben kommt diese Methode häufig für die Bestimmung angemessener Preise für Vorprodukte zur Anwendung. Weiterhin kann die Kostenaufschlagsmethode zur Verprobung anderer Methoden herangezogen werden.

Im Rahmen der praktischen Anwendung der Kostenaufschlagsmethode haben 240
sich vielfach **Gewinnaufschläge** von 5–10 %,[6] oder von 5–15 %[7] als fremdvergleichskonforme Vergütung für viele Leistungen eingebürgert. Das EU Joint Transfer Pricing Forum hatte für administrative Routine-Dienstleistungen ei-

1 So Verwaltungsgrundsätze Verrechnungspreise 2024, Tz. 3.79 bei Konzernumlagen.

2 Siehe hierzu ausführlich Schwarz/Stein, Quantitative Verrechnungspreise, 2018, S. 95 ff.

3 Vgl. OECD-LL, Tz. 7.31; Verwaltungsgrundsätze Verrechnungspreise 2024, Tz. 3.72.

4 So OECD-LL, Tz. 2. 61.

5 Siehe etwa Schwarz/Stein/Holinski/Hoffmann, DB 2016 S. 2857; sowie die Beispiele in OECD-LL, Tz. 2. 59 f.

6 Vgl. etwa Kaminski, Verrechnungspreisbestimmung bei fehlendem Fremdvergleichspreis, 2002, S. 106.

7 Siehe Casley, International Transfer Pricing Journal 1999 S. 38, 41 f., m. w. N. zu den Ursprüngen dieser „Daumenregel".

nen angemessenen Gewinnaufschlag von 3–10 % als häufig beobachtbar festgestellt.[1] Im Zuge der Überarbeitung der OECD-LL durch die BEPS-Initiative hat die OECD für konzerninterne Dienstleistungen mit geringer Wertschöpfung (low value-adding intra-group services) in Tz. 7.61 einen einheitlichen Kostenaufschlag von 5 % bestimmt,[2] dem sich auch das BMF angeschlossen hat.[3] Obwohl in dieser Allgemeinheit die genannten Kostenaufschläge ökonomisch nicht begründet sind, werden sie in der Praxis häufig angewendet. Auch in tatsächlichen Benchmarkstudien werden in der Praxis Werte um die 5 % für einfache Dienstleistungen häufig bestätigt.[4] Dabei ist der Kostenaufschlagsatz in allen Fällen selbstverständlich von der jeweiligen Kostenbasis abhängig. Bei den oben genannten verallgemeinerten Kostenaufschlägen wird dies regelmäßig nicht explizit berücksichtigt.

241 *Einstweilen frei*

3. Geschäftsvorfallbezogenen Gewinnmethoden

a) Transaktionsbezogene Nettomargenmethode (TNMM)

242 Die **geschäftsvorfallbezogene Nettomargenmethode (transactional net margin method – TNMM)** hat große Ähnlichkeit mit der Wiederverkaufspreismethode und der Kostenaufschlagsmethode.[5] Allerdings werden hier nicht Bruttogrößen (Handelsspanne bei der Wiederverkaufspreismethode bzw. Brutto-Gewinnaufschlag bei der Kostenaufschlagsmethode), sondern **Nettogrößen** herangezogen.[6] Die zu der Wiederverkaufspreismethode und der Kostenaufschlagsmethode entwickelten Grundsätze und die Vorgehensweisen können daher auch analog bei der TNMM angewandt werden.[7] Die geschäftsvorfallbezogene Nettomargenmethode vergleicht Nettogewinnspannen im Verhältnis zu einer geeigneten Bezugsbasis wie Umsatz, Kosten, Vermögen oder Kapital (Nettomargen), die ein Steuerpflichtiger mit nahestehenden Personen er-

---

1 Vgl. EU Joint Transfer Pricing Forum: JTPF Report: Guidelines on Low Value Adding Intra-Group Services, February 2010, Tz. 63, abrufbar unter: https://go.nwb.de/zpe74.

2 Vgl. OECD, Aligning Transfer Pricing Outcomes with Value Creation: Final Reports ACTIONS 8-10: 2015.

3 Vgl. Verwaltungsgrundsätze Verrechnungspreise 2024, Tz 3.74.

4 Siehe zu Übersichten von empirisch ermittelten Kostenaufschlägen: Schwarz/Stein/Holinksi/Hoffmann, DB 2016 S. 2857; für Produktion auch Schwarz/Stein, DB 2022 S. 1017; Schwarz/Stein, Quantitative Verrechnungspreise 2018, S. 153 ff., 209 ff.

5 Vgl. OECD-LL, Tz. 2.64.

6 Siehe OECD-LL, Tz 2.64.

7 Vgl. Kaminski, Verrechnungspreisbestimmung bei fehlendem Fremdvergleichspreis, 2002, S. 136.

zielt hat, mit Geschäften zwischen unabhängigen Dritten. Das Ergebnis dieser Nettobetrachtung ist eine Renditekennziffer als Vergleichsgröße für einzelne Arten von Transaktionen oder eine Gruppe von gleichartigen Transaktionen.[1] Da die für die Wiederverkaufspreis- und Kostenaufschlagsmethode notwendigen fremdüblichen Bruttogrößen häufig nicht ermittelt werden können, ist die TNMM in der Praxis häufig die Methode der Wahl. Die hierfür notwendigen Nettomargen sind im Gegensatz zu den bei der Wiederverkaufspreis- und Kostenaufschlagsmethode verlangten Bruttogrößen deutlich besser ermittelbar.

Ein weiterer Vorteil kann darin gesehen werden, dass die Nettomargen, wie 243
etwa Umsatzrenditen, eine geringere Abhängigkeit von Funktionsunterschieden der Unternehmen haben als Bruttomargen (Preise), da sich die Unterschiede eher auf die unterschiedlichen Kosten und die Bruttomargen als auf die Nettomargen auswirken.[2] Daher ist die TNMM relativ unempfindlich gegenüber leichten Abweichungen im Funktions- und Risikoprofil der Vergleichsunternehmen.[3] Häufig sind interne Finanzdaten von vergleichbaren unabhängigen Unternehmen jedoch nicht unmittelbar zugänglich, weshalb öffentlich zugängliche Datenbanken eingesetzt werden, um die Nettorenditen von vergleichbaren Unternehmen zu ermitteln. Aufgrund der relativ guten Verfügbarkeit von veröffentlichten Bilanz- und GuV-Daten, aus denen sich Nettorenditekennziffern ermitteln lassen, ist die TNMM in der Praxis die wohl am häufigsten angewandte Methode.

Die der TNMM konzeptionell ähnliche, und in der Verrechnungspreispraxis der 244
USA häufig angewandte, Gewinnvergleichsmethode **(comparable profit method – CPM)** vergleicht auf einem höheren Aggregationsgrad nicht mehr die Nettorenditen einzelner oder aggregierter Geschäftsvorfälle, sondern die Nettorenditen von einzeln identifizierbaren Geschäftsaktivitäten oder ganzen Unternehmen.[4] Bei Unternehmen mit nur einer Gruppe von Geschäftsvorfällen und vergleichbaren Transaktionen kommen die TNMM und CPM i. d. R. zu gleichen Ergebnissen.[5]

---

1 Siehe zu der Möglichkeit für Dokumentationszwecke wirtschaftlich vergleichbare Geschäftsvorfälle zu Gruppen zusammenzufassen § 2 Abs. 3 GAufzV. Hierzu auch OECD-LL, Tz. 2.64 und 3.9–3.12.

2 Vgl. OECD-LL, Tz. 2.60.

3 Vgl. auch Macho/Steiner/Ruess, Verrechnungspreise kompakt, 4. Aufl. 2023, S. 166

4 Vgl. Eigelshoven/Nientimp, DB 2005 S. 1186; Adam/Coombs, Global Transfer Pricing: Principles and Practice, 2003, S. 24.

5 Siehe auch Eigelshoven in Vogel/Lehner, DBA, 7. Aufl. 2021, Art. 9 OECD-MA Rz. 81a; a. A. Baumhoff/Ditz/Greinert, DStR 2005 S. 1553.

245 Anwendbar ist die TNMM regelmäßig auf **Routineunternehmen**. Die deutsche Finanzverwaltung versteht hierunter Unternehmen, welche Routinefunktionen ausüben und nur in geringem Umfang Vermögenswerte einsetzen sowie nur geringe Risiken tragen.[1] Es handelt sich bei solchen Routineunternehmen etwa um Dienstleister, Agenten, Kommissionäre, Auftragsfertiger, Auftragsentwickler oder Lagerhalter, also um Unternehmen mit einfachem Funktions- und Risikoprofil ohne einzigartige immaterielle Wirtschaftsgüter. Hierfür ist die TNMM regelmäßig anwendbar und Vergleichsunternehmen sind beobachtbar.

246 Der andere Unternehmenstyp sind sog. **Entrepreneure oder Strategieträger**; diese Unternehmen üben die wesentlichen unternehmerischen Funktionen aus, setzen die wesentlichen immateriellen Werte und materiellen Wirtschaftsgüter ein und tragen auch das wesentliche Unternehmerrisiko.[2] Das Ergebnis des Entrepreneurs lässt sich mangels vergleichbarer Unternehmen nicht anhand von Fremdvergleichsdaten feststellen. Es besteht vielmehr im Residuum (Gewinn oder Verlust), dass nach der fremdüblichen Vergütung aller anderen verbunden Unternehmen beim Entrepreneur verbleibt. Für einen Geschäftsvorfall zwischen zwei Entrepreneuren wäre häufig die geschäftsvorfallbezogene Gewinnaufteilungsmethode anwendbar (siehe → Rz. 254 ff.).[3]

247 Sind die von fremden Dritten ermittelten Nettomargen nicht uneingeschränkt vergleichbar, sind diese durch sachgerechte **Anpassungsrechnungen** an die zu vergleichenden Verhältnisse anzunähern (§ 1 Abs. 3 Satz 6 AStG). Dafür werden häufig Kapitalanpassungen bei unterschiedlichen Funktionen und Risiken in der Lagerhaltung oder der Finanzierung bei unterschiedlichen Zahlungszielen durchgeführt. Auch sind Anpassungsrechnungen an verschiedene regionale Märkte möglich, etwa auch Anpassungen aufgrund hoher Inflationsraten.[4]

248 Zur Anwendung der TNMM ist die Auswahl und Ermittlung von vergleichbaren Nettomargen zwingend. Nach einer eingehenden Funktions- und Risikoanalyse des zu untersuchenden Unternehmens (tested party) wird für die Transaktion oder Gruppe von Transaktionen ein Funktions- und Risikoprofil ermittelt. Im nächsten Schritt wird eine (Netto-)Renditekennziffer (profit level indicator – PLI) festgelegt, die das größte Maß an Vergleichbarkeit der Transaktion ver-

---

1 Vgl. Verwaltungsgrundsätze Verrechnungspreise 2024, Anlage 2, Glossar. Die OECD-LL bezweifeln die Anwendbarkeit der TNMM, sofern der Beteiligte einzigartige wertvolle Beiträge leistet; OECD-LL, Tz. 2.65.

2 Vgl. Verwaltungsgrundsätze Verrechnungspreise 2024, Anlage 2, Glossar.

3 Vgl. OECD-LL, Tz. 2.4, 2.65.

4 Vgl. Schwarz/Stein, IStR 2025 S. 507 ff.

spricht. Als (Netto-)Renditekennziffern werden meistens solche benutzt, die das Betriebsergebnis der Transaktion oder Gruppe von Transaktionen entweder ins Verhältnis zu

- dem Umsatz,
- den Kosten, oder
- dem Kapital

setzen. Die ermittelte (Netto-)Renditekennziffer wird mit den (Netto-)Renditekennziffern der Vergleichsunternehmen verglichen.

Häufig finden hier die Umsatzrendite (return on sales),[1] die Verzinsung der 249
eingesetzten Wirtschaftsgüter (return on assets),[2] die Verzinsung des eingesetzten Kapitals (return on capital employed)[3] sowie ein Nettokostenaufschlag (net cost plus)[4] Verwendung.[5] Die Wahl der geeigneten Kennziffer, die es erlaubt die Transaktion zwischen fremden Dritten mit der zwischen den nahestehenden Personen zu vergleichen, kann nur im Einzelfall getroffen werden. Für eine Routine-Vertriebsfunktion wird man dabei i. d. R. eine Umsatzrendite ermitteln, wohingegen für einen kapitalintensiv produzierenden Auftragsfertiger eher eine Rendite auf das eingesetzte Kapital gewählt werden würde.[6] Zur Bestimmung von Kennzahlen für Dienstleistungen oder Vertriebsgesellschaften ist auch die sog. **Berry Ratio**[7] gebräuchlich. Die Berry Ratio ist definiert als das Verhältnis von Rohergebnis (gross profit) zu den betrieblichen Aufwendungen (operating expenses, ohne Wareneinsatz)[8] und zeigt demnach den Gewinnaufschlag auf die betrieblichen Aufwendungen.

Im nächsten Schritt gilt es, vergleichbare Unternehmen mit einem vergleich- 250
baren Funktions- und Risikoprofil zu identifizieren. In der Regel geschieht dies anhand von Unternehmensdatenbanken mithilfe von Suchstrategien, die auf dem ermittelten Funktions- und Risikoprofil des zu untersuchenden Unterneh-

1 Betriebsergebnis: Umsatzerlöse.

2 Betriebsergebnis: Summe der Aktiva.

3 Betriebsergebnis: (Eigenkapital + verzinsliche Schulden).

4 Betriebsergebnis: Nettokosten.

5 Siehe zu einem Überblick etwa Kuckhoff/Schreiber, Verrechnungspreise in der Betriebsprüfung, 1997, S. 66; Schwarz/Stein, Quantitative Verrechnungspreise, 2018, S. 87.

6 Vgl. auch Rasch/Rettiger, BB 2007 S. 356.

7 Die Berry Ratio wurde zur Bestimmung von fremdüblichen Verrechnungspreisen eingeführt von Charles H. Berry, vgl. hierzu Berry, Journal of Global Transfer Pricing 1999 S. 18 f. Die Anwendung der Berry Ratio wird, wie in der Literatur diskutiert, auf die Anwendung von reinen Vertriebsunternehmen ohne relevante immaterielle Wirtschaftsgüter beschränkt, vgl. hierzu Hejazi, Transfer Pricing International Journal, BNA, 7/2012.

8 Vgl. OECD-LL, Tz. 2.106.

mens basieren. Die Finanzdaten der identifizierten Vergleichsunternehmen werden analysiert und deren Renditekennziffern ermittelt. In der Regel ergibt sich hieraus eine Bandbreite von vergleichbaren Renditen unabhängiger Unternehmen für die vergleichbare Transaktion oder Gruppe von Transaktionen. Liegt die Rendite des Unternehmens für die Transaktion oder Gruppe von Transaktionen innerhalb dieser (ggf. einzuengenden) Bandbreite, können auch die Verrechnungspreise als fremdvergleichskonform angesehen werden.

251 Da das tatsächlich erzielte Betriebsergebnis regelmäßig erst am Ende des Geschäftsjahres feststeht, kann auch erst dann festgestellt werden, ob die nahestehende Person die als fremdüblich erkannte Marge erzielt hat. Hier werden in der Praxis häufig vorläufige Verrechnungspreise angesetzt. Mithilfe von Anpassungen innerhalb eines Jahres oder durch **Jahresendanpassungen** werden die Finanzergebnisse des Unternehmens oder des Unternehmensbereichs auf eine Marge innerhalb der Bandbreite fremdüblicher Margen angepasst.[1] So können nahestehende Personen beispielsweise bei der Erbringung von Dienstleistungen auf Plankosten vereinbaren, dass am Jahresende im Rahmen der Kostenaufschlagsmethode auf Basis von Ist-Kosten abgerechnet wird,[2] oder die Nettoergebnisse einer Vertriebsgesellschaft am Jahresende in die Bandbreite von fremdüblichen Umsatzrenditen angepasst werden.[3] Dies ermöglicht den Unternehmen auch andere betriebswirtschaftliche Zwecke, beispielsweise zur effizienten Kapazitätssteuerung oder Performance Messung und Vergütung der Mitarbeiter, zu verfolgen und erst durch eine Korrektur auf den steuerlich angemessenen Wert im Rahmen nachträglicher Anpassungen den steuerlichen Anforderungen der Fremdüblichkeit Genüge zu tun. Von der deutschen Finanzverwaltung werden solche nachträglichen Preisanpassungen eher kritisch gesehen. Nachträgliche Preisanpassungen werden nur akzeptiert, wenn im Vorhinein alle Preisbestimmungsfaktoren vereinbart wurden und die nachträgliche Preisberechnung auf eine bei Vertragsabschluss vorliegende Ungewissheit über die Preiskomponenten zurückzuführen ist, jedoch nicht auf das bei einem Beteiligten entstehende Ergebnis.[4] Da allerdings nach einer erfolgten Preisanpassung der Gewinn des Unternehmens fremdüblich ist, ist

1 Vgl. Shapiro/Coronado/Nientimp, Journal of Accountancy 4/2008 S. 66 ff.

2 So Verwaltungsgrundsätze Verrechnungspreise 2024, Tz. 3.79.

3 Vgl. Eigelshoven/Nientimp, DB 2005 S. 1188.

4 Vgl. Siehe ausführlich zu nachträglichen Preisanpassungen: Schreiber in Kroppen/Rasch, Handbuch Internationale Verrechnungspreise (43. Erg.-Lfg. 2024), Tz. 3.4.12.8, Anm. 237 ff.

nicht ersichtlich, inwiefern Deutschland unter Art. 9 OECD-MA zu einer Gewinnkorrektur berechtigt sein sollte.[1]

Am 19.2.2024 veröffentlichte das Inclusive Framework on BEPS der OECD/G20 den Abschlussbericht über den Amount B des Pillar One, der einen vereinfachten und gestrafften Ansatz („simplified and streamlined approach") für die Anwendung des Fremdvergleichsgrundsatzes auf grundlegende Marketing- und Vertriebstätigkeiten („baseline marketing and distribution activities") bei multinationalen Unternehmensgruppen vorsieht.[2] Dabei handelt es sich um einen Teil der angestrebten Zwei-Säulen-Lösung für die steuerlichen Herausforderungen der Digitalisierung der Wirtschaft, zu der auch die globale Mindestbesteuerung (Pillar Two, in Deutschland durch das MinStG eingeführt) gehört.[3] Der vereinfachte und gestraffte Ansatz wird als Anhang zu Kapitel IV in die OECD Verrechnungspreisleitlinien aufgenommen und soll von den Staaten für Wirtschaftsjahre, die am oder nach dem 1.1.2025 beginnen, angewandt werden können. Im Rahmen des vereinfachten und gestrafften Ansatzes kann für die Bestimmung von fremdüblichen operativen Margen für grundlegende Marketing- und Vertriebstätigkeiten auf die transaktionsbezogene Nettomargenmethode (TNMM) und eine „Pricing Matrix" zurückgegriffen werden. Die dort enthaltenen Margen wurden von der OECD auf Basis einer globalen Benchmarking-Studie ermittelt und sollen jährlich aktualisiert werden. Als grundlegende Marketing- und Vertriebstätigkeiten werden solche Transaktionen definiert, bei denen ein Händler Waren von einem oder mehreren verbundenen Unternehmen für den Großhandelsvertrieb an nicht verbundene Parteien bezieht sowie Transaktionen, bei denen ein Handelsvertreter oder Kommissionär am Großhandelsvertrieb von Waren eines oder mehrerer verbundener Unternehmen an unabhängige Parteien beteiligt ist. Die Transaktion muss dabei verlässlich durch die TNMM bepreist werden können. In Ausnahmefällen kann auch ein interner Preisvergleich herangezogen werden.[4] Das BMF hat diesen Ansatz für als „Nichtbeanstandungsregel" wenn es sich um Geschäftsbeziehungen zu betroffenen Steuerhoheitsgebieten (covered jurisdictions) mit denen Deutschland ein DBA hat und das kein nicht kooperatives Steuerhoheits- 252

1 Auch die Einkünfte des Steuerpflichtigen wären nicht gemindert, so dass der Tatbestand von § 1 Abs. 1 AStG nicht erfüllt ist.

2 Vgl. https://go.nwb.de/i9nxp; Bericht in englischer Sprache abrufbar unter: https://go.nwb.de/qw3u1.

3 Vgl. van der Ham, IStR 2023 S. 785.

4 Siehe zu Amount B etwa Nientimp/Heitfeldt, IStR-LB 2024 S. 54 f.; van der Ham, IStR 2023 S. 785; Bußmann/Majewski/Buschmann, BB 2023 S. 2007.

gebiet im Sinne des Steueroasen-Abwehrgesetzes ist.[1] Im Ergebnis bleiben rund 50 Steuerhoheitsgebiete aus der ursprünglichen Liste von 130 Steuerhoheitsgebieten[2] für eine tatsächliche Anwendung übrig.

253 *Einstweilen frei*

b) Gewinnaufteilungsmethode (Profit Split)

254 Die **Gewinnaufteilungsmethode (profit split method)** geht von dem Gewinn (oder auch dem Verlust – dann eigentlich loss split) aus, der bei einer Transaktionsart oder Gruppe von Transaktionen zwischen nahestehenden Personen entstanden ist. Dieser Nettoerfolg aus einer Transaktion oder Gruppe von Transaktionen wird dann auf die an dieser Transaktion beteiligten Unternehmen so aufgeteilt, wie auch fremde Dritte auf dem Markt den Gewinn verteilt hätten.[3] Hierfür ist ein Aufteilungsschlüssel notwendig, durch den das einzelne Unternehmen den Marktwert für die ausgeübten Funktionen und übernommenen Risiken zugewiesen bekommt. Das heißt, auch bei dieser Methode ist eine Funktions- und Risikoanalyse der Unternehmen unerlässlich.[4]

255 Anwendbar ist der Profit Split in Fällen bei denen die Standardmethoden und die TNMM nicht greifen, insbesondere bei Transaktionen zwischen mehreren Entrepreneuren.[5] Die OECD-LL sehen die Existenz einzigartiger und wertvoller Beiträge aller am konzerninternen Geschäftsvorfall beteiligten Unternehmen, sowie eine hohe Integration und/oder die gemeinsame Übernahme wirtschaftlich signifikanter Risiken als Hinweise dafür, dass der Profit Split anwendbar ist.[6] Eine Anwendung ist in der Praxis häufig bei stark integrierten Transaktionen angebracht, bei denen der individuelle Leistungsbeitrag nicht mehr genau bestimmbar ist. Daneben sind auch einige verbundene Transaktionen häufig nur durch einen Profit Split abzubilden, beispielsweise wenn mehrere Beteiligte mit wesentlichen immateriellen Vermögenswerten an der Wertschöpfungskette beteiligt sind.

256 Bestimmte Finanzprodukte werden von weltweit agierenden Banken häufig in einem globalen Buch abgewickelt. In diesen Fällen des **Global Trading** werden bestimmte Wertpapiere von verschiedenen Konzerneinheiten rund um die Uhr

1 Vgl. Verwaltungsgrundsätze Verrechnungspreise 2024, Tz. 3.63a.
2 Vgl. Verwaltungsgrundsätze Verrechnungspreise 2024, Anlage 5 (Stand: Juni 2024).
3 So OECD-LL, Tz. 2.114.
4 Siehe auch Vögele/ Braukmann/Zehner in Vögele/Borstell/Engler/Bernhardt, Handbuch der Verrechnungspreise, 6. Aufl. 2024, Kap. 3, Tz. 495.
5 Vgl. OECD-LL, Tz. 2.4, 2.126.
6 Vgl. OECD-LL, Tz. 2.126.

und rund um den Globus gekauft, gehalten oder verkauft.[1] Hierbei ist es nicht mehr möglich, den einzelnen Wertbeitrag der Konzerneinheit zu dem Gewinn des globalen Buches festzustellen. Hier wird häufig ein Profit Split mit einem Verteilungsschlüssel auf Basis der jeweiligen Trades oder Händler der beteiligten Konzerneinheiten gewählt.

Die OECD-LL beschreiben zwei Profit-Split-Methoden: 257

- die Beitragsanalyse (contribution analysis) in Tz. 2.150 f. und
- die Restgewinnanalyse (residual analysis) in Tz. 2.152 f.

Neben diesen beiden Profit-Split-Methoden lässt die OECD grundsätzlich auch 258 andere fremdübliche Gewinnaufteilungen zu und steht damit auch im Einklang mit § 1 Abs. 3 Satz 5 AStG. Entscheidende Vorfrage für die Anwendung eines Profit Splits ist, wie der aufzuteilende Gewinn oder Verlust ermittelt wird. Insbesondere ist etwa zu klären, nach welchen Gewinnermittlungsvorschriften der Gesamtgewinn der nahestehenden Personen zu ermitteln ist.[2]

Im Rahmen der **Beitragsanalyse** wird der gemeinsam erzielte Gesamtgewinn 259 aus dem Geschäft anhand des Marktwertes der jeweiligen Funktionen auf die beteiligten Gesellschaften aufgeteilt.[3] Wenn möglich, soll diese Aufteilung durch externe Marktdaten unterstützt werden, aus denen hervorgeht, wie fremde Dritte eine Aufteilung vorgenommen hätten. Für die verbundenen Unternehmen ist jeweils eine Funktionsanalyse notwendig.

Bei der **Restgewinnanalyse** wird der gemeinsam erzielte Gesamtgewinn in 260 zwei Schritten aufgeteilt.[4] Im ersten Schritt erhalten die Parteien eine angemessene Nettomarge als Mindestrendite für die übernommenen Routinefunktionen. Im zweiten Schritt wird der verbleibende Restgewinn (oder -verlust) so aufgeteilt, wie unabhängige Unternehmen ihn aufgeteilt hätten.[5] Hierbei kommt es insbesondere auf das relative Verhältnis der Werte der eingesetzten immateriellen Wirtschaftsgüter an.[6]

Sowohl der Profit Split nach der Beitragsanalyse als auch der nach der Restge- 261 winnanalyse verwenden häufig nur ein sehr geringes Maß an Fremdvergleichs-

1 Siehe zum Profit Split beim Global Trading Nientimp/Roeder, International Transfer Pricing Journal 2005 S. 306 ff.

2 Vgl. auch Kaminski, Verrechnungspreisbestimmung bei fehlendem Fremdvergleichspreis, 2002, S. 161 f.

3 Vgl. OECD-LL, Tz. 2.119.

4 Vgl. OECD-LL, Tz. 2.154 ff.

5 Siehe zu einer graphischen Übersicht Kuckhoff/Schreiber, Verrechnungspreise in der Betriebsprüfung, 1997, S. 61.

6 Siehe auch Eigelshoven/Nientimp, DB 2005 S. 1186.

werte. Laut OECD sollen die Gewinne auf einer *„wirtschaftlich sinnvollen Grundlage aufgeteilt werden, die dem relativen Beitrag der am Geschäftsvorfall beteiligten Unternehmen Rechnung trägt und daher der Gewinnaufteilung nahekommt, zu der fremde Dritte gelangt wären"*.[1] Zwar sollen für die Aufteilung des Gesamtgewinns nach Möglichkeit Fremddaten herangezogen werden, etwa aus Vereinbarungen innerhalb von Joint Ventures,[2] allerdings werden solche Vereinbarungen von unabhängigen Dritten in der Praxis eher selten verfügbar sein.

262 Der Vorteil des Profit Split liegt in der möglichen Gewinnabgrenzung zwischen den verbundenen Unternehmen trotz weitgehend fehlender Vergleichsmaßstäbe des Marktes. Problematisch ist hierbei der Aufteilungsmaßstab. Nur wenn dieser von allen beteiligten Finanzbehörden einheitlich angewendet wird, kann eine Doppelbesteuerung vermieden werden.

263–264 *Einstweilen frei*

4. Anpassungen zur Erhöhung der Vergleichbarkeit

265 Unterschiede der in den Satz 1–4 festgestellten Verhältnisse zwischen den zum Vergleich herangezogenen Geschäftsvorfällen zwischen unabhängigen Dritten und den nahestehenden Personen sind durch sachgerechte Anpassungen zu beseitigen. Der letzte Halbsatz von § 1 Abs. 3 Satz 6 AStG – *„dies gilt nur, wenn dadurch die Vergleichbarkeit erhöht wird"* – offenbart die Zielsetzung dieser Anpassungen. In den OECD-LL wird die Anpassung von Vergleichswerten, um die Auswirkungen von Unterschieden zu beseitigen, unter **Vergleichbarkeitsanpassungen** diskutiert.[3]

266 Da die in der Realität beobachtbaren Fremdvergleichswerte teilweise unter anderen Bedingungen zustande kommen als die zu überprüfenden Verrechnungspreise, verlangt der Gesetzgeber die Vornahme sachgerechter Anpassungen zur **Erhöhung des Vergleichbarkeitsniveaus. Sachgerecht** ist dabei im Sinne von „der Sache dienend" oder „sachlich begründbar" auszulegen und schließt rein willkürliche Anpassungen aus. Bei abweichenden Bedingungen der nahestehenden Personen von denen unabhängiger Dritter ist eine Anpassung sachgerecht, wenn ökonomisch begründbar ist, weshalb die Anpassungen der beobachtbaren Fremdvergleichswerte die Marktpreisimitation der angewandten Verrechnungspreismethode wahrscheinlicher scheinen lässt.

1 OECD-LL, Tz. 2.166.
2 Vgl. OECD-LL, Tz. 2.267.
3 Vgl. OECD-LL, Tz. 3.47 ff.

Die tatsächlich beobachtbaren Fremdvergleichswerte müssen also nicht unmittelbar vollständig vergleichbar sein. Eine **mittelbare Vergleichbarkeit** nach der Vornahme sachgerechter Anpassungen reicht zur Anwendung von Verrechnungspreismethoden aus. Die Anpassungen transformieren also die im ersten Schritt nicht vollständig vergleichbaren Fremdvergleichswerte zu besser vergleichbaren Fremdvergleichswerten. Diese Vergleichbarkeit von Fremdvergleichswerten kann allerdings nicht unabhängig von der Verrechnungspreismethode ermittelt werden. Nicht jede Verrechnungspreismethode setzt für ihre Anwendung die gleiche Art und Qualität von Fremdvergleichswerten voraus.[1] Die Anwendungsvoraussetzungen der angewandten Verrechnungspreismethode bestimmen das Vergleichbarkeitsniveau der beobachtbaren Fremdvergleichswerte und auch notwendige Anpassungen. 267

Vergleichbarkeitsanpassungen sind jedoch nicht grundsätzlich vom Gesetzgeber verlangt.[2] Notwendig sind sie nur, wenn es hierdurch zu einer Erhöhung der Vergleichbarkeit kommt. Aus OECD-Sicht sind Anpassungen nur für Unterschiede angemessen, die erhebliche Auswirkungen auf den Vergleich haben.[3] 268

Einstweilen frei 269–270

5. Hypothetischer Fremdvergleich

a) Grundkonzeption des hypothetischen Fremdvergleichs

§ 1 Abs. 3 Satz 7 AStG bestimmt eine Regelung zur Bestimmung von Fremdvergleichspreisen, falls keine Vergleichswerte festgestellt werden können. Für diesen Fall der **Abwesenheit von Vergleichswerten** ist ein hypothetischer Fremdvergleich durchzuführen. Es besteht grundsätzlich Einigkeit in der steuerrechtlichen Literatur, dass der sog. tatsächliche Fremdvergleich, basierend auf empirischen Daten aus tatsächlichen Transaktionen, dem hypothetischen Fremdvergleich vorgeht, der auf der Ermittlung eines Fremdpreises durch Nachdenken ohne direkt beobachtbare Vergleichswerte beruht.[4] So ergibt sich aus § 1 Abs. 3 AStG Satz 1–6, dass die steuerliche Verrechnungspreisbildung 271

1 Vgl. Roeder, Die Unternehmensbesteuerung, 2008, S. 203.

2 Vgl. Schwarz/Stein in Greil/Hummel, AStG, 1. Aufl. 2025, § 1 AStG Rz. 565. Siehe auch OECD-LL, Tz. 3.47, 3.50.

3 Vgl. OECD-LL, Tz. 3.51, siehe auch 3.52.

4 Vgl. etwa Eigelshoven in Vogel/Lehner, DBA, 7. Aufl. 2021, Art. 9 OECD-MA Tz. 60a, Frischmuth, IStR 2007 S. 487 f.; Bödefeld/Kuntschik in Blumberg/Benz Unternehmensteuerreform, 2008, S. 247; Nientimp, Steuerliche Gewinnabgrenzung in internationalen Konzernen, 2003, S. 118 f.; Rasch, Konzernverrechnungspreise im nationalen, bilateralen und europäischen Steuerrecht, 2001, S. 112 f.; Roeder, Die Unternehmensbesteuerung, 2008, S. 202 f.; Wulf, DB 2007 S. 2281.

auf Basis vergleichbarer Fremdvergleichswerte erfolgen soll und nur, wenn – auch mithilfe von Anpassungsrechnungen[1] – solche nicht ermittelt werden können (§ 1 Abs. 3 Satz 7 AStG *„Können keine Vergleichswerte festgestellt werden [...]“*), quasi als ultima ratio, ein hypothetischer Fremdvergleich durchgeführt werden muss.

272 Gesetzlich eingeführt wurde der **hypothetische Fremdvergleich in § 1 Abs. 3 Satz 5 AStG a. F.** durch das Unternehmensteuerreformgesetz 2008 hauptsächlich zur Ermittlung von Fremdvergleichswerten für Funktionsverlagerungen, fand aber für alle Arten von Transaktionen zwischen nahestehenden Personen Anwendung, wenn keine zumindest eingeschränkt vergleichbaren Fremdvergleichswerte festgestellt werden konnte.[2] Der hypothetische Fremdvergleich versucht zu simulieren, was fremde Dritte unter vergleichbaren Verhältnissen nach betriebswirtschaftlichen Grundsätzen vereinbart hätten.[3] Plakativ ist der Verrechnungspreis nicht auf Basis empirischer Vergleiche, sondern durch „ökonomisches Nachdenken“ zu ermitteln.[4] Auch nach der Neufassung wird der Hauptanwendungsfall bei **Funktionsverlagerungen**, der Übertragung oder Überlassung **immaterieller Werte** und als **Auffangmethode** zu sehen sein, falls keine Vergleichswerte festgestellt werden können, die eine andere Verrechnungspreismethode anwendbar machen.[5]

273 Der hypothetische Fremdvergleich hat unter Beachtung von § 1 Abs. 1 Satz 3 AStG zu erfolgen, also unter der Fiktion symmetrischer Information und der Annahme, dass die voneinander unabhängigen Dritten nach Grundsätzen ordentlicher und gewissenhafter Geschäftsleiter handeln. Da diese Fiktionen formal für den Fremdvergleichsmaßstab des § 1 AStG allgemein gelten, ist dieser Teil von § 1 Abs. 3 Satz 7 AStG ein Hinweis, dass diese Regelung von § 1 Abs. 1 Satz 3 AStG hauptsächlich für den hypothetischen Fremdvergleich gilt.

274 Für den hypothetischen Fremdvergleich ist für die Bestimmung des Fremdvergleichspreises sowohl die Sicht des **Leistenden** und die des jeweiligen **Leistungsempfängers** zu berücksichtigen. Der Gesetzgeber versucht hier den Preisbildungsprozess auf Märkten mit einer zweiseitigen Betrachtung von Anbieter und Nachfrager zu imitieren (siehe → Rz. 215 f.). Die Ergänzung von „jeweili-

1 So auch Saliger in BeckOK AStG, § 1 AStG Rz. 411.

2 Vgl. etwa Baumhoff/Ditz/Greinert, DStR 2007 S. 1462; Greinert, DB 2009 S. 755; Kroppen/Nientimp, IWB 17/2008 S. 845 f.; Kroppen/Rasch/Eigelshoven, IWB 6/2007 S. 301, 308 f. EAAAC-40634; Kroppen/Rasch, IWB 11/2008 S. 547 FAAAC-81093; Roeder, Die Unternehmensbesteuerung, 2008, S. 203.

3 Vgl. BT-Drucks. 16/4841 S. 85.

4 Siehe BR-Drucks. 245/21 S. 21.

5 So Verwaltungsgrundsätze Verrechnungspreise 2024, Tz. 3.12.

gen Leistungsempfängern" soll klarstellen, dass es auch mehrere Leistungsempfänger geben kann.[1] Entgegen der Realität auf fast allen tatsächlichen Märkten wird hierbei durch § 1 Abs. 1 Satz 3 AStG der hypothetische Verhandlungsprozess bei **symmetrischen Informationen** der Verhandlungspartner simuliert (siehe zur Kritik → Rz. 95 ff.).[2] Aber auch bei dieser unrealistischen Unterstellung können nur die Informationen berücksichtigt werden, die in der tatsächlichen Entscheidungssituation vorhanden sind. Weiterhin ist die Simulation des Verhandlungsprozesses unter der weiteren Fiktion durchzuführen, dass beide Verhandlungspartner nach den Grundsätzen ordentlicher und gewissenhafter Geschäftsleiter handeln (**Grundsatz des doppelten ordentlichen Geschäftsleiters**, vgl. → Rz. 100). Obwohl der Gesetzeswortlaut nahezulegen scheint, dass der hypothetische Fremdvergleich bei vollständiger Abwesenheit von jeglichen Fremdvergleichswerten anzuwenden ist, kommt auch dieser nicht ohne empirische Marktdaten von Transaktionen zwischen fremden Dritten aus. Damit der hypothetische Fremdvergleich nicht vollständig beliebig ist, werden auch hierfür Fremddaten und Methoden zur Simulation oder Imitation des Preisbildungsprozesses auf Märkten benötigt.[3]

Der Gesetzgeber gibt hierfür nur **ökonomisch anerkannte Bewertungsmethoden** vor, ohne auf konkrete Methoden abzustellen oder welche auszuschließen.[4] Grundsätzlich kommen hier, laut Gesetzesbegründung, wohl **Ertragswertmethoden** und **Discounted-Cashflow-Methoden** zur Anwendung, die auf innerbetrieblichen Planrechnungen beruhen.[5] Die Verwaltungsgrundsätze Verrechnungspreise 2024 spezifizieren die Verwaltungsauffassung noch etwas weiter, in dem sie auf den abgezinsten Wert prognostizierter zukünftiger Einnahmeströme oder Cashflows abstellen und hierfür *„realistische und verlässliche Werte in Bezug auf finanzielle Prognosen, Wachstumsraten, Abzinsungssätze, Lebens- oder Nutzungsdauern und steuerliche Effekte"* verlangen.[6] Daneben sind aber auch weitere Bewertungsmethoden, wie etwa die auch von fremden Dritten benutzte Multiplikatormethode, zulässig.[7] 275

1 Siehe BR-Drucks. 245/21 S. 22.

2 So auch Klapdor, StuW 2008 S. 87.

3 Vgl. Nientimp, Steuerliche Gewinnabgrenzung in internationalen Konzernen, 2003, S. 118 f.

4 Siehe BR-Drucks. 245/21 S. 21.

5 Siehe BR-Drucks. 245/21 S. 21.

6 Verwaltungsgrundsätze Verrechnungspreise 2024, Tz. 3.13.

7 Vgl. Nientimp/Schwarz/Stein, DB 2016 S. 1718 ff.; Nientimp/Schwarz/Stein, BNA Transfer Pricing Report 2016, S. 714 ff.; Schwarz/Stein in Greil/Hummel, AStG, 1. Aufl. 2025, § 1 AStG Rz. 576.

276 Die beiden Grenzpreise der Beteiligten an dem Geschäftsvorfall, als **Mindestpreis** des Leistenden und **Höchstpreis** des Leistungsempfängers, bilden dabei den hypothetischen Einigungsbereich der Fremdvergleichswerte i. S. des § 1 Abs. 3a AStG (siehe → Rz. 298).

277 Ausgangspunkt für den hypothetischen Fremdvergleich ist die Situation, in der die Standardmethoden und die gewinnorientierten Methoden aufgrund unzureichender Daten fremder Dritter nicht zu vergleichbaren Ergebnissen führen. Es ist grundsätzlich zu begrüßen, eine Lösung für solche Fälle zu suchen. Allerdings sind dabei dem vom Gesetzgeber kodifizierten hypothetischen Fremdvergleich Schwächen immanent, die es fraglich erscheinen lassen, ob die so gewonnenen Ergebnisse tatsächlich ökonomische realistische Marktpreise simulieren können. Die konkrete Bestimmung von Einigungsbereich und anzusetzendem Wert dürfte im Einzelfall immer von einer Vielzahl von subjektiven Annahmen und Einschätzungen ausgehen. Anders als der empirische Fremdvergleich, bei dem auf tatsächliche beobachtete Fremddaten zurückgegriffen wird, basiert der hypothetische Fremdvergleich auf mehr oder weniger subjektiven Einschätzungen von zukunftsorientierten Gewinnpotenzialen.

278–283 *Einstweilen frei*

F. Erläuterungen zu § 1 Abs. 3a AStG (Nientimp)

I. Bandbreiten von Fremdvergleichswerten und Einengung von Bandbreiten (§ 1 Abs. 3a Satz 1–3 AStG)

284 § 1 Abs. 3a Satz 1 AStG geht davon aus, dass die Anwendung des Fremdvergleichsgrundsatzes regelmäßig zu mehreren unterschiedlichen Fremdvergleichswerten führt, welche eine **Bandbreite** bilden.[1] Grundsätzlich ist zwar auch nur ein Fremdvergleichswert ausreichend, um einen Vergleich mit dem Verrechnungspreis zu ermöglichen,[2] was der Gesetzgeber durch die Einschränkung „regelmäßig" deutlich macht. Häufig sind die zu beobachtenden Fremdvergleichswerte nur unter unvollständigen Informationen ermittelbar.[3] Da die Bestimmung von Fremdvergleichswerten „keine exakte Wissenschaft ist"[4] und mathematisch eindeutige Werte regelmäßig nicht ermittelbar sind, führen die vergleichbaren Fremdvergleichswerte somit zu einer fremdüblichen Bandbreite.[5] Grundsätzlich entsprechen dabei alle Werte innerhalb dieser fremdüblichen Bandbreite dem Fremdvergleichsgrundsatz die „alle mehr oder minder gleich zuverlässig sind".[6] Im Sinne der OECD-LL kann sich eine Bandbreite aus Werten auch aus der Kombination mehrerer Verrechnungspreismethoden ergeben.[7]

285 Häufig wird es zweckmäßig und notwendig sein, eine Verrechnungspreisanalyse über mehrere Jahre auszudehnen. Solche **Mehrjahresanalysen** können eine Erhöhung der Vergleichbarkeit bei der Verrechnungspreisbestimmung gewährleisten. Dies kann etwa sinnvoll sein, um Produkt- oder Konjunkturzyklen abzubilden, aber auch, um bestimmten Geschäftsstrategien oder Risiken gerecht zu werden. In einigen Staaten ist ein Betrachtungszeitraum für die Verrechnungspreisanalyse von drei bis fünf Jahren üblich.[8] Solche Mehrjahresanalysen zur Verbesserung der Vergleichbarkeit werden ohne Zeitangaben auch

---

1 So zur vGA bereits BFH, Urteil v. 17.10.2001 - I R 103/00, BStBl 2004 II S. 171; BFH, Urteil v. 6.4.2005 - IR 22/04, BStBl 2007 II S. 658.

2 Vgl. Roeder, Die Unternehmensbesteuerung, 2008, S. 204; siehe auch OECD-LL, Tz. 3.55.

3 Vgl. OECD-LL, Tz. 1.13, 3.55; siehe auch Schwarz/Stein in Greil/Hummel, AStG, 1. Aufl. 2025, § 1 AStG Rz. 598.

4 OECD-LL, Tz. 1.13, 3.55, 4.8.

5 So auch Pohl in Brandis/Heuermann, Ertragsteuerrecht, 175. EL, § 1 AStG Rz. 123; Schwarz/Stein in Greil/Hummel, AStG, 1. Aufl. 2025, § 1 AStG Rz. 594, siehe grundlegend einer Bandbreite von Fremdvergleichswerten BFH, Urteil v. 17.10.2001 - I R 03/00, BStBl 2004 II S. 171.

6 Verwaltungsgrundsätze Verrechnungspreise 2024, Tz. 3.29.

7 Vgl. OECD-LL, Tz. 3.58 f.

8 Vgl. mit den Beispielen USA und Australien: Eigelshoven/Nientimp, DB 2005 S. 1188.

von der OECD grundsätzlich anerkannt.[1] Im Ergebnis würde die Bandbreite von Fremdvergleichswerten dann aus Daten mehrerer Perioden bestehen, die auch mit den Verrechnungspreisen aus mehreren Perioden verglichen werden. In der Praxis werden dabei häufig Durchschnittswerte aus den betrachteten Perioden verwendet.

286 Sind die beobachteten Fremdvergleichswerte nach Vergleichbarkeitsanpassungen vollständig vergleichbar, ist die **volle Bandbreite** bei der Ermittlung von Verrechnungspreisen zu berücksichtigen.[2] Ist dieses hohe Maß an Vergleichbarkeit nicht gegeben, verlangt § 1 Abs. 3a Satz 2 AStG eine **Einengung der Bandbreite,** falls Unterschiede in der Vergleichbarkeit der Werte von fremden Dritten nach erfolgten Anpassungen i. S. des § 1 Abs. 3 Satz 6 AStG (siehe → Rz. 265 ff.) verbleiben. Ist aus einzelnen beobachteten Werten von fremden Dritten bereits ein deutlich geringeres Vergleichbarkeitsniveau zu ersehen, sollten diese Werte aus der Bandbreite ausgeschlossen werden.[3] Ziel ist es die für den Vergleich schlechter geeigneten Fremdvergleichswerte für die steuerliche Beurteilung zu eliminieren.

287 Bei verbleibenden Unterschieden in der Vergleichbarkeit verlangt § 1 Abs. 3a Satz 3 AStG in einem **ersten Schritt** eine Einengung der Bandbreite aus den Werten selbst, etwa auch durch Kontrollrechnungen oder Plausibilitätsüberlegungen.[4] Führt dies nicht zu verlässlichen Ergebnissen, ist, in einem **zweiten Schritt** die Bandbreite der Vergleichswerte mithilfe der **Interquartilsmethode** einzuengen. Bei der Interquartilsmethode werden die 25 % der Beobachtungswerte mit der höchsten und 25 % der Werte mit der niedrigsten Merkmalsausprägung aussortiert, so dass nur die mittleren 50 % der Beobachtungswerte verbleiben.[5] Diese mittleren 50 % der Beobachtungswerte bilden die steuerlich anwendbare Bandbreite der Fremdvergleichswerte. Im Ergebnis handelt es sich um eine pauschale Einengung auf 50 % der beobachteten Fremdvergleichswerte, die eher eine Konvention, als eine statische Gesetzmäßigkeit für

1 Vgl. OECD-LL, Tz. 3.75 ff.

2 So auch Pohl in Brandis/Heuermann, Ertragsteuerrecht, § 1 AStG Rz. 123; Schwarz/Stein in Greil/Hummel, AStG, 1. Aufl. 2025, § 1 AStG Rz. 599. Im Ergebnis entspricht dies der Vorgängerregelung in § 1 Abs. 3 AStG a. F. mit der Unterscheidung von uneingeschränkt vergleichbaren Fremdvergleichswerten und eingeschränkt vergleichbaren Fremdvergleichswerten.

3 Vgl. Verwaltungsgrundsätze Verrechnungspreise 2024, Rz. 3.29.

4 Vgl. Oestreicher, IStR 2020 S. 576; Schwarz/Stein in Greil/Hummel, AStG, 1. Aufl. 2025, § 1 AStG Rz. 604 ff.

5 Siehe hierzu Oestreicher, IStR 2020 S. 576 f.; Schwarz/Stein in Greil/Hummel, AStG, 1. Aufl. 2025, § 1 AStG Rz. 607.

die Eliminierung von Ausreißern ist.[1] Die OECD-LL sehen die Interquartilsmethode nicht als einzige Methode zur Eingrenzung von Bandbreiten, sondern erwähnen allgemein statistische Instrumente und auch sonstige Perzentile, neben den Quartilen, welche die Verlässlichkeit der Analyse steigern können.[2] Häufig wird in der Praxis allerdings eine Interquartilsbandbreite verwendet, da sie einfach anwendbar sowie von der deutschen und vielen anderen Finanzverwaltungen anerkannt ist.[3]

Einstweilen frei 288–291

II. Anpassung auf den Median (§ 1 Abs. 3a Satz 4 AStG)

Legt der Steuerpflichtige Verrechnungspreise bei seiner steuerlichen Einkünfteermittlung zugrunde, die außerhalb der ermittelten fremdüblichen Bandbreite liegen, sind diese zu korrigieren. § 1 Abs. 3a Satz 4 AStG bestimmt weiterhin, dass beim tatsächlichen Fremdvergleich auf den **Median** einer Bandbreite zu korrigieren ist, sofern die Bandbreite nach Satz 1 oder die eingeengte Bandbreite der Sätze 2 und 3 verfehlt wird. Da § 1 AStG grundsätzlich nur anwendbar ist, wenn die Einkünfte eines Steuerpflichtigen gemindert werden, erfolgt die Korrektur auf den Median auch nur dann, wenn der Steuerpflichtige die Bandbreite fremdüblicher Werte insoweit verlässt, als dies zu einer Minderung der Einkünfte führt. Der Median als statistisches Maß einer Verteilung teilt die in eine Rangordnung gebrachten Beobachtungswerte hälftig, so dass genau 50 % der Werte größer oder gleich und 50 % der Werte kleiner oder gleich dem Median sind. 292

Der Median als Punktwert einer Reihe von Beobachtungswerten suggeriert hier eine Eindeutigkeit des Fremdvergleichs, der bei einer Bandbreite von ermittelten Werten so nicht gegeben ist.[4] Für die vGA geht der BFH nicht nur davon aus, dass alle Werte innerhalb einer fremdüblichen Bandbreite fremdüblich sind, sondern dass bei der Berechnung einer vGA von dem für den Steuerpflichtigen günstigsten Wert der Bandbreite auszugehen ist,[5] was grundsätzlich auch für § 1 AStG gilt.[6] Die Ungleichbehandlung von Steuerpflichti- 293

1 Vgl. Oestreicher, IStR 2020 S. 576; so auch Schwarz/Stein in Greil/Hummel, AStG, 1. Aufl. 2025, § 1 AStG Rz. 608; Greinert, Ubg 2010 S. 105.

2 Vgl. OECD-LL, Tz. 3.57.

3 Siehe Greil/Salinger, ISR 2021 S. 333.

4 Vgl. Reckziegel/Grotte, SteuerStud 2009 S. 275. Siehe zur Kritik am Median auch Greinert in Schaumburg/Rödder, Unternehmensteuerreform, 2008, S. 551 ff.

5 BFH, Urteil v. 17.10.2001 - I R 103/00, BStBl 2004 II S. 171; BFH, Urteil v. 6.4.2005 - IR 22/04, BStBl 2007 II S. 658; BFH, Urteil v. 18.5.2021 - I R 4/17 SAAAH-93024, IStR 2021 S. 893.

6 Siehe auch Grotherr, IWB 15/2021 S. 601 JAAAH-85890.

gen, deren Verrechnungspreis knapp am für sie vorteilhaftesten Ende einer Bandbreite liegt und die somit keiner Einkünftekorrektur unterliegen, und den Steuerpflichtigen, deren Verrechnungspreise knapp außerhalb der Bandbreite liegen und deren Einkünfte daher auf den Median korrigiert werden, erscheint willkürlich. Ob eine solche „Strafanpassung" mit dem Gleichheitsgrundsatz von Art. 3 Abs. 1 GG vereinbar ist, wird bestritten.[1] Ebenso wird hierin ein Verstoß gegen das Übermaßverbot und eine Verletzung der Verhältnismäßigkeit der Besteuerung gesehen.[2]

294 Im Gegensatz zur alten Fassung des Gesetzes kann der Steuerpflichtige einen anderen Wert als den Median anführen, wenn er **glaubhaft macht**, dass **ein anderer Wert** dem Fremdvergleichsgrundsatz **besser entspricht**.[3] Dieser Wert hat innerhalb der Bandbreite nach Satz 1 oder der eingeengten Bandbreite der Sätze 2 und 3 zu liegen. Ob durch eine solche Möglichkeit der Glaubhaftmachung die potenzielle europarechtliche Problematik der Anpassung auf den Median (siehe → Rz. 37) gelöst wird,[4] ist unklar.[5] Fraglich ist, wie ein solches Glaubhaftmachen eines **besser fremdüblichen** Wertes als dem Median gelingen kann, da ja alle Werte innerhalb der Bandbreite fremdüblich und auch häufig auf realen Märkten beobachtbar sind.[6] Die Festlegung auf einen Punktwert als „den Fremdvergleichswert" widerspricht dem in § 1 Abs. 3a Satz 1 AStG bestimmten Konzept einer Bandbreite, in der alle Werte gleichermaßen dem Fremdvergleichsgrundsatz entsprechen.[7] In Satz 4 scheint der Gesetzgeber hingegen von unterschiedlichen Fremdvergleichsgüten der Werte innerhalb der Bandbreite auszugehen.[8] Ein Wert entspricht dem Fremdvergleichsgrundsatz dann besser, wenn es wahrscheinlicher erscheint, dass sich fremde Dritte auf Märkten – unter Beachtung von § 1 Abs. 1 Satz 3 AStG – hierauf geeinigt hätten.[9] Hier können allgemeine Überlegungen, wie Marktmacht

1 Vgl. Kaminski, RIW 2007 S. 597.

2 Vgl. Kroppen/Rasch/Eigelshoven, IWB 6/2007 S. 301, 326 EAAAC-40634.

3 Eingeführt durch AbzStEntModG v. 2.6.2021, kurz darauf wurden die Wörter „dem Fremdvergleichsgrundsatz" durch das ATADUmsG v. 25.6.2021 durch die Wörter „innerhalb der Bandbreite dem Fremdvergleichsgrundsatz besser" ersetzt. Kritisch hierzu Rasch, IWB 11/2021 S. 441, 449 LAAAH-80522; Greil/Salinger, ISR 2021 S. 333.

4 So Greil/Salinger, ISR 11/2021 S. 333.

5 Zweifelnd: Rasch, IWB 11/2021 S. 441, 449 LAAAH-80522; Rasch, ISR 2021 S. 336; Schwarz/Stein in Greil/Hummel, AStG, 1. Aufl. 2025, § 1 AStG Rz. 618.

6 Siehe auch Greil/Salinger, ISR 2021 S. 333.

7 So auch Rasch, IWB 11/2021 S. 441, 449.

8 So auch Grotherr, IWB 15/2021 S. 601 JAAAH-85890.

9 Im Ergebnis auch Grotherr, IWB 15/2021 S. 601 JAAAH-85890.

oder realistische Handlungsoptionen[1] der nahestehenden Personen zur Darlegung von Gründen dienen. Ansonsten können in vielen Fällen die Vergleichbarkeitsfaktoren Anhaltspunkte für Gründe geben, die dafürsprechen, dass der Fremdvergleichsgrundsatz besser durch andere Werte als durch den Median repräsentiert wird.[2]

Einstweilen frei 295–297

III. Einigungsbereich beim hypothetischen Fremdvergleich (§ 1 Abs. 3a Satz 5 und 6 AStG)

Für den hypothetischen Fremdvergleich regeln Satz 5 und 6 von § 1 Abs. 3a AStG die Bandbreite an Fremdvergleichswerten als **Einigungsbereich** der beiden Transaktionspartner im Zusammenspiel mit § 1 Abs. 3 Satz 7 AStG (siehe → Rz. 271 ff.). Aus der zweiseitigen Betrachtungsweise des hypothetischen Fremdvergleichs von Leistendem und Leistungsempfänger ergeben sich die Eckpunkte des möglichen Einigungsbereichs. Ausgehend von den ökonomisch anerkannten Bewertungsmodellen (siehe → Rz. 275) können auf Basis der jeweiligen Gewinn- oder Ertragspotenziale diejenigen **hypothetischen Preise** bestimmt werden, die ein unabhängiger Dritter als Leistender mindestens erzielen wollte (**Mindestpreis**), bzw. die ein unabhängiger Dritter als Empfänger der Leistung höchstens zu zahlen bereit wäre (**Höchstpreis**). Diese beiden Mindest- und Höchstwerte bilden den hypothetischen **Einigungsbereich** einer gedachten Preisverhandlung. Nach dem Gesetzeswortlaut ist dies allerdings nur „**regelmäßig**" der Fall, so dass es je nach Bewertungsmethode oder Sachverhalt auch Ausnahmen hiervon gibt. 298

Ein **Einigungsbereich** kann nur zustande kommen, wenn die Preisobergrenze des Leistungsempfängers über der Preisuntergrenze des Leistenden liegt. Liegt die Preisobergrenze unter der Preisuntergrenze, existiert kein Einigungsbereich und es käme bei rationalen Entscheidern nicht zu einer Einigung. Falls sich ein solches Ergebnis ohne Einigungsbereich aus der Anwendung des hypothetischen Fremdvergleichs ergibt, steht der Anwender vor einem Dilemma. Der tatsächliche Fremdvergleich ist wegen fehlender Fremdvergleichsdaten nicht anwendbar (ansonsten wären die Tatbestandsvoraussetzungen des hypothetischen Fremdvergleichs in § 1 Abs. 3 Satz 7 AStG nicht erfüllt) und der hypothetische Fremdvergleich führt nicht zu Ergebnissen. Häufig wird ein fehlender Einigungsbereich allerdings auf einen unvollständigen Sachverhalt hindeuten, 299

1 Siehe OECD-LL, Tz. 1.38 ff., 1.52 f.; Verwaltungsgrundsätze Verrechnungspreise 2024, Tz. 3.8.
2 Vgl. Grotherr, IWB 15/2021 S. 601 JAAAH-85890.

da etwa weitere Konzernunternehmen nicht berücksichtigt wurden, die einen Vorteil aus der Transaktion haben,[1] oder auf eine fehlerhafte Ermittlung der Gewinnpotenziale.[2]

300 Eine andere Erklärung, weshalb der gesetzlich normierte hypothetische Fremdvergleich nicht zu einem Einigungsbereich führt, ist das Versagen des dahinterstehenden Marktpreiserklärungsmodells (siehe → Rz. 215 f.). Es kann also in solchen Fällen schlicht sein, dass auf Märkten für solche Transaktionen die Preise anders ermittelt werden und der hypothetische Fremdvergleich des § 1 AStG daher nicht zu fremdüblichen Werten führt.[3]

301 Innerhalb des Einigungsbereichs ist aufgrund der Bestimmung in § 1 Abs. 3a Satz 6 AStG dann der **Mittelwert** des Einigungsbereichs zugrunde zu legen. Alternativ kann der Steuerpflichtige glaubhaft machen, dass ein anderer Wert des Einigungsbereichs dem Fremdvergleichsgrundsatz entspricht. Im Gegensatz zu der Regelung in § 1 Abs. 3a Satz 4 AStG trifft der Gesetzgeber hier keine Wertung, dass der vom Steuerpflichtigen glaubhaft gemachte Wert dem Fremdvergleichsgrundsatz besser entsprechen muss, sondern es reicht aus, dass der Wert dem Fremdvergleichsgrundsatz **entspricht**. Dies verwundert, da von der Grundkonzeption jeder Wert innerhalb des Einigungsbereichs dem Fremdvergleich entspricht.[4] Die Vorgängerregelung des § 1 Abs. 3 Satz 7 AStG a. F. verlangte hier noch eine Glaubhaftmachung des Wertes, der mit höchster Wahrscheinlichkeit dem Fremdvergleichsgrundsatz entspricht. Fraglich war hierbei, wie im Rahmen einer hypothetischen Preisverhandlung unterschiedliche Wahrscheinlichkeitsniveaus[5] einer gedachten Einigung rechtssicher festgestellt werden sollten.[6] Von diesen verfehlten Wahrscheinlichkeitsüberlegungen hat sich der Gesetzgeber explizit getrennt und verlangt für den Wert im Einigungsbereich des hypothetischen Fremdvergleichs weder einen Superlativ („höchste Wahrscheinlichkeit") wie in der Vorgängerregelung, noch einen Komparativ („besser") wie für den tatsächlichen Fremdvergleich. Daher ist es

1 Vgl. Roeder, Die Unternehmensbesteuerung, 2008, S. 206; siehe auch Verwaltungsgrundsätze Verrechnungspreise 2024, Tz. 3.17.

2 Vgl. Pohl in Brandis/Heuermann, Ertragsteuerrecht, § 1 AStG Rz. 129.

3 Siehe allgemein zu einer Kritik der Nutzung von zukünftigen, unsicheren Ertragswerten als Marktpreisimitation, die zum Ausweis unrealisierter Gewinne führt: Schneider, DB 2003 S. 57, bzw. an der Nutzung fiktiver Größen, durch die eine Verschiebung in den Bereich des Ungewissen erfolgt, die zur Besteuerung zukünftiger ungewisser Werte führt: Hey, BB 2007 S. 1307 f.

4 So auch Schwarz/Stein in Greil/Hummel, AStG, 1. Aufl. 2025, § 1 AStG Rz. 627.

5 Wahrscheinlichkeiten, ökonomisch im Sinne von subjektiven Wahrscheinlichkeiten verstanden als „vernünftige Einschätzungen des Für-wahr-Haltens von Zukunftslagen, d. h. der Glaubwürdigkeit ihres Eintretens", vgl. Schneider, Informations- und Entscheidungstheorie, 1995, S. 74.

6 Siehe auch Kroppen/Rasch/Eigelshoven, IWB 6/2007 S. 301, 315 f. EAAAC-40634.

fraglich, was der Steuerpflichtige noch konkret glaubhaft machen soll. Jedenfalls dürfen im Ergebnis keine großen Anforderungen an eine solche Glaubhaftmachung[1] eines anderen Wertes als dem Mittelwert gestellt werden.[2]

Ungeklärt ist die Frage, was der Gesetzgeber unter dem **Mittelwert** versteht. 302
Die Schwierigkeit ergibt sich daraus, dass der statistische Begriff Mittelwert nicht eindeutig ist. Regelmäßig unterscheidet man in der Statistik zwischen einem arithmetischen, einem geometrischen und einem harmonischen Mittelwert sowie dem Median.[3] Diese verschiedenen Mittelwerte führen auch regelmäßig zu unterschiedlichen Ergebnissen. Da der Gesetzgeber hier offenkundig keine Wertung hinsichtlich der anzuwendenden Mittelwerte festgelegt hat, ist der Steuerpflichtige frei, einen ökonomisch sinnvollen Mittelwert zu wählen, wobei regelmäßig wohl das arithmetische Mittel sinnvoll sein dürfte.[4]

Auch beim hypothetischen Fremdvergleich widerspricht die Festlegung auf ei- 303
nen Punktwert als „den Fremdvergleichswert" dem in § 1 Abs. 3a Satz 1 und 5 AStG aufgestelltem Konzept einer Bandbreite. Die Anwendungsvoraussetzungen des hypothetischen Fremdvergleichs basieren auf einer gedachten Preisbestimmung auf der Grundlage von zukünftigen, daher **unsicheren Werten**.[5] Im Gegensatz dazu beruht der tatsächliche Fremdvergleich auf beobachteten Marktergebnissen.[6] Obwohl also die Fremdüblichkeit des ermittelten Preises besonders unsicher ist, verlangt der Gesetzgeber in dem Fall des hypotheti-

1 Vgl. Pohl in Brandis/Heuermann, Ertragsteuerrecht, § 1 AStG Rz.133, zur alten Rechtslage auch Bödefeld/Kuntschik in Blumberg/Benz, Die Unternehmensteuerreform, 2008, S. 252; Kroppen/Rasch/Eigelshoven, IWB 6/2007 S. 301 ff. EAAAC-40634.

2 Vgl. Schwarz/Stein in Greil/Hummel, AStG, 1. Aufl. 2025, § 1 AStG Rz. 630.

3 Vgl. etwa Abels, Wirtschafts- und Bevölkerungsstatistik, 1991, S. 213 ff.; Reichert, Statistische Methodenlehre, 2002, S. 72 ff.

4 Siehe auch Pohl in Brandis/Heuermann, Ertragsteuerrecht, § 1 AStG Rz. 132; siehe auch die Beispiele in Verwaltungsgrundsätze Verrechnungspreise 2024, Anlage 3.

5 Die Zukunft ist nicht einfach unbekannt, sondern sie existiert im Zeitpunkt von einer Entscheidung, dies zu tun und jenes zu unterlassen, noch gar nicht. Was noch nicht existiert, kann nicht bekannt sein. Die Zukunft ist eine subjektive Vorstellung und diese Vorstellung ist ein zentraler Bestandteil von Entscheidungsprozessen. Aber dies macht die Zukunft nicht bekannt: Shackle, Epistemics & Economics, 1972, S. 3 f.; zu Wissen, Unwissen und Überraschungen dort auch S. 422 ff.; siehe hierzu auch Schneider, Informations- und Entscheidungstheorie, 1995, S. 74; de Soto, Sozialismus, Wirtschaftsrechnung und unternehmerische Funktion, 2013, S. 18 f. Siehe zu einer Beeinflussung von den Entscheidungen anderer Marktteilnehmer und stetiger Änderung der eigenen Entscheidungen im Marktprozess: Kirzner, Wettbewerb und Unternehmertum, 1978, S. 7 ff.

6 Auch hier handeln die Marktteilnehmer unter echter Unsicherheit: „Jeder von uns muss mit unsicheren Zukunftsbedingungen rechnen, die nicht vorausgesehen werden können" von Mieses, Der freie Markt und seine Feinde, 2016, S. 33.

schen Fremdvergleichs die Festlegung auf einen Punkt – den Mittelwert – des Einigungsbereichs.[1] Diese gesetzliche Festlegung auf einen einzelnen Preis als fremdübliches Ergebnis, also auf einen Punkt in der Bandbreite des Einigungsbereichs im Rahmen des hypothetischen Fremdvergleichs, widerspricht sowohl dem Kern des Fremdvergleichs als auch der internationalen Übung.[2]

304–308 *Einstweilen frei*

1 So zur Vorgängerregelung bereits Roeder, Die Unternehmensbesteuerung, 2008, S. 203.
2 So zur Vorgängerregelung bereits Roeder, Die Unternehmensbesteuerung, 2008, S. 203.

G. Besteuerung von Funktionsverlagerungen (§ 1 Abs. 3b Satz 1 AStG) (Micker)

I. Grundinformationen und Anwendungsbereich

1. Grundinformation

Als Konkretisierung der allgemeinen Regeln des § 1 AStG regelt § 1 Abs. 3b AStG (vormals § 1 Abs. 3 Satz 9 ff. AStG) die Voraussetzungen und Teile der Rechtsfolgen in den Fällen, in denen eine betriebliche Funktion ins Ausland verlagert wird. Der Wert dieser Funktion, welcher das sog. Transferpaket darstellt und auch das zukünftige Gewinnpotenzial erfasst, soll durch eine Gesamtbetrachtung ermittelt werden. Insoweit weichen die Regelungen vom Prinzip der Einzelbewertung ab.[1] Vergleichbare Regelungen sind international eher unüblich.[2] 309

Durch die Berücksichtigung des Gewinnpotenzials weisen die Vorschriften zur Funktionsverlagerung eine gewisse Nähe zur Teilgeschäftsveräußerung auf.[3] Ähnlich wie bei einem Unternehmenskauf, bei dem der Preis häufig durch Anwendung von Ertragswertverfahren wie z. B. der DCF-Methode ermittelt wird, soll der Verrechnungspreis für die Funktion unter Anwendung funktions- und risikoadäquater Kapitalisierungszinssätze berechnet werden.[4] 310

Die Vorschriften, deren Tatbestand und Rechtsfolgen durch die Regelungen der FVerlV konkretisiert werden, begegnen sowohl verfassungsrechtlichen (dazu → Rz. 336 ff.) als auch unionsrechtlichen (dazu → Rz. 369 ff.) Bedenken. Im Hinblick auf die FVerlV ist darüber hinaus zu beantworten, ob die Ermächtigungsgrundlage des § 1 Abs. 6 AStG (vormals § 1 Abs. 3 Satz 13 AStG) den Anforderungen des Art. 80 GG entspricht (dazu → Rz. 352 ff.). Auch die Frage nach einer Vereinbarkeit mit DBA-Recht wird nicht einheitlich beantwortet (dazu → Rz. 381 ff.). 311

Auf einfachgesetzlicher Ebene ist eine Reihe von Fragen nicht abschließend geklärt. Dies betrifft insbesondere die nähere Abgrenzung des Begriffs „Funktion“ sowie die einzelnen Verlagerungsvarianten. 312

---

1 Kritisch hierzu Blumers, BB 2007 S: 1757; Hey, BB 2007 S. 1303; Kroppen/Rasch/Eigelshoven, IWB 6/2007 S. 301, 311 [illegible]; Greil, IStR 2009 S. 202.

2 Vgl. Kahle in Haun/Kahle/Goebel, AStG (Stand: Oktober 2024), § 1 Abs. 3b AStG Rz. 17; instruktiv Borstell in Vögele/Borstell/Bernhardt, Verrechnungspreise, 6. Aufl. 2024, Rz. U 864 ff.; Wehnert/Sano, IStR 2010 S. 53 ff.; zur Rechtslage in Österreich Csoklich/Macho, ÖStZ 2009 S. 443.

3 Vgl. Werner/Grottendiek, sj 21/2009 S. 26 ff.

4 Kritisch Blumers, BB 2007 S. 1757; Welling/Tiemann, FR 2008 S. 68.

313–316 *Einstweilen frei*

2. Sachlicher Anwendungsbereich

317 § 1 Abs. 3b AStG betrifft – wie im sonstigen Anwendungsbereich von § 1 AStG – Geschäftsbeziehungen zwischen Nahestehenden i. S. des § 1 Abs. 2 AStG. Nicht erfasst werden Vorgänge im Rahmen gesellschaftsrechtlicher Vereinbarungen nach § 1 Abs. 4 Satz 1 Nr. 1b AStG sowie Tatbestände, die allein auf Betriebsaufgabe oder Wohnsitzverlagerung beruhen.

318 Die Regelungen erfassen nur Outbound-Fälle. Ungeklärt ist dagegen, wie eine Funktionsverlagerung in einem **Inbound-Sachverhalt**, also in dem Fall zu behandeln ist, in dem die Funktionsverlagerung von einer ausländischen nahe stehenden Person ins Inland erfolgt. Nach der Gesetzesbegründung[1] soll der Fremdvergleichsgrundsatz zwar beidseitig wirken und folgerichtig auch für **Inbound-Sachverhalte** gelten.[2] Als Korrekturnorm scheidet § 1 AStG hier indes schon von seinem Wortlaut her aus, weil lediglich Einkünfteminderungen eines im Inland Steuerpflichtigen erfasst werden.[3] Insoweit kommen folglich nur die Institute der verdeckten Gewinnausschüttung bzw. Einlage zur Anwendung.[4]

319–320 *Einstweilen frei*

3. Zeitlicher Anwendungsbereich

321 Durch das UntStRefG 2008 vom 14.8.2007[5] wurde erstmals die steuerliche Behandlung von sog. Funktionsverlagerungen in Bezug auf den Maßstab, wie der Fremdvergleichspreis zu ermitteln ist, in § 1 Abs. 3 Sätze 9 ff. AStG a. F. geregelt. Zuvor war bei Funktionsverlagerungen das Prinzip der Einzelbewertung angewandt worden.[6] Der Wert der Funktion ergab sich folglich durch eine Addition der Einzelwerte. Hierbei bestand die Vermutung, dass die erforderlichen Gesetzesgrundlagen zwar im Grundsatz vorhanden waren, jedoch oftmals nicht angewandt werden konnten, weil die Verlagerung von immateriellen

---

1 BT-Drucks. 16/4841 S. 86.

2 Ebenso Kahle in Haun/Kahle/Goebel, AStG (Stand: Oktober 2024), § 1 Abs. 3b AStG Rz. 15; Hofacker in Haase, AStG/DBA, 4. Aufl. 2024, § 1 AStG Rz. 310; Kaminski/Strunk, DB 2008 S. 2501 f.

3 Roser, EStB 2008 S. 35; Looks/Steinert/Müller, BB 2009 S. 2348, 2352.

4 Zu Einzelheiten Borstell in Vögele/Borstell/Bernhardt, Verrechnungspreise, 6. Aufl. 2024, Rz. U 215 ff.; Kessler, IStR 2017 S. 251; zu Auswirkungen der COVID-Pandemie Hemmerich/Günther, IWB 20/2020 S. 845 TAAAH-61736.

5 BGBl 2007 I S. 1912; BStBl 2007 I S. 630.

6 Zu Einzelheiten vgl. Borstell in Vögele/Borstell/Bernhardt, Verrechnungspreise, 6. Aufl. 2024, Rz. U 781 ff.

Wirtschaftsgütern und Risiken entweder erst gar nicht identifiziert oder jedenfalls nicht nachgewiesen werden konnte.[1]

322 Die gesetzliche Neuregelung war gem. § 21 Abs. 16 AStG a. F. erstmals für den Veranlagungszeitraum 2008 anzuwenden.[2] Die flankierenden Vorschriften der FVerlV vom 12.8.2008[3] sind rückwirkend zum 1.1.2008 in Kraft getreten. Dies ergibt sich aus § 12 FVerlV. Eine Rückbeziehung der jeweiligen Rechtsfolgen auf Veranlagungszeiträume vor dem 1.1.2008 scheidet aus, da eine solche Rechtsanwendung eine echte Rückwirkung darstellt und verfassungsrechtlich nicht zu rechtfertigen wäre (vgl. → Rz. 347 ff.).

323 Durch das Gesetz zur Modernisierung der Entlastung von Abzugsteuern und der Bescheinigung der Kapitalertragsteuer (**AbzStEntlModG**) vom 2.6.2021[4] wurde der bislang in § 1 Abs. 3 AStG enthaltene Regelungsbereich in mehrere thematisch separierte Unterabsätze untergliedert. Die Regelungen zur Funktionsverlagerung sind nunmehr in § 1 Abs. 3b AStG enthalten. Sie wurden redaktionell angepasst. Des Weiteren ergaben sich aber auch inhaltliche Änderungen, zum einen durch die teilweise Abschaffung sog. Escape-Klauseln. Des Weiteren wurde die Legaldefinition der Funktionsverlagerung dahingehend geändert, dass Wirtschaftsgüter „oder" sonstige Vorteile zu verlagern sind. Die bisherige „und"-Verbindung wurde damit abgeschafft. Nach teilweise vertretener Auffassung ergeben sich durch diese Änderung keine materiell-rechtlichen Konsequenzen, da schon nach altem Recht nicht in jedem Fall die Verlagerung einer Funktion einschließlich der dazugehörigen Chancen und Risiken und Wirtschaftsgüter und sonstigen Vorteilen erforderlich gewesen sei.[5] Schließlich wurde die bisher in § 1 Abs. 3 Sätze 11 f. AStG a. F. geregelte Preisanpassungsklausel mit Modifikationen in einen neuen § 1a AStG ausgegliedert.[6] Hierdurch wird insbesondere der Abschnitt 3 der Funktionsverlagerungsverordnung überschrieben. Die gesetzlichen Änderungen in §§ 1 Abs. 3b, 1a AStG, die nach § 21 Abs. 1 AStG ab dem Veranlagungszeitraum 2022 anzuwenden sind, erfordern eine Anpassung der Funktionsverlagerungsverordnung sowie der Verwaltungsgrundsätze-Funktionsverlagerung.[7] Am 5.7.2022 hatte

1 Schreiber, Ubg 2008 S. 433 f.

2 Zu weiteren Einzelheiten vgl. Reichl, IStR 2009 S. 680.

3 BGBl 2008 I S. 1680, BStBl 2009 I S. 34.

4 BGBl 2021 I S. 1259.

5 Greil/Saliger, ISR 2021 S. 330, 333; a. A. Busch, DB 2020, S. 191, 193; Schnorberger/Etzig, BB 2020 S. 1630, 1634.

6 Vgl. hierzu u. a. Halbach/Ackerman, ISR 2021 S. 172.

7 BMF, Schreiben v. 13.10.2010 - IV B 5 - S 1341/08/10003, BStBl 2010 I S. 774.

das BMF einen Referentenentwurf einer Funktionsverlagerungsverordnung vorgelegt.[1] Die Verordnung ist mittlerweile erlassen und im Bundesgesetzblatt veröffentlicht worden.[2] Nach § 9 FVerlV n. F. ist sie erstmals für Veranlagungszeiträume anzuwenden, die nach dem 31.12.2021 beginnen. Die Auffassung der Finanzverwaltung zu Fragen der Funktionsverlagerung ist mittlerweile in den **Verwaltungsgrundsätzen Verrechnungspreise** dargelegt.[3] Die Aussagen des BMF-Schreibens aus 2010 sind von der Finanzverwaltung für Sachverhalte zu berücksichtigen, die bis zum 31.12.2021 verwirklicht wurden.[4]

324–326 *Einstweilen frei*

II. Rechtliche und wirtschaftliche Bedeutung

1. Zweck der Vorschriften

327 Ziel der Vorschriften ist die Beseitigung eines **Vollzugdefizits**[5] bei der Verlagerung immaterieller Wirtschaftsgüter (selbstgeschaffene, Geschäftswert, Know-how) bzw. von Risikoverlagerungen ins Ausland.[6] Dieses besteht nach Auffassung des Gesetzgebers darin, dass der Wert einer Funktion regelmäßig nicht genügend durch den Preis der einzelnen übertragenen Wirtschaftsgüter widergespiegelt wird.[7] Es soll mithin ein über die stillen Reserven hinausgehendes Gewinnpotenzial erfasst werden, welches im Rahmen der Funktionsverlagerung auf das ausländische Unternehmen übergeht.[8] Des Weiteren sollen **Beweiserleichterungen** zugunsten der Finanzverwaltung geschaffen werden, indem nicht der Übergang jedes einzelnen immateriellen Wirtschaftsgutes bzw. Vorteils, sondern nur der Übergang von Ertragskraft nachgewiesen werden muss.[9]

1 Vgl. hierzu Ditz/Seibert, Ubg 2022 S. 398.

2 FVerlV v. 18.10.2022, BGBl. 2022 I S. 1803, BStBl 2022 I S. 1440.

3 BMF, Schreiben v. 12.12.2024 - IV B 3-S 1341/19/10017:004, BStBl 2025 I S. 207, Rz. 3.87 ff.

4 Vgl. Rasch, ISR 2023 S. 432; Ebeling/Heidecke, DStR 2023 S. 2689.

5 Pohl in Brandis/Heuermann, Ertragsteuerrecht (Stand: November 2024), § 1 AStG Rz. 135; zu Beweisschwierigkeiten nach altem Recht vgl. *Schreiber* in Kroppen/Rasch, Handbuch Internationale Verrechnungspreise, FVerl (Stand: März 2012) I Anm. 1 f.; vgl. hierzu auch Peters/Reichl in FS Spiegelberger, 2009, S. 384 ff.

6 Schreiber, Ubg 2008 S. 433; Nawrath, DStR 2009 S. 2; Grotherr, DStZ 2022 S. 35 f.

7 BT-Drucks. 16/4841 S. 86.; vgl. auch *Pohl* in Brandis/Heuermann, Ertragsteuerrecht (Stand: November 2024), § 1 AStG Rz. 135.

8 Borstell in Vögele/Borstell/Bernhardt, Verrechnungspreise, 6. Aufl. 2024, Rz. U 198; Frotscher, Internationales Steuerrecht, 5. Aufl. 2020, § 13 Rz. 1066.

9 Kahle in Haun/Kahle/Goebel, AStG (Stand: Oktober 2024), § 1 Abs. 3b AStG Rz. 7.

Zu kurz würde es dagegen greifen, den Regelungszweck in der **Sicherung deutschen Steuersubstrates** zu sehen. Denn gerade das künftige Gewinnpotenzial wird erst nach der Übertragung im Ausland realisiert und folgerichtig dann auch dort der Besteuerung unterworfen.[1] Dies illustriert der von *Hofacker* erwähnte Fall, in dem ein Produkt in Deutschland nicht vermarktet werden darf und deshalb ins Ausland „verlagert" wird;[2] in einer solchen Konstellation kann deutsches Steuersubstrat kaum verloren gehen. Gleiches gilt im Übrigen für Synergieeffekte und Standortvorteile des neuen Funktionsinhabers,[3] die gem. § 2 Satz 1 FVerlV der deutschen Besteuerung zugeführt werden, obwohl diese Faktoren wenig mit dem deutschen Wertschöpfungsprozess zu tun haben.[4] Insoweit überrascht es nicht, dass der Gesetzgeber die tatbestandlichen Voraussetzungen einer Funktionsverlagerung nicht an die Entnahme eines Wirtschaftsgutes geknüpft hat, sondern vom Prinzip der Einzelbewertung abweicht. 328

Einstweilen frei 329–330

2. Wirtschaftliche Bedeutung

Die Einführung einer gesetzlichen Grundlage für die Besteuerung von Funktionsverlagerungen wurde zum Teil als **Gegenfinanzierungsmaßnahme** für die Entlastungsmaßnahmen der Unternehmensteuerreform 2008 angesehen.[5] Zum Zeitpunkt der Einführung der gesetzlichen Regelungen wurde teilweise mit Mehreinnahmen in der Größenordnung von etwa 1,7 Mrd. € pro Jahr gerechnet.[6] Nach den bislang vorliegenden Erkenntnissen wurden diese Mehreinnahmen nicht erreicht: Nach einer vom Bundeszentralamt für Steuern mit Stichtag zum 31.12.2015 durchgeführten „Evaluation zu den Erfahrungen mit der Funktionsverlagerung" wurden für die VZ 2002–2013 aus Betriebsprüfungsfällen insgesamt 133 Funktionsverlagerungen untersucht, wobei die Steuererhöhungsbeträge zwischen ca. 22.000 und 68 Mio. € lagen und insgesamt ein steuerliches Mehrergebnis von ca. 325 Mio. € erreicht wurde.[7] 331

1 Vgl. Hofacker in Haase, AStG/DBA, 4. Aufl. 2024, § 1 AStG Rz. 268.

2 Hofacker in Haase, AStG/DBA, 4. Aufl. 2024, § 1 AStG Rz. 273.

3 Vgl. hierzu Krüger, DStZ 2024 S. 824.

4 Vgl. Kraft in Kraft, AStG, 2. Aufl. 2019, § 1 Rz. 369; Frischmuth, StuB 2007 S. 386, 392; Wulf, DB 2007 S. 2280, 2283; Jenzen, NWB 36/2007 S. 3117, 3126 EAAAC-53883.

5 Endres/Spengel/Reister, WPg 2007 S. 478.

6 Vgl. Crüger/Wintzer, GmbHR 2008 S. 306 f.; Blumers, DStR 2010 S. 17.

7 Vgl. BR-Drucks. 153/16; siehe hierzu Grotherr, DStZ 2022 S. 35, 39.

332 Auf Seite der betroffenen Unternehmen führen die Vorschriften indes tendenziell zu einer Gewinnverlagerung nach Deutschland, wobei fraglich erscheint, ob dies von den einschlägigen ausländischen Rechtsordnungen akzeptiert wird. **Doppelbesteuerungen** sind daher wahrscheinlich. Auch höhere **Verwaltungskosten** dürften mit den Regelungen zur Funktionsverlagerung einhergehen. Diese können u. a. auch in Aufwendungen bestehen, die im Zusammenhang mit Konsultations- bzw. Schiedsverfahren anfallen. Denn wenn die Funktionsverlagerungsvorschriften im Widerspruch zu geltendem DBA-Recht stehen (vgl. hierzu → Rz. 381 ff.), erscheinen solche Verfahren unausweichlich. Das Problem der internationalen Doppelbesteuerung lässt sich aus Sicht der beteiligten Steuerpflichtigen jedoch ggf. durch ein bilaterales **Advance Pricing Agreement** (§ 89a AO) vermeiden, was aber regelmäßig mit einem erheblichen Zeit- und Verwaltungsaufwand verbunden ist.[1] In steuergestalterischer Hinsicht ist zu analysieren, ob das Vorliegen einer Funktionsverlagerung vermieden werden kann. Insoweit wird etwa auf die Möglichkeit einer ausschließlichen Nutzungsüberlassung der immateriellen Wirtschaftsgüter oder der sonstigen Vorteile gegen ein erfolgsabhängiges Nutzungsentgelt hingewiesen.[2]

333–335 *Einstweilen frei*

III. Vereinbarkeit mit höherrangigem Recht

1. Vereinbarkeit mit Verfassungsrecht

a) Bestimmtheit

336 Die Regelungen zur Funktionsverlagerung beinhalten die unbestimmten Rechtsbegriffe „Funktion", „Verlagerung", „sonstige Vorteile" (§ 1 Abs. 3b Satz 1 AStG) und „Wesentlichkeit" (§ 1 Abs. 3b Satz 2 AStG). Vor dem Hintergrund, dass diese Begriffe keiner näheren gesetzlichen Definition unterliegen, werden Bedenken gegen die Vereinbarkeit der Norm mit dem dem Rechtsstaatsprinzip zu entnehmenden Bestimmtheitsgebot erhoben.[3] Gleiches gilt für die Begriffe „sachgerecht", „erheblich" und „angemessen" in § 1 Abs. 3 Satz 12 AStG a. F.

1 Grotherr, DStZ 2022 S. 35, 40.

2 Wellens/Schwemin, DB 2013 S. 2881 ff.; Grotherr, DStZ 2022 S. 35, 40.

3 Kraft in Kraft, AStG, 2. Aufl. 2019, § 1 AStG Rz. 501 f.; Kroppen in FS Schaumburg, 2009, S. 857 ff.; vgl. auch Frischmuth, StuB 2010 S. 91, 94 f.; vgl. auch Oestreicher, Ubg 2011 S. 512; zur Vereinbarkeit mit Prinzipien der Gewinnermittlung Becker/Sandlos, DStR 2013 S. 154.

Schließlich wurde auf Unklarheiten im Hinblick auf die zugunsten des Steuerpflichtigen bestehende Nachweismöglichkeit hingewiesen, dass im Zeitpunkt der Übertragung bzw. Überlassung von wesentlichen immateriellen Wirtschaftsgütern und Vorteilen keine Unsicherheiten die Preisvereinbarung betreffend bestanden haben.[1] Nachgewiesen werden könne nämlich nur, was zwischen fremden Dritten tatsächlich vereinbart worden ist; außerdem sei die Übertragung von wesentlichen immateriellen Wirtschaftsgütern stets mit Bewertungsunsicherheiten verbunden; darüber hinaus könnten allenfalls positive Tatsachen nachgewiesen werden. 337

Auf Grundlage der Rechtsprechung des BVerfG erscheinen die Regelungen in § 1 Abs. 3b AStG allerdings trotz der dargestellten Bedenken als (noch) ausreichend bestimmt. Der Bestimmtheitsgrundsatz gebietet zwar, dass eine gesetzliche Ermächtigung nach Inhalt, Zweck und Ausmaß dergestalt bestimmt und begrenzt ist, dass das Handeln der Verwaltung messbar und in gewissem Ausmaß für den Bürger voraussehbar und berechenbar wird.[2] Zudem sollen der Verwaltung angemessen klare Handlungsmaßstäbe vorgegeben und die Gerichtskontrolle ermöglicht werden.[3] Dabei sind Gesetze so genau zu fassen, wie dies nach der Eigenart der zu ordnenden Lebenssachverhalte mit Rücksicht auf den Normzweck möglich ist.[4] 338

Die Konkretisierung dieser Anforderungen fällt jedoch vielfach sehr zurückhaltend aus. Unbestimmte, auslegungsbedürftige Rechtsbegriffe sind regelmäßig zulässig.[5] Lediglich die äußeren Grenzen des Spielraums müssen abgesteckt und damit die Möglichkeit richterlicher Überprüfung der Einhaltung der Grenzen gegeben sein.[6] Diesen Anforderungen genügt § 1 Abs. 3b Satz 1 AStG, weil die dort verwendeten Begriffe – insbesondere was die „Funktion“ und ihre „Verlagerung“ anbelangt – zwar unbestimmt und auslegungsbedürftig, jedoch noch einer Auslegung zugänglich sind. Insoweit besteht eine Parallelität zu 339

1 Schreiber in Kroppen/Rasch, Handbuch Internationale Verrechnungspreise, FVerl (Stand: März 2012) I Anm. 16.

2 BVerfG, Beschluss v. 9.4.2003 - 1 BvL 1/01, BVerfGE 108 S. 52, 75; BVerfG, Beschluss v. 3.3.2004 - 1 BvF 3/92, BVerfGE 110 S. 33, 53 f.

3 BVerfG, Beschluss v. 3.3.2004 - 1 BvF 3/92, BVerfGE 110 S. 33, 54 f.; BVerfG, Urteil v. 26.7.2005 - 1 BvR 782/94, BVerfGE 114 S. 1, 53 f.

4 BVerfG, Beschluss v. 9.8.1995 - 1 BvR 2263/94, BVerfGE 93, S. 213, 238; BVerfG, Beschluss v. 22.11.2000 - 1 BvR 2307/94, BVerfGE 102 S. 254, 337; BVerfG, Beschluss v. 7.5.2001 - 2 BvK 1/00, BVerfGE 103 S. 332, 384.

5 BVerfG, Urteil v. 17.11.1992 - 1 BvL 8/87, BVerfGE 87 S. 234, 263 f.; BVerfG, Urteil v. 22.11.2000 - 1 BvR 2307/94, BVerfGE 102 S. 254, 337; BVerfG, Beschluss v. 3.3.2004 - 1 BvF 3/92, BVerfGE 110 S. 33, 56 f.

6 Vgl. Jarass in Jarass/Pieroth, Grundgesetz, 18. Aufl. 2024, Art. 20 GG Rz. 58, m. w. N.

den in § 8 Abs. 3 Satz 2 und 3 KStG verwendeten Begriffen der verdeckten Gewinnausschüttung bzw. Einlage, die ebenfalls unbestimmt sind und einer näheren Konkretisierung durch die Rechtsprechung bedürfen.

340 Es wird schließlich auch keine willkürliche Handhabung durch die FinVerw. ermöglicht.[1] Indes ist darauf hinzuweisen, dass diese bei der Rechtsanwendung stets darauf zu achten haben wird, jede ausufernde und damit für den Steuerpflichtigen nicht vorhersehbare Interpretation der Begriffe zu vermeiden.

341–342 *Einstweilen frei*

b) Vorbehalt des Gesetzes

343 Im Hinblick auf den aus dem Rechtsstaatsprinzip sowie der Schutzfunktion der Grundrechte herzuleitenden Gesetzesvorbehalt werden in der Literatur mehrere Aspekte als problematisch angesehen: Zum einen wird gegen die Regelungen ins Feld geführt, dass sie zu einer Umkehr der Beweis- und Feststellungslast führen können, weil der eine Funktion verlagernde Steuerpflichtige beweisen müsse, dass kein Transferpaket übergegangen ist.[2] Darüber hinaus seien wesentliche Inhalte der Funktionsverlagerung durch die FVerlV geregelt, obschon es einer ausdrücklichen gesetzlichen Präzisierung bedurft hätte.[3]

344 Diese Bedenken greifen aus verfassungsrechtlicher Perspektive nicht durch: Der Vorbehalt des Gesetzes verlangt, dass der Gesetzgeber in grundlegenden normativen Bereichen alle wesentlichen Entscheidungen selbst treffen muss.[4] Durch § 1 Abs. 3b AStG genügt der parlamentarische Gesetzgeber diesem Erfordernis, weil er die für den Steuerpflichtigen wesentliche Entscheidung, d. h. Transferpaketkonzeption bei Funktionsverlagerung, selbst geregelt und nicht anderen Normgebern bzw. dem Handeln und der Entscheidungsmacht der FinVerw. überlassen hat. Die wesentliche Entscheidung[5] kann der Steuerpflichtige damit unmittelbar aus dem förmlichen Gesetz entnehmen, das im Übrigen auch (noch) ausreichend bestimmt ist (vgl. → Rz. 339 f.).

---

1 Vgl. BVerfG, Beschluss v. 6.6.1989 - 1 BvR 921/85, BVerfGE 80 S. 137, 161.

2 Kraft in Kraft, AStG, 2. Aufl. 2019, § 1 AStG Rz. 506.

3 Schreiber in Kroppen/Rasch, Handbuch Internationale Verrechnungspreise, FVerl (Stand: März 2012) I Anm. 25; Kraft in Kraft, AStG, 2. Aufl. 2019, § 1 AStG Rz. 507; Baumhoff/Ditz/Greinert, DStR 2007 S. 1649, 1651.

4 BVerfG, Beschluss v. 26.6.1991 - 1 BvR 779/85, BVerfGE 84 S. 212, 226; BVerfG, Urteil v. 6.7.1999 - 2 BvF 3/90, BVerfGE 101 S. 1, 34 FAAAB-86303.

5 Vgl. BVerfG, Beschluss v. 13.7.2004 - 1 BvR 1298/94, BVerfGE 111 S. 191, 217; Jarass in Jarass/Pieroth, Grundgesetz, 18. Aufl. 2024, Art. 20 GG Rz. 48 ff., mit zahlreichen Beispielen aus der Rechtsprechung.

Einstweilen frei 345–346

c) Rückwirkungsverbot

Vor dem Hintergrund, dass die Preisanpassungsklausel nach § 1 Abs. 3 Satz 11 347
und 12 AStG a. F. eine Umgehung der Festsetzungsverjährung gem. §§ 169 ff. AO ermöglichte, wurden die Regelungen zur Funktionsverlagerung zum Teil als „neuartige Form rückwirkender Steuergesetze" angesehen.[1] Auf der anderen Seite ist diesen Bedenken entgegen zu halten, dass der Steuerpflichtige bereits bei Transaktionsdurchführung mit späteren Änderungen rechnen muss.[2]

Verfassungsrechtlich problematisch wären die Regelungen im Hinblick auf das 348
Rückwirkungsverbot in der Tat nur, wenn es sich um eine sog. echte Rückwirkung handelte, die Vorschriften also nachteilig in einen bereits abgeschlossenen VZ zurückwirken würden. Das die Vorschriften des § 1 Abs. 3 Satz 9 ff. AStG a. F. einführende UntStRefG 2008 datiert vom 14.8.2007. Gemäß § 21 Abs. 16 AStG a. F. waren die Regelungen erstmals ab dem VZ 2008 anzuwenden. Eine echte Rückwirkung scheidet damit aus. Gleiches gilt für die Regelungen der FVerlV vom 12.8.2008. Diese gelten zwar rückwirkend zum 1.1.2008. Dies stellt jedoch allenfalls eine verfassungsrechtlich nicht zu beanstandende unechte Rückwirkung dar.

Nicht zu rechtfertigen wäre dagegen eine Rückbeziehung der Rechtsfolgen des 349
§ 1 Abs. 3 Satz 9 ff. AStG a. F. auf vor dem 1.1.2008 endende VZ. Dies wäre als eine unzulässige echte Rückwirkung zu qualifizieren.[3] Die Vorschriften gehen insbesondere wegen der Erfassung auch künftiger Gewinnpotenziale deutlich über die bisher anzuwendenden Vorschriften hinaus und stellen insoweit gerade keine bloßen Klarstellungen oder Präzisierungen dar.[4]

Einstweilen frei 350–351

d) Vorgaben des Art. 80 GG

Die Verordnungsermächtigung des § 1 Abs. 6 AStG ist an Art. 80 Abs. 1 Satz 2 352
GG zu messen. Insoweit sind Zweifel angemeldet worden, ob die Regelung be-

1 Wassermeyer, DB 2007 S. 535, 539.
2 Kraft in Kraft, AStG, 2. Aufl. 2019, § 1 AStG Rz. 511.
3 Ebenso Andresen/Schoppe, IStR 2009 S. 600.
4 So aber BT-Drucks. 16/4841 S. 84, und teilweise BMF, Schreiben v. 13.10.2010 - IV B 5 - S 1341/08/10003, BStBl 2010 I S. 774, Rz. 180 ff.; kritisch zu Recht Greinert/Thiele, DStR 2011 S. 1197; Rohler, GmbH-StB 2011 S. 111.

stimmt genug und die FVerlV durch die Ermächtigung gedeckt ist.[1] Dies gilt insbesondere für § 1 Abs. 6 FVerlV, wonach unter den dort bestimmten Voraussetzungen auch eine Funktionsverdoppelung als Funktionsverlagerung angesehen werden kann (siehe auch → Rz. 475 ff.).

353 § 1 Abs. 6 AStG ermächtigt das BMF zum Erlass einer Rechtsverordnung, welche Einzelheiten zur Anwendung des Fremdvergleichsgrundsatzes i. S. der Abs. 1, 3–3e und 5 und Einzelheiten zu dessen einheitlicher Anwendung bestimmen soll. Damit erfüllt die Vorschrift noch die Anforderungen des Art. 80 Abs. Satz 2 GG, wonach Inhalt, Zweck und Ausmaß der erteilten Ermächtigung im Parlamentsgesetz bestimmt sein müssen. Hierfür spricht zunächst, dass der Zweck der Ermächtigung (einheitliche Rechtsanwendung sowie Übereinstimmung mit internationalen Grundsätzen zur Einkunftsabgrenzung) als wichtigste Kategorie[2] des Art. 80 Abs. 1 Satz 2 GG ausreichend deutlich wird. Eine Verletzung der Vorschrift kommt des Weiteren nur in Betracht, wenn die Ermächtigung so unbestimmt ist, dass nicht mehr vorhergesehen werden kann, in welchen Fällen von ihr Gebrauch gemacht wird und welchen Inhalt die Verordnung haben wird.[3]

354 Durch den Hinweis auf § 1 Abs. 3b AStG wird ausreichend deutlich, dass u. a. Einzelheiten zur Funktionsverlagerung geregelt werden sollen. Im Übrigen dürfen die Bestimmtheitsanforderungen nicht überdehnt werden, weil anderenfalls eine Regelung im Verordnungswege ohnehin nicht zielführend wäre. Die Erwähnung einer Vielzahl von Einzelheiten bereits in der Ermächtigungsgrundlage wäre in diesem Zusammenhang wenig effizient. In diese Richtung deutet auch das BVerfG, wenn es an die Bestimmtheit dort geringere Anforderungen stellt, wo es um vielgestaltige Sachverhalte geht.[4] Dies ist gerade bei Funktionsverlagerungen der Fall.

355 Zu berücksichtigen ist schließlich, dass einzelne Regelungen der FVerlV den Tatbestand einer Funktionsverlagerung einschränken. Was diese anbelangt, handelt es sich aus Sicht des Steuerpflichtigen um begünstigende Regelungen, so dass an die Verordnungsermächtigung auch insoweit keine allzu strengen Anforderungen zu stellen sind.[5]

---

1 Vgl. bereits *Kroppen/Rasch/Eigelshoven,* IWB 6/2007 S. 301, 321 EAAAC-40634 und Gosch, ISR 2020 S. 116 f.

2 Vgl. Pieroth in Jarass/Pieroth, Grundgesetz, 18. Aufl. 2024, Art. 80 GG Rz. 12.

3 BVerfG, Beschluss v. 30.1.1968 - 2 BvL 15/65, BVerfGE 23 S. 62, 72 f.

4 BVerfG, Beschluss v. 20.10.1981 - 1 BvR 640/80, BVerfGE 58 S. 257, 277 f.

5 Vgl. BVerfG, Beschluss v. 30.1.1968 - 2 BvL 15/65, BVerfGE 23 S. 62, 73.

Eine andere und dementsprechend von den Vorgaben des Art. 80 Abs. 1 Satz 2 GG losgelöst zu beantwortende Frage betrifft das Verhältnis zwischen den Regelungen der FVerlV und den (höherrangigen) Regeln des § 1 Abs. 3b AStG: Da § 1 Abs. 6 AStG nur zur Regelung von „Einzelheiten" ermächtigt, dürfen die Verordnungsregelungen den Gesetzestext nur konkretisieren. Sie dürfen die zu konkretisierenden Begriffe einschränken, jedoch nicht über den Gesetzestext hinausgehen. Werden diese Voraussetzungen nicht erfüllt, ist die jeweilige Verordnungsregelung nicht mehr von § 1 Abs. 6 AStG gedeckt und damit nichtig.[1] 356

Einstweilen frei 357–358

e) Vorgaben des Art. 3 Abs. 1 GG

Zum Teil werden die Regelungen zur Funktionsverlagerung schließlich für unvereinbar mit Art. 3 Abs. 1 GG angesehen, da diese sich ausschließlich bei grenzüberschreitenden Aktivitäten auswirken, während im Inlandsfall Einkünftekorrekturen nur auf Basis von § 8 Abs. 3 Satz 2 und 3 KStG erfolgen können.[2] Dadurch werden vergleichbare Sachverhalte ungleich behandelt, da weder bei der verdeckten Gewinnausschüttung noch bei der verdeckten Einlage Gesamtpaketbetrachtungen stattfinden bzw. künftige Gewinnpotenziale der Besteuerung unterworfen werden. 359

Zu einer Ungleichbehandlung kommt es darüber hinaus jedoch auch in anderen Fällen. Zu berücksichtigen ist nämlich, dass nur im Bereich der Besteuerung von Funktionsverlagerungen die Transferpaketkonzeption zum Tragen kommt, also auch künftige Gewinnpotenziale der deutschen Besteuerung zugeführt werden. Darin unterscheidet sich die Behandlung von Funktionsverlagerungen zunächst von der Beschränkung des deutschen Besteuerungsrechts i. S. des § 4 Abs. 1 Satz 3 EStG, wonach es bei Vorliegen der Beschränkung lediglich zu einer sofortigen Besteuerung der stillen Reserven kommt. Auch § 12 KStG sieht bei Sitzverlegung ins Ausland nur die Besteuerung der stillen Reserven vor; es werden aber auch dort keine Gewinnpotenziale abgeschöpft. 360

Die Ungleichbehandlungen könnten jedoch unter dem Gesichtspunkt der Gestaltungs- bzw. Typisierungsfreiheit des Gesetzgebers gerechtfertigt sein. Denn nach allgemeiner Ansicht in Rechtsprechung und Literatur hat der Ge- 361

1 BVerfG, Urteil v. 6.7.1999 - 2 BvF 3/90, BVerfGE 101 S. 1, 37 ff.; Pieroth in Jarass/Pieroth, Grundgesetz, 18. Aufl. 2024, Art. 80 GG Rz. 20.

2 Kraft in Kraft, AStG, 2. Aufl. 2019, § 1 AStG Rz. 516 f.

setzgeber bei der Erschließung von Steuerquellen einen erheblichen Gestaltungsspielraum.[1] Vor diesem Hintergrund hat das BVerfG bisher keine kompetenzrechtlich zulässige Steuer grundsätzlich an Art. 3 Abs. 1 GG scheitern lassen. Auch problematische Kumulationswirkungen sind stets gebilligt worden.[2]

362 Auf Grundlage dieser Rechtsprechung ist es im Grundsatz nicht zu beanstanden, dass der Gesetzgeber Vollzugsdefizite bei der Verlagerung von immateriellen Wirtschaftsgütern ins Ausland beseitigt. Dieser Zweck der Regelungen zur Funktionsverlagerungsbesteuerung ist folglich von seiner grundsätzlich Gestaltungsbefugnis gedeckt.

363 Problematisch sind die Vorschriften jedoch im Hinblick auf das Gebot der Folgerichtigkeit, welches als (vergleichsweise strenge) Begrenzungsfunktion des allgemeinen Gleichheitsgrundsatzes aufzufassen ist. Dieses Gebot verlangt, dass der Gesetzgeber das sachgerechte Prinzip, für das er sich entschieden hat, konsequent umsetzen und die einmal getroffene Wertentscheidung folgerichtig durchsetzen muss.[3] Abstufungen müssen in folgerichtigen Übergängen geschehen. Ausnahmen bedürfen eines besonderen sachlichen Grundes,[4] wobei Einnahmeerzielungszwecke nicht genügen.[5]

364 Auf Grundlage dieses Befundes ist zu differenzieren: Bei Wertungswidersprüchen von Verordnungsregelungen mit § 1 Abs. 3b AStG gehen die gesetzgeberischen Regeln der FVerlV ohnehin vor, so dass ein Rückgriff auf Art 3 Abs. 1 GG nicht notwendig ist (vgl. bereits → Rz. 356). Ebenfalls vorrangig ist das Gesetz, wenn Verwaltungsverlautbarungen oder -begründungen sich damit nicht in Einklang bringen lassen. Problematisch im Hinblick auf das Gebot der Folgerichtigkeit sind damit zunächst Widersprüche innerhalb der gesetzlichen Regelungen des § 1 AStG.

365 In diesem Zusammenhang ist zunächst festzustellen, dass im Anwendungsbereich von § 1 Abs. 3b Satz 2 AStG bei einer Einzelbewertung die in einem

---

1 BVerfG, Beschluss v. 6.12.1983 - 2 BvR 1275/79, BVerfGE 65 S. 325, 354; BVerfG, Urteil v. 27.6.1991 - 2 BvR 1493/89, BVerfGE 84 S. 239, 271; BVerfG, Beschluss v. 22.6.1995 - 2 BvL 37/91, BVerfGE 93 S. 121, 136.

2 Vgl. Osterloh/Nußberger in Sachs, Grundgesetz, 10. Aufl. 2024, Art. 3 GG Rz. 136, mit zahlreichen Beispielen aus der Rechtsprechung.

3 BVerfG, Beschluss v. 4.12.2002 - 2 BvL 400/98, BVerfGE 107 S. 27, 49; BVerfG, Beschluss v. 7.11.2006 - 1 BvL 10/02, BVerfGE 117 S. 1, 31; BVerfG, Beschluss v. 13.2.2008 - 2 BvL 1/06, BVerfGE 120 S. 125, 155.

4 BVerfG, Beschluss v. 4.12.2002 - 2 BvL 400/98, BVerfGE 107 S. 27, 47; Jarass in Jarass/Pieroth, Grundgesetz, 18. Aufl. 2024, Art. 3 GG Rz. 47.

5 BVerfG, Urteil v. 9.12.2008 - 2 BvL 1/07 u. a., BVerfGE 122 S. 210, 233.

Transferpaket enthaltenen Vorteile nicht erfasst werden, während diese bei der Gesamtbewertung zu erfassen sind.[1] Nicht abgestimmt erschienen auch die Regelungen in § 1 Abs. 3 Satz 8 und 12 AStG a. F. Während nach Satz 8 auf eine Berichtigung verzichtet werden *kann*, wenn der vereinbarte Preis innerhalb des zutreffenden Einigungsbereichs liegt, *ist* nach Satz 12 eine Berichtigung vorzunehmen, wenn der neu ermittelte Preis außerhalb des ursprünglichen Einigungsbereichs liegt.[2]

Während sich die dargestellten Inkongruenzen ggf. noch durch Auslegung beheben lassen,ist das Transferpaketkonzept des § 1 Abs. 3b AStG problematisch im Hinblick auf die allgemeinen Entstrickungsregelungen (§§ 4 Abs. 1 Satz 3, 16 Abs. 3a EStG sowie § 12 KStG), welche die Erfassung von künftigen Gewinnpotenzialen nicht erfassen. Ein sachlicher Grund für die unterschiedlichen Rechtsfolgen ist nicht ersichtlich. Dies gilt insbesondere für die Vergleichsgruppen der Sitzverlegung einer Körperschaft einerseits und der Verlagerung einer Funktion im Konzern andererseits. Es leuchtet nicht ein, warum nur bei Letzterem Vollzugsdefizite beseitigt werden müssen. 366

Einstweilen frei 367–368

2. Vereinbarkeit mit europäischem Unionsrecht

a) Niederlassungsfreiheit

Nur vereinzelt wird davon ausgegangen, dass die Besteuerung von Funktionsverlagerungen mit der Niederlassungsfreiheit des Art. 49 AEUV im Einklang steht.[3] Zur Begründung wird erwogen, dass die Besteuerung von Funktionsverlagerungen eine laufende Besteuerung eines gewinnrealisierenden Umsatzaktes zum Fremdvergleichswert darstellt und damit schon den Schutzbereich der Niederlassungsfreiheit unberührt lässt.[4] Nicht überraschend ist zudem, dass der Gesetzgeber selbst seine Regelungen für unionsrechtskonform hält.[5] 369

Nach weit überwiegender und richtiger Auffassung stellen die Regelungen dagegen eine Beschränkung der Niederlassungsfreiheit dar, die nicht zu rechtfer- 370

1 Vgl. Schreiber in Kroppen/Rasch, Handbuch Internationale Verrechnungspreise, FVerl (Stand: März 2012) I Anm. 20

2 Vgl. Schreiber in Kroppen/Rasch, Handbuch Internationale Verrechnungspreise, FVerl (Stand: März 2012) I Anm. 23.

3 Zech, Verrechnungspreise und Funktionsverlagerungen, 2009, S. 396 ff.

4 Jahndorf, FR 2008 S. 101, 109.

5 Begründung zur FVerlV, BR-Drucks. 352/08 S. 2, 10.

tigen ist.[1] Die Besteuerung von bloßem Gewinnpotenzial im Outbound-Fall wirkt wie eine Wegzugsbesteuerung,[2] die dazu geeignet ist, die Niederlassung in einem anderen Mitgliedstaat zu beschränken.[3] Ein Eingriff in die Niederlassungsfreiheit liegt damit vor.

371 Dieser Eingriff ist nicht zu rechtfertigen: Zunächst steht nach der Rechtsprechung des EuGH fest, dass die Gefahr der Verminderung von Steuereinnahmen schon grundsätzlich nicht als Rechtfertigungsgrund in Betracht kommt.[4] Auch die Wahrung einer ausgewogenen Aufteilung der Besteuerungsbefugnis zwischen den Mitgliedstaaten[5] rechtfertigt die Regelungen zur Funktionsverlagerung nicht. Dieser Rechtfertigungsansatz kann sich nur auf die angesammelten stillen Reserven im Zeitpunkt der Verlagerung beziehen.[6] Das künftige Gewinnpotenzial wird dagegen im Ausland realisiert und hat mit deutschen Besteuerungsbefugnissen (mindestens) aus unionsrechtlicher Perspektive nichts zu tun.

372 Schließlich handelt es sich bei einer Funktionsverlagerung auch nicht um eine rein künstliche Gestaltung oder einen Missbrauch,[7] da für die Funktionsverlagerung regelmäßig wirtschaftliche Gesichtspunkte ins Feld geführt werden können.[8] Sieht man das anders, müsste § 1 Abs. 3b AStG dem Steuerpflichtigen zumindest die Möglichkeit des Gegenbeweises einräumen und dürfte nicht pauschal alle Funktionsverlagerungssachverhalte als tendenziell missbräuchlich ansehen.[9] Daher kann auch die Verhinderung von Steuerumgehung

1 Vgl. Borstell in Vögele/Borstell/Bernhardt, Verrechnungspreise, 6. Aufl. 2024, Rz. U 241 ff., m. w. N; zu allgemeinen unionsrechtlichen Bedenken gegen § 1 AStG; Schnorberger/Etzig, BB 2024 S. 2135, 21378 ff.; vgl. bereits → Rz. 28 ff.

2 Kraft in Kraft, AStG, 2. Aufl. 2019, § 1 AStG Rz. 525; Dörr/Fehling, NWB 30/2007 S. 2535, 2548 UAAAC-50178; Hey, BB 2007 S. 1303, 1308; Schönefeld, IStR 2011 S. 219, 225 f.; Vogel/Cortez, RIW 2011 S. 532, 535 ff.; Grotherr, Ubg 2023 S. 622; siehe auch Rolf, IStR 2009 S. 152 ff. und Rohler, GmbH-StB 2012 S. 54.

3 Vgl. EuGH, Urteil v. 11.3.2004 - Rs. C-9/02 „Lasteyrie du Saillant“ KAAAB-72877, FR 2004 S. 659.

4 EuGH, Urteil v. 6.6.2000 - Rs. C-35/98 „Verkooijen“ BAAAA-96801, Slg. 2000, I-4071, Rz. 59; EuGH, Urteil v. 3.10.2002 - Rs. C-136/00 „Danner“, Slg. 2002, I-8147, Rz. 56; EuGH, Urteil v. 21.11.2002 - Rs. 436/00 „X und Y“ YAAAB-72816, Slg. 2002, I-10829, Rz. 52.

5 EuGH, Urteil v. 13.12.2005 - Rs. C-446/03 „Marks & Spencer“ ZAAAB-79456, Slg. 2006, I-10837, Rz. 35 ff.

6 Gl. A. Kahle in Haun/Kahle/Goebel, AStG (Stand: Oktober 2024), § 1 Abs. 3b AStG Rz. 253; Frotscher, Internationales Steuerrecht, 5. Aufl. 2020, § 13 Rz. 1083; Hammerschmitt/Rehfeld, IWB 5/2008 S. 229, 233 RAAAC-72824; Goebel/Küntscher, Ubg 2009 S. 235, 242.

7 Vgl. EuGH, Urteil v. 12.9.2006 - Rs. C-196/04 „Cadbury Schweppes“ NAAAC-09456, RIW 2006 S. 785.

8 Hey, BB 2007 S. 1303, 1308; Hammerschmitt/Rehfeld, IWB 5/2008 S. 229, 233 RAAAC-72824.

9 Zutreffend Goebel/Küntscher, Ubg 2009 S. 235, 242.

und Steuerhinterziehung nicht als Rechtfertigungsgrund fruchtbar gemacht werden.[1]

§ 1 Abs. 3b AStG ist damit bei Verlagerungen auf ausländische Unternehmen, die im EU- bzw. EWR-Bereich ansässig sind, nicht anwendbar. Auch wenn sich diese Rechtsfolge konstitutiv aus dem Unionsrecht ergibt, wäre eine Regelung analog § 2a Abs. 2a EStG wünschenswert. 373

Einstweilen frei 374–375

b) Kapitalverkehrsfreiheit

Auch hinsichtlich der Kapitalverkehrsfreiheit nach Art. 63 AEUV wird die Unionsrechtskonformität der Regelungen bezweifelt,[2] wobei im Wesentlichen dieselben Argumente vorgetragen werden wie zur Niederlassungsfreiheit. 376

Unter Kapitalverkehr ist die Werteübertragung in Form von Sach- und Geldkapital zu verstehen, bei der es in erster Linie um die Investition der transferierten Beträge und nicht um die Vergütung einer Dienstleistung geht. Insoweit beschränken die Regelungen zur Funktionsverlagerung auch die Kapitalverkehrsfreiheit. 377

Damit stellt sich das Problem einer Abgrenzung zwischen Kapitalverkehrs- und Niederlassungsfreiheit. Diese Abgrenzung ist für den Bereich der Besteuerung von Funktionsverlagerungen besonders relevant, da die Kapitalverkehrsfreiheit anders als die Niederlassungsfreiheit auch im Verhältnis zu Drittstaaten gilt. § 1 Abs. 3b AStG knüpft an Investitionen zur Aufnahme einer unternehmerischen Tätigkeit an, so dass nach der hier vertretenen Auffassung von einem Vorrang der Niederlassungsfreiheit auszugehen ist. Auf Grundlage der bisherigen Rechtsprechung des EuGH bestehen jedoch Unsicherheiten, ob dieser nicht auch die Kapitalverkehrsfreiheit heranziehen würde.[3] Dies würde der Anwendbarkeit der Vorschriften zur Funktionsverlagerung noch engere Grenzen setzen. 378

Einstweilen frei 379–380

---

1 Vgl. dazu EuGH, Urteil v. 3.10.2002 - Rs. C-136/00 „Danner", Slg. 2002, I 8147.

2 Kahle in Haun/Kahle/Goebel, AStG (Stand: Oktober 2024), § 1 Abs. 3b AStG Rz. 250; Kraft in Kraft, AStG, 2. Aufl. 2019, § 1 AStG Rz. 531 f.; Rolf, IStR 2009 S. 152 ff.; a. A. Jahndorf, FR 2009 S. 101, 110.

3 Vgl. auch FG Düsseldorf, Urteil v. 19.2.2008 - 17 K 894/05 E NAAAC-76544, EFG 2008 S. 1006.

3. Vereinbarkeit mit DBA-Recht

381 Schließlich werden auch Zweifel hinsichtlich der Vereinbarkeit von § 1 Abs. 3b AStG mit Art. 9 OECD-MA und den darauf aufbauenden Vorschriften der Einzel-DBA angemeldet.[1] Insbesondere setze sich der deutsche Gesetzgeber mit der Transferpaketkonzeption über den DBA-rechtlich festgelegten Grundsatz des Fremdvergleichs hinweg, nach dem Fremdvergleichspreise für *einzelne* konzerninterne Geschäftsbeziehungen zu ermitteln sind.[2] Des Weiteren wird überzeugend darauf hingewiesen, dass Deutschland durch die Regelungen zur Funktionsverlagerung zum Teil das Besteuerungsrecht des im ausländischen Staat geschaffenen Mehrwertes beansprucht, was dem Territorialitätsprinzip in Ausprägung internationaler Gewinnabgrenzungsregelungen widerspricht.[3]

382 Umstritten ist, ob diesen Bedenken durch die OECD-Leitlinien 2010 (teilweise) der Boden entzogen worden ist.[4] Diese Leitlinien stimmen teilweise mit den deutschen Regelungen überein; teilweise hat die OECD jedoch auf eine Stellungnahme verzichtet. Zu berücksichtigen ist jedenfalls, dass die OECD-Leitlinien keine rechtliche Bindungswirkung entfalten und es mithin immer auf die jeweilige Regelung im Einzel-DBA ankommen wird.[5]

383 Bejaht man eine Inkongruenz zwischen den nationalen Regeln und DBA-Recht, so ist strittig, welche Rechtsfolgen diese auslöst: Teilweise wird angenommen, dass die Völkerrechtswidrigkeit der nationalen Regelung lediglich völkerrechtliche Rechtsfolgen auslösen kann, z. B. die Kündigung des DBA nach Art. 60 WÜRV. Andererseits wird den Vorschriften zur Funktionsverlagerung im Kollisionsfall die Wirksamkeit abgesprochen, da wegen des Fehlens eines ausdrücklichen Hinweises das Treaty Override im DBA-Fall nicht wirksam sei.[6]

---

1 Ditz/Greinert in Wassermeyer/Baumhoff/Ditz, Verrechnungspreise international verbundener Unternehmen, 2. Aufl. 2022, Rz. 7.34; Ditz in Schönfeld/Ditz, DBA, 3. Aufl. 2025, Art. 9 Rz. 134 ff.; Frotscher, FR 2008 S. 49, 54 f.

2 Borstell in Vögele/Borstell/Bernhardt, Verrechnungspreise, 6. Aufl. 2024, Rz. U 204; Kahle in Haun/Kahle/Goebel, AStG (Stand: Oktober 2024), § 1 Abs. 3b AStG Rz. 17; Ditz/Just, DB 2009 S. 141, 145.

3 Frotscher, Internationales Steuerrecht, 5. Aufl. 2020, § 13 Rz. 1080; Baumhoff/Greinert, IStR 2006 S. 789.

4 Schreiber in Kroppen/Rasch, Handbuch Internationale Verrechnungspreise, FVerl (Stand: März 2012) Anm. 31; Greil, IWB 2/2009 S. 55 ff. JAAAD-03410; a. A. jedenfalls zum Entwurf dieser Leitlinien Baumhoff/Puls, IStR 2009 S. 73 ff.; Welling in FS Schaumburg, 2009 S. 985 ff.; *Haas* in FS Schaumburg, 2009, S. 715 ff.

5 Vgl. etwa Freudenberg/Ludwig, BB 2011 S. 215; zu den OECD-Verrechnungspreisleitlinien 2022 vgl. Eymann/Schneider, Ubg 2024 S. 672, 674.

6 Kaminski, StuW 2008 S. 343; *Haas* in FS Schaumburg, 2009, S. 715, 736 ff.; a. A. Hornig, PIStB 2008 S. 45 f.; Looks/Steinert/Müller, BB 2009 S. 2348, 2352.

Es ist im Einzelfall zu entscheiden, ob Regelungen zur Funktionsverlagerung als Treaty Override einzuordnen sind. Ein solches setzt voraus, dass der nationale Gesetzgeber mit Wissen und Wollen eine Norm erlässt, die die entsprechende Regelung des DBA verdrängen soll.[1] Gerade die Tatsache, dass die Regelungen zu Recht als deutscher Alleingang gewertet werden, lässt den Schluss zu, dass es dem deutschen Gesetz- bzw. Verordnungsgeber bewusst war, Normen zu schaffen, die über Art. 9 Abs. 1 OECD-MA und die darauf aufbauenden Einzel-DBA-Vorschriften hinausgehen. Ein ausdrücklicher Hinweis wäre zwar wünschenswert, jedoch vor dem Hintergrund der insoweit recht eindeutigen Rechtslage nur der Form, aber nicht dem Inhalt nach geschuldet gewesen. 384

Sind die Regelungen zur Funktionsverlagerung nicht durch eine DBA-rechtskonforme Auslegung mit den Regeln des jeweiligen Einzel-DBA in Einklang zu bringen, waren die Aussagen des BFH zu verfassungsrechtlichen Rechtsfolgen des Treaty Override heranzuziehen: Dieser hielt § 50d Abs. 8 EStG wegen eines nicht zu rechtfertigenden Verstoßes gegen den allgemeinen völkerrechtlichen Grundsatz des pacta sunt servanda, gegen Art. 3 Abs. 1 GG und gegen die verfassungsmäßige Ordnung für verfassungswidrig und hatte sich mit einem entsprechenden Vorlagebeschuss an das BVerfG gewandt.[2] Nach der überzeugenden Auffassung des I. Senats wären die Vorschriften dann ebenfalls als verfassungswidrig zu qualifizieren. Es ist indes darauf hinzuweisen, dass das BVerfG § 50d Abs. 8 EStG für verfassungskonform erklärt hat.[3] Konsequenz ist, dass auch die Regelungen zur Funktionsverlagerung nicht unter dem Aspekt eines Treaty Override als verfassungswidrig einzuschätzen sind. 385

Einstweilen frei 386–388

IV. Verhältnis zu anderen Vorschriften

1. Verhältnis zu § 1 Abs. 1, 2, 3c, 4 und 5 AStG

Die Regelungen zur Funktionsverlagerung stellen eine Konkretisierung der allgemeinen Vorschriften des § 1 AStG dar. Die Voraussetzungen der § 1 Abs. 1, 2, 4 und 5 AStG müssen daher auch bei einer Funktionsverlagerung erfüllt sein, es sei denn die Regelungen des § 1 Abs. 3b AStG enthalten eine Spezialregelung. Hieraus folgt, dass der Fremdvergleichsgrundsatz des § 1 Abs. 1 389

1 Drüen in Tipke/Kruse, AO/FGO, § 2 AO Rz. 2; Seer, IStR 1997 S. 481, 485.

2 BFH, Beschluss v. 10.1.2012 - I R 66/09 RAAAE-09077, DStR 2012 S. 949; vgl. bereits Gosch, IStR 2008 S. 413, 418 f.

3 BVerfG, Beschluss v. 15.12.2015 - 2 BvL 1/12 YAAAF-66859, DStR 2016 S. 359.

Satz 1 AStG auch im Rahmen der Funktionsverlagerung gilt. Auch § 1 Abs. 1 Satz 2 und 3 AStG sind anwendbar. Zum Verhältnis zwischen den Regelungen der Funktionsverlagerung und dem sog. **DEMPE-Konzept** des § 1 Abs. 3c AStG gilt Folgendes:[1] Soweit durch organisatorische Veränderungen DEMPE-Funktionen und -Risiken räumlich verlagert werden, kann dies den Tatbestand des § 1 Abs. 3b Satz 1 AStG erfüllen,[2] so dass die Rechtsfolgen einer Funktionsverlagerung greifen. Darauffolgend können dann die Voraussetzungen des § 1 Abs. 3c AStG erfüllt sein. Es ist mithin bei Anwendung des DEMPE-Konzepts, welches selbst keine Funktionsverlagerung auslöst, zu prüfen, ob es vorher zu einer Funktionsverlagerung gekommen ist.

390 Im Bereich der Funktionsverlagerung anzuwenden sind schließlich die Definitionen der nahestehenden Person i. S. des § 1 Abs. 2 AStG sowie der Geschäftsbeziehung nach § 1 Abs. 4 AStG.

391–392 *Einstweilen frei*

2. Verhältnis zum tatsächlichen Fremdvergleich

393 Nach dem ausdrücklichen Wortlaut von § 1 Abs. 3b Satz 1 AStG gelten die Regelungen zur Funktionsverlagerung nur in den Fällen, in denen ein hypothetischer Fremdvergleich durchzuführen ist. Hieraus folgt zunächst, dass die Ermittlung von Verrechnungspreisen nach den Regeln zur Funktionsverlagerung nicht auch mithilfe von Verrechnungspreisen nach § 1 Abs. 3 Satz 1 oder 2 AStG erfolgen kann.

394 Ist indes die Preisbestimmung für das Transferpaket als Ganzes[3] aufgrund uneingeschränkt oder eingeschränkt vergleichbarer Vergleichswerte möglich, ordnete § 2 Abs. 1 Satz 1 FVerlV a. F. den Vorrang von § 1 Abs. 3 Satz 1–4 AStG an. Diese Vorrangregelung ist in § 2 FVerlV n. F. zwar nicht mehr enthalten, ergibt sich aber bereits durch § 1 Abs. 3 Satz 7 AStG, auf den § 1 Abs. 3b Satz 1 AStG ausdrücklich verweist. Die Anwendung von § 1 Abs. 1 Satz 1–4 AStG dürfte indes in der Praxis bei der Verlagerung von Funktionen die Ausnahme sein, da regelmäßig keine Vergleichswerte festgestellt werden können.[4] Denkbar ist aber, dass Schadensersatz-, Entschädigungs- oder Aus-

---

1 Grotherr, DStZ 2022 S. 35, 45; vgl. hierzu auch Leonhardt, IStR 2021 S. 628, 633.

2 BMF, Schreiben v. 12.12.2024 - IV B 3 - S 1341/19/10017:004, BStBl 2025 I S. 207, Rz. 3.89; kritisch dazu Engelen/Wargowske, ISR 2025 S. 117, 120.

3 Vgl. Schreiber in Kroppen/Rasch, Handbuch Internationale Verrechnungspreise, FVerl (Stand: März 2012) I Anm. 14.

4 Vgl. Frischmuth in FS Schaumburg, 2009, S. 647 ff.; einschränkend Grotherr, DStZ 2022 S. 35, 41 f.

gleichsansprüche bestehen, die auch voneinander unabhängige Dritte unter ähnlichen Umständen geltend gemacht hätten. Diese können nach § 8 Satz 1 FVerlV a. F. (§ 7 Satz 1 FVerlV n. F.) der Besteuerung einer Funktionsverlagerung zugrunde gelegt werden, wenn der Steuerpflichtige glaubhaft macht, dass solche Dritte unter ähnlichen Umständen in vergleichbarer Art und Weise verfahren wären. Der Steuerpflichtige muss zusätzlich nachweisen, dass keine wesentlichen immateriellen Wirtschaftsgüter oder sonstigen Vorteile übertragen oder zur Nutzung überlassen worden sind, es sei denn, die Übertragung oder Überlassung ist zwingende Folge von Ansprüchen i. S. des § 8 Satz 1 FVerlV a. F. (§ 7 Satz 2 FVerlV n. F.).

Einstweilen frei 395–396

3. Verhältnis zur FVerlV

Die noch auf Grundlage von § 1 Abs. 3 Satz 13 AStG a. F. erlassene FVerlV ergänzt die Regelungen des § 1 Abs. 3b AStG (§ 1 Abs. 3 Sätze 9 ff. AStG a. F). Dabei muss sich die Verordnung an den Rahmen der Ermächtigungsgrundlage halten und „Einzelheiten" der im Gesetzestext verwendeten Begriffe klären. Dies ergibt sich auch aus der nunmehr einschlägigen Verordnungsermächtigung des § 1 Abs. 6 AStG, auf dessen Grundlage die neue Funktionsverlagerungsverordnung erlassen worden ist.[1] Über „Einzelheiten" hinausgehende Regelungen erfüllen den gesetzlichen Rahmen nicht; die entsprechende Regelung ist nichtig (vgl. bereits → Rz. 356). Es ist mithin im Einzelfall durch Auslegung zu ermitteln, ob eine Regelung der FVerlV noch den Rahmen der gesetzlichen Umschreibungen einhält oder schon darüber hinausgeht. 397

Einstweilen frei 398–399

4. Verhältnis zu anderen innerstaatlichen Vorschriften

Führt die Anwendung des Fremdvergleichsgrundsatzes in Fällen von Funktionsverlagerungen zu weitergehenden Berichtigungen als die Anwendung anderer Einkünfteermittlungs- oder Korrekturvorschriften (z. B. § 8 Abs. 3 KStG für verdeckte Gewinnausschüttungen und Einlagen, § 4 Abs. 1 EStG für Entnahmen und Einlagen), sind die weitergehenden Berichtigungen nach § 1 Abs. 1 Satz 4 AStG zusätzlich neben den Rechtsfolgen der anderen Vorschrif- 400

1 FVerlV v. 18.10.2022, BGBl 2022 I S. 1803, BStBl 2022 I S. 1440.

ten durchzuführen.[1] Dies ist dahin zu verstehen, dass § 1 AStG gegenüber anderen Einkünftekorrekturvorschriften (insbesondere § 8 Abs. 3 Satz 2 KStG) grundsätzlich zurücktritt und nur dann (subsidiär) zur Anwendung kommt, wenn die andere Norm Berichtigungen nur in einem geringeren Umfang zulässt.[2] Bezogen auf den Anwendungsbereich der Funktionsverlagerung, bedeutet dies, dass für den Fall, dass der Korrekturbetrag nach den Regeln der verdeckten Gewinnausschüttung 80 und nach § 1 Abs. 3b AStG 100 betragen würde, dann der Betrag von 80 den Rechtsfolgen einer verdeckten Gewinnausschüttung unterworfen würde und kapitalertragsteuerpflichtig wäre und die zusätzliche Korrektur i. H. von 20 die Rechtsfolgen einer Korrektur nach § 1 AStG auslösen würden, ohne dass insoweit eine **Kapitalertragsteuerpflicht** ausgelöst würde.[3] Zu berücksichtigen ist hierbei, dass die verdeckte Gewinnausschüttung nur die Besteuerung von Einzelwirtschaftsgütern zu ihrem gemeinen Wert erfasst. Das Transferpaket i. S. des § 1 Abs. 3b AStG weist regelmäßig einen (deutlich) höheren Wert als die gemeinen Werte der Einzelwirtschaftsgüter aus, so dass die Differenz zwischen dem Wert des Transferpaketes und den gemeinen Werten der Einzelwirtschaftsgüter nach § 1 Abs. 3b Satz 1 AStG zu korrigieren ist.[4] Die Kapitalertragsteuer auf die verdeckte Gewinnausschüttung kann sich nicht auf den Transferpaketwert insgesamt, sondern nur auf die Summe der Einzelwerte der übertragenen Wirtschaftsgüter beziehen.[5] Des Weiteren ist § 4f EStG auf Funktionsverlagerungen anwendbar.[6]

401–403 *Einstweilen frei*

V. Mitwirkungs-, Aufzeichnungs- und Anzeigepflichten

404 Eine Funktionsverlagerung ist eine **Geschäftsbeziehung** i. S. des § 1 Abs. 4 AStG und damit vom Steuerpflichtigen nach § 90 Abs. 3 AO zeitnah zu dokumentieren.[7] Die Aufzeichnungspflichten werden durch die Gewinnabgren-

---

1 Zum Verhältnis zwischen Funktionsverlagerung und verdeckter Gewinnausschüttung vgl. auch Andresen, IWB 10/2013 S. 333 NAAAE-35814, mit Beispielsfall; Ditz, ISR 2024 S. 123, 125 f.; Schnorberger/Etzig, BB 2024 S. 2135 f.

2 BFH, Urteil v. 9.8.2023 - I R 54/19, BStBl 2024 II S. 675, Rz. 21; BMF, Schreiben v. 12.12.2024 - IV B 3 - S 1341/19/10017:004, BStBl 2025 I S. 207, Rz. 1.4.

3 Borstell in Vögele/Borstell/Bernhardt, Verrechnungspreise, 6. Aufl. 2024, Rz. U 201; vgl. auch Solowjeff/Geserich, ISR 2024 S. 397, 399.

4 Ditz/Haverkamp, IStR 2020 S. 499, 505; Haverkamp/Meinert, Ubg 2020 S. 690 f.

5 Gl. A. Ditz/Haverkamp, IStR 2020 S. 499, 505.

6 Zu Einzelheiten Reichl/von Bredow, IStR 2015 S. 23 ff.

7 Frotscher, Internationales Steuerrecht, 5. Aufl. 2020, § 13 Rz. 1069; vgl. auch Zech, Verrechnungspreise und Funktionsverlagerungen 2009, S. 375 ff.

zungsaufzeichnungsverordnung (GAufzV) vom 12.7.2017 weiter konkretisiert.[1] Zu unterscheiden ist zwischen der Sachverhalts- und der Angemessenheitsdokumentation (§ 90 Abs. 3 Satz 2 AO). Für die **Sachverhaltsdokumentation** hat der Steuerpflichtige Aufzeichnungen über Art, Inhalt und Umfang seiner Geschäftsbeziehungen zu nahestehenden Personen sowie über die wirtschaftlichen und rechtlichen Rahmenbedingungen zu erstellen (vgl. § 1 Abs. 2 und § 4 GAufzV).[2] Die Aufzeichnungen müssen einem sachverständigen Dritten in angemessener Zeit ein grundlegendes Verständnis der Wertschöpfung innerhalb der Unternehmensgruppe bzw. innerhalb des einheitlichen Unternehmens, des Geschäftsmodells und des Funktions- und Risikoprofils der Transaktionspartner vermitteln.[3] Ggf. darzustellen sind eine Industrie- und Unternehmensanalyse, eine umfassende Funktionsanalyse (mit Darstellung des ursprünglichen Funktions- und Risikoprofils des deutschen Unternehmens, Restrukturierungsmaßnahmen und des Funktions- und Risikoprofils des deutschen und des verbundenen Unternehmens nach erfolgter Funktionsanalyse), die Wertschöpfungsketten sowie die Transaktionsanalyse (einschließlich Darstellung der Transaktionspartner, der Bestandteile des Transferpaketes sowie der vertraglichen Grundlagen).[4] Daneben sind Aufzeichnungen über die Angemessenheit der Verrechnungspreise zu erstellen (**Angemessenheitsdokumentation**; vgl. §§ 1 Abs. 3, 4 GAufzV). Diese beziehen sich auf die wirtschaftlichen und rechtlichen Grundlagen, aus denen sich ergibt, dass der Steuerpflichtige den Fremdvergleichsgrundsatz beachtet hat.[5] Sie beinhaltet insbesondere die Darstellung der steuerlichen Behandlung der Funktionsverlagerung und der Bestimmung der Ausgleichszahlung.[6] Für die Anwendung des Fremdvergleichsgrundsatzes ist nach § 1 Abs. 1 Satz 3 AStG davon auszugehen, dass die voneinander unabhängigen Dritten alle wesentlichen Umstände der Geschäftsbeziehung kennen. Hieraus wird gefolgert, dass sämtliche Unterlagen des ausländischen an der Funktionsverlagerung beteiligten Unternehmen vorgelegt werden müssen.[7] Flankiert werden die Regelungen durch die Sanktionsmöglichkeiten nach § 162 Abs. 3 Satz 1 AO. Danach wird bei Verletzung der Mitwirkungspflichten nach § 90 Abs. 3 AO widerlegbar vermutet, dass die im

1 BGBl 2017 I S. 2367.

2 BMF, Schreiben v. 3.12.2020 - IV B 5 - S 1341/19/10018 :001, BStBl 2020 I S. 1325, Rz. 40.

3 BMF, Schreiben v. 3.12.2020 - IV B 5 - S 1341/19/10018 :001, BStBl 2020 I S. 1325, Rz. 42.

4 Borstell in Vögele/Borstell/Bernhardt, Verrechnungspreise, 6. Aufl. 2024, Rz. U 757, mit detaillierter Übersicht zur Gliederung der Dokumentation.

5 BMF, Schreiben v. 3.12.2020 - IV B 5 - S 1341/19/10018 :001, BStBl 2020 I S. 1325, Rz. 44.

6 Borstell in Vögele/Borstell/Bernhardt, Verrechnungspreise, 6. Aufl. 2024, Rz. U 757.

7 Borstell in Vögele/Borstell/Bernhardt, Verrechnungspreise, 6. Aufl. 2024, Rz. U 748.

Inland steuerpflichtigen Einkünfte, zu deren Ermittlung die Aufzeichnungen i. S. des § 90 Abs. 3 AO dienen, höher als die vom Steuerpflichtigen erklärten Einkünfte sind. In Funktionsverlagerungsfällen bedeutet dies regelmäßig eine Schätzung des Verrechnungspreises für das Transferpaket als Ganzes, wobei die Finanzverwaltung den Schätzungsrahmen voll zulasten des Steuerpflichtigen ausnutzen kann.[1]

405 Des Weiteren kann gem. § 162 Abs. 3 Satz 3 AO eine Preisspanne zulasten des Steuerplfichtigen ausgeschöpft werden, wenn Zweifel an der Angemessenheit der bisher vereinbarten Preise deshalb nicht ausgeräumt werden können, weil das ausländische Unternehmen seine Mitwirkungspflichten nicht erfüllt.[2] Ein Schätzungsrahmen kann damit auch dann zulasten der inländischen Konzerngesellschaft ausgeschöpft werden, wenn diese ihre Mitwirkungspflichten erfüllt hat.

406 Gegen die Regelung werden aus verschiedenen Gesichtspunkten Bedenken erhoben. Zunächst kann eingewandt werden, dass eine ausländische Gesellschaft keine Mitwirkungspflichten im Inland hat.[3] Des Weiteren ist schwer einzusehen, warum die Mitwirkungsverweigerung einer ausländischen Gesellschaft zulasten eines schuldlosen Steuerpflichtigen gehen soll.[4]

407 Das potenzielle Vorliegen einer Funktionsverlagerung kann seit dem 1.7.2020 **anzeigepflichtig** nach § 138d Abs. 1 AO sein, wenn die Voraussetzungen der §§ 138d ff. AO erfüllt sind. Als unbedingtes Kennzeichen i. S. des § 138d Abs. 2 Satz 1 Nr. 3 Buchst. b AO ist für die Funktionsverlagerung die Regelung des § 138e Abs. 2 Nr. 4 Buchst. c AO einschlägig. Danach sind Verrechnungspreisgestaltungen gegenüber dem Bundeszentralamt für Steuern anzeigepflichtig, bei denen innerhalb von verbundenen Unternehmen eine grenzüberschreitende Übertragung oder Verlagerung von Funktionen, Risiken sowie Wirtschaftsgütern und sonstigen Vorteilen stattfindet und der erwartete Gewinn vor Zinsen und Steuern (EBIT) des übertragenden Unternehmens über einen Zeitraum von drei Jahren (Durchschnittsbetrachtung) nach der Übertragung weniger als 50 % des jährlichen EBIT des übertragenden Unternehmens beträgt, welches erwartet worden wäre, wenn die Übertragung nicht stattgefunden hätte. Eine

1 Borstell in Vögele/Borstell/Bernhardt, Verrechnungspreise, 6. Aufl. 2024, Rz. U 775; kritisch dazu Ebeling, DB 2018 S. 2445, gestützt auf eine empirische Analyse mit Marktdaten.

2 Kritisch Schreiber in Kroppen/Rasch, Handbuch Internationale Verrechnungspreise, FVerl (Stand: März 2012) I Anm. 39.

3 Kroppen/Rasch/Eigelshoven, IWB 6/2007 S. 301, 328 EAAAC-40634.

4 Schreiber in Kroppen/Rasch, Handbuch Internationale Verrechnungspreise, FVerl (Stand: März 2012) I Anm. 39.

Anzeigepflicht besteht folglich nur, wenn sich die potenzielle Funktionsverlagerung erheblich negativ auf den erwarteten jährlichen Gewinn vor Zinsen und Steuern des übertragenden Unternehmens auswirkt,d. h. d. h, wenn eine Funktionsausgliederung oder eine Funktionseinschränkung bzw. Funktionsabschmelzung vorliegt.[1] Gleichwohl scheinen Mitteilungen zu Funktionsverlagerungen einen erheblichen Anteil an den gesamten mitteilungspflichtigen grenzüberschreitenden Sachverhalten auszumachen.[2]

Einstweilen frei 408–410

VI. Erläuterungen zu § 1 Abs. 3b Satz 1 AStG (Tatbestand der Funktionsverlagerung)

1. Fälle des § 1 Abs. 3 Satz 7 AStG

§ 1 Abs. 3b Satz 1 AStG stellt zunächst klar, dass ein Fall des § 1 Abs. 3 Satz 7 AStG vorliegen muss, also weder uneingeschränkt noch eingeschränkt vergleichbare Fremdvergleichspreise vorliegen und daher ein hypothetischer Fremdvergleich anzustellen ist. Die Regelungen zur Funktionsverlagerung sind damit ein Sonderfall des hypothetischen Fremdvergleichs.[3] 411

Einstweilen frei 412–413

2. Funktion

a) Abgrenzungsproblematik

§ 1 Abs. 3b Satz 1 AStG beinhaltet keine Definition der Funktion.[4] Auch Begriffe der Betriebswirtschaft[5] kommen als taugliche Abgrenzung nicht in Betracht, weil sie die Anforderungen des Bestimmtheitsgebots kaum erfüllen 414

1 Grotherr, DStZ 2022 S. 35, 37.

2 Grotherr, DStZ 2022 S. 35, 37, unter Hinweis auf Kowallik, beck.digitax 2021 S. 46, wonach Mitteilungen zu Funktionsverlagerungen etwa 18 % der gesamten Meldefälle ausmachen.

3 BMF, Schreiben v. 12.12.2024 - IV B 3-S 1341/19/10017:004, BStBl 2025 I S. 207, Rz. 3.87; Frotscher, Internationales Steuerrecht, 5. Aufl. 2020, § 13 Rz. 1067; siehe auch → Rz. 393 f.

4 Vgl. Baumhoff/Ditz/Greinert, DStR 2007 S. 1649 f.; Wulf, DB 2007 S. 2280; Wassermeyer, FR 2008 S. 67; Jahndorf, FR 2008 S. 101; Borstell/Schäperclaus, IStR 2008 S. 275; Frischmuth, IWB 2/2011 S. 48, 52 ff. JAAAD-59995; Baumhoff, WPg 2012 S. 396, 398 f.; Blum/Lange, GmbHR 2011 S. 65 ff.

5 Vgl. dazu Schreiber in Kroppen/Rasch, Handbuch Internationale Verrechnungspreise, FVerl (Stand: März 2012) I Anm. 42; Borstell in Vögele/Borstell/Bernhardt, Verrechnungspreise, 6. Aufl. 2024, Rz. U 14 f.; Borstell/Schäperclaus, IStR 2008 S. 275 f.; Wolter/Pitzal, IStR 2008 S. 793, 797.

können (vgl. → Rz. 336 ff.).[1] Vor dem Hintergrund dieser Ausprägung des Rechtsstaatsprinzips ist allgemein darauf hinzuweisen, dass jede ausufernde Interpretation des Funktionsbegriffs verfassungsrechtliche Probleme hervorruft. Dies gilt umso mehr, als die Regeln zur Besteuerung von Funktionsverlagerungen eine Ausnahme vom Grundsatz der Einzelbewertung darstellen. Vor diesem Hintergrund muss für den Steuerpflichtigen deutlich voraussehbar sein, welche Einheiten eine Funktion darstellen und welche nicht.

415 *Einstweilen frei*

b) Konkretisierungen nach § 1 Abs. 1 FVerlV

416 § 1 Abs. 1 Satz 1 FVerlV erläutert den Begriff der Funktion als eine Geschäftstätigkeit, die aus einer Zusammenfassung gleichartiger betrieblicher Aufgaben besteht, die von bestimmten Stellen oder Abteilungen eines Unternehmens erledigt werden. § 1 Abs. 1 Satz 2 FVerlV legt darüber hinaus fest, dass sie ein organischer Teil eines Unternehmens ist, ohne dass ein Teilbetrieb im steuerlichen Sinn vorliegen muss. Diese grundlegenden Definitionen sind auch in § 1 Abs. 1 Satz 1 und 2 FVerlV n. F. unverändert enthalten.

417 Nicht zweifelsfrei ist, was als **Geschäftstätigkeit** anzusehen ist: Eine enge Auslegung des Begriffs verlangt ein erwerbsmäßiges Tätigwerden auf einem *externen Markt* zur Erzielung von Einnahmen.[2] Damit wären lediglich die **organisatorischen Bereiche** Produktion (einschließlich Montage, Veredelung und Qualitätskontrolle), Vertrieb (einschließlich Verpackung und Transport)[3] sowie Beschaffung (wenn als Profitcenter geführt) als Funktion eines Unternehmens aufzufassen.

418 Die FinVerw. und Teile der Literatur gehen indes davon aus, dass das Merkmal der Geschäftstätigkeit nicht erfordert, dass die Tätigkeit gegenüber anderen Marktteilnehmern angeboten wird. Danach reicht es aus, wenn diese nur **für konzernangehörige Unternehmen** erbracht wird.[4] Folgt man dem, sind neben den genannten Bereichen auch **unternehmensinterne Aufgaben** wie For-

1 A. A. Polka, StB 2020 S. 51 ff.

2 Frischmuth, StuB 2008 S. 864 f.

3 Zu Vertriebsabspaltungen vgl. Bernhardt/van der Ham/Kluge, IStR 2008 S. 1 ff.

4 BMF, Schreiben v. 12.12.2024 - IV B 3 - S 1341/19/10017:004, BStBl 2025 I S. 207, Rz. 3.88; Saliger in Mann/Staats, BeckOK AStG (Stand: März 2025), § 1 AStG Rz. 518; Pohl in Brandis/Heuermann, Ertragsteuerrecht (Stand: November 2024), § 1 AStG Rz. 141; vgl. auch Wolff-Seeger/Saliger, ISR 2017 S. 235 f.

schung und Entwicklung,[1] verwaltungsbezogene Leistungen, Absatz (einschließlich Marketing und Kundendienst), Finanzen sowie sonstige Dienstleistungen im Geschäftsleitungs- bzw. Organisationsbereich erfasst.[2] Des Weiteren kann nach Auffassung der FinVerw. im Einzelfall eine weitere Untergliederung z. B. nach Produkten, Produktgruppen oder Regionen relevant sein.[3] In diesem Sinne kann auch die Produktion von Ersatzteilen den Funktionsbegriff erfüllen.[4] Gleiches gilt nach Auffassung der FinVerw für den Vertrieb eines bestimmten Produkts, einer bestimmten Produktgruppe oder eine bestimmte Geschäftstätigkeit für eine bestimmte Region.[5]

Diese weite Auslegung des Begriffs der Geschäftstätigkeit entspricht dem Re- 419
gelungszweck, die Besteuerung in Deutschland geschaffener Werte sicherzustellen.[6] Für eine weite Auslegung spricht des Weiteren die Ausnahmeregelung in § 1 Abs. 3b Satz 2 AStG.[7]

Die Geschäftstätigkeit muss aus **einer Zusammenfassung gleichartiger be- 420
trieblicher Aufgaben** bestehen, die von bestimmten Stellen oder Abteilungen eines Unternehmens erledigt werden. Damit knüpft der Verordnungsgeber an die tatsächliche Unternehmensstruktur an.[8]

Nicht geklärt ist, worauf sich das **Merkmal der Gleichartigkeit** bezieht. Auch 421
der Grad der Gleichartigkeit bleibt fraglich.[9] Dies illustriert das von Schreiber dargestellte Beispiel eines Bäckers, der sowohl eine einzige betriebliche Aufgabe (Betrieb einer Bäckerei) als auch unzählige betriebliche Aufgaben (unterteilt nach einzelnen Backprodukten und Geschäftsbereichen) wahrnehmen könnte.[10] Die Finanzverwaltung geht neben einem tätigkeitsbezogenen Begriffsverständnis zudem von einem objekt- bzw. produktbezogenen Begriffsverständnis aus. Demgegenüber wird in der Literatur nicht die Produktion eines bestimmten Produkts bzw. einer bestimmten Produktgruppe als eine

1 Hentschel/Kraft, IStR 2015 S. 193 f.; zu deutsch-französischen Sachverhalten siehe Brinkmann/Maier/Brandstätter, IStR 2009 S. 563.

2 BMF, Schreiben v. 12.12.2024 - IV B 3-S 1341/19/10017:004, BStBl 2025 I S. 207, Rz. 3.89.

3 BMF, Schreiben v. 12.12.2024 - IV B 3-S 1341/19/10017:004, BStBl 2025 I S. 207, Rz. 3.90; vgl. auch Looks/Freudenberg, BB 2009 S. 2515.

4 Wolff-Seeger/Saliger, ISR 2017 S. 235, 237, mit Fallbeispiel.

5 BMF, Schreiben v. 12.12.2024 - IV B 3 - S 1341/19/10017:004, BStBl 2025 I S. 207, Rz. 3.90.

6 Vgl. Schreiber, Ubg 2008 S. 433, 436; Oestreicher, Ubg 2009 S. 80, 82.

7 Zutreffend bereits Schreiber in Kroppen/Rasch, Handbuch Internationale Verrechnungspreise, FVerl (Stand: März 2012) Anm. 44, betreffend § 1 Abs. 3 Satz 10 AStG a. F.

8 Haas, Ubg 2008 S. 517, 520.

9 Borstell/Schäperclaus, IStR 2008 S. 275, 277.

10 Schreiber in Kroppen/Rasch, Handbuch Internationale Verrechnungspreise, FVerl (Stand: März 2012) I Anm. 44; vgl. auch Wolter/Pitzal, IStR 2008 S. 793, 800.

Funktion angesehen, sondern auf einen Geschäftsbereich abgestellt.[1] Das FG Niedersachsen hat die Streitfrage ausdrücklich offengelassen.[2]

422 Überzeugend erscheint eine **einschränkende Auslegung** des Begriffs. Hierfür lassen sich wiederum die Bestimmtheitsanforderungen ins Feld führen: Für den Steuerpflichtigen muss vorhersehbar sein, welche betrieblichen Aufgaben zusammengefasst eine Funktion darstellen. Des Weiteren sind die Dokumentationspflichten[3] des Steuerpflichtigen im Auge zu behalten: Diese würden bei einem zu weiten Verständnis der Gleichartigkeit zu einer unverhältnismäßigen Überforderung führen. Sachgerecht erscheint daher, auf die Möglichkeit des Steuerpflichtigen abzustellen, der jeweiligen betrieblichen Aufgabe Umsatz- und Ergebnisanteile zuordnen zu können. Diese Interpretation der Vorschrift passt im Übrigen zum Verständnis einer Funktion als „organischer Teil" eines Unternehmens.

423 § 1 Abs. 1 Satz 2 FVerlV beschreibt den Begriff Funktion im Weiteren ergänzend **als organischen Teil eines Unternehmens**. Offen bleibt das Verhältnis dieser Definition zu der Begriffsbestimmung in § 1 Abs. 1 Satz 1 FVerlV. Weil der Verordnungsgeber darauf verzichtet hat, das Verhältnis zwischen Satz 1 und Satz 2 näher zu klären, ist davon auszugehen, dass eine Funktion zusätzlich organischer Teil des Unternehmens sein muss.[4] Klar ist hingegen, dass ein steuerlicher Teilbetrieb nicht vorliegen muss, auch wenn zum Teil eine Orientierung am Teilbetriebsbegriff vorgeschlagen wird, um Präzisierungsschwächen der vorliegenden Definition einzudämmen.[5]

424 Folgt man dagegen Erläuterungen der FinVerw.,[6] ist allein auf den Begriff des organischen Teils abzustellen, der eine gewisse **Eigenständigkeit** impli-

---

1 Baumhoff/Ditz/Greinert DStR 2007 S. 1449 f.; Borstell/Schäperclaus IStR 2008 S. 275; Frotscher FR 2008 S. 49 f.; Baumhoff/Ditz/Greinert Ubg 2011 S. 162.

2 FG Niedersachsen, Urteil v. 16.3.2023 - 10 K 310/19, EFG 2023 S. 1519, Rz. 22, nrkr. (Az. des BFH I R 43/23); vgl. hierzu auch Busch, DStR 2025 S. 191.

3 Für kleine und mittlere Unternehmen (KMU) ergeben sich durch das Gesetz zur Umsetzung der sog. DAC-7-Richtlinie bedeutende Veränderungen: Ab dem Wirtschaftsjahr 2025 ändert sich sowohl der zeitliche als auch der inhaltliche Anspruch an die Vorlage der Verrechnungspreisdokumentation. Dies hat zur Folge, dass sich KMU zukünftig bereits im Vorfeld einer steuerlichen Betriebsprüfung gründlich vorbereiten müssen, um im Nachgang mögliche Sanktionen zu vermeiden.

4 Offen gelassen durch FG Köln, Urteil v. 13.6.2024 - 13 K 2752/20 AAAAJ-95688, ISR 2025 S. 290, 291, rkr.; vgl. hierzu auch van der Ham, ISR 2025 S. 290, 293; Retzer/Schell, IWB 18/2025 S. 695 YAAAJ-99727.

5 Borstell/Schäperclaus, IStR 2008 S. 275, 284; vgl. auch Fuhrmann, KÖSDI 2008 S. 16188 f.

6 Vgl BMF, Schreiben v. 12.12.2024 - IV B 3 - S 1341/19/10017:004, BStBl 2025 I S. 207, Rz. 3.88; kritisch zu Recht Baumhoff/Ditz/Greinert, Ubg 2011 S. 161 f.

ziert.[1] Diese Eigenständigkeit zeichnet sich dadurch aus, dass der Funktion bestimmte **Erträge und Aufwendungen** zugeordnet werden können.[2] Hieraus folgt zunächst, dass **betriebsfremde Nebentätigkeiten** nicht erfasst sind.[3] Des Weiteren kann als Funktion nach den dargelegten Grundsätzen nur eine Geschäftstätigkeit in Betracht kommen, für die nach dem internen und externen **Reporting** eine Berichtseinheit gebildet worden ist (Unternehmensbereiche, Divisionen, Geschäftsfelder).[4]

Liegen diese Voraussetzungen vor, können auch Einheiten als organischer Teil 425
und damit als Funktion angesehen werden, denen bislang keine Umsätze mit dritten Marktteilnehmern bzw. Konzerngesellschaften, sondern lediglich Aufwendungen zugeordnet werden konnten.[5] Damit können auch betriebsinternen Zwecken dienende „Geschäftstätigkeiten" (zu diesem weiten Verständnis vgl. bereits → Rz. 417 ff.) wie Rechnungswesen, Mitarbeiterverpflegung, IT oder Gebäudeüberwachung als Funktion verstanden werden.

Einstweilen frei 426–427

3. Dazugehörige Chancen und Risiken

Tatbestandlich setzt § 1 Abs. 3b Satz 1 AStG genauso wie § 1 Abs. 3 Satz 9 428
AStG a. F. des Weiteren voraus, dass die Funktion einschließlich der dazugehörigen Chancen und Risiken übertragen wird. Die Regelungen zur Funktionsverlagerung können damit nur eingreifen, wenn *kumulativ* Funktion und alle Chancen sowie Risiken übertragen werden Die **Funktionsabspaltung** fällt vor diesem Hintergrund nicht in den Anwendungsfall des § 1 Abs. 3b Satz 1 AStG bzw. § 1 Abs. 3 Satz 9 ff. AStG a. F., weil hier das Risiko im Wesentlichen beim verlagernden Unternehmen verbleibt (siehe auch → Rz. 459).[6] Trägt das verlagernde Unternehmen keine Risiken, bedarf es allerdings auch nicht des Übergangs von Risiken neben der Übertragung von Chancen.[7]

---

1 BFH, Urteil v. 9.8.2023 - I R 54/19, BStBl 2024 II S. 675, Rz. 45.

2 Vgl. BMF, Schreiben v. 12.12.2024 - IV B 3-S 1341/19/10017:004, BStBl 2025 I S. 207, Rz. 3.88.

3 Kraft in Kraft, AStG, 2. Aufl. 2019, § 1 AStG Rz. 368 f.

4 Frischmuth, StuB 2008 S. 867; Brüninghaus/Bodenmüller, DStR 2009 S. 1285 f.; Looks/Freudenberg, BB 2009 S. 2515; Hentschel/Kraft, IStR 2015 S. 193 f.

5 Schreiber in Kroppen/Rasch, Handbuch Internationale Verrechnungspreise, FVerl (Stand: März 2012) I Anm. 43.

6 Gl. A. Pohl in Brandis/Heuermann, Ertragsteuerrecht (Stand: November 2024), § 1 AStG Rz. 139.

7 FG Niedersachsen, Urteil v. 16.3.2023 - 10 K 310/19, EFG 2023 S. 1519, Rz. 26, nrkr. (Az. des BFH: I R 43/23); FG Niedersachsen, Urteil v. 3.8.2023 - 10 K 117/20, EFG 2024 S. 1556, Rz. 80, nrkr. (Az. des BFH: I R 54/23).

429 Der Begriff der **Chance** bezeichnet dabei die Möglichkeit, durch gezieltes Handeln einen im eigenen Interesse liegenden Zustand zu erreichen, also die Teilhabe am zukünftigen wirtschaftlichen Erfolg.[1] Spiegelbildlich dazu muss **Risiko** als Teilhabe an einem zukünftigen Misserfolg verstanden werden.

430 Diese allgemeinen Definitionen können indes nicht darüber hinwegtäuschen, dass der (aus Chance und Risiko zusammenfasste) Begriff des Gewinnpotenzials schwer zu konkretisieren ist, zumal gesetzliche Anknüpfungspunkte fehlen.[2]

431 Zu Recht wird darauf hingewiesen, dass der Begriff von Chancen und Risiken deutlich über die **Geschäftschancenlehre** des BFH hinausgeht.[3] Eine Geschäftschance liegt danach bei der konkreten Möglichkeit vor, aus einem Geschäft oder einer betrieblichen Funktion künftig einen Vermögensvorteil erzielen zu können.[4] Handelt sich um ein einzelnes Geschäft, verlangt der BFH einen relativ hohen Konkretisierungsgrad, der etwa bei Vorliegen eines unterschriftsreifen Rechtsgeschäfts angenommen werden kann.[5] Ungeklärt von der Rechtsprechung ist dagegen die Frage, wie konkret eine Geschäftschance sein muss, wenn sich diese auf eine Unternehmensfunktion bezieht. Der Konkretisierungsgrad wird hier indes auf eine Geschäftschance eingegrenzt, die noch einer Bewertung zugänglich ist.[6]

432 Durch die inhaltliche Verknüpfung zwischen Funktion einerseits und Chancen und Risiken andererseits wird immerhin deutlich, dass die Ausübung der Funktion zum **Unternehmenserfolg** beitragen muss.[7] Ungeklärt ist jedoch, auf welche Weise dies zu geschehen hat. Da die Regelungen zur Funktionsverlagerung

1 Kraft in Kraft, AStG, 2. Aufl. 2019, § 1 AStG Rz. 364; Pohl in Brandis/Heuermann, Ertragsteuerrecht (Stand: November 2024), § 1 AStG Rz. 139.

2 Hey, BB 2007 S. 1303, 1308; *Jenzen,* NWB 36/2007 S. 3117, 3121 EAAAC-53883; Kaminski, RIW 2007 S. 594, 599; Kroppen/Rasch/Eigelshoven, IWB 6/2007 S. 301, 312 EAAAC-40634; Schnorberger/Etzig, BB 2024 S. 2135, 2137.

3 Kraft in Kraft, AStG, 2. Aufl. 2019, § 1 AStG Rz. 366 f., 369.

4 Vgl. BFH, Urteil v. 30.8.1995 - I R 155/94 EAAAA-96758; BFH, Urteil v. 6.12.1995 - I R 40/95, BStBl 1997 II S. 118; BFH, Urteil v. 12.6.1997 - I R 14/96 ZAAAA-98426; BFH, Urteil v. 24.3.1998 - I R 93/96; BFH, Beschluss v. 9.7.2003 - I B 194/02 PAAAA-69913, BFH/NV 2003 S. 1349.

5 BFH, Urteil v. 12.6.1997 - I R 14/96 ZAAAA-98426; BFH, Urteil v. 24.3.1998 - I R 93/96 LAAAA-96948; BFH, Urteil v. 7.8.2002 - I R 64/01 JAAAA-68126, BFH/NV 2003 S. 205; BFH, Beschluss v. 9.7.2003 - I B 194/02 PAAAA-69913.

6 Vgl. BFH, Urteil v. 12.6.1997 - I R 14/96 ZAAAA-98426, DStR 1997 S. 1360; Kraft in Kraft, AStG, 2. Aufl. 2019, § 1 AStG Rz. 367; FG Niedersachsen, Urteil v. 3.8.2023 - 10 K 117/20, EFG 2024 S. 1556, Rz. 58, nrkr. (Az. des BFH I R 54/23).

7 Brüninghaus/Bodenmüller, DStR 2009 S. 1285, 1287; Haverkamp/Meinert, Ubg 2020 S. 689, 694; kritisch Schreiber in Kroppen/Rasch, Handbuch Internationale Verrechnungspreise, FVerl (Stand: März 2012) I Anm. 24, der den Begriff der Chancen/Risiken auf Wirtschaftsgüter und nicht die Funktion als solche bezieht.

auf die Besteuerung künftiger Gewinnpotenziale abzielen, erscheint es sachgerecht, schon unter dem Gesichtspunkt von Chancen und Risiken Funktionen aus dem Tatbestand des § 1 Abs. 3b Satz 1 AStG auszuscheiden, die lediglich **betriebsinternen Zwecken** dienen (Routinefunktionen).[1] Denn mit Routinefunktionen sind an sich keine unternehmerischen Chancen und Risiken verbunden. Die FinVerw. wird dies indes anders beurteilen, ggf. mit dem Argument, dass auch diese Funktionen (mittelbar) zur Wertschöpfung beitragen.[2] Nach der hier vertretenen Auffassung kann das nicht vollumfänglich überzeugen.

Einstweilen frei 433–434

4. Mitübertragene oder überlassene Wirtschaftsgüter oder sonstige Vorteile

Nach § 1 Abs. 3b Satz 1 AStG muss die Funktion einschließlich der mitübertragenen und überlassenen Wirtschaftsgüter oder sonstigen Vorteile übertragen werden. Im Gegensatz zu § 1 Abs. 3 Satz 9 AStG a. F. müssen für eine Funktionsverlagerung nun nur noch Wirtschaftsgüter oder sonstige Vorteile (bislang „und") verlagert werden. Nach Auffassung des Gesetzgebers, ausgedrückt sowohl in der Begründung des Referentenentwurfs zum ATAD-Umsetzungsgesetz als auch in der Regierungsbegründung zum AbzStEntModG, soll damit keine Änderung des bisherigen Verständnisses verbunden sein.[3] Allerdings erscheint fragwürdig, warum die „und"-Verknüpfung dann durch eine „oder"-Beziehung ersetzt wurde und nicht der bisherige Wortlaut beibehalten wurde.[4] Auf der anderen Seite wird argumentiert, dass die Tatbestandsmerkmale der Funktionsverlagerung nach alter *und* neuer Rechtslage erst dann erfüllt sind und waren, wenn eine Funktion einschließlich der dazugehörigen Chancen und Risiken und Wirtschaftsgüter verlagert wird oder die Funktion einschließlich der dazugehörigen Chancen und Risiken und sonstigen Vorteile.[5] Nach dieser Auffassung bedurfte es schon nach altem Recht nicht in jedem Fall der Verlagerung einer Funktion einschließlich der dazugehörigen Chancen und Risiken 435

1 Gl. A. Borstell in Vögele/Borstell/Bernhardt, Verrechnungspreise, 6. Aufl. 2024, Rz. U 309; Brüninghaus/Bodenmüller, DStR 2009 S. 1285, 1287; Haverkamp/Meinert, Ubg 2020, 689, 695; vgl. auch oben → Rz. 376.

2 Vgl. BMF, Schreiben v. 12.12.2024 - IV B 3 - S 1341/19/10017:004, BStBl 2025 I S. 207, Rz. 3.88.

3 Vgl. Begründung des Referentenentwurfs zum ATAD-Umsetzungsgesetz, S. 65; Regierungsbegründung zum AbzStEntModG zu § 1 Abs. 3b Satz 1 AStG-E, BT-Drucks. 19/27632 S. 73 f.

4 In diesem Sinne auch Ditz/Bärsch/Engelen/Quilitzsch, DStR 2020 S. 73 f.; zweifelnd auch Rasch, IWB 8/2020 S. 296, 306 EAAAH-47203.

5 Greil/Saliger, ISR 2021 S. 330, 333; Wargowske/Greil, PIStB 2023 S. 41.

und Wirtschaftsgüter *und* sonstigen Vorteile.[1] Dem kann allerdings der Wortlaut von § 1 Abs. 3 Satz 9 AStG a. F. entgegengehalten werden, wonach sich die Übertragung kumulativ auf Chancen, Risiken, Wirtschaftsgüter und sonstige Vorteile beziehen musste.[2] Es stellt sich damit die Frage, ob nach aktueller Rechtslage eine Funktionsverlagerung auch dann angenommen werden kann, wenn die Funktion nur zusammen mit sonstigen Vorteilen verlagert wird,[3] oder (nach wie vor) erforderlich ist, dass auch Wirtschaftsgüter mitübertragen werden.[4] Die Bedeutung dieser Frage zeigt sich daran, dass sowohl das FG Niedersachen als auch das FG Köln eine Funktionsverlagerung nach alter Rechtslage jeweils u. a. deswegen verneint hat, weil es in den Entscheidungsfällen an einer Übertragung von Wirtschaftsgütern fehlte.[5] Entscheidend für die Beantwortung der Frage ist, wie § 1 Abs. 3b Satz 1 AStG auszulegen ist. Der Wortlaut der Vorschrift legt nahe, dass eine Funktionsverlagerung auch möglich ist, wenn Wirtschaftsgüter nicht mitübertragen werden, sondern die Funktion lediglich mit sonstigen Vorteilen verlagert wird. Auf der anderen Seite ist die Gesetzesbegründung zu berücksichtigen, nach welcher die Neuformulierung der Vorschrift nicht zu einer materiellen Änderung führen sollte. Für eine einschränkende Auslegung spricht des Weiteren eine teleolgische Auslegung der Vorschrift. Diese will die Übertragung von betrieblichen Einheiten oder Tätigkeitsbereichen einer Sonderregelung unterwerfen und vom Grundprinzip der Einzelbewertung abweichen. Diesem Zweck wird Genüge getan, wenn man auch nach aktueller Rechtslage verlangt, dass wenigstens ein Wirtschaftsgut mitübertragen werden muss. In systematischer Hinsicht spricht hierfür auch die Ausnahmeregelung des § 1 Abs. 3b Satz 2 AStG, wonach die Rechtsfolgen der Funktionsverlagerung nicht zu ziehen sind, wenn glaubhaft gemacht wird, dass keine wesentlichen immateriellen Wirtschaftsgüter **und** sonstigen Vorteile Gegenstand der Verlagerung waren. Schließlich spricht für das hier vertrete-

1 So auch Grotherr, Ubg 2023 S. 622, 625.

2 So auch Borstell in Vögele/Borstell/Bernhardt, Verrechnungspreise, 6. Aufl. 2024, Rz. U 313; Busch, DB 2020 S. 191, 193; Schnorberger/Etzig, BB 2020 S. 1630, 1634; Sommer/Kundt/Cockx, ISR 2020 S. 246, 250; Bärsch/Ditz/Engelen/Quilitzsch, DStR 2021 S. 1785, 1789; Stein/Schwarz, DB 2021 S. 1292, 1295.

3 So Pohl in Brandis/Heuermann, Ertragsteuerrecht (Stand: November 2024), § 1 AStG Rz. 140; Grotherr, Ubg 2023 S. 622, 623; Ebeling/Heidecke/Sauer, Ubg 2024 S. 562, 567; Schnorberger/Etzig, BB 2024 S. 2135, 2137; Solowjeff/Geserich, ISR 2024 S. 397, 401; Engelen/Wargowske, ISR 2025 S. 117, 119.

4 In diesem Sinne Eymann/Schneider, Ubg 2024 S. 672, 673 f.

5 FG Niedersachsen, Urteil v. 16.3.2023 - 10 K 310/19, EFG 2023 S. 1519, Rz. 26, nrkr. (Az. des BFH I R 43/23); FG Niedersachsen, Urteil v. 3.8.2023 - 10 K 117/20, EFG 2024 S. 1556, Rz. 79, nrkr. (Az. des BFH I R 54/23); FG Köln, Urteil v. 13.6.2024 - 13 K 2752/20 AAAAJ-95688, ISR 2025 S. 290, rkr.; vgl. hierzu auch van der Ham, ISR 2025 S. 290, 293; Retzer/Schell, IWB 18/2025 S. 695 YAAAJ-99727.

ne Auffassung, dass sie dem Begriff der Funktionsverlagerung Trennschärfe gibt, zumal der Begriff der „sonstigen Vorteile" inhaltlich nur sehr wenig konturiert ist. Es ist mithin auch nach neuer Rechtslage erforderlich, dass wenigstens ein Wirtschaftsgut vom übertragenden auf das übernehmende Unternehmen übertragen wird.

Während relativ leicht festzustellen ist, ob materielle Wirtschaftsgüter von einem inländischen auf ein ausländisches Unternehmen übergegangen sind, ist häufig nicht so evident, ob dies auch im Hinblick auf **immaterielle Wirtschaftsgüter** der Fall ist. Es ist hier im Einzelfall zu untersuchen, ob eine selbständige immaterielle Rechtsposition übergegangen ist, die dauerhaft werthaltig und einer besonderen Bewertung zugänglich ist, mindestens zusammen mit dem Unternehmen veräußert werden kann und für die der Erwerber eines Betriebs etwas aufwenden würde.[1] In Betracht kommt z. B. ein **externer Kundenstamm**, wenn er einerseits so konkret ist, dass er vom Geschäftswert abgrenzbar ist, sich andererseits aber nicht derart konkretisiert hat, dass Einzelaufträge vorliegen.[2] Zweifelhaft erscheint, ob diese Voraussetzungen auch bei einem konzerninternen Kundenstamm erfüllt sind.[3] 436

Der Begriff des **Vorteils**, welcher weder in der Gesetzesbegründung noch in der FVerlV näher konkretisiert wird, birgt Abgrenzungsschwierigkeiten. Allgemeine Vorteile der Geschäftsbeziehung sind jedenfalls nicht gemeint, da fremde Dritte dafür keine gesonderte Vergütung vereinbaren würden.[4] Zum Teil erfolgt in der Literatur eine Konkretisierung mittels systematischer Auslegung: Danach sollen sich die von der Vorschrift genannten Vorteile auf die mitübertragenen oder überlassenen Wirtschaftsgüter beziehen („**Vorteile mit wirtschaftsgutähnlichem Charakter**").[5] Es handelt sich damit um Bestandteile des Geschäftswertes.[6] In die gleiche Richtung zielt die Auffassung, die sonstige Vorteile begreift als *„singuläre oder unternehmerische Geschäftschancen, die Möglichkeit, aus einem Geschäft oder einer betrieblichen Funktion zukünftig einen weitgehend konkretisierten Gewinn zu erzielen"*.[7] 437

1 Vgl. BFH, Urteil v. 19.6.1997 - IV R 16/95, BStBl 1997 II S. 808; BFH, Urteil v. 8.9.2011 - IV R 5/09, BStBl 2012 II S. 122.

2 Haverkamp/Meinert, Ubg 2020 S. 689, 692 f., mit weiteren Einzelheiten.

3 Haverkamp/Meinert, Ubg 2020 S. 689, 693.

4 Kraft in Kraft, AStG, 2. Aufl. 2019, § 1 AStG Rz. 370; Kroppen/Rasch/Eigelshoven, IWB 6/2007 S. 301, 308 EAAAC-40634.

5 So Kraft in Kraft, AStG, 2. Aufl. 2019, § 1 AStG Rz. 370.

6 Oestreicher, Ubg 2009 S. 80, 83; Baumhoff/Ditz/Greinert, DStR 2008 S. 1945 f.

7 Borstell in Vögele/Borstell/Bernhardt, Verrechnungspreise, 6. Aufl. 2024, Rz. U 312; Baumhoff/Ditz/Greinert, DStR 2008 S. 1945; restriktiv auch Haverkamp/Meinert, Ubg 2020, 689, 694.

438 Die Vorteile müssen indes so konkret sein, dass ein **ordentlicher Geschäftsleiter** sich diese **vergüten** lassen würde. Dies kann der Fall sein bei faktischen Wettbewerbsverboten, Überlassung von Fachpersonal, Übertragung von Rechten, Markt- oder Branchenkenntnissen oder Kenntnissen über Forschungsprojekte oder über die Betriebsorganisation, Kenntnissen des Produkt- oder Prozess-Know-hows und günstigen Rahmenverträgen sowie Netzwerkbeziehungen zu anderen Konzernunternehmen.[1] Auch Gewinnchancen aus einem konkreten Auftragsbestand können hierzu zählen, jedoch keine Chancen aus noch nicht abgeschlossenen Verträgen.[2] In diesem Fall bestehen zu große Unsicherheiten, ob sich tatsächliche Vorteile ergeben können. Insbesondere die M&A-Praxis zeigt, dass eine beachtliche Anzahl bereits unterschriftsreifer Dokumente letztlich nicht wirksam abgeschlossen werden kann. Dies kann zudem auf sehr unterschiedlichen Ursachen beruhen, die kaum voraussehbar sind.

439–440 *Einstweilen frei*

5. Verlagerung

a) Grundfall des § 1 Abs. 2 Satz 1 FVerlV

441 Die von § 1 Abs. 3b Satz 1 AStG vorausgesetzte Verlagerung der Funktion soll nach § 1 Abs. 2 Satz 1 FVerlV a. F. vorliegen, wenn das verlagernde Unternehmen einem anderen, nahe stehenden Unternehmen (übernehmendes Unternehmen) Wirtschaftsgüter und sonstige Vorteile sowie die damit verbundenen Chancen und Risiken überträgt oder zur Nutzung überlässt, damit das übernehmende Unternehmen eine Funktion ausüben kann, die bisher vom verlagernden Unternehmen ausgeübt worden ist, und dadurch die Ausübung der betreffenden Funktion durch das verlagernde Unternehmen eingeschränkt wird.[3] Es ist darauf hinzuweisen, dass § 1 Abs. 2 Satz 1 FVerlV n. F. nunmehr einen anderen Wortlaut vorsieht und bereits dann von einer Funktionsverlagerung ausgeht, wenn die Funktion einschließlich der dazugehörigen Chancen und Risiken sowie der mitübertragenen oder mitüberlassenen Wirtschaftsgüter oder sonstigen Vorteile ganz *oder* **teilweise** übertragen oder überlassen

---

1 BMF, Schreiben v. 12.12.2024 - IV B 3-S 1341/19/10017:004, BStBl 2025 I S. 207, Rz. 3.94; Schreiber in Kroppen/Rasch, Handbuch Internationale Verrechnungspreise (Stand: März 2012), FVerl V Anm. 51.

2 A. A. Schreiber in Kroppen/Rasch, Handbuch Internationale Verrechnungspreise, FVerl (Stand: März 2012) V Anm. 51.

3 Zur Verlagerung bei internationalem Cash Pool Schreiber/Bubeck, DB 2014 S. 980, 985; zur Verlagerung in der Automobilindustrie Bernstein/Herve/Rubart, IStR 2025 S. 548.

wird, so dass das übernehmende Unternehmen diese Funktion ausüben oder eine bestehende Funktion ausweiten kann. Dadurch ist die Übertragung einer Funktion im Ganzen nicht mehr nötig, sondern bereits die **„teilweise" Übertragung/Überlassung** reicht aus, um den Tatbestand der Funktionsverlagerung zu verwirklichen. Schließlich ist die Funktionseinschränkung beim verlagernden Unternehmen kein Tatbestandsmerkmal mehr. Der Wortlaut des Verordnungstextes ist teilweise nicht mit dem Gesetzeswortlaut des § 1 Abs. 3b Satz 1 AStG vereinbar: Durch die Verknüpfung der Worte „einschließlich" und „sowie" ist der Gesetzeswortlaut nach der hier vertretenen Auffassung so zu verstehen, dass eine Übertragung bzw. Überlassung von Wirtschaftsgütern immer erforderlich ist, um den Tatbestand einer Funktionsverlagerung zu verwirklichen. Lediglich im Hinblick auf die Übertragung/Überlassung von sonstigen Vorteilen macht das Gesetz durch die Verwendung des Wortes „oder" deutlich, dass diese nicht zwingend mitübertragen oder überlassen werden müssen. § 1 Abs. 2 Satz 1 FVerlV n. F. sieht schließlich vor, dass eine Funktionsverlagerung auch dann vorliegen soll, wenn nur ein **Teil einer Funktion** übertragen oder überlassen wird. Dies wäre z. B. der Fall, wenn im Rahmen des Vertriebs eines Unternehmens der Vertrieb einer bestimmten Produktgruppe verlagert wird. Zu Recht wird darauf hingewiesen, dass Grundsätze der BFH-Rechtsprechung, wonach bei der Prüfung, ob ein organischer Teil vorliegt, nur das abgebende Unternehmen in den Blick genommen werden muss,[1] möglicherweise nach aktueller Gesetzeslage nur noch eingeschänkt Anwendung finden.[2] Fraglich erscheint, ob die weite Begriffsbestimmung in der Rechtsverordnung mit Wortlaut und Zielsetzung des § 1 Abs. 3b Satz 1 AStG vereinbar ist.[3] Dagegen spricht die Vorschrift des § 1 Abs. 3b Satz 1 AStG, der von der Übertragung einer Funktion und nicht von der teilweisen Übertragung einer Funktion spricht. In diesem Sinne ist auch die Formulierung „Funktion als Ganzes" verstehen. Mithin verstößt § 1 Abs. 2 Satz 1 FVerlV n. F. sowohl gegen § 1 Abs. 3b Satz 1 AStG als auch gegen die Verordnungsermächtigung des § 1 Abs. 6 AStG. Im Ergebnis ist damit festzuhalten, dass eine teilweise Funktionsverlagerung nach wie vor nicht genügt, um die Rechtsfolgen des § 1 Abs. 3b Satz 1 AStG auszulösen.

Verlagerndes Unternehmen ist der Steuerpflichtige. i. S. des § 1 Abs. 1 Satz 1 442
AStG (vgl. → Rz. 64 f.). Diesem muss die Funktion wirtschaftlich zuzurechnen

---

1 BFH, Urteil v. 9.8.2023 - I R 54/19, BStBl 2024 II S. 675, Rz. 45.

2 Saliger in Mann/Staats, BeckOK AStG (Stand: März 2025), § 1 AStG Rz. 523.

3 Ablehnend Pohl in Brandis/Heuermann, Ertragsteuerrecht (Stand: November 2024), § 1 AStG Rz. 139a; Ditz/Seibert, Ubg 2022 S. 398 f.; restriktiv auch Grotherr, DStZ 2022 S. 35, 44; vgl. auch bereits Polka, StB 2020 S. 51 ff.

sein. Diese Zurechnung ist gegeben, soweit das verlagernde Unternehmen selbst den erforderlichen Aufwand für die Funktion getragen hat, Wirtschaftsgüter und Vorteile, die Teil der Funktion sind, herzustellen oder zu erwerben.[1]

443 Die Funktion muss an ein **nahe stehendes ausländisches Unternehmen** verlagert werden. Der Begriff des nahe stehenden Unternehmens ist hierbei nach § 1 Abs. 2 AStG zu bestimmen (vgl. dazu → Rz. 119 ff.). Strittig war zunächst, ob der Tatbestand der Funktionsverlagerung erfüllt sein kann, wenn ein inländisches Stammhaus Funktionen in eine **ausländische Betriebsstätte** überführt.[2] Die ganz überwiegende Ansicht in der Literatur hatte dies zunächst abgelehnt.[3] Eine Betriebsstätte könne wegen ihrer rechtlichen Unselbständigkeit zunächst keine nahestehende Person i. S. des § 1 Abs. 2 AStG sein. Außerdem fehle es aus dem gleichen Grund an einer schuldrechtlichen Leistungsbeziehung i. S. des § 1 Abs. 1 AStG zwischen Stammhaus und Betriebsstätte. Konsequenz dieser Auffassung ist, dass bei Verlagerung von Wirtschaftsgütern in ausländische Betriebsstätten die Vorschriften zur Funktionsverlagerung nicht anzuwenden sind. Einschlägig wären insoweit die allgemeinen Entstrickungsregeln der §§ 4 Abs. 1 Satz 3 EStG, 12 Abs. 1 KStG. Es ist indes darauf hinzuweisen, dass durch das Änderungsgesetz vom 26.6.2013[4] § 1 Abs. 5 AStG neu eingeführt worden ist. Nach § 1 Abs. 5 Satz 2 AStG ist eine Betriebsstätte zur Anwendung des Fremdvergleichsgrundsatzes wie ein eigenständiges und unabhängiges Unternehmen zu behandeln, es sei denn, die Zugehörigkeit der Betriebsstätte zum Unternehmen erfordert eine andere Behandlung. Mit dieser Gesetzesänderung hat der Gesetzgeber den Argumenten der bislang herrschenden Auffassung die Grundlage entzogen. Mithin sind die Regeln zur Funktionsverlagerung mit Wirksamwerden des § 1 Abs. 5 Satz 2 AStG auch bei Überführungen in ausländische Betriebsstätten anzuwenden.[5] Die Neuregelung gilt nach § 21 Abs. 20 Satz 3 AStG erstmals für Wirtschaftsjahre, die nach dem 31.12.2012 beginnen. Im Übrigen ist in § 8 FVerlV n. F. auch eine bestätigende Klarstellung enthalten. Danach sind die Regelungen zur Funktionsverlagerung auch auf Funktionsverlagerungen zwischen einer Betriebsstätte und

1 Siehe auch Blumers, DStR 2010 S. 17 ff.

2 In diesem Sinne bereits BMF, Schreiben v. 14.5.2004 - IV B 4 - S 1340 - 11/04 ZAAAB-22327, BStBl 2004 I Sondernummer 1/2004 S. 3, Tz. 1.4.3; BMF, Schreiben v. 13.10.2010 - IV B 5 - S 1341/08/10003, BStBl 2010 I S. 774, Rz. 178.

3 Kaminski, StuW 2008 S. 337; Kaminski/Strunk, DB 2008 S. 2501 ff.; vgl. auch Kahle/Franke, IStR 2009 S 406 ff.

4 BGBl 2013 I S. 1809.

5 Kahle in Haun/Kahle/Goebel, AStG (Stand: Oktober 2024), § 1 Abs. 3b AStG Rz. 16; Richter/Heyd, Ubg 2013 S. 418, 420 f.

dem übrigen Unternehmen oder zwischen Betriebsstätten eines Unternehmens anzuwenden.

Bei **ausländischen Personengesellschaft** ist zu differenzieren. Bei Personenidentität zwischen dem inländischen Steuerpflichtigen und der ausländischen Personengesellschaft fehlte es bis zu Einführung von § 1 Abs. 5 Satz 2 AStG an einer Geschäftsbeziehung zwischen nahe stehenden Personen.[1] Es gelten insoweit dieselben Grundsätze wie bei Verlagerungen auf ausländische Betriebsstätten (vgl. → Rz. 443). Besteht keine Personenidentität, wäre eine Anwendung der Funktionsverlagerungsregelungen unabhängig von der Gesetzesänderung vom Wortlaut her nicht ausgeschlossen. Vorzugswürdig erscheint indes – zumindest für den EU-/EWR-Bereich – eine unionsrechtskonforme und damit restriktive Auslegung, da die Funktionsverlagerungsregelungen im reinen Inlandssachverhalt nicht gelten.[2] Anzuwenden ist hier daher lediglich § 6 Abs. 5 Satz 3 EStG, wobei auch diese Regelung sich unionsrechtlichen Bedenken ausgesetzt sieht. 444

Das im Rahmen eines **Joint Venture** als Kooperationsvehikel genutzte **Gemeinschaftsunternehmen** kommt grundsätzlich als übernehmendes Unternehmen i. S. des § 1 Abs. 2 Satz 1 FVerlV in Betracht, wenn nach Gründung bzw. Erwerb dieses Unternehmens Funktionen übertragen werden. Es ist dann aber im Einzelfall zu prüfen, ob auch eine schuldrechtliche Geschäftsbeziehung und keine gesellschaftsvertragliche Vereinbarung vorliegt (siehe → Rz. 451). 445

Übertragungsgegenstand sind Wirtschaftsgüter und sonstige Vorteile sowie die damit verbundenen Chancen und Risiken. Zum Teil wird angenommen, dass eine Verlagerung dabei auch dann in Betracht kommen kann, wenn lediglich Chancen, Risiken und Vorteile übergehen, ohne dass es zu einer Übertragung von Wirtschaftsgütern kommt.[3] In diesem Sinne konnte auch der Wortlaut des § 1 Abs. 2 Satz 1 FVerlV-E durch die Verwendung des Wortes „gegebenenfalls" interpretiert werden. Dem ist nicht zu folgen.[4] Denn eine solche Auslegung des Verlagerungstatbestandes ist mit dem Wortlaut des § 1 Abs. 3b Satz 1 AStG nicht in Einklang zu bringen. Ein derart weites Verständnis der 446

---

1 Vgl. BFH, Urteil v. 17.12.1997 - I B 86/97, BStBl 1998 II S. 321.

2 Schreiber in Kroppen/Rasch, Handbuch Internationale Verrechnungspreise, FVerl (Stand: März 2012) I Anm. 37; Kaminski/Strunk, DB 2008 S. 2501 ff.

3 Schreiber in Kroppen/Rasch, Handbuch Internationale Verrechnungspreise, § 1 Abs. 2 FVerlV Rz. 48; Baumhoff/Puls, IStR 2009 S. 80.

4 Gl. A. FG Niedersachsen, Urteil v. 16.3.2023 - 10 K 310/19, EFG 2023 S. 1519, Rz. 27 ff., nrkr. (Az. des BFH: I R 43/23); FG Niedersachsen, Urteil v. 3.8.2023 - 10 K 117/20, EFG 2024 S. 1556, Rz. 81 ff., nrkr. (Az. des BFH: I R 54/23); Kahle in Haun/Kahle/Goebel, AStG (Stand: Oktober 20024), § 1 Abs. 3b AStG Rz. 36 zur Altreglung.

Vorschrift mag zwar der Intention des Gesetz- bzw. Verordnungsgebers entsprechen.[1] Um den Erfordernissen einer ausreichenden Bestimmtheit Genüge zu tun (vgl. → Rz. 339), hätte er dann aber schlicht einen anderen Gesetzeswortlaut wählen und das Wort „sowie" durch „oder" ersetzen müssen. Vor diesem Hintergrund ist es folgerichtig, dass das Wort „gegebenenfalls" nicht in den aktuellen Verordnungstext des § 1 Abs. 2 Satz 1 FVerlV aufgenommen worden ist.

447 § 1 Abs. 3b Satz 1 AStG greift darüber hinaus nicht ein, wenn **lediglich Risiken** (z. B. Währungsrisiken) abgeschmolzen werden.[2] Diese Fälle sind nach den allgemeinen Regeln des § 1 Abs. 1 AStG bzw. der verdeckten Gewinnausschüttung/Einlage zu beurteilen.

448 Der Übertragungsgegenstand muss im Rahmen einer **Geschäftsbeziehung** i. S. des § 1 Abs. 4 AStG vom übertragenden Unternehmen auf das übernehmende Unternehmen übergehen, d. h.,d. h. **übertragen** oder **zur Nutzung überlassen** werden (vgl. hierzu → Rz. 610 ff.). Daran fehlt es im Fall der **Betriebsaufgabe** im Inland unter anschließender Betriebsneugründung im Ausland.[3]

449 Auch im Fall einer **Sitzverlagerung** einer inländischen Kapitalgesellschaft ins Ausland fehlt es an einer schuldrechtlichen Geschäftsbeziehung zwischen zwei Unternehmen.[4] In diesem Fall ist zu prüfen, ob die Entstrickungsregelung des § 12 Abs. 1 KStG greift und eine modifizierte Liquidationsbesteuerung nach § 11 KStG vorzunehmen ist.

450 Ebenso wenig greifen der Regeln zur Funktionsverlagerung, wenn die Funktion im Rahmen einer **Umwandlung** übergeht.

451 Bei Übertragung von Funktionen auf ein **Gemeinschaftsunternehmen** im Rahmen eines **Joint Venture** ist danach zu differenzieren, ob die Verlagerung der Funktion im Wege einer Sachgründung bzw. Sachkapitalerhöhung erfolgt. In diesen Fällen erhält das übertragende Unternehmen für die Verlagerung Gesellschaftsanteile an dem übernehmenden Unternehmen, so dass eine gesellschaftsvertragliche Vereinbarung gem. § 1 Abs. 4 Satz 1 Nr. 1 Buchst. b AStG vorliegt, welche das Vorliegen der erforderlichen schuldrechtlichen Geschäfts-

---

1 Vgl. Schreiber in Kroppen/Rasch, Handbuch Internationale Verrechnungspreise, FVerl (Stand: März 2012) I Anm. 48.

2 Zutreffend Schreiber in Kroppen/Rasch, Handbuch Internationale Verrechnungspreise, FVerl (Stand: März 2012) I Anm. 47.

3 Schreiber in Kroppen/Rasch, Handbuch Internationale Verrechnungspreise, FVerl (Stand: März 2012) I Anm. 37; Jahndorf, FR 2008 S. 101, 105.

4 Zech, Verrechnungspreise und Funktionsverlagerung 2009, 2009, S. 281 ff.; Jahndorf, FR 2008 S. 101, 105.

beziehung ausschließt. Die Regelungen zur Funktionsverlagerung sind dann nicht anzuwenden.

452 § 1 Abs. 2 Satz 1 FVerlV hebt auf die **Möglichkeit der Funktionsausübung** bzw. **Funktionsausweitung** durch das übernehmende Unternehmen ab. Dadurch wird deutlich, dass es nicht auf eine tatsächliche Ausübung der Funktion seitens des übernehmenden Unternehmens ankommt; die bloße Möglichkeit der Funktionsausübung bzw. Funktionsausweitung genügt.[1] Des Weiteren muss das übernehmende Unternehmen die Funktion auch nicht in gleicher Weise ausüben wie das verlagernde Unternehmen.[2]

453 Des Weiteren musste die Funktionsausübung durch das verlagernde Unternehmen nach dem bislang geltenden § 1 Abs. 2 Satz 1 FVerlV infolge der Verlagerung **eingeschränkt** werden. Der Begriff der Einschränkung ist mit dem vom Gesetz gebrauchten Begriff der Verlagerung kaum in Einklang zu bringen. Denn „Verlagerung" meint nach seinem Wortsinn die Einstellung der Tätigkeit im Staat des übertragenden Unternehmens.[3] Insoweit liegt ein Verstoß der Verordnung gegen den höherrangigen § 1 Abs. 3b Satz 1 AStG vor. In § 1 Abs. 2 Satz 1 FVerlV n. F. ist die Funktionseinschränkung beim verlagernden Unternehmen kein Tatbestandsmerkmal mehr. Es reicht allerdings nach dem aktuellen Verordnungswortlaut aus, dass eine bestehende Funktion *ausgeweitet* werden kann. Dadurch macht der Verordnungsgeber deutlich, dass eine Funktionsverlagerung auch ohne Einstellung der Tätigkeit im Staat des übertragenen Unternehmens in Betracht kommt.

454 In jedem Fall wird jedoch schon durch Wortlaut und Zweck des § 1 Abs. 3b Satz 1 AStG deutlich, dass die entsprechende Funktion bereits vor Verlagerung durch das verlagernde Unternehmen ausgeübt worden sein muss.[4] Hierher deutet auch die bislang in § 1 Abs. 2 Satz 1 FVerlV enthaltene Formulierung „dadurch". Noch nicht abschließend geklärt ist allerdings, ob diese Formulierung dahingehend zu verstehen ist, dass eine **kausale Beziehung** zwischen der Funktionseinschränkung beim abgebenden und der Funktionsausübung beim aufnehmenden Unternehmen vorliegen muss. Der BFH bezweifelt dies, da für die Tatbestandsverwirklichung einer Funktionsverlagerung zunächst unerheb-

1 Kritisch dazu Baumhoff/Ditz/Greinert, DStR 2008 S. 1945 f.; Kroppen/Rasch, IWB 11/2008 S. 547 FAAAC-81093.

2 Hofacker in Haase, AStG, DBA, 4. Aufl. 2024, § 1 AStG Rz. 290; kritisch Baumhoff/Ditz/Greinert, DStR 2008 S. 1945.

3 Schreiber in Kroppen/Rasch, Handbuch Internationale Verrechnungspreise, FVerl (Stand: März 2012) I Anm. 25; Haas, Ubg 2008 S. 517, 520; vgl. auch Baumhoff/Puls, IStR 2009 S. 73 f.

4 Vgl. FG Köln, Urteil v. 13.6.2024 - 13 K 2752/20 AAAAJ-95688, ISR 2025 S. 290 (291), rkr.;. Eisele, Grenzüberschreitende Funktionsverlagerung, 2003, S. 26 f.; Kaminski/Strunk, IStR 2002 S. 789 f.

lich sei, ob die Funktion im Inland zukünftig uneingeschränkt weiter ausgeübt werden könnte. Im Rahmen des Fremdvergleichs sei lediglich von Bedeutung, ob ein fremder Dritter bereit gewesen wäre, für das inländische Steuersubstrat (Funktion als Ganzes) ein Entgelt zu bezahlen.[1] Überzeugend hat die Vorinstanz die Formulierung dagegen so interpretiert, dass ein kausaler Veranlassungszusammenhang zwischen Funktionseinschränkung beim verlagernden Unternehmen und der Funktionsausübung durch das übernehmende Unternehmen vorliegen muss, und folgerichtig eine Funktionsverlagerung verneint, wenn ein Unternehmen Kunden an ein verbundenes Unternehmen verloren hat, da es ihm keine wettbewerbsfähigen Preise anbieten konnte.[2] Die Übernahme der Geschäfte mit dem Kunden durch das verbundene Unternehmen war damit nicht für den Verlust des Kunden ursächlich. In § 1 Abs. 2 Satz 1 FVerlV n. F. ist die Anforderung, dass durch die Verlagerung die Ausübung der betreffenden Funktion durch das verlagernde Unternehmen eingeschränkt werden muss, nicht mehr enthalten. Daraus kann aber nach der hier vertretenen Auffassung nicht geschlossen werden, dass ein kausaler Veranlassungszusammenhang zwischen der Funktionseinschränkung beim übertragenden Unternehmen und der Funktionsausübung für das übernehmende Unternehmen nicht mehr erforderlich ist. Hierfür spricht zunächst der Wortlaut des § 1 Abs. 3b Satz 1 AStG. Denn eine „Verlagerung" der Funktion setzt nach dem Wortsinn ein „Wegnehmen" der Funktion beim übertragenden Unternehmen und ein „Zuführen" der Funktion bei aufnehmenden Unternehmen voraus.[3] Dies entspricht auch dem Zweck des § 1 Abs. 3b Satz 1 AStG, der im Inland entstandene Gewinnpotenziale der Besteuerung zuführen will. Wenn es aber im Inland unmöglich ist, Gewinnpotenziale auszuschöpfen, würde eine Abschöpfung von Gewinnpotenzialen, deren Ursache allein in einem ausländischen Staat gesetzt wurde, gegen Sinn und Zweck des § 1 Abs. 3b Satz 1 AStG verstoßen. Mithin ist an dem Erfordernis eines kausalen Veranlassungszusammenhangs unabhängig vom jeweils anzuwendenden Verordnungstext festzuhalten. Konsequenz dieser Auslegung ist, dass die Einstellung einer im Inland **nicht profitablen Aktivität**, die **Vermeidung eines Kundenabgangs** sowie die Einstellung einer im Inland **nicht mehr erlaubten Tätigkeit** den Tat-

1 BFH, Urteil v. 9.8.2023 - I R 54/19, BStBl 2024 II S. 675, Rz. 44.

2 FG München, Urteil v. 26.11.2019 - 6 K 1918/16 MAAAH-40797, EFG 2020 S. 764, Rz. 69 f.; zustimmend Haverkamp/Meinert, Ubg 2020 S. 689, 696 f.; Ebeling/Heidecke, DStR 2023 S. 2689, 2692; Rasch, ISR 2023 S. 432, 435; Rasch/Leherpeur, Ubg 2024 S. 94, 97.

3 Zutreffend Heidecke/Panchenko, IWB 3/2021 S. 126, 129 EAAAH-70596.

bestand der Funktionsverlagerung nicht erfüllen.[1] Die genannten Umstände sind vom Steuerpflichtigen möglichst zeitnah zu dokumentieren.[2]

Aus ähnlichen Gründen ist eine **Funktionsneugründung** nicht als Funktionsver- 455
lagerung i. S. des § 1 Abs. 3b Satz 1 AStG anzusehen. Als Funktionsneugründung ist zunächst der Sachverhalt anzusehen, in dem die betreffende Funktion erst im Ausland ausgeübt wird. Sie ist darüber hinaus aber auch in dem Fall anzunehmen, in dem es an einem engen zeitlichen Zusammenhang zwischen der Beendigung der Funktionsausübung durch das verlagernde Unternehmen und der Neuaufnahme im Ausland fehlt.[3] Teile der Literatur gehen im Hinblick auf § 1 Abs. 2 Satz 3, Abs. 6 Satz 2 FVerlV a. F. (§ 1 Abs. 5 FVerlV n. F.) davon aus, dass es an diesem zeitlichen Zusammenhang fehlt, wenn ab Beendigung der Funktionsausübung durch das verlagernde Unternehmen und Neuaufnahme der Funktion durch das übernehmende Unternehmen fünf Jahre vergangen sind.[4]

Dagegen liegt eine Verlagerung der Funktion zunächst bei sog. **Funktionsaus-** 456
gliederungen vor. Diese sind durch die vollständige Verlagerung bestimmter Funktionen einschließlich der damit verbundenen Chancen und Risiken auf das übernehmende Unternehmen gekennzeichnet.[5] Hierunter fällt die Verlagerung der gesamten Produktion einer Produktgruppe einschließlich aller damit verbundenen Entscheidungskompetenzen sowie Ertragschancen und -risiken.[6]

BEISPIEL:[7] Ein Produkt A, das bisher ausschließlich von der inländischen Konzernmuttergesellschaft (M) hergestellt und vertrieben wurde, wird zukünftig nur noch von ihrer ausländischen Tochtergesellschaft (T) hergestellt und vertrieben. Die materiellen und die immateriellen Wirtschaftsgüter werden auf T übertragen. M entlässt das betreffende Personal.

Die Herstellung und der Vertrieb des Produkts A erfüllt den Tatbestand der Funktion. Das Tatbestandsmerkmal „Übertragung der Funktion" ist erfüllt,

1 Heidecke/Panchenko, IWB 3/2021 S. 126, 130 EAAAH-70596.

2 Sommer/Kundt/Cockx, ISR 2020 S. 246, 250.

3 Vgl. Kraft in Kraft, AStG, 2. Aufl. 2019, § 1 AStG Rz. 382; *Eisele*, Grenzüberschreitende Funktionsverlagerung, 2003, S. 27.

4 Kraft in Kraft AStG, 2. Aufl. 2019, § 1 AStG Rz. 382.

5 Vgl. Borstell in Vögele/Borstell/Bernhardt, Verrechnungspreise, 6. Aufl. 2024, Rz. I 75; Frischmuth, StuB 2007 S. 386 f.; Jenzen, NWB 36/2007 S. 3117, 3121 EAAAC-53883; zur Gründung eines ausländischen Vertriebsunternehmens vgl. Rohler, GmbH-StB 2009 S. 302 ff.

6 Kraft in Kraft, AStG, 2. Aufl. 2019, § 1 AStG Rz. 384; Frischmuth, StuB 2007 S. 386 f.

7 BMF, Schreiben v. 12.12.2024 - IV B 3-S 1341/19/10017:004, BStBl 2025 I S. 207, Rz. 3.99.

da die Funktion „Produktion und Vertrieb von Produkt A" durch M aufgrund des Vorgangs entfällt.

457 Auf der anderen Seite folgt aus dem Erfordernis einer bloßen Funktionseinschränkung, dass die Funktionsausübung vom verlagernden Unternehmen nach Auffassung der Finanzverwaltung nicht vollständig aufgegeben werden muss. Folgt man der Auffassung trotz der dargestellten Bedenken (vgl. → Rz. 441), ist auch die **Funktionsabschmelzung** als Funktionsverlagerung anzusehen. Diese ist dadurch gekennzeichnet, dass nur ein Teil der Funktion einschließlich der damit verbundenen Chancen und Risiken ins Ausland verlagert wird.

BEISPIEL:[1] Das Produkt A wird zukünftig auch von T im Ausland selbständig hergestellt und an bisherige und neue Kunden vertrieben. Für M führt dies zu einem erheblichen Produktionsrückgang und zu entsprechenden Umsatzeinbußen. Das Tatbestandsmerkmal „Verlagerung der Funktion" ist nach Auffassung des BMF erfüllt, da die Funktion „Produktion und Vertrieb von Produkt A" durch M aufgrund des Vorgangs reduziert wird.

Nach Auffassung der Finanzverwaltung können ein Personalabbau und/oder der Wegfall einzelner Debitoren wichtige Anhaltspunkte für den Einstieg in die Prüfung sein, ob eine Funktionsverlagerung vorliegt. Das Tatbestandsmerkmal der „Einstellung" oder „Einschränkung" der Funktion bezieht sich danach auf den mit der konkreten Funktion erzielten Umsatz und erfasst auch Fälle der Substitution einer Funktion durch eine andere.[2] Der Umsatzentwicklung kann allerdings nach überzeugender Auffassung bloße Indizwirkung zugeschrieben werden.[3]

458 Des Weiteren kommt der Fall in Betracht, in dem ein bisher als **Eigenhändler** tätiges inländisches Unternehmen künftig nur noch als **Kommissionär** für ein anderes Konzernunternehmen tätig wird.[4] Außerdem soll eine Funktionsverlagerung bejaht werden können, wenn ein **Eigenproduzent** nur noch als **Auftragsfertiger** tätig wird.[5] Folgende Merkmale sind typisch für einen Eigenpro-

1 BMF, Schreiben v. 12.12.2024 - IV B 3-S 1341/19/10017:004, BStBl 2025 I S. 207, Rz. 3.99.

2 BMF, Schreiben v. 12.12.2024 - IV B 3-S 1341/19/10017:004, BStBl 2025 I S. 207, Rz. 3.99., mit weiterem Beispiel.

3 Baumhoff/Ditz/Greinert, Ubg 2011 S. 161, 163.

4 Wolff-Seeger/Saliger, ISR 2017 S. 235, 237; vgl. auch Timmermans, IWB 2/2000 S. 55 ff. ZAAAA-39318.

5 Frotscher, Internationales Steuerrecht, 5. Aufl. 2020, § 13 Rz. 1069.

duzenten: Der Eigenproduzent übt die volle Produktionsfunkton aus; er nimmt auch Vertriebs- und Vermarktungsfunktionen wahr und verfügt über eigene Entscheidungskompetenzen in Bezug auf Produktions-, Vertriebs- und Vermarktungsfunktionen. Und er verfügt über die wesentlichen materiellen und (insbesondere) immateriellen Wirtschaftsgüter und trägt die mit der Ausübung dieser Funktionen verbundenen Chancen und Risiken. Es liegt damit eine Funktionsverlagerung vor, wenn die Herstellungs- und Vertriebsfunktion[1] und sämtliche damit zusammenhängenden Chancen und Risiken sowie die bedeutsamsten immateriellen Wirtschaftsgüter übertragen werden.

Eine Sonderstellung nimmt die sog. **Funktionsabspaltung** ein. Diese zeichnet sich dadurch aus, dass die mit der Funktion verbundenen Chancen und Risiken im Wesentlichen beim übertragenen Unternehmen verbleiben.[2] In diesem Fall fehlt es an der Voraussetzung des § 1 Abs. 3b Satz 1 AStG, dass die mit der Funktion zusammenhängenden Chancen und Risiken übertragen werden. Diese Chancen und Risiken (z. B. Markt- und Vorratsrisiken) werden weiterhin vom übertragenden Unternehmen getragen, welches die Funktion dem übernehmenden Unternehmen in Form einer Dienstleistung gegen Entgelt überträgt. Anwendungsbeispiel ist der Fall, in dem die Produktion einer bestimmten Produktkomponente auf einen **Lohnfertiger** ausgelagert wird.[3] Weiteres Beispiel ist die Verlagerung **konzerninterner Dienstleistungen**. Die Regelungen zur Funktionsverlagerung sind in diesen Fällen nicht anzuwenden.[4] 459

Die Funktionsabspaltung ist damit von Funktionsausgliederung und Funktionsabschmelzung abzugrenzen. Kriterium ist die Übertragung von Chancen und Risiken.[5] Trägt das übernehmende Unternehmen diese unter Nutzung von Wirtschaftsgütern und Vorteilen des übertragenden Unternehmens, kann von einer bloßen Funktionsabspaltung nicht mehr ausgegangen werden. Dies ist etwa der Fall, wenn das übernehmende Unternehmen die bisher ausschließlich gegenüber dem übertragenden Unternehmen erbrachten Leistungen eigenständig gegenüber unabhängigen Dritten oder anderen Konzernunternehmen erbringt und dafür einen Preis erzielt, der höher ist als das nach Fremd- 460

1 Fallbeispiel bei Kiesow, NWB 22/2012 S. 1819, 1823 KAAAE-10017.

2 Baumhoff/Ditz/Greinert, DStR 2007 S. 1649 f.; Kaminski, RIW 2007 S. 594, 599; Jenzen, NWB 36/2007 S. 3117, 3121 EAAAC-53883; Zech, IStR 2011 S. 131 ff.

3 Fallstudie bei Greil, StuB 2009 S. 716 ff.

4 Welling/Tiemann, FR 2008 S. 68, 70; Günter, WPg 2007 S. 1082 f.

5 Vgl. Brandenberg, BB 2008 S. 864 f.

vergleichsgrundsätzen[1] zu bestimmende Entgelt für die Dienstleistung des übertragenden Unternehmens.[2]

461 Problematisch ist die Einordnung von **Funktionsverdoppelungen**. Bei diesen wird eine im Inland existierende Funktion einschließlich der damit verbundenen Ertragschancen und –risiken sowie Entscheidungskompetenzen im Ausland neu aufgebaut bzw. vervielfacht, ohne dass die Funktion im Inland eingeschränkt wird und ohne dass dem ausländischen Unternehmen Chancen und Risiken sowie Wirtschaftsgüter übertragen oder überlassen werden.[3]

462 Als Beispiel kommt zunächst die Lokalisierung eines Neugeschäfts im Ausland mit Produktion und Vertriebs-/Marktverantwortung in Betracht, wobei die inländische Muttergesellschaft den Aufbau des ausländischen Geschäfts unterstützt.[4] Des Weiteren liegt eine Funktionsverdoppelung vor, wenn die im Inland vorhandenen **Kapazitäten** nicht ausreichen und deshalb im Ausland zusätzliche Kapazitäten geschaffen werden, ohne dass eine Verringerung der inländischen Kapazitäten erfolgt.[5]

463 Überwiegend wird in diesem Fall mangels Einschränkung der Funktionsausübung durch das verlagernde Unternehmen das Vorliegen einer Funktionsverlagerung i. S. des § 1 Abs. 3 Satz 9 AStG a. F. verneint.[6] Hierzu passt, dass das FG Münster schon zur Rechtslage vor Inkrafttreten dieser Regelungen entschieden hatte, dass die Vergütung für die Errichtung einer verlängerten Werkbank im Ausland so zu erfolgen hat, dass für das abgegebene Gewinnpotenzial keine Entschädigung zu bezahlen ist, obwohl im Ausland Fremdumsätze getätigt worden waren.[7]

464 Im Grundsatz geht auch die FinVerw. davon aus, dass Funktionsverdoppelungen nicht in den Anwendungsbereich des § 1 Abs. 3 Satz 9 ff. AStG a. F. bzw. § 1 Abs. 3b Satz 1 AStG fallen.[8] Dies wird dadurch zum Ausdruck gebracht,

1 Vgl. Oestreicher, Ubg 2009 S. 80, 84; Ditz/Just, DB 2009 S. 141 f.

2 Kahle in Haun/Kahle/Goebel, AStG (Stand: Oktober 2024), § 1 Abs. 3b AStG Rz. 61; BR-Drucks. 352/08 S. 16.

3 Kahle in Haun/Kahle/Goebel, AStG (Stand: Oktober 2024), § 1 Abs. 3b AStG Rz. 66.

4 Frischmuth, StuB 2007 S. 386 f.

5 Vgl. Kaminski in Strunk/Kaminski/Köhler, AStG/DBA, § 1 AStG Rz. 761, der den Begriff der „Funktionsausweitung“ heranzieht.

6 Borstell in Vögele/Borstell/Bernhardt, Verrechnungspreise, 6. Aufl. 2024, Rz. U 325; Eisele, Grenzüberschreitende Funktionsverlagerung, 2003, S. 26 f.; Kaminski/Strunk, IStR 2002 S. 789 f.; Blumers, BB 2007 S. 1757 f.; Busch, JbFfSt 2008/2009, S. 314; Brandenberg, BB 2008 S. 864 ff.; Welling/Tiemann, FR 2008 S. 68, 70.

7 FG Münster, Urteil v. 16.3.2006 - 8 K 2348/02 E AAAAB-89128, EFG 2006 S. 1562 (rkr.).

8 BMF, Schreiben v. 12.12.2024 - IV B 3 - S 1341/19/10017:004, BStBl 2025 I S. 207, Rz. 3.99.

dass bei reinen Funktionsverdoppelungen die Summe der Einzelpreise der übertragenen bzw. zur Nutzung überlassenen Wirtschaftsgüter und Vorteile und der erbrachten Dienstleistungen dem Preis für das Transferpaket entsprechen soll.[1] Allerdings muss in diesem Zusammenhang die Regelung des § 1 Abs. 6 FVerlV a. F. beachtet werden, wonach Funktionsverdoppelungen nicht grundsätzlich vom Anwendungsbereich des § 1 Abs. 3 Satz 9 ff. AStG a. F. ausgeschlossen sind (siehe unten → Rz. 475 ff.). Eine entsprechende Regelung enthält § 1 Abs. 5 FVerlV n. F.

Einstweilen frei 465–466

b) Nur zeitweise Verlagerung der Funktion ausreichend (§ 1 Abs. 2 Satz 2 FVerlV a. F. bzw. § 1 Abs. 2 Satz 1 FVerlV n. F.)

Gemäß § 1 Abs. 2 Satz 2 FVerlV a. F. kann eine Funktionsverlagerung auch vorliegen, wenn die Funktion nicht endgültig übertragen, sondern lediglich zeitweise vom übernehmenden Unternehmen übernommen wird. Gegen diese Verordnungsregelung wird teilweise eingewandt, dass sie nicht mit dem Gesetzestext des § 1 Abs. 3 Satz 9 AStG a. F. (bzw. § 1 Abs. 3b Satz 1 AStG) vereinbar sei, da diese Vorschrift eine vollständige Verlagerung erfordere.[2] Indes spricht manches dafür, keine Sperrwirkung des § 1 Abs. 3 Satz 9 AStG a. F. AStG hinsichtlich der zeitlichen Komponente anzunehmen. Eine zu enge Auslegung des Begriffs Verlagerung würde nämlich dazu führen, dass die Anwendung der Regelungen zur Funktionsverlagerung relativ leicht durch zeitliche Befristungen umgangen werden könnte. Das würde dem Zweck der Vorschriften aber gerade zuwiderlaufen. In der neuen FVerlV wird die zeitweise Verlagerung einer Funktion nicht mehr explizit angesprochen. Dass auch zeitweise Verlagerungen den Tatbestand des § 1 Abs. 3b Satz 1 AStG erfüllen können, lässt sich aber auf § 1 Abs. 2 Satz 1 FVerlV n. F. stützen, weil dort die Formulierung „oder überlassen" verwendet wird.[3] 467

Beispiele für eine zeitweise Verlagerung der Funktion sind nach Auffassung der FinVerw. die zeitweise Übertragung des Vertriebsrechts für einzelne Pro- 468

1 So die Begründung zu § 1 Abs. 6 Satz 1 FVerlV, BR-Drucks. 352/08 S. 13.

2 Kahle in Haun/Kahle/Goebel, AStG (Stand: Oktober 2024), § 1 Abs. 3b AStG Rz. 45, Wohnert/Brüninghaus/Franke, Die Unternehmensteuerreform 2008, 2007, S. 191; a. A. *Zech*, Verrechnungspreise und Funktionsverlagerungen 2009, 2009, S. 201 f.

3 Saliger in Mann/Staats, BeckOK AStG (Stand: März 2025), § 1 AStG Rz. 521; für Berücksichtigung von zeitweisen Übrtragungen auch Grotherr, Ubg 2023 S. 622, 623.

dukte, Märkte oder Kunden sowie die befristete Versetzung einzelner Mitarbeiter.[1] Insoweit ist eine Abgrenzung zwischen Funktionsverlagerung und Personalentsendung notwendig (vgl. hierzu → Rz. 492 f.).

469–470 *Einstweilen frei*

c) Zusammenfassung von Geschäftsvorfällen (§ 1 Abs. 2 Satz 3 FVerlV)

471 Nach § 1 Abs. 2 Satz 3 FVerlV sind Geschäftsvorfälle, die innerhalb von fünf Wirtschaftsjahren verwirklicht werden, zu dem Zeitpunkt als einheitliche Funktionsverlagerung zusammenzufassen, zu dem die Voraussetzungen des § 1 Abs. 2 Satz 1 FVerlV durch ihre gemeinsame Verwirklichung wirtschaftlich erfüllt sind. Die Vorschrift ist unverändert in der neu gefassten FVerlV enthalten.

BEISPIEL:[2] Das inländische Unternehmen (P) ist führender Hersteller von bestimmten elektronischen Bauteilen. Im November 01 entscheidet die Geschäftsführung, dass für den asiatischen Markt vor Ort ein neuer Produktionsstandort für eine bestimmte Produktreihe errichtet werden soll, die bisher – auch für den Absatz in Asien – ausschließlich im Inland produziert wurde. Es ist beabsichtigt, dem neuen ausländischen Tochterunternehmen (T) die erforderlichen immateriellen Wirtschaftsgüter (Namensrechte, Patente, Kundenstamm) zur Nutzung zu überlassen. Im Januar 02 werden verschiedene Fremdfirmen beauftragt, Entscheidungsgrundlagen für die Standortwahl zu erarbeiten. Im Dezember 02 wird der Bauauftrag für ein neues Werk in Asien erteilt. Die Produktion in Asien wird im Februar 04 gleichzeitig mit deren Einstellung im Inland aufgenommen.

Da sich die Funktionsverlagerung über mehrere Wirtschaftsjahre erstreckt, ist eine zusammenfassende Betrachtung notwendig. Das ergibt sich schon aus der Planung von P. Soweit einzelne Geschäftsvorfälle für sich betrachtet keine Funktionsverlagerung darstellen, führt die wirtschaftliche Verknüpfung zu einer – einheitlichen – Funktionsverlagerung. Die Funktionsverlagerung ist in 04 verwirklicht, da der Tatbestand der Verlagerung in diesem Jahr erfüllt ist, selbst wenn sich noch weitere Geschäftsvorfälle anschließen, die wirtschaftlich zur Funktionsverlagerung gehören. Es liegt im Übrigen keine Funktionsverdoppelung vor, da Produktion und Vertrieb für den asiatischen Markt bei P wegfallen.

---

1 Vgl. bereits BMF, Schreiben v. 13.10.2010 - IV B 5 - S 1341/08/10003, BStBl 2010 I S. 774, Rz. 25; kritisch Looks/Freudenberg, BB 2009 S. 2515 f.; zu Optimierungsgestaltungen mittels Lizensierung Wellens/Schwemin, DB 2013 S. 2881, 2885 f., mit Praxisbeispiel.

2 BMF, Schreiben v. 12.12.2024 - IV B 3 - S 1341/19/10017:004, BStBl 2025 I S. 207, Rz. 3.96.

Mit der Regelung des § 1 Abs. 2 Satz 3 FVerlV sollen Missbrauchsfälle erfasst werden, in denen eine Funktionsverlagerung über mehrere Jahre vollzogen wird.[1] Liegen die Voraussetzungen der Vorschrift vor, wird eine Funktionsverlagerung nicht rückwirkend, sondern erst in dem Zeitpunkt angenommen, in dem sämtliche Voraussetzungen der Funktionsverlagerung erfüllt sind. Für die Annahme eines einheitlichen, sich über mehrere Veranlagungszeiträume erstreckenden Verlagerungsvorgangs ist auf objektive Kriterien abzustellen, nicht auf die Absicht in den beteiligten Unternehmen.[2] 472

Einstweilen frei 473–474

d) Funktionsverdoppelung (§ 1 Abs. 6 FVerlV a. F./§ 1 Abs. 5 FVerlV n. F.)

Die Funktionsverdoppelung fällt begrifflich nicht in den Anwendungsbereich des § 1 Abs. 3b Satz 1 AStG bzw. § 1 Abs. 3 Satz 9 AStG a. F. (siehe → 463). In einem Widerspruch dazu steht die als **Missbrauchsbekämpfungsvorschrift** eingeordnete[3] Regelung des § 1 Abs. 6 Satz 1 FVerlV a. F., wonach eine Funktionsverdoppelung dennoch als Funktionsverlagerung anzusehen ist, wenn es bei Vorliegen der übrigen Voraussetzungen des § 1 Abs. 2 Satz 1 FVerlV innerhalb von fünf Jahren nach Aufnahme der Funktion durch das nahe stehende Unternehmen zu einer Einschränkung der Ausübung der betreffenden Funktion durch das verlagernde Unternehmen kommt.[4] 475

In diesem Fall ordnet § 1 Abs. 6 Satz 2 FVerlV a. F. an, dass zum Zeitpunkt, in dem die Einschränkung eintritt, insgesamt eine einheitliche Funktionsverlagerung vorliegt. Ausgenommen davon sind Fälle, in denen der Steuerpflichtige glaubhaft macht, dass die Einschränkung nicht in unmittelbarem wirtschaftlichem Zusammenhang mit der Funktionsverdoppelung steht. Identische Regelungen finden sich in § 1 Abs. 5 Satz 1 und 2 FVerlV n. F. Nicht umgesetzt wurde die noch im Entwurf vorgesehene Formulierung, dass der Steuerpflichtige *nachweisen* muss, dass die Einschränkung nicht in unmittelbarem wirtschaftlichem Zusammenhang mit der Funktionsverdoppelung steht. 476

Begreift man die Regelungen als Missbrauchsbekämpfungsnormen, so lässt sich die Abweichung vom Normtext des § 1 Abs. 3b Satz 1 AStG bzw. § 1 Abs. 3 Satz 9 AStG a. F. ggf. noch rechtfertigen. In diesem Fall muss aber be- 477

---

1 Begründung zu § 1 Abs. 2 Satz 3 FVerlV, BR-Drucks. 352/08 S. 11.

2 BMF, Schreiben v. 12.12.2024 - IV B 3 - S 1341/19/10017:004, BStBl 2025 I S. 207, Rz. 3.96.

3 Kraft in Kraft, AStG, 2. Aufl. 2019, § 1 Rz. 388; Pohl in Brandis/Heuermann, Ertragsteuerrecht (Stand: November 2024), § 1 AStG Rz. 142.

4 Zu wirtschaftlichen Bedenken vgl. Schreiber in Kroppen/Rasch, Handbuch Internationale Verrechnungspreise, FVerl (Stand: März 2012) V Anm. 85.

achtet werden, dass eine Funktionsverdoppelung nur sehr zurückhaltend als Funktionsverlagerung aufgefasst werden darf. Dies ist bei der Auslegung der einzelnen Tatbestandsmerkmale zu beachten.

478 Die Annahme einer Funktionsverlagerung im Rahmen einer Funktionsverdoppelung setzt zunächst voraus, dass die **inländische Funktionsausübung eingeschränkt** wird.[1] Diese Einschränkung kann vom Wortlaut her Umsätze, Gewinne, produzierte Einheiten, Produktionskapazitäten, die Anzahl der Mitarbeiter oder eine Kombination verschiedener Faktoren betreffen.[2] Vorzugswürdig erscheint, vorrangig die Größen Umsatz[3] und Gewinn heranzuziehen. Allerdings liegt wegen des Ausnahmecharakters des § 1 Abs. 6 Satz 1 FVerlV a. F. (bzw. § 1 Abs. 5 Satz 1 FVerlV n. F.) eine Einschränkung nicht vor, wenn zwar **Umsatz** bzw. **Gewinn** beim verlagernden Unternehmen eingeschränkt sind, Produktionskapazitäten bzw. Anzahl der Mitarbeiter jedoch erhalten wurden.

479 Unsicherheiten bestehen auch, was den **Umfang der Einschränkung** anbelangt. Sicher ist nur, dass Bagatellfälle, also geringfügige oder zeitlich beschränkte Einschränkungen der betreffenden Funktion nicht als Einschränkung der Funktionsausübung anzusehen sind.[4] Dagegen legen weder Gesetz noch Verordnung einen geeigneten Schwellenwert fest.[5] Die Finanzverwaltung geht jedenfalls im Anwendungsbereich von § 1 Abs. 6 Satz 2 FVerlV a. F. davon aus, dass eine geringfügige Einschränkung nicht mehr anzunehmen ist, wenn der Umsatz aus der Funktion, den das ursprünglich tätige Unternehmen i. S. des § 1 Abs. 2 FVerlV im letzten vollen Wirtschaftsjahr vor der Funktionsverlagerung erzielt hat, innerhalb des Fünfjahreszeitraums i. S. des § 1 Abs. 6 Satz 1 FVerlV a. F. (§ 1 Abs. 5 Satz 1 FVerlV n. F.) in einem Wirtschaftsjahr um mehr als 1 Mio. € absinkt.[6] Diese Aussage ist im aktuellen BMF-Schreiben nicht mehr enthalten.[7]

---

1 BMF, Schreiben v. 12.12.2024 - IV B 3 - S 1341/19/10017:004, BStBl 2025 I S. 207, Rz. 3.99.

2 Vgl. auch Zech, IStR 2009 S. 418; Ditz, IStR 2009 S. 421.

3 So auch BMF, Schreiben v. 12.12.2024 - IV B 3 - S 1341/19/10017:004, BStBl 2025 I S. 207, Rz. 3.99; Saliger in Mann/Staats, BeckOK AStG (Stand: März 2025), § 1 AStG Rz. 520; Pohl in Brandis/Heuermann, Ertragsteuerrecht (Stand: November 2024), § 1 AStG Rz. 142.

4 Vgl. die Begründung zu § 1 Abs. 6 Satz 1 FVerlV, BR-Drucks. 352/08 S. 13.

5 Für die Aufnahme eines 75 %-Schwellenwertes Kroppen/Rasch, IWB 11/2008 S. 551 FAAAC-81093

6 BMF, Schreiben v. 13.10.2010 - IV B 5 - S 1341/08/10003, BStBl 2010 I S. 774, Rz. 49, mit Beispiel.; kritisch zu Recht Kaminski, DB 2011 S. 435 f.; Baumhoff/Ditz/Greinert, Ubg 2011 S. 161, 163; Kroppen/Rasch, IWB 2009 S. 2448 ff.

7 Vgl. BMF, Schreiben v. 12.12.2024 - IV B 3-S 1341/19/10017:004, BStBl 2025 I S. 207, Rz. 3.99, wo nur noch auf einen Umsatzrückgang eingegangen wird; vgl. hierzu auch Ebeling/Heidecke, DStR 2023 S. 2689, 2691.

Bei der Klärung des Begriffs „Einschränkung" ist indes zu berücksichtigen, dass § 1 Abs. 6 Satz 1 FVerlV a. F. bzw. § 1 Abs. 5 Satz 1 FVerlV n. F. als **eng auszulegende Ausnahmevorschrift** einzuordnen ist. Deshalb darf nach der hier vertretenen Auffassung nur eine Reduzierung des jeweiligen Ausgangsniveaus um einen signifikanten Anteil (mehr als 50 %) als schädlich angesehen werden. Auch dies darf indes nur dann gelten, wenn der Steuerpflichtige für die Reduzierung des Ausgangsniveaus keine wirtschaftlichen Gründe ins Feld führen kann. Dies ergibt sich im EU-/EWR-Bereich schon unmittelbar aus dem Unionsrecht (vgl. → Rz. 372). 480

Zu berücksichtigen ist auch, dass es einem Unternehmen freistehen muss, sich auf bestimmte Produkte zu konzentrieren. Die Konzentration auf bestimmte Produkte bei dem übertragenden Unternehmen bei Abgabe der Produktion anderer Produkte an das aufnehmende Unternehmen stellt damit keine Einschränkung i. S. des § 1 Abs. 6 Satz 1 FVerlV a. F. (§ 1 Abs. 5 Satz 1 FVerlV n. F.) dar, wenn die Kapazität des übertragenden Unternehmens weiterhin voll ausgelastet ist.[1] 481

Die Einschränkung muss innerhalb von fünf Jahren[2] nach Aufnahme der Funktion durch das übernehmende Unternehmen erfolgt sein. Dieser Zeitraum dient dazu, einen Missbrauch durch schleichende Funktionsverlagerung vorzubeugen. Damit stellt die Regelung eine spezielle Missbrauchsbekämpfungsvorschrift dar, die § 42 AO verdrängt. Nach Ablauf der fünf Jahre, kann eine Funktionsverdoppelung daher nicht über § 42 AO zu der Annahme einer Funktionsverlagerung führen.[3] 482

Die Frist beginnt in dem Zeitpunkt, zu dem der Tatbestand der Funktionsverdoppelung zum ersten Mal erfüllt ist. Unklar ist jedoch, wie zu verfahren ist, wenn innerhalb des Fünf-Jahres-Zeitraums die Funktion eingeschränkt und dann wieder ausgedehnt wird.[4] Da § 1 Abs. 6 Satz 1 FVerlV a. F. (§ 1 Abs. 5 Satz 1 FVerlV n. F.) als Missbrauchsbekämpfungsvorschrift anzusehen ist, greift der Tatbestand in diesem Fall nicht ein. Vielmehr ist erforderlich, dass die Einschränkung bei Abschluss des Fünf-Jahres-Zeitraums noch vorhanden ist. Anderenfalls kann dem Steuerpflichtigen ein Missbrauch nicht unterstellt werden. 483

1 Vgl. Frotscher, Internationales Steuerrecht, 5. Aufl. 2020, § 13 Rz. 1070, der diese Frage jedoch offen lässt.

2 Kritisch aus dem Gesichtspunkt von Fehlanreizen Kroppen/Rasch, IWB 11/2008 S. 551, FAAAC-81093.

3 Vgl. Brandenberg, BB 2008 S., 864, 866.

4 Zu den verschiedenen Lösungsansätzen vgl. Schreiber in Kroppen/Rasch, Handbuch Internationale Verrechnungspreise, FVerl (Stand: März 2012) V Anm. 87.

484 Der Hinweis auf das Vorliegen der **Voraussetzungen von § 1 Abs. 2 Satz 1 FVerlV** ist lediglich deklaratorisch. Auch ohne diese Klarstellung müssten die übrigen Voraussetzungen der Vorschrift erfüllt sein.

485 Die Annahme einer Funktionsverlagerung kann der Steuerpflichtige auch bei Eingreifen von § 1 Abs. 6 Satz 1 FVerlV a. F. (§ 1 Abs. 5 Satz 1 FVerlV n. F.) durch **Glaubhaftmachen** ausschließen, dass die Einschränkung seiner Funktion nicht in unmittelbarem wirtschaftlichem Zusammenhang mit der Funktionsverdoppelung steht (§ 1 Abs. 6 Satz 2 FVerlV a. F./§ 1 Abs. 5 Satz 2 FVerlV n. F.). Ein solcher unmittelbarer wirtschaftlicher Zusammenhang liegt nicht vor, wenn die Einschränkung auf eine veränderte Marktsituation im Inland, auf geänderte rechtliche Grundlagen oder auf den Wunsch eines Fremdkunden, von einer anderen Konzerngesellschaft beliefert zu werden, zurückzuführen ist.[1]

486 Diese Umstände muss der Steuerpflichtige glaubhaft machen. Dazu bedarf es nach bisheriger Auffassung der FinVerw einer plausiblen Darlegung aller tatsächlichen Umstände, die den Rückschluss zulassen, dass kein unmittelbarer wirtschaftlicher Zusammenhang zwischen der Einschränkung und der Aufnahme der Funktion durch das übernehmende Unternehmen gegeben ist.[2] Die Anforderungen an die Glaubhaftmachung dürfen jedoch nicht übersteigert werden. Denn § 1 Abs. 6 Satz 2 FVerlV a. F./ § 1 Abs. 5 Satz 2 FVerlV n. F. führt vom Ausnahmefall wieder zu der Regel, dass Funktionsverdoppelungen eben grundsätzlich nicht den Tatbestand einer Funktionsverlagerung erfüllen. Damit spricht vieles für eine großzügige Handhabung durch die FinVerw, welche jedes wirtschaftliche Argument für die Funktionseinschränkung beim übertragenden Unternehmen sorgfältig prüfen muss. In jedem Fall anzuerkennen sind Fälle, in denen die Einschränkung auf **höhere Gewalt** zurückgeht.[3]

487–488 *Einstweilen frei*

e) Ausschluss der Funktionsverlagerung nach § 1 Abs. 7 FVerlV a. F.

489 Gemäß § 1 Abs. 7 Satz 1 FVerlV a. F. liegt eine Funktionsverlagerung nicht vor, wenn **ausschließlich Wirtschaftsgüter** veräußert oder zur Nutzung überlassen werden oder wenn **nur Dienstleistungen** erbracht werden, es sei denn, diese Geschäftsvorfälle sind Teil einer Funktionsverlagerung. Dadurch wird deutlich,

---

1 Kroppen/Rasch, IWB 11/2008 S. 551 FAAAC-81093; Baumhoff/Ditz/Greinert, DStR 2008 S. 1945, 1947.

2 Begründung zu § 1 Abs. 6 Satz 2 FVerlV, BR-Drucks. 352/08 S. 14; kritisch zu den Nachhalte- und Dokumentationserfordernissen Frischmuth, StuB 2008 S. 868.

3 BMF, Schreiben v. 12.12.2024 - IV B 3 - S 1341/19/10017:004, BStBl 2025 I S. 207, Rz. 3.99; Saliger in Mann/Staats, BeckOK AStG (Stand: März 2025), § 1 AStG Rz. 520.

dass stets eine Funktion i. S. des §§ 1 Abs. 3b Satz 1 AStG bzw. 1 Abs. 3 Satz 9 AStG a. F., 1 Abs. 1 Satz 1 FVerlV übergehen muss. Die Regelung ist zwar in der neuen FVerlV nicht mehr enthalten. Sie ergibt sich aber bereits aus § 1 Abs. 2 FVerlV n. F.[1] Es bleibt daher dabei, dass etwa der bloße Verkauf von Material an ein verbundenes Unternehmen nicht zu einer Funktionsverlagerung führt.

Unklar ist jedoch nach wie vor, in welchen Fällen ausschließlich Wirtschafts- 490
güter übertragen oder nur Dienstleistungen erbracht werden.[2] Maßgebliches Abgrenzungskriterium ist, ob zusätzlich zu den Wirtschaftsgütern bzw. Dienstleistungen Chancen und Risiken übertragen werden.

Eine weitere Negativabgrenzung zur Funktionsverlagerung findet sich in § 1 491
Abs. 7 Satz 2 FVerlV a. F. Eine solche liegt nicht vor, wenn Personal im Konzern entsandt wird,[3] ohne dass eine Funktion mit übergeht, oder wenn der Vorgang zwischen voneinander unabhängigen Dritten nicht als Veräußerung oder Erwerb einer Funktion angesehen würde.

Die bloße **Personalentsendung** stellt damit keine Funktionsverlagerung dar.[4] 492
Im aktuell gelenden Text der FVerlV ist die diesbezügliche Regelung nicht mehr enthalten. Sie ergibt sich aber aus § 1 Abs. 2 FVerlV, so dass eine gesonderte Klarstellung entbehrlich ist.[5] Eine die Funktionsverlagerung ausschließende bloße Personalentsendung liegt vor, wenn Arbeitnehmer mit dem entsendenden Unternehmen vereinbaren, für eine bestimmte Zeit bei dem aufnehmenden Unternehmen tätig zu werden und das aufnehmende Unternehmen entweder eine arbeitsrechtliche Vereinbarung mit dem Arbeitnehmer abschließt oder als wirtschaftlicher Arbeitgeber anzusehen ist.[6] Allerdings kann eine Funktionsverlagerung vorliegen, wenn alle Mitarbeiter einer bestimmten Abteilung an ein verbundenes Unternehmen entsendet werden oder mit dem Personal auch ein Übergang von immateriellen Wirtschaftsgütern erfolgt.[7]

In diesem Sinne kann die Personalentsendung mit einer Funktionsverlagerung 493
einhergehen. Dies kann nach Auffassung der FinVerw etwa der Fall sein, wenn das entsandte Personal seinen bisherigen Zuständigkeitsbereich aus dem entsen-

1 Ditz/Seibert, Ubg 2022 S. 398 f.

2 Baumhoff/Ditz/Greinert, DStR 2008 S. 1945.

3 Vgl. hierzu auch Zech, IStR 2009 S. 418 sowie Ditz, IStR 2009 S. 421.

4 BMF, Schreiben v. 12.12.2024 - IV B 3-S 1341/19/10017:004, BStBl 2025 I S. 207, Rz. 3.95; FG München, Urteil v. 26.11.2019 - 6 K 1918/16 MAAAH-40797, EFG 2020 S. 764, Rz. 67; nicht beanstandet durch BFH, Urteil v. 9.8.2023 - I R 54/19, BStBl 2024 II S. 675.

5 Ditz/Seibert, Ubg 2022 S. 398 f.

6 Vgl. Fallbeispiel von Ditz, IStR 2011 S. 125 f.

7 Ditz/Seibert, Ubg 2022 S. 398 f.; Ebeling/Heidecke, DStR 2023 S. 2689, 2693.

denden Unternehmen mitnimmt und nach der Entsendung im aufnehmenden Unternehmen die gleiche Tätigkeit ausübt und infolge dessen Wirtschaftsgüter und Vorteile übertragen oder zur Nutzung überlassen werden bzw. Chancen und Risiken übergehen.[1] Nach diesem Verständnis könnte die Funktionsverlagerung auch in einer nicht unbedeutenden Anzahl von Entsendefällen eingreifen, obwohl einzelne Personen schwerlich als organischer Teil eines Unternehmens angesehen werden können.[2] Außerdem wird in der Literatur kritisiert, dass eine Einbeziehung von Know-how bzw. Branchen- und Marktkenntnissen der Mitarbeiter in die Funktionsbewertung vor dem Hintergrund des Fremdvergleichsgrundsatzes nur dort angemessen erscheint, wo ein fremder Dritter ein entsprechendes Entgelt zu zahlen bereit wäre, was nicht der Fall ist, wenn der jeweilige Mitarbeiter ein jederzeitiges Kündigungsrecht besitzt.[3]

494 § 1 Abs. 7 Satz 2 Alternative 2 FVerlV a. F. klammert bislang Vorgänge aus dem Anwendungsbereich der Funktionsverlagerung aus, die nach dem **Fremdvergleichsgrundsatz** abgewickelt werden (z. B. fristgerechte Kündigung von Lizenzen,[4] Vertriebs- und Handelsvertreterverträgen, Auslaufen einer Vertragsbeziehung). Ausgenommen wurden damit bislang Vorgänge, die zwischen fremden Dritten nicht als Veräußerung oder Erwerb einer Funktion angesehen würden. In der nunmehr geltenden FVerlV ist diese Regelung nicht mehr enthalten, so dass diese Fälle nicht mehr vom Anwendungsbereich der Funktionsverlagerung ausgenommen wären. Es erscheint fragwürdig, warum Bagatellfälle, die unter Beachtung des Fremdvergleichs anders abgewickelt werden als Funktionsverlagerungen, in den Anwendungsbereich des § 1 Abs. 3b Satz 1 AStG fallen sollen.[5]

1 BMF, Schreiben v. 12.12.2024 - IV B 3 - S 1341/19/10017:004, BStBl 2025 I S. 207, Rz. 3.95; Saliger in Mann/Staats, BeckOK AStG (Stand: März 2025), § 1 AStG Rz. 524; vgl. auch Begründung zu § 1 Abs. 7 Satz 2 FVerlV, BR-Drucks. 352/08 S. 14; kritisch Ebeling/Heidecke, DStR 2023 S. 2689, 2693.

2 Vgl. Kahle in Haun/Kahle/Goebel, AStG (Stand: Oktober 2024), § 1 Abs. 3b Rz. 80 ff.; Frotscher, FR 2008 S. 49, 56.

3 Siehe auch Baumhoff/Ditz/Greinert, Ubg 2011 S. 161, 163 f.

4 Vgl. hierzu Ebeling/Heidecke/Sauer, Ubg 2024 S. 562, 568.

5 Vgl. auch Ditz/Seibert, Ubg 2022 S. 398 f.

VII. Erläuterungen zu § 1 Abs. 3b Satz 2 und 3 AStG (Nientimp/Scherer)

495 Grundsätzlich ist der Einigungsbereich gem. § 1 Abs. 3b Satz 1 AStG auf Grundlage einer Gesamtbewertung des Transferpakets zu bestimmen (vgl. → Rz. 309 ff.). § 1 Abs. 3b Satz 2 und 3 AStG sehen von dieser Gesamtbewertung aber eine **Ausnahme** vor und bieten stattdessen die Möglichkeit, Verrechnungspreise für die einzelnen Bestandteile auf Basis einer **Einzelbewertung** zu ermitteln.[1] Zu beachten ist, dass zwar von der Transferpaketbewertung abgesehen werden kann, dennoch aber grundsätzlich eine Funktionsverlagerung vorliegt[2] und damit ggf. eine Meldepflicht nach §§ 138d ff. EStG zu beachten ist sowie regelmäßig eine Dokumentation als außergewöhnlicher Geschäftsvorfall nach § 90 Abs. 3 AO erforderlich ist. Im Vergleich zu der vorherigen Gesetzesfassung wurden die Möglichkeiten der Einzelbewertung durch die Streichung der Ausnahmen in § 1 Abs. 3 Satz 10 Halbsatz 1 Alternative 2 AStG a. F. und § 1 Abs. 3 Satz 10 Halbsatz 2 AStG a. F. allerdings eingeschränkt (vgl. → Rz. 503).

496 Nach § 1 Abs. 3b Satz 2 AStG kann von einer Transferpaketbewertung abgesehen werden bzw. ist eine Einzelbewertung zulässig, wenn der Steuerpflichtige **glaubhaft macht**, dass **weder wesentliche immaterielle Wirtschaftsgüter noch sonstige Vorteile** Gegenstand der Funktionsverlagerung waren. Diese Möglichkeit der Einzelbewertung stimmt grundsätzlich mit der vorher in § 1 Abs. 3 Satz 10 Halbsatz 1 Alternative 1 AStG a. F. geregelten Ausnahme überein: Während § 1 Abs. 3 Satz 10 Halbsatz 1 Alternative 1 AStG a. F. voraussetzte, dass „keine wesentlichen immateriellen Wirtschaftsgüter und Vorteile" übertragen werden, stellt § 1 Abs. 3b Satz 2 AStG nun auf eine „weder … noch" Verknüpfung ab.

497 Kritisch ist, dass die **zentralen Begriffe** des § 1 Abs. 3b AStG wie „immaterielle **Wirtschaftsgüter**" und „sonstige **Vorteile**" **nicht gesetzlich definiert** werden. Zwar wurde im Rahmen des AbzStEntModG in § 1 Abs. 3c AStG eine Legalde-

1 Vgl. Pohl in Brandis/Heuermann, Ertragsteuerrecht, 175. EL, § 1 AStG Rz. 151 ff.; Ditz/Greinert/Licht in Flick/Wassermeyer/Ditz/Schönfeld, Außensteuerrecht (113. Erg.-Lfg. 2025), § 1 AStG Rz. 1290.

2 Siehe auch BMF, Schreiben v. 13.10.2010 - IV B 5 - S 1341/08/10003, BStBl 2010 I S. 774 (im Folgenden Verwaltungsgrundsätze Funktionsverlagerung), welches sich allerdings nur auf § 1 Abs. 3 AStG a. F. sowie die FVerlV v. 12.8.2008 bezieht.

finition von „immateriellen **Werten**" eingeführt. Diese stellt aber auf Vermögenswerte ab und ist grundsätzlich weiter, da das Vorliegen eines Wirtschaftsguts nicht erforderlich ist.[1] Daher sollte wohl weiter die höchstrichterliche Rechtsprechung zu dem Begriff des immateriellen Wirtschaftsguts herangezogen werden.[2] Anzumerken ist, dass im Rahmen der Verwaltungsgrundsätze Verrechnungspreise 2024[3] zur Abgrenzung einer Funktion von einer übrigen Geschäftstätigkeit dann aber auf immaterielle Werte statt auf die in § 1 Abs. 3b AStG genannten immateriellen Wirtschaftsgüter und sonstige Vorteile abgestellt wird.[4] Sonstige Vorteile werden ebenfalls nicht definiert. Grundsätzlich dürften hierunter aber geschäftswertbildende Faktoren zu verstehen sein, insbesondere ist hier eine wirtschaftlich selbständige Position zu verstehen, die der Steuerpflichtige innehat und durch die er etwas entgeltlich verwerten oder an Dritte übertragen bzw. veräußern kann (vgl. → Rz. 437 f.).[5]

498 Zur **Glaubhaftmachung** hat der Steuerpflichtige darzulegen, dass für die behauptete Tatsache eine überwiegende Wahrscheinlichkeit gegeben ist.[6] Die behauptete Tatsache (keine Verlagerung weder wesentlicher immaterieller Wirtschaftsgüter noch sonstiger Vorteile) muss also wahrscheinlicher sein als ihr Gegenteil. Im Rahmen der Glaubhaftmachung des § 1 Abs. 3d Satz 1 Nr. 1 AStG bestimmen die Verwaltungsgrundsätze Verrechnungspreise 2024: „Zur Glaubhaftmachung gehört, dass die konkreten Umstände substantiiert und in sich schlüssig dargelegt werden. Es genügt daher die überwiegende Wahrscheinlichkeit, dass die Kriterien erfüllt werden."[7] Im Ergebnis ist vom Steuerpflichtigen kein Beweis, sondern nur eine Wahrscheinlichkeitsüberlegung für das Nicht-Vorliegen wesentlicher immaterieller Wirtschaftsgüter und sonstiger Vorteile zu erbringen.

---

1 Vgl. Greinert/Leonhardt in Wassermeyer/Baumhoff/Ditz, Verrechnungspreise international verbundener Unternehmen, 2. Aufl. 2022, Kapitel 6 Verrechnungspreisbestimmung für einzelne Bereiche des Liefer- und Leistungsaustausches, Rz. 6.568 ff.; Pohl in Brandis/Heuermann, Ertragsteuerrecht, § 1 AStG Rz. 161 f.

2 Siehe etwa BFH, Beschluss v. 7.8.2000 - GrS 2/99, BStBl 2000 II S. 632.

3 BMF, Schreiben v. 12.12.2024 - IV B 3 - S 1341/19/10017 :004, „Verwaltungsgrundsätze Verrechnungspreise – Grundsätze für die Korrektur von Einkünften gemäß § 1 AStG", hier Verwaltungsgrundsätze Verrechnungspreise 2024.

4 Verwaltungsgrundsätze Verrechnungspreise 2024, Rz. 3.90.

5 Vgl. FG Niedersachsen, Urteil v. 16.3.2023 - 10 K 310/19, Revision eingelegt beim BFH unter I R 43/23, IStR 2023 S. 538 mit Anm. Schnorberger/Etzig, Tz. 30.

6 Vgl. *Krumm* in Tipke/Kruse, AO/FGO (185. Erg.-Lfg. 2025), § 96 FGO Tz. 75.

7 Verwaltungsgrundsätze Verrechnungspreise 2024, Tz. 3.129; ähnlich die nur noch für alte Funktionsverlagerungen gültigen Verwaltungsgrundsätze Funktionsverlagerung, Tz. 2.1.5.2.

§ 1 Abs. 3b Satz 2 AStG stellt auf „wesentliche immaterielle Wirtschaftsgüter" ab. Die **Wesentlichkeit** wird in § 1 Abs. 3 FVerlV[1] definiert. Demnach sind immaterielle Wirtschaftsgüter dann wesentlich, wenn sie für die verlagerte Funktion erforderlich sind **(qualitativer Maßstab)** und ihr Fremdvergleichspreis insgesamt mehr als 25 % der Summe der Einzelpreise aller Wirtschaftsgüter und sonstigen Vorteile des Transferpakets beträgt **(quantitativer Maßstab)**. Im Rahmen des qualitativen Maßstabs wird durch die Erforderlichkeit damit ein weiterer unbestimmter Rechtsbegriff eingeführt, der weder im Gesetz, noch in der FVerlV definiert wird. Grundsätzlich kann unter ‚erforderlich sein' verstanden werden, dass die Funktion ohne dieses immaterielle Wirtschaftsgut nicht ausgeübt werden kann.[2] Von der Bestimmung des Einigungsbereichs auf Grundlage des Transferpakets konnte nach vorheriger Gesetzesfassung (§ 1 Abs. 3 Satz 10 AStG a. F.) abgesehen werden, wenn „keine wesentlichen immateriellen Wirtschaftsgüter und Vorteile Gegenstand der Funktionsverlagerung waren". Entsprechend wurde in § 1 Abs. 5 FVerlV a. F. die Wesentlichkeit von sowohl immateriellen Wirtschaftsgütern als auch von Vorteilen definiert. In § 1 Abs. 3 FVerlV wird dagegen nunmehr nur noch die **Wesentlichkeit von immateriellen Wirtschaftsgütern** definiert. In den quantitativen Maßstab fließen die sonstigen Vorteile dagegen wieder ein, da dieser auf die Summe der Einzelpreise von sowohl Wirtschaftsgütern als auch sonstigen Vorteilen abstellt.[3] Sollten gemäß aktueller Gesetzesfassung damit nun bereits unwesentliche sonstige Vorteile für die Transferpaketbesteuerung ausreichen, würde dies eine erhebliche Ausweitung der Fälle, die eine Gesamtbewertung erfordern, bedeuten.[4] Dies wäre insbesondere problematisch, da der Begriff „sonstige Vorteile" wie bereits dargestellt unbestimmt bleibt. Ausweislich der Verwaltungsgrundsätze Verrechnungspreise 2024, Rz. 3.97, sind für die Prüfung der Erfüllung des quantitativen Maßstabs die „Bestandteile des Transferpakets (gegebenenfalls einschließlich der geschäftswertbildenden Faktoren) unabhängig von deren Ausweis als Wirtschaftsgut zu berücksichtigen". 499

Gemäß § 1 Abs. 3b Satz 3 AStG gilt dies („dass weder wesentliche immaterielle Wirtschaftsgüter noch sonstige Vorteile Gegenstand der Funktionsverlage- 500

1 Vgl. Funktionsverlagerungsverordnung v. 18.10.2022 (BGBl 2022 I S. 1803).

2 Vgl. Ditz/Greinert/Licht in Flick/Wassermeyer/Ditz/Schönfeld, Außensteuerrecht (113. Erg.-Lfg. 2025), § 1 AStG Rz. 1295.

3 Vgl. Grotherr, DStZ 2022 S. 49 ff.

4 Kritisch zu dieser möglichen Verschärfung auch die zu dem Referentenentwurf der Funktionsverlagerungsverordnung eingereichten Stellungnahmen oder u. a. Heidecke/Sauer, ISR 2022 S. 404; so allerdings Verwaltungsgrundsätze Verrechnungspreise 2024, Rz. 3.97: „Ist ein sonstiger Vorteil Bestandteil des Transferpakets, kommt die Anwendung von § 1 Absatz 3b Satz 2 AStG nicht in Betracht".

rung waren") dann, wenn das übernehmende Unternehmen die übergehende Funktion **ausschließlich gegenüber dem verlagernden Unternehmen** ausübt und das für die Ausübung der Funktion und die Erbringung der entsprechenden Leistungen anzusetzende **Entgelt nach der Kostenaufschlagsmethode** zu ermitteln ist. Ausweislich der Gesetzesbegründung sollte damit § 2 Abs. 2 Satz 1 FVerlV a. F. in das Gesetz übernommen werden.[1] Dieser enthielt ursprünglich die gesetzliche Annahme, wonach in dem Fall, dass das übernehmende Unternehmen die übergehende Funktion ausschließlich gegenüber dem verlagernden Unternehmen ausübt und das für die Ausübung der Funktion und die Erbringung der entsprechenden Leistungen anzusetzende Entgelt nach der Kostenaufschlagsmethode zu ermitteln ist, **davon auszugehen war**, dass keine wesentlichen immateriellen Wirtschaftsgüter oder Vorteile übertragen wurden. Dabei suggeriert der aktuelle Wortlaut des § 1 Abs. 3b Satz 2 AStG durch die Verknüpfung „dies gilt dann" allerdings eine Einengung gegenüber der vorherigen Fassung. Entsprechend der Gesetzesbegründung ist § 1 Abs. 3b Satz 2 AStG allerdings dahingehend zu verstehen, dass § 1 Abs. 3b Satz 3 AStG, wie zuvor auch § 2 Abs. 2 Satz 1 FVerlV a. F., einen **Beispielfall auflistet und keine abschließende Aufzählung** darstellt.[2] Angesprochen werden mit dieser Regelung grundsätzlich „**Unternehmen mit Routinefunktion**", die nur ein geringes Risiko tragen.[3] Der Gesetzgeber geht insoweit typisierend davon aus, dass auf ein solches Unternehmen aufgrund der Funktionsverlagerung keine Chancen und Risiken übergehen, die die Zahlung eines besonderen Entgelts an das verlagernde Unternehmen für die Übertragung oder Nutzungsüberlassung immaterieller Wirtschaftsgüter und Vorteile rechtfertigen, die sonst Bestandteil eines Transferpakets sein können.[4] Obwohl der Wortlaut nur auf ein Entgelt nach der Kostenaufschlagsmethode abstellt, sollte daher insbesondere auch ein Entgelt nach der **transaktionsbezogenen Nettomargenmethode** unter diese Ausnahme fallen.[5] Darüber hinaus ist kritisch zu sehen,

1 Vgl. BT-Drucks. 19/27632 S. 74.

2 So auch Stein/Schwarz, DB 2021 S. 1296; Ditz/Greinert in Wassermeyer/Baumhoff/Ditz, Verrechnungspreise international verbundener Unternehmen, 2. Aufl. 2022, Kapitel 7 Funktionsverlagerungen Rz. 7.138 f.

3 Vgl. BR-Drucks. 352/08 S. 16.

4 Vgl. BR-Drucks. 352/08 S. 16; vgl. auch *Ditz/Greinert* in Flick/Wassermeyer/Ditz/Schönfeld, Außensteuerrecht (113. Erg.-Lfg. 2025), § 1 AStG Rz. 1297 ff.

5 Vgl. Schwarz/Stein in Greil/Hummel, AStG, 1. Aufl. 2025, § 1 AStG Tz. 721. So auch für die vorherige Regelung die Verwaltungsgrundsätze Funktionsverlagerung, Rz. 67. Vgl. auch Ditz/Greinert/Licht in Flick/Wassermeyer/Ditz/Schönfeld, Außensteuerrecht (113. Erg.-Lfg. 2025), § 1 AStG Rz. 1301 ff.; Parenko in AStG-eKommentar, 2025, § 1 AStG Rz. 490. Ebenfalls kritisch zu der Begrenzung auf ein Entgelt nach der Kostenaufschlagsmethode Schreiber/Retzer/Jasmund/Sommer, DB 2022 S. 2759 f.

dass gesetzlich bisher nicht klar geregelt ist, wann die Kostenaufschlagsmethode überhaupt zu Recht zur Anwendung kommt. § 1 Abs. 3b Satz 3 AStG beschränkt sich zudem auf Fälle, in denen die übergehende Funktion ausschließlich gegenüber dem verlagernden Unternehmen ausgeübt wird.

§ 1 Abs. 4 FVerlV, welcher eine vorher in § 2 Abs. 2 Satz 2 FVerlV a. F. enthaltene Regelung übernimmt, schränkt den Anwendungsbereich der Norm allerdings dahingehend wieder ein, wenn das übernehmende Unternehmen vom verlagernden Unternehmen ursprünglich unentgeltlich zur Verfügung gestellte Wirtschaftsgüter und sonstige Vorteile auch **für Leistungen gegenüber unabhängigen Dritten und/oder anderen nahestehenden Unternehmen** verwendet und für diese Leistungen **Marktpreise erzielt oder nach dem Fremdvergleichsgrundsatz erzielen müsste, die regelmäßig höher sind als das nach der Kostenaufschlagsmethode berechnete Entgelt**. In diesen Fällen geht der Verordnungsgeber davon aus, dass das übernehmende Unternehmen eigene Chancen und Risiken wahrnimmt, die nach dem Fremdvergleichsgrundsatz eine Entgeltpflicht entsprechend den Regeln zum Transferpaket erfordert.[1] 501

Liegen die Voraussetzungen des § 1 Abs. 3b Satz 2 AStG vor, sind **Einzelverrechnungspreise nach Vornahme sachgerechter Anpassungen** anzuerkennen. Fraglich ist allerdings, ob durch die Berücksichtigung von sowohl immateriellen Wirtschaftsgütern als auch sonstigen Vorteilen im Rahmen des quantitativen Maßstabs nicht doch eine Gesamtbewertung unumgänglich ist (vgl. → Rz. 499), die grundsätzlich durch die Öffnungsklausel vermieden werden sollte.[2] Für die Prüfung des quantitativen Maßstabs nach § 1 Abs. 3 FVerlV muss der Wert der sonstigen Vorteile bekannt sein. Da gesetzlich allerdings nur eine Glaubhaftmachung durch den Steuerpflichtigen verlangt wird, dürfen an solche quantitativen Überlegungen keine überhöhten Anforderungen gestellt werden. 502

Die anderen ursprünglich gesetzlich normierten zwei weiteren Ausnahmen von der Gesamtbewertung sind im Rahmen der Änderungen durch das AbzStEntModG entfallen.[3] Gemäß § 1 Abs. 3 Satz 10 Halbsatz 1 Alternative 2 AStG war eine Einzelbewertung möglich, wenn glaubhaft gemacht wurde, dass das Gesamtergebnis der Einzelpreisbestimmung dem Fremdvergleichs- 503

1 Vgl. BR Drucks. 352/08 S. 16.

2 Kritisch dazu auch Grotherr, DStZ 2022 S. 49 ff.

3 Dies ist nach Grotherr insofern bedauerlich, weil insbesondere die letztgenannte Öffnungsklausel von hoher praktischer Relevanz war, vgl. Grotherr, DStZ 2022 S. 51. Anderer Auffassung Greil/Saliger, ISR 2021 S. 333, die sowohl die praktische Relevanz der entfallenen Öffnungsklauseln als auch deren Tragbarkeit aus einem „theoretischen Blickwinkel" anzweifeln.

grundsatz (entsprechend der Transferpaketbewertung) entspricht. Gemäß § 1 Abs. 3 Satz 10 Halbsatz 2 AStG konnte ebenfalls von der Transferpaketbewertung abgesehen werden, wenn der Steuerpflichtige glaubhaft macht, dass zumindest ein von ihm genau bezeichnetes wesentliches immaterielles Wirtschaftsgut Gegenstand der Funktionsverlagerung ist.

H. Erläuterungen zu § 1 Abs. 3c AStG (Nientimp)

I. Allgemeines

Durch das Abzugsteuerentlastungsmodernisierungsgesetz (siehe → Rz. 55) wurden explizite Regelungen zu immateriellen Werten in § 1 AStG eingeführt.[1] Dabei werden immaterielle Werte erstmalig im Verrechnungspreiskontext gesetzlich definiert. Ebenfalls wird das DEMPE-Konzept (**D**evelopment, **E**nhancement, **M**aintenance, **P**rotection, **E**xploitation) aus dem BEPS-Aktionsplan der OECD in Deutschland gesetzlich verankert. Laut Gesetzesbegründung soll hierdurch verdeutlicht werden, dass Deutschland sich an dem OECD-Konsens orientiert.[2] Konsequent verweisen die Verwaltungsgrundsätze Verrechnungspreise 2024[3] auch auf die Grundsätze von Kapitel VI der OECD-Verrechnungspreisleitlinien.[4] Klarstellend soll für die Behandlung von immateriellen Werten eine wirtschaftliche Betrachtungsweise in den Mittelpunkt der Verrechnungspreisprüfung gestellt werden.[5] § 1 Abs. 3c AStG inklusive des DEMPE-Konzepts kommt dabei sowohl für den tatsächlichen als auch den hypothetischen Fremdvergleich zur Anwendung.[6] Die Berücksichtigung in einem eigenen Absatz zeigt, welch hohe Bedeutung der Gesetzgeber der Bestimmung fremdvergleichskonformer Vergütungen für die Übertragung und Nutzung immaterieller Werte beimisst. Auch ohne direkte Erwähnung stellt § 1 Abs. 3c AStG eine gesetzliche Konkretisierung des Fremdvergleichsgrundsatzes und der Einkünftekorrekturnorm des § 1 Abs. 1 AStG dar.[7] Anzuwenden sind die Regelungen des § 1 Abs. 3c AStG nach § 21 Abs. 1 AStG erstmals ab dem Veranlagungszeitraum/Erhebungszeitraum 2022. 504

II. Immaterielle Werte

§ 1 Abs. 3c S. 1 AStG stellt zunächst fest, dass die Übertragung oder Nutzungsüberlassung von immateriellen Werten im Rahmen einer Geschäftsbeziehung zu **vergüten** ist. Dies ist als gesetzliche Normierung des Fremdvergleichsgrundsatzes von § 1 Abs. 1 AStG zu verstehen und prinzipiell auch unstrittig. Voraus- 505

---

1 Vgl. Nientimp, Aktuelle Entwicklungen im Wirtschafts- und Steuerrecht, Sonderheft DB 2020 S. 51; Nientimp/Scherer, IStR-LB 2021 S. 55.

2 Vgl. BT-Drucks. 19/27632 S. 74.

3 Siehe BMF, Schreiben v. 12.12.2024, IV B 3 - S 1341/19/10017 :004, BStBl S. 207, **Verwaltungsgrundsätze Verrechnungspreise 2024**, Tz. 3.47.

4 Dieses enthält besondere Überlegungen bezüglich immaterieller Werte.

5 Vgl. BT-Drucks. 19/27632 S. 74; siehe hierzu auch Stein/Schwarz, DB 2021 S. 1292.

6 Vgl. Grotherr, Ubg 2021 S. 624.

7 Vgl. Grotherr, Ubg 2021 S. 622.

setzung hierfür ist eine **Geschäftsbeziehung** i. S. v. § 1 Abs. 4 AStG sowie eine finanzielle Auswirkung auf einen der Transaktionspartner (den Übernehmer, den Nutzenden, den Übertragenden oder den Überlasser). Durch die Verwendung von „oder" im Gesetzeswortlaut reicht es aus, wenn diese finanzielle Auswirkung bei einem der Transaktionspartner eintritt, obwohl in der Gesetzesbegründung eine „zugleich" Verbindung, entgegen dem eindeutigen Gesetzeswortlaut, hergestellt wird.[1] Die Gesetzesbegründung[2] stellt hierbei auf die Zahlungsbereitschaft des Übernehmenden bzw. die Entgeltforderung des Überlassenden ab und folgt dabei der Grundsystematik einer zweiseitigen Betrachtungsweise ähnlich der des hypothetischen Fremdvergleichs.[3] Dieser zentrale Aspekt der **finanziellen Auswirkungen** ist dabei im Sinne des Fremdvergleichsgrundsatzes wohl so auszulegen, dass hierfür ein wirtschaftlicher Nutzen ausreicht.[4] Die Verwaltungsauffassung verlangt hier, im Rahmen einer Ex-ante-Betrachtung, nachvollziehbarerweise die **Erwartung eines wirtschaftlichen Vorteils.**[5]

506 Bei Geschäftsbeziehungen mit immateriellen Werten regelt § 1 Abs. 3c Satz 1 AStG einen breiten Anwendungsbereich von **Übertragungen** von Eigentum oder Inhaberschaft sowie zeitlich begrenzten Nutzungsüberlassungen etwa in Form von Lizenzen.[6] Dies entspricht grds. der Auffassung der OECD von exemplarischen Geschäftsvorfällen im Zusammenhang mit der Nutzung oder Übertragung von immateriellen Werten und der Kombination mit anderen Geschäftsvorfällen.[7] Ausgeschlossen sind über den Verweis auf § 1 Abs. 4 AStG Überlassungen von immateriellen Werten im Rahmen einer gesellschaftsvertraglichen Vereinbarung.[8]

---

1 Vgl. Grotherr, Ubg 2021 S. 623; a. A. Stein/Burger in Haun/Kahle/Goebel, AStG, § 1 Abs. 3c AStG Rz. 62.

2 Vgl. BT-Drucks. 19/27632 S. 74.

3 Vgl. Kußmaul/Pfirmann/Nikolaus, Ubg 2022 S. 429; Stein/Burger in Haun/Kahle/Goebel, AStG, § 1 Abs. 3c AStG Rz. 58.

4 Vgl. Grotherr, Ubg 2021 S. 623; Stein/Burger in Haun/Kahle/Goebel, AStG, § 1 Abs. 3c AStG Rz. 57.

5 Vgl. BMF, Schreiben v. 12.12.2024 - IV B 3 - S 1341/19/10017 :004, BStBl I S. 207, Verwaltungsgrundsätze Verrechnungspreise 2024, Tz. 3.49.

6 Vgl. Stein/Burger in Haun/Kahle/Goebel, AStG, § 1 Abs. 3c AStG Rz. 64 ff. Siehe auch Manthey/Zettl, IStR 2021 S. 449 ff. zur Unterscheidung von Überlassung und Übertragung von Rechten und wirtschaftlichem Eigentum.

7 Vgl. OECD-LL, Tz. 6.86–6.106.

8 Vgl. Stein/Burger in Haun/Kahle/Goebel, AStG, § 1 Abs. 3c AStG, Rz. 54.

Immaterielle Werte werden in § 1 Abs. 3c Satz 2 AStG erstmalig im Verrechnungspreiskontext gesetzlich definiert.[1] Die gesetzliche Definition lehnt sich dabei sehr stark an die Definition in den OECD-Verrechnungspreisleitlinien an.[2] Ein immaterieller Wert ist danach ein Vermögenswert, 507

- der weder materielles Wirtschaftsgut oder Beteiligung noch Finanzanlage ist (Nr. 1),
- der Gegenstand eines Geschäftsvorfalls sein kann, ohne einzeln übertragbar sein zu müssen (Nr. 2), und
- der einer Person eine tatsächliche oder rechtliche Position über diesen Vermögenswert vermitteln kann (Nr. 3).

Das Vorliegen eines Wirtschaftsguts ist für einen immateriellen Wert nicht erforderlich, weshalb der Gesetzgeber explizit die Unterscheidung von „Wert" und „Wirtschaftsgut" benutzt.[3] 508

Unter Verweis auf die OECD-Verrechnungspreisleitlinien werden in der Gesetzesbegründung zur Konkretisierung eines immateriellen Werts die folgenden **Beispiele** genannt:[4] Patente, Know-how und Handelsgeheimnisse, Warenzeichen, Handelsnamen und Marken, vertragliche Rechte und staatliche Lizenzen sowie Lizenzen und vergleichbare Rechte an immateriellen Werten. Nach Nr. 3 kann aber nicht nur eine rechtliche Position, sondern auch eine tatsächliche Position über einen Vermögenswert für das Vorliegen eines immateriellen Werts ausreichen. Dies setzt eine Möglichkeit der **Kontrolle** über die Nutzung eines immateriellen Werts voraus.[5] So stellt die Gesetzesbegründung außerdem klar, dass Konzernsynergien sowie Marktbedingungen[6] ausdrücklich keine immateriellen Werte in diesem Sinne darstellen, da sie nicht kontrollierbar und selbständig bewertungsfähig sind.[7] Für die Möglichkeit der Kontrolle über die Nutzung eines immateriellen Werts ist eine rein faktische Kontrollmöglichkeit, ohne durchsetzbare Rechtsposition, ausreichend.[8] Denkbar ist eine solche Kontrollmöglichkeit der Nutzung von immateriellen Werten etwa durch Ge- 509

1 Siehe aber bereits die Verwendung in § 2 Abs. 6 Nr. 2 und in § 6 BsGaV vom 13.10.2014, die „immaterielle Werte einschließlich immaterieller Wirtschaftsgüter" zu den Vermögenswerten zählt; siehe hierzu Nientimp/Stein/Schwarz/Holinski, BB 2017 S. 408.

2 Siehe OECD-LL, Tz. 6.6.

3 Vgl. BT-Drucks. 19/27632 S. 74. Siehe auch Pohl in Brandis/Heuermann, Ertragsteuerrecht, § 1 AStG Rz. 181.

4 Vgl. BT-Drucks. 19/27632 S. 74.

5 So auch Stein/Burger in Haun/Kahle/Goebel, AStG, § 1 Abs. 3c AStG Rz. 85.

6 Siehe OECD-LL, Tz. 6.30 f.

7 Vgl. BT-Drucks. 19/27632 S. 74.

8 Vgl. Stein/Burger in Haun/Kahle/Goebel, AStG, § 1 Abs. 3c AStG Rz. 88.

heimhaltung der konkreten Inhalte immaterieller Werte.
Die OECD definiert immaterielle Werte als weder materielle noch finanzielle Vermögenswerte, die im Eigentum oder unter der Kontrolle eines Unternehmens stehen und deren Nutzung oder Erwerb sich fremde Dritte etwas kosten lassen.[1] Zentral für die Qualifikation als immaterieller Wert ist auch hier die Möglichkeit zur Kontrolle. Die Gruppe immaterieller Werte unterteilt die OECD in marketingbezogene immaterielle Werte und gewerbliche immaterielle Werte.[2] Kann eine einkommensbeeinflussende Ressource nicht kontrolliert werden, liegen **keine immateriellen Werte** vor. Diese können in Abgrenzung zu einem immateriellen Wert als Vergleichbarkeitsfaktoren („comparability factors")[3] Berücksichtigung finden.[4] Als Vergleichbarkeitsfaktoren kommen grundsätzlich Gruppensynergien[5], spezifische Marktbedingungen und -Charakteristika (günstiges Lohnniveau, Marktnähe, Kaufkraft)[6], Standortvorteile oder eine eingespielte Arbeitnehmerschaft[7] in Frage.

510 *Einstweilen frei*

III. Das DEMPE-Konzept

511 Die Feststellung des **Eigentums** oder der **Inhaberschaft** an einem immateriellen Wert ist nach § 1 Abs. 3c Satz 3 AStG die Ausgangsbasis der Verrechnungspreisanalyse.[8] Neben dem Eigentum oder der Inhaberschaft sind auch die hieraus abgeleiteten Rechte gleichermaßen in die Verrechnungspreisanalyse einzubeziehen. Ziel dieser Analyse ist es, zu ermitteln, wem die **Erträge** aus jedweder Art der Verwertung des immateriellen Werts zustehen. Die Gesetzesbegründung[9] stellt mit explizitem Verweis auf Tz. 6.40 der OECD-Verrechnungspreisleitlinien heraus, dass durch das DEMPE-Konzept die Eigentumsrechte, auch für Verrechnungspreiszwecke nicht beeinträchtigt werden.[10]

1 Vgl. OECD-LL, Tz. 6.5 f. Es ist allerdings nach Tz. 6.8 OECD-LL keine zwingende Voraussetzung, dass immaterielle Werte einzeln übertragbar sind.
2 Vgl. OECD-LL, Tz. 6.16.
3 Vgl. OECD-LL, Tz. 1.36 ff.
4 Siehe hierzu Nientimp/Stein/Hundebeck, DStR 2016 S. 2872.
5 Vgl. OECD-LL, Tz. 6.30.
6 Vgl. OECD-LL, Tz. 6.31.
7 Vgl. OECD-LL, Tz. 6.139.
8 Vgl. Nientimp, Aktuelle Entwicklungen im Wirtschafts- und Steuerrecht, Sonderheft DB 2020 S. 51; Stein/Schwarz/Burger, IStR 2020 S. 85.
9 Vgl. BT-Drucks. 19/27632 S. 75.
10 Siehe auch Kußmaul/Pfirmann/Nikolaus, Ubg 2022 S. 432.

Grundsätzlich stehen dem Eigentümer daher auch erst einmal die Erträge aus der Verwertung der immateriellen Werte zu.[1]

Nach der Feststellung der Eigentumsverhältnisse aus rechtlicher Sicht ist in ei- 512
nem zweiten Schritt eine **wirtschaftliche Betrachtungsweise** für Verrechnungspreiszwecke anzustellen, wobei der Gesetzgeber festlegt, dass der Eigentümer oder Inhaber eines immateriellen Werts die nahestehenden Personen, welche bestimmte Funktionen ausüben, hierzu Vermögenswerte einsetzen und bestimmte Risiken übernehmen, zu vergüten hat (§ 1 Abs. 3c Satz 4 AStG).[2] Basierend auf den OECD-Verrechnungspreisleitlinien sollen die Beiträge von Mitgliedern der multinationalen Unternehmensgruppe an der immateriellen Wertschöpfung[3] berücksichtigt und angemessen vergütet werden.[4] Hierfür bestimmt § 1 Abs. 3c Satz 4 AStG die fünf Kernfunktionen:

- **Entwicklung** oder Erschaffung (**D**evelopment),
- **Verbesserung** (**E**nhancement),
- **Erhalt** (**M**aintenance),
- **Schutz** (**P**rotection) und
- jedwede Art der **Verwertung** (**E**xploitation),

deren englischen Bezeichnungen das Akronym **DEMPE** bilden. Entwickelt wurde das DEMPE-Konzept im Rahmen des Aktionsplans 8 der OECD BEPS-Initiative, welche sich gegen aggressive Steuergestaltungen richtete. Kern des DEMPE-Konzepts ist ein „Substance-over-Form-Ansatz“, nach welchem die Zuordnung von Erträgen aus der Verwertung immaterieller Werte anhand der individuellen Wertschöpfungsbeiträge in Bezug auf die Entwicklung/Erschaffung, Verbesserung, den Erhalt, den Schutz und die Verwertung nach rein wirtschaftlichen Kriterien erfolgen soll.[5]

1 Die OECD-LL, Tz. 6.32 und dem folgend die Gesetzesbegründung (BT-Drucks. 19/27632 S. 74) sprechen von Erlösen, was aber keinen Unterschied beinhalten sollte.

2 Ursprünglich lautete der Wortlaut im Abzugsteuerentlastungsmodernisierungsgesetz „hierzu Vermögenswerte einsetzt oder Risiken übernimmt“, durch das ATAD-UmsG, wurde das „oder“ durch ein „und“ ersetzt.

3 Siehe kritisch zum unreflektierten Rückgriff auf den Begriff der Wertschöpfung im Rahmen des Fremdvergleichsgrundsatzes und dem fraglichen Erkenntnismehrwert hierdurch: Roeder/Nientimp in FS für Heinz-Klaus Kroppen, 2020, S. 367 ff.

4 Vgl. OECD-LL, Tz. 6.48.

5 Vgl. Nientimp/Stein/Hundebeck, DStR 2016 S. 2872.

513 Für die Analyse der **Wertschöpfungsbeiträge** im Rahmen des DEMPE-Konzepts ist eine eigene Funktions- und Risikoanalyse erforderlich.[1] Hierbei ist festzustellen, welche Konzerngesellschaften in Bezug auf die Entwicklung/Erschaffung, die Verbesserung, den Erhalt, den Schutz und die Verwertung immaterieller Werte die maßgeblichen Funktionen ausüben, die personellen und finanziellen Kapazitäten zur Übernahme und Kontrolle der damit verbundenen Risiken haben sowie wertvolle immaterielle Werte einsetzen.[2] Diese Beteiligten in der Wertschöpfungskette sind für ihre Funktionen angemessen zu vergüten. Die durch das DEMPE-Konzept erforderliche wertschöpfungsbeitragsorientierte Erfolgszurechnung fingiert praktisch ein „Fruchtziehungsrecht" aus den ausgeübten Funktionen, welches auf Ebene der beteiligten Konzerngesellschaften in Abhängigkeit vom Grad der Wertschöpfungsbeiträge als eine Art **„funktionales Eigentum"** für Verrechnungspreise beschrieben werden kann, welches allerdings weder Auswirkungen auf das rechtliche noch wirtschaftliche Eigentum hat.[3] Im Ergebnis kann diese Sichtweise dazu führen, dass der rechtliche Eigentümer oder Inhaber eines immateriellen Werts nicht zwingend die vollständigen Erträge aus der Verwertung eines immateriellen Werts vereinnahmen kann, da er die an den DEMPE-Funktionen beteiligten nahestehenden Personen angemessen vergüten muss.[4] Diese **gesetzliche Fiktion**, dass die Ausübenden der DEMPE-Funktionen angemessen vergütet werden müssen, und somit von den vertraglichen Vereinbarungen für die steuerliche Einkünftekorrektur abgewichen werden kann, erlaubt dem Grunde nach keine Gegenbeweismöglichkeit durch den Steuerpflichtigen.[5]

514 Im Rahmen der speziellen **Funktions- und Risikoanalyse** für die Operationalisierung des DEMPE-Konzepts sind die ausgeübten maßgeblichen Funktionen

1 Vgl. Nientimp, Aktuelle Entwicklungen im Wirtschafts- und Steuerrecht, Sonderheft DB 2020 S. 51; siehe auch Saliger in Beck'scher Online-Kommentar AStG, § 1 AStG Rz. 567, der das DEMPE-Konzept als besondere Form, quasi als Prüfschema einer Funktions- und Risikoanalyse für immaterielle Werte, sieht.

2 Vgl. OECD-LL, Tz. 6.32 so auch BMF, Schreiben v. 12.12.2024 - IV B 3 - S 1341/19/10017 :004, BStBl I S. 207, Verwaltungsgrundsätze Verrechnungspreise 2024 Tz. 3.53.

3 Vgl. Nientimp/Stein/Hundebeck, DStR 2016 S. 2872; Freudenberg/Stein/Weskamp, Ubg 2016 S. 608 f.; Stein/Schwarz/Holinski, DStR 2017 S. 118; Grotherr, Ubg 2021 S. 627; Kußmaul/Pfirmann/Nikolaus, Ubg 2022 S. 433; kritisch hierzu Engelen/Licht/Seibert, IStR 2024 S. 89.

4 Vgl. BMF, Schreiben v. 12.12.2024 - IV B 3 - S 1341/19/10017 :004, BStBl I S. 207, Verwaltungsgrundsätze Verrechnungspreise 2024, Tz. 3.53; so auch die Gesetzesbegründung: BT-Drucks. 19/27632 S. 75.

5 So auch Grotherr, Ubg 2021 S. 631 f.

die personellen und finanziellen Kapazitäten zur Übernahme und Kontrolle[1] der damit verbundenen Risiken und der Einsatz von Vermögenswerten zu ermitteln.[2] Eine genaue Definition der fünf DEMPE-Kernfunktionen und der damit im Zusammenhang stehenden Risiken liefern weder das Gesetz noch die OECD-Verrechnungspreisleitlinien.[3] Wichtig ist in diesem Zusammenhang insbesondere der „**Control-Over-Risk-Approach**", um zu ermitteln, wer die sachlichen, fachlichen und finanziellen Ressourcen zur Risikokontrolle hat.[4]

§ 1 Abs. 3c Satz 4 AStG spricht von einer **angemessenen Vergütung** für die 515 Ausübung der DEMPE-Funktionen und meint hiermit wohl fremdübliche Vergütung.[5] Der Gesetzgeber spricht nur von einer Vergütung der Funktionen, obwohl für die DEMPE-Analyse auch die eingesetzten Vermögenswerte und übernommenen Risiken zu berücksichtigen sind. Allerdings trifft § 1 Abs. 3c AStG keine Festlegung für eine anzuwendende **Verrechnungspreismethode** bei immateriellen Werten oder speziell für die DEMPE-Funktionen.[6] Damit verbleibt es bei der allgemeinen Regelung in § 1 Abs. 3 Satz 5 AStG, dass die am besten geeignete Verrechnungspreismethode zur Ermittlung von Fremdvergleichswerten anzuwenden ist.[7] Nicht geregelt ist, dass die nahestehenden Personen, welche DEMPE-Funktionen ausüben und DEMPE-Risiken tragen auch einen Anteil am Residualgewinn erhalten müssen.[8] Für Routine-Dienstleistungen, etwa Auftragsforschung und -entwicklung, ist auch die **Kostenaufschlagsmethode** für DEMPE-Funktionen fremdüblich.[9]

Grundsätzlich ist auch bei Geschäftsbeziehungen über **immaterielle Werte** die 516 **Preisvergleichsmethode** anwendbar.[10] Verglichen werden hier unmittelbar **Li-**

1 Siehe die Gesetzesbegründung: BT-Drucks. 19/27632 S. 75.

2 § 1 Abs. 3c Satz 4 AStG will bei der Funktionsanalyse allgemein Vermögenswerte berücksichtigt wissen, nicht nur wertvolle immaterielle Werte.

3 So auch Stein/Schwarz/Holinski, DStR 2017 S. 119; Kußmaul/Pfirmann/Nikolaus, Ubg 2022 S. 433.

4 Vgl. Stein/Burger in Haun/Kahle/Goebel, AStG, § 1 Abs. 3c AStG Rz. 167 ff.; Grotherr, Ubg 2021 S. 623; Kußmaul/Pfirmann/Nikolaus, Ubg 2022 S. 434. Siehe auch OECD-LL, Tz. 6.48, 6.68.

5 Vgl. Grotherr, Ubg 2021 S. 620.

6 So auch die Gesetzesbegründung: *„Die DEMPE-Funktionen sind lediglich ein objektivierter Ausdruck dafür, festzustellen, von welchem Unternehmen, welche Funktionen in Bezug auf immaterielle Werte ausgeübt werden, die es zu vergüten gilt. […] Sie führen damit auch nicht zur Anwendung einer bestimmten Verrechnungspreismethode."* BT-Drucks. 19/27632 S. 75.

7 Vgl. BMF, Schreiben v. 12.12.2024 - IV B 3 - S 1341/19/10017 :004, BStBl I S. 207, Verwaltungsgrundsätze Verrechnungspreise 2024, Tz. 3.53; siehe auch, Grotherr, Ubg 2021 S. 626.

8 So auch Grotherr, Ubg 2021 S. 621.

9 Vgl. Nientimp/Stein/Hundebeck, DStR 2016 S. 2872; Grotherr, Ubg 2021 S. 621; Stein/Burger in Haun/Kahle/Goebel, AStG, § 1 Abs. 3c AStG, Rz. 149.

10 So auch Grotherr, Ubg 2021 S. 626. Grundsätzlich auch OECD-LL, Tz. 6.116, 6.145 f.

zenzen als Preis für die Nutzung eines immateriellen Werts in Form von Lizenzsätzen. Zwar sind die hinter einer Lizensierung stehenden immateriellen Werte wie Markennamen, Logos, Patente, Know-how und ähnliches – häufig einzigartig, allerdings sehr wohl durch andere immaterielle Werte substituierbar, da die Funktionen, die diese immateriellen Werte im Unternehmen ausüben, in vielen Fällen auch durch vergleichbare immaterielle Werte ausgeübt werden können. Hierfür können mithilfe von öffentlich zugänglichen Datenbanken umfangreiche Fremddaten über tatsächlich abgeschlossene Lizenzen ermittelt werden, die häufig einen Vergleich ermöglichen.[1] Auch aus **Franchiseverträgen** lässt sich häufig ein Fremdvergleich von Lizenzvereinbarungen über Markenrechte, meist in einem Paket mit anderen immateriellen Werte und Dienstleistungen, ableiten.[2] So ist in der Praxis in der Tat zu beobachten, dass vergleichbare Franchise-Gebühren in den jeweiligen Branchen, etwa im Gastronomiebereich, für im Prinzip einzigartige Markennamen und spezielles Produkt- und Geschäfts-Know-how gezahlt werden. Ein solcher Vergleich entspricht auch dem früheren Ansatz in vielen Betriebsprüfungen, bei dem die Betriebsprüfer auf die Lizenzkartei des Bundesamtes für Finanzen (jetzt Bundeszentralamt für Steuern) abstellten. Der seltene Fall eines internen Preisvergleichs ergibt sich etwa bei dem Aufbau neuer Märkte, bei welchem Lizenzen an fremde Dritte gegeben werden.[3]

517 In der Gesetzesbegründung wird behauptet, dass aus deutscher Sicht durch die Einführung von § 1 Abs. 3c AStG und des DEMPE-Konzepts „keine Neuerung bzw. keine neue Behandlung von immateriellen Werten verbunden“[4] sei und Satz 4 nur die bisherige wirtschaftliche Betrachtungsweise des deutschen Steuerrechts konkretisiert.[5] Dies muss stark bezweifelt werden, da die als gesetzliche Fiktion eingeführten fünf Kernfunktionen so bisher nicht berücksichtigt werden mussten.[6] Im Gegenteil wird man wohl mit Rasch von einem **„Pa-**

1 Vgl. Eigelshoven in Vogel/Lehner DBA, 7 Aufl. 2021, Art. 9 OECD-MA Rz. 73; Adam/Coombs, Global Transfer Pricing: Principles and Practice, 2003, S. 65.

2 Vgl. Becker in Oestreicher, Internationale Verrechnungspreise, 2003, S. 121 f.

3 Vgl. Becker in Oestreicher, Internationale Verrechnungspreise 2003, S. 119.

4 BT-Drucks. 19/27632 S. 74.

5 BT-Drucks. 19/27632 S. 75; „*Die von der OECD nunmehr etablierte wirtschaftliche Betrachtungsweise war und ist der Verrechnungspreisprüfung aus deutscher steuerrechtlicher Sicht seit jeher zugrunde zu legen.*“ Dies, obwohl die Gesetzesbegründung in dem Absatz davor klarstellt: „Absatz 3c hat keine Entsprechung im bisher geltenden § 1. Mit diesem Absatz wird ein zentrales Ergebnis des BEPS-Projekts aufgenommen (...)“. Demnach handelt es sich offenbar doch um etwas Neues. So auch Engelen/Licht/Seibert, IStR 2024 S. 90.

6 Vgl. Nientimp/Stein/Hundebeck, DStR 2016 S. 2878; Bärsch/Ditz/Engelen/Quilitzsch, DStR 2021 S. 1790; Grotherr, Ubg 2021 S. 619; Engelen/Licht/Seibert, IStR 2024 S. 90 ff.

radigmenwechsel" durch das DEMPE-Konzept sprechen müssen.[1] Die Zurechnung von Erträgen aus der Übertragung und Überlassung immaterieller Werte wird durch das DEMPE-Konzept „auf ein neues Fundament gestellt",[2] eine Anwendung vor der gesetzlichen Normierung ist damit ausgeschlossen.[3]

Die bloße **Finanzierungsfunktion** bei der Entwicklung oder der Erschaffung, dem Erhalt oder dem Schutz eines immateriellen Werts berechtigt nicht zu einem Anteil des Ertrags aus der Verwertung dieses immateriellen Werts. Hierfür soll nur eine Vergütung der reinen Finanzierungsfunktion angemessen sein (§ 1 Abs. 3c Satz 5 AStG).[4] 518

Einstweilen frei 519–530

1 Vgl. Rasch, ISR 2022 S. 318.
2 Nientimp/Stein/Hundebeck, DStR 2016 S. 2878.
3 Vgl. ausführlich Engelen/Licht/Seibert, IStR 2024 S. 91 ff.
4 Vgl. Nientimp/Scherer, IStR-LB 2021 S. 55.

I. Erläuterungen zu § 1 Abs. 3d AStG (Nientimp/Heitfeldt)

I. Inhalt der Regelung

§ 1 Abs. 3d AStG enthält Regelungen zur Anwendung des **Fremdvergleichsgrundsatzes bei grenzüberschreitenden Finanzierungsbeziehungen** verbundener Unternehmen. Die Regelung betrifft dem Wortlaut nach nur **Inbound-Beziehungen**, da laut Gesetzeswortlaut ein aus der Finanzierungsbeziehung entstandener *Aufwand* die Einkünfte des *Steuerpflichtigen mindern* muss (vgl. Abschnitt III).[1] In § 1 Abs. 3d Satz 1 AStG wird durch Negativabgrenzung eine gesetzliche Fiktion bestimmt, in welchen Fällen es sich grundsätzlich um *keine* fremdübliche Finanzierungsbeziehung handelt. Dabei wird auf die Leistungsfähigkeit zur Erbringung des Kapitaldienstes (§ 1 Abs. 3d Satz 1 Nr. 1 Buchst. a AStG), die wirtschaftliche Notwendigkeit und die Verwendung für den Unternehmenszweck (§ 1 Abs. 3d Satz 1 Nr. 1 Buchst. b AStG) abgestellt. Der Steuerpflichtige hat das Vorhandensein der genannten Voraussetzungen glaubhaft zu machen. § 1 Abs. 3d Satz 1 Nr. 2 AStG knüpft die Fremdüblichkeit zusätzlich daran, dass der Zinssatz auf dem Gruppenrating basiert (§ 1 Abs. 3d Satz 1 Nr. 2 Satz 1 AStG). Der Steuerpflichtige kann im Einzelfall die Fremdüblichkeit eines Zinssatzes basierend auf einem aus dem Gruppenrating abgeleiteten Ratings nachweisen (§ 1 Abs. 3d Satz 1 Nr. 2 Satz 2 AStG). Sind nicht alle Voraussetzungen des § 1 Abs. 3d Satz 1 AStG kumulativ erfüllt, liegt keine Fremdüblichkeit vor. § 1 Abs. 3d Satz 2 AStG enthält eine kurze, nicht abschließende Definition des Begriffs Finanzierungsbeziehung. 531

Einstweilen frei 532–534

II. Anwendungsbereich der Vorschrift

Eingeführt wurde § 1 Abs. 3d AStG durch Artikel 10 des Wachstumschancengesetzes vom 27.3.2024.[2] Die **Anwendung** des § 1 Abs. 3d AStG erfolgt erstmals für den Veranlagungszeitraum/Erhebungszeitraum 2024 (vgl. § 21 Abs. 1a Satz 1 AStG). Für Aufwendungen betreffend Finanzierungsbeziehungen, die vor dem 1.1.2024 vereinbart wurden und deren tatsächliche Durchführung vor diesem Termin begonnen hat wird § 1 Abs. 3d AStG nur angewendet, wenn das Dauerschuldverhältnis nach dem 31.12.2023 wesentlich geändert oder über den 31.12.2024 fortgeführt wird (vgl. § 21 Abs. 1a Satz 2 AStG). 535

1 Vgl. Grotherr, Ubg 2024 S. 244–245; Nolden/Borgmann, IStR 2024 S. 599.

2 Vgl. BGBl 2024 I Nr. 108; zum Hergang der Einführung vgl. → Rz. 57.

Die Anwendung beginnt im Falle der wesentlichen Änderung nach dem 31.12.2023 ab Zeitpunkt der Änderung. Für Aufwendungen aus über mehrere Jahre laufenden Finanzierungsbeziehungen, die vor dem 1.1.2024 vereinbart wurden, deren tatsächliche Durchführung vor diesem Termin begonnen hat und ohne wesentliche Änderung fortgeführt wird, werden die gesetzlich vermuteten Kriterien für den Veranlagungszeitraum/Erhebungszeitraum 2024 nicht angewandt, sondern vielmehr erst ab Veranlagungszeitraum/Erhebungszeitraum 2025.

536 Nicht eindeutig geregelt ist, ob eine Anwendung des § 1 Abs. 3d AStG auch bereits bestehende gruppeninterne grenzüberschreitende Finanzierungsbeziehungen berührt, was zu erheblichem zusätzlichen Befolgungsaufwand führen würde.[1] Gleichwohl sieht *Grotherr* dies mit Bezug zur Gesetzesbegründung als zu verneinen an.[2] Gleicher Auffassung sind auch *Nolden/Borgmann*.[3] Wird die Finanzierungsbeziehung in Form eines Dauerschuldverhältnisses über den 31.12.2024 fortgeführt, ist es nach Verwaltungsauffassung für die Anwendung des § 1 Abs. 3d Satz 1 Nr. 1 Buchst. a AStG nicht zu beanstanden, wenn glaubhaft gemacht wird, dass die Voraussetzungen zum 31.12.2024 erfüllt werden. Wird die Finanzierungsbeziehung wesentlich geändert, so ist Verwaltungsauffassung, dass es für die Anwendung des § 1 Abs. 3d Satz 1 Nr. 1 Buchst. a AStG nicht zu beanstanden sei, wenn glaubhaft gemacht wird, dass die Voraussetzungen zum Zeitpunkt der wesentlichen Änderung erfüllt werden.[4]

537 Die neue Regelung des § 1 Abs. 3d AStG **enthält keinen Treaty-Override**, der in dem damaligen Referentenentwurf des ATADUmsG v. 13.12.2019 enthalten war. Soweit ein DBA mit dem Staat besteht, in dem der Empfänger des inländischen Aufwandes aus der Finanzierungsbeziehung steuerpflichtig ist, ist grundsätzlich die Möglichkeit eines Verständigungsverfahrens eröffnet.[5]

538 § 1 Abs. 3d AStG findet Anwendung auf Steuerpflichtige. Dies umfasst im Inland unbeschränkt oder beschränkt steuerpflichtige natürliche oder juristische Personen sowie diesen gleichgestellt erweitert beschränkt steuerpflichtige Personen i. S. von § 2 AStG oder nach § 1 Abs. 3, § 1a EStG fiktiv unbeschränkt

1 Vgl. Grotherr, Ubg 2024 S. 244; Kluge/Probst, IStR 2024 S. 618.

2 Vgl. Grotherr, Ubg 2024 S. 245.

3 Vgl. Nolden/Borgmann, IStR 2024 S. 605.

4 Vgl. Nientimp/Riedl, GmbHR 2024 S. R296–R297; Nientimp/Heitfeldt, IStR 2025 S. 280–281; BMF, Schreiben v 12.12.2024 - IV B 3 - S 1341/19/10017 :004, BStBl 2025 I S. 207, Verwaltungsgrundsätze Verrechnungspreise 2024, Tz. 3.146.

5 Siehe auch Scholz/Waldens/Proemel, IStR 2024 S. 596.

steuerpflichtige Personen und Personengesellschaften oder Mitunternehmerschaften (§ 1 Abs. 1 Satz 2 AStG).[1] Sachlich findet die Vorschrift Anwendung auf grenzüberschreitende Finanzierungsbeziehungen innerhalb einer multinationalen Unternehmensgruppe, aus der Aufwand resultiert, der die Einkünfte des Steuerpflichtigen mindert. Der Begriff der **Finanzierungsbeziehung** wird in § 1 Abs. 3d Satz 2 AStG genauer geregelt (vgl. Abschnitt VI). Grundlegend werden im Rahmen von § 1 Abs. 3d Satz 1 AStG Finanzierungsbeziehungen als Spezialfall einer Geschäftsbeziehung i. S. von § 1 Abs. 4 AStG betrachtet. Es muss sich um eine **grenzüberschreitende** Finanzierungsbeziehung handeln. Dies ergäbe sich ohne explizite Nennung in § 1 Abs. 3d Satz 1 AStG teleologisch auch aus § 1 Abs. 1 Satz 1 AStG. Es muss sich weiterhin um eine Finanzierungsbeziehung **im Rahmen einer multinationalen Unternehmensgruppe** handeln. Ausweislich der Gesetzesbegründung ist dabei auf die Definition nach § 90 Abs. 3 Satz 4 AO abzustellen. Eine multinationale Unternehmensgruppe besteht demnach aus mindestens zwei in verschiedenen Staaten ansässigen, i. S. des § 1 Abs. 2 AStG einander nahestehenden Unternehmen oder aus mindestens einem Unternehmen mit mindestens einer Betriebsstätte in einem anderen Staat. Da die Vorschrift voraussetzt, dass **Aufwand** (Betriebsausgaben[2]) aus der Finanzierungsbeziehungen die Einkünfte des Steuerpflichtigen gemindert hat, kommt es lediglich zu einer **Anwendung für Inbound-Fälle**, bei denen der inländische Steuerpflichtige Darlehensnehmer ist.[3]

Einstweilen frei 539–541

III. Tatbestandsvoraussetzungen für die Fremdunüblichkeit von Finanzierungsbeziehungen, Rechtsfolgen

§ 1 Abs. 3d Satz 1 AStG stellt eine Regelung dar, die die Feststellung der Fremdüblichkeit von grenzüberschreitenden Finanzierungsbeziehungen von verbundenen Unternehmen betrifft. Dabei werden jedoch keine konkreten Voraussetzungen für fremdübliche Finanzierungsbeziehungen festgelegt. Während in § 1 Abs. 3 bis 3c AStG positive Bestimmungen hinsichtlich des Fremdvergleichsgrundsatzes und fremdüblicher Preise zu finden sind, wird in § 1 Abs. 3d AStG über **Negativabgrenzungen** die Fremdüblichkeit von Finanzierungsbeziehungen durch gesetzliche Fiktion ausgeschlossen, wenn bestimmte Voraussetzungen nicht erfüllt sind. Die Voraussetzungen sind in § 1 Abs. 3d 542

1 Vgl. Ditz/Licht/Wassermeyer in Flick/Wassermeyer/Ditz/Schönfeld, Außensteuerrecht (113. Erg.Lfg. 2025), § 1 AStG Rz. 109.

2 Vgl. Grotherr, Ubg 2024 S. 244.

3 Vgl. Nolden/Borgmann, IStR 2024 S. 599.

Satz 1 Nr. 1 und Nr. 2 AStG aufgeteilt. Soweit mindestens eine der Voraussetzungen der § 1 Abs. 3d Satz 1 Nr. 1 **oder** Nr. 2 AStG nicht erfüllt ist, entspricht die Finanzierungsbeziehung nach Gesetzeswortlaut nicht dem Fremdvergleichsgrundsatz. § 1 Abs. 3d AStG bestimmt jedoch keine eigenständige Rechtsfolge. Gesetzessystematisch ist im Fall der Fremdunüblichkeit eine Einkünftekorrektur nach § 1 Abs. 1 Satz 1 AStG vorzunehmen.[1]

543 Die Regelung des § 1 Abs. 3d AStG führt faktisch zu einer Beweislastverschiebung im Besteuerungsverfahren, da entgegen dem Amtsermittlungsgrundsatz (§ 88 AO) nun der Steuerpflichtige Glaubhaftmachungen und Nachweise über die Fremdüblichkeit zu erbringen hat.[2]

544 Gem. § 1 Abs. 3d Satz 1 **Nr. 1** AStG sind durch den Steuerpflichtigen Bedingungen zur **Erfüllung des Kapitaldienstes** (§ 1 Abs. 3d Satz 1 Nr. 1 **Buchst. a** AStG) und zur **wirtschaftlichen Notwendigkeit** sowie zur **Verwendung für den Unternehmenszweck** (§ 1 Abs. 3d Satz 1 Nr. 1 **Buchst. b** AStG) **glaubhaft** zu machen („Dreistufiger Kapitaltest"). Es handelt sich somit um eine Beurteilung der Fremdüblichkeit dem Grunde nach.[3] Die in Buchst. a und b genannten Voraussetzungen sind kumulativ zu erfüllen, um die unterstellte Fremdunüblichkeit auszuschließen. Die Glaubhaftmachung ist der Gesetzessystematik nach in der „Verrechnungspreis-Dokumentation" nach § 90 Abs. 3 Satz 1 AO („Local File") zu leisten, da Finanzierungsbeziehungen als Geschäftsbeziehungen i. S. von § 1 Abs. 4 AStG anzusehen sind (vgl. Abschnitt VI).[4]

545 Gemäß § 1 Abs. 3d Satz 1 **Nr. 2 Satz 1** AStG entspricht die Finanzierungsbeziehung nicht dem Fremdvergleichsgrundsatz, soweit der seitens des Steuerpflichtigen zu entrichtende Zinssatz für eine grenzüberschreitende Finanzierungsbeziehung mit einer ihm nahestehenden Person den Zinssatz übersteigt, zu dem sich das Unternehmen unter **Zugrundelegung des Ratings für die Unternehmensgruppe** gegenüber fremden Dritten finanzieren könnte (**Zinssatztest**). Hierbei handelt es sich mithin um eine Beurteilung der Fremdüblichkeit der Höhe nach.[5] Nach § 1 Abs. 3d Satz 1 **Nr. 2 Satz 2** AStG kann der Steuerpflichtige jedoch nachweisen, dass ein vom Gruppenrating abgeleitetes Rating

1 Vgl. Kluge/Probst, IStR 2024, S. 615; Retzer/Meyer, IWB 10/2024 S. 398 PAAAJ-67057.

2 Vgl. Grotherr, Ubg 2024 S. 248.

3 Vgl. Nolden/Borgmann, IStR 2024 S. 599.

4 Vgl. Grotherr, Ubg 2024 S. 250; Heidecke/Liebe, Ubg 2024 S. 338.

5 Vgl. Nolden/Borgmann, IStR 2024 S. 599.

dem Fremdvergleichsgrundsatz entspricht. Dies könnte in der Praxis z. B. durch die Ableitung eines „Stand-Alone-Ratings“ geschehen (vgl. Abschnitt V).[1]

Die **Rechtsfolge** einer fehlenden oder unzureichenden, durch Dokumentation des Steuerpflichtigen erbrachten, Glaubhaftmachung ist die Rückgängigmachung der durch die Aufwendungen entstandene inländische Einkünfteminderung, da § 1 Abs. 3d Satz 1 AStG eine Konkretisierung des in § 1 Abs. 1 Satz 1 AStG angesprochenen Fremdvergleichsgrundsatzes darstellt. Nach § 1 Abs. 3d Satz 1 AStG i. V. mit § 1 Abs. 1 Satz 1 AStG ist hinsichtlich der Finanzierungsbeziehung auf die zwischen unabhängigen Dritten vereinbarten Bedingungen abzustellen. Zwischen § 1 Abs. 3d Satz 1 Nr. 1 und Nr. 2 Satz 1 AStG können nach Gesetzeswortlaut rechtssystematisch unterschiedlich weitgehende Korrekturen vermutet werden. Durch die Verknüpfung mit dem Wort „wenn“ könnte als eine vollumfängliche Korrektur des Aufwandes einer fremdunüblichen Finanzierungsbeziehung gelesen werden. Mithin könnte die Aufwandsminderung aus Finanzierungsbeziehungen, die nach § 1 Abs. 3d Satz 1 Nr. 1 AStG nicht dem Fremdvergleichsgrundsatz entsprechen, vollumfänglich rückgängig zu machen sein[2] (zur Umqualifizierung in Eigenkapital, vgl. Abschnitt IV). Dies entspricht allerdings nicht dem Sinn des Fremdvergleichsgrundsatzes und wäre wohl weder DBA- noch EU-rechtlich durchsetzbar (→ Rz. 17 ff.), so dass hier auch nur von einer Korrektur des entsprechenden Aufwandes nach § 1 Abs. 1 AStG auszugehen ist, der nicht die Kriterien von Nr. 1 a) und b) erfüllt. Auch die Finanzverwaltung stellt den grundsätzlichen Prüfungsschritt, ob es sich steuerrechtlich um Fremdkapital handelt, dem dreifachen Kapitaltest voran.[3] Anders als in Nr. 1 wird in § 1 Abs. 3d Satz 1 Nr. 2 Satz 1 AStG das Wort „wenn“ hinsichtlich des zugrunde gelegten Zinssatzes mit dem Wort „soweit“ verknüpft. Folglich ist die Einkünfteminderung in diesem Fall eindeutig nur in Höhe des über das Gruppenrating hinausgehenden Zinssatz zu korrigieren.[4] Allerdings ist der Wertungsunterschied der Kriterien von Nr. 1 und Nr. 2 nicht erkennbar, was dafürspricht, dass auch aus Nichterfüllung der Kriterien von Nr. 1 nur eine Korrektur des entsprechenden Aufwandes erfolgt, der als fremdunüblich unterstellt wird. Bei der Bemessung des Zinssatzes ist neben anderen Faktoren, wie beispielsweise Zweck des Darlehens, regulatorischen Rahmenbedingungen, Laufzeit, Währungsrisiken, ESG- 546

1 Siehe auch. Scholz/Wehlke/Busch in Vögele/Borstell/van der Ham, Verrechnungspreise, 6. Aufl. 2024, Finanzierungsleistungen im Konzern Rz. 100–115.

2 Vgl. Grotherr, Ubg 2024 S. 250–251; Heidecke/Liebe, Ubg 2024 S. 335.

3 Vgl. BMF, Schreiben v 12.12.2024 - IV B 3 - S 1341/19/10017 :004, BStBl 2025 I S. 207, Tz. 3.123–3.124.

4 Vgl. Grotherr, Ubg 2024 S. 325; Heidecke/Liebe, Ubg 2024 S. 335.

Risiken, Darlehensvolumen oder Besicherung, insbesondere die Bonität des Darlehensnehmers zu berücksichtigen. Erst wenn aus der Gesamtschau ein fremdunüblicher Zinssatz resultiert, der außerhalb der Bandbreite fremdüblicher Zinssätze liegt, und hierdurch die Einkünfte fremdunüblich gemindert werden, ist insoweit eine Korrektur vorzunehmen.[1] Die Gesetzesbegründung und die Verwaltungsmeinung stellt zudem darauf ab, dass ein Gruppenrating nur anzuwenden sei, soweit nicht das Stand-Alone-Rating besser ist.[2] Denkbar wäre grundsätzlich ein Rückgriff auf § 1 Abs. 1 AStG als allgemeine Korrekturnorm, ohne dass die Anwendung § 1 Abs. 3d Satz 1 Nr. 2 AStG eröffnet wird. Eine solche Auslegung ist jedoch zu kritisieren. Sie steht im Widerspruch zum Zweck der Einführung des § 1 Abs. 3d AStG als Spezialvorschrift für Finanzierungsbeziehungen und weicht sowohl von den OECD-LL als auch der gängigen Ratingpraxis ab, wobei das Gruppenrating als Obergrenze der Bandbreite fremdüblicher Zinssätze gesehen wird.[3]

547 Eine vorausgehende vorrangige Korrektur des Zinsaufwands auf Basis von § 8 Abs. 3 Satz 2 und 3 KStG (verdeckte Gewinnausschüttung und verdeckte Einlage) ist auf Grund von § 1 Abs. 1 Satz 4 AStG nicht ausgeschlossen.[4] Eine verdeckte Einlage eines Zinsvorteils i. S. von § 1 Abs. 3d Satz 1 Nr. 2 AStG ist gem. Rechtsprechung regelmäßig nicht möglich, da ein bloßer Nutzungsvorteil kein einlagefähiger Nutzungsvorteil ist.[5] Anders gelagert wäre der Fall auf Grund der Korrektur i. S. von § 1 Abs. 3d Satz 1 Nr. 1 AStG.

548–550 *Einstweilen frei*

IV. Fremdüblichkeit dem Grunde nach

551 Im Ergebnis bedeutet § 1 Abs. 3d Satz 1 Nr. 1 AStG eine dreistufige Überprüfung der Fremdüblichkeit der als Fremdkapital zur Verfügung gestellten Liquidität (dreistufiger Kapitaltest).[6] Dabei geht es **nicht** um die Frage, ob die **Finanzierungsbeziehung als steuerliches Fremdkapital** oder **Eigenkapital** zu qualifizieren ist. Wenn die Fremdüblichkeit dem Grunde nach verneint wird, kommt es zur außerbilanziellen Korrektur von Zinszahlungen allein auf Basis des § 1

1 Vgl. Nientimp/Heitfeldt, IStR 2025 S. 281; BMF, Schreiben v. 12.12.2024 - IV B 3 - S 1341/19/10017 :004, BStBl 2025 I S. 207, Tz. 3.132; OECD, OECD-LL 2022, Tz. 10.88–10.108.

2 Vgl. Nientimp/Heitfeldt, IStR 2025 S. 281; BT-Drucks. 20/9006 v. 26.10.2023 S. 16; BMF, Schreiben v 12.12.2024 - IV B 3 - S 1341/19/10017 :004, BStBl 2025 I S. 207, Tz. 3.133.

3 Vgl. Nolden/Borgmann, IStR 2024 S. 603; Kluge/Probst, IStR 2024 S. 617–618; S&P Global Ratings, Group Rating Methodology: General Criteria, 1.7.2019; OECD, OECD-LL 2022, Kapitel X.

4 Vgl. Schnitger/Schäfer, IStR 2024 S. 611.

5 Vgl. BFH, Beschluss v. 26.10.1987 - GrS 2/86, BStBl 1988 II S. 348.

6 Vgl. Kluge/Probst, IStR 2024 S. 615–616.

Abs. 3d AStG i. V. mit § 1 Abs. 1 AStG. Mangels gesetzlicher Verknüpfung besteht keine Auswirkung auf die ertragsteuerliche Qualifikation im Sinne des EStG als Fremdkapital.[1] Die Frage der Qualifizierung einer Finanzierungsbeziehung als Fremd- oder Eigenkapital ist eine vorgelagerte Frage. Nach ständiger Rechtsprechung bedarf es keiner Rechtfertigung der Bereitstellung von Fremdkapital anstatt der Einbringung von Eigenkapital.[2] Von Fremdkapital ist indes auszugehen, wenn im Sinne einer ernstlichen Abrede von der Überlassung von Kapital auf Zeit und der Durchführung eines Darlehensvertrages, insbesondere von der Rückzahlung eines Darlehens, ausgegangen werden kann. Für diese Abgrenzung sind laut BFH-Rechtsprechung nur objektiv überprüfbare Umstände heranzuziehen.[3] Ist eine Qualifizierung als Eigenkapital erfolgt, ist regelmäßig § 1 AStG mangels Geschäftsbeziehung (§ 1 Abs. 4 AStG) nicht mehr anwendbar. § 1 Abs. 1 und Abs. 3d AStG bezieht sich nur auf den Aufwand aus Finanzierungsbeziehungen und unterstellt für gewisse Fälle gesetzlich deren Fremdunüblichkeit, was zu einer außerbilanziellen Einkünftekorrektur führt.

Soweit Kapitaldienstfähigkeit und Notwendigkeit sowie Verwendung für Unternehmenszweck entsprechend der Voraussetzungen glaubhaft gemacht werden, erkennt der Gesetzgeber die Fremdüblichkeit der Finanzierungsbeziehung an und lässt den Abzug von Finanzierungsaufwand steuerlich dem Grunde nach zu. Der Abzug von Finanzierungsaufwand kann jedoch weiterhin der Höhe nach beschränkt werden (vgl. → Rz. 546). Im Gegensatz dazu wird, wenn die Glaubhaftmachung nicht gelingt, die Fremdüblichkeit des resultierenden Aufwands gesetzlich durch Fiktion ausgeschlossen. 552

§ 1 Abs. 3d Satz 1 Nr. 1 AStG sieht die **Glaubhaftmachung der Leistungsfähigkeit zur Erbringung des Kapitaldienstes** über die gesamte Laufzeit des Darlehens vor. Unter **Kapitaldienst** sind Zins- und Tilgungszahlungen zu verstehen.[4] Die Aufnahme einer Voraussetzung zur Erbringung des Kapitaldienstes widerspricht grundsätzlich weder Kap. X der OECD-LL[5] noch der BFH-Rechtsprechung. Es wird eine **Ex-ante-Betrachtung** vorgenommen („*hätte erbringen können*“). Ein späterer Ausfall dürfte demnach nicht unmittelbar gegen die Fremd- 553

1 Vgl. Kluge/Probst, IStR 2024 S. 617.

2 Vgl. BFH, Urteil v. 5.2.1992 - I R 127/90, BStBl 1992 II S. 532; BFH, Urteil v. 20.6.2000 - VIII R 37/90 ZAAAA-66223; BFH, Urteil v. 6.11.2003 - IV R 10/01, BStBl 2004 II S. 416; BFH, Urteil v. 6.11.2007 - I B 50/07 VAAAC-72088, m. w. N; BFH, Urteil v. 10.4.2024 - I R 67/23 SAAAJ-69749, m. w. N.

3 Vgl. BFH, Urteil v. 10.4.2024 - I R 67/23 SAAAJ-69749, Rz. 9 und m. w. N.

4 Vgl. Grotherr, Ubg 2024 248; Nolden/Borgmann, IStR 2024 S. 600.

5 Vgl. z. B. OECD-LL, Tz. 10.19.

üblichkeit dem Grunde nach sprechen, es sei denn der Steuerpflichtige kann nicht glaubhaftmachen, dass davon nicht von Anfang an auszugehen war.[1]

554 Die Notwendigkeit einer **Anschlussfinanzierung** oder Refinanzierung kann aus betriebswirtschaftlicher Perspektive grundsätzlich nicht zur Fremdunüblichkeit dem Grunde nach führen, da eine solche insbesondere für Darlehen mit langer Laufzeit auch zwischen fremden Dritten üblich ist. Auch fremde Dritte nutzen eine solche Gestaltung, insb. wenn die Aufnahme von Fremdkapital günstiger ist als die Gewinnung von Eigenkapital. Das eine Anschlussfinanzierung fremdüblich ist und bei der Darlegung der Kapitaldiensttragfähigkeit zu berücksichtigen ist, entspricht auch der Verwaltungsauffassung, wobei jedoch auf eine Betrachtung der Gesamtverhältnisse des Darlehens einschränkend verwiesen wird.[2]

555 Fraglich ist, wie eine **Glaubhaftmachung durch den Steuerpflichtigen** erfolgen kann. Als Glaubhaftmachung kann verstanden werden, dass eine vorgetragene Tatsache mit überwiegender Wahrscheinlichkeit richtig ist.[3] Trotz geringer Anforderungen im Vergleich zu einer Nachweispflicht, wird der Steuerpflichtige nicht um Erläuterungen im Rahmen seiner Verrechnungspreisdokumentation herumkommen. Dabei können auch bisher bereits genutzte Mittel zur Darlegung der Fremdüblichkeit genutzt werden. Einschlägige Mittel sind insbesondere sog. Debt-Analyses[4] und Cashflow-Planungen.[5] Problematisch ist es in diesem Zusammenhang verlässliche Plandaten für Cashflow-Planungen zugrunde zu legen, da diese regelmäßig auf historischen Daten und Annahmen für zukünftige Entwicklungen basieren.[6] Im Falle der Verschlechterung der finanziellen Lage des Darlehensnehmers, sollten Abweichungen dokumentiert werden, um die Gefahr von Zweifeln an der ursprünglichen Cashflow-Planung zu reduzieren.[7] Weiterhin sollten die Darlehensbedingungen nicht nur schon vor Bereitstellung eines Darlehens (schriftlich) festgehalten werden, sondern auch tatsächlich umgesetzt werden. Eine fehlende Ernsthaftigkeit kann sowohl ex-ante als auch ex-post zur Umqualifizierung eines Darlehens führen.

1 Vgl. Kluge/Probst, IStR 2024 S. 616.

2 Vgl. Nientimp/Heitfeldt, IStR 2025 S. 281; BMF, Schreiben v. 12.12.2024 - IV B 3 - S 1341/19/10017 :004, BStBl 2025 I S. 207, Verwaltungsgrundsätze Verrechnungspreise 2024, Tz. 3.124; Retzer/Meyer, IWB 10/2024 S. 398 PAAAJ-67057.

3 Vgl. Nolden/Borgmann, IStR 2024 S. 600.

4 Vgl. Retzer/Meyer, IWB 10/2024 S. 398–399 PAAAJ-67057.

5 Vgl. Nolden/Borgmann, IStR 2024 S. 600.

6 Vgl. Nolden/Borgmann, IStR 2024 S. 600.

7 Vgl. Rasch/Keser, ISR 2024 S. 1 ff.; Retzer/Meyer, IWB 10/2024 S. 398, 399 PAAAJ-67057.

Unsicherheiten hinsichtlich der Leistungsfähigkeit zur Erbringung des Kapitaldienstes können sich zudem insb. bei Darlehen mit variablem Zins ergeben, da der zu erbringende Kapitaldienst ex-ante nicht zuverlässig bestimmt werden kann.[1]

Nach § 1 Abs. 3d Satz 1 Nr. 1 Buchst. b Halbsatz 1 AStG muss glaubhaft ge- 556
macht werden, dass die **Finanzierung wirtschaftlich benötigt** wird. Auch in diesem Zusammenhang ist zu interpretieren, wie eine solche Glaubhaftmachung zu vollziehen ist, da im Gesetzestext selbst keine Konkretisierung erfolgt. Die Gesetzesbegründung verweist lediglich auf die recht allgemeinen Ausführungen der OECD-LL.[2] Ein ordentlicher und gewissenhafter Geschäftsführer wird in der Regel nur zur Aufnahme eines Darlehens bereit sein, wenn er aus subjektiv-rationaler Perspektive eine Rendite aus der Finanzierung bzw. aus dem finanzierten Projekt erwartet.[3] Fraglich ist, für welchen Zeitraum eine solche positive Prognose vorliegen muss. Für eine weite Auslegung plädieren *Kluge/Probst*, die dafür auf einen Totalperiodengewinn *der Unternehmung* abstellen, aber vor diesem Hintergrund eben auch einen kurzen Zeithorizont für einzelne Finanzierungen als gerechtfertigt ansehen. So sind, dieser Argumentation folgend, ebenso kurzfristige Finanzierungen, die auch keine Rendite beinhalten müssen, im Sinne des Gesetzes wirtschaftlich benötigt, wenn durch sie die langfristige Zahlungsfähigkeit der Unternehmung gewährleistet oder unterstützt werden kann.[4] Im Ergebnis sind betriebswirtschaftliche Argumente für die Aufnahme von Fremdkapital darzulegen.[5]

Nach § 1 Abs. 3d Satz 1 Nr. 1 Buchst. b Halbsatz 2 AStG muss zudem glaubhaft 557
gemacht werden, dass die Finanzierung **für den Unternehmenszweck verwendet** wird. Auch hier wird im Gesetzestext, in der Gesetzesbegründung und in den OECD-LL keine genauere Definition gegeben.[6] Der Unternehmenszweck ergibt sich zwar grundsätzlich aus der Satzung des Unternehmens, wobei dem Geschäftsführer aber sehr weiter Handlungsspielraum einzuräumen ist[7] und sich für Verrechnungspreiszwecke dieser nicht hierauf beschränkt, sondern für

1 Vgl. Rasch/Keser, ISR 2024 S. 1 ff.; Retzer/Meyer, IWB 10/2024 S. 398–399 PAAAJ-67057.

2 Vgl. BT-Drucks. 20/9006 v. 26.10.2023 S. 15 f.; OECD-LL, Rz. 10.12 f., 10.17; Nolden/Borgmann, IStR 2024 S. 600.

3 Vgl. Kluge/Probst, IStR 2024 S. 616; Retzer/Meyer, IWB 10/2024 S. 398, 399 PAAAJ-67057; so auch BT-Drucks. 20/9006 v. 26.10.2023 S. 16.

4 Vgl. Kluge/Probst, IStR 2024 S. 616.

5 So im Ergebnis auch Staccioli, ISR 2025 S. 209, 212 f.

6 Vgl. Nolden/Borgmann, IStR 2024 S. 600.

7 Vgl. Grotherr, Ubg 2024 S. 250; Greil/Schwarz/Stein in Greil/Hummel 2024, AStG, 1. Aufl. 2025, § 1 AStG Rz. 943; BGH, Urteil v. 21.4.1997 - II ZR 175/95, BGHZ 135 S. 244.

Verrechnungspreiszwecke darüber hinaus geht.[1] Hierbei sind alle Handlungen denkbar, die nicht im Gesellschaftsverhältnis begründet sind und, die nicht Pflichten des Geschäftsführers widersprechen.[2] Auch die Beschaffung von Mitteln entsprechend der unternehmensspezifischen Ausschüttungspolitik ist fremdüblich.[3] Ausweislich der Gesetzesbegründung und Verwaltungsauffassung wird insbesondere eine Einlage von Darlehensgeldern auf Tagesgeldkonten und Cash Pools als kritisch gesehen, insoweit der Einlagezins den Fremdkapitalzins nicht deckt.[4] Zumindest ein kurzfristiges „Parken" auf solchen muss aus praktischen Erwägungen aber gestattet sein.[5] Darüber hinaus ist dies auch längerfristig als fremdüblich zu erachten, wenn es sich um die Bereitstellung von angemessenen Liquiditätsreserven handelt.[6]

558–560 *Einstweilen frei*

V. Fremdüblichkeit der Höhe nach (Zinssatz basierend auf dem Gruppenrating)

561 Nach § 1 Abs. 3d Satz 1 Nr. 2 Satz 1 AStG wird bestimmt, dass eine konzerninterne grenzüberschreitende Finanzierungsbeziehung als fremdunüblich gilt, soweit der seitens des Steuerpflichtigen zu entrichtende Zinssatz den Zinssatz übersteigt, zu dem sich das Unternehmen unter Zugrundelegung des Ratings für die Unternehmensgruppe gegenüber fremden Dritten finanzieren könnte. Als Basis für den Zinssatz von konzerninternen grenzüberschreitenden Finanzierungsbeziehungen ist somit grundsätzlich das Gruppenrating ohne etwaige Anpassungen anzusetzen.[7]

562 Die Regelung zur Anwendung des Gruppenratings steht im Kontrast zum Stand-Alone-Rating als Ausgangspunkt, das in Abhängigkeit von Konzernrückhalt (implicit support) und Einbindung des Unternehmens in die Unternehmensgruppe schrittweise angepasst wird (Notching-Up-Ansatz; insb. durch

1 Vgl. Kluge/Probst, IStR 2024 S. 616; Staccioli, ISR 2025 S. 213 f.

2 Vgl. Kluge/Probst, IStR 2024 S. 616.

3 Vgl. Nientimp/Heitfeldt, IStR 2025 S. 281; BMF, Schreiben v. 12.12.2024 - IV B 3 - S 1341/19/10017 :004, BStBl 2025 I S. 207, Verwaltungsgrundsätze Verrechnungspreise 2024, Tz. 3.127.

4 Vgl. BT-Drucks. 20/9006 v. 26.10.2023 S. 16; BMF, Schreiben v. 12.12.2024 - IV B 3 - S 1341/19/10017 :004, BStBl 2025 I S. 207, Verwaltungsgrundsätze Verrechnungspreise 2024, Tz. 3.124; Nolden/Borgmann, IStR 2024 S. 600; Nientimp/Heitfeldt, IStR 2025 S. 281.

5 Vgl. Kluge/Probst, IStR 2024 S. 616.

6 Vgl. Retzer/Meyer, IWB 10/2024 S. 398, 399 PAAAJ-67057; so auch BMF, Schreiben v. 12.12.2024 - IV B 3 - S 1341/19/10017 :004, BStBl 2025 I S. 207, Tz. 3.127–128; Nientimp/Heitfeldt, IStR 2025 S. 281.

7 Vgl. Nolden/Borgmann, IStR 2024 S. 601; Retzer/Meyer, IWB 10/2024 S. 398, 399 PAAAJ-67057.

Tools von Ratingagenturen). Diese Vorgehensweise findet sich in den OECD-LL wieder (Gruppenrating als Obergrenze) und wurde bisher auch in der Rechtsprechung zugrunde gelegt.[1] Die neue gesetzliche Regelung weicht somit im Grundsatz von der international üblichen Praxis ab und geht grundsätzlich von einem maximalen Konzernrückhalt für jede Tochtergesellschaft eines Konzerns aus.[2] Unverbundene Banken und andere Gläubiger gehen indes üblicherweise nicht stets von einem maximalen Konzernrückhalt aus. Stattdessen werden in der Praxis sogar explizite Garantien für einzelne Konzerngesellschaften von den Gläubigern eingefordert. In der Regel werden Konditionen entsprechend des Gruppenratings den einzelnen Konzerngesellschaften also nur unter Gewährung von Bürgschaften und Garantien gewährt. Solche sind jedoch nur beschränkt verfügbar.[3] Der Gesetzgeber wollte hiermit wohl auf entsprechende BFH-Urteile reagieren, da deren Auslegung in dessen Augen zu gestaltungsanfällig scheinen.[4]

§ 1 Abs. 3d Satz 1 Nr. 2 Satz 2 AStG enthält eine **Öffnungsklausel** für den an- 563
zuwendenden Zinssatz. Demnach kann **nachgewiesen** werden, dass ein **aus dem Gruppenrating abgeleiteter Zinssatz** fremdüblich ist. Dabei wird also nicht vom Stand-Alone-Rating ausgegangen, sondern dem Wortlaut nach das Gruppenrating schrittweise herabgesetzt (Bottom-Down-Ansatz). Fraglich ist, wie ein solcher Nachweis in der Praxis zu erbringen ist. Laut Gesetzesbegründung muss die „Bonitätseinschätzung, inklusive der fremdüblichen quantitativen und qualitativen Faktoren, sowie die Effekte aus dem Bestehen der Unternehmensgruppe (implicit support beziehungsweise Konzernrückhalt) verlässlich dargelegt werden."[5] Zumindest nach enger Auslegung des Gesetzeswortlautes ist kein notching up zulässig, jedoch ist denkbar, dass basierend auf den Methoden von Ratingagenturen das Gruppenrating reproduziert wird und daraus ein Einzelrating unter Beibehaltung der qualitativen Faktoren der Gruppe aber Beachtung der quantitativen Faktoren des Einzelabschlusses hergeleitet wird.[6] Dabei ist insbesondere zu berücksichtigen, ob und welche strategische Funktionen die zu beurteilende Gesellschaft in der Unternehmensgruppe über-

1 Vgl. OECD, OECD-LL 2022, Kapitel X; BFH, Urteil v. 18.5.2021 - I R 4/17 SAAAH-93024; Kluge/Probst, IStR 2024 S. 617; Nolden/Borgmann, IStR 2024 S. 601; Retzer/Meyer, IWB 10/2024 S. 398, 399 PAAAJ 67057; Scholz/Waldens/Proemell, IStR 2024 S. 593, 597–598.

2 Vgl. Nolden/Borgmann, IStR 2024 S. 601.

3 Vgl. Nolden/Borgmann, IStR 2024 S. 601–602; Scholz/Waldens/Proemel, IStR 2024 S. 597–598.

4 Vgl. BT-Drucks. 20/9006 v. 26.10.2023 S. 16; Scholz/Waldens/Proemel, IStR 2024, S. 593–594.

5 BT-Drucks. 20/9006 v. 26.10.2023 S. 16.

6 Vgl. Nolden/Borgmann, IStR 2024 S. 601–602; Scholz et al., IStR 2024 S. 595–596.

nimmt, da dies wesentlichen Einfluss auf den Konzernrückhalt haben dürfte.[1] Diese Vorgehensweise wird womöglich mit einem höheren Dokumentationsaufwand verbunden sein.[2] Zumindest die Verwaltungsgrundsätze Verrechnungspreise 2024 rekurrieren aber auch auf Bottom-Up-Ansätze, auf die auch in den diesen angehängten OECD-LL verwiesen wird.[3] Ein solcher Ansatz sollte im Sinne des Normzwecks ebenfalls als aus dem Gruppenrating abgeleitet akzeptiert werden.

564 Fraglich ist in diesem Zusammenhang auch der Umgang mit Fällen in den **kein Gruppenrating bekannt** ist, etwa weil es sich um klein- oder mittelgroße Unternehmensgruppen handelt.[4] Sollte weder ein Rating für die Gruppe noch für die oberste Gruppengesellschaft bekannt sein, soll aus Verwaltungssicht aus Vereinfachungsgründen akzeptiert werden, dass ein Gruppenrating auf den Zeitpunkt der Darlehensvergabe anhand der Finanzierungskosten der Unternehmensgruppe gegenüber fremden Dritten bestimmt wird. Zudem sei auch eine durch die Deutsche Bundesbank für den Zeitpunkt des Vertragsabschlusses der Finanzierungsbeziehung erstellte Bonitätsanalyse für die Unternehmensgruppe anzuerkennen.[5]

565 Alternativ für einen Nachweis ist auch die Anwendung der internen **Preisvergleichsmethode** denkbar, ggf. unter Einbeziehung angemessener Anpassungsrechnungen.[6]

566–568 *Einstweilen frei*

VI. Begriff der Finanzierungsbeziehung

569 Zuletzt enthält § 1 Abs. 3d AStG in Satz 2 eine kurze nicht abschließende **Definition zum Begriff Finanzierungsbeziehung**. Als Finanzierungsbeziehung gelten demnach insbesondere ein Darlehensverhältnis sowie die Nutzung oder die Bereitstellung von Fremdkapital und fremdkapitalähnlichen Instrumenten. Eine genauere Definition, etwa unter Nennung spezifischer Instrumente, ist der Gesetzesbegründung nach auf Grund des „dynamischen Umfelds der Fi-

1 Vgl. Kluge/Probst, IStR 2024 S. 617–618; OECD, OECD-LL 2022, Tz. 10.78–79.
2 Vgl. Nolden/Borgmann, IStR 2024 S. 603; Retzer/Meyer, IWB 10/2024 S. 398, 399 PAAAJ-67057.
3 Vgl. BMF, Schreiben v. 12.12.2024 - IV B 3 - S 1341/19/10017 :004, BStBl 2025 I S. 207, Verwaltungsgrundsätze Verrechnungspreise 2024, Tz. 3.143.
4 Vgl. Nolden/Borgmann, IStR 2024 S. 603.
5 Vgl. Nientimp/Heitfeldt, IStR 2025 S. 282; BMF, Schreiben v. 12.12.2024 - IV B 3 - S 1341/19/10017 :004, BStBl 2025 I S. 207, Verwaltungsgrundsätze Verrechnungspreise 2024, Tz. 3.136.
6 Vgl. Scholz/Waldens/Proemell, IStR 2024 S. 595–596.

nanzbranche" nicht zweckdienlich.[1] Nach dem Wortlaut des Gesetzes sind unter Finanzierungsbeziehungen insb. Darlehenstransaktionen, jedoch auch konzerninterne Garantien zu verstehen.[2] Ebenfalls stellen Transaktionen im Rahmen von Cash Pools Finanzierungsbeziehungen im Sinne dieser Norm dar.[3] Gesetzessystematisch sind Finanzierungsbeziehungen als Spezialfälle des Begriffs der Geschäftsbeziehung i. S. von § 1 Abs. 4 AStG zu verstehen.

Einstweilen frei 570–572

1 Vgl. Vgl. BT-Drucks. 20/9006 v. 26.10.2023 S. 17.
2 Vgl. Nolden/Borgmann, IStR 2024 S. 604.
3 Vgl. Kluge/Probst, IStR 2024 S. 618.

J. Erläuterungen zu § 1 Abs. 3e AStG (Nientimp/Heitfeldt)

I. Inhalt der Regelung

Die Regelung betrifft Fälle, in denen **Finanzierungsbeziehungen** von Konzerngesellschaften innerhalb einer multinationalen Unternehmensgruppe „vermittelt" (§ 1 Abs. 3e Satz 1 Nr. 1 AStG) oder „weitergeleitet" werden (§ 1 Abs. 3e Satz 1 Nr. 2 AStG). Hierbei wird gesetzlich unterstellt, dass es sich grundsätzlich um Routinedienstleistungen mit nur geringem Funktions- und Risikoprofil handelt. Entsprechendes wird für Finanzierungsgesellschaften und ähnliche Konzernunternehmen mit Aufgaben im Bereich des Finanzierungsmanagements fingiert (§ 1 Abs. 3e Satz 2 AStG). Neben dieser Fiktion enthält § 1 Abs. 3e AStG keine unmittelbare Rechtsfolge. Eine Nachweismöglichkeit zur Abweichung von der gesetzlichen Fiktion ist in § 1 Abs. 3e Satz 3 AStG kodifiziert. Diese Möglichkeit besteht sowohl für den Steuerpflichtigen als auch für die Finanzverwaltung.[1] 573

Einstweilen frei 574–575

II. Anwendbarkeit und Rückwirkung

Die **Anwendung** von § 1 Abs. 3e AStG erfolgt erstmals für den Veranlagungszeitraum/Erhebungszeitraum 2024 (§ 21 Abs. 1a Satz 1 AStG). Eine Übergangsregelung für bestehende Finanzierungsbeziehungen, wie für § 1 Abs. 3d AStG, gibt es nicht (vgl. § 21 Abs. 1a Sätze 2– 3 AStG). Somit sind auch Altfälle zu betrachten und ggf. entsprechend zu dokumentieren, was faktisch zu einer verfassungswidrigen echten Rückwirkung führen kann, soweit hieraus steuerrechtliche Korrekturen resultieren.[2] 576

Einstweilen frei 577–579

III. Funktions- und risikoarme Dienstleistungen hinsichtlich Finanzierungsbeziehungen

§ 1 Abs. 3e Satz 1 AStG erfasst die Vermittlung und Weiterleitung von Finanzierungsbeziehungen. Der Begriff der Finanzierungsbeziehung ist i. S. von § 1 580

1 Vgl. BMF, Schreiben v. 12.12.2024 - IV B 3 - S 1341/19/10017 :004, BStBl 2025 I S. 207 (Verwaltungsgrundsätze Verrechnungspreise 2024), Tz. 3.149.

2 Vgl. Ditz/Egelen/Leucht, DStR 2024 S. 1743.

Abs. 3d Satz 2 AStG zu verstehen.[1] Gesetzlich wird fingiert, dass es sich hierbei regelmäßig um **funktions- und risikoarme Dienstleistungen** handelt. Zu möglichen Gegenbeweisen siehe Abschnitt VI.

581 Als **Vermittlungsleistung** werden Fälle erfasst, bei denen eine Konzerngesellschaft Finanzierungsbeziehungen bei unverbundenen Unternehmen organisiert und diese dann an ein verbundenes Unternehmen vermittelt. Der Gesetzgeber zielt hier darauf ab, dass das vermittelnde Unternehmen selbst oft keine Risiken der Finanzierung durch die Vermittlungsleistung übernehmen wird.[2] In Betracht kommen etwa die Vermittlung von Hedging-Transaktionen, wenn es sich nicht um eine Finanzierungsgesellschaft handelt, die systematisch Hedging-Funktionen für die Unternehmensgruppe übernimmt.[3] Auch kann die Tätigkeit eines Cash-Pool-Leaders hierzu zählen, wenn es sich lediglich um die Wahrnehmung von koordinierenden Funktionen handelt, ohne das wesentliche Kreditrisiken übernommen werden.[4]

582 Als **Weiterleitung** werden Fälle erfasst, in denen eine Konzerngesellschaft Finanzierungsbeziehungen von konzerninternen Darlehensgebern aufnimmt und diese dann an konzerninterne Darlehensnehmer weitergibt. Der Gesetzgeber hat hier Weiterleitungen im Blick, bei der die weiterleitende Gesellschaft keine finanziellen Risiken der weitergeleiteten Finanzierung übernimmt.[5] Gewinnverlagerungen durch die reine „Durchleitung" von Finanzierungen sollen in Verbindung mit der möglichen Korrektur nach § 1 Abs. 1 AStG unterbunden werden.[6]

583–585 *Einstweilen frei*

IV. Finanzierungsgesellschaften

586 Nach § 1 Abs. 3e Satz 2 AStG handelt es sich per **gesetzlicher Fiktion** grundsätzlich um funktions- und risikoarme Dienstleistungen, wenn Konzernunternehmen Treasury-Funktionen einer Unternehmensgruppe teilweise oder vollständig zentralisiert übernehmen. Im Gesetzestext werden als Beispiele von betroffenen Aufgaben Liquiditätsmanagement, Finanzrisikomanagement, Währungsrisikomanagement und die Tätigkeit als Finanzierungsgesellschaft

1 Vgl. Grotherr, Ubg 2024 S. 329.
2 Vgl. BT-Drucks. 20/9006 v. 26.10.2023 S. 17.
3 Vgl. Ditz/Egelen/Leucht, DStR 2024 S. 1743.
4 Vgl. OECD-LL, Kapitel X Tz. 10.130–10.137.
5 Vgl. BT-Drucks. 20/9006 v. 26.10.2023 S. 17.
6 Vgl. Grotherr, Ubg 2024 S. 329.

genannt. Dies umfasst auch Cash-Pool-Leader.[1] Ob solche und ähnliche Finanzierungsgesellschaften in der Praxis tatsächlich stets als Routineunternehmen zu klassifizieren sind, ist sehr fraglich. Häufig dürften solche Konzernunternehmen ein beachtliches Funktions- und Risikoprofil innehaben, so dass der Regelfall der Praxis entgegengesetzt zum gesetzlich fingierten Regelfall liegt. Zu möglichen Gegenbeweisen siehe Abschnitt VI.[2]

Einstweilen frei 587–589

V. Rechtsfolgen

Eine direkte **Rechtsfolge** wird durch § 1 Abs. 3e AStG nicht definiert. Stattdessen wird lediglich gesetzlich fingiert, dass die beschriebenen Finanzierungsbeziehungen grundsätzlich als funktions- und risikoarme Dienstleistungen (Routinedienstleistungen) gelten bzw., dass Finanzierungsgesellschaften für diese Tätigkeiten grundsätzlich als Gesellschaften mit geringem Funktions- und Risikoprofil gelten. Eine direkte Rechtsfolge ergibt sich dann im Einzelfall erst in Verbindung mit § 1 Abs. 1 Satz 1 und Abs. 3 AStG. Es erfolgt demnach eine Korrektur bei der Abweichung von fremdüblichen Verrechnungspreisen (unbeschadet möglicher verdeckter Gewinnausschüttungen oder verdeckter Einlagen), also der Vergütung des Vermittlers der Finanzierungsbeziehung bzw. der Finanzierungsgesellschaft. Die Bestimmung solcher Preise erfolgt regelmäßig anhand von Bandbreiten, die auf Basis einer Funktions- und Risikoanalyse gebildet werden (§ 1 Abs. 3 und Abs. 3a AStG). Anknüpfungspunkt möglicher Korrekturen können insbesondere die konzernintern verrechneten Zinsen sowie die Höhe von Kostaufschlägen sein. 590

Durch die Fiktion eines geringen Funktions- und Risikoprofils soll wohl eine gesetzliche Basis für die Anwendung niedriger Verrechnungspreise für diese Tätigkeiten gelegt werden. Insofern handelt es sich um eine Beweislastumkehr, da der Steuerpflichtige nun einen Nachweis erbringen muss, soweit es sich nicht um eine funktions- und risikoarme Dienstleistung handelt (vgl. Abschnitt VI). In der Gesetzesbegründung wird explizit davon gesprochen, dass diese Dienstleistung „niedrig“ zu vergüten sein soll.[3] Im Sinne des Gesetzgebers und der Finanzverwaltung wird auf die Anwendung der **Kostenaufschlagsmethode** 591

1 Vgl. Retzer/Meyer, IWB 10/2024 S. 398, 400 PAAAJ-67057.
2 Vgl. Nolden/Borgmann, IStR 2024 S. 604–605.
3 Vgl. BT-Drucks. 20/9006 v. 26.10.2023 S. 17.

und auf die Gewährung einer risikolosen Rendite abgezielt.[1] Bei der Anwendung der Kostenaufschlagsmethode wird die Dienstleistung in Höhe der nachgewiesenen und direkt zurechenbaren Betriebskosten zuzüglich eines Aufschlags vergütet. Der Aufschlag soll laut Gesetzesbegründung regelmäßig **5–10 %** betragen.[2] Der fremdübliche Kostenaufschlagssatz ist jedoch im Einzelfall zu ermitteln. Refinanzierungskosten sollen nicht miteinbezogen werden. Stattdessen soll daneben eine risikolose Rendite angesetzt werden.[3] Aus dem Gesetzestext ergibt sich dies jedoch *nicht* als Rechtsfolge.

592 Im Gegensatz zu den Ausführungen in der Gesetzesbegründung, entspricht es der BFH-Rechtsprechung und den OECD-LL zu prüfen, ob eine Anwendung der **Preisvergleichsmethode** in Frage kommt.[4] In der Praxis werden oft anhand von Zinsbenchmark-Studien Vergleichspreise für Finanzierungsbeziehungen ermittelt. Die Vergütung anhand einer risikolosen Rendite wird nach OECD-LL grundsätzlich in dem Falle vorgesehen, dass ein eine Finanzierungsbeziehung ausreichendes Unternehmen keine Kontrolle über die Risiken dieser besitzt, sondern etwa eine Muttergesellschaft die Risiken kontrolliert.[5] Im Ergebnis leistet § 1 Abs. 3e AStG keine Klärung zu Fragen der Wahl der Verrechnungspreismethode zur Bestimmung eines fremdüblichen Verrechnungspreises.[6]

593–595 *Einstweilen frei*

1 Vgl. BT-Drucks. 20/9006 v. 26.10.2023 S. 17; BMF, Schreiben v. 12.12.2024 - IV B 3 - S 1341/19/10017 :004, BStBl 2025 I S. 207 (Verwaltungsgrundsätze Verrechnungspreise 2024), Tz. 3.147.

2 Vgl. BT-Drucks. 20/9006 v. 26.10.2023 S. 17. Siehe auch Ditz/Egelen/Leucht, DStR 2024 S. 1743;

3 Vgl. Retzer/Meyer, IWB 10/2024 S. 398, 400 PAAAJ-67057; BT-Drucks. 20/9006 v. 26.10.2023 S. 17.

4 Vgl. BFH, Urteil v. 18.5.2021 - I R 4/17, BStBl 2023 II S. 678; BFH, Urteil v. 18.5.2021 - I R 62/17, BStBl 2023 II S. 723; OECD-LL, Kapitel X, Tz. 10.89-10.95.

5 Vgl. OECD-LL, Kapitel X, Tz. 10.25.

6 Vgl. Ditz/Egelen/Leucht, DStR 2024S. 1743.

VI. Gegenbeweis durch Funktions- und Risikoanalyse

§ 1 Abs. 3e Satz 3 AStG beinhaltet die Möglichkeit für Steuerpflichtigen und Finanzverwaltung vom Grundsatz der Routinedienstleistung abzuweichen. Dazu ist anhand einer Funktions- und Risikoanalyse **nachzuweisen**[1], dass es sich eben nicht um eine solche funktions- und risikoarme Dienstleistung handelt. Eine Finanzierungsbeziehung stellt insb. dann keine Routinedienstleistung dar, wenn die vermittelnde Gesellschaft das Kreditausfallrisiko für die konzerninterne Darlehensnehmerin selbst trägt.[2] Das Tragen weiterer wesentlicher Risiken kann z. B. anhand der Vereinbarungen zur Rückzahlung und der Besicherung beurteilt werden.[3] 596

Insbesondere dürften **Cash-Pool**-Leader und die in § 1 Abs. 3e Satz 2 AStG genannten Gesellschaften in der Praxis häufig keine Routinegesellschaften darstellen, da mit den von ihnen übernommenen Aufgaben, wie Liquiditätsmanagement, Risikomanagement und Fremdwährungsmanagement, wesentliche Funktionen und Risiken verbunden sind. Die grundsätzliche Einordnung solcher Gesellschaften als Routinegesellschaften (entgegen den realen Verhältnissen) ist insofern kritisch zu sehen und wirft Fragen darüber auf, wie ein Nachweis i. S. des § 1 Abs. 3e Satz 3 AStG zu führen ist.[4] Orientierung bieten grundsätzlich Kapitel I und X der OECD-LL. Auch die Gesetzesbegründung verweist zum Nachweis durch Funktions- und Risikoanalyse etwa auf Tz. 10.129, 10.133 und 10.142 des Kapitel X der OECD-LL (Tz. zum Thema Cash-Pool mit Beispielen).[5] 597

§ 1 Abs. 3e AStG ist nicht auf Inbound-Fälle mit ausländischen Finanzierungsgesellschaften beschränkt. Die Regelung ist auch auf Outbound-Fälle anwendbar. In diesem Zusammenhang ist es auch für die Finanzverwaltung möglich einen Nachweis zu führen, dass ein deutscher Finanzierungsvermittler oder 598

1 Sollte die Tätigkeit im Inland ausgeübt werden kann auch die Finanzbehörde anhand einer Funktions- und Risikoanalyse nachweisen, dass es keine Routinetätigkeit ist und somit eine höhere Vergütung fremdüblich ist. „An die Anforderungen des Nachweises sind dieselben Voraussetzungen zu stellen, wie für den Steuerpflichtigen. Hierzu gehört, dass die konkreten Umstände substantiiert und in sich schlüssig dargelegt werden. Es genügt daher die überwiegende Wahrscheinlichkeit, dass die Kriterien erfüllt werden." BMF, Schreiben v. 12.12.2024 - IV B 3 - S 1341/19/10017 :004, BStBl 2025 I S. 207, Verwaltungsgrundsätze Verrechnungspreise 2024, Tz. 3.149. Somit gilt das Kriterium der „überwiegenden Wahrscheinlichkeit" im Umkehrschluss auch für den Nachweis durch den Steuerpflichtigen.

2 Vgl. Grotherr, Ubg 2024 S. 329–330; BFH, Urteil v. 18.5.2021 - I R 4/17, BStBl 2023 II S. 678.

3 Vgl. Greil/Schwarz/Stein in Greil/Hummel 2024, AStG, 1. Aufl. 2025 , Rz. 1019.

4 Vgl. Ditz/Egelen/Leucht, DStR 2024 S. 1742–1743; Nolden/Borgmann, IStR 2024 S. 605.

5 Vgl. BT-Drucks. 20/9006 v. 26.10.2023 S. 17.

eine deutsche Finanzierungsgesellschaft keine Routinedienstleistung erbringt.[1] Insofern kann es zur Korrektur i. V. mit § 1 Abs. 1 Satz 1 AStG kommen, wenn die Funktions- und Risikoanalyse der Finanzverwaltung zu einem wahrscheinlicheren Ergebnis als die des Steuerpflichtigen kommt.[2]

599–601 *Einstweilen frei*

1 Vgl. Nolden/Borgmann, IStR 2024 S. 605.
2 Vgl. Greil/Schwarz/Stein in Greil/Hummel 2024, AStG, 1. Aufl. 2025, Rz. 1018.

K. Erläuterung zu § 1 Abs. 4 AStG (Wilmanns)

I. Inhalt und Bedeutung der Regelung

Einer der Tatbestandsvoraussetzungen des § 1 Abs. 1 AStG ist, dass eine Geschäftsbeziehung mit einer nahe stehenden Person vorliegt. Der Begriff „**Geschäftsbeziehung**“ wurde erstmalig im Rahmen des StÄndG 1992[1] in einem gesonderten Abs. 4 des § 1 AStG aufgenommen. Hiernach sollte eine Geschäftsbeziehung anzunehmen sein, wenn die den Einkünften zugrunde liegenden Beziehungen entweder beim Steuerpflichtigen oder bei einer nahe stehenden Person Teil einer Tätigkeit ist, auf die die §§ 13,15,18 oder 21 EStG anzuwenden sind oder im Fall einer ausländischen nahe stehenden Person anzuwenden wären, wenn die Tätigkeit im Inland vorgenommen würde. Im Rahmen des StVergAbG vom 16.5.2003[2] wurde der § 1 Abs. 4. AStG als Reaktion auf das BFH-Urteil vom 29.11.2000[3] geändert. Geschäftsbeziehung entsprechend der damaligen Neufassung des Gesetzes ist jede den Einkünften zugrunde liegende schuldrechtliche Beziehung, die keine gesellschaftsvertragliche Vereinbarung ist und die – wie nach dem vorhergehenden Gesetzeswortlaut – entweder beim Steuerpflichtigen oder bei der nahe stehenden Person Teil einer Tätigkeit ist, auf die die §§ 13,15,18 oder 21 EStG anzuwenden sind oder im Falle eines ausländischen Nahestehenden dann anzuwenden wären, wenn die Tätigkeit im Inland vorgenommen würde. Nach der Gesetzesbegründung[4] soll eine **schuldrechtliche Beziehung** auch dann Geschäftsbeziehung i. S. des § 1 Abs. 1 und 2 AStG sein, wenn sie durch das Gesellschaftsverhältnis veranlasst ist. Ziel der genannten Gesetzesfassung ist es, alle schuldrechtlichen Vereinbarungen einer Überprüfung auf Einhaltung des Fremdvergleichsgrundsatzes und einer Korrektur nach § 1 Abs. 1 AStG zuzuführen. Im Konkreten ist die Absicht des Gesetzgebers gesellschaftsrechtlich veranlasste Leistungen, insbesondere im Bereich der Finanzierungen, dem Fremdvergleich zu unterwerfen.[5] *Der EuGH hat bezugnehmend auf jene Gesetzesfassung später im sog. Hornbach-Urteil den Maßstab des Fremdvergleichs in Abgrenzung zur gesellschaftsrechtlichen Veranlassung dahingehend relativiert, dass eine Korrektur nach § 1 Abs. 1 AStG (im vorliegenden Falle ging es um die Vergütung einer* 602

1 StÄndG1992 v. 25.2.1992, BStBl 1992 I S. 297.

2 StVergAbG v. 16.5.2003, BGBl 2003 I S. 660.

3 BFH, Urteil v. 29.11.2000 - I R 85/99, BStBl 2002 II S. 720.

4 BT die „**Verwaltungsgrundsätze Verrechnungspreise 2023** – Grundsätze für die Korrektur von Einkünften gem. § 1 AStG“ neu gefasst (BMF, Schreiben v. 6.6.2023 - IV B 5 - S 1341/19/10017 :003 LAAAJ-41558).

5 Rehm/Nagler, IStR 2008 S. 422.

Patronatserklärung) nur dann anzuwenden ist, wenn die wirtschaftliche Notwendigkeit der Nichtvergütung der Geschäftsbeziehung, in diesem Fall der Patronatserklärung, nicht nachgewiesen werden kann.[1] In der UntStRG vom 14.8.2007[2] wurde der Regelungsinhalt des bisherigen § 1 Abs. 4 AStG in den Abs. 5 verlagert, ohne dass der Inhalt im Übrigen geändert worden ist. Ausgehend von § 241 BGB ist für die Begründung einer schuldrechtlichen Beziehung eine rechtliche Vereinbarung notwendig, kraft derer der Steuerpflichtige oder die nahestehende Person von dem jeweilig anderen eine Leistung fordern kann. Eine Geschäftsbeziehung ist somit nach dem bisherigen Rechtsstand für Lieferungen und Leistungen zwischen einem Stammhaus und seiner Betriebsstätte nicht gegeben, da ein und dieselbe Person keine schuldrechtlichen Beziehungen mit sich unterhalten kann.[3] Ob das Schuldverhältnis einen vertraglichen oder gesetzlichen Ursprung hat, ist hingegen unerheblich.

603 Im Rahmen des AmtshilfeRLUmsG vom 26.6.2013 wird der Begriff der Geschäftsbeziehung für den Anwendungsbereich des § 1 AStG vor dem Hintergrund des neu gefassten Abs. 5 maßgeblich verändert. Der bisherige Abs. 4 (sog. Schätzungsklausel) wurde ersatzlos aufgehoben und der bisherige Abs. 5 wird durch den neu gefassten Abs. 4 abgelöst. Die Begründung für die Aufhebung des bisherigen Abs. 4 ist, dass der Regelungsinhalt bereits in den allgemeinen Schätzungsregeln des § 162 AO enthalten ist; hier zu beachten insbesondere § 162 Abs. 3 AO.[4] Die Ausdehnung der Definition des Begriffs „Geschäftsbeziehung" ist insbesondere durch die Ausweitung der Anwendung des Fremdvergleichsgrundsatzes auf Betriebsstätten (des neu gefassten Abs. 5) im Rahmen des AmtshilfeRLUmsG vom 26.6.2013 notwendig geworden.

604 Der Begriff der Geschäftsbeziehung wird nunmehr in zwei Arten von Geschäftsbeziehung unterteilt:

- Nach § 1 Abs. 4 Nr. 1 AStG sind Geschäftsbeziehungen einzelne oder mehrere zusammenhängende wirtschaftliche Vorgänge (**Geschäftsvorfälle**) zwischen einem Steuerpflichtigen und einer nahestehenden Person,
  - die Teil einer Tätigkeit sind, auf die §§ 13, 15, 18 oder 21 EStG anzuwenden sind oder im Fall einer ausländischen nahe stehenden Person

1 EuGH, Urteil v. 31.5.2018 - Rs. C-382/16 PAAAG-86743, DStR 2018 S. 1221, Rz. 22.

2 UntStRG v. 14.8.2007, BGB 2007 I S. 1912.

3 Vgl. auch Pohl in Mössner/Fuhrmann, Außensteuergesetz, 2. Aufl. 2011, § 1 AStG Rz. 529.

4 Vgl. Begründung zur Änderung von § 1 AStG durch das JStG 2013 in Schreiber/Nientimp, Verrechnungspreise, 5. Aufl. 2013, S. 555 zu Buchst. c.

anzuwenden wären, wenn sich der Geschäftsvorfall im Inland ereignet hätte.

- denen keine gesellschaftsvertragliche Vereinbarung zugrunde liegt.

► Nach § 1 Abs. 4 Nr. 2 AStG sind Geschäftsbeziehungen Geschäftsvorfälle zwischen einem Unternehmen eines Steuerpflichtigen und seiner in einem anderen Staat gelegenen Betriebsstätte (anzunehmenden schuldrechtlichen Beziehungen).

Sowohl der Begriff „Geschäftsvorfall" in Nr. 1 als auch die Ausdehnung des Begriffs Geschäftsbeziehung auf das Rechtsverhältnis zwischen einem Unternehmen eines Steuerpflichtigen und seiner in einem anderen Staat gelegenen **Betriebsstätte** in Nr. 2 wurden in Abs. 4 als Ausfluss des neu gefassten Abs. 5 aufgenommen. Die Neufassung beider Absätze ist notwendig geworden um den neu gefassten Art. 7 OECD-MA 2010 und dessen Musterkommentierung (vom Rat der OECD am 22.10.2010 verabschiedet und veröffentlicht) inhaltlich in innerstaatliches Recht umzusetzen. Damit folgt Deutschland den internationalen Bemühungen, die bisher weitgehend uneinheitliche Praxis der internationalen **Betriebsstättenbesteuerung** auf einen einheitlichen Standard (Fremdvergleichsgrundsatz) zu bringen. 605

Der Begriff Geschäftsbeziehung wird ergänzt um eine gesetzliche Vermutung in Satz 2. Nach Satz 2 Halbsatz 1 wird davon ausgegangen, dass, wenn einem Geschäftsvorfall keine schuldrechtliche Vereinbarung zugrunde liegt, voneinander unabhängige, ordentliche und gewissenhafte Geschäftsleiter eine schuldrechtliche Vereinbarung getroffen hätten. Der Gesetzgeber will hiermit klarstellen, dass bei Geschäftsbeziehungen ohne nachweisbare schuldrechtliche Vereinbarungen diese so behandelt werden, als ob ihnen eine schuldrechtliche Vereinbarung zugrunde liegen würde. Dies wird durch die ergänzende Vermutung untermauert, dass aus der Vereinbarung, unabhängig ob nachweislich eine schuldrechtliche Vereinbarung vorliegt, eine bestehende Rechtsposition geltend gemacht werden könnte, die der Besteuerung zugrunde zu legen ist. Diese gesetzliche Vermutungen können jedoch vom Steuerpflichtigen nach Satz 2 Halbsatz 2 im Einzelfall widerlegt werden. 606

Einstweilen frei 607–609

II. Begriff der Geschäftsbeziehung

1. Geschäftsbeziehung i. S. des § 1 Abs. 4 Nr. 1 AStG

a) Geschäftsvorfälle

610 Entsprechend Nr. 1 wird der Begriff Geschäftsvorfälle als einzelne oder mehrere zusammenhängende wirtschaftliche Vorgänge bestimmt. Im der Rechtsentwicklung wird somit der Begriff „schuldrechtliche Beziehung" durch den Begriff „wirtschaftliche Vorgänge" ersetzt, da in den Fällen des neu gefassten Abs. 5 (Verhältnis Unternehmen und seiner Betriebsstätte) schuldrechtliche Beziehungen nicht möglich sind. Jedoch sind auch in diesen Fällen wirtschaftliche Vorgänge festzustellen, die ordentliche und gewissenhafte Geschäftsleiter voneinander unabhängigen Unternehmen (Fremdvergleich) als **quasi-schuldrechtliche Beziehung** ausgestaltet hätten.[1] Somit umfasst nach dem Willen des Gesetzgebers der Begriff **„wirtschaftliche Vorgänge"** alle rechtlichen Beziehungen (schuldrechtliche Beziehungen zwischen nahe stehenden Personen) und tatsächlichen Handlungen (zwischen Unternehmen und seinen Betriebsstätten). Zu den wirtschaftlichen Vorgängen gehören zum Beispiel Warenlieferungen, Dienstleistungen, Finanzierungsbeziehungen, die Überlassung oder Übertragung von immateriellen Werten, Funktionsverlagerungen, Arbeitnehmerüberlassungen und Umlagen.[2] Gründungen von Kapital- oder Personengesellschaften können gleichermaßen wirtschaftliche Vorgänge und damit Geschäftsvorfälle im Sinne des Gesetzes auslösen. Da jedoch diesen i. d. R. eine **gesellschaftsvertragliche Vereinbarung** zugrunde liegt, handelt es sich nicht um Geschäftsbeziehungen i. S. des § 1 Abs. 4 AStG, die dem Fremdvergleich nach § 1 Abs. 1 AStG unterliegen. Anders kann dies bei der Begründung bzw. Beendigung von Betriebsstätten gesehen werden (vgl. → Rz. 633).

611 Rechtliche Beziehungen sind sowohl schuldrechtlich oder gesellschaftsrechtlich vereinbarte Geschäfte. Nach § 241 BGB liegt eine schuldrechtliche Beziehung dann vor, wenn der eine von dem anderen eine Leistung fordern kann, unabhängig, ob es sich um ein schuldrechtliches oder gesetzliches Schuldverhältnis handelt. Gesetzlich veranlasste Ansprüche sind wirtschaftlich gekennzeichnet durch den Umstand, dass der aus dem Vertragsverhältnis entstehende Anspruch gesetzlich bestimmt ist. In der Regel ist der Anspruch unabhän-

1 Vgl. Begründung zur Änderung von § 1 AStG durch das JStG 2013 in Schreiber/Nientimp, Verrechnungspreise, 5. Aufl. 2013, S. 558 zu § 1 Abs. 4 – neu – Satz 1 AStG.

2 BMF, Schreiben v. 12.12.2024 - IV B 3 - S 1341/19/10017 :004 (kurz Verwaltungsgrundsätze Verrechnungspreise 2024 bzw. VWG TP 2024), Tz. 1.16.

gig, ob das Verhältnis zwischen abhängigen oder unabhängigen Parteien abgeschlossen worden ist und hält somit dem Fremdvergleichsgrundsatz Stand.[1]

Der Schwerpunkt des § 1 AStG liegt daher bei den vertraglichen bzw. quasi- 612
vertraglichen Beziehungen zwischen nahestehenden Personen bzw. zu einer Betriebsstätte. Der Begriff Geschäftsbeziehung ist somit nicht im engeren Sinne gebunden an der Rechtsbeziehung, sondern gleichermaßen kann eine tatsächliche Beziehung die Begründung einer Geschäftsbeziehung auslösen. Entscheidend ist der Veranlassungszusammenhang zwischen dem Abschluss der Geschäftsbeziehung und der Realisierung von Einnahmen bzw. dem Anfall von Aufwendungen, die für steuerliche Zwecke zu erfassen sind. In der Regel muss die Beziehung „abgeschlossen" werden. Hieraus kann man eine Tätigkeit identifizieren. Stets ist zu fordern, dass die die Einkünfte auslösende Tätigkeit insgesamt nachhaltig und mit einer Einkünfteerzielungsabsicht ausgeübt wird.[2]

Tatsächliche Handlungen liegen zwischen dem Unternehmen und der Be- 613
triebsstätte vor, wenn fremde Dritte sie durch schuldrechtliche Beziehungen gestaltet hätten („quasi-schuldrechtlich").[3] Dies wird durch § 1 Abs. 2 AStG gesetzlich vermutet, wenn der Steuerpflichtige nicht im Einzelfall etwas anderes nachweist.

b) Zusammenfassung von Geschäftsvorfällen 614

Nach § 1 Abs. 4 Satz 1 AStG kann eine Geschäftsbeziehung auch aus mehreren zusammenhängenden, wirtschaftlichen Vorgängen bestehen. Das BMF-Schreiben vom 12.12.2024 (VWG TP 2024) konkretisiert die Anforderungen an die Zusammenfassung von Geschäftsvorfällen zu einem Geschäftsvorgang. Hiernach sollten die einzelnen Geschäftsvorfälle eines Steuerpflichtigen so eng miteinander verbunden sein oder so eng aufeinander folgen, dass eine sachgerechte Beurteilung jedes Geschäftsvorfalls nicht möglich ist. Ist dies der Fall, kann unter Anwendung der am besten geeigneten Verrechnungspreismethode diese einzelnen Geschäftsvorfälle zusammen beurteilt werden. Dies gilt insbesondere für langfristige Verträge über Warenlieferungen und Dienstleistungen sowie bei der Palettenbetrachtung, d. h. bei einer einheitlichen Preisgestaltung für im Hinblick auf Art, Produktion oder Vertrieb eng miteinander verbundener Produkte.[4]

---

1 Haßfurter in Beck'scher Online-Kommentar AStG, § 1 AStG Rz. 631.

2 Wassermeyer, in Wassermeyer/Baumhof, Verrechnungspreise international verbundener Unternehmen, 2014, Tz. 2.101.

3 Haßfurter in Beck'scher Online-Kommentar AStG, § 1 AStG Rz. 632; BR-Drucks. 302/12 S. 103.

4 BMF, Schreiben v. 12.12.2024 - IV B 3 - S 1341/19/10017 :004, Tz. 3.23.

Entspricht es der Geschäftsstrategie des Steuerpflichtigen, bestimmte Geschäftsvorfälle zu bündeln, um über die Gesamtheit der Geschäftsvorfälle und nicht unbedingt durch ein bestimmtes Produkt innerhalb eines Portfolios einen angemessenen Gewinn zu erzielen (Portfolioansatz), sind diese Geschäftsvorfälle ebenfalls zusammen zu analysieren.[1]

615 *Einstweilen frei*

c) Keine gesellschaftsvertragliche Vereinbarung

616 Entsprechend Nr. 1 Buchst. b darf dem Geschäftsvorfall keine gesellschaftsvertragliche Vereinbarung zugrunde liegen. Somit werden ausdrücklich aus dem Begriff des wirtschaftlichen Vorgangs schuldrechtliche Beziehungen und tatsächliche Handlungen, die gesellschaftsrechtliche Vereinbarungen darstellen, ausgeklammert. Grundvoraussetzung für eine **gesellschaftsvertragliche Vereinbarung** ist, dass die Vereinbarung Bestandteil des Gesellschaftsvertrages geworden ist.[2] Bei nachträglichen Vereinbarungen ist daher sorgfältig zu prüfen, ob eine (konkludente) Änderung des Gesellschaftsvertrages vorliegt oder ein separater schuldrechtlicher Vertrag geschlossen wurde. Bei einer **verdeckten Einlage** vertritt der BFH explizit die Auffassung, dass diese den Tatbestand einer Geschäftsbeziehung i. S. des § 1 AStG nicht ausschließt.[3]

617 Nicht jede Vereinbarung, die sich in der Gesellschaftsvertragsurkunde befindet, stellt jedoch eine gesellschaftsvertragliche Vereinbarung dar.[4] Nach dem zitierten Gesetzestext können Geschäftsvorfälle zwischen einem Steuerpflichtigen und einer ihm nahe stehenden Person nur dann eine Geschäftsbeziehung i. S. des § 1 Abs. 4 AStG darstellen, wenn diesen Geschäftsvorfällen keine gesellschaftsvertragliche Vereinbarung zugrunde liegt. Nach § 1 Abs. 4 Nr. 1 Buchst. b AStG ist eine gesellschaftsvertragliche Vereinbarung „eine Vereinbarung, die unmittelbar zu einer rechtlichen Änderung der Gesellschafterstellung führt". Nach der Gesetzesbegründung liegt eine Änderung der Gesellschafterstellung dann vor, wenn infolge der Vereinbarung eine Veränderung der **Beteiligungshöhe oder der Beteiligungsrechte** (z. B. Stimmrechte) gegeben sind.[5] Entsprechend der Verwaltungsauffassung kann die bloße Aufnahme in den Gesellschaftsvertrag bereits deshalb nicht genügen, weil die das Merkmal

---

1 A. a. O.

2 Lieber, jurisPR-SteuerR 17/204 Anm. 6.

3 BFH, Urteil v. 19.6.2019 - I R 32/17 BAAAH-39357, DStR 2020 S. 25, Rz. 25 cc).

4 Kraft in Kraft, AStG, § 1 AStG Rz. 631, BMF-Schreiben v. 12.12.2024 - IV B 3 - S 1341/19/10017 :004, Tz. 1.20.

5 BT-Drucks. 18/3017 S. 53.

der Geschäftsbeziehungen und damit den Tatbestand des § 1 Abs. 4 AStG in das Belieben der Beteiligten stellen würde.[1] In der Literatur haben sich in der Folge zwei unterschiedlichen Auffassungen herauskristallisiert. Die enge Auffassung spiegelt die Meinung wider, dass es sich bei gesellschaftsvertraglichen Vereinbarungen um Vereinbarungen mit kooperationsrechtlichem Charakter handelt, welche die Organisationsstruktur der Gesellschaft betreffen. Die weite Auslegung geht dahin, dass bereits die formale Aufnahme einer Leistungsbeziehung in den Gesellschaftsvertrag unabhängig von ihrer Rechtsnatur eine Geschäftsbeziehung ausschließt. Die Rechtsprechung tendiert eindeutig zu der Auffassung, dass getroffene Vereinbarungen nicht nach der „äußeren Form" sondern nach dem wirtschaftlichen Gehalt zu bewerten sind.[2] Entsprechend dem BFH kann die bloße Aufnahme der Abrede in den Gesellschaftsvertrag bereits deshalb nicht genügen, weil sie das Merkmal der Geschäftsbeziehungen und damit den Tatbestand des § 1 Abs. 4 AStG in das Belieben der Beteiligten stellen würde.[3] Verpflichtet sich z. B. ein Gesellschafter im Gesellschaftsvertrag dazu, der Kapitalgesellschaft ein eigenkapitalersetzendes Darlehen zu gewähren, so scheidet die Anwendung von § 1 AStG nicht alleine deswegen aus, weil diese Vereinbarung in den Gesellschaftsvertrag aufgenommen worden ist. Vielmehr ist zu hinterfragen, ob durch die Vereinbarung die Organisationsstruktur der Gesellschaft unmittelbar betroffen ist bzw. verändert wird.[4] Eine andere Sichtweise würde dem Sinn und Zweck der Regelung zuwiderlaufen. Somit kann auch die Übertragung von Stimmrechten eine Geschäftsbeziehung darstellen, wenn mit ihr ein wirtschaftlicher Vorteil einhergeht, der unter fremden Dritten vergütet werden würde.[5]

Die dargestellten Regelungen haben insbesondere bei der Abgrenzung von **Finanzierungsleistungen** Relevanz. Im Fall von Bürgschaften und ähnlichen Verpflichtungen gegenüber einer nahe stehenden Person ist nun davon auszugehen, dass diese im Grundsatz eine Geschäftsbeziehung nach § 1 Abs. 4 AStG darstellen, da diese i. d. R. keine Veränderungen der Beteiligungshöhe bzw. Beteiligungsrechte unmittelbar auslösen. Konsequenterweise nehmen die VWG 618

1 BMF-Schreiben v. 12.12.2024 - IV B 3 - S 1341/19/10017 :004, Tz. 1.20.

2 Wassermeyer in Wassermeyer/Baumhoff, Verrechnungspreise international verbundener Unternehmen, 2014, Tz. 2.97; u. a. BFH, Urteil v. 5.11.2003 - XR 55/99, BStBl 2004 II S. 706.

3 BFH, Urteil v. 19.6.2019 - I R 32/17, DStR 2020 S. 25.

4 Vgl. auch Baumhoff in Mössner u. a., Steuerrecht international tätiger Unternehmen, S. 431.; Kraft in Kraft, AStG, § 1 AStG Rz. 571.

5 BMF-Schreiben v. 12.12.2024 - IV B 3 - S 1341/19/10017 :004, Tz. 1.20; siehe hierzu das aufgeführte Beispiel:

TP 2024[1] eigenkapitalersetzende Darlehen und Garantien als Gesellschafteraufwand aus der Anwendung von § 1 Abs. 4 AStG heraus, wenn ein Unternehmen erst durch die Verpflichtung der multinationalen Unternehmensgruppe oder eines ihrer Mitglieder gegenüber fremden Dritten in die Lage versetzt wird, Kapital aufnehmen zu können, und ein wirtschaftlicher Grund im Sinne des EuGH-Urteils vom 31.5.2018[2] vorliegt.[3] Der BFH hat in mehreren Urteilen diese Auffassung bestätigt. Insbesondere für den Fall, dass wenn die Ausreichung von Fremdkapital durch einen Gesellschafter eine unzureichende Ausstattung der Gesellschaft mit Eigenkapital ausgleicht und diese Finanzierung die Voraussetzung dafür ist, dass die darlehensempfangende Gesellschaft die ihr zugedachte wirtschaftliche Funktion (weiter) ausfüllen kann, ist entsprechend der laufenden Rechtsprechung eine unterschiedliche Behandlung von **Einlage** und **Darlehensverzicht** mit Rücksicht auf den unionsrechtlich anerkannten Geltungsanspruch der Gewinnabgrenzung nach Maßgabe fremdüblicher Bedingungen ausgeschlossen.[4] Schwierig dagegen zu beurteilen sind vielfach **gewinnabhängige Darlehen**. Soweit das gewinnabhängige Darlehen aus dem „Nahestehen" nach § 1 Abs. 2 Satz 1 Nr. 1 Buchst. b AStG begründet ist und dieses auch i. S. des Gesetzes im Gesellschaftsvertrag aufgenommen wurde, handelt es sich nicht um eine Geschäftsbeziehung i. S. von § 1 Abs. 4 AStG, soweit die Voraussetzung der Änderung der Gesellschafterstellung erfüllt wird.

d) Bedingungen einer Geschäftsbeziehung

619 Die normative Begründung des Fremdvergleichsgrundsatzes findet sich in Art. 9 Abs. 1 OECD-MA, dass die Grundlage für die bilateralen Doppelbesteuerungsabkommen bildet. Art. 9 Abs. 1 OECD-MA bestimmt:

„[...] wenn die beiden verbundenen Unternehmen in ihren kaufmännischen und finanziellen Beziehungen an vereinbarte und auferlegte Bedingungen gebunden sind, [...]".

---

1 **Anm. d. Red.:** Das BMF hat die **„Verwaltungsgrundsätze Verrechnungspreise 2023** – Grundsätze für die Korrektur von Einkünften gem. § 1 AStG" neu gefasst (BMF, Schreiben v. 12.12.2024 - IV B 3 - S 1341/19/10017 :004). Das Schreiben enthält die neuen Grundsätze für die internationale Einkunftsabgrenzung nach dem Maßstab des Fremdvergleichs in den Regelungen des innerstaatlichen Rechts und der Doppelbesteuerungsabkommen.

2 EuGH, Urteil v. 31.05.2018 - C-382/16 „Hornbach" PAAAG-86743.

3 BMF, Schreiben v. 14.7.2021 - IV B 5 - S 1341/19/10017 :001 BAAAH-83917, BStBl 2021 I S. 1098, Tz. 3.97; Haßfurter in Beck'scher Online-Kommentar, AStG, § 1 AStG Rz. 639.

4 BFH, Urteil v. 19.6.2019 - I R 32/17 BAAAH-39357, DStR 2020 S. 25.

Der Fremdvergleichsgrundsatz entsprechend Art. 9 Abs. 1 OECD-MA folgt grundsätzlich dem sog. „separate entity approach", d. h. die Unternehmen eines multinationalen Konzerns als selbstständige Unternehmen und nicht als untrennbare Teile eines einzigen einheitlichen Unternehmens zu behandeln sind.[1] Insofern richtet sich Analyse auf die Art der Geschäftsvorfälle zwischen den verbundenen Unternehmen sowie der Frage, ob die Bedingungen, die dem Geschäftsvorfall zugrunde liegen, von den Bedingungen abweichen, die bei vergleichbaren Geschäftsvorfällen vereinbart worden sind.[2]

Die Identifizierung der kaufmännischen und finanziellen Beziehungen zwischen den verbundenen Unternehmen setzen ein grundlegendes Verständnis der Industrie, der Wertschöpfungsstufe (z. B. Rohstoffgewinnung, Weiterverarbeitung, Zulieferer, Handel), der Faktoren, die sich auf die Ergebnisse aller in der Industrie und Wetzschöpfungsstufe tätigen Unternehmen auswirken voraus. Hierauf aufbauend bedarf es einer detaillierten Aufnahme der wirtschaftlich relevanten Merkmale der betrachteten Geschäftsvorfällen, und zwar im Detail um den wirtschaftlich relevanten Umständen, unter denen der Geschäftsvorfall stattfindet, sowie die Bedingungen des Geschäftsvorfalls, die unabhängige Dritte in vergleichbaren Geschäftsvorfällen unter vergleichbaren Umständen vereinbart hätten.[3] Hierbei handelt es sich um fünf Kategorien, die es zu betrachten gilt: 620

(1) Vertraglichen Bedingungen des Geschäftsvorfalls (u. a. die Verteilung der Zuständigkeiten, Pflichten und Rechte, die Übernahme identifizierter Risiken und die Preisvereinbarungen)[4]

(2) Die von den einzelnen am Geschäftsvorfall beteiligten Unternehmen ausgeübten Funktionen, unter Berücksichtigung der genutzten Vermögenswerte und übernommenen Risiken (Funktions- und Risikoanalyse)[5]

(3) Die Eigenschaften des übertragenen Wirtschaftsgutes oder erbrachten Leistungen (z. B. physischen Merkmale der betreffenden Wirtschaftsgüter und die hiermit verbundenen Qualitätsmerkmale, Art, Form und Dauer der Dienstleistung)[6]

---

1 OECD-Verrechnungspreisrichtlinien 2022, Tz. 1.6.
2 A. a. O., Tz. 1.33.
3 A. a. O., Tz. 1.35.
4 A. a. O., Tz. 1.42.
5 A. a. O., Tz. 1.51 ff.
6 A. a. O., Tz. 1.107 ff.

(4) Die wirtschaftlichen Verhältnisse der Beteiligten und des Marktes, auf dem sie tätig sind (u. a. geografische Lage, Größe des Marktes, Intensität des Wettbewerbs, Verhältnis Angebot- und Nachfragemarkt, Kaufkraft der Abnehmer, Umfang staatlicher Regulierungen, Marktstufe)[1]

(5) Die von den Beteiligten verfolgte Geschäftsstrategie (u. a. Innovationskraft, Diversifikationsgrad, Risikoaversion, Einschätzung politischer Veränderungen, Dauer der Vereinbarungen)[2]

621 Entsprechend der OECD-Verrechnungspreisrichtlinien können konzerninterne Geschäftsvorfälle in schriftlichen Verträgen formalisiert werden, es besteht jedoch hierzu keine Verpflichtung. Gegebenenfalls, um die entsprechenden Nachweise für die Begründung des Geschäftsvorfalls sowie der vereinbarten Bedingungen zu erbringen, können Mitteilungen zwischen den Beteiligten erbracht werden.[3] Diese Verträge sollten den Ausgangspunkt darstellen für die Abgrenzung des zwischen den verbundenen Unternehmen getätigten Geschäftsvorfalls sowie die Bestimmung der zum Zeitpunkt des Vertragsabschlusses beabsichtigten Aufteilung der Zuständigkeiten, Risiken und erwarteten Ergebnisse ihrer Zusammenarbeit. Die Erwartung ist jedoch nicht, dass alle erforderlichen Informationen für eine Verrechnungspreisanalyse im schriftlichen Vertrag enthalten sind.[4]

622 Im Rahmen der vertraglich vereinbarten Geschäftsbeziehungen werden Bedingungen festgelegt, die dem Fremdvergleich zugänglich sind. Zu den Bedingungen gehören insbesondere Vereinbarungen über Preise, Vertragslaufzeiten, (Rück-)Zahlungsmodalitäten, Durchführungsbedingungen, Rabatte und Boni, Preisanpassungsklauseln, Sicherheiten sowie Vertragsänderungs- und kündigungsmöglichkeiten. Zu diesen Bedingungen gehört auch die Bestimmung der Zuordnung von Geschäftsrisiken, die im unmittelbaren Zusammenhang mit der Geschäftsbeziehung stehen. Zwischen den vertraglich vereinbarten Bedingungen und der in § 1 Abs. 3 AStG definierten Funktions- und Risikoanalyse besteht ein unmittelbarer Zusammenhang. Im Kontext der Funktions- und Risikoanalyse führt nicht die Fremdunüblichkeit einzelner Bedingungen dazu, dass sie Geschäftsbeziehung als solche fremdunüblich zu qualifizieren ist. Vielmehr bedarf es der Würdigung der Gesamtumstände im Einzelfall bezogen auf die betrachtete Geschäftsbeziehung.[5]

1 A. a. O., Tz. 1.110 ff.
2 A. a. O., Tz. 1.114 ff.
3 A. a. O., Tz. 1.42.
4 A. a. O., Tz. 1.42 ff.
5 BMF-Schreiben v. 12.12.2024 - IV B 3 - S 1341/19/10017 :004, Tz. 1.22.

Der EuGH knüpft den Tatbestand des Abschlusses von Geschäften an die Voraussetzung, dass die Bedingungen, die dem abgeschlossenen Geschäft zugrunde liegen, den gültigen Marktbedingungen entsprechen. Entsprechen die Bedingungen nicht dem Fremdvergleich und resultieren hieraus wirtschaftliche Vorteile, unterliegt dieser einer etwaigen steuerlichen Gewinnberichtigung, und zwar in der Höhe, die über das hinausgeht, was die betreffende Gesellschaft unter Marktbedingungen vereinbart hätte.[1] Basiert eine Abweichung von Marktbedingungen auf wirtschaftlichen Gründen, die sich lediglich auf die gesellschaftsrechtlichen Verflechtungen bzw. aus der Stellung des Gesellschafters zurückzuführen sind, kann der Grundsatz der steuerlichen Würdigung der Geschäftsbeziehung unter dem Fremdvergleichsgrundsatz durchbrochen werden. Die Beweislast liegt hierbei beim Steuerpflichtigen.[2] 623

Keine Bedingungen im Sinne des Gesetzes sind Umstände, die nicht von den einander nahestehenden Personen vereinbart werden können. Sie sind, wie unter fremden Dritten, als gegeben hinzunehmen. Hierzu gehören Veränderungen gesetzlicher Rahmenbedingungen oder nicht beeinflussbare Gegebenheiten des jeweiligen Marktes.[3] Hierunter fallen auch staatliche Eingriffe bzw. Maßnahmen, wie etwa Preis- Zins-, Devisenkontrollen oder Abgaben (z. B. Strafzölle) als Ausfluss von zwischenstaatlichen Handelskonflikten. Vielfach besteht die Schwierigkeit, dass vielfach die die staatlichen Maßnahmen nach dem Zeitpunkt des vertraglichen Abschlusses des Vertrages eingeführt werden.[4] 624

e) Sonderfall Finanzierungsbeziehungen (§ 1 Abs. 3d AStG) 625

Im neu aufgenommenen § 1 Abs. 3d AStG wird die Prüfung von Finanzierungsbeziehungen hinsichtlich der Fremdüblichkeit aufgegriffen.[5] Die Formulierungen in den VWG TP 2024 können im Kontext von § 1 Abs. 4 AStG missinterpretiert werden. Die zitierten Verwaltungsgrundsätze stellen in Frage, ob bei Nichterfüllung der Bedingungen des § 1 Abs. 3d AStG eine Finanzierungsbeziehung vorliegt.[6] Damit soll klargestellt werden, dass nicht die Geschäftsbeziehung an sich in Frage gestellt wird, sondern bei Nichterfüllung der gesetzlichen Voraussetzungen die betrachtete Finanzierungsbeziehung nicht dem Fremdvergleichsgrund-

1 EuGH, Urteil v. 21.10.2010, SGI, C-311/08, EU:C:2010:26, Rz 71 und 72.
2 EUGH; Urteil v. 31.5.2018 - Rs. C - 382/16 – Hornbach Baumarkt AG, IStR 2018, S. 461.
3 A. a. O., Tz. 1.23.
4 OECD-Verrechnungspreisrichtlinien 2022, Tz. 1.132 ff.
5 § 1 Abs. 3d AStG.
6 BMF-Schreiben v. 12.12.2024 - IV B 3 - S 1341/19/10017 :004, Tz. 3.123.

satz entspricht und somit der Umstand zu einer Korrektur nach § 1 Abs. 1 AStG zugänglich wird.[1] Diese Auslegung in den zitierten Verwaltungsgrundsätzen ist jedoch strittig, da bei kumulative Nichterfüllung der Voraussetzungen des § 1 Abs. 3d Satz 1 Nr. 1 AStG, die hiermit verbundene Minderung der Einkünfte in Höhe des fremdunüblichen Teils gem. § 1 Abs. 1 AStG faktisch auf einer Umqualifizierung des fremdunüblichen Teils der Schuld in Eigenkapital beruht.[2] Auch wenn die Relevanz des Kapitaldienstfähigkeit für die Qualifizierung von Fremdkapital wirtschaftlich unstrittig ist, stellt die laufende BFH-Rechtsprechung in der Auslegung von § 1 Abs. 4 AStG hohe Anforderungen an eine Umqualifizierung von Fremdkapital in Eigenkapital.[3]

f) § 1 Abs. 4 AStG im Kontext der Idealkonkurrenz nach § 1 Abs. 1 Satz 1 und 4 AStG

626 § 1 Abs. 4 AStG definiert den Begriff der Geschäftsbeziehung i. S. des § 1 Abs. 1 AStG. Im Falle, dass aufgrund einer gesellschaftlichen Veranlassung bereits andere Vorschriften die Steuerminderung verhindern und § 1 AStG nicht zu weitergehenden Rechtsfolgen führt, sind diese anderen Vorschriften nach § 1 Abs. 1 Sätze 1 und 4 AStG vorranging anzuwenden. Jedoch konstatieren die genannten Vorschriften auch, dass im Falle, dass § 1 AStG in seiner Wirkung weitergeht als die „anderen Vorschriften“, § 1 Abs. 1 AStG gleichermaßen anzuwenden ist (sog. **Idealkonkurrenz**). § 8 Abs. 3 Satz 2 KStG und § 1 AStG können auch nebeneinander angewendet werden, wenn die steuerlichen Folgen in der Abgrenzung zwischen der Annahme einer schuldrechtlichen Beziehung nach § 1 Abs. 4 AStG und der gesellschaftsrechtlichen Veranlassung nach § 8 Abs. 3 Satz 2 KStG unterschiedlich ausfallen.[4] Die Annahme z. B. einer schuldrechtlichen Beziehung bei einer gewährten Bürgschaft nach § 1 AStG hat auf der einen Seite nicht zur Folge, dass die Inanspruchnahme aus der Bürgschaft beim Bürgschaftsnehmer Betriebsausgaben nach § 8 Abs. 2 Satz 3 KStG auslöst, da die steuerliche Wirkung der gesellschaftsrechtlichen Veranlassung weiter geht als die Wirkung der schuldrechtlichen Beziehung nach § 1 AStG. Wenn hingegen § 1 AStG von seiner Wirkung weitergeht als jene des § 8 Abs. 3 Satz 2 KStG, so ist § 1 AStG in Ergänzung entsprechend anzuwenden.[5]

1 BMF-Schreiben v. 12.12.2024 - IV B 3 - S 1341/19/10017 :004, Tz. 3.130.
2 Nolden, Gilson, IStR 2025.
3 Vgl. u. a. BFH, Urteil v. 13.1.2022 - I R 15/21, BStBl 2023 II S. 675.
4 Haßfurter in Beck'scher Online-Kommentar, AStG, § 1 AStG Rz. 624.
5 Haßfurter in Beck'scher Online-Kommentar, AStG, § 1 AStG Rz. 624.

f) Teil einer Tätigkeit i. S. der §§ 13, 15, 18, 21 EStG[1]

Die Geschäftsbeziehung muss beim Steuerpflichtigen oder bei der nahe stehenden Person ein Teil einer Tätigkeit sein, auf die die §§ 13,15,18 und 21 EStG anzuwenden sind. Diese gesetzliche Anforderung ist eine Reaktion darauf, dass der BFH entschieden hat, dass Geschäftsbeziehungen nur Beziehungen sind, die ein Betrieb im Rahmen der Gewinneinkünfte eingeht.[2] Trotz anfänglicher entgegengesetzter Bestrebungen hat sich der Gesetzgeber mit § 1 Abs. 4 AStG im Kern die angegebene Rechtsprechung des BFH zu eigen gemacht. Damit muss der Steuerpflichtige im Inland mit den genannten Einkünften steuerpflichtig sein und nach § 1 Abs. 1 Satz 1 Einkünfte aus der Geschäftsbeziehung realisieren. Nicht notwendig ist, dass er selbst die Geschäftsbeziehung unterhält. Die Realisierung der genannten Einkünfte kann z. B. auch über eine Personengesellschaft erfolgen, an der der Steuerpflichtige beteiligt ist. Der Geschäftsvorfall muss sich zwischen dem Steuerpflichtigen und einer nahestehenden Person ereignen.[3] 627

Abweichungen ergeben sich in zwei Punkten. Zum einen reicht es entsprechend dem Wortlaut aus, dass nur bei einer Person (Steuerpflichtiger oder nahe stehende Person) Einkünfte nach den §§ 13,15,18 und 21 EStG vorliegen. So ist z. B. das Anstellungsverhältnis eines Steuerinländers zu einer ihm nahestehenden, gewerblich tätigen, ausländischen Kapitalgesellschaft nach dem Sprachgebrauch keine Geschäftsbeziehung aus Sicht des Steuerinländers (Einkünfte i. S. des § 19 EStG), wohl aber aus Sicht der ausländischen Kapitalgesellschaft (Einkünfte i. S. des § 15 EStG).[4] Vergleichbares gilt für **Einkünfte aus Kapitalvermögen** (z. B. Verwandtendarlehen, die unter § 20 EStG fallen) oder **sonstigen Einkünften** (z. B. Unterhaltsleistungen). Fällt nicht bereits die Tätigkeit des Steuerpflichtigen unter die §§ 13, 15, 18 oder 21 EStG, so ist in einem zweiten Schritt fiktiv zu prüfen, ob die Tätigkeit der nahe stehenden Person, wäre sie im Inland ausgeübt worden, unter die jeweiligen Vorschriften zu subsumieren wäre. Durch diese quasi isolierende Betrachtungsweise wird die im Ausland ausgeübte Tätigkeit fiktiv ins Inland transponiert und an sie die Messlatte der inländischen Qualifikation gelegt.[5] Unerheblich ist daher, ob die Tätigkeit nach der ausländischen Rechtsordnung einer entsprechenden Ein- 628

1 Basierend auf Pohl in Mössner/Fuhrmann, Außensteuergesetz, 2. Aufl. 2011, Rz. 533.

2 BFH, Urteil v. 5.12.1990 - I R 94/88, BStBl 1991 II S. 287.

3 Haßfurter in Beck'scher Online-Kommentar, AStG, § 1 AStG Rz. 636.

4 Wassermeyer in Wassermeyer/Baumhoff, Verrechnungspreise international verbundener Unternehmen, 2014, Tz. 2.104.

5 Haun/Reiser in Wöhrle/Schelle/Gross, AStG, § 1 AStG Rz. 222.

kunftsart zuzuordnen ist.[1] Das heißt, wenn ein Geschäftsvorfall beim inländischen Steuerpflichtigen zu seinen **Einkünften aus nichtselbständiger Tätigkeit** gehört, aber bei der ausländischen nahestehenden Person fingiert zu den Einkünften aus Gewerbebetrieb zugerechnet wird, so liegt eine Geschäftsbeziehung i. S. von § 1 Abs. 4 AStG vor. Des Weiteren fällt auf, dass auch private Einkünfte aus § 21 EStG für eine Geschäftsbeziehung i. S. des § 1 Abs. 4 AStG entsprechend den genannten Voraussetzungen ausreichend sein können. Der Gesetzgeber hat diese Einkunftsart mit aufgenommen, um einen etwaigen Missbrauch vorzubeugen.

g) Ausländische nahe stehende Person mit einem Geschäftsvorfall im Inland

629 Wird der Steuerpflichtige im Inland nicht nach §§ 13, 15, 18 oder 21 EStG besteuert, so führt eine Geschäftsbeziehung i. S. des § 1 Abs. 4 AStG zu einer ausländischen nahe stehenden Person nur dann zu einer potenziellen Einkünftekorrektur, wenn die §§ 13, 15, 18 oder 21 EStG auf die nahe stehende Person bei einer Ausübung der Tätigkeit im Inland anzuwenden wäre. Eine nahe stehende Person gilt nur dann als „**ausländisch**", wenn sie im Inland nicht unbeschränkt steuerpflichtig ist.[2] Dies bedeutet, dass bei Bestehen einer schuldrechtlichen Beziehung zu einer ausländischen nahe stehenden Person und bei gleichzeitiger Nichtbesteuerung des Steuerpflichtigen im Inland nach §§ 13, 15, 18 oder 21 EStG die Geschäftsbeziehung i. S. des § 1 Abs. 4 AStG nur dann steuerrechtlich relevant ist, wenn bei einer Ausübung der Tätigkeit im Inland §§ 13, 15, 18 oder 21 EStG auf die nahestehende Person anzuwenden wären.[3]

2. Geschäftsbeziehung i. S. des § 1 Abs. 4 Nr. 2 AStG „Anzunehmende schuldrechtliche Beziehung"

a) Regelung des § 1 Abs. 4 Nr. 2 AStG

630 Während in § 1 Abs. 4 Nr. 1 AStG der Begriff Geschäftsbeziehung auf Geschäftsvorfälle zwischen einem Steuerpflichtigen und einer nahe stehenden Person behandelt wird, wird in § 1 Abs. 4 Nr. 2 AStG der Begriff Geschäftsbeziehung auf Geschäftsvorfälle zwischen einem Unternehmen eines Steuerpflichtigen und seiner in einem anderen Staat gelegenen **Betriebsstätte** (sog.

1 Wassermeyer in Flick/Wassermeyer/Baumhoff/Schönfeld, Außensteuerrecht (114. Erg.-Lfg. 2025), § 1 AStG Rz. 903.

2 Wassermeyer in Flick/Wassermeyer/Baumhoff/Schönfeld, Außensteuerrecht (114. Erg.-Lfg. 2025), Tz. 2.103.

3 Wassermeyer in Flick/Wassermeyer/Baumhoff/Schönfeld, Außensteuerrecht (114. Erg.-Lfg. 2025).

anzunehmenden schuldrechtlichen Beziehung) ausgedehnt. Mit der Aufnahme der gesetzlichen Regelungen zur **Betriebsstättengewinnabgrenzung entsprechend dem Fremdvergleichsgrundsatz** in Abs. 5 wurde die Ausdehnung des Begriffs Geschäftsbeziehung auf Verhältnisse zwischen Stammhaus und Betriebsstätte notwendig. Ziel dieser definitorischen Ausdehnung ist es, die Besteuerung grenzüberschreitender Geschäftsvorfälle von Betriebsstätten nach den gleichen Grundsätzen zu regeln wie entsprechende Geschäftsvorfälle nahestehender Personen (Vereinheitlichung des **Fremdvergleichsgrundsatzes**). Da zwischen dem Stammhaus und seiner Betriebsstätte keine schuldrechtliche Beziehung bestehen kann, da dies mindestens zwei selbständige Rechtsträger voraussetzt, hat der Gesetzgeber das Adjektiv „anzunehmende" der schuldrechtlichen Beziehung hinzugefügt. Der Begriff erscheint im Kontext der Betriebsstättengewinnabgrenzung trotzdem irreführend, da Rechtsbeziehungen i. d. R. zivilrechtlich abgeschlossen sein müssen. Der Gesetzgeber fingiert mit der Definition eine Rechtsbeziehung zwischen Stammhaus und Betriebsstätte und will somit alle Betriebsstättengewinnaufteilungsmerkmale zwischen Stammhaus und Betriebsstätte erfassen. In einer „abgeschlossenen" Rechtsbeziehung erzielt der Steuerpflichtige, das Stammhaus oder die Betriebsstätte Einnahmen, die für den jeweils anderen „anzunehmenden" Vertragspartner Aufwendungen darstellen. Es ist somit beim Begriff „Beziehung" auf den **Veranlassungszusammenhang** abzustellen, d. h. ob die Einnahmen oder die Aufwendungen im Kontext der abgeschlossenen Beziehung stehen.[1]

b) Anzunehmende schuldrechtliche Beziehung nach § 16 BsGaV

Nach § 16 Abs. 1. BsGaV liegt eine **anzunehmende schuldrechtliche Beziehung** 631
i. S. des § 1 Abs. 4 Satz 1 Nr. 2 AStG vor, wenn wirtschaftliche Vorgänge festgestellt werden,

(1) die im Verhältnis zwischen der Betriebsstätte und dem übrigen Unternehmen eine Änderung der Zuordnung nach den §§ 5–11 BsGaV erforderlich machen, oder

(2) die, wären die Betriebsstätte und das übrige Unternehmen voneinander unabhängige Unternehmen, durch schuldrechtliche Regelungen geregelt oder zur Geltendmachung von Rechtspositionen führen würden.

1 Wassermeyer in Flick/Wassermeyer/Baumhoff/Schönfeld, Außensteuerrecht (114. Erg.-Lfg. 2025), Tz. 2.101.

632 Entsprechend der Gesetzesbegründung liegt eine anzunehmende schuldrechtliche Beziehung typisierend dann vor,

- wenn sich **Personalfunktionen** im Hinblick auf Vermögenswerte verändern („Verkauf" oder Nutzungsüberlassung"; dazu gehören auch die Vorgänge bei Beginn und Beendigung einer Betriebsstätte (§ 3 Abs. 4 und 5 BsGaV)
- wenn eine Personalfunktion für eine andere Betriebsstätte („Dienstleistung") erbracht wird, oder
- wenn eine Personalfunktion im Hinblick auf Risiken (z. B. Überwachung, Management) von einer Betriebsstätte ausgeübt wird, die nicht die maßgebliche Personalfunktion für die betreffenden Zuordnungsgegenstände (§§ 5 ff. BsGaV) ist.[1]

633 In Übereinstimmung mit dem OECD-Betriebsstättenbericht 2010 muss in jedem Fall ein wirtschaftlicher Vorgang festgestellt werden, der es im konkreten Fall rechtfertigt, eine anzunehmende schuldrechtliche Beziehung anzuerkennen.[2]

634 Auch Geschäftsvorfälle bei der **Begründung und Beendigung von Betriebsstätten** begründen entsprechend § 3 Abs. 4 Satz 3 BsGaV anzunehmende schuldrechtliche Beziehungen. Die Vorschrift wurde aufgenommen, um zu vermeiden, dass der Fremdvergleichsgrundsatz umgangen wird, indem Vermögensverschiebungen zwischen dem Unternehmen und der Betriebsstätte im Rahmen der Gründung bzw. Beendigung vorgenommen werden. § 11 KStG kann nicht angewendet werden, da das Ende einer Betriebsstätte nicht mit der Liquidation einer Körperschaft vergleichbar ist.[3]

635 Nach § 16 Abs. 3 BsGaV liegt keine anzunehmende schuldrechtliche Beziehung vor, wenn eine Betriebsstätte finanzielle Mittel des übrigen Unternehmens nutzt. Dies gilt nicht, wenn es sich um eine **Finanzierungsbetriebsstätte** handelt, d. h. die Liquiditätssteuerung wird durch eine Betriebsstätte durchgeführt („Finanzierungsbetriebsstätte"). Die Ausübung der Finanzierungsfunktion ist entsprechend § 17 Abs. 2 BsGaV nicht als Zurverfügungstellung eigener finanzieller Mittel zu werten, sondern als Dienstleistung und ist somit als anzunehmende schuldrechtliche Beziehung anzusehen.

---

1 Begründung zur BsGaV v. 28.8.2014, BT-Drucks. 401/14 zu § 6 Abs. 1.

2 OECD-Betriebsstättenbericht 2010, Teil I Rz. 36, 176.

3 Haßfurter in Beck'scher Online-Kommentar, AStG, § 1 AStG Rz. 661.

Entsprechend § 16 Abs. 2 BsGaV sind für anzunehmende schuldrechtliche Beziehungen Verrechnungspreise anzusetzen, die dem **Fremdvergleichsgrundsatz** entsprechen. Diese Verrechnungspreise führen zu fiktiven Betriebseinnahmen und fiktiven Betriebsausgaben. Der oben beschriebene Veranlassungszusammenhang im Kontext des Begriffs „Beziehung" wird hiermit nochmals bestätigt. 636

Einstweilen frei 637–639

c) Verhältnis zum Begriff „dealings"

Es ist fraglich, ob mit dem Begriff der anzunehmenden schuldrechtlichen Beziehung nur die sog. „**dealings**" im Sinne des OECD-Betriebsstättenberichts 2010 erfasst werden sollen.[1] § 1 Abs. 2 Nr. 6. BsGaV bestimmt, dass auf Grundlage der **Funktions- und Risikoanalyse** der Geschäftstätigkeit der Betriebsstätte die anzunehmenden schuldrechtlichen Beziehungen i. S. des § 1 Abs. 4 Satz 1 Nr. 2 AStG zu bestimmen sind, die die Betriebsstätte zum übrigen Unternehmen unterhält. In der Gesetzesbegründung wird in diesem Kontext auf den OECD-Betriebsstättenbericht 2010 (Teil I Tz. 17) verwiesen.[2] Somit sollte mit dem Begriff anzunehmende schuldrechtliche Beziehung nur „dealings" zwischen Stammhaus/Betriebsstätte und Betriebsstätte erfasst werden (enge Auslegung). Dies wird auch in der Begründung zur Änderung von § 1 AStG durch das JStG 2013 deutlich, in der der Begriff anzunehmende schuldrechtliche Beziehung dem Begriff „dealing" gleichgesetzt wird.[3] 640

Einstweilen frei 641

d) Verhältnis zu den Einkünftekorrekturvorschriften

Der Begriff und die Definition der anzunehmenden schuldrechtlichen Beziehung kann rechtssystematisch zu Konflikten in der **Einkünftekorrektur** führen. Denn bei Betriebsstätten bestehen gleichermaßen Tatbestände, die keine anzunehmende schuldrechtliche Beziehung darstellen und trotzdem Gegenstand der Einkünftekorrekturnorm sein sollten. Zu nennen sind u. a. im Allgemeinen Zuordnungsregelungen von Wirtschaftsgütern, Werten sowie Sicherungsgeschäfte, aber auch insbesondere die Zuordnung und Bestimmung des **Dotationskapitals** als auch die Vergütung bzw. Zuordnung von „Quasi-Darlehens- 642

1 Pohl in Blümich, EStG/KStG/GewStG, AStG, § 1 AStG Rz. 191.

2 Begründung zur BsGaV, BR-Drucks. 401/14 zu § 1 Abs. 2.

3 Vgl. Begründung zur Änderung von § 1 AStG durch das JStG 2013 in Schreiber/Nientimp, Verrechnungspreise, 5. Aufl. 2013, S. 561 zu § 1 Abs. 5 Satz 2 AStG.

verhältnissen“ zwischen dem Unternehmen und seiner Betriebsstätte, die keine anzunehmende schuldrechtliche Beziehung darstellen.[1]

643–645 *Einstweilen frei*

III. Gesetzliche Vermutung einer anzunehmenden schuldrechtlichen Beziehung

1. Grundsatz der gesetzlichen Vermutung

646 Liegen entsprechend Satz 2 einem Geschäftsvorfall keine schuldrechtliche Vereinbarung zugrunde, ist davon auszugehen, dass **voneinander unabhängige, ordentliche und gewissenhafte Geschäftsleiter** eine schuldrechtliche Beziehung getroffen hätten oder bestehende Rechtspositionen geltend machen würden, die der Besteuerung zugrunde zu legen sind. Satz 2 stellt entsprechend der Begründung klar, dass Geschäftsbeziehungen ohne oder ohne nachweisbare schuldrechtliche Vereinbarung so zu behandeln sind, als ob ihnen – wie regelmäßig zwischen voneinander unabhängigen Personen üblich – schuldrechtliche Vereinbarungen zugrunde lägen. **Tatsächlichen Handlungen**, bei denen keine **schriftlichen Verträge** vorliegen zur Vermutung einer schuldrechtlichen Vereinbarung führen, wenn davon auszugehen ist, dass voneinander unabhängige Dritte dies durch eine schuldrechtliche Vereinbarung geregelt oder eine Rechtsposition ausgeübt hätten.[2] Typische Fallgestaltungen sind Markenverrechnungen oder Namensnutzung im Konzern, Finanzierungsverhältnisse, konzerninterne Dienstleistungen und Verrechnungen zwischen Unternehmen und Betriebsstätte. Die gesetzliche Forderung nach klaren und eindeutigen Vereinbarungen entspringt des Weiteren nach dem Bedürfnis des Gesetzgebers, Gewinnmanipulationen zwischen dem Gesellschafter und seiner „Körperschaft“ vorzubeugen. Mit dieser Forderung folgt der Gesetzgeber der laufenden Rechtsprechung.[3] Fehlt es an einer **klaren und eindeutigen Vereinbarung**, so kann dies im Sinne eines Indizes gegen die ernsthafte Begründung schuldrechtlicher Leistungsverpflichtungen sprechen.

647–649 *Einstweilen frei*

---

1 Vgl Tz. 613 ff.; BFH, Urteil v. 18.12.2024 - I R 45/22 EAAAJ-90850; BFH, Urteil v. 18.12.2024 - I R 49/23 CAAAJ-90855.

2 Haßfurter in Beck'scher Online-Kommentar, AStG, § 1 AStG Rz. 666.

3 FG Köln, Urteil v. 22.8.2007 - 13 K 647/03 HAAAC-70665, EFG 2008 S. 161.

2. Recht des Gegenbeweises

Die **gesetzliche Vermutung** des Vorliegens einer schuldrechtlichen Beziehung kann vom Steuerpflichtigen im Einzelfall widerlegt werden. Macht der Steuerpflichtige glaubhaft, dass auch zwischen unabhängigen, selbständigen Unternehmen keine schuldrechtliche Vereinbarung getroffen oder eine Rechtsposition ausgeübt worden wäre (z. B. mangels ökonomischer Relevanz), so liegt kein Geschäftsvorfall i. S. des § 1 Abs. 4 Satz 1 Nr. 1 und 2 AStG vor.[1] Der Gegenbeweis scheint entsprechend der laufenden Rechtsprechung besonders bei Finanzierungs- und Dienstleistungsverhältnissen mit einer ökonomischen Signifikanz von Relevanz zu sein. Bei **beiden genannten Leistungsarten**, denen weder eine schuldrechtliche Vereinbarung zugrunde liegen noch im Rahmen des Gesellschaftsvertrages geregelt sind, gilt entsprechend Satz 2 die gesetzliche Vermutung des Vorliegens einer schuldrechtlichen Beziehung. Um etwaige Rechtsunsicherheiten zu vermeiden, wird dem Steuerpflichtigen das Instrument des Gegenbeweises in die Hand gelegt. Es handelt sich hierbei um eine verdeckte Ausweitung der **Dokumentationsvorschriften** nach § 90 Abs. 3 AO. Eine qualitative Verrechnungspreisrichtlinie verbunden mit einer qualitativ vollständigen Dokumentation kann das Aufgriffsrisiko seitens der Finanzverwaltung erheblich minimieren. 650

Einstweilen frei 651–653

L. Erläuterungen zu § 1 Abs. 5 AStG

I. Inhalt und Bedeutung der Regelung

1. Zielsetzung der Regelung

Mit dem AmtshilfeRLUmsG vom 26.6.2013 und insbesondere mit dem neuen Abs. 5 des § 1 AStG wurde der Inhalt des **OECD-Betriebsstättenberichts 2010**, der vom Rat der OECD am 22.7.2010 verabschiedet und veröffentlicht worden ist, in innerstaatliches Recht umgesetzt. Der neu eingefügte Abs. 5 hat den Zweck die Besteuerung grenzüberschreitender Geschäftsvorfälle (§ 1 Abs. 4 AStG) von Betriebsstätten nach den gleichen Grundsätzen zu regeln, wie entsprechende Geschäftsvorfälle nahestehender Personen. Des Weiteren soll die neue Regelung dazu beitragen, dass alle grenzüberschreitende Investitions- 654

1 Haßfurter in Beck'scher Online-Kommentar, AStG, § 1 AStG Rz. 666.

alternativen (Kapital-, Personengesellschaften, Betriebsstätten) in vergleichbarer Weise besteuert werden.[1]

655 In Abs. 5 werden die Grundsätze bestimmt, nach denen der international anerkannte **Fremdvergleichsgrundsatz** sowohl auf die Aufteilung der Gewinne zwischen einem inländischen Unternehmen und einer ausländischen Betriebsstätte als auch auf die Ermittlung der Einkünfte einer inländischen Betriebsstätte eines ausländischen Unternehmens durchzuführen ist.[2]

656 Die Behandlung einer rechtlich unselbständigen Betriebsstätte als fiktiv eigenständiges und unabhängiges Unternehmen (**Selbständigkeitsfiktion**) und die entsprechende Anwendung der Verrechnungspreisgrundsätze kann dazu führen, dass z. B. eine Betriebsstätte

- Gewinne erzielt, obwohl das Unternehmen insgesamt Verluste realisiert, oder
- Verluste hat, auch wenn das Unternehmen insgesamt Gewinne erzielt.[3]

657–659 *Einstweilen frei*

2. Anwendung des Fremdvergleichsgrundsatzes

660 Der Gesetzgeber ist mit dem Abs. 5 den internationalen Bemühungen gefolgt, die bisher weitgehend uneinheitliche Praxis der internationalen Betriebsstättenbesteuerung auf der Grundlage des international anerkannten **Fremdvergleichsgrundsatzes** zu vereinheitlichen. Zum einen bedeutet dies, dass Besteuerungsrechte, die in Übereinstimmung mit dem Fremdvergleichsgrundsatz stehen, innerstaatlich abgesichert werden. Zum anderen werden bestehende innerstaatliche Besteuerungsrechte durch den in Art. 7 und 9 OECD-MA geregelten Fremdvergleichsgrundsatz, und ihrer innerstaatlichen Umsetzung begrenzt (sog. Sperrwirkung von Art. 9 OECD-MA).[4]

661 § 1 Abs. 5 AStG in der Fassung vom 1.7.2021 besagt, dass Abs. 1, 3–4 entsprechend anzuwenden sind. Dies bedeutet, dass alle Änderungen, die in den genannten Absätzen durch das Abzugsteuerentlastungsmodernisierungsgesetz – AbzStEntModG – vom 2.6.2021 sowie das ATAD-Umsetzungsgesetz – ATADUmsG – vom 25.6.2021 vollumfänglich bei der Betriebsstättenbesteuerung

1 Begründung zur BsGaV v. 28.8.2014, BT-Drucks. 401/14 zu A) Problem und Ziel.

2 Vgl. Begründung zur Änderung von § 1 AStG durch das JStG 2013 in Schreiber/Nientimp, Verrechnungspreise, 5. Aufl. 2013, S. 559 zu Buchst. e – Allgemeines.

3 Vgl. Begründung zur Änderung von § 1 AStG durch das JStG 2013 in Schreiber/Nientimp, Verrechnungspreise, 5. Aufl. 2013, S. 559; OECD-Betriebsstättenbericht 2010, Rz. 8.

4 Begründung zur BsGaV v. 28.8.2014, BT-Drucks. 401/14 zu A) Problem und Ziel.

entsprechend § 1 Abs. 5 AStG zur Anwendung kommt. Der Gesetzgeber ist vom Grundsatz der Ansicht, dass es sich aus deutscher Sicht bei den gesetzlichen Anpassungen um keine Neuerungen handelt, sondern vielmehr die von der OECD bereits etablierte wirtschaftliche Betrachtungsweise in den Betriebsprüfungen seit jeher zugrunde gelegt worden ist.[1] Der Auffassung, dass das geänderte Gesetz eine rein deklaratorische Wirkung (**dynamische Auslegung**) entfaltet, ist klar zu widersprechen und ggf. sollte dies durch den Gerichtsstand geklärt werden.

Von besonderer Bedeutung für die Betriebsstättenbesteuerung sind 662

- die Regelungen zum **Zeitpunkt des Fremdvergleichs** (Abs. 3 Satz 4),
- das Abstellen auf ökonomisch anerkannte **Bewertungsmethoden** bei Anwendung des hypothetischen Fremdvergleichs (Abs. 3 Satz 7; Abs. 3a Satz 5)
- die Neuregelungen zur **Funktionsverlagerung** (Abs. 3b)
- die Einführung des **DEMPE-Konzeptes** bei der Übertragung oder Überlassung zur Nutzung eines immateriellen Wertes (Abs. 3c).

In Ergänzung zu Neufassung des § 1 AStG hat das BMF mit dem Schreiben vom 14.7.2021 (VWG Verrechnungspreise 2021[2]) zum einen den **Risikokontrollansatz** der OECD übernommen[3] sowie gesonderte Regelungen zu Finanzierungsbeziehungen[4] eingeführt. Die genannten Verwaltungsgrundsätze sind aufgrund der Selbständigkeitsfiktion in Ergänzung zu den Verwaltungsgrundsätzen Betriebsstättengewinnaufteilung (VWG BsGa) anzuwenden.[5] 663

Eine der grundlegenden Schnittstellenfragen ist, wieweit Konflikte zwischen Risikokontrollansatz (Art. 9 OECD-MA) und dem Konzept der Personalfunktion (Art. 7 OECD-MA) bestehen. 664

1 Vgl. Begründung zur Änderung von § 1 AStG durch das AbzStEntModG, zu § 1 Abs. 3c – neu – AStG.

2 **Anm. d. Red.:** Das BMF hat die „**Verwaltungsgrundsätze Verrechnungspreise 2023** – Grundsätze für die Korrektur von Einkünften gem. § 1 AStG" neu gefasst (BMF, Schreiben v. 6.6.2023 - IV B 5 - S 1341/19/10017 :003 LAAAJ-41558). Das Schreiben enthält die neuen Grundsätze für die internationale Einkunftsabgrenzung nach dem Maßstab des Fremdvergleichs in den Regelungen des innerstaatlichen Rechts und der DBA.

3 BMF, Schreiben v. 14.7.2021 - IV B 5 - S 1341/19/10017 :001 BAAAH-83917, BStBl 2021 I S. 1098, Tz. 3.5.

4 BMF, Schreiben v. 14.7.2021 - IV B 5 - S 1341/19/10017 :001 BAAAH-83917, BStBl 2021 I S. 1098, Tz.3.88–3.102.

5 BMF, Schreiben v. 14.7.2021 - IV B 5 - S 1341/19/10017 :001 BAAAH-83917, BStBl 2021 I S. 1098, Tz. 1.2.

665 Wesentlicher Ausgangspunkt für die Anwendung des Fremdvergleichs zwischen rechtlich selbständigen Unternehmen sind die zwischen ihnen abgeschlossenen Verträge. Entsprechende Vereinbarungen können zwischen einem Unternehmen und seiner Betriebsstätte rechtlich nicht abgeschlossen werden. Der Begriff der Geschäftsbeziehung wird im Abs. 4 Satz 3 entsprechend auf wirtschaftliche Vorgänge zwischen Unternehmen und seiner in einem anderen Staat gelegenen Betriebsstätte (**anzunehmende schuldrechtliche Beziehung**) ausgeweitet.[1]

666 Der Ansatz von Fremdvergleichspreisen aufgrund anzunehmender schuldrechtlicher Beziehungen („**dealings**") zwischen Unternehmen und seiner fiktiv rechtlich selbständigen Betriebsstätte kann dazu führen, dass es zu Abweichungen der Summe der Einzelergebnisse verschiedener Betriebsstätten vom Gesamtergebnis des Unternehmens kommt. Solche Abweichungen können dadurch entstehen, dass steuerlich aufgrund des angesetzten Preises stille Reserven aufgedeckt werden, die das Unternehmen insgesamt noch nicht realisiert hat. Bei diesen Abweichungen sollte es sich i. d. R. um sog. „**temporary differences**" handeln, d. h. sie gleichen sich über mehrere Veranlagungszeiträume aus. Um diese Effekte zumindest zu mildern, wird entsprechend Abs. 5 Satz 6 die Anwendbarkeit des § 4g EStG insoweit nicht eingeschränkt.[2]

667–669 *Einstweilen frei*

3. Stellung der innerstaatlichen Regelungen zum Völkerrecht

a) Anwendung des Fremdvergleichsgrundsatzes

670 Entsprechend der Gesetzesbegründung soll die neu geschaffene Rechtsgrundlage grundsätzlich Vorrang vor dem DBA haben, die dem bisherigen Art. 7 OECD-MA oder dem Art. 7 UN-MA entsprechen. Soweit internationale Besteuerungskonflikte entstehen, z. B. weil der andere Staat einer von der deutschen Regelung abweichende Auslegung des Fremdvergleichsgrundsatzes folgt und sich insoweit auf das jeweils geltende DBA beruft, das eine Regelung enthält, die dem bisherigen Art. 7 OECD-MA in seiner Kommentierung 2008 entspricht, gilt § 1 Abs. 5 Satz 8 AStG. Diese Regelung wahrt einerseits die auf dem Abkommen beruhenden Besteuerungsrechte des anderen Staates und vermeidet anderseits Doppelbesteuerung in Fällen, in denen es sonst aufgrund

---

1 Vgl. Begründung zur Änderung von § 1 AStG durch das JStG 2013 in Schreiber/Nientimp, Verrechnungspreise, 5. Aufl. 2013, S. 559 zu Buchst. e – Allgemeines.

2 Vgl. Begründung zur Änderung von § 1 AStG durch das JStG 2013 in Schreiber/Nientimp, Verrechnungspreise, 5. Aufl. 2013, S. 559.

der Neuregelung zu einer einseitigen Anwendung des **OECD-Betriebsstättenberichts 2010** durch Deutschland kommen könnte. Sie ermöglicht so auf völkerrechtskonformer Weise eine übereinstimmende Anwendung des Fremdvergleichsgrundsatzes durch die Vertragsstaaten.[1]

Einstweilen frei 671

b) Weiterentwicklung des internationalen Besteuerungssystems von Betriebsstätten

Ausgangspunkt für die Weiterentwicklung des Besteuerungssystem von Betriebsstätten ist die Erkenntnis, dass die Anwendung des AOA, dessen Zuordnungsregelungen sehr stark verbunden sind mit der Personalfunktion, vielfach bei digitalen Geschäftsmodellen ins Leere laufen. Um eine weltweit gerechtere Besteuerung von Einkünften multinationaler Konzerne herzustellen, wurde mit dem OECD BEPS-Aktionsplan das allumfassende Fundamentalprinzip der Besteuerung am Ort der Wertschöpfung („value creation") definiert. Dieses Konzept wurde im OECD-Bericht 2015 (Aktionspunkt 1), dem OECD-Zwischenbericht 2018, der OECD Policy Note 2019 und den entsprechenden Folgepapieren weiterentwickelt.[2] Mit der Neuordnung der Besteuerungsgrundsätze wurde das Konzept der digitalen Betriebsstätte im Sinne einer nicht physischen Präsenz aufgegriffen. Es besteht kein Zweifel, dass sich die EU als auch Deutschland verpflichtet fühlen, diese Maxime in das geltende Steuerrecht zukünftig aufzunehmen bzw. dieses entsprechend weiterzuentwickeln.[3] 672

Im ersten Schritt wurden auf der Grundlage der BEPS-Aktionspunkte 5 und 7 der Betriebsstättenbegriff entsprechend Art. 5 OECD-MA in Hinsicht auf das Prinzip der Besteuerung am Ort der Wertschöpfung überarbeitet bzw. ausgedehnt. Insbesondere zu nennen sind folgende Regelungen: 673

- Art. 5 Abs. 4 und 5 OECD-MA: Bei der Beurteilung von Tätigkeiten vorbereitender Art oder Hilfstätigkeiten wird auf die Bedeutung dieser Tätigkeiten im Rahmen der Wertschöpfungskette abgestellt (ökonomische Betrachtungsweise).[4]
- 5 Abs. 4 OECD-MA: Die sog. Anti-Fragmentierungsregelungen, die verhindern soll, dass durch eine Verteilung von Geschäftstätigkeiten auf ver-

1 Vgl. Begründung zur Änderung von § 1 AStG durch das JStG 2013 in Schreiber/Nientimp, Verrechnungspreise, 5. Aufl. 2013, S. 559 zu Buchst. e – Allgemeines.

2 Fußnoten 6–9 Brüggen, Hahn.

3 Brüggen/Hahn, BB 2020 S. 1048.

4 Rz. 58 f. OECD-MK zu Art. 5 Abs. 4.

schiedene, einander nahestehenden Gesellschaften jede Gesellschaft nur vorbereitende oder Hilfstätigkeiten erbringt, die Begründung einer Betriebsstätte verhindert.

- Art. 5 Abs. 5 OECD-MA: Die OECD hat eine umfassende Verschärfung des Begriffs der Vertreter-Betriebsstätte eingeführt. Es kommt nunmehr nicht mehr auf die Abschlussvollmacht oder das Vorliegen eines abhängigen Vertreters an, sondern vielmehr ist entscheidend, ob das Handeln des Vertreters eine wirtschaftliche, regelmäßige Relevanz für den Prinzipal entfaltet.[1]

674 Den beiden letzten Regelungen hat Deutschland dem Wortlaut des Multilateralen Instruments nicht zugestimmt und wurde somit auch nicht im nationalen Recht umgesetzt.

675 Auf der Ebene der OECD wird mit Hochdruck an des sog. Inclusive Framework gearbeitet, dass sich an zwei übergeordneten Handlungssträngen orientiert:

- Maßnahmen zur gerechten Allokation von Wertschöpfungen und damit ggf. zur Neuverteilung von Besteuerungsrechten einschließlich eines geeigneten Nexus-Ansatzes (der sog. Säule I/Pillar One),
- Herstellung einer Mindestbesteuerung zwecks Verhinderung einer Verlagerung von Gewinnen in Niedrigsteuerländer (der sog. Säule II/Pillar II).

676 Beide Konzepte sollen nach entsprechenden Verlautbarungen der OECD mit Wirkung zum 1.1.2023 bzw. zum 1.1.2024 umgesetzt werden.

677–679 *Einstweilen frei*

c) Völkerrechtliche Umsetzung des AOA

680 Der AOA wurde in § 1 Abs. 5 AStG kodifiziert und ist gem. § 21 Abs. 20 Satz 3 AStG erstmals für Wirtschaftsjahre anzuwenden, die nach dem 31.12.2012 beginnen. Unabhängig vom DBA-Fall ist § 1 AStG anzuwenden und somit ist entsprechend § 1 Abs. 5 AStG als gesetzliche Grundlage für die Erfolgs- und Vermögensabgrenzung bei Betriebsstätten umzusetzen. Der AOA ist grundsätzlich ein lex specialis zum Veranlassungsprinzip entsprechend § 4 Abs. 4 EStG, so dass das **Veranlassungsprinzip** in der Betriebsstätten-Einkünfteabgrenzung vom Grundsatz nach wie vor Anwendung findet, jedoch durch den AOA weitergehend konkretisiert wird.[2] Der AOA ist entsprechend der Verlautbarungen der Finanzverwaltung in folgenden Fällen anzuwenden:

---

1 OECD-MK zu Art. 5 Abs. 5.

2 Haun/Klumpp, IStR 2018 S. 664; VwG BSGa, Rz. 20.

- DBA, nach dem eine uneingeschränkte Selbständigkeit fingiert wird oder der andere Staat signalisiert hat, dass er den AOA für anwendbar hält, z. B. DBA USA.[1]
- DBA mit OECD-Mitgliedstaaten, die eine Regelung enthalten, die Art. 7 OECD-MA 2008 entspricht (alte Abkommen). Hier wird vermutet, dass aufgrund der OECD-Mitgliedschaft der AOA anzuwenden ist.[2]
- Neues OECD-DBA i. d. F. 2010 oder 2014 mit AOA-Klausel. Zum Beispiel die DBA Liechtenstein, Luxemburg und Norwegen.[3]
- DBA mit Nicht-OECD-Staaten, dessen DBA jedoch eine Art. 7 OECD-MA 2010 vergleichbare Regelung enthält.[4]

In Fällen, in denen die anzuwendende Regelung im konkret geltenden DBA mit einem Nicht-Mitgliedstaat der OECD dem Wortlaut des Art. 7 OECD-MA 2008 bzw. des Art. 7 UN-MA entspricht, ist im Regelfall davon auszugehen, dass der andere Staat der Handhabung des § 1 Abs. 5 AStG, nach der BsGaV und nach dem BMF-Schreiben vom 22.12.2016 – Betriebsstättengewinnaufteilung – nicht folgt.[5] Mit der Abgabe der Steuererklärung in Deutschland sind auch die Steuererklärung, die das Unternehmen im anderen Staat abgegeben hat und der Steuerbescheid des anderen Staates vorzulegen, soweit diese vorliegen. Die Veranlagung erfolgt entsprechend dem damaligen Abkommensverständnis, d. h. § 1 Abs. 5 Satz 1–7 AStG tritt nach § 1 Abs. 5 Satz 8 AStG dem damaligen Abkommensverständnis zurück.[6] 681

Einstweilen frei 682–684

4. Verhältnis zur Gewerbesteuer

§ 1 Abs. 5 Satz 1 AStG i. V. mit Abs. 1 ordnet rechtsfolgeneinseitig eine Erhöhung der Einkünfte an, so dass gem. § 7 Abs. 1 GewStG diese Erhöhung ebenso zu einer Erhöhung des Gewerbeertrags führt. Infolge der einseitigen Wirkungsweise der Vorschrift kann sich die Reduktion des inländischen Gewerbeertrags nur aus der Anwendung von DBA, welche den AOA vorsehen, ergeben (vgl. → Rz. 670).[7] 685

---

1 VwG BsGaV, Rz. 425.

2 VwG BsGaV, Rz. 427.

3 VwG BsGaV, Rz. 425.

4 OFD Frankfurt/M., Vfg. v. 18.4.2017 S 1300 A 123 St 517, IStR 2017 S. 548.

5 Haun/Klumpp, IStR 2018 S. 664; VwG BSGa, Rz. 430.

6 VwG BsGaV, Rz. 430 ff.

7 Schnitger/Borchert in Oestreicher/Schnitger/Wellens, Gewinnabgrenzung nach dem AOA, 2020, S. 149 Rz. 6.13.

686 Entsprechend § 9 Nr. 3 GewStG ist der Gewerbeertrag des inländischen Unternehmens, der auf eine nicht im Inland belegene Betriebsstätte dieses Unternehmens entfällt, zu kürzen. Entsprechend der laufenden Rechtsprechung ist bei der Gewinnaufteilung für gewerbesteuerliche Zwecke der Charakter der Gewerbesteuer als Objektsteuer zu berücksichtigen.[1] Das Gericht stellt hierbei auf den Veranlassungszusammenhang entsprechend § 49 Abs. 1 Nr. 2 Buchst. a und f EStG und nicht auf § 1 Abs. 5 AStG ab. Hiernach sind der ausländischen Betriebsstätte diejenigen Aufwendungen und Erträge zuzuordnen, die durch deren Tätigkeit veranlasst worden sind. Hierzu bedarf es einer funktionalen Wertschöpfungsanalyse bzw. Funktions- und Risikoanalyse, in der bestimmt werden muss, welche Geschäftstätigkeiten, Geschäftsbeziehungen und Wirtschaftsgüter der ausländischen Betriebsstätte zuzuordnen sind. Auf dieser Grundlage ist die Höhe des Gewerbeertrags und damit der Kürzungsbetrag zu ermitteln.[2]

687–689 *Einstweilen frei*

II. Die Tatbestandsvoraussetzungen des § 1 Abs. 5 AStG

1. Aufteilung der Einkünfte zwischen Stammhaus und Betriebsstätte

a) Grundsatz

690 Entsprechend § 1 Abs. 5 Satz 1 AStG sind Abs. 1, 3 und 4 anzuwenden, wenn für eine Geschäftsbeziehung i. S. des § 1 Abs. 4 Satz 1 Nr. 2 AStG (**anzunehmende schuldrechtliche Beziehung**) die Bedingungen, insbesondere die Verrechnungspreise, die der Aufteilung der Einkünfte zwischen einem inländischen Unternehmen und seiner ausländischen Betriebsstätte oder der Ermittlung der Einkünfte der inländischen Betriebsstätte eines ausländischen Unternehmens steuerlich zugrunde gelegt werden, nicht dem Fremdvergleichsgrundsatz entsprechen und dadurch die inländischen Einkünfte eines beschränkt Steuerpflichtigen gemindert oder die ausländischen Einkünfte eines unbeschränkt Steuerpflichtigen erhöht werden.

b) Einkünftekorrektur

691 Durch die Verweise auf Abs. 1 und 3 regelt § 1 Abs. 5 Satz 1 AStG die uneingeschränkte Anwendung des Fremdvergleichsgrundsatzes, so wie dieser zwischen einem Steuerpflichtigen und einer nahe stehenden Person anzuwenden

1 FG Düsseldorf, Urteil v. 28.5.2020 - 9 K 1904/18 G EAAAH-56499, IStR 2020 S. 719.
2 Bärsch/Nußbaum, IStR 2020 S. 719.

ist. Die Rechtsfolge ist bei Anwendung von Abs. 1 die **außerbilanzielle Einkünftekorrektur** infolge nicht fremdüblicher Verrechnungspreise zwischen dem Stammhaus und der Betriebsstätte. Der Steuerbilanzgewinn bleibt von der Korrektur unberührt. Sie erfolgt außerhalb der **Steuerbilanz** im Rahmen der Einkünfteermittlung.[1] Zu einer Einkünftekorrektur kommt es überdies nur, wenn die nicht fremdüblichen Verrechnungspreise das inländische Besteuerungssubstrat gemindert haben.[2] Fraglich erscheint, ob entsprechend § 1 Abs. 1 Satz 1 AStG die Einkünftekorrektur basierend auf der Geschäftsbeziehung erfolgt oder das Gesamtergebnis des Wirtschaftsjahres Maßstab für die Korrektur ist.[3] Während § 1 Abs. 1 Satz 1 AStG sich auf die „Geschäftsbeziehung" bezieht, verwendet der Gesetzgeber im definitorischen Teil entsprechend § 1 Abs. 4 Satz 1 AStG den Plural „Geschäftsbeziehungen". Im Grundsatz hat die Einkünfteberichtigung der Höhe nach bei unselbständigen Einheiten den gleichen Regeln zu folgen wie Geschäftsbeziehungen zwischen Steuerpflichtigen und der nahe stehenden Person. Dies führt zu einem doppelten Fremdvergleich, d. h., dass zunächst zu ermitteln ist, ob die eingetretene Einkünfteminderung auf „anzunehmenden" vereinbarten Bedingungen beruht, die dem Fremdvergleich nicht entsprechen. Anschließend ist der Betrag der eingetretenen Einkünfteminderung betragsmäßig genau zu ermitteln (Differenz zwischen dem tatsächlich vereinbarten Preis und dem Fremdvergleichspreis).[4]

Hinsichtlich des Satzes 1 i. V. mit § 1 Abs. 1 AStG stellt sich die Frage, welche 692
„andere" Einkommensermittlungsvorschriften gemeint sind. § 8 Abs. 3 KStG (vgA, vE) können mangels steuerlicher Subjektfähigkeit der Betriebsstätte zu mindestens für Geschäftsvorfälle im Verhältnis zum Stammhaus nicht zur Anwendung kommen.[5] Die genannten Vorschriften kommen lediglich in Betracht, wenn Geschäftsvorfälle mit anderen nahestehenden Personen erfolgen. Von besonderer Bedeutung ist die angegebene Fragestellung im Kontext der **Entstrickung**, soweit die Anwendung des Abs. 5 Satz 2 zu einer Änderung der Zuordnung von Wirtschaftsgütern (fiktive Veräußerungen) und Einkünften führen kann. Da die Anwendung von § 1 AStG entsprechend Abs. 1 nachrangig zu den Vorschriften der **Entstrickungsbesteuerung** gem. § 4 Abs. 1 Satz 3 EStG

1 Neumann-Tomm, IStR 2015 S. 907.
2 Vgl. § 1 Abs. 1 Satz 1 AStG.
3 Neumann-Tomm, IStR 2015 S. 908.
4 Wassermeyer in Wassermeyer/Baumhof, Verrechnungspreise international verbundener Unternehmen, 2014, Tz. 2.153.
5 Schnitger/Borchert in Oestreicher/Schnitger/Wellens, Gewinnabgrenzung nach dem AOA, 2020, S. 149, Rz. 6.9.

bzw. § 12 Abs. 1 KStG steht, kann die Korrektur nach § 1 Abs. 5 Satz 1 i. V. mit Abs. 1 AStG nur dann zur Anwendung kommen, wenn die Zurechnung nach Satz 2 (der Selbständigkeitsfiktion) zu einer höheren Einkommenskorrektur führt. Maßgeblich hiervon betroffen ist die Übertragung von **immateriellen Werten**, aber auch **Beteiligungen**, die entsprechend § 6 Abs. 1 bzw. § 7 Abs. 1 BsGaV im Grundsatz der Zuordnung der Personalfunktion folgen.

c) Verhältnis Einkünftekorrektur zur Gewinnermittlung und -abgrenzung

693 Zu hinterfragen ist, ob die Vorschrift des § 1 Abs. 5 AStG eine reine Einkünftekorrekturvorschrift zulasten des Steuerpflichtigen darstellt oder aber faktisch als Teil der allgemeinen Gewinnermittlungs- und Abgrenzungsvorschriften zu sehen ist und dann sowohl zulasten als auch zugunsten des Steuerpflichtigen greifen kann. Diese Unklarheit basiert insbesondere auf dem Umstand, dass der AOA verbunden mit der Selbständigkeits- und Unabhängigkeitsfiktion in innerstaatliches Recht nicht im Rahmen des allgemeinen Gewinnbegriffs nach §§ 4, 50 Abs. 1 EStG, sondern durch die Erweiterung der Korrekturnorm des § 1 AStG erfolgte.[1]

694 § 1 Abs. 5 AStG umfasst in der Formulierung alle zwei Rechtsaspekte. § 1 Abs. 5 Satz 1 AStG verweist unmittelbar auf Abs. 1 und ist insofern als reine **Einkünftekorrekturnorm** zulasten des Steuerpflichtigen zu werten. Dagegen kodifiziert § 1 Abs. 5 Satz 2 AStG mit der Selbständigkeitsfiktion entsprechend dem AOA eine betriebstättenbezogene Gewinnabgrenzungsvorschrift. Insofern stellt Leonhard richtigerweise fest, dass in § 1 Abs. 5 AStG zwei unterschiedliche Systeme in das Gesetz aufgenommen worden sind, deren Zusammenspiel nicht vollständig zu Ende gedacht worden ist.[2]

695 Der BFH hat in einem Beschluss vom 24.11.2021 ebenfalls zum Konkurrenzverhältnis zwischen den Entstrickungsvorschriften nach § 4 Abs. 1 Satz 3 und 4 EStG und § 1 Abs. 5 Satz 3 AStG als Einkünftekorrekturvorschrift Stellung genommen,[3] und zwar zur Frage einer (passiven) Entstrickung durch Umsetzung des AOA in § 1 Abs. 5 AStG (Zuordnung von Wirtschaftsgütern bei sog. Personallosen Betriebsstätten). Der Senat teilt bei summarischer Prüfung die in der Literatur vertretene Sichtweise, dass § 1 Abs. 5 AStG als reine Einkünftekorrekturvorschrift zu werten ist, die Gewinnermittlungsvorschrift nach § 4 Abs. 1 Satz 3 und 4 EstG hiervon jedoch unberührt bleibt.

1 Leonhard, IStR 2019 S. 677.

2 Leonhard, IStR 2019 S. 680.

3 BFH, Beschluss v. 24.11.2021 - I B 44/21 (AdV), BStBl 2022 II S. 431.

Die Fragestellungen zur Entstrickung zeigen die Verknüpfung zwischen der Einkünftekorrektur nach § 1 Abs. 5 Satz 1 i. V. mit § 1 Abs. 1 AStG und den hiermit verbundenen Rechtsfolgen sowie den Einkommensabgrenzungsvorschriften nach § 1 Abs. 5 Satz 2. Es ist darauf hinzuweisen, dass eine mögliche Einkünftekorrektur im Grundsatz außerbilanziell vorzunehmen ist (vgl. → Rz. 691). Dagegen ist es unstrittig, dass die Gewinnabgrenzung direkt in der Steuerbilanz zu erfolgen hat. Dies wird weitergehend bestätigt durch die Regelungen zur **Hilfs- und Nebenrechnung** gem. § 3 BsGaV. Die Hilfs- und Nebenrechnung stellt eine eigenständige „**Betriebsstättenbilanz**" dar, für die die allgemeinen Gewinnermittlungsgrundsätze Anwendung finden. In der Konsequenz würde dies jedoch bedeuten, dass die Wertungen des AOAs, insbesondere in der Logik der Zuordnungsregelungen, bereits in der Steuerbilanz, und zwar symmetrisch zugunsten und zuungunsten des Steuerpflichtigen zu erfolgen haben.[1] 696

Der BFH hat in der jüngsten Vergangenheit in zwei weiteren Urteilen die Abgrenzung von § 1 Abs. 5 AStG als Einkünftekorrekturnorm und als Regelung zur Betriebsstättengewinnermittlung klargestellt.[2] In beiden Fällen geht es um eine deutsche Betriebsstätte eines ungarischen Stammhauses. Im ersten konkreten Fall erbrachte eine ungarische Kapitalgesellschaft (Stammhaus) Werkvertragsleistungen an fremde Dritte. Die Betriebsstätte berechnete offenbar wohl nur die eigenen Kosten der Bau- und Montageleistungen ohne Aufschlag an das ungarische Stammhaus weiter. Das zuständige Finanzamt ging dagegen von dem Vorliegen eines „Dealings" (anzunehmende schuldrechtliche Beziehung) zwischen Betriebsstätte und Stammhaus mit Verweis auf § 1 Abs. 5 AStG i. V. mit § 32 BsGaV (Vergütung einer Bau- und Montagebetriebsstätte, die als Dienstleistung anzusehen ist) aus. Der Verrechnungspreis für das „dealing" wurde auf der Grundlage der Kostenaufschlagsmethode mit einem Aufschlagsatz von 10 % ermittelt. Im zweiten Fall geht es ebenfalls um eine ungarische Kapitalgesellschaft (Stammhaus), die in Deutschland entweder selbst oder durch fremde Dritte Administrations-(insbesondere Lohnabrechnungen) und Fleischzerlegungsarbeiten ausgeführt hat. Das Stammhaus in Ungarn hat die Dienst- und Werkverträge mit den in Ungarn ansässigen Kunden (A Kft. und Z Kft.) verhandelt und abgeschlossen. Die Fleischzerlegungsarbeiten wurden von dem Stammhaus entsendeten Mitarbeiter unter der Leitung des deutschen Betriebsstättenleiters in Deutschland ausgeführt. Das Stammhaus hat in seiner Steuererklärung für die Betriebsstätte in Deutsch- 697

1 Leonhard, IStR 2019 S. 681 f.

2 BFH v. 18.12.2024 – I R 45/22,; BFH v. 18.12.2024 – I R 49/23.

land keine Leistungen mit dem Stammhaus in Ungarn berücksichtigt. Auch in diesem Fall ist das zuständige Finanzamt von anzunehmenden schuldrechtlichen Beziehungen zwischen der Betriebsstätte in Deutschland und dem Stammhaus nach § 1 Abs. 5 AStG ausgegangen und hat mit Verweis auf die BsGaV beide „dealings“ auf der Grundlage der Kostenaufschlagsmethode unter Einbeziehung eines Kostenaufschlagssatzes von 5 % bewertet. Die vorgelagerten Finanzgerichte Nürnberg und München[1] sahen in beiden Fällen für das Vorliegen eines „Dealings“ keine Anhaltspunkte und lehnten daher den Ansatz fiktiver Kostenaufschlagsätze ab. Der BFH bestätigte in beiden im Grundsatz die Entscheidungen der Vorinstanzen.

698 In der Begründung zu beiden Urteilen stellt der BFH klar, dass es sich bei § 1 Abs. 5 AStG um eine reine Einkünftekorrekturvorschrift handelt und damit keine eigenständige Regelung zur Betriebsstättengewinnermittlung vorliegt.[2] Daher rechtfertigt § 1 Abs. 5 AStG i. V. mit der BSGaV nicht das Verwerfen der veranlassungsbezogenen Gewinnermittlung (§§ 4 f. EStG) einer unselbstständigen Betriebsstätte „ohne weitere Ermittlungen und das Ersetzen dieser durch eine Gewinnermittlung“ entsprechend der BsGaV. Hiernach hat eine außerbilanzielle Korrektur vielmehr nur dann zu erfolgen, wenn die tatsächlichen Verhältnisse von den gegenüber fremden Dritten zu erwarteten fiktiven Bedingungen zu Lasten der inländischen Besteuerung abweichen. In der Konsequenz bedeutet dies, dass die in § 1 Abs. 5 Satz 1 AStG vorausgesetzte Einkünfteminderung als kausale Bedingung „durch“ die Vereinbarung nicht fremdvergleichsgerechter Bedingungen (Verrechnungspreise) entstehen muss und sie wird weder durch § 1 Abs. 4 Satz 1 Nr. 2 AStG (anzunehmende schuldrechtliche Beziehung) noch durch die spezifischen Regelungen der BsGaV (hier § 32 BsGaV) fingiert. Eine tatsachenersetzende Fiktion einer anzunehmenden schuldrechtlichen Beziehung reicht nicht aus, um den verursachten Aufwand als nicht fremdvergleichskonformen Verrechnungspreis im Verhältnis zum Stammhaus zu fingieren.

699 Die Klarstellung des BFH ist in beiden Urteilen zu begrüßen. Der Gesetzestext an sich zu § 1 Abs. 5 AStG lässt nicht unmittelbar erkennen, dass es sich bei dieser Vorschrift um eine unmittelbare Gewinnermittlungsvorschrift handelt. Die Interpretation des Satz 2 als Gewinnermittlungsvorschrift entsteht maßgeblich durch die Verwaltungsgrundsätze Betriebsstätengewinnaufteilung – kurz VWG BsGa, die ergänzend zur Korrekturnorm von der Betriebsstättenge-

1 FG Nürnberg, Urteil v. 27.9.2022 – 1 K 1595/20; FG München, Urteil v. 10.7.2023 – 7 K 1938/22.
2 Vgl. Senatsbeschluss v. 24.11.2021 - I B 44/21 (AdV), BFHE 275, 136, BStBl II 2022, 431.

winnermitlung ausgeht.[1] Generell wird in § 4 f. als Gewinnermittlungsmethode der Betriebsvermögensvergleich vorgeschrieben. Insofern müssen Steuerpflichtige, die Bücher führen und Abschlüsse erstellen, den Gewinn über die Bilanz ermitteln, indem das Betriebsvermögen am Ende des Wirtschaftsjahres vorbehaltlich einiger Korrekturen mit dem Betriebsvermögen zu Beginn des Wirtschaftsjahres verglichen wird (§ 4 Abs. 1 EStG). Dabei haben Gewerbetreibende für Zwecke der Gewinnermittlung das Betriebsvermögen anzusetzen, das nach handelsrechtlichen Grundsätzen ordnungsgemäßer Buchführung (GoB) auszuweisen ist. Falls keine Bücher geführt oder keine Abschlüsse erstellt werden, kann der Gewinn durch Gegenüberstellung von Betriebseinnahmen oder Betriebsausgaben im Wege der Einnahme-Überschussrechnung bestimmt werden (§ 4 Abs. 3 AStG).[2] Diese Grundsätze werden in der Konkretisierung von § 1 Abs. 5 AStG in der Hilfs- und Nebenrechnung vollumfänglich bestätigt (§ 3 BsGaV).[3] Zu beachten ist jedoch, dass es sich bei Betriebsstätten um nicht selbstständige rechtliche Einheiten handelt, für die es Regelungen für die Zurechnung von Einkünften bedarf. Grundlage hierfür ist die Selbstständigkeitsfiktion (Art. 7 Abs. 2 OECD-MA) und hieraus abgeleitet die Anwendung des Fremdvergleichsgrundsatzes. In der Folge und in Anlehnung an die GoB bedarf es klare Vorgaben zur vollständigen Zuordnung von Vermögenswerten, Chancen und Risiken sowie Geschäften und hiermit verbundene Bewertungsnormen. § 1 Abs. 5 AStG regelt in Anlehnung an § 1 Abs. 1 AStG den Fremdvergleichsmaßstab als Korrekturmaßstab in allen grenzüberschreitenden Fällen von Betriebsstätten.[4] In Analogie zu § 1 Abs. 3 AStG ist Gegenstand der Fremdvergleichsanalyse die Funktions- und Risikoanalyse, bei Vorliegen von anzunehmenden schuldrechtlichen Beziehungen („Dealings“) die Bestimmung der anzuwendenden Verrechnungspreismethode sowie die Angemessenheitsanalyse. Bei der Zuordnung von Wirtschaftsgütern und Werten sowie bei der konkreten Qualifikation der anzunehmenden schuldrechtlichen Beziehung ist die ausgeübte Personalfunktion als Ausfluss der Funktions- und Risikoanalyse maßgeblich. Es ist in der Tat irritierend, dass das BMF in den VWG BsGa neben dem Begriff der Betriebsstättengwinnaufteilung auch den Begriff der Betriebsstättengewinnermittlung an verschiedenen Stellen verwendet.[5]

1 erwaltungsgrundsätze Betriebsstättengewinnaufteilung, kurz VWG BsGa v. 22.12.2016 – IV B 5 – S 1341/12/10001-03, BStBl 2017 I S. 182, Tz. 8.

2 Vögele, Handbuch der Verrechnungspreise, Tz. 21 f.

3 Vgl. Tz. 614.

4 Verwaltungsgrundsätze Betriebsstättengewinnaufteilung, kurz VWG BsGa v. 22.12.2016 - IV B 5 - S 1341/12/10001-03, BStBl 2017 I S. 182, Tz. 8.

5 A. a. O.

Das gleiche Schreiben stellt jedoch klar, dass es sich bei § 1 Abs. 5 AStG und der BsGaV um Einkünftekorrekturvorschriften (mit Verweis auf § 1 Abs. 1 AStG) handelt, die nur zu einer Erhöhung der inländischen Einkünfte eines beschränkt Steuerpflichtigen oder zur Minderung der ausländischen Einkünfte eines unbeschränkt Steuerpflichtigen führen können.[1]

700 Somit werden konsequenterweise die Regelungen des § 1 Abs. 5 AStG und die der BsGaV durch die zitierten Urteile im Grundsatz nicht in Frage gestellt. Vielmehr wird klargestellt, dass die in § 1 Abs. 5 Satz 1 AStG vorausgesetzte Einkünfteminderung als kausale Bedingung „durch" die Vereinbarung nicht fremdvergleichsgerechter Bedingungen (Verrechnungspreise) entstehen muss und sie wird weder durch § 1 Abs. 4 Satz 1 Nr. 2 AStG (anzunehmende schuldrechtliche Beziehung) noch durch die spezifischen Regelungen der BsGaV fingiert. Mit dieser Klarstellung werden die Anforderungen an den Nachweis, dass eine anzunehmende schuldrechtliche Beziehung vorliegt und entsprechend dem Fremdvergleichsgrundsatz zu vergüten ist, erhöht.

701 Des Weiteren ist fraglich, inwieweit § 1 Abs. 5 Satz 2 AStG ebenso Einfluss auf die Frage der Bestimmung des nach § 50 Abs. 1 Satz 1 EStG erforderlichen Zusammenhangs von Betriebsausgaben (§ 4 Abs. 4–8 EStG) nimmt, und zu einer Minderung beschränkt steuerpflichtiger Einkünfte führt. Infolge der **Sperrwirkung der DBA**, welche durch die jüngsten Urteile des BFH auch nicht eingeschränkt worden sind, kann es bei Anwendung des AOA bei gleichzeitiger Verankerung im DBA zu einer Einschränkung des Zusammenhangs kommen.[2] Art. 7 Abs. 2 OECD-MA regelt dies vergleichbar.

702–704 *Einstweilen frei*

c) Ordentlicher gewissenhafter Geschäftsleiter

705 § 1 Abs. 1 Satz 2 AStG definiert, dass bei Anwendung des Fremdvergleichsgrundsatzes davon auszugehen ist, dass wie bei voneinander unabhängigen Dritten alle wesentlichen Umstände der Geschäftsbeziehung bekannt sind und die Grundsätze des **ordentlichen und gewissenhaften Geschäftsleiters** angewendet werden. Somit ist das Konstrukt des „doppelten" ordentlichen und gewissenhaften Geschäftsleiters auch bei der Betriebsstättengewinnaufteilung entsprechend § 1 Abs. 5 AStG anzuwenden.

706 *Einstweilen frei*

---

1 A. a. O., Tz. 10.

2 Schnitger in Oestreicher/Schnitger/Wellens, Gewinnabgrenzung nach dem AOA, 2020, S. 150, Rz. 6.11.

d) Konkurrenz zu anderen Berichtigungsvorschriften

§ 1 Abs. 1 Satz 4 AStG besagt, dass wenn die Anwendung des Fremdvergleichsgrundsatzes zu weitergehenden Berichtigungen führt als die anderen Vorschriften, diese neben den Rechtsfolgen der anderen Vorschriften durchzuführen sind. Sinn und Zweck dieser Vorschrift ist es nicht, eine neue Steuerart zu begründen, sondern die anderweitig bereits bestehenden Vorschriften zur steuerlichen Gewinnermittlung – im vorliegenden Fall – bei der Aufteilung bzw. Ermittlung der Einkünfte zwischen einem Unternehmen und seiner in einem anderen Land belegenen Betriebsstätte entsprechend § 1 Abs. 5 AStG zu ergänzen und zu konkretisieren.[1] Demnach kommt § 1 AStG dann zur Anwendung, wenn hierdurch eine weitergehende Berichtigung erfolgt als durch andere, vorrangig anzuwendende **Korrekturvorschriften** (§§ 4 und 5 EStG sowie § 8 KStG). Für Inlandsbetriebsstätten sind entsprechend § 1 Abs. 5 AStG i. V. mit § 49 Abs. 1 Nr. 2a EStG bzw. § 2 Nr. 1 und § 8 Abs. 1 KStG i. V. mit § 49 Abs. 1 Nr. 2a EStG als Einkünfteermittlungsvorschriften einschlägig. Für Auslandsbetriebsstätten sind dies § 1 Abs. 5 AStG i. V. mit § 2 Abs. 1 EStG bzw. § 8 Abs. 1 und 2 KStG i. V. mit § 2 Abs. 1 EStG.[2] 707

Einstweilen frei 708

e) Fremdvergleich, Verrechnungspreismethoden, Funktionsverlagerung

§ 1 Abs. 3 Satz 5 sieht keine Rangfolge mehr hinsichtlich der Anwendung der Verrechnungspreismethoden vor. Grundsätzlich werden jedoch nach wie vor zwei Gruppen von Verrechnungspreismethoden unterschieden, und zwar die transaktionsbezogenen Standardmethoden (Preisvergleich-, Wiederverkaufspreis- und Kostenaufschlagsmethode) und die gewinnorientierten Methoden (transaktionsbezogene Nettomargen-, Gewinnaufteilungs-, Restgewinn- und andere Methoden). Diese Methoden sind hinsichtlich ihrer Anwendung in der angegebenen Methode zu prüfen. 709

§ 1 Abs. 3 AStG unterscheidet im Zusammenhang mit der **Methodenwahl**, in welcher Qualität Fremdvergleichswerte vorliegen. Das Gesetz unterscheidet hierbei zwischen dem **tatsächlichen Fremdvergleich** (die Angemessenheit des bestimmten Verrechnungspreises wird anhand anderer tatsächlich existierender Rechtsgeschäfte, die entweder zwischen fremden Dritten – externer Fremdvergleich – oder zwischen dem Steuerpflichtigen und fremden Dritten – 710

1 Vögele/Raab in Vögele/Borstell/Engler, Verrechnungspreise, 3. Aufl. 2011, Kapital A Rz. 273.

2 BMF, Schreiben v. 24.12.1999 - IV B 4 - S 1300 - 111/99 KAAAD-99822, BStBl 1999 I 1076, Tz. 1.1.3.1. und 1.1.4.1.

interner Fremdvergleich – nachgewiesen) und dem **hypothetischen Fremdvergleich** (Simulation, dass der Preis wie zwischen voneinander unabhängigen Dritten unter gleichen oder ähnlichen Bedingungen vereinbart worden wäre). Des Weiteren wird unterschieden zwischen der **uneingeschränkten und eingeschränkten Vergleichbarkeit**. Das Kriterium der Vergleichbarkeit richtet sich hierbei maßgeblich an der Identität der Geschäftsbedingungen zwischen der betrachteten Geschäftsbeziehung und der für den Vergleich herangezogenen Transaktion.[1] Entsprechend § 1 Abs. 3 Satz 7 AStG ist der sog. hypothetische Fremdvergleich dann anzuwenden, wenn der tatsächliche Fremdvergleich zu keinem verwertbaren Ergebnis führt. Dies bedeutet, dass der Fremdpreis unter Zugrundelegung des sog. **doppelten und gewissenhaften Geschäftsleiters** zu bestimmen ist.[2]

711 § 1 Abs. 3b AStG enthalten die Kernelemente der gesetzlichen Regelung zu Funktionsverlagerungen. Die Regelungen basieren maßgebend auf der Annahme der Anwendung des hypothetischen Fremdvergleichs. Eine Funktionsverlagerung liegt entsprechend § 1 Abs. 2 Satz 1 FVerlV in der Entwurfsfassung vom 31.8.2022[3] vor, *„wenn eine Funktion einschließlich der dazugehörigen Chancen und Risiken sowie der mitübertragenen oder mitüberlassenen Wirtschaftsgüter oder sonstigen Vorteile ganz oder teilweise übertragen oder überlassen wird, so dass das übernehmende Unternehmen diese Funktion ausüben oder eine bestehende Funktion ausweiten kann"*.

712 Mit der Einführung des Abs. 5 und dem uneingeschränkten Verweis auf Abs. 3b sind die Regelungen zur **Funktionsverlagerung** gleichermaßen auf Verlagerungsvorgänge zwischen einem Unternehmen (Stammhaus) und einer anders gelegenen Betriebsstätte oder zwischen Betriebsstätte und einer nahestehenden Person des Stammhauses anzuwenden. Basierend auf dem Prinzip, dass rechtlich unselbständige Betriebsstätten als fiktiv eigenständiges und unabhängiges Unternehmen zu behandeln sind, werden Funktionsverlagerungen als anzunehmende schuldrechtliche Beziehung i. S. des § 1 Abs. 5 Nr. 2 AStG gewertet.

713 Die **Preisanpassungsregelungen** entsprechend § 1a AStG beziehen sich nicht nur auf Funktionsverlagerungen, sondern gleichermaßen auf alle Fälle von Transaktionen mit immateriellen Wirtschaftsgütern, bei denen die Preise nach dem hypothetischen Fremdvergleich ermittelt werden.

---

1 BMF, Schreiben v. 12.4.2005 - IV B 4 - S 1341 - 1/05 VAAAB-52369, BStBl 2005 I S. 570, Tz. 3.4.12.7.

2 Wilmanns in Renz/Wilmanns, Internationale Verrechnungspreise, 2013, S. 102.

3 Vgl. https://dserver.bundestag.de/brd/2022/0423-22.pdf.

Einstweilen frei 714–716

2. Begriff des Unternehmers

Satz 1 regelt die Anwendung des Fremdvergleichsgrundsatzes auf Geschäftsbeziehungen i. S. des § 1 Abs. 4 Satz 3 AStG, d. h. auf wirtschaftliche Vorgänge (**anzunehmende schuldrechtliche Beziehung**) zwischen einem Unternehmen und dessen rechtlich unselbständige Betriebsstätte. Die Regelung umfasst 717

- sowohl inländische Unternehmen mit ihren ausländischen Betriebsstätten (Aufteilung der Einkünfte), als auch
- ausländische Unternehmen mit ihren inländischen Betriebsstätten (Ermittlung der Einkünfte).

Der Begriff des „Unternehmen" umfasst unabhängig von der Rechtsform sowohl die gewerblichen Unternehmen als auch die selbständig Tätigen. § 1 Abs. 5 AStG ist auch auf Vorgänge zwischen einer **Personengesellschaft** oder **Mitunternehmerschaft** und ihren in anderen Staaten gelegenen Betriebsstätten anzuwenden (vgl. → Rz. 750). Abs. 5 ist jedoch auf Personengesellschaften nicht anzuwenden, die eigenständige Rechtsträger sind, aber Einkünfte nach § 21 EStG erzielen, weil eine solche Personengesellschaft nicht über eine Betriebsstätte i. S. des § 12 AO verfügen kann, selbst wenn die sachlichen Voraussetzungen für eine feste Geschäftseinrichtung gegeben sind.[1] 718

Einstweilen frei 719–721

3. Begriff der Betriebsstätte

Der Begriff „**Betriebsstätte**" ist innerstaatlich in § 12 AO definiert. Sowohl das OECD-MA als auch die DBA enthalten unterschiedliche Definitionen. Im Grundsatz ist jedoch, und zwar auch für die Fälle, in denen kein DBA besteht, von der Anwendung des innerstaatlichen Betriebsstättenbegriffs auszugehen.[2] 722

Entsprechend Art. 5 Abs. 1 OECD-MA bezeichnet der Begriff Betriebsstätte „*eine feste Geschäftseinrichtung, durch die die Geschäftstätigkeit eines Unternehmens ganz oder teilweise ausgeübt wird.*" Diese Begriffsbestimmung stellt somit auf die gleichen kumulativen Merkmale ab, die im nationalen Recht (§ 12 AO) kodifiziert sind, d. h. auf die Kriterien feste Geschäftseinrichtung, Dauer- 723

---

1 Vgl. Begründung zur Änderung von § 1 AStG durch das JStG 2013 in Schreiber/Nientimp, Verrechnungspreise, 5. Aufl. 2013, S. 560.

2 Vgl. Begründung zur Änderung von § 1 AStG durch das JStG 2013 in Schreiber/Nientimp, Verrechnungspreise, 5. Aufl. 2013, S. 560.

haftigkeit, Verfügungsmacht und Geschäftstätigkeit eines Unternehmens. Im Gegensatz zum nationalen Recht ist die abkommensrechtliche Regelung „aktiv" auszulegen, d. h., sie setzt voraus, dass die Unternehmertätigkeit durch die feste Geschäftseinrichtung ganz oder teilweise ausgeübt wird.[1] Die engere Auslegung wird konkretisiert durch die Negativabgrenzung in Art. 5 Abs. 4 OECD-MA (vgl. → Rz. 670).

724 Nach Art. 5 Abs. 5 OECD-MA kann ein Vertreter, der in einem Vertragsstaat tätig wird und die Vollmacht besitzt, für den Unternehmer Verträge abzuschließen, und die Vollmacht gewöhnlich auch ausübt, eine Betriebsstätte begründen, sofern es sich nicht um einen abhängigen Vertreter nach Art. 5 Abs. 6 OECD-MA, z. B. Makler oder Kommissionär, handelt.

725–727 *Einstweilen frei*

4. Selbständigkeitsfiktion nach Satz 2

728 Mit der Veröffentlichung des OECD-Musterabkommens 2010 wurde Art. 7 OECD-MA neu gefasst. In Art. 7 Abs. 1 OECD-MA wurde ein Verweis auf Abs. 2 eingefügt, so dass der unmittelbare Bezug zur Selbständigkeitsfiktion vorgenommen worden ist.[2] Mit der Änderung wurde zugleich der im OECD-Betriebsstättenbericht 2010 definierte „Authorized OECD-Approach" (AOA) im Musterabkommen implementiert. Der AOA baut auf der uneingeschränkten **Selbständigkeitsfiktion** auf und fingiert die unselbständigen rechtlichen Einheiten als funktionale selbständige Einheiten („**functionally separate entity**"). Innentransaktionen zwischen Stammhaus und Betriebsstätte sind entsprechend dem **Fremdvergleichsgrundsatz** abzurechnen.[3]

729 Entsprechend § 1 Abs. 5 Satz 2 AStG ist zur Anwendung des Fremdvergleichsgrundsatzes eine Betriebsstätte wie ein eigenständiges und unabhängiges Unternehmen zu behandeln, es sein denn, die Zugehörigkeit der Betriebsstätte zum Unternehmen erfordert eine andere Behandlung.

730 Die gesetzlich kodifizierte Fiktion eines eigenständigen Unternehmens wurde entsprechend Art. 7 Abs. 1 OECD-MA angeglichen und bedeutet, dass die rechtlich unselbständige Betriebsstätte für die Aufteilung bzw. Ermittlung der Einkünfte wie ein selbständiger Rechtsträger zu behandeln ist, d. h. wie ein un-

1 Vgl. Borstell/Brüninghaus in Vögele, Handbuch der Verrechnungspreise, Tz. 21; Art. 5 Abs. 1 OECD-MA 2008.

2 Kußmaul/Ruiner/Delarber, Ubg 2011 S. 838.

3 Wilmanns in Bernhardt, Verrechnungspreise, 2. Aufl. 2017, S. 538.

abhängiges Unternehmen im Verhältnis zu dem Unternehmen, dessen Betriebsstätte sie ist.[1]

Die Selbständigkeitsfiktion wird aber entsprechend § 1 Abs. 5 Satz 2 731
Halbsatz 2 AStG („*es sei denn, die Zugehörigkeit der Betriebsstätte zum Unternehmen erfordert eine andere Behandlung*") eingeschränkt: Denn der Umstand, dass eine Betriebsstätte rechtlich und tatsächlich nur ein unselbständiger Teil des Unternehmens ist, kann – in Übereinstimmung mit dem OECD-Betriebsstättenberichts 2010 bei der Anwendung des Fremdvergleichsgrundsatzes nicht vollständig negiert werden.[2] Entsprechend der Selbständigkeitsfiktion der **OECD** gilt u. a., dass eine Betriebsstätte stets das gleiche **Kreditrating** besitzt wie das Unternehmen und ein Darlehensverhältnis zwischen dem Unternehmen und seiner Betriebsstätte nur mit Einschränkung als **anzunehmende schuldrechtliche Beziehung** („**dealing**") anerkannt wird. Ein weiterer materieller Unterschied bei der Auslegung des Fremdvergleichsgrundsatzes im Betriebsstättenfall im Vergleich zu Verhältnissen zwischen Steuerpflichtigen und nahe stehenden Personen (§ 1 Abs. 1 Satz 1 AStG) besteht in den Regeln zur Zuordnung von Wirtschaftsgütern, immateriellen Werten und sonstigen Vermögenswerten.[3] Der maßgebliche Unterschied ist, dass im Falle von rechtlich unselbständigen Einheiten die Zuordnungsregeln alleine auf ökonomischen Überlegungen, wie wirtschaftlich durchgeführte Aktivitäten und bestehenden Verantwortlichkeiten („*economically significant activities and responsibilities undertaken by the permanent establishment*") beruhen.[4] Demgegenüber kam es bisher für die Anwendung des Fremdvergleichsgrundsatzes bei Geschäftsbeziehungen zwischen nahe stehenden Personen im Regelfall entscheidend auf die rechtswirksam abgeschlossenen Verträge an. Dies hat sich nun partiell verändert durch die Verabschiedung des OECD-BEPS Maßnahmenplans.

Einstweilen frei 732–734

5. Gewinnaufteilung nach Satz 3 (sog. „two-step approach")

Satz 3 sieht vor, die Betriebsstätte wie ein eigenständiges Unternehmen und 735
unabhängiges Unternehmen zu behandeln. Im ersten Schritt sind der Betriebsstätte zuzuordnen:

---

1 Vgl. Begründung zur Änderung von § 1 AStG durch das JStG 2010 in Schreiber/Nientimp, Verrechnungspreise, 5. Aufl. 2013, S. 561 zu Buchst. e § 1 Abs. 5 Satz 2 AStG.

2 OECD-Betriebsstättenbericht 2010, Rz. 55.

3 OECD Betriebsstättenbericht 2010, Rz. 10.

4 OECD-Betriebsstättenbericht 2010, Rz. 10.

(1) die Funktionen des Unternehmens, die durch das Personal ausgeübt werden (Personalfunktion),

(2) die Vermögenswerte des Unternehmens, die sie zur Ausübung der ihr zugeordneten Funktionen benötigt,

(3) die Chancen und Risiken des Unternehmens, die sie aufgrund der ausgeübten Funktionen und zugeordneten Vermögenswerte übernimmt, sowie

(4) ein angemessenes Eigenkapital (Dotationskapital).

736 Auf der Grundlage dieser Zuordnung sind entsprechend Satz 4 in einem zweiten Schritt die Art der Geschäftsbeziehungen zwischen dem Unternehmen und seiner Betriebsstätte und die Verrechnungspreise für diese Geschäftsbeziehungen zu bestimmen.

737 Satz 3 und 4 regeln somit in Übereinstimmung mit dem **OECD-Betriebsstättenbericht 2010**, wie der steuerliche Gewinn der Betriebsstätte als Teil eines Unternehmens entsprechend dem Fremdvergleichsgrundsatz zu ermitteln ist. Die Regelungen folgen dem sog. **AOA** und somit dem im OECD-Betriebsstättenbericht 2010 bevorzugten „**Functionally separate entity approach**“. Die Bestimmung des Betriebsstättengewinns soll in Anlehnung an Teil I des OECD-Betriebsstättenberichts 2010 entsprechend einem zweistufigen Verfahren („**two-step approach**“) vorgenommen werden.[1]

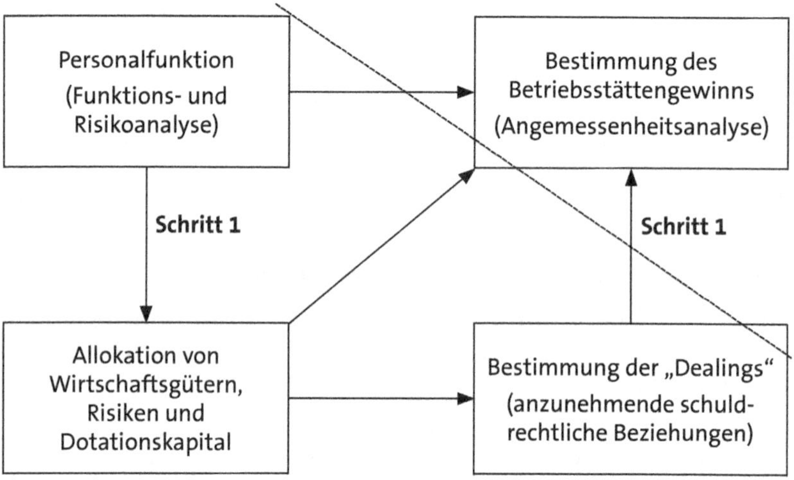

1 OECD-Betriebsstättenbericht 2010, Rz. 13.

Im ersten Schritt sollen Stammhaus und Betriebsstätte als eigen- und selbständige Unternehmen fingiert werden, in denen jeweils Funktionen ausgeübt, Wirtschaftsgüter genutzt und Risiken übernommen werden. Die hiermit verbundene **Funktions- und Risikoanalyse** dient dabei dazu, die ökonomisch bedeutsamen Aktivitäten und Verantwortungen der Betriebsstätte im Kontext der gesamten Geschäftstätigkeit der rechtlichen Einheit zwischen Stammhaus und Betriebsstätte festzustellen.[1] Innerhalb dieses Schritts („step one“) wird zuerst festgestellt, welche Funktionen die Betriebsstätte im Verhältnis zum restlichen Unternehmen durch ihr Personal („**people function**“) tatsächlich ausübt. Davon ausgehend wird bestimmt, welche Vermögenswerte und welchen Chancen und Risiken der Betriebsstätte zuzuordnen sind.[2] Basierend hierauf bestimmt sich, welches Dotationskapital (das „Quasi-Eigenkapital“ der Betriebsstätte) und welches Fremdkapital mit welchem Zinsaufwand der Betriebsstätte zuzuordnen ist. Im zweiten Schritt („step two“) sind innerhalb der Betriebsstätte, basierend auf den Ergebnissen von Schritt 1, die Geschäftsbeziehungen zwischen Stammhaus und Betriebsstätte zu identifizieren und diese auf der Grundlage des Fremdvergleichsgrundsatzes der Verrechnungspreise zu bestimmen. Für die Annahme von schuldrechtlichen Beziehungen zwischen dem Unternehmen und seiner Betriebsstätte kommt es entscheidend auf die tatsächlichen Ereignisse und auf die tatsächlich ausgeübten Funktionen an, die von dem Personal, das dem Unternehmen bzw. der Betriebsstätte zugeordnet ist, ausgeübt werden (**Personalfunktion**).[3] Die Verrechnungspreise für die **anzunehmenden schuldrechtlichen Beziehungen** führen zu fiktiven Betriebseinnahmen und -ausgaben (§ 16 Abs. 2 BsGaV). Auf der Grundlage der beiden dargestellten Schritte wird der Betriebsstättengewinn ermittelt. Besonderheiten ergeben sich insbesondere bei der Zuordnung des sog. **Dotationskapitals** und den zwischen Stammhaus und Betriebsstätte bestehenden **Finanzierungsverhältnissen**.[4] 738

Einstweilen frei 739–741

1 Wilmanns in Bernhardt, Verrechnungspreise, 2. Aufl. 2017, S. 539; Förster, IWB, 3/2007 S. 147 f. GAAAC-37383.

2 Vgl. Begründung zur Änderung von § 1 AStG durch das JStG 2013 in Schreiber/Nientimp, Verrechnungspreise, 5. Aufl. 2013, S. 561 zu Buchst. e § 1 Abs. 5 Satz 3 AStG.

3 Vgl. Begründung zur Änderung von § 1 AStG durch das JStG 2013 in Schreiber/Nientimp, Verrechnungspreise, 5. Aufl. 2013, S. 561 zu Buchst. e § 1 Abs. 5 Satz 4 AStG.

4 Wilmanns in Bernhardt, Verrechnungspreise, 2. Aufl. 2017, S. 539.

6. Ständiger Vertreter

742 Entsprechend § 1 Abs. 5 Satz 4 AStG sind Satz 1–4 entsprechend auf **ständige Vertreter** anzuwenden. Die Hinzufügung dieses Satzes ist notwendig, da der ständige Vertreter innerstaatlich gesondert in § 13 AO geregelt ist, während im Abkommensrecht die Regelung zum abhängigen Vertreter ein Unterfall der Betriebsstättendefinition ist (Art. 5 Abs. 5 OECD-MA). Der ständige Vertreter soll hinsichtlich der Gewinnabgrenzung mit der Betriebsstätte (§ 12 AO) gleichgestellt werden.[1] § 39 BsGaV spezifiziert gesondert die Vorgaben für die Gewinnabgrenzung zwischen einem Unternehmen und einem ständigen Vertreter (vgl. → Rz. 948 ff.).

743–745 *Einstweilen frei*

7. Ausgleichsposten nach § 4g EStG

746 Die Möglichkeit, einen **Ausgleichsposten nach § 4g EStG** zu bilden, wird durch § 1 Abs. 5 Satz 6 AStG nicht eingeschränkt. Die Anwendung des § 4g EStG bleibt insofern bestehen, soweit die Voraussetzungen des § 1 Abs. 5 AStG als auch des § 4 Abs. 1 Satz 3 EStG oder des § 12 Abs. 1 KStG erfüllt sind. Die Tatbestandsmerkmale einer der genannten **Entstrickungsnormen** (§§ 4 Abs. 1 Satz 3 EStG bzw. 12 Abs. 1 Satz 1 KStG) müssen daher vorliegen. Ziel des Satz 6 ist es, die aus europarechtlichen Gründen gebotene Vergünstigung des § 4g EStG nicht durch eine nachrangige Einkünftekorrektur nach § 1 AStG zu kompensieren.[2]

747–749 *Einstweilen frei*

8. Anwendung auf Personengesellschaften und Mitunternehmer

750 § 1 Abs. 5 Satz 7 AStG bestimmt, dass auf Geschäftsbeziehungen zwischen einem Gesellschafter und seiner Personengesellschaft oder zwischen einem Mitunternehmer und seiner Mitunternehmerschaft die Sätze 1–4 nicht anzuwenden sind, und zwar unabhängig davon, ob die Beteiligung unmittelbar oder sie nach § 15 Abs. 1 Satz 1 Nr. 2 Satz 2 EStG mittelbar besteht. Für eine vorhandene Geschäftsbeziehung ist § 1 Abs. 1 AStG anzuwenden.

751 Der Ausschluss der Anwendung von Abs. 5 ist notwendig, da die Beteiligung an einer **Personengesellschaft** oder **Mitunternehmerschaft** abkommensrecht-

1 Vgl. Begründung zur Änderung von § 1 AStG durch das JStG 2013 in Schreiber/Nientimp, Verrechnungspreise, 5. Aufl. 2013, S. 561 zu Buchst. e § 1 Abs. 5 Satz 5 AStG.

2 Vgl. Begründung zur Änderung von § 1 AStG durch das JStG 2013 in Schreiber/Nientimp, Verrechnungspreise, 5. Aufl. 2013, S. 562 zu Buchst. e § 1 Abs. 5 Satz 6 AStG.

lich im Regelfall so behandelt wird, als wären die Betriebsstätten der Personengesellschaft oder der Mitunternehmerschaft anteilig Betriebsstätten der Gesellschafter bzw. Mitunternehmer. In Übereinstimmung mit dem **OECD-Betriebsstättenbericht 2010** ist der **AOA** ausschließlich auf anzunehmende schuldrechtliche Beziehungen („**dealings**") anzuwenden, nicht jedoch auf zivilrechtlich anerkannte Vertragsbeziehungen.[1] Die innerstaatlichen Regelungen zur Besteuerung von Mitunternehmerschaften bleiben unberührt. Somit gelten die Regelungen nicht für Betriebsstätten, die angenommen werden, weil einem Mitunternehmer steuerliche Einkünfte einer einfachen Betriebsstätte der Mitunternehmerschaft nach § 49 Abs. 1 Nr. 2 Buchst. a bzw. § 34d Nr. 2 Buchst. a EstG zuzurechnen sind (sog. Mitunternehmerbetriebsstätte). Verfügt dagegen die Mitunternehmerschaft selbst über eine Betriebsstätte in einem anderen Staat, richtet sich die Einkünftezurechnung im Verhältnis der Mitunternehmerschaft zu ihrer Betriebsstätte nach § 1 Abs. 5 AStG.[2]

Folgende Beispiele werden im BMF-Schreiben vom 22.12.2016 aufgegriffen, um die oben genannten Fragestellungen und ihre Folgen zu illustrieren:[3] Eine inländische AB-OHG, an der die Inländer A und B beteiligt sind, hat im Staat Y eine Betriebsstätte. In diesem Fall hat nur die OHG eine Betriebsstätte im Land Y, auf die § 1 Abs. 5 AStG anzuwenden ist. Diese einfache Betriebsstätte in Land Y ist zugleich eine Mitunternehmerbetriebsstätte für A und B – und zwar vermittelt durch die OHG. Das führt aber nicht dazu, dass A und B gleichzeitig auch eine einfache Betriebsstätte haben (§ 1 Abs. 5 Satz 7 AStG). 752

Im Falle, dass eine inländische GmbH an einer ausländischen Personengesellschaft beteiligt ist und einer der Geschäftsführer der ausländischen Personengesellschaft arbeitet im Büro der Räumlichkeiten der inländischen GmbH, begründet die ausländische Personengesellschaft im Inland eine Geschäftsleitungsbetriebsstätte mit der Folge, dass § 1 Abs. 5 AStG anwendbar ist. 753

Zur Frage, ob ein Mitunternehmer eine Betriebsstätte auslöst, wo ein Mitunternehmer unbeschränkt steuerpflichtig ist, folgendes Beispiel: Der Inländer D ist an der ausländischen KG im Staat Y beteiligt, die eine Betriebsstätte im Land Y sowie eine Betriebsstätte im Land Z hat und ausschließlich dort tätig ist. Die ausländische KG im Staat Y hat im Inland keine Betriebsstätte nach 754

1 Vgl. Begründung zur Änderung von § 1 AStG durch das JStG 2013 in Schreiber/Nientimp, Verrechnungspreise, 5. Aufl. 2013, S. 562 zu Buchst. e § 1 Abs. 5 Satz 7 AStG.

2 BMF, Schreiben v. 22.12.2016 - IV B 5 - S 1341/12/10001-03 DAAAF-70144, BStBl 2017 I S. 182, Tz. 13.

3 BMF, Schreiben v. 22.12.2016 - IV B 5 - S 1341/12/10001-03 DAAAF-70144, BStBl 2017 I S. 182, Tz. 13.

§ 12 AO, auch wenn dort der Mitunternehmer D wohnt. Erweitert man nun dieses Beispiel dahingehend, dass der Inländer D der ausländischen KG ein unverzinsliches Darlehen gewährt, dann ergeben sich folgende steuerliche Konsequenzen. Der Darlehensanspruch von D gegen die KG gehört zivilrechtlich nicht zum Betriebsvermögen der KG, da dieser nicht den Betriebsstätten in den Ländern Y und Z zugeordnet werden kann. Es gibt gleichermaßen keinen Hinweis, dass die KG eine inländische Betriebsstätte begründet. § 1 Abs. 5 AStG ist somit nicht anwendbar, dagegen nach § 1 Abs. 1 Satz 1 und 2 AStG entsprechend dem Fremdvergleichsgrundsatz eine entsprechende Verzinsung für das gewährte Darlehen anzusetzen.[1]

755–757 *Einstweilen frei*

9. Verhältnis zum Abkommensrecht

758 Entsprechend Satz 8 hat ein Abkommen zur Vermeidung der Doppelbesteuerung nur Vorrang, wenn dies anzuwenden ist und der Steuerpflichtige geltend macht, dass dessen Regelungen den Sätzen 1– 7 widersprechen. Der Steuerpflichtige hat nachzuweisen, dass der andere Staat sein Besteuerungsrecht entsprechend diesem Abkommen ausübt und deshalb die Anwendung der Sätze 1–7 zu einer Doppelbesteuerung führen würde (vgl. → Rz. 670).

759–761 *Einstweilen frei*

III. Anwendung des Fremdvergleichsgrundsatzes auf Betriebsstätten nach der BsGaV

1. Rechtsgrundlage und Überblick

762 § 1 Abs. 6 AStG enthält die Ermächtigung des BMF zum Erlass einer Rechtsverordnung zur Anwendung des Fremdvergleichsgrundsatzes, die sich auf die Einkünfteaufteilung bzw. Einkünfteermittlung in grenzüberschreitenden Betriebsstättenfällen erstreckt. Das BMF hat am 28.8.2014 die Verordnung zur Anwendung des Fremdvergleichsgrundsatzes auf Betriebsstätten nach § 1 Abs. 5 AStG (**Betriebsstättengewinnaufteilungsverordnung** – BsGaV) veröffentlicht.[2] Die BsGaV bezieht sich sowohl auf inländische Unternehmen mit einer in einem anderen Staat belegenen Betriebsstätte als auch ausländische

1 BMF, Schreiben v. 22.12.2016 - IV B 5 - S 1341/12/10001-03 DAAAF-70144, BStBl 2017 I S. 182, Tz. 18.

2 BR-Drucks. 401/14.

Unternehmen mit einer inländischen Betriebsstätte. Mit der Einführung des neuen § 1 Abs. 5 AStG und der BsGAV setzt der Gesetzgeber den Inhalt des **OECD-Betriebsstättenberichts 2010** in das innerstaatliche Recht um. Der OECD-Betriebsstättenbericht 2010 enthält die international entwickelten Grundsätze zur Anwendung des Fremdvergleichsgrundsatzes auf die grenzüberschreitende Aufteilung der Einkünfte zwischen einer Betriebsstätte und dem Unternehmen („**Authorised OECD Approach" – AOA**).[1] Mit der Umsetzung folgt Deutschland der im Rahmen der allgemeinen Systematik des § 1 AStG den internationalen Bemühungen, die bisher weitgehend uneinheitliche Praxis der internationalen Betriebsstättenbesteuerung verbindlich an einem einheitlichen Standard (Fremdvergleichsgrundsatz) auszurichten.[2] Die Grundsätze gelten auch für die grenzüberschreitende Aufteilung der Einkünfte aus selbständiger Arbeit für eine feste Geschäftseinrichtung.[3]

Die BsGaV ist in folgende Abschnitte gegliedert: 763

- Abschnitt 1: Allgemeiner Teil:
  - Unterabschnitt 1 Allgemeine Vorschriften: Zurechnung von Einkünften, Begriffsbestimmung, Hilfs- und Nebenrechnung (§§ 1–3)
  - Unterabschnitt 2 Zuordnungsregelungen (§§ 4–11)
  - Unterabschnitt 3 Dotationskapital, übrige Passivposten und Finanzierungsaufwendungen (§§ 12–15)
  - Unterabschnitt 4 Anzunehmende schuldrechtliche Beziehung (§§ 16–17)
- Abschnitt 2: Besonderheiten bei Bankenbetriebsstätten (§§ 18–22)
- Abschnitt 3: Besonderheiten bei Versicherungsbetriebsstätten (§§ 23–29)
- Abschnitt 4: Besonderheiten für Bau- und Montagebetriebsstätten (§§ 30–34)
- Abschnitt 5: Besonderheiten bei Förderbetriebsstätten (§§ 35–38)
- Abschnitt 6: Ständige Vertreter (§ 39)
- Abschnitt 7: Schlussvorschriften (§§ 40–41)

Die Inhaltsübersicht lässt erkennen, dass der Gesetzgeber den verschiedenen Ausprägungen an Betriebsstätten deutscher Unternehmer mit im Ausland belegenen Betriebsstätten und ausländischen Unternehmen mit inländischen 764

1 Begründung zur BsGaV v. 28.8.2014, BT-Drucks 401/14, zu Begründung.

2 BT-Drucks 401/14.

3 BT-Drucks 401/14; siehe Art. 14 OECD-MA 2008.

Betriebsstätten Rechnung trägt. Im Gegensatz hierzu hat sich die OECD in ihrem Betriebsstättenbericht 2010 maßgeblich auf die Industrie, Banken und Versicherungen konzentriert.

765 Bereits in der Begründung zur BsGaV wird darauf hingewiesen, dass zur Anwendung des Fremdvergleichsgrundsatzes die BsGaV zur Vermeidung von Beweisschwierigkeiten vielfach mit dem Konstrukt der **widerlegbaren Vermutung** arbeitet.[1] Hiermit wird dem Steuerpflichtigen bei Abweichung von der vorgegebenen gesetzlichen Vermutung erhöhte **Nachweis- und Dokumentationspflichten**[2] auferlegt.[3] Des Weiteren ist bei der Analyse der BsGaV auffällig, dass insbesondere bei den Regelungen zu der Zuordnung von Personalfunktionen, Vermögenswerten, Chancen und Risiken sowie Geschäftsvorfällen der Gesetzgeber bei einer nicht eindeutigen Zuordnung mit entsprechenden **Öffnungsklauseln** arbeitet. So wird die Formulierung *„nur dann abweichend [...] zuzuordnen, wenn dies im Einzelfall zu einem Ergebnis der Betriebsstätte führt, dass dem Fremdvergleichsgrundsatz besser entspricht"* vielfach verwendet. Der Gesetzgeber vertritt die Auffassung, dass diese Öffnungsklauseln einem Entgegenkommen an den Steuerpflichtigen entsprechen. Die Öffnungsklauseln können jedoch gleichermaßen als Unsicherheit des Gesetzgebers in der Umsetzung des AOAs ins innerstaatliche Recht und hiermit verbundene potenzielle Rechtskonflikte (z. B. EU-diskriminierende Regelungen hinsichtlich der unterschiedlichen Behandlung von in- und ausländischen Betriebsstätten) gewertet werden.[4]

766–768 *Einstweilen frei*

2. Grundprinzipien der Betriebsstättengewinnaufteilung

a) Der sog. „two-Step"-Ansatz

769 Entsprechend Art. 7 OECD-MA ist die Betriebsstätte eines Unternehmens für steuerliche Zwecke wie ein eigenständiges und unabhängiges Unternehmen zu behandeln. Die Umsetzung dieses Grundsatzes erfolgt entsprechend § 1

1 Vgl. Begründung zur BsGaV v. 28.8.2014, BT-Drucks. 401/14.

2 **Anm. d. Red.**: Verschärfung der Dokumentationspflichten für Verrechnungspreise: Für kleine und mittlere Unternehmen (KMU) ergeben sich durch das Gesetz zur Umsetzung der sog. DAC-7-Richtlinie bedeutende Veränderungen: Ab dem Wirtschaftsjahr 2025 ändert sich sowohl der zeitliche als auch der inhaltliche Anspruch an die Vorlage der Verrechnungspreisdokumentation. Dies hat zur Folge, dass sich KMU zukünftig bereits im Vorfeld einer steuerlichen Betriebsprüfung gründlich vorbereiten müssen, um im Nachgang mögliche Sanktionen zu vermeiden.

3 Wilmanns in Bernhardt, Verrechnungspreise, 2. Aufl. 2017, S. 556.

4 Wilmanns n Bernhardt, Verrechnungspreise, 2. Aufl. 2017, S. 556.

Abs. 5 AStG i. V. mit der BsGaV analog zu dem sog „**two-step Approach**" der OECD. Entsprechend § 1 Abs. 1 BsGaV ist im ersten Schritt eine **Funktions- und Risikoanalyse** der Geschäftstätigkeit der Betriebsstätte als Teil der Geschäftstätigkeit des Unternehmens durchzuführen. Im Mittelpunkt der Funktions- und Risikoanalyse ist die Identifizierung der für die Durchführung der Geschäftstätigkeit maßgeblichen **Personalfunktionen** und hierauf aufbauend die Zuordnung von Wirtschaftsgütern, des Dotationskapitals sowie der Geschäftsvorfälle. Gegenstand des zweiten Schrittes ist die **Vergleichbarkeitsanalyse** der Geschäftstätigkeit der Betriebsstätte. Diese Analyse ist die Grundlage für die Bestimmung der Verrechnungspreise in Übereinstimmung mit dem Fremdvergleichsgrundsatz.[1]

Einstweilen frei 770

aa) Funktions- und Risikoanalyse als Grundlage der Zurechnung von Einkünften („step one")[2]

Die **Funktions- und Risikoanalyse** stellt die Grundlage dar, der Betriebsstätte 771
ausgehend von der ihr zugeordneten Personalfunktionen alle Bestandteile der **Hilfs- und Nebenrechnung** zuzuordnen, die für die steuerliche Behandlung der Betriebsstätte als eigenständiges und unabhängiges Unternehmen erforderlich sind.[3] Die Hilfs- und Nebenrechnung umfasst die Vermögenswerte, das Dotationskapital, die übrigen Passiva und die damit zusammenhängenden Betriebseinnahmen und Betriebsausgaben.[4] Im Detail umfasst der Schritt 1 „Funktions- und Risikoanalyse" folgende Bestandteile:[5]

Einstweilen frei 772–774

(1) Personalfunktion[6]

Identifizierung der **Personalfunktion** des Unternehmens und die Personalfunk- 775
tion, die der Betriebsstätte zuzuordnen ist. Als Personalfunktion wird hierbei eine Geschäftstätigkeit verstanden, die von eigenem Personal des Unternehmens für das Unternehmen ausgeübt wird.[7] Der Begriff „eigenes Personal" wird begrenzt auf natürliche Personen, die aufgrund einer gesellschaftsver-

1 § 1 Abs. 1 BsGaV.

2 § 1 Abs. 2 BsGaV.

3 Vgl. Begründung zur BsGaV v. 28.8.2014, BR-Drucks. 401/14, Besonderer Teil zu § 1 Abs. 2.

4 § 3 Abs. 2 BsGaV.

5 § 1 Abs. 2 BsGaV.

6 § 1 Abs. 2 Nr. 1 BsGaV.

7 § 2 Abs. 3 BsGaV.

traglichen oder arbeitsvertraglichen Vereinbarung mit dem Unternehmen für das Unternehmen tätig werden.[1] Eine natürliche Person gehört auch dann zum eigenen Personal des Unternehmens, wenn ein anderes Unternehmen sich vertraglich verpflichtet hat, die natürliche Person dem Unternehmen als Personal zu überlassen und sich die Verpflichtung auf die Überlassung beschränkt.[2] Somit wird klargestellt, dass in bestimmten Fällen auch Arbeitnehmer eines anderen Unternehmens als „eigenes Personal" des betrachteten Unternehmens erfasst werden können, wenn sie auf Weisung des anderen Unternehmens im Rahmen der arbeitsvertraglichen Pflichten für das betrachtete Unternehmen tätig werden und eine **Personalüberlassung** durch das andere Unternehmen ohne darüber hinausgehende Leistungsverpflichtungen für das andere Unternehmen vorliegt. Das betrachtete Unternehmen hat in diesen Fällen lediglich die Arbeitskraft der natürlichen Person durch die Einschaltung eines anderen Unternehmens beschafft, anstatt selbst mit der natürlichen Person einen Arbeitsvertrag abzuschließen.[3]

776 Für den Nachweis der Zuordnung von Personalfunktionen sind maßgeblich Organigramme mit hiermit verbundenen Stellenausschreibungen von Bedeutung.

777 Die Personalfunktion einer Betriebsstätte ist maßgeblich für die anschließende Zuordnung von Vermögenswerten, Chancen und Risiken sowie von Geschäftsvorfällen, wenn ihre Ausübung im üblichen Geschäftsbetrieb die größte Bedeutung für den jeweiligen Zuordnungsgegenstand zukommt.[4] Somit sind nicht maßgebliche Personalfunktionen, die lediglich unterstützenden Charakter haben oder ausschließlich die allgemeine Geschäftspolitik des Unternehmens betreffen.[5] In der Begründung zum Gesetz wird der Begriff „Bedeutung" dahingehend konkretisiert, dass je nach Geschäftstätigkeit quantitative (z. B. Kosten) als auch qualitative (z. B. Entscheidungskompetenz, **Wertschöpfungsbeitrag**) Kriterien herangezogen werden können.[6] Ausgehend aus der Praxis sollten jedoch den qualitativen Kriterien eine höhere Präferenz zugordnet werden als den quantitativen Kriterien.[7] Für die Frage, ob eine Personalfunktion „maßgeblich" ist, kommt es auf

1 § 2 Abs. 4 BsGaV.

2 § 2 Abs. 3 Satz 2 BsGaV.

3 Vgl. Begründung zur BsGaV v. 28.8.2014, BT-Drucks. 401/14, Besonderer Teil zu § 2 Abs. 4 Satz 2.

4 § 2 Abs. 5 Satz 1 BsGaV.

5 § 2 Abs. 5 Satz 2 BsGaV.

6 Vgl. Begründung zur BsGaV v. 28.8.2014, BT-Drucks. 401/14, Besonderer Teil zu § 1 Abs. 5 Satz 1.

7 Wilmanns in Bernhardt, Verrechnungspreise, 2. Aufl. 2017, S. 558.

den konkreten Bezug dieser Personalfunktion zum Zuordnungsgegenstand an.[1] Dies erscheint kritisch, da eine Verknüpfung aller Zuordnungsgegenstände vorliegt und die Personalfunktion nicht singulär auf einen Zuordnungsgegenstand eines Gegenstandes beurteilt werden kann. Mit **unterstützenden Funktionen** wird abgestellt auf Tätigkeiten im Rahmen der gesamten Geschäftstätigkeit, die nicht die eigentliche Haupttätigkeit umfassen. Beispiele sind Funktionen wie Buchhaltung, IT-Dienstleistungen etc. Des Weiteren werden Personalfunktionen, die ausschließlich die allgemeine Geschäftstätigkeit des Unternehmens betreffen, nicht als maßgebliche Personalfunktionen gewertet. Hierbei handelt es sich um typische strategisch ausgerichtete Geschäftsführer- oder Vorstandstätigkeiten, die nicht in das taktische und operative Tagesgeschäft eingreifen.[2] Die **Zuordnungsregeln** enthalten darüber hinaus **Öffnungsklauseln**, die unter bestimmten Voraussetzungen eine Zuordnung aufgrund anderer als der zunächst vorrangig zu wählenden Personalfunktion vorsehen, um flexibel dem Fremdvergleichsgrundsatz entsprechende Lösungen zu erreichen.[3]

§ 1 Abs. 5 Satz 1 AStG verweist unmittelbar auf die Anwendung von § 1 Abs. 1–4 AStG, d. h., das Konzept der Zuordnung von Chancen/Risiken sowie Vermögenswerten folgend der Personalfunktion steht im unmittelbaren Verhältnis zu der nach Abs. 3 Satz 2 durchzuführenden **Funktions- und Risikoanalyse** sowie dem gesonderten **DEMPE-Konzept** entsprechend Abs. 3c, das Ausgangspunkt für die Ertragsberechtigung bei der Übertragung oder Überlassung zur Nutzung von immateriellen Werten herangezogen wird. Kern der Funktions- und Risikoanalyse entsprechend § 1 Abs. 3 Satz 2 AStG ist der sog. **Risikokontrollansatz**, wonach eine Zuordnung von Risiken auf Grundlage von (Personal-)Funktionen zur Kontrolle der Risiken erfolgt sowie von den finanziellen Mitteln zur Übernahme von Risiken abhängt. **Kontrolle** wird dabei definiert als die Fähigkeit, darüber zu entscheiden, Risiken einzugehen und Risiken zu managen, und diese Entscheidungsfunktionen auch auszuüben.[4] Voraussetzung für die Risikokontrollfunktion ist grundsätzlich, dass die Entscheidungsträger die notwendigen Erfahrungen und Kompetenzen haben und über eine ausreichende Informationsbasis verfügen, also ein rein qualitativer Ansatz.[5] 778

1 Vgl. Begründung zur BsGaV v. 28.8.2014, BT-Drucks. 401/14, Besonderer Teil zu § 2 Abs. 5 Satz 1.

2 Wilmanns in Bernhardt, Verrechnungspreise, 2. Aufl. 2017, S. 558.

3 Vgl. Begründung zur BsGaV v. 28.8.2014, BT-Drucks. 401/14, Besonderer Teil zu § 2 Abs. 5 Satz 1.

4 BMF, Schreiben v. 14.7.2021 - IV B 5 - S 1341/19/10017 :001 BAAAH-83917, BStBl 2021 I S. 1098, Tz. 3.5.

5 BMF, Schreiben v. 14.7.2021 - IV B 5 - S 1341/19/10017 :001 BAAAH-83917, BStBl 2021 I S. 1098, Tz. 3.6.

779 Entsprechend § 1 Abs. 5 BsGaV werden den identifizierten und bewerteten Personalfunktion Vermögenswerte (§ 1 Abs. 6 BsGaV), Chancen und Risiken und Geschäftsvorfälle („Dealings") zugeordnet. Weder die BsGaV noch das BMF-Schreiben zur Betriebsstättengewinnaufteilung vom 22.12.2016 gehen, mit Ausnahme der gesonderten Regelungen zur Banken- und Versicherungsbetriebsstätte, explizit auf die Risikokontrollfunktion ein. Lediglich § 10 Abs. 3 BsGaV besagt, dass wenn eine andere Personalfunktion für die Zuordnung von Chancen und Risiken im Zusammenhang mit der unternehmerischen Geschäftstätigkeit von Bedeutung ist (Personalfunktionenkonkurrenz), so ist diese andere Personalfunktion für die betroffenen Chancen und Risiken heranzuziehen. Entsprechend § 10 Abs. 2 Satz 3 BsGaV können es die anderen Personalfunktionen sein, die die Risikosteuerung, die Realisation, die Entscheidung, die Änderungen hinsichtlich von Chancen und Risiken vornehmen.[1] Es muss davon auszugehen werden, dass zukünftig § 10 Abs. 3 BsGaV die eigentliche Brücke zum Risikokontrollansatz entsprechend § 1 Abs. 3 Satz 2 AStG sein wird.

780 *Einstweilen frei*

(2) Zuordnung von Vermögenswerten sowie Chancen und Risiken[2]

781 Basierend auf der Bestimmung der maßgebenden Personalfunktionen werden **Vermögenswerte** sowie die hiermit verbundenen **Chancen und Risiken** zugeordnet. Ohne dass im Gesetz hierauf konkret eingegangen wird, ist mit der Identifizierung der maßgeblichen Personalfunktionen nicht nur über die Zuordnung von Vermögenswerten befunden, sondern auch insbesondere die Chancen/Risikoallokation bestimmt. Im Gegensatz zu Geschäftsbeziehungen zwischen rechtlichen Einheiten, bei denen eine unternehmerische und vertragliche Gestaltungsfreiheit vorhanden ist, wird im Falle der Betriebsstätte mit der Anwendung der Personalfunktion als Zuordnungsbasis ein weitergehender Automatismus hinsichtlich der Zuordnung der Chancen bzw. Risiken ausgelöst. Dies kann zu einer abweichenden Verrechnungspreisanalyse im Vergleich Geschäftsbeziehung zwischen rechtlich selbstständigen Einheiten zu Verhältnissen mit Betriebsstätten führen.[3]

782 Vermögenswerte sind entsprechend § 2 Abs. 6 BsGaV Wirtschaftsgüter und Vorteile, unabhängig von der Bilanzierbarkeit oder ihrer bilanziellen Behand-

1 § 10 Abs. 3 BsGaV i. V. mit BMF, Schreiben v. 22.12.2016 - IV B 5 - S 1341/12/10001-03 DAAAF-70144, BStBl 2017 I S. 182, Tz. 120.

2 § 1 Abs. 2 Nr. 2 BsGaV.

3 Wilmanns in Bernhardt, Verrechnungspreise, 2. Aufl. 2017.

lung. Zu den Vermögenswerten gehören insbesondere materielle Wirtschaftsgüter, immaterielle Werte einschließlich immaterieller Wirtschaftsgüter, sowie Beteiligungen und Finanzanlagen. Das Gesetz lehnt sich bei der Definition des Begriffs „Vermögenswerte" sehr stark an die Regelungen zur **Funktionsverlagerung** an, die von *„Wirtschaftsgütern und sonstigen Vorteile[n], sowie die hiermit verbundenen Chancen und Risiken"* sprechen.[1] Die tatsächliche Bilanzierung und die Bilanzierbarkeit von Wirtschaftsgütern sind für die Zwecke der Betriebsstättengewinnaufteilung bzw. -ermittlung nicht entscheidend. Auch nicht bilanzierte oder nicht bilanzierbare Vermögenswerte können für anzunehmende schuldrechtliche Beziehungen und für die entstehenden Einkünfte von erheblicher Bedeutung sein.[2]

Einstweilen frei 783–785

(3) Zuordnung von Dotationskapital[3]

786 Einer Betriebsstätte ist sowohl zu Beginn als auch Ende eines Wirtschaftsjahres derjenige Anteil am Eigenkapital zuzuordnen, der den ihr zugeordneten Personalfunktionen, ihrem Anteil an den Vermögenswerten sowie den Chancen und Risiken im Verhältnis zum übrigen Unternehmen entspricht (**Kapitalaufteilungsmethode**).[4] In Abhängigkeit, ob es sich um eine inländische Betriebsstätte ausländischer Unternehmen[5] oder einer ausländischer Betriebsstätte inländischer Unternehmen[6] handelt kann auch die sog. **Mindestkapitalausstattungsmethode** zur Bestimmung der angemessenen **Eigenkapitalausstattung der Betriebsstätte** herangezogen werden. Das Mindestkapital bezieht sich hierbei auf eine – meistens aufsichtsrechtlich – vorgegebene gesetzlich geregelte Kapitalausstattung.

Einstweilen frei 787

(4) Zuordnung von Passiva[7]

788 Soweit erforderlich sind aufgrund der Zuordnung von Vermögenswerten, von Chancen und Risiken sowie von **Dotationskapital** der Betriebsstätte weitere **Passiva** zuzuordnen. Entsprechend § 14 BsGaV wird hierbei zwischen der direk-

1 § 1 Abs. 2 FVerlV.
2 Vgl. Begründung zur BsGaV v. 28.8.2014, BT-Drucks. 401/14, Besonderer Teil zu § 2 Abs. 6 Satz 1.
3 § 1 Abs. 2 Nr. 3 BsGaV.
4 § 12 Abs. 1 BsGaV.
5 § 12 Abs. 1 BsGaV.
6 § 13 Abs. 1 BsGaV.
7 § 1 Abs. 2 Nr. 4 BsGaV.

ten und indirekten Zuordnung unterschieden, wobei die direkte Methode der indirekten Methode vorgeht.

789 Bei der **direkten Methode** werden der Betriebsstätte die übrigen Passiva (nach Zuordnung des Dotationskapitals) zugeordnet, die im unmittelbaren Zusammenhang mit den von der Betriebsstätte ausgeübten Funktionen, den zugeordneten Vermögenswerten und den hiermit verbundenen Chancen und Risiken stehen.[1] Es wird somit ein unmittelbarer Zusammenhang zwischen den der Betriebsstätte zugeordneten Aktiva und den Fremdkapitalposten einschließlich der Rückstellungen verlangt. Im Falle, dass die zugeordneten Passiva den zuordnungsfähigen Betrag übersteigen, sind die zugeordneten Passiva entsprechend anteilig zu kürzen.[2] Die Situation kann insbesondere dann eintreten, wenn das Mindestdotationskapital höher ist als das Eigenkapital der rechtlichen Einheit. Im Ergebnis sind in einem solchen Fall nicht alle Zinsen, die direkt zugeordnet werden können, bei der Betriebsstätte für steuerliche Zwecke abzugsfähig.

790 Bei der **indirekten Methode** werden die übrigen Passiva, die nicht auf der Grundlage der direkten Methode der Betriebsstätte zugeordnet werden konnten, in Höhe des noch zuordnungsfähigen Betrages der Betriebsstätte zugerechnet.[3] Dies ist notwendig, um die Passivseite der Aktivseite anzugleichen.

791 *Einstweilen frei*

(5) Zuordnung von Geschäftsvorfälle mit unabhängigen Dritten und mit nahestehenden Personen[4]

792 Beruht das Zustandekommen eines Geschäftsvorfalls des Unternehmens mit einem unabhängigen Dritten oder mit einer nahestehenden Person auf der Personalfunktion einer Betriebsstätte, so ist dieser Geschäftsvorfall und die hiermit verbundenen Betriebseinnahmen und -ausgaben der Betriebsstätte zuzuordnen. Sollte die mit dem **Geschäftsvorfall** zusammenhängende Personalfunktion gleichzeitig in mehreren Unternehmenseinheiten der rechtlichen Einheit ausgeübt werden, so ist der Geschäftsvorfall der Unternehmenseinheit zuzurechnen, in der die Personalfunktion mit der größeren Bedeutung ausgeübt wird.[5] Die „Bedeutung" der **Personalfunktion** kann ggf. beeinflusst werden durch Personalfunktionen, die im Zusammenhang mit der Erfüllung

1 § 14 Abs. 1 BsGaV.
2 § 14 Abs. 2 BsGaV.
3 § 14 Abs. 3 BsGaV.
4 § 1 Abs. 2 Nr. 5 BsGaV.
5 § 9 Abs. 3 BsGaV.

der Verpflichtungen aus dem Geschäftsvorfall, dessen Verwaltung oder dessen Risikosteuerung stehen. Somit hängt die Zuordnung der Geschäftsvorfälle vielfach von der Art und dem Umfang dieser und der hiermit eingebundenen Personalfunktionen ab.[1]

Einstweilen frei 793–795

(6) Zuordnung anzunehmender schuldrechtlicher Beziehungen der Betriebsstätte zum übrigen Unternehmen[2]

Bei den **anzunehmenden schuldrechtlichen Beziehungen** handelt es sich um wirtschaftliche Vorgänge, die im Verhältnis zwischen der Betriebsstätte und dem übrigen Unternehmen eine Änderung der oben genannten Zuordnungen erforderlich machen oder die die Betriebsstätte mit unabhängigen Unternehmen durch schuldrechtliche Vereinbarungen regeln oder diese wie unter fremden Dritten zur Geltendmachung von Rechtspositionen führen würde.[3] 796

Eine anzunehmende schuldrechtliche Beziehung zwischen einer Betriebsstätte und dem übrigen Unternehmen ist Ersatz für eine bestimmte schuldrechtliche Beziehung, die entsprechend der **Funktions- und Risikoanalyse** zustande gekommen wäre, wenn die Betriebsstätte ein rechtlich selbständiges Unternehmen wäre. Typische Geschäftsvorfälle, die zu einer anzunehmenden schuldrechtlichen Beziehung führen, sind die Erbringung von Dienstleistungen, die Nutzungsüberlassung von Vermögenswerten, die Veräußerung bzw. Übertragung von Vermögenswerten einschließlich von Waren.[4] 797

Es ist festzustellen, dass bei fast allen Zuordnungsregelungen entsprechende **Öffnungsklauseln** hinzugefügt worden sind. Diese beziehen sich insbesondere auf den Tatbestand, wenn eine Personalfunktion nicht einer Betriebsstätte eindeutig zugeordnet werden kann oder diese im Konflikt mit anderen Personalfunktionen verschiedener Betriebsstätten stehen. In diesen Fällen hat der Steuerpflichtige nachzuweisen, dass die abweichende Zuordnung des betreffenden Tatbestandes nicht im Widerspruch zu den gesetzlichen Regelungen steht. 798

Einstweilen frei 799–801

---

1 Wilmanns in Bernhardt, Verrechnungspreise, 2. Aufl. 2017, S. 560.

2 § 1 Abs. 2 Nr. 6 BsGaV.

3 § 16 Abs. 1 BsGaV.

4 Vgl. Begründung zur BsGaV v. 28.8.2014, BT-Drucks. 401/14, Besonderer Teil zu § 6 Abs. 1.

bb) Weitere Zuordnungsregeln als Bestandteil von „step one"

(1) Zuordnung von Wirtschaftsgütern

Grundsatz

802 Das Gesetz sieht hinsichtlich der Zuordnungskriterien in Übereinstimmung mit dem OECD-Bericht 2010 eine Differenzierung zwischen materiellen Wirtschaftsgütern und immateriellen Werten vor.

Materielle Wirtschaftsgüter

803 Bei **materiellen Wirtschaftsgütern** besagt die Grundsatzregel, dass die Zuordnung sich in erster Linie nach dem **Ort der Nutzung** ausrichtet, d. h., die Nutzung ist als die maßgebliche Personalfunktion anzusehen.[1]

804 Bei der Zuordnung von materiellen Wirtschaftsgütern ist im ersten Schritt zwischen unbeweglichen und beweglichen Wirtschaftsgütern zu unterscheiden. **Unbewegliche, materielle Wirtschaftsgüter** wie Grundstücke, grundstücksgleiche Rechte und Bauten werden aufgrund ihrer räumlichen Fixierung im jeweiligen Vertragsstaat der dort belegenen Betriebsstätte des Unternehmens zugeordnet.[2]

805 Bei beweglichen Wirtschaftsgütern, typischerweise Sachanlagen und Vorräten, wird hinsichtlich der Zuordnung dieser nach dem Nutzungsprofil unterschieden. In Abhängigkeit der Nutzungsprofile ergeben sich folgende steuerliche Konsequenzen:[3]

- Die ausschließliche Nutzung durch Personalfunktionen einer Betriebsstätte: Dies ist die Grundregel, d. h. die materiellen Wirtschaftsgüter, die ausschließlich vom Personal einer Betriebsstätte genutzt werden, sind dieser zuzuordnen.
- Dauerhafte Nutzungsänderung: In diesem Fall ist von einem fiktiven Verkauf des materiellen Wirtschaftsgutes auszugehen.
- Temporäre Nutzungsänderung: Diese führt nicht zu einer geänderten Zuordnung, wenn die bisherige Personalfunktion weiterhin ausgeübt wird oder absehbar ist, dass die Nutzungsänderung nur einen überschaubaren Zeitraum umfasst bzw. vorübergehend ist.[4]

---

1 § 5 Abs. 1 BsGaV i. V. mit der Begründung zur BsGaV v. 28.8.2014, BT-Drucks. 401/14, Besonderer Teil zu § 5 Abs. 1 Satz 1.

2 § 5 Abs. 2 Satz 3 BsGaV.

3 Wellens/van der Ham in Oestreicher/Schnitger/Wellens, Gewinnabgrenzung nach dem AOA, 2020, Tz. 7.119 ff.

4 BMF, Schreiben v. 22.12.2016 - IV B 5 - S 1341/12/10001-03 DAAAF-70144, BStBl 2017 I S. 182, Tz. 78.

- Häufige Nutzungsänderungen: Nach Ansicht der Finanzverwaltung liegt eine häufige Nutzungsänderung dann vor, wenn die Nutzung eines materiellen Wirtschaftsgutes mehr als zweimal im Jahr wechselt.[1] Hiernach ist das materielle Wirtschaftsgut jener Betriebsstätte zuzuordnen, für deren Geschäftstätigkeit es überwiegend genutzt wird.[2]

Eine Funktionsaufteilung ist für materielle Wirtschaftsgüter nicht möglich, da sie aufgrund ihres materiellen Charakters und ihrer Örtlichkeit nur jeweils in einer Betriebsstätte genutzt werden können. Werden allerdings andere Personalfunktionen gleichzeitig in verschiedenen Betriebsstätten ausgeübt, dann handelt es sich um eine **Personalfunktionskonkurrenz**. In diesen Fällen ist das materielle Wirtschaftsgut der Betriebsstätte zuzuordnen, deren anderer Personalfunktion die größte Bedeutung für das materielle Wirtschaftsgut zukommt.[3] 806

Zusammenfassend ist festzustellen, dass wenn andere Personalfunktionen (nicht die Nutzung) in verschiedenen anderen Betriebsstätten ausgeübt werden, im Einzelfall von größerer Bedeutung für ein materielles Wirtschaftsgut als die Nutzung (Personalfunktionenkonkurrenz), so ist das materielle Wirtschaftsgut der Betriebsstätte zuzuordnen, in der die andere Personalfunktion mit der größeren Bedeutung ausgeübt wird.[4] Hinsichtlich der steuerlichen Behandlung einer personallosen Betriebsstätte wird auf Gliederungspunkt 6 verwiesen. 807

Immaterielle Vermögenswerte

Bei **immateriellen Vermögenswerten** richtet sich die Zuordnung nach der Grundregel aus, welche **Personalfunktion** den betreffenden immateriellen Wert geschaffen hat bzw. welche Personalfunktion den betreffenden immateriellen Wert erworben hat (vgl. → Rz. 777).[5] Ein immaterieller Wert kann dann einer anderen Betriebsstätte als derjenigen, aufgrund derer Personalfunktion der immaterielle Wert geschaffen oder erworben wird, zugerechnet werden, wenn die Bedeutung einer in dieser anderen Betriebsstätte ausgeübten anderen Personalfunktion eindeutig gegenüber der Bedeutung der Personalfunk- 808

1 Vgl. BMF, Schreiben v. 22.12.2016 - IV B 5 - S 1341/12/10001-03 DAAAF-70144, BStBl 2017 I S. 182, Tz. 79.

2 § 5 Abs. 1 Satz 3 BsGaV

3 § 5 Abs. 1 Satz 2 BsGaV; Wellens/van der Ham, in Oestreicher/Schnitger/Wellens, Gewinnabgrenzung nach dem AOA, 2020, Tz. 7.125.

4 § 5 Abs. 3 BsGaV; vgl. BMF, Schreiben v. 22.12.2016 - IV B 5 - S 1341/12/10001-03 DAAAF-70144, BStBl 2017 I S. 182, Tz. 83.

5 § 6 Abs. 1 BsGaV.

tion, die für die oben genannten Aktivitäten zuständig ist, überwiegt. Andere Personalfunktionen sind insbesondere solche, die im Zusammenhang mit der Nutzung, der Verwaltung, der Weiterentwicklung, dem Schutz oder der Veräußerung des immateriellen Wertes stehen.[1] Die gesamte Regelung ist vergleichbar mit der in den revidierten OECD-Richtlinien umgesetzten OECD-Aktionsmaßnahme 8. Sowohl die definitorische Abgrenzung des Begriffs „immaterieller Wert" als auch die Kriterien der Zuordnung des wirtschaftlichen Eigentums sind sehr stark vergleichbar.

809 Mit § 1 Abs. 3c AStG wurde in Anlehnung an die OECD-Verrechnungspreisrichtlinien ein **Ertragsberechtigungskonzept** eingeführt, wonach die festgestellten Inhaber oder Eigentümer an den den **immateriellen Werten** nahestehende Personen zu vergüten hat, wenn und soweit sie in Bezug auf den immateriellen Wert Leistungen erbringen bzw. Funktionen ausüben. Dementsprechend erfolgt die Zuordnung von Erträgen aus immateriellen Werten nach den übernommenen Funktionen und Risiken und deren Kontrolle.[2] In der Konsequenz bedeutet dies, dass die Vergütung von immateriellen Werten in einem zweistufigen Verfahren bestimmt wird, und zwar im ersten Schritt die Identifizierung der Inhaber oder rechtlichen Eigentümer an den immateriellen Werten und im zweiten Schritt die Bestimmung der Ertragsberechtigung anhand der Funktions- und Risikoanalyse, der sog. **DEMPE-Analyse**. Ziel dieses Konzeptes ist es, die beschriebene wirtschaftliche Betrachtungsweise international konsistent umzusetzen, um auf diese Weise Doppelbesteuerung zu vermeiden, eine sachgerechte Zuordnung von Besteuerungsrechten zu gewährleisten und die Staaten anzuhalten, sich von der rein rechtlichen Betrachtungsweise im Hinblick auf die Inhaberschaft oder das Eigentum zu lösen.[3]

810 Im Grundsatz ist § 6 BsGaV eine Folgevorschrift von § 1 Abs. 3c AStG. § 1 Abs. 3c AStG definiert die Vergütung bei einer Übertragung oder Überlassung zur Nutzung zwischen rechtlich selbständigen nahestehenden Personen, während § 6 BsGaV die Zuordnung von immateriellen Werten und die hiermit verbundene Vergütungssystematik zwischen Betriebsstätte und Unternehmen bestimmt. § 6 BsGaV baut auf der Annahme auf, dass bereits geklärt ist, dass das Unternehmen Inhaber bzw. rechtlicher Eigentümer an den immateriellen Werten ist. In der Folge wird anhand der Personalfunktion die Zuordnung von

1 § 6 Abs. 2 BsGaV.

2 § 1 Abs. 3c Satz 4 AStG; Begründung zur Änderung von § 1 AStG durch das AbzStEntModG, zu § 1 Abs. 3c Satz 4.

3 § 1 Abs. 3c Satz 4 AStG; Begründung zur Änderung von § 1 AStG durch das AbzStEntModG, zu § 1 Abs. 3c Satz 4.

immateriellen Werten zwischen Unternehmen und Betriebsstätte bestimmt. Im Gegensatz zu § 1 Abs. 3c AStG lässt jedoch § 6 Abs. 4 BsGaV bei Vorliegen einer **Personalfunktionenkonkurrenz**, d. h., wenn maßgebliche Personalfunktionen von mehreren Betriebsstätten ausgeübt werden, eine anteilige Zuordnung zu den Betriebsstätten zu.[1] Dies bedeutet, dass im Falle von Betriebsstätten ein dreistufiges Verfahren vorzunehmen ist, und zwar nach der Klärung der (rechtlichen) Inhaberschaft oder der Eigentümerschaft (1. Stufe), die Bestimmung der wirtschaftlichen Inhaberschaft anhand der maßgeblichen Personalfunktionen mit der Option der anteiligen Zuordnung bei Vorliegen einer Personalfunktionenkonkurrenz (2. Stufe) und schließlich die Bestimmung der Ertragsberechtigung aus der Verwertung der immateriellen Werte anhand der Funktions- und Risikoanalyse/DEMPE-Analyse (3. Stufe).

Die Besteuerung **digitalisierter bzw. sog. datenbasierter Geschäftsmodelle** 811
wird zunehmend im Kontext der dargestellten Regelungen diskutiert. Kommt man zu dem Ergebnis, dass **Daten** einen immaterieller Wert darstellen,[2] ist § 1 Abs. 5 i. V. mit § 1 Abs. 3c AStG entsprechend anzuwenden (vgl. → Rz. 777). In diesem Falle sind die datenbasierten Einkünfte für steuerliche Zwecke auf der Grundlage der DEMPE-Funktionen i. V. mit der Einbeziehung der maßgeblichen Personalfunktion (§ 2 Abs. 3 BsGaV) entsprechend abzugrenzen. In der Konsequenz würde dies bedeuten, dass bei einem Übergang eines immateriellen Wertes in Form von Daten aufgrund der dargestellten Zuordnungsgrundsätze von einer inländischen Betriebsstätte dauerhaft auf das ausländische Unternehmen oder umgekehrt übergeht, es unabhängig von der steuerbilanziellen (Nicht-)Erfassung der Daten zur **Entstrickung** (§ 12 Abs. 1 Satz 2 KStG) kommt.[3]

Einstweilen frei 812

1 § 6 Abs. 4 BsGaV; BMF, Schreiben v. 22.12.2016 - IV B 5 - S 1341/12/10001-03 DAAAF-70144, BStBl 2017 I S. 182, Tz. 97.

2 Leich, IStR 2021 S. 968.

3 Leich, IStR 2021 S. 971.

(2) Zuordnung von Beteiligungen, Finanzanlagen und ähnlichen Vermögenswerten

Grundsätze

813 **Beteiligungen**, **Finanzanlagen** und **ähnliche Vermögenswerte** sind in erster Linie aufgrund der Nutzung zuzuordnen, d. h. die funktionale Nutzung ist vorrangig als maßgebliche Personalfunktion anzusehen.[1]

Zuordnung von Beteiligungen zum Betriebsvermögen einer Personengesellschaft[2]

814 Die Erfolgs- und Vermögensabgrenzung bei **Personengesellschaften** in grenzüberschreitenden Fällen beschäftigt die Finanzverwaltung, die Finanzgerichtsbarkeit und in der Folge auch die Literatur immer wieder. Eine zentrale Frage hierbei ist, wann bzw. unter welchen Voraussetzungen eine Kapitalgesellschaftsbeteiligung dem Betriebsvermögen einer in- oder ausländischen Personengesellschaft zuzuordnen ist.

815 Um das Betriebsvermögen und folglich auch den Gewinn einer **Mitunternehmerschaft** i. S. der §§ 4, 5 Abs. 1 EStG bestimmen zu können, hat sich im Zusammenhang mit § 4 Abs. 4 EStG das sog. **Veranlassungsprinzip** entwickelt, d. h. eine Vorgehensweise zur Abgrenzung der Erwerbs- von der Privatsphäre (vgl. → Rz. 670).[3] Eine betriebliche Veranlassung ist nach der laufenden Rechtsprechung dann gegeben, wenn die Aufwendungen objektiv mit dem Betrieb zusammenhängen und subjektiv dem Betrieb zu dienen bestimmt sind. Die Beweislast liegt hierbei beim Steuerpflichtigen.

816 Um einer deutschen Personengesellschaft eine Beteiligung zuordnen zu können, muss diese Personengesellschaft Einkünfte aus Gewerbebetrieb erzielen und den Mitunternehmern im Inland eine Betriebsstätte nach § 12 AO vermitteln. Aufgrund der gewerblichen Gewinne der Personengesellschaft sind die nicht inländischen Mitunternehmer gem. § 49 Abs. 1 Nr. 2 Buchst. a EStG beschränkt steuerpflichtig. Verfügt eine Personengesellschaft in der Folge über eine feste Geschäftseinrichtung i. S. des Art. 5 OECD-MA und ist gewerblich geprägt, so erzielt sie durch diese Betriebsstätte abkommensrechtlich Unternehmergewinne. Nach Art. 7 Abs. 1 Satz 2 OECD-MA stehen abkommensrechtlich jenem Staat dann die Besteuerungsrechte zu, wenn die unternehmerische Tätigkeit in diesem Staat durch eine dort belegene Betriebsstätte ausgeübt

1 § 7 Abs. 1 BsGaV i. V. mit der Begründung zur BsGaV v. 28.8.2014, BT-Ducks. 401/14, Besonderer Teil zu § 7 Abs. 1 Satz 1.

2 § 1 Abs. 2 Nr. 2 BsGaV.

3 Haun/Klumpp, IStR 2018 S. 662.

wird. Entsprechend dem **Betriebsstättenvorbehalt** sind dieser Betriebsstätte vorrangig zu anderen Zuordnungs- oder Verteilungsartikeln des jeweiligen DBA alle Wirtschaftsgüter zuzuordnen, die zu der betrachteten Betriebsstätte eine „tatsächliche" Zugehörigkeit aufweisen.[1]

817 Vielfach wird, um die Besteuerungsrechte an den Wirtschaftsgütern (insbesondere an den Beteiligungen) im Inland zu behalten, eine Mitunternehmerschaft als geschäftsleitende Holding mit originär gewerblicher Tätigkeit etabliert. Entsprechend § 7 Abs. 1 Satz 1 BsGaV wird für die Zuordnung einer Beteiligung als maßgebliche Personalfunktion die Nutzung dieser herangezogen. Die Nutzung entspricht wiederum der **funktionalen Zuordnung**.[2] Im Grundsatz entspricht diese funktionale Zuordnung dem vor der Einführung des AOAs in § 1 Abs. 5 AStG geltenden Veranlassungsprinzip nach § 4 Abs. 4 EStG. Da eine Beteiligung nicht aufgeteilt werden kann, ist, wie dargestellt, der vorrangige **Veranlassungszusammenhang** festzustellen, um zu einer zutreffenden und eindeutigen Zuordnung der Beteiligung zu kommen. Wenn jedoch keine funktionale Zuordnung im Sinne des Nutzungsbegriffs hergestellt werden kann, ist auf die **Personalfunktion** im Zusammenhang mit der Anschaffung, Verwaltung, Risikosteuerung oder Veräußerung eines Vermögenswertes abzustellen.[3]

818 Eine Personengesellschaft übt eine originäre gewerbliche Tätigkeit aus, wenn sie aus eigener Tätigkeit Einkünfte i. S. des § 15 Abs. 1 EStG bezieht. Der Begriff der gewerblichen Tätigkeit ist dabei nicht definiert, entspricht jedoch dem des Gewerbebetriebs nach § 15 Abs. 2 EStG.[4] Ein Gewerbebetrieb setzt nach § 15 Abs. 2 EStG die Ausübung einer nach außen gerichteten, d. h. am allgemeinen wirtschaftlichen Verkehr teilnehmenden, selbstständigen und nachhaltigen Betätigung mit Gewinnerzielungsabsicht voraus. Dabei ist selbstständig tätig, wer (Mit-)Unternehmerrisiko trägt und (Mit-)Unternehmerinitiative entfaltet. Dies ist erfüllt, wenn bei einer eigenen Tätigkeit auf eigene Rechnung und Gefahr nach außen aufgetreten wird, d. h., Güter oder Leistungen am Markt erkennbar für Dritte gegen Entgelt angeboten werden.[5] Dies ist nach Auffassung der Finanzverwaltung bereits erfüllt, wenn Dienst-

1 Haun/Klumpp, IStR 2018 S. 663.
2 § 7 Abs. 1 Satz 2 BsGaV.
3 § 7 Abs. 3 BsGaV.
4 Vgl. BFH, Urteil v. 17.1.1973 - I R 191/72, BStBl 1973 II S. 260.
5 Vgl. BFH, Urteil v. 16.9.2015 - X R 43/12, BStBl 2016 II S. 48, Tz. 35; BFH, Urteil v. 25.6.1996 - VIII R 28/94, BStBl 1997 II S. 202, 205.

leistungen den Konzerngesellschaften erbracht werden.[1] Bei einer geschäftsleitenden Holding handelt es sich um ein Unternehmen, das – nach außen erkennbar – einem einheitlichen Plan folgend die einheitliche Leitung im Konzern über abhängige Unternehmen ausübt.[2] Die Beteiligungen an den oder dem abhängigen Unternehmen dienen in einer solchen Konstellation dem Zweck der einheitlichen Leitung.[3] Eine geschäftsleitende Holding zeichnet sich dadurch aus, dass anhand äußerer Merkmale erkennbar ist, dass die Holding und das etablierte Management strategische Entscheidungen (z. B. in Personalangelegenheiten, Preispolitik, Werbung, Öffentlichkeitsarbeit, im Vertrieb, der Unternehmensstrategie) für andere Unternehmen des Konzerns trifft.[4] Nach der ständigen Rechtsprechung des BFH sind hierbei Vorgaben schriftlicher Richtlinien der Geschäftspolitik, die Erteilung schriftlicher Weisungen sowie schriftlich festgehaltene Empfehlungen und Besprechungen notwendig.[5]

819 In diesen Fällen ist davon auszugehen, dass die Personalfunktion vom Stammhaus bzw. der Betriebsstätte ausgeübt wird. In der Praxis ist erkennbar, dass die Finanzverwaltung hier auf den Aspekt der Anschaffung als maßgebliches Zuordnungskriterium abstellt, d. h., wer die Mittel zur Investition erwirtschaftet hat.[6]

820 Trotz der rechtlichen Selbständigkeit einer Personengesellschaft ist eine Prüfung des **Veranlassungszusammenhangs** wie zwischen einem Stammhaus und einer unselbständigen Betriebsstätte vorzunehmen.[7] Insofern entfaltet die Rechtsfähigkeit der Personengesellschaft keine abschirmende Wirkung und die Erfolgs- und Vermögensabgrenzung erfolgt wie bei dem Stammhaus und einer unselbständigen Betriebsstätte. Die funktionale Zuordnung i. S. der Nutzung nach § 7 Abs. 1 AStG, und wenn diese nicht gegeben ist, dann die

---

1 Vgl. BMF, Schreiben v. 24.1.2012 - IV B 3 - S 2411/07/10016 VAAAE-01378, BStBl 2012 I S. 171, Tz. 5.2.; BMF, Schreiben v. 10.11.2005 - IV B 7 - S 2770 - 24/05 JAAAB-69711, BStBl 2005 I S. 1038, Tz. 17 f.

2 Vgl. BFH, Urteil v. 28.10.2008 - VIII R 73/06, BStBl 2009 II S. 647; BFH, Urteil v. 24.2.2005 - IV R 12/03, BStBl 2006 II S. 361.

3 Vgl. BFH, Urteil v. 24.2.2005 - IV R 12/03, BStBl 2006 II S. 361; Dötsch in Dötsch/Pung/Möhlenbrock, KStG (Stand: August 2016), § 14 KStG Tz. 152.

4 Vgl. BFH, Urteil v. 28.10.2008 - VIII R 73/06, BStBl 2009 II S. 647, BFH, Urteil v. 17.12.2003 - I R 47/02 PAAAB-17473.

5 Vgl. BFH, Urteil v. 28.10.2008 - VIII R 73/06, BStBl 2009 II S. 647; Frotscher in Frotscher/Drüen, KStG (Stand: Juni 2020), § 14 KStG Tz. 147.

6 Haun/Klumpp, IStR 2018 S. 667, VwG BsGa, Rz. 105.

7 Haun/Klumpp, IStR 2018 S. 667, vgl. auch BFH, Urteil v. 29.11.2017 - I R 58/15 YAAAG-80016, IStR 2018 S. 355 BFH, Urteil v. 29.11.2017 - I R 58/15 YAAAG-80016.

maßgebliche Personalfunktion entsprechend § 7 Abs. 3 BsGaV ist maßgeblich für die Zuordnung der Beteiligung.

(3) Sicherungsgeschäfte

Bei **Sicherungsgeschäften** werden i. d. R. Risiken (z. B. Währungsrisiken, Forderungsausfallrisiken, Zinsrisiken) durch ein Gegengeschäft (Hedging) abgesichert. Ein Vermögenswert, der einem Sicherungsgeschäft dient, d. h., der sich auf einen anderen Vermögenswert bezieht (gesicherter Vermögenswert), ist in „erster Linie" der Betriebsstätte zuzuordnen, der der gesicherte Vermögenswert zuzuordnen ist.[1] Es soll damit vermieden werden, dass es zum Auseinanderfallen von Grund- und Sicherungsgeschäft kommt. 821

cc) Finanzierungen und Dotationskapital nach dem OECD-Betriebsstättenbericht 2010

Die Betriebsstätte ist grundsätzlich so mit Kapital auszustatten, dass sie ihre betrieblichen Ziele erreichen kann. In der Folge des sog two-step approach, d. h. auf der Grundlage der Funktions- und Risikoanalyse, der Zuordnung von Wirtschaftsgütern sowie der Identifizierung und Bewertung von internen Leistungsbeziehungen, ergibt sich eine **Vermögens- und Risikostruktur**. Das Eigenkapital der Betriebsstätte (**Dotationskapital**) muss entsprechend dem Fremdvergleichsgrundsatz in ausreichender Höhe vorhanden sein, um den der Betriebsstätte zugeordneten Risiken begegnen zu können.[2] Die Zuordnung von Dotationskapital ist dabei auch eine Rechengröße, die im zweiten Schritt dazu dient, einen fremdvergleichskonformen **Zinsabzug** zu ermitteln. Bei der Bestimmung des Dotationskapitals und auch bei Innenfinanzierungsverhältnissen wird davon ausgegangen, dass alle Teile des Einheitsunternehmens das gleiche **Kreditrating** haben. 822

(1) Bestimmung des Dotationskapitals

Die OECD akzeptiert im Grundsatz folgende Methoden zur Ermittlung des Dotationskapitals:[3] 823

(1) **Kapitalaufteilungs-/Kapitalspiegelmethode**: Das Eigenkapital des Einheitsunternehmens wird in Anlehnung an die Vermögens- und Risikostruktur der Unternehmensteile aufgeteilt. Vorteil dieser Methode ist, dass die Ver-

---

1 § 11 Abs. 1 BsGaV.

2 Vgl. OECD-Richtlinien 2008, Rz. 155 ff.; vgl. BMF, Schreiben v. 24.12.1999 - IV B 4 - S 1300 - 111/99 KAAAD-99822, BStBl 1999 I 1076, Tz. 2.5.1.

3 Vgl. OECD-Betriebsstättenbericht 2008, Teil I Rz. 155 ff.

teilung des Gesamtkapitals im Ergebnis auch zu einer Verteilung etwaiger Synergieeffekte führt. Problematisch ist die Methodik, wenn die Betriebsstätte vollkommen unterschiedliche Geschäftsaktivitäten im Vergleich zum Gesamtunternehmen ausübt oder aber die Marktverhältnisse in den beteiligten Staaten sich sehr voneinander unterscheiden.[1] Dies ist z. B. beim Vorliegen eines Produktionsstammhauses und einer Vertriebsbetriebsstätte der Fall.

(2) **Fremdvergleichsmethode**: Die Kapitalisierung der Betriebsstätte wird in Anlehnung an vergleichbare Unternehmen ermittelt. Problematisch bei der Anwendung dieser Methode ist die Identifizierung geeigneter Vergleichsunternehmen bzw. Anpassungsrechnungen und die ggf. hieraus resultierende hohe Bandbreite von Ergebnissen. Jedoch wird diese von der OECD in Fällen, in denen das Gesamtunternehmen unterkapitalisiert ist, als eine geeignete Alternative zur Kapitalaufteilungsmethode angesehen.

(3) **Wirtschaftliche Kapitalzuordnungsmethode**: Hiernach erfolgt die Bestimmung des Dotationskapitals auf der Grundlage einer Risiko- und Kapitalverteilung, die auf unternehmenseigenen Risikoberechnungsmodellen folgt. Problematisch ist in der Praxis die Nachvollziehbarkeit der Berechnungsmodelle. Insbesondere im Kontext der bilateralen Anerkennung der Ermittlungsmethodik sollte im Vorfeld der Anwendung der Methodik eine Abstimmung mit den jeweiligen Finanzverwaltungen erfolgen.

(4) **Quasi-Fremdvergleichsmethodik**: Bei dieser Methodik wird eine im Tätigkeitsstaat gesetzlich geforderte **Mindestkapitalausstattung** für die Bestimmung eines Mindestdotationskapitals herangezogen. Derartige gesetzliche Regelungen sind i. d. R. nur im regulierten Finanzbereich verfügbar. Die Nutzung der Quasi-Fremdvergleichsmethodik als „safe harbour" wird jedoch von der OECD abgelehnt.[2]

824 Die von der OECD präferierten Methoden sind die Kapitalaufteilungs- und Fremdvergleichsmethodik, auch wenn die OECD explizit keine Hierarchie in der Anwendung vorgibt. Die Anwendung mehrerer Methoden zur Ermittlung des angemessenen Dotationskapitals ist grundsätzlich zulässig. Jedoch kann die Anwendung mehrerer Methoden i. d. R. zu unterschiedlichen Kapitalansätzen aus Sicht des Ansässigkeits- und des Betriebsstättenstaats führen.[3]

---

1 Förster, Der OECD-Bericht (Teil I), S. 152; Brüninghaus in Vögele/Borstell/Engler, Verrechnungspreise, Kapitel K Tz. 83.

2 Vgl. OECD-Betriebsstättenbericht 2008, Teil I Rz. 169.

3 Wilmanns in Bernhardt, Verrechnungspreise, 2. Aufl. 2017, S. 548.

Im Falle von sog. **Routinebetriebsstätten** wird die Anwendung der Mindestkapitalausstattungsmethode gem. §§ 12 Abs. 5, 13 Abs. 1 BsGaV empfohlen. Dies setzt jedoch voraus, dass der Betriebsstätte keine Vermögenswerte und Geschäftsvorfälle gem. § 9 BsGaV zuzuordnen sind und nur Risiken zuzuweisen sind, die denen eines Routineunternehmens mit geringen Risiken entsprechen und keine zinstragenden Passiva nebst Zinsaufwand zuzurechnen sind.[1] 825

Die Mehrheit der OECD-Staaten stimmt darin überein, dass der Betriebsstättenstaat eine entsprechend der OECD-Grundsätze zulässige Dotationsermittlungsmethodik anwendet, die in beiden Staaten zu einem fremdvergleichskonformen Ergebnis führt. 826

Die Grundsätze zum Dotationskapital sind auch bei **Mitunternehmer-Betriebsstätten** anwendbar, allerdings je nach anzuwendenden DBA in unterschiedlichen Ausprägungen. Die Anwendung der genannten Regelungen im Falle einer Mitunternehmer-Betriebsstätte werden von den speziellen ertragssteuerlichen Regelungen § 4h EStG, § 8a KStG, § 4 Abs. 4a EstG, § 4j EstG und den ab 2020 umzusetzenden Regelungen der Anti-Steuermeidungsrichtlinie 2017/952 der EU vom 29.5.2017 flankiert, aber nicht verdrängt.[2] Die Einbeziehung der genannten Vorschriften ist insbesondere bei einem möglichen Doppelabzug von Schuldzinsen sowohl im Betriebsstätten- als auch im Stammhaus-Staat zu berücksichtigen. 827

Einstweilen frei 828

(2) Bestimmung des zuzuordnenden Finanzierungsaufwands

Zur **Finanzierung** der Betriebsstätte bieten sich grundsätzlich zwei Alternativen an. Zum einen kann die Betriebsstätte selbständig Kapital am Kapitalmarkt bzw. fremden Dritten aufnehmen. Als Alternative kann das Stammhaus der Betriebsstätte **Fremdkapital** durchleiten. Vom Grundsatz der Aufwandszuordnung sind der Betriebsstätte Fremdkapital und die hiermit verbundenen Finanzierungsaufwendungen zuzuordnen, soweit die Fremdkapitalaufnahme durch die Betriebsstätte veranlasst ist.[3] 829

---

1 VWG Betriebsstätte, Rz. 144; Greier/Friedrich, IStR 2020 S. 207.

2 Lishaut, BB 2018 S. 7095.

3 Vgl. OECD-Betriebsstättenbericht 2008, Teil I Rz. 169; *Förster*, IWB 3/2007 S. 147, 152 GAAAC-37383.

830 Die OECD unterscheidet im Zusammenhang mit der Zuordnung von externen Fremdfinanzierungsmittel folgende Möglichkeiten:[1]

(1) „**Tracing approach**“: Hiernach erfolgt eine direkte Zuordnung, bei der alle von der Betriebsstätte benötigten Finanzierungsmittel anhand der direkten Bezugnahme zur externen Finanzierung. Im Falle z. B. einer Produktionsbetriebsstätte kann i. d. R. die Finanzierung und die Besicherung der Produktionsmittel direkt den Finanzierungsverhältnissen zugeordnet werden.

(2) „**Fungibility approach**“: Die Zuordnung der Finanzierungsmittel erfolgt auf der Grundlage des Anteils am gesamten extern entstandenen Finanzierungsaufwand.

831 Beide Methoden werden von der OECD gleichermaßen anerkannt, soweit sie nicht gegen den Fremdvergleichsmaßstab verstoßen. Es ist allerdings zu beachten, dass die Zuordnung von Finanzierungsmitteln und die hiermit verbundenen Finanzierungsaufwendungen zur Betriebsstätte ggf. auf der Grundlage der Zuordnung eines nach den oben genannten Grundsätzen zur Ermittlung des Dotationskapitals korrigiert werden muss.[2]

832–834 *Einstweilen frei*

(3) Vergütung von „treasury center“

835 In der Praxis werden auch häufig sog. “**Treasury Center**“ in Betriebsstätten angesiedelt. Es gelten in derartigen Fallgestaltungen die Grundsätze zur Funktions- und Risikoanalyse. Die Betriebsstätte muss über die notwendigen Personalfunktionen verfügen, damit die Betriebsstätte als wirtschaftlicher Eigentümer der Finanzierungsmittel anerkannt wird. Die Finanzierungsmittel werden im Rahmen von Innenleistungsbeziehungen an die Mitglieder des Einheitsunternehmens ausgereicht. Die „**dealings**“ sind entsprechend dem Fremdvergleichsgrundsatz zu vergüten. Die OECD stellt jedoch klar, dass es sich bei der Treasury Funktion eher um eine Dienstleistung handelt, die nicht zwangsläufig in Form eines Zinsspreads vergütet werden sollte.[3] In der Konsequenz bedeutet dies, dass die Dienstleistung „Treasury Center“ auf der Grundlage einer dienstleistungsorientierten Vergütungsmethodik (i. d. R. unter Zugrundelegung der **Kostenaufschlagmethode**) zu verrechnen ist. Die Vergütung für die Bereitstellung der Finanzierungsmittel ist gesondert zu ermitteln.

1 Brüninghaus in Vögele/Borstell/Engler, Verrechnungspreise, Kapitel K Tz.82.

2 Wilmanns in Bernhardt, Verrechnungspreise, 2. Aufl. 2017, S. 549.

3 Vgl. OECD-Betriebsstättenbericht 2008, Teil I Rz. 169; Förster, IWB 3/2007 S. 152 GAAAC-37383.

Einstweilen frei 836–838

dd) Fremdvergleichsanalyse („step two“)

(1) Grundsatz

Für die **Geschäftsbeziehungen** der Betriebsstätte mit nahestehenden Personen und für die **anzunehmenden schuldrechtlichen Beziehungen** sind Verrechnungspreise anzusetzen, die dem **Fremdvergleichsgrundsatz** entsprechen.[1] Der § 1 Abs. 5 AStG verweist hierbei auf Abs. 1 und 3, d. h., die Verrechnungspreise sind nach den gleichen Grundsätzen festzulegen, wie bei Geschäftsbeziehungen zwischen eigenständigen nahe stehenden Personen. In der Konsequenz bedeutet dies, dass die Abgrenzung zwischen tatsächlichem und hypothetischem Fremdvergleich sowie die Regelungen zur Funktionsverlagerung entsprechend anzuwenden sind. Im Falle der anzunehmenden schuldrechtlichen Beziehungen führen die festgelegten Verrechnungspreise zu fiktiven Betriebseinnahmen bzw. -ausgaben.[2] 839

Einstweilen frei 840

(2) Fremdvergleichsanalyse bei Routinebetriebsstätten

Eine Diskussion, die immer wieder in der Praxis geführt wird, ist die Vergütung von Betriebsstätten multinationaler Unternehmen, die ausschließlich **Routinefunktionen** mit Unterstützungscharakter ausüben (**Routinebetriebsstätten**). Entsprechend § 16 Abs. 2 BsGaV sind für die anzunehmenden schuldrechtlichen Beziehungen Verrechnungspreise, die dem Fremdvergleichsgrundsatz entsprechen, anzusetzen. Unterstützende Leistungen werden regelmäßig in Übereinstimmung mit § 1 Abs. 3 Satz 5 AStG mittels einer kostenbasierten Verrechnungspreismethode (Kostenaufschlagsmethode oder transaktionsbezogenen Nettomargenmethode, TNMM) vergütet. Die grundlegende Frage, die immer wieder zu Diskussionen führt, ist, welche Kostenbasis für die Ermittlung des Fremdpreises unter Einbeziehung des Gewinnaufschlagsatzes heranzuziehen ist. Die Kostenbasis einer Routinebetriebsstätte setzt sich regelmäßig aus ihren **Vollkosten**, d. h. sämtlichen direkten und indirekten Kosten zusammen. In Anlehnung an die OECD-Verrechnungspreisrichtlinien 2017 ist es mittlerweile Konsens, dass bei der Anwendung einer **kostenbasierten Verrechnungspreismethode** nicht aus der eigenen Wertschöpfung verursachte Kosten (sog. **Durchlaufkosten**) nicht in die Kostenbemessungsgrundlage einbezogen 841

1 § 1 Abs. 2 Satz 2 BsGaV.
2 § 16 Abs. 2 BsGaV.

werden.[1] Ergänzend ist zu beachten, dass nicht betriebliche Elemente wie Zinserträge und -aufwendungen, Erträge und Aufwendungen aus Beteiligungen, Wertpapieren oder anderen Finanzanlagen sowie Ertragsteuern grundsätzlich bei der Bestimmung des Nettogewinns ausgeschlossen werden.[2] Die Kosten sind grundsätzlich auf einer Ist-Basis zu ermitteln. Ein Kostenaufschlagsatz von 5 % wird entsprechend der Verwaltungsauffassung bei entgeltfähigen Routinedienstleistungen als fremdüblich angesehen.[3]

842 *Einstweilen frei*

(3) Vergütung der Finanzierungsfunktion

843 Eine Finanzierungsfunktion innerhalb eines Unternehmens umfasst die Liquiditätssteuerung durch eine Betriebsstätte (Finanzierungsbetriebsstätte) für eine oder mehrere andere Betriebsstätten desselben Unternehmens. Zur Liquiditätssteuerung gehören insbesondere die Mittelbeschaffung, die Mittelzuweisung und die externe Anlage von Liquiditätsüberschüssen.[4] Der Gesetzgeber geht davon aus, dass es bei der Ausübung der Finanzierungsfunktion innerhalb eines Unternehmens im Regelfall nicht zur Annahme einer fiktiven Darlehensbeziehung zwischen der Finanzierungsbetriebsstätte und einer anderen Betriebsstätte desselben Unternehmens führt. Somit gilt die gesetzliche Vermutung, dass es sich bei der Finanzierungsfunktion um eine eigenständige anzunehmende schuldrechtliche Beziehung handelt, die „im Regelfall" als Dienstleistung anzusehen ist.[5] Der Begriff „im Regelfall" bedeutet, dass der Steuerpflichtige bei abweichender Würdigung den Gegenbeweis anzutreten und dies entsprechend zu dokumentieren (§ 90 Abs. 3 AO) hat. Im Falle der Dienstleistungsqualifizierung ist der Verrechnungspreis auf der Grundlage der Kostenaufschlagsmethode zu ermitteln.[6] Bei der Ermittlung der Kostenbasis bleiben Finanzierungsaufwendungen und -erträge außer Betracht.

844 *Einstweilen frei*

1 OECD-Verrechnungspreisrichtlinie 2017, Tz. 2.99, Greier/Friedrich, IStR 2020 S. 159.

2 BMF, Schreiben v. 14.7.2021 - IV B 5 - S 1341/19/10017 :001 BAAAH-83917, BStBl 2021 I S. 1098, Tz. 3.11; OECD-Verrechnungspreisrichtlinie 2017, Tz. 2.87.

3 BMF, Schreiben v. 14.7.2021 - IV B 5 - S 1341/19/10017 :001 BAAAH-83917, BStBl 2021 I S. 1098, Tz. 3.74; OECD-Verrechnungspreisrichtlinie 2017, Tz. 7.61.

4 § 17 Abs. 1 BsGaV.

5 § 17 Abs. 2 Satz 1 BsGaV.

6 § 17 Abs. 2 Satz 2 BsGaV.

b) Hilfs- und Nebenrechnung

Für eine Betriebsstätte ist zu Beginn eines Wirtschaftsjahres eine **Hilfs- und Nebenrechnung** aufzustellen, fortzuschreiben und zum Ende des Wirtschaftsjahres abzuschließen. Der Abschluss der Hilfs- und Nebenrechnung beinhaltet das Ergebnis der Betriebsstätte.[1] 845

Die Hilfs- und Nebenrechnung muss spätestens zum Zeitpunkt der Abgabe der Steuererklärung erstellt sein, zu der das Unternehmen nach § 149 AO verpflichtet ist und in der die Einkünfte der Betriebsstätte zu berücksichtigen sind.[2] 846

Die Hilfs- und Nebenrechnung beinhaltet alle Bestandteile, die der Betriebsstätte aufgrund ihrer Personalfunktionen zuzuordnen sind. Hierzu gehören folgende Bestandteile: 847

- die Vermögenswerte,
- das Dotationskapital,
- die übrigen Passiva,
- die hiermit verbundenen Betriebseinnahmen und -ausgaben,
- die fiktiven Betriebseinnahmen und -ausgaben, die aufgrund anzunehmender schuldrechtlicher Beziehungen entstanden sind.[3]

Des Weiteren sind Bestandteile der Hilfs- und Nebenrechnung auch die Aufzeichnungen über die Gründe für die Zuordnung der angegebenen Bestandteile, einschließlich der Aufzeichnungen über die Zuordnung der Chancen und Risiken, der Sicherungsgeschäfte sowie der (fiktiven) Geschäftsvorfälle. Es ist erkennbar, dass mit dieser gesetzlichen Regelung Konflikte mit dem zeitlichen und sachlichen Umfang der **Dokumentationsvorschriften** entsprechend § 90 Abs. 3 AO (i. d. F. des AmtshilfeRLUmsG vom 26.6.2013[4]) bestehen. Insbesondere der Tatbestand, dass mit Abgabe der Steuererklärung Aufzeichnungen über die Gründe der Zuordnung der einzelnen oben genannten Bestandteile zu erstellen sind, bedeutet eine zeitliche Vorverlegung von Bestandteilen der Dokumentationsanforderungen nach § 90 Abs. 3 AO. 848

Einstweilen frei 849–851

1 § 3 Abs. 1 BsGaV.
2 § 3 Abs. 1 Satz 3 BsGaV.
3 § 3 Abs. 2 BsGaV.
4 BGBl 2013 I S. 1809.

3. Industrieorientierte Besonderheiten

a) Anwendung des Fremdvergleichsgrundsatzes auf Bankenbetriebsstätten

852 Es gelten bei **Bankenbetriebsstätten** grundsätzlich die oben dargestellten Grundsätze unter Gliederungspunkt 2. Somit ist der sog. „**two-step Approach**" gleichermaßen für Bankenbetriebsstätten anzuwenden. Der Begriff „Bankenbetriebsstätte" wird in Anlehnung an die einschlägigen Vorschriften des Kreditwesengesetzes (KWG) definiert. Der gesonderte Abschnitt 2 der BsGaV zu Bankenbetriebsstätten bezieht sich nur auf Geschäfte, die unter das KWG (§§ 1 Abs. 1 bzw. 1 Abs. 1a KWG) fallen. Werden von einer Bankenbetriebsstätte auch andere Geschäfte ausgeübt, sind die allgemeinen Regelungen des Abschnitt 1 der BsGaV anzuwenden.

853–855 *Einstweilen frei*

aa) Zuordnungsregelungen („step one")

856 Zuordnungskriterium für die Vermögenswerte von Bankenbetriebsstätten ist die **Personalfunktion** einer Bankenbetriebsstätte.[1] Kommen verschiedene Bankbetriebsstätten für eine Zuordnung infrage, wird im Erlass klargestellt, dass es auf die qualitativ größte Bedeutung der Personalfunktion ankommt. Solche Personalfunktionen werden im Zusammenhang mit Bankenbetriebsstätten als „**unternehmerische Risikoübernahmefunktionen**" bezeichnet.[2] Die OECD spricht im OECD-Betriebsstättenbericht 2010 in diesem Zusammenhang von sog. **Key Entrepreneurial Risk Taking Function**, kurz **KERT**.

857 Wird die dargestellte Personalfunktion in mehr als einer Betriebsstätte ausgeübt, so ist der Vermögenswert derjenigen Bankenbetriebsstätte zuzuordnen, deren Personalfunktion zugleich Inhaber der unternehmerischen Risikoübernahmefunktion ist.[3] Es wird jedoch darauf hingewiesen, dass die unternehmerische Risikoübernahmefunktion nicht gleichzusetzen ist mit der Risikomanagement-Funktion. Grundsätzlich ist die **Risikomanagement-Funktion** zwar gebunden an die KERT-Funktion. Es ist jedoch denkbar, dass die Risikomanagement-Funktion ausgegliedert wird. Die Ausgliederung sollte allerdings nicht zur Übertragung der mit den Finanzaktiva verbundenen Risiken führen. Die Risikomanagement-Funktion wird dann in Form einer Dienstleistung erbracht.[4]

---

1 § 19 Abs. 1 BsGaV i. V. mit der Begründung zur BsGaV v. 28.8.2014, BT-Drucks. 401/14, Besonderer Teil zu § 19 Abs. 1.

2 Vgl. Begründung zur BsGaV v. 28.8.2014, BT-Drucks. 401/14, Besonderer Teil zu § 19 Abs. 1.

3 § 19 Abs. 2 BsGaV.

4 Vgl. Wilmanns in Bernhardt, Verrechnungspreise, 2. Aufl. 2017, S. 568.

Die Frage, ob ein Risikotransfer stattfindet, hängt maßgeblich von den Personen ab, die in den aktiven Entscheidungsprozess im Hinblick auf die Übernahme und/oder das spätere Management der dem Geschäft zugrunde liegenden Risiken eingebunden sind. Des Weiteren ist zu unterscheiden, welche Arten von Risiken und das hiermit verbundene Management übertragen werden. Ein Transfer des Finanzwirtschaftsgutes sollte daher regelmäßig nicht angenommen werden, wenn nicht auch das Management des Kreditrisikos der ausgegliederten Risikomanagement-Funktion folgt.[1]

Des Weiteren bestimmt das Gesetz, dass die Zuordnung sich nach der Per- 858
sonalfunktion bestimmt, die zum Zeitpunkt der Entstehung des jeweiligen Vermögenswertes ausgeübt worden ist.[2] Es wird somit davon ausgegangen, dass Personalfunktionen, die nach dem Entstehen des Vermögenswertes ausgeübt werden, keinen Einfluss auf die Zuordnung der betreffenden Vermögenswerte haben.

Ist eine eindeutige Zuordnung der Vermögenswerte nicht möglich, so gibt die 859
Verordnung vor, dass die Vermögenswerte der Bankenbetriebsstätte entsprechend der Kundenbeziehung zuzurechnen sind.[3] Die deutsche gesetzliche Regelung ist hier sehr viel strikter als die Regelungen des OECD-Betriebsstättenberichts 2010. Der OECD Betriebsstättenbericht 2010 gibt in Teil II Indikatioren, welche Funktionen im Bankengeschäft die Inhaber von **KERT-Funktionen** sein könnten.[4]

- Im **traditionellen Bankengeschäft** wird die „sales/trading-function" als mögliche KERT-Funktion benannt. Hintergrund ist, dass diese Funktion für das Aushandeln der Vertragsbedingungen mit den Kunden, die Einschätzung der kundenbezogenen Risiken und die Prüfung der Kreditwürdigkeit zuständig ist und für das Gesamtunternehmen entscheidet, welche Risiken eingegangen werden.
- Im Bereich **Retail Banking** wird ergänzend zu der „sales trading function" auch die „marketing function" als mögliche KERT-Funktion identifiziert.

Die Buchung der jeweiligen Finanzaktiva hat in dem Unternehmensteil zu er- 860
folgen, in dem sich die KERT-Funktion befindet.[5] Eine abweichende Buchung der Finanzaktiva ist nach den Grundsätzen der OECD nicht gestattet.[6] Sollte

1 Förster, Der OECD-Bericht zur Ermittlung des Betriebsstättengewinns (Teil II), S. 216.
2 § 19 Abs. 2 BsGaV.
3 § 19 Abs. 3 BsGaV.
4 Vgl. Wilmanns in Bernhardt, Verrechnungspreise, 2. Aufl. 2017, S. 566.
5 OECD Betriebsstättenbericht 2010, Teil II Rz. 14 ff.
6 OECD Betriebsstättenbericht 2010, Teil II Rz. 40.

die KERT-Funktion nicht eindeutig einem Unternehmensteil zuzuordnen sein, so kann eine entsprechende Aufteilung der Finanzaktiva auf die Inhaber der KERT-Funktionen vorgenommen werden.[1]

861 Die in der BsGaV verankerten Regelungen spiegeln nicht die unterschiedlichen Ausprägungen des Bankengeschäfts und die hiermit verbundenen Entscheidungsprozesse wider. Vielmehr wird durch das statische Instrument der gesetzlichen Vermutung versucht, Rechtssicherheit zu erzeugen. Im Blickwinkel der dynamischen Veränderungen des Bankengeschäfts und hiermit verbundenen Geschäftsmodellen (z. B. **Digitalisierung einzelner Funktionen**) sind die Banken aufgefordert, zu prüfen, welche Funktionseinheit bzw. welche Personalfunktion als unternehmerische Risikoübernahmefunktion zu bewerten ist. In der Regel wird der Steuerpflichtige, soweit er der gesetzlichen Vermutung nicht folgt, unter Darlegung von Organigrammen und faktischen Tätigkeiten den Nachweis der Zuordnung von Personalfunktionen erbringen müssen.

862–864 *Einstweilen frei*

bb) Fremdvergleichsanalyse („step two“)

865 Grundsätzlich wird die unternehmerische Risikoübernahmefunktion als die entsprechend übezogene Funktion bewertet. Unterstützende Personalfunktionen,

- die dazu dienen, die eigentliche unternehmerische Risikoübernahmefunktion auszuüben,
- die nachfolgende Verwaltung des Vermögenswertes umfassen, oder
- andere Hilfsfunktionen darstellen,

sind entsprechend dem **Fremdvergleichsgrundsatz** zu vergüten. Bei der Bestimmung des Verrechnungspreises kommt es maßgeblich darauf an, ob ein **tatsächlicher Fremdvergleich** (i. d. R. interne Fremdvergleich) geführt werden kann.

866–868 *Einstweilen frei*

cc) Dotationskapital

869 Die Verordnung unterscheidet zwischen der Bestimmung des **Dotationskapitals** inländischer Bankbetriebsstätten ausländischer Kreditinstitute und des

1 OECD Betriebsstättenbericht 2010, Teil II Rz. 76.

Dotationskapitals ausländischer Bankbetriebsstätten inländischer Kreditinstitute.

Einstweilen frei 870

(1) Dotationskapital inländischer Bankenbetriebsstätten

Grundsätzlich soll bei **inländischen Bankenbetriebsstätten** die „**funktions- und risikogewichtete Kapitalaufteilungsmethode**" (**Kapitalaufteilungsmethode**) Anwendung finden.[1] In der Gesetzesbegründung wird explizit als maßgeblichen Grund für die Präferenz der Kapitalaufteilungsmethode die Vermeidung steuerlicher Nachteile für den Fiskus, d. h. des zu geringen Ausweises des Dotationskapitals im Kontext der Gesamteigenkapitalausstattung des Gesamtunternehmens angegeben.[2] Es erscheint fraglich, ob eine derartige Begründung, insbesondere im Lichte der unterschiedlichen Behandlungen von inländischen und ausländischen Bankbetriebsstätten, als europarechtskonform gewertet werden kann. 871

Die Anwendung der **Mindestkapitalausstattungsmethode** wird nur gestattet, wenn der Steuerpflichtige nachweist, soweit die Anwendung zu einem Ergebnis führt, dass aufgrund der von der inländischen Bankbetriebsstätte ausgeübten Funktionen der ihr zugeordneten Vermögenswerte sowie der ihr zugeordneten Chancen und Risiken im Verhältnis zum übrigen Unternehmen dem Fremdvergleichsgrundsatz besser entspricht.[3] Das Mindestkapital wird ermittelt auf der Grundlage der aufsichtsrechtlichen Mindestanforderungen für die Bankbetriebsstätte und zwar unter der Annahme, dass sie wie ein selbständiges Bankunternehmen behandelt wird (Quasi Thin Capitalisiation Approach). Bei Anwendung der Mindestkapitalausstattungsmethode ist das Dotationskapital um 0,5 % der Summe der risikogewichteten Positionsbeträge der inländischen Bankenbetriebsstätte zu erhöhen.[4] Auf den Zuschlag kann verzichtet werden, wenn der Steuerpflichtige nachweist, dass ein geringerer Zuschlag dem Fremdvergleichsgrundsatz besser entspricht.[5] Die Anwendung der Mindestkapitalausstattungsmethode unterliegt im Vergleich zur Kapitalaufteilungsmethode höheren Dokumentations- und Nachweispflichten. 872

1 § 20 Abs. 1 BsGaV i. V. mit der Begründung zu § 20 zu Abs. 1, Rz. 99.
2 BsGaV-E, Begründung zu § 20 zu Abs. 1, Rz. 99.
3 § 20 Abs. 2 BsGaV.
4 § 20 Abs. 2 Satz 3 BsGaV.
5 § 20 Abs. 2 Satz 3 Halbsatz 2 BsGaV.

873 Für inländische Bankbetriebsstätten eines ausländischen Kreditinstituts mit Sitz in einem EU-Staat sind vorher genannte Grundsätze unter Berücksichtigung im Gesetz verankerter Erleichterungen sinngemäß anzuwenden.

(2) Dotationskapital ausländischer Bankenbetriebsstätten

874 Im Gegensatz zu inländischen Bankenbetriebsstätten wird bei ausländischen Bankbetriebsstätten inländischer Kreditinstitute die **Mindestkapitalausstattungsmethode** als präferierte Methode bestimmt.[1] Sollte ein höheres Dotationskapital angesetzt werden, ist der Steuerpflichtige verpflichtet die erforderlichen Nachweise zu erbringen.[2]

875 Die Verordnung sieht eine Öffnungsklausel für den Ansatz eines höheren Dotationskapitals als bei der Anwendung der Mindestkapitalausstattungsmethode vor. Der Steuerpflichtige hat bei Anwendung dieser Klausel nachzuweisen, dass ein höheres Dotationskapital zu einem Ergebnis führt, das aufgrund der von der ausländischen Bankbetriebsstätte ausgeübten Funktionen, der ihr zugeordneten Vermögenswerten sowie der ihr zugeordneten Chancen und Risiken dem Fremdvergleichsgrundsatz besser entspricht. Die Obergrenze ist hierbei der Betrag, der sich bei Anwendung der Kapitalaufteilungsmethode ergibt.[3]

876 Ein Dotationskapital darf die Obergrenze bei Anwendung der **Kapitalaufteilungsmethode** nur dann überschreiten, wenn das ausländische Aufsichtsrecht dies zwingend vorsieht und das inländische Kreditinstitut den entsprechenden Regelungen folgt.[4] Mit dieser Regelung sollen internationale Steuerkonflikte vermieden werden.

877 Es erscheint jedoch fraglich, ob eine unterschiedliche Behandlung von inländischen und ausländischen Bankbetriebsstätten und hiermit verbundene unterschiedliche Nachweispflichten eine Diskriminierung insbesondere inländischer Bankbetriebsstätten und somit ein Eingriff in den Schutzbereich der Grundfreiheiten bedeutet.

878–880 *Einstweilen frei*

1 § 21 Abs. 1 Satz 1 BsGaV.
2 § 21 Abs. 1 Satz 2 BsGaV.
3 § 21 Abs. 2 BsGaV.
4 § 21 Abs. 3 BsGaV.

dd) Besonderheiten bei Global Trading

Der globale Handel („**Global Trading**") mit Finanzinstrumenten umfasst entsprechend § 22 Abs. 1. BsGaV folgende Transaktionen: 881

- die globale Emission und den globalen Vertrieb von Finanzinstrumenten,
- die Tätigkeit als Market Maker i. S. von § 23 Abs. 4 des Wertpapierhandelsgesetzes für physische Wertpapiere,
- die Tätigkeit an den Aktien- und Rohstoffbörsen,
- die Entwicklung neuer Finanzinstrumente.

Finanzinstrumente im globalen Handel lassen sich meist nicht oder nur mit unverhältnismäßigem Aufwand einzeln bestimmten Bankbetriebsstätten zuordnen, da in diesem Bereich Funktionsaufteilungen oft vorkommen und komplex ausgestattet sind. Aus diesem Grund lässt die Verordnung unter bestimmten Voraussetzungen eine anteilige Aufteilung (**Profit Split**) der steuerlich realisierten Ergebnisse zu, wenn die **unternehmerische Risikoübernahmefunktionen** bezogen auf die gehandelten Vermögenswerte in mehreren Betriebsstätten ausgeübt werden.[1] § 22 Abs. 2 BsGaV konkretisiert die Anwendung des Profit-Splits mit der widerlegbaren Vermutung, dass bei Erfüllung der vorher genannten Bedingungen vorrangig die sog. **Restgewinnaufteilungsmethode („Residual Profit Split Methode")** anzuwenden ist.[2] Die Anwendung anderer Methoden führen somit zu erhöhten **Dokumentations- und Nachweispflichten.** 882

Ansonsten sind bei Global Trading die gleichen Grundsätze wie bei den traditionellen Bankbetriebsstätten anzuwenden. 883

Einstweilen frei 884

b) Anwendung des Fremdvergleichsgrundsatzes auf Versicherungsbetriebsstätten

Es gelten bei **Versicherungsbetriebsstätte** grundsätzlich die oben dargestellten Grundsätze unter Gliederungspunkt 2. Somit ist der sog. „**two-step Approach**" gleichermaßen für Versicherungsbetriebsstätten anzuwenden. Der Begriff „Versicherungsbetriebsstätte" wird in Anlehnung an die einschlägigen Vorschriften des Versicherungsaufsichtsgesetzes definiert. 885

Einstweilen frei 886–888

1 § 22 Abs. 2 BsGaV i. V. mit der Begründung zu § 22 zu Abs. 2, Rz. 107.

2 § 22 Abs. 3 BsGaV.

aa) Zuordnungsregelungen

889 Ein Vermögenswert, der durch Abschluss eines **Versicherungsvertrages** entsteht, ist einer Versicherungsbetriebsstätte zuzuordnen, wenn aufgrund der in dieser Versicherungsbetriebsstätte ausgeübten **Personalfunktion** des **Zeichnungsprozesses** die mit dem Versicherungsvertrag zusammenhängenden Chancen und Risiken für das Versicherungsunternehmen übernommen werden, insbesondere das **versicherungstechnische Risiko** aus dem Versicherungsvertrag.[1] Die OECD bezeichnet die genannten Zeichnungsprozesse als „**Underwriting/Risk acceptance**". Die Zeichnungsprozesse bestehen vor allem aus:

- der Festlegung der Zeichnungsstrategie,
- der Risikoqualifizierung und Risikoauswahl,
- der Preisgestaltung,
- der Analyse der Risikoweitergabe und
- der Annahme der versicherten Risiken.[2]

890 Wird die dargestellte Personalfunktion des Zeichnungsprozesses in mehr als einer Betriebsstätte ausgeübt, so ist analog zur Bankbetriebsstätte der Vermögenswert derjenigen Versicherungsbetriebsstätte zuzuordnen, deren Personalfunktion die größte Bedeutung im Zusammenhang mit der **unternehmerischen Risikoübernahmefunktion** zukommt.[3]

891 Die Ausübung der unternehmerischen Risikoübernahmefunktion bestimmt sowohl über die Zuordnung des Versicherungsvertrages als auch über die Zuordnung der mit dem Versicherungsvertrag zusammenhängenden Vermögenswerte sowie der hiermit verbundenen Chancen und Risiken.[4] Mit dieser Regelung soll eine Trennung des Versicherungsvertrages einerseits und Vermögenswerten und hiermit verbundenen Chancen und Risiken andererseits vermieden werden.

892 Die Zuordnung eines Versicherungsvertrages bestimmt sich nach den bis zum Abschluss des Versicherungsvertrages ausgeübten Personalfunktionen.[5] Somit wird bei der Zuordnung des Versicherungsvertrages auf den Zeitpunkt des Abschlusses abgestellt. Personalfunktionen, die nach Abschluss des Versiche-

1 § 24 Abs. 1 BsGaV.
2 § 24 Abs. 1 BsGaV.
3 § 24 Abs. 2 Satz 1 BsGaV.
4 § 24 Abs. 2 Satz 3 BsGaV.
5 § 24 Abs. 3 BsGaV.

rungsvertrages ausgeübt werden, haben dagegen im Regelfall keinen Einfluss auf die Zuordnung.[1]

Für **inländische Versicherungsbetriebsstätten** löst sich der Gesetzgeber von 893
den dargestellten Grundsätzen, indem er den Hauptbevollmächtigen i. S. des § 106 Abs. 3 VAG als Zuordnungskriterium für die Zuordnung des Versicherungsvertrages heranzieht.[2] Die Verordnung stellt auf die gesetzliche Vermutung ab, dass hinsichtlich des Versicherungsvertrages, zu dessen Abschluss der für die Niederlassung bestellte **Hauptbevollmächtigte** gem. § 106 Abs. 3 Satz 3 VAG als ermächtigt gilt, die unternehmerische Risikoübernahmefunktion in der Niederlassung ausgeübt wird.[3] Die **Vermutung** kann nur **widerlegt** werden, wenn das ausländische Versicherungsunternehmen nachweist, dass zum einen die unternehmerische Risikoübernahmefunktion nicht in der inländischen Versicherungsbetriebsstätte ausgeübt wird und zum anderen der Sachverhalt den zuständigen Versicherungsbehörden mitgeteilt wird.[4] Der Versicherungsvertrag ist somit im Grundsatz unabhängig von den hinsichtlich der Risikoübernahmefunktion in Abs. 1 definierten und ausgeübten Zeichnungsprozessen der Niederlassung zuzuordnen. Mit dieser gesetzlichen Vermutung bei inländischen Versicherungsbetriebsstätten ausländischer Versicherungsunternehmen weicht der deutsche Gesetzgeber grundlegend von der ökonomischen Auslegung der Personalfunktion ab und stellt auf die regulatorische Rolle des Hauptbevollmächtigten ab – und zwar unabhängig von seiner materiell-rechtlichen Rolle hinsichtlich der Ausübung der unternehmerischen Risikoübernahmefunktion. Gegen diese Regelungen bestehen rechtliche Bedenken[5] und sollten bei einer entsprechenden Anwendung rechtlich geprüft werden.

Für **ausländische Versicherungsbetriebsstätten** gilt die **widerlegbare Vermutung**, dass die unternehmerische Risikoübernahmefunktion beim Stammhaus liegt, außer es kann nachgewiesen werden, dass diese tatsächlich in der Versicherungsbetriebsstätte ausgeübt wird.[6] Werden in der ausländischen Versicherungsbetriebsstätte lediglich die Personalfunktion des Zeichnungspro- 894

1 BsGaV, Begründung zu § 24 zu Abs. 3 Satz 3, Rz. 112.

2 § 24 Abs. 5 BsGaV.

3 § 24 Abs. 5 Satz 1 BsGaV.

4 § 24 Abs. 4 Satz 2 BsGaV.

5 Nach § 4 VAG dürfen die bei den Versicherungsaufsichtsbehörden Beschäftigten oder von ihnen beauftragten Personen sowie die Mitglieder des Versicherungsbeirats bei ihrer Tätigkeit erhaltene vertrauliche Informationen an keine andere Person oder Behörde weitergeben. Dies bezieht sich auch auf Auskunftsersuchen im Zusammenhang mit steuerlichen Sachverhalten.

6 § 24 Abs. 6 BsGaV.

zesses ausgeübt, die im unmittelbaren Zusammenhang mit der Annahme des versicherten Risikos stehen, ist der Versicherungsvertrag nur dann der Betriebsstätte zuzuordnen, wenn zusätzlich von der ausländischen Versicherungsbetriebsstätte eine der folgenden Personalfunktionen, die nicht Teil des Zeichnungsprozesses sind, ausgeübt wird und diese Personalfunktionen von Bedeutung sind:

- Produktmanagement und Produktentwicklung
- Verkauf und Marketing
- Risikomanagement und Rückversicherung.

895 Die sehr profiskalischen Zuordnungsregelungen bei inländischen und ausländischen Versicherungsbetriebsstätten weichen von dem AOA der OECD ab und werden vermutlich zu einem Anstieg von Rechts- und Verständigungsverfahren führen.

896–898 *Einstweilen frei*

bb) Unterstützende Personalfunktionen

899 Grundsätzlich wird die unternehmerische Risikoübernahmefunktion als die entrepreneurbezogene Funktion bewertet. Unterstützende Personalfunktionen,

- die dazu dienen die eigentliche unternehmerische Risikoübernahmefunktion auszuüben,
- die nachfolgende Verwaltung des Vermögenswertes umfassen oder
- andere Hilfsfunktionen darstellen,

900 sind entsprechend dem **Fremdvergleichsgrundsatz** zu vergüten. Bei der Bestimmung des Verrechnungspreises kommt es maßgeblich darauf an, ob ein tatsächlicher Fremdvergleich geführt werden kann.[1]

901–903 *Einstweilen frei*

cc) Zuordnung von Einkünften aus Vermögenswerten

904 **Einkünfte aus Kapitalanlagen** sind der Versicherungsbetriebsstätte zuzuordnen, wenn diese mindestens einem der folgenden Zwecke dienen:[2]

- der Bedeckung der versicherungstechnischen Rückstellungen der Versicherungsbetriebsstätte,

1 § 24 Abs. 7 i. V. mit § 9 Abs. 5 BsGaV und § 1 Abs. 3.AStG.
2 § 27 Abs. 1 BsGaV.

- der Bedeckung der übrigen versicherungstechnischen Verbindlichkeiten der Versicherungsbetriebsstätte,
- der Bedeckung des Dotationskapitals der Versicherungsbetriebsstätte.

Die Logik folgt hier dem Ermittlungsschema der modifizierten **Kapitalaufteilungsmethode** zur Zuordnung des Dotationskapitals bei Versicherungsbetriebsstätten (siehe nachfolgend → Rz. 910 ff.). In der Konsequenz bedeutet dies im Gegensatz zu den allgemeinen Betriebstättengewinnermittlungsvorschriften, dass bei Versicherungsbetriebsstätten die Zuordnung von Aktiva der Zuordnung von Passiva folgt. 905

Sollte diese direkte Zuordnung nicht möglich sein kann hinsichtlich der Zuordnung der Erträge die durchschnittliche Kapitalrendite des Versicherungsunternehmens herangezogen werden.[1] 906

Einstweilen frei 907–909

dd) Dotationskapital

Die Verordnung unterscheidet zwischen der Bestimmung des **Dotationskapitals** inländischer Versicherungsbetriebsstätten, ausländischer Versicherungsunternehmen und dem Dotationskapital ausländischer Versicherungsbetriebsstätten inländischer Versicherungsunternehmen. 910

Bei inländischen Versicherungsbetriebsstätten ist dabei nach § 25 Abs. 1 und 2 BsGaV regelmäßig die modifizierte Kapitalaufteilungsmethode zur Bestimmung des Dotationskapitals anzuwenden. 911

Vergleichbar zu den OECD-Regelungen setzten auch die deutschen Regelungen zur Bestimmung des Dotationskapitals an dem Verhältnis **Kapitalanlagen** („**investement assets**") und den **versicherungstechnischen Rückstellungen** an. So wird bei **inländischen Versicherungsbetriebsstätten** im ersten Schritt ein Anteil an den Vermögenswerten (Kapitalanlagen) zugeordnet, die der Bedeckung der versicherungstechnischen Rückstellungen und des Eigenkapitals des ausländischen Versicherungsunternehmens dienen.[2] Es handelt sich hierbei um die für Versicherungsbetriebsstätten „**modifizierte Kapitalaufteilungsmethode**". Als Schlüssel für die Aufteilung der Vermögenswerte auf die Versicherungsbetriebsstätte und das übrige Unternehmen wird das Verhältnis der versicherungstechnischen Rückstellungen für Versicherungsverträge, die der inländischen Versicherungsbetriebsstätte zuzuordnen sind, zu den in der 912

1 § 27 Abs. 2 BsGaV.

2 § 25 Abs. 1 BsGaV i. V. mit der Begründung zu § 25 zu Abs. 1 Satz 1, Rz. 117.

Bilanz des ausländischen Versicherungsunternehmens insgesamt ausgewiesenen versicherungstechnischen Rückstellungen herangezogen.[1] Der Umfang der zuzuordnenden **versicherungstechnischen Risiken** ist ausschlaggebend für den anzuerkennenden Kapitalbedarf und entspricht dem OECD-Ansatz.

913 In einem zweiten Schritt sind gem. § 25 Abs. 2 Satz 1 BsGaV von den der Betriebsstätte zugeordneten Vermögenswerten die versicherungstechnischen Rückstellungen sowie die weiteren aus Versicherungsverhältnissen entstandenen Verbindlichkeiten und Rechnungsabgrenzungsposten nach deutschem Handelsrecht abzuziehen. Ergebnis dieser Berechnung ist das Dotationskapital der Versicherungsbetriebsstätte.

914 Das der inländischen Versicherungsbetriebsstätte zuzuordnende Dotationskapital errechnet sich somit wie folgt:[2]

	Der Betriebsstätte zugerechnete Vermögenswerte (Kapitalanlagen)
./.	Versicherungstechnische Rückstellungen
./.	Versicherungstechnische Verbindlichkeiten
=	Zuzuordnendes Dotationskapital

915 Aufgrund der unterschiedlichen nationalen Vorschriften zu versicherungstechnischen Rückstellungen können sich Probleme ergeben. Bei der inländischen Betriebsstätte sind gem. § 341h HGB zwingend **Schwankungsrückstellungen** zu bilden, die häufig nach ausländischen Recht nicht zulässig sind. Da die Zuordnung der Vermögenswerte i. d. R. nach dem Recht des Stammhauses erfolgt, das bei der Bilanzierung z. B. nach IFRS diese Rückstellung nicht bildet, kann dies zu einem negativen Dotationskapital der inländischen Betriebsstätte führen.

916 § 25 Abs. 3 BsGaV sieht vor, dass einer inländischen Versicherungsbetriebsstätte auch ein geringeres Dotationskapital als nach § 25 Abs. 2 BsGaV zugeordnet werden kann, wenn dies dem Fremdvergleichsgrundsatz entspricht. Die Regelung in § 25 Abs. 3 Satz 2 BsGaV stellt jedoch klar, dass die Versicherungsbetriebsstätte mindestens ein Dotationskapital ausweisen muss, das sie als rechtlich selbständiges Versicherungsunternehmen nach versicherungsrechtlichen Grundsätzen als Eigenkapital aufweisen müsste, und verweist insoweit auf die Mindestkapitalausstattungsmethode für Versicherungsbetriebsstätten. Das Finanzgericht München hat in einem eigenen Urteil die

1 BsGaV; Begründung zu § 25 zu Abs. 1 Satz 1, Rz. 117.
2 § 25 Abs. 2 BsGaV.

Anwendung von § 25 Abs. 3 Satz 2 BsGaV und die hiermit verbundenen Regelungen im BMF-Schreiben vom 22.12.2016 (Betriebsstättengewinnaufteilung) bestätigt. Das zuständige Finanzamt hat im vorliegenden Fall bei der Ermittlung des Dotationskapital der inländischen Betriebsstätte zusätzliche Erträge aus Kapitalanlagen zugerechnet, so dass sich im Ergebnis ein positives Dotationskapital ergab.[1]

Ansonsten gelten bei Versicherungsbetriebsstätten die gleichen Regeln bei Bankenbetriebsstätten, hier insbesondere 917

- unter welchen Bedingungen der inländischen Versicherungsbetriebsstätte ein geringeres Dotationskapital zugeordnet werden darf,
- die grundsätzliche Anwendung der aufsichtsrechtlich basierten Mindestkapitalmethode bei ausländischen Versicherungsbetriebsstätten inländischer Versicherungsbetriebsstätten,
- die Zuordnung eines höheren Dotationskapitals auf der Grundlage der Mindestkapitalmethode ermittelten Dotationskapitals bei ausländischen Versicherungsbetriebsstätten.

Es gelten ansonsten die gleichen rechtlichen Bedenken wie bei den Bankbetriebsstätten. 918

Einstweilen frei 919–921

ee) Besonderheiten bei Rückversicherungen

Im **Rückversicherungsgeschäft** gilt die **widerlegbare Vermutung**, dass die **Personalfunktion** der Risikoklassifizierung und Risikoauswahl als **unternehmerische Risikofunktion** anzusehen ist und somit maßgeblich für die Zuordnung des **Rückversicherungsvertrages** als auch für die Zuordnung des mit dem Rückversicherungsvertrages zusammenhängenden Vermögenswertes sowie der hiermit verbundenen Chancen und Risiken ist.[2] 922

Einstweilen frei 923–925

ff) Interne Rückversicherungen

Rückversicherungen innerhalb eines Unternehmens („Internal Reinsurance") zwischen einer Versicherungsbetriebsstätte und dem übrigen Unternehmen 926

1 FG München, Urteil v. 13.12.2021 - 7 K 2379/20 EAAAI-04558 – Rev. Eingelegt (Az des BFH: I R 3/22), EFG 2022 S. 550; Ehrt, EFG 2022 S. 557.

2 § 24 Abs. 4 BsGaV.

werden nicht als **anzunehmende schuldrechtliche Beziehung** anerkannt.[1] Die Begründung des Gesetzgebers ist,

- dass die Ausübung einer Personalfunktion, die darüber entscheidet, ob ein Versicherungsvertrag innerhalb eines Unternehmens rückversichert werden soll, keine unternehmerische Risikoübernahmefunktion darstellt,
- und sich hiermit verbunden das Risikoprofils des Versicherungsunternehmens mit der internen Rückversicherung nicht verändert.[2]

927 Der Gesetzgeber folgt bewusst dem OECD-Konsens, um etwaige Besteuerungskonflikte zwischen den beteiligten Staaten zu vermeiden.

928 *Einstweilen frei*

c) Anwendung des Fremdvergleichsgrundsatzes bei Bau- und Montagebetriebsstätten

929 Es gelten bei **Bau- und Montagebetriebsstätten** ebenfalls die oben dargestellten Grundsätze unter → Rz. 381 ff. Somit ist der sog. „two-step Approach" gleichermaßen für Bau – und Montagebetriebsstätten anzuwenden. Der Begriff „Bau- und Montagebetriebsstätte" wird in Anlehnung an Art. 5 OECD-MA definiert. Unter den Begriff fallen Betriebsstätten,

- die zur Durchführung eines einzelnen Bau- und Montageauftrages entstehen und
- die nach dem Abschluss enden.[3]

930 Bau- und Montagebetriebsstätten weisen vor allem die Besonderheit auf, dass sie von vornherein zeitlich begrenzt sind.[4] Die Verordnung unterscheidet zwischen einem Standardfall und einem Sonderfall. Der Standardfall geht von dem Grundsatz aus, dass die anzunehmenden schuldrechtlichen Beziehungen zwischen der Bau- und Montagebetriebsstätte und dem übrigen Unternehmen als (Routine-)Dienstleistung der Betriebsstätte anzusehen sind. Der Sonderfall konstatiert, dass auch der Betriebsstätte immaterielle Werte basierend auf der der Zuordnung der **Personalfunktion** zugerechnet werden können. Insofern sind eingehend die ausgeübten Personalfunktionen und die hiermit verbundenen Konsequenzen hinsichtlich der Allokation der Wirtschaftsgüter zu analysieren.

1 § 28 BsGaV i. V. mit der Begründung zu § 28, Rz. 124.
2 BsGaV; Begründung zu § 28, Rz. 124.
3 BsGaV; Begründung zu § 20 Satz 1, Rz. 124.
4 BsGaV; Begründung zu § 20 Satz 1, Rz. 125.

Einstweilen frei 931

aa) Zuordnungsregelungen

Ein **materielles Wirtschaftsgut** ist der Bau- und Montagebetriebsstätte dann zuzurechnen, wenn neben der Nutzung zusätzlich auch die Personalfunktionen im Zusammenhang mit der Anschaffung oder Herstellung dieses Wirtschaftsgutes ausgeübt werden oder die Verwaltung dieses materiellen Wirtschaftsgutes erfolgt.[1] Ist das materielle Wirtschaftsgut der Betriebsstätte nicht nach den genannten Bedingungen zuzuordnen, ist es dem übrigen Unternehmen zuzurechnen und gilt als der Bau- und Montagebetriebsstätte unentgeltlich „beigestellt".[2] Der Gesetzgeber begründet die Beistellung mit der Vermutung, dass das übrige Unternehmen ein eigenes Interesse an der Beistellung hat, um die Erledigung der Bau- und Montageaufträge durch die Betriebsstätte zu ermöglichen bzw. zu fördern. 932

Die genannten Regelungen gelten analog für die Zuordnung von **immateriellen Werten**, Beteiligungen und Finanzanlagen.[3] 933

Es gilt die gesetzliche Vermutung, dass der Bau- und Montagevertrag (z. B. Werkvertrag oder Projektvertrag mit verschiedenen Leistungselementen wie Planung, Konstruktion, Materiallieferung, Montage, Bau- bzw. Montageüberwachung, Schulung) dem übrigen Unternehmen (Stammhaus) zuzuordnen ist.[4] Zugleich geht die Verordnung davon aus, dass es sich bei dem Bau- und Montagevertrag um einen Geschäftsvorfall und es sich somit nicht um einen Vermögenswert handelt. Eine abweichende Zuordnung des Bau- und Montagevertrages zur Bau- und Montagebetriebsstätte wird nur zugelassen, wenn 934

- die bedeutsamsten Beiträge zur Wertschöpfung, die zur Erfüllung des Bau- und Montagevertrages notwendig sind, in der Bau- und Montagebetriebsstätte erbracht werden oder
- wenn wegen des verwirklichten Sachverhalts aus funktionalen Gründen davon auszugehen ist, dass die Bau- und Montagebetriebsstätte, wäre sie ein selbstständiges Unternehmen, den Vertrag vom übrigen Unternehmen übernommen hätte.[5]

---

1 § 31 Abs. 1 BsGaV.
2 § 31 Abs. 2 BsGaV.
3 § 31 Abs. 3 BsGaV.
4 § 31 Abs. 4 BsGaV.
5 § 31 Abs. 4 BsGaV i. V. mit der Begründung zu § 31 Abs. 4 Satz 2, Rz. 127.

935 Die Widerlegung der gesetzlichen Vermutung bedeutet erhöhte **Dokumentations- und Nachweisanforderungen**.

936–938 *Einstweilen frei*

bb) Vergleichbarkeitsanalyse

939 Wie bereits oben dargestellt, geht die Verordnung des Weiteren von der **widerlegbaren Vermutung** aus, dass die **anzunehmenden schuldrechtlichen Beziehungen** zwischen der Bau- und Montagebetriebsstätte mit dem übrigen Unternehmen als (Routine-)Dienstleistung der Betriebsstätte anzusehen sind. Für diese Dienstleistungen ist der Verrechnungspreis nach einer **kostenorientierten Verrechnungspreismethode** zu bestimmen. Als maßgebliche Kosten gelten hierbei die erforderlichen Personalkosten, die unmittelbar durch die Erbringung von **Personalfunktionen** verursacht werden.[1] Soweit durch die Ausübung der Personalfunktion weitere Kosten verursacht werden, z. B. eigene Materialbeschaffung, Einschaltung von Subunternehmen usw. gehören auch diese Kosten zur Kostenbasis.[2] Nicht zu berücksichtigen sind die Kosten, die durch Personalfunktionen des übrigen Unternehmens entstehen. Die hiermit verbundenen Leistungen des übrigen Unternehmens gelten als beigestellt. In der Literatur wird strittig diskutiert, wieweit die Ausgestaltung der Kostenaufschlagsmethode entsprechend § 33 Abs. 1 BsGaV im Widersprich zu den OECD-Grundsätzen steht. Vom Grundsatz legt § 16 Abs. 2 BsGaV fest, dass die Preise für anzunehmende schuldrechtliche Beziehungen entsprechend dem Fremdvergleichsgrundsatz anzusetzen sind. Die Regelungen des § 33 Asb.1 BsGaV lassen jedoch Interpretationsspielraum hinsichtlich der Frage, ob die Verrechnungen für die erbrachten Dienstleistungen auf einer Voll- oder Teilkostenbasis zu erfolgen haben.[3]

940 Im Kontext der Zuordnung der Personalfunktionen zwischen dem Stammhaus und der Bau- und Montagebetriebsstätte sowie der Umsetzung des **Risikokontrollansatzes** erscheint die in § 33 Abs. 1 BsGaV konstatierte Annahme, dass es sich bei der Bau- und Montagebestriebsstätte um die Ausübung von **Routinefunktionen** handelt, vielfach als problematisch. Der Widersprich wird deutlich in Tz 360 des BMF-Schreibens zur Betriebsstättengewinnaufteilung.[4] Hiernach sind *„Fehlmaßnahmen, die durch Personalfunktionen einer Bau- und Mon-*

1 § 32 Abs. 1 BsGaV.

2 BsGaV; Begründung zu § 32 Abs. 1 Satz 3, Rz. 129.

3 Seeleitner/Sennewald/Müller, IStR 2017 S. 1017.

4 BMF, Schreiben v. 22.12.2016 - IV B 5 - S 1341/12/10001-03 DAAAF-70144, BStBl 2017 I S. 182, Tz. 360.

tagebetriebsstätte verursacht werden, […] von ihr zu tragen. Das Risiko der Bau- Montagbetriebsstätte ist durch den Gewinnaufschlag abgegolten." In solchen Fällen, entgegen den Grundsätzen zur Vergütung von Routinefunktionen,[1] kann eine Bau- und Montagebetriebsstätte, die Routinefunktionen ausübt, auch Verluste erzielen. Sind die Personalfunktionen verteilt sowohl dem Stammhaus als auch der Bau- und Montagebetriebsstätte zuzuordnen, so sind die Projektgewinne bzw. -verluste entsprechend eines angemessenen Schlüssels zwischen der Betriebsstätte und dem Stammhaus zu verteilen.[2] Die BsGaV sieht als primären Aufteilungsschlüssel die Kosten der maßgeblichen Personalfunktion vor.

Es ist darauf hinzuweisen, dass die **OECD im Betriebsstättenbericht 2010** nicht auf die in der BsGaV vorgenommene Vermutung der **Beistellung von Wirtschaftsgütern und Leistungen** explizit eingeht. 941

Abweichend zum Standardfall kann eine zweiseitige Gewinnaufteilungsmethode für die Bestimmung des Verrechnungspreises für die anzunehmenden schuldrechtlichen Beziehungen angewendet werden, wenn 942

- die Personalfunktionen sowohl von der Bau- und Montagebetriebsstätte als auch vom übrigen Unternehmen im Hinblick auf die Erfüllung des Bau- und Montagevertrages einzigartig sind, oder
- für die Erfüllung des Bau- und Montagevertrages sowohl von der Bau- und Montagebetriebsstätte als auch vom übrigen Unternehmen einzigartige immaterielle Werte selbst entwickelt oder erworben werden.[3]

Der Verteilungsschlüssel, der auf das Ergebnis anzuwenden ist, bestimmt sich nach den jeweils für das Gesamtprojekt geleisteten Beiträgen. Die Verordnung arbeitet hier wieder mit einer gesetzlichen Vermutung und zwar, dass sich der Umfang der geleisteten Beiträge nach den Kosten der maßgeblichen Personalfunktionen berechnet.[4] Die Erbringung von Routinefunktionen stellt keinen **Wertschöpfungsbeitrag** im Sinne der Verordnung dar. Im Rahmen einer Öffnungsklausel kann auch eine andere Gewinnaufteilungsmethode angewendet werden, wenn dies im Einzelfall zu einem Ergebnis führt, dass dem Fremdvergleichsgrundsatz besser entspricht.[5] 943

1 Vgl. BMF, Schreiben v. 14.7.2021 - IV B 5 - S 1341/19/10017 :001 BAAAH-83917, BStBl 2021 I S. 1098, Tz. 3.33.

2 BMF, Schreiben v. 22.12.2016 - IV B 5 - S 1341/12/10001-03 DAAAF-70141, BStBl 2017 I S. 182, Tz. 370 ff.; Stein/Schwarz/Nientimp/van Leuven, IStR 2018 S. 827.

3 § 33 Abs. 1 BsGaV.

4 § 33 Abs. 2 BsGaV.

5 § 33 Abs. 2 Satz 3 BsGaV.

944 Mit der Zulassung der **zweiseitigen Gewinnaufteilungsmethode** kommt der Gesetzgeber einer der maßgeblichen Forderungen der Anlagebauer, die sog. **Kostenaufteilungsmethode** zuzulassen, nach.

945–947 *Einstweilen frei*

4. Anwendung des Fremdvergleichsgrundsatzes bei Vertreterbetriebsstätten

948 Die Grundsätze unter → Rz. 735 ff. sind ebenfalls auf **ständige Vertreter** i. S. des § 13 AO anzuwenden.

949 Der ständige Vertreter kennzeichnet nach Art. 5 Abs. 5 OECD-MK, dass er im Vertragsstaat im Auftrag des nicht ansässigen Unternehmens tätig ist, gewöhnlich Verträge abschließt oder eine führende Rolle bei der Vorbereitung zum Vertragsabschluss innehält und die Verträge entweder im Namen des Unternehmens abgeschlossen werden.[1]

950 Merkmal des ständigen Vertreters ist, dass die Personalfunktionen vom Personal des ständigen Vertreters ausgeübt werden. Das vertretene Unternehmen hat dort im Regelfall kein eigenes Personal. Entsprechend § 39 Abs. 2 BsGaV sind im Falle, dass es bei einem ständigen Vertreter um ein rechtlich selbständiges Unternehmen handelt, diese **Personalfunktionen** abweichend von § 2 Abs. 3 BsGaV als eigene Personalfunktionen des Vertretenen zu behandeln. Die Komplexität ergibt aus der Differenzierung zwischen der vertraglich geregelten Vergütung des Vertreters, der Begründung der Vertreterbetriebsstätte sowie der Zuordnung von Personalfunktionen und hiermit verbundenen Chancen/Risiken sowie Vermögenswerten als Ausfluss der Funktions- und Risikoanalyse. Es wird von der gesetzlichen Vermutung ausgegangen, dass die Vermögenswerte, die Chancen und Risiken sowie die Geschäftsvorfälle dem Vertretenen zuzurechnen sind.[2] Der Gesetzgeber geht somit bei der Umsetzung des **AOAs** bei Vertreterbetriebsstätten von der sog. „**Null-Summen-Theorie**" aus, d. h. die Anwendung des AOAs darf nicht zu einem Ergebnis bei der Vertreterbetriebsstätte führen, das über das Ergebnis des ständigen Vertreters hinausgeht („**Single taxpayer approach**").[3] Etwas anderes würde dann gelten, wenn der Vertreter Risiken verwaltet, die allein das rechtliche Unternehmen zu tragen hat. In diesen Fällen ist die „Risikoprämie" der Vertreterbetriebsstätte zuzuordnen. In diesem Fall ist sicherzustellen, dass diese Aufgaben nicht ein

1 OECD-MK zu Art. 5 Abs. 5.

2 § 33 Abs. 2 BsGaV i. V. mit der Begründung zu § 33 Abs. 2, Rz. 141.

3 Begründung zu § 33 Abs. 2, Rz. 141.

weiters Mal als Personalfunktion dem vertretenen Unternehmen zugeordnet werden.[1]

Im Blickwinkel des neu gefassten Art. 5 Abs. 5 OECD-MA erhält die Vertreterbetriebsstätte in Zukunft eine bedeutendere Rolle als in der Vergangenheit. Die Anwendung der Null-Summen-Theorie ist äußerst umstritten[2] und eine profiskalische Auslegung des Gesetzgebers, der dem zukünftig häufiger zu erwartenden Aufgriff der Vertreterbetriebsstätte im Ausland und hiermit verbundenen Zuordnungen von Einkommen mit der nationalstaatlichen Regelung des Abs. 2 entgegenwirkt. 951

Einstweilen frei 952–954

5. Anwendung des Fremdvergleichsgrundsatzes bei Homeoffice-Tätigkeiten

Nicht allein, aber insbesondere seit dem Ausbruch der **Corona-Krise** hat das Thema Begründung einer Betriebsstätte durch Tätigkeiten im **Homeoffice** Bedeutung erlangt. Aber auch durch den zunehmenden Arbeitnehmermangel implementieren Unternehmen flexiblere **Arbeitszeit- und Arbeitsortmodelle**, um den Bedarf an Arbeitnehmern abzudecken. Dies geht soweit, dass die Verrichtung von Tätigkeiten in einem definierten, zeitlich begrenzten Umfang im Ausland, z. B. an einem Urlaubsort ermöglicht wird. Mit der zunehmenden, auch grenzüberschreitenden, Flexibilisierung der Tätigkeiten als Arbeitnehmer im (ausländischen) Homeoffice ist zum einen zu analysieren, ob eine Betriebsstätte i. S. des Art. 5 OECD-MA bzw. §§ 12 f. AO begründet wird, und zum anderen in der Konsequenz einer etwaigen Bejahung, welche Gewinnzuordnung nach Art. 7 OECD-MA bzw. § 1 Abs. 5 AStG zu erfolgen hat. 955

Bei der Ausübung von Tätigkeiten als Ausfluss einer Arbeitnehmerbeziehung mit dem Arbeitgeber an einem Arbeitsort außerhalb der eigentlichen Geschäftseinrichtung des Arbeitgebers kommen grundsätzlich drei Arten von Betriebsstätten infrage: 956

- **Betriebsstätte durch eine feste Geschäftseinrichtung**: Nach Auffassung der OECD kann diese vorliegen, wenn das Homeoffice regelmäßig und dauerhaft im Hinblick auf eine Unternehmenstätigkeit genutzt und die Tätigkeit auf Verlangen des Arbeitgebers in Heimarbeit ausgeübt wird. Hier kommt es im Wesentlichen darauf an, dass das Homeoffice regel-

1 Oestreicher, IStR 2020 S. 22.

2 Niehaves, IStR 2011 S. 373 f.

mäßig und dauerhaft im Hinblick auf die Unternehmenstätigkeit genutzt wird.[1]

- **Vertreterbetriebsstätte**: Diese wird dann begründet, wenn der Vertreter seine Vollmacht zur Vorbereitung und zum Abschluss von Verträgen gewöhnlich in diesem Staat ausübt (vgl. → Rz. 949).
- **Dienstleistungsbetriebsstätte**: Die Dienstleistungsbetriebsstätte ist nicht explizit in Art. 5 OECD-MA und auch nicht in § 12 AO enthalten, sondern wird im OECD-MK als mögliche Alternative genannt.[2] Sie liegt vor, wenn durch den Mitarbeiter eines Unternehmens während mehr als 183 aggregierten bzw. aufsummierten Tagen eines im betroffenen Steuerjahr beginnenden oder endenden Zeitraums von zwölf Monaten Dienstleistungen erbracht werden.[3]

957 Im Falle, dass einer der genannten Betriebsstätten durch die Tätigkeit im sog. Homeoffice begründet wird, stellt sich die Frage, ob und welche Gewinne entsprechend Art. 7 OECD-MA bzw. § 1 Abs. 5 AStG dieser zuzuordnen ist. Die Gewinnzuordnung wird maßgeblich definiert über die Funktions- und Risikoanalyse und der hiermit verbundenen Zuordnung einer wesentlichen **Personalfunktion** entsprechend § 2 Abs. 3 BsGaV bzw. der „**Significant People Function** nach dem OECD-Betriebsstättenbericht 2010[4] Es sei hier zu erwähnen, dass der revidierten Fassung der OECD-Verrechnungspreisrichtlinien 2017 als Ausfluss des OECD BEPS-Aktionsplans als Bestandteil der Funktions- und Risikoanalyse im Grundsatz der sog. „**Risk Control Fuctions Approach**" (**Risikokontrollansatz**) und im speziellen für immaterielle Werte der sog. „DEMPE Fuctions Approach" als Ausfluss des Fremdvergleichsgrundsatzes nach Art. 9 OECD-MA eingeführt worden ist.[5] Im deutschen Recht ist der **DEMPE-Ansatz** mittlerweile in § 1 Abs. 3c AStG verankert, während der sog. „Risk Control Fuctions Approach" lediglich in den VWG Verrechnungspreise 2021[6] verankert worden ist.[7] Beide Ansätze sind vergleichbar mit der Identifizierung und Zuordnung von wesentlichen Personalfunktionen bei Betriebsstätten.

---

1 Art. 5 Rz. 12 ff. OECD-MK 2017; Rasch/Rosenberger/Brülisauer, IStR-Beih 2021 S. 3.

2 Art. 5 Abs. 3 Buchst. b UN-MA; Rz. 143 ff. OECD-MK zu Art. 5.

3 Art. 5 Abs. 3 Buchst. b UN-MA; Rasch/Rosenberger/Brülisauer, IStR-Beih 2021 S. 3.

4 OECD-Betriebsstättenbericht 2010, Teil I Rz. 15 f.

5 OECD-Verrechnungspreisrichtlinien 2017, Tz. 1.65 ff und 6.12 (DEMPE).

6 **Anm. d. Red.:** Das BMF hat die „**Verwaltungsgrundsätze Verrechnungspreise 2023** – Grundsätze für die Korrektur von Einkünften gem. § 1 AStG" neu gefasst (BMF, Schreiben v. 6.6.2023 - IV B 5 - S 1341/19/10017 :003 LAAAJ-41558). Das Schreiben enthält die neuen Grundsätze für die internationale Einkunftsabgrenzung nach dem Maßstab des Fremdvergleichs in den Regelungen des innerstaatlichen Rechts und der Doppelbesteuerungsabkommen.

7 VWG TP 2021, Tz. 3.5.

Im Kontext der Identifizierung und der Zuordnung der Personalfunktion ist gleichermaßen die Beziehung zwischen dem Personal im Sinne von Mitarbeitern und der organisatorischen Verankerung der Funktion in der Organisationsstruktur des Unternehmens aufzugreifen. Eine Funktion ist ein organischer Teil eines Unternehmens, dass i. d. R. von einer oder mehrerer Personen geleitet wird. Werden verschiedene Personalfunktionen hinsichtlich eines Zuordnungsgegenstandes gleichzeitig von dem eigenem Personal des Unternehmens, das in verschiedenen Betriebsstätten arbeitet, ausgeübt, so liegt eine sog. Personalfunktionenkonkurrenz vor.[1] In diesen Fällen ist das Unternehmen aufgefordert, eine Analyse der Personalfunktionen über mehrere Wirtschaftsjahre durchzuführen (**Dauerhaftigkeit der Zuordnung**).[2] Da i. d. R. Homeoffice-Konzepte auf eine vorübergehende Tätigkeit ausgelegt sind, sollte eine Reallokation der wesentlichen Personalfunktion nur dann in Betracht gezogen werden, wenn die Personalfunktion dauerhaft im Homeoffice angesiedelt ist. Eine „Hin- und Her-Verlagerung" von Funktionen und den Neuzuordnungen von Chancen/Risiken sowie Vermögenswerten sollte durch die Anwendung des Prinzips der Dauerhaftigkeit vermieden werden. Der Vollständigkeitshalber ist gleichermaßen festzuhalten, dass der **Ort der tatsächlichen Funktionsausübung** entscheidend für die Zuordnung ist, und nicht die Frage, wo die jeweilige Funktion planmäßig ausgeübt worden wäre.[3] 958

Einstweilen frei 959–961

6. Behandlung von sog. funktionslosen Betriebsstätten (Betriebsstätten ohne Personalfunktion)

Infolge der oben genannten internationalen Entwicklungen hat das BMF mit Schreiben vom 17.12.2019 die Verwaltungsgrundsätze zur Betriebsstättengewinnaufteilung (VWG BsGA) um die Textziffer 6a mit Blick auf die Behandlung von sog. **funktionslosen Betriebsstätten (Betriebsstätten ohne Personalfunktion)** ergänzt.[4] Hiernach kann im Falle einer Betriebsstätte ohne Personalfunktion (z. B. Wind-, Solarkraftanlagen etc.) eine „andere Behandlung erfordern". Hinsichtlich der „anderen Behandlung" wird auf Tz. 66 und 75 des Berichts 962

1 BMF, Schreiben v. 22.12.2016 - IV B 5 - S 1341/12/10001-03 DAAAF-70144, BStBl 2017 I S. 182, Tz. 42.

2 BMF, Schreiben v. 22.12.2016 - IV B 5 - S 1341/12/10001-03 DAAAF-70144, BStBl 2017 I S. 182, Tz. 44.

3 Rasch/Rosenberger/Brülisauer, IStR-Beih 2021 S. 10.

4 BMF, Schreiben v. 17.12.2019 - IV 5 – S 1341/19/1010 NAAAH-38329, BStBl 2020 I S. 84.

über die Zurechnung von Gewinnen zu Betriebsstätten der OECD vom 22.7.2010 (OECD Betriebsstättenbericht 2010) verwiesen.

963 Nach Tz. 75 des OECD Betriebsstättenbericht 2010 richtet sich die Zuordnung des wirtschaftlichen Eigentums an materiellen Wirtschaftsgütern an der **Nutzung** als Grundlage aus, soweit nicht in einem besonderen Fall Umstände gegeben sind, die eine andere Auffassung rechtfertigen würden. Zugleich wird im Grundsatz bestimmt, dass die Zuordnung anhand der Nutzung der materiellen Wirtschaftsgüter auf der Basis einer Bestimmung der für das wirtschaftliche Eigentum an den besagten Gütern relevanten wesentlichen **Personalfunktionen** mittels einer Funktions- und Sachverhaltsanalyse des jeweiligen Falls zu erfolgen hat.[1] Da eine **Server-Betriebsstätte** entsprechend der Tz. 66[2] angesichts des Fehlens von für das Unternehmen tätigem Personal keine für die Zurechnung des Eigentums an Wirtschaftsgütern oder Vermögenswerten und/oder die Zuordnung von Risiken wesentlichen Personalfunktionen wahrnimmt, könnten dieser Betriebsstätte im Rahmen des AOA tatsächlich keine Vermögenswerte oder Risiken zugeordnet werden, was die Schlussfolgerung bestätigt, dass einer solchen Betriebsstätte nur ein geringer bzw. gar kein Gewinn zugerechnet würde. Dies steht im Einklang mit der geltenden Auffassung der Finanzverwaltung, wonach für die Zuordnung der materiellen, **beweglichen Wirtschaftsgüter** (z. B. Server) das Kriterium der Personalfunktion für die Zuordnung herangezogen wird, das im Einzelfall eindeutig von größerer Bedeutung für das betrachtete Wirtschaftsgut als die lediglich Nutzung ist. Personalfunktionen, welche die Bedeutung der Nutzung überwiegen können, sind insbesondere solche, die in Zusammenhang mit der Anschaffung, Herstellung, Verwaltung oder Veräußerung des materiellen Wirtschaftsgutes stehen.[3]

964 Im Gegensatz hierzu wird **unbewegliches Vermögen** (Grundstücke, grundstücksgleiche Rechte und Bauten) aufgrund ihrer räumlichen Fixierung im jeweiligen Vertragsstaat der dort belegenen Betriebsstätte des Unternehmens zugeordnet.[4]

---

1 OECD, Bericht über die Zurechnung von Gewinnen zu Betriebsstätten von 2010, S. 75, abrufbar unter: www.oecd.org/ctp/transfer-pricing/attributes-of-profits-permanent-establishments-german.pdf.

2 OECD, Bericht über die Zurechnung von Gewinnen zu Betriebsstätten von 2010, S. 66, abrufbar unter: www.oecd.org/ctp/transfer-pricing/attributes-of-profits-permanent-establishments-german.pdf.

3 § 5 Abs. 2 BsGaV; BMF, Schreiben v. 22.12.2016 - IV B 5 - S 1341/12/10001-03 DAAAF-70144, BStBl 2017 I S. 182, Tz. 80.

4 BMF, Schreiben v. 22.12.2016 - IV B 5 - S 1341/12/10001-03 DAAAF-70144, BStBl 2017 I S. 182, Tz. 82.

Das BMF hat allerdings in einem eigenen Schreiben vom 17.12.2019 das BMF-Schreiben vom 22.12.2016 um die Tz. 6a ergänzt. Hier kann *„im Falle einer Betriebsstätte ohne maßgebliche Personalfunktion (z. B. Wind-, Solarkraftanlagen etc.) die Betriebsstätte zum Unternehmen ebenfalls eine andere Behandlung erfordern. Für die Frage der Zuordnung von Wirtschaftsgütern und der Gewinnaufteilung können die Grundsätze der Textziffern 66 und 75 des Berichts über die Zurechnung von Gewinnen zu Betriebsstätten der OECD vom 22.10.2010 angewandt werden“*. Auf die Differenzierung zwischen unbeweglichen und beweglichen Wirtschaftsgütern wird nicht eingegangen. Es ist aber im Grundsatz davon auszugehen, dass die Finanzverwaltung bei Betriebsstätten ohne maßgebliche Personalfunktion und die Nutzung als Grundlage für die Zuordnung des wirtschaftlichen Eigentums von materiellen Wirtschaftsgütern dienen soll, von einer „anderen“ Zuordnung unter Einbeziehung der Personalfunktion von Wirtschaftsgütern ausgeht.[1] Dies würde bei Anwendung der Tz. 66 und 75 des Berichts über die Zurechnung von Gewinnen zu Betriebsstätten der OECD vom 22.10.2010, worauf das BMF-Schreiben vom 17.12.2019 unmittelbar referenziert, dazu führen, dass *„angesichts des Fehlens von für das Unternehmen tätigem Personal keine für die Zurechnung des Eigentums an Wirtschaftsgütern oder Vermögenswerten und/oder die Zuordnung von Risiken wesentlichen Personalfunktionen wahrnimmt, könnten dieser Betriebsstätte im Rahmen des AOA tatsächlich keine Vermögenswerte oder Risiken zugeordnet werden, was die Schlussfolgerung bestätigt, dass einer solchen Betriebsstätte nur ein geringer bzw. gar kein Gewinn zugerechnet würde“*.[2] 965

Einstweilen frei 966–968

7. Die Besteuerung datenbasierter Einkünfte

Die Besteuerung **digitalisierter bzw. datenbasierter Geschäftsmodelle** ist wesentlicher Gegenstand der Reformüberlegungen der OECD im Rahmen des OECD BEPS-Aktionsplanes, insbesondere Aktionspunkt 1 sowie die Grundlage des sich derzeit im Entwurfsstadium befindenden **Pillar One & Two-Ansatzes** zur globalen **Mindestbesteuerung.**[3] Kern dieses Vorhabens ist die steuerliche Verknüpfung des **Orts der digitalisierten Einkünfte** mit dem Ort der der Steu- 969

1 Vgl. BFH, Beschluss v. 24.11.2021 - I B 44/21 (AdV), BStBl 2022 II S. 431.

2 Vgl. attributes-of-profits-permanent-establishments-german.pdf (oecd.org), Tz. 66.

3 Vgl. OECD, Statement on a Two-Illar Solution to Adress the Tax Challenges Arising From the Digitalisation of the Economy, 1.7.2021, abrufbar unter: https://www.oecd.org/tax/beps/statement-on-a-two-pillar-solution-to-adress-the-tax-challenges-arising-from-the-digitalisation-of-the-economy-july-2021.pdf.

erzahlung. Zunehmend häufig sind Wertschöpfungsketten verknüpft mit einer Kombination aus Algorithmen und Nutzerdaten.[1]

970 Soweit **Daten und Algorithmen** als **immaterielle Werte** entsprechend § 1 Abs. 3c AStG einzuordnen sind, richtet sich die Einkünftezuordnung nach dem sog. **DEMPE-Konzept.** Nutzerdaten als auch Algorithmen entstehen vielfach sowohl in inländischen als auch in ausländischen Betriebsstätten. In diesem Fall, soweit es sich um immaterielle Werte handelt, sind die datenbasierten Einkünfte entsprechend § 1 Abs. 5 i. V. mit § 1 Abs. 3c AStG für steuerliche Zwecke entweder der Betriebsstätte oder dem Stammhaus zuzuordnen. Entsprechend der Vermutungsregelung nach § 6 Abs. 1 Satz 1 BsGaV wird unterstellt, dass die für die Schaffung der Daten bzw. der Entwicklung der Algorithmen ursächlichen Personalfunktionen für die Wertschöpfung von größter Bedeutung sind und die hiermit verbundenen immateriellen Werte vorrangig entsprechend dieser Personalfunktion zuzuordnen sind.[2] Eine abweichende Zuordnung kommt nur in Betracht, wenn in einer anderen Betriebsstätte ausgeübte Personalfunktion im Zusammenhang mit der Nutzung, der Verwaltung, der Verwertung, dem Schutz oder der Veräußerung der Daten bzw. Algorithmen eindeutig überwiegen.[3] Ein entsprechender Nachweis für die Anwendung von § 6 Abs. 2 BsGaV wird seitens der Finanzverwaltung im Grundsatz in Zweifel gezogen.[4]

971 Die EU-Kommission geht über die zitierten Regelungen der BsGaV hinaus. In einem eigenen Richtlinienvorschlag vom 21.3.2018[5] soll die Zuordnung über die Personalfunktion derart modifiziert werden im dem Sinne, dass über die digitale Schnittstelle erfolgende Geschäftstätigkeiten des Unternehmens in Bezug auf Daten und Nutzer als wirtschaftlich signifikante Funktionen anzusehen sind, anhand derer die Risiken und das wirtschaftliche Eigentum zuzuordnen werden können.

972 Wie die Höhe der Vergütung etwaiger immaterieller Werte in Form von Daten bzw. Algorithmen zu ermitteln ist, ist äußerst umstritten. Im Schrifttum werden hierzu verschiedene Ansätze diskutiert.[6]

973–975 *Einstweilen frei*

---

1 Leich, IStR 2021 S. 967.

2 § 6 Abs. 1 Satz 1 BsGaV; BMF, Schreiben v. 22.12.2016 - IV B 5 - S 1341/12/10001-03 DAAAF-70144, BStBl 2017 I S. 182, Tz. 85 f.

3 § 6 Abs. 2 BsGaV.

4 BMF, Schreiben v. 22.12.2016 - IV B 5 - S 1341/12/10001-03 DAAAF-70144, BStBl 2017 I S. 182, Tz. 93 f.

5 Mitteilung der EU-Kommission v. 21.3.2018 – COM(2018) 148; Eilers/Oppel, IStR 2018 S. 368.

6 Leich, IStR 2021 S. 970.

M. Erläuterungen zu § 1 Abs. 6 AStG

§ 1 Abs. 6 AStG stellt klar, dass die **Verordnungsermächtigung** für alle grundlegenden Bereiche der Anwendung des **Fremdvergleichsgrundsatzes** i. S. des § 1 AStG gilt. 976

In einer Verordnung können demnach auf der Grundlage der genannten Ermächtigung, Regelungen für Geschäftsbeziehungen zwischen einem Steuerpflichtigen und einer nahe stehenden Person nach § 1 Abs. 1, 3, und Abs. 3c AStG getroffen werden. Dies erstreckt sich auch auf die Einkünfteaufteilung bzw. Einkünfteermittlung in grenzüberschreitenden **Betriebsstättenfällen** nach § 1 Abs. 5 AStG.[1] In diesem Kontext stellt der Absatz klar, dass die Regelungen zur Rechtsverordnung auch die Grundsätze zur Bestimmung des **Dotationskapital** i. S. des § 1 Abs. 5 Satz 3 Nr. 4 AStG umfasst. 977

Es ist darauf hinzuweisen, dass weder Abs. 6 noch § 1a eine Verordnungsermächtigung zur **Preisanpassungsklausel** entsprechend § 1a AStG enthält. 978

Durch die Rechtsverordnung wird noch konkreter als im Gesetz sichergestellt, dass von den Steuerpflichtigen und der Verwaltung wettbewerbsneutrale und im internationalen Kontext akzeptable Lösungen gefunden werden, die auf den international anerkannten Grundsätzen basieren. Dies soll deutsche Besteuerungsrechte absichern und helfen internationale Besteuerungskonflikte zu lösen.[2] 979

Die Rechtsverordnung bedarf der Zustimmung des Bundesrates. 980

1 Vgl. Begründung zur BsGaV v. 28.8.2014, BT-Drucks. 401/14 zu B) Lösung.
2 Vgl. Begründung zur BsGaV v. 28.8.2014, BT-Drucks. 401/14 zu B) Lösung.

§ 1a Preisanpassungsklausel

[1]Sind wesentliche immaterielle Werte oder Vorteile Gegenstand einer Geschäftsbeziehung und weicht die tatsächliche spätere Gewinnentwicklung erheblich von der Gewinnerwartung ab, die der Verrechnungspreisbestimmung zugrunde lag, ist widerlegbar zu vermuten, dass zum Zeitpunkt des Geschäftsabschlusses Unsicherheiten im Hinblick auf die Verrechnungspreisvereinbarung bestanden und unabhängige Dritte eine sachgerechte Anpassungsregelung vereinbart hätten.[2] Wurde eine solche Regelung nicht vereinbart und tritt bezogen auf die ersten sieben Jahre nach Geschäftsabschluss eine erhebliche Abweichung im Sinne des Satzes 1 ein, ist für eine deshalb vorzunehmende Berichtigung nach § 1 Absatz 1 Satz 1 ein angemessener Anpassungsbetrag auf den Verrechnungspreis im achten Jahr nach Geschäftsabschluss der Besteuerung zugrunde zu legen.[3] Eine erhebliche Abweichung im Sinne des Satzes 1 liegt vor, wenn der unter Zugrundelegung der tatsächlichen Gewinnentwicklung zutreffende Fremdvergleichspreis um mehr als 20 Prozent von diesem Verrechnungspreis abweicht.[4] Für die Bestimmung des unter Zugrundelegung der tatsächlichen Gewinnentwicklung zutreffenden Fremdvergleichspreises ist von denselben Grundsätzen auszugehen wie für die Bestimmung des Verrechnungspreises.[5] Eine Anpassung des Verrechnungspreises ist im Sinne des Satzes 2 angemessen, wenn sie dem Unterschiedsbetrag zwischen dem Verrechnungspreis und dem unter Zugrundelegung der tatsächlichen Gewinnentwicklung zutreffenden Fremdvergleichspreis entspricht.[6] Eine Anpassung erfolgt insbesondere dann nicht, wenn

1. der Steuerpflichtige glaubhaft macht, dass die tatsächliche Entwicklung auf Umständen basiert, die zum Zeitpunkt des Geschäftsvorfalls nicht vorhersehbar waren, oder
2. der Steuerpflichtige nachweist, dass er bei der Bestimmung des Verrechnungspreises die aus der künftigen Entwicklung resultierenden Unsicherheiten angemessen berücksichtigt hat, oder
3. im Hinblick auf immaterielle Werte und Vorteile Lizenzvereinbarungen getroffen werden, die die zu zahlende Lizenz vom Umsatz oder Gewinn des Lizenznehmers abhängig machen oder für die Höhe der Lizenz Umsatz und Gewinn berücksichtigen.

Inhaltsübersicht — Rz.

A. Überblick (Nientimp)

1 § 1a AStG ist die zweite Vorschrift des Ersten Teils „Internationale Verflechtungen“ und wurde durch das Abzugsteuerentlastungsmodernisierungsgesetz (siehe Nientimp, § 1 AStG Rz. 55) eingeführt und ergänzt § 1 AStG.[1] Teilweise waren die Regelungen zu Preisanpassungsklauseln der Sätze 1 und 2 vorher in § 1 Abs. 3 Satz 11 und 12 AStG a. F. angesiedelt. Die Sätze 3–6 enthalten neue Regelungen.[2] Dabei führt der neue § 1a AStG die durch das Abzugsteuerentlastungsmodernisierungsgesetz vollzogene Strukturänderung des § 1 Abs. 3 AStG a. F. fort, die zu einer Verbesserung der Lesbarkeit und Verständlichkeit der Normen geführt hat.[3] Die Auslagerung in einen eigenen Paragrafen wird in der Literatur damit begründet, dass es sich bei dieser Regelung nicht um eine Regelung des Fremdvergleichsgrundsatzes handelt, sondern um eine, die die **Informationsasymmetrie** zwischen Finanzverwaltung und Steuerpflichtigen lösen und auf diese Weise das deutsche Besteuerungsrecht sichern soll.[4] Dies erfolgt über den Umweg der gesetzlichen Unterstellung, dass Preisanpassungsklauseln zwischen fremden Dritten aufgrund von Unsicherheiten bei der Preisbestimmung vereinbart würden. Allerdings trifft § 1 Abs. 1 Satz 3 AStG bereits die Annahme, dass die Transaktionspartner symmetrische Informationen bei der Bestimmung der Fremdvergleichspreise haben,[5] so dass etwaige Unsicherheiten bei der Verrechnungspreisbestimmung auf beiden Seiten der Transaktion die gleichen sind (siehe Nientimp, § 1 AStG Rz. 95 ff.). Folglich können die sich die Unsicherheiten i. S. von § 1a AStG nur auf unvollkommene Informationen beider Transaktionspartner beziehen;[6] die bekannten Unsicherheiten würden die Transaktionspartner unmittelbar bei der Verrechnungspreisbestimmung berücksichtigten, denn es gibt keine asymmetrische Infor-

1 So auch Pohl in Brandis/ Heuermann, Ertragsteuerrecht„ § 1a AStG Rz. 21.

2 Siehe auch die Gesetzesbegründung: BT-Drucks. 19/27632 S. 76.

3 Vgl. Nientimp, Sonderheft DB 2020 S. 50.

4 Vgl. Greil/Saliger, ISR 2021 S. 334.

5 *„Für die Anwendung des Fremdvergleichsgrundsatzes ist davon auszugehen, dass die voneinander unabhängigen Dritten alle wesentlichen Umstände der Geschäftsbeziehung kennen [...]“.*

6 Siehe zu unvollkommenen Informationen als Erfahrungssachverhalt Schneider, Informations- und Entscheidungstheorie, 1995, S. 1ff.

mationsverteilung zwischen ihnen.[1] Ob fremde Dritte für Unsicherheit[2] im Sinne von unvollkommenen Informationen, denen beide Marktpartner unterliegen, tatsächlich stets eine Anpassungsregel vereinbaren würden erscheint allerdings äußerst fraglich (siehe auch → Rz. 29).
Anzuwenden sind die Regelungen des § 1a AStG nach § 21 Abs. 1 AStG erstmals ab dem Veranlagungszeitraum 2022.

§ 1a AStG versucht Unsicherheiten bei der Bewertung von wesentlichen im- 2
materiellen Werten und Vorteilen für steuerliche Verrechnungspreiszwecke zu berücksichtigen, sofern die angewandte Verrechnungspreismethode auf **Gewinnerwartungen**, wie beim hypothetischen Fremdvergleich, basiert. Ursprünglich gedacht waren die Regelungen zu Preisanpassungsklauseln, insbesondere für Übertragungen von wesentlichen immateriellen Werten etwa bei Funktionsverlagerungen,[3] die Anwendung des § 1a AStG ist allerdings nicht auf Funktionsverlagerungen begrenzt.[4] Obwohl § 1a AStG formal nicht nur für den hypothetischen Fremdvergleich anwendbar ist, sondern allgemein,[5] wird er sich allerdings aufgrund seines Bezugs auf die Abweichung der späteren Gewinnentwicklung von den Gewinnerwartungen, die der Verrechnungspreisbestimmung zugrunde lagen, praktisch hierauf beschränken.[6] Beim tatsächlichen Fremdvergleich spielen die Gewinnerwartungen der Beteiligten an dem Geschäftsvorfall für die Bestimmung von Fremdvergleichspreisen direkt keine Rolle, da die beobachteten Ergebnisse von Markttransaktionen fremder Dritter den Fremdvergleichspreis bestimmen (siehe Nientimp, § 1 AStG Rz. 211 ff.). Da der hypothetische Fremdvergleich nicht auf empirisch beobachtbaren Ergebnissen von tatsächlichen Markthandlungen beruht, sondern auf subjektiven Gewinnerwartungen, ist er mit **erheblichen Unsicherheiten** be-

1 Siehe ähnlich auch Ditz in Flick/Wassermeyer/Ditz/Schönfeld, Außensteuerrecht Kommentar, 104. Aufl. 2023, § 1 AStG Rz. 15 f.

2 Sieh zu diesem Verständnis von echter Unsicherheit Nientimp, § 1 AStG Rz. 303.

3 Siehe BT-Drucks. 16/4841 S. 86 f.

4 So auch Pohl in Brandis, Heuermann, Ertragsteuerrecht, § 1a AStG Rz. 30.

5 Vgl. Grotherr, DStZ 2021 S. 952; Pohl in Brandis/Heuermann, Ertragsteuerrecht,, § 1a AStG Rz. 30.

6 So auch Greil/Saliger, ISR 2021 S. 334 f.; Kahle, StuB 10/2022 S. 377, 378 f. PAAAI-61730; Ditz/Licht in Flick/Wassermeyer/Ditz/Schönfeld, Außensteuerrecht Kommentar, 103. Aufl. 2023, Rz. 31; a. A Grotherr, DStZ 2021 S. 952, sowie Grotherr, DB 2021 S. 2448, der § 1a AStG auch bei einem Profit Split für anwendbar hält, obwohl hier regelmäßig zukünftige Gewinne während der Laufzeit des Profit Splits ex post, anhand eines Schlüssels, aufgeteilt werden und die Gewinnerwartung nicht direkt Auswirkungen auf die Verrechnungspreisbestimmung hat. Kernbestandteil der Verrechnungspreisbestimmung ist dabei die Ermittlung des aufzuteilenden Gewinns und der Verteilungsschlüssel, nicht direkt die Gewinnerwartungen.

lastet (siehe Nientimp, § 1 AStG Rz. 273 ff., 303).[1] Insbesondere in Fällen, in denen **wesentliche immaterielle Wirtschaftsgüter und Vorteile** übertragen werden, kann sich nachträglich herausstellen, dass die den Preis bestimmenden Faktoren in erheblichem Umfang falsch eingeschätzt worden sind.[2] Im Ergebnis kann der hypothetische Fremdvergleich ex ante also zu Verrechnungspreisen führen, die sich ex post als auf falschen Erwartungen beruhend herausstellen; was bei tatsächlichen Markthandlungen regelmäßig auch der Fall ist. Als steuerliche Lösungsidee fingiert der Gesetzgeber ein Verhalten von fremden Dritten, die bei solchen Unsicherheiten Anpassungsregelungen vereinbaren würden. Für den Fall einer **erheblichen Gewinnabweichung** stellt § 1a AStG eine **widerlegbare Vermutung** (siehe → Rz. 28 f.) auf, dass **Unsicherheiten** im Hinblick auf die Preisvereinbarung bestanden und unabhängige Dritte eine sachgerechte Anpassungsregelung vereinbart hätten. Dies obwohl der hypothetische Fremdvergleich konstruktionsbedingt stets auf unsicheren, weil zukünftigen Werten basiert. Wurde in diesen Fällen eine solche Anpassungsregelung nicht vereinbart, ist nach einem Beobachtungszeitraum von sieben Jahren eine einmalige Berichtigung nach § 1 Abs. 1 Satz 1 AStG im achten Jahr vorzunehmen.

3 § 1a Satz 2 AStG ordnet eine **Berichtigung** nach § 1 Abs. 1 Satz 1 AStG an, womit § 1a AStG grundsätzlich eine Einkünftekorrekturvorschrift ist.[3] Zwar verlangt § 1a AStG eine Geschäftsbeziehung, allerdings ohne einen expliziten Bezug zum Ausland. Die Korrektur von § 1a AStG erfolgt nach § 1 Abs. 1 Satz 1 AStG, welcher nur bei einem Auslandsbezug greift.[4] Da die Rechtsfolge von § 1a Satz 2 AStG eine Korrektur nach § 1 Abs. 1 Satz 1 AStG zur Folge hat, welcher die Korrektur an eine Einkünfteminderung des inländischen Steuerpflichtigen knüpft, kann eine solche nie zugunsten des inländischen Steuerpflichtigen erfolgen. Dadurch wirkt die Preisanpassungsklausel grundsätzlich nur einseitig und nicht zugunsten des inländischen Steuerpflichtigen.[5] Auf andere Korrekturnormen, etwa die vGA oder verdeckte Einlagen, ist § 1a AStG nicht anwendbar, so dass hiernach keine nachträglichen Einkünftekorrekturen möglich sind.[6]

4–8 *Einstweilen frei*

---

1 So zur Vorgängerregelung in § 1 Abs. 3 AStG a. F. BT-Drucks. 16/4841 S. 86.

2 So zur Vorgängerregelung in § 1 Abs. 3 AStG a. F. BT-Drucks. 16/4841 S. 86 f.

3 Vgl. Grotherr, DB 2021 S. 2448.

4 Vgl. Grotherr, DB 2021 S. 2450.

5 Vgl. Bärsch/Ditz/Engelen/Quilitzsch, DStR 2021 S. 1791.

6 Vgl. Pohl in Brandis/Heuermann, Ertragsteuerrecht, § 1a AStG Rz. 21, Ditz/Licht in Flick/Wassermeyer/Ditz/Schönfeld, Außensteuerrecht Kommentar, 103. Aufl. 2023, Rz. 4.

B. Tatbestand

Erstes Tatbestandsmerkmal von § 1a AStG sind **wesentliche immaterielle Werte oder Vorteile**, die Gegenstand der Geschäftsbeziehung sein müssen. Im Gegensatz zu der Vorgängernorm des § 1 Abs. 3 Satz 11 AStG a. F. hat der Gesetzgeber das „und“ durch ein „oder“ ersetzt, so dass das Vorliegen eines der Beiden ausreicht und § 1a AStG auch auf die alleinige Übertragung oder Überlassung von Vorteilen Anwendung findet.[1] Der Begriff der immateriellen Werte ist in § 1 Abs. 3c Satz 2 AStG definiert und auch für § 1a AStG einschlägig.[2] Aufgrund der gesetzlichen Regelung einer Preisanpassungsklausel für immaterielle Werte sind nach Auffassung der Finanzverwaltung die speziellen Überlegungen der OECD zu schwer zu bewertenden immateriellen Werten[3] unbeachtlich.[4] Der Begriff des Vorteils bleibt auch in § 1a AStG unklar (siehe hierzu Nientimp/Scherer, § 1 AStG Rz. 497). Auch bei anzunehmenden schuldrechtlichen Beziehungen im Rahmen der Betriebsstättengewinnabgrenzung ist § 1a AStG über § 1 Abs. 4 Satz 1 Nr. 2 AStG anwendbar.[5] Unklar ist, wie in Betriebsstättenfällen eine tatsächliche Preisanpassungsklausel *„vereinbart“* werden soll; denkbar sind hierbei etwa Pro-forma-Verträge zwischen Stammhaus und Betriebsstätte.[6] Sind nur materielle Wirtschaftsgüter oder Dienstleistungen Gegenstand einer Geschäftsbeziehung, ist § 1a AStG nicht anwendbar. 9

Was „**wesentlich**“ in diesem Zusammenhang bedeutet, wird durch das AStG nicht näher erläutert (siehe auch Nientimp/Scherer, § 1 AStG, Rz. 499). Folgt man der Gesetzesbegründung sind *„immaterielle Werte (…) im Rahmen einer Funktionsverlagerung wesentlich, wenn sie insbesondere für die verlagerte Funktion erforderlich sind und ihr Fremdvergleichspreis insgesamt mehr als ein Viertel der Summe der Einzelpreise aller Wirtschaftsgüter und Vorteile des Transferpakets beträgt (§ 1 Absatz 5 FVerlV)“*.[7] Im Rahmen von Funktionsverlagerungen verweist die Gesetzesbegründung für die Wesentlichkeit damit explizit auf § 1 Abs. 5 FVerlV a. F., welcher aber ausdrücklich nur auf die Fälle des § 1 Abs. 3 Satz 10 Alternative 1 AStG a. F. Bezug nimmt. Somit ist dessen qua- 10

1 So auch Grotherr, DB 2021 S. 2449.

2 Vgl. Kahle, StuB 10/2022 S. 377, 378 PAAAI-61730.

3 Siehe OECD-LL, Tz. 6.186–6.195.

4 Vgl. BMF, Schreiben v. 12.12.2024 - Verwaltungsgrundsätze Verrechnungspreise 2024, Tz. 3.52.

5 Vgl. Kahle, StuB 10/2022 S. 377, 378 PAAAI-61730.

6 Vgl. Ditz/Licht in Flick/Wassermeyer/Ditz/Schönfeld, Außensteuerrecht Kommentar, 103. Aufl. 2023, Rz. 11. Siehe allgemein zu Pro-forma-Verträgen bei Betriebsstätten: Kroppen, IWB 15/2005 S. 727, 734 JAAAB-58066.

7 BT-Drucks. 19/27632 S. 76.

litativer Maßstab („erforderlich“ als ein weiterer unbestimmter Rechtsbegriff) und quantitativer Maßstab (25 % der Summe der Einzelpreise) gar nicht einschlägig. Zudem spricht die FVerlV von immateriellen Wirtschaftsgütern, nicht hingegen von immateriellen Werten wie § 1a AStG.[1] Im Ergebnis wird es wohl Sinn ergeben, den in § 1a Satz 1 AStG verwendeten Begriff der „wesentlichen immateriellen Werte oder Vorteile“ grundsätzlich anhand des Rahmens des § 1 Abs. 5 FVerlV a. F. bzw. von § 1 Abs. 3 FVerlV vom 18.10.2022[2] zu bestimmen,[3] aufgrund des **unbestimmten Rechtsbegriffs** „wesentlich“ die Grenzen hier aber deutlich flexibler anzusetzen. Darüber hinaus bezieht sich die Ermächtigungsnorm in § 1 Abs. 6 AStG zum Erlass von Rechtsverordnungen nur auf § 1 AStG und Einzelheiten des Fremdvergleichsgrundsatzes im Sinne der Absätze 1, 3 bis 3e und 5, nicht jedoch auf § 1a AStG, der keine expliziten Regelungen zum Fremdvergleich enthält, sondern die Informationsasymmetrie zwischen Finanzverwaltung und Steuerpflichtigen lösen will (siehe → Rz. 1).[4] Auch dies spricht für einen eher losen Zusammenhang der Definition von Wesentlichkeit im Rahmen von § 1a AStG zu der Definition in der FVerlV. Für Nicht-Funktionsverlagerungsfälle, also insbesondere Geschäftsbeziehungen mit einzelnen immateriellen Werten, sieht die Gesetzesbegründung immaterielle Werte insbesondere dann als wesentlich an, wenn sie für das betreffende Geschäftsmodell bzw. im Rahmen des Wertschöpfungsprozesses einen maßgebenden Werttreiber darstellen.[5] Die Wesentlichkeit von Vorteilen behandelt die Gesetzesbegründung nicht, womit dieses Tatbestandsmerkmal, wie der Begriff des Vorteils, überaus vage bleibt.

11 Als zweites Tatbestandsmerkmal muss die **tatsächliche spätere Gewinnentwicklung erheblich** von der **Gewinnerwartung abweichen**, die der Verrechnungspreisbestimmung zugrunde lag. Andere Abweichungen, etwa in den prognostizierten funktions- und risikoadäquaten Kapitalisierungszinsätzen,

---

1 Der Gesetzgeber hat sich mit der Einführung des Begriffs der immateriellen Werte ausdrücklich von dem Wirtschaftsgutbegriff abgegrenzt (siehe Nientimp,§ 1 AStGRz. 505) womit die Analogie der Wesentlichkeit i. S. des § 1a AStG mit der FVerlV kritisch zu sehen ist.

2 Allerdings bezieht sich Definition der Wesentlichkeit in § 1 Abs. 3 FVerlV auch nur auf immaterielle Wirtschaftsgüter in den Fällen von Funktionsverlagerungen.

3 So BT-Drucks. 19/27632 S. 76; vgl. auch Grotherr, DStZ 2021 S. 952; Kahle, StuB 10/2022 S. 377, 378 f. PAAAI-61730; Pohl in Brandis/Heuermann, Ertragsteuerrecht, § 1a AStG Rz. 28; Rüll in Beck'scher Online-Kommentar AStG, § 1a AStG Rz. 37. Siehe zur Vorgängerreglung des § 1 Abs. 3. Satz 10 AStG. a. F auch Greil, StuB 19/2009 S. 716, 721 MAAAD-29440; Pohl, IStR 2010 S. 691; Kraft in Kraft, AStG, 2. Aufl. 2019, § 1 AStG Rz. 452; Schwenke, StBJb 2007/2008 S. 137 ff.

4 Siehe auch Grotherr, DB 2021 S. 2449.

5 Vgl. BT-Drucks. 19/27632 S. 76; a. A. Pohl in Brandis/Heuermann, Ertragsteuerrecht, § 1a AStG Rz.28

oder dem Bewertungszeitraum[1] führen nicht zu den beiden gesetzlichen Vermutungen der Unsicherheit im Hinblick auf die Verrechnungspreisvereinbarung und dass fremde Dritte dieser Unsicherheit mit einer Anpassungsregelung begegnet wären und somit auch nicht zu einer Korrekturmöglichkeit durch § 1a Satz 2 AStG.

Diese Abweichung der späteren Gewinnentwicklung muss darüber hinaus er- 12
heblich sein. Eine **erhebliche Abweichung** der Gewinnentwicklung liegt nach § 1a Satz 3 AStG vor, wenn der unter Zugrundelegung der tatsächlichen Gewinnentwicklung zutreffende Fremdvergleichspreis um mehr als 20 % von dem ursprünglich angewandten Verrechnungspreis abweicht. Diese Regelung folgt dem Gedanken in den OECD-Leitlinien.[2]

Für die Ermittlung des als gesetzlich unterstellten „zutreffenden Fremdver- 13
gleichspreises" ist ex post von denselben **Grundsätzen** auszugehen, wie bei der ex ante Ermittlung des ursprünglichen Verrechnungspreises (§ 1a Satz 4 AStG). In die neue Berechnung dürfen also nur die ursprünglichen Gewinnerwartungen durch die tatsächlich eingetretenen Gewinne in der gleichen Verrechnungspreiskalkulation der gleichen Verrechnungspreismethode ersetzt werden.[3] Ob die neueren Erkenntnisse andere Annahmen im hypothetischen Fremdvergleich oder gar eine andere Verrechnungspreismethode rechtfertigen würden, ist unbeachtlich.[4]

Einstweilen frei 14–18

C. Einkünftekorrektur

Der **Beobachtungszeitraum** für eine erhebliche Abweichung der Gewinnent- 19
wicklung beträgt nach § 1a Satz 2 AStG **sieben Jahre** nach Geschäftsabschluss. Es ist daher nicht jedes Jahr eine Abweichung der tatsächlichen Gewinnentwicklung zu überprüfen, sondern einmalig am Ende des Siebenjahreszeitraums. § 1a Satz 2 AStG spricht von „sieben Jahren nach Geschäftsabschluss", nach denen die Überprüfung vorzunehmen ist, so dass dieser Zeitraum auf den Tag genau zu ermitteln ist,[5] da dem Wortlaut kein Bezug zum Kalender- oder Wirtschaftsjahr zu entnehmen ist.

1 Siehe zur Vorgängerregelung auch Schreiber in Kroppen/Rasch, Handbuch Internationale Verrechnungspreise, 42. Aufl. 2025, Funktionsverlagerung (FVerlV) Erläuterungen Rz. 30

2 Vgl. OECD-LL, Tz. 6.193.

3 Vgl. BT-Drucks. 19/27632 S. 77; siehe auch Grotherr, DStZ 2021 S. 955.

4 Vgl. BT-Drucks. 19/27632 S. 77, siehe auch Kahle, StuB 10/2022 S. 377, 381 f. PAAAI-61730.

5 Vgl. Grotherr, DStZ 2021 S. 954; Grotherr, DB 2021 S. 2449.

20 Liegen die Voraussetzungen des § 1a Satz 1 AStG vor und wurde keine Anpassungsregelung vereinbart, ist ein angemessener **Anpassungsbetrag** im **achten Jahr** nach dem Geschäftsabschluss der Besteuerung zugrunde zu legen. Die einmalige Einkünftekorrektur des Anpassungsbetrags erfolgt nach § 1 Abs. 1 Satz 1 AStG. Weitere Gewinnabweichungen können danach nicht mehr über § 1a AStG korrigiert werden.[1]

21 Eine Anpassung ist der Höhe nach **angemessen**, wenn diese der Differenz zwischen dem ex ante ermittelten Verrechnungspreis[2] und dem unter Berücksichtigung der tatsächlichen Gewinnentwicklung ex post neu berechneten Fremdvergleichspreis entspricht (§ 1a Satz 5 AStG).

22 Praktisch bedeutsam ist auch die Frage, wie eine erhebliche Abweichung von der Finanzverwaltung überhaupt festgestellt werden kann. Kommt es etwa zur Verlagerung einer Funktion auf eine ausländische Gesellschaft, endet insoweit die **Dokumentationspflicht** des inländischen Steuerpflichtigen, da in den Folgejahren regelmäßig keine Geschäftsbeziehung mehr hierzu besteht.[3] Aus tatsächlichen oder rechtlichen Gründen wird der Steuerpflichtige häufig auch nicht in der Lage sein, der Finanzbehörde auf deren Verlangen entsprechende Auskünfte zu geben. Im Ergebnis sind die innerstaatlichen Steuerbehörden daher auf die **Amts- oder Rechtshilfe** des betreffenden Staates nach § 117 AO angewiesen.[4]

23–27 *Einstweilen frei*

D. Vereinbarung einer Anpassungsregelung

28 § 1a Satz 1 AStG unterstellt, dass fremde Dritte bei Unsicherheiten über die zukünftige Gewinnentwicklung stets eine **sachgerechte Anpassungsklausel** vereinbart hätten. Ist eine solche Anpassungsklausel zwischen den Transaktionspartnern tatsächlich vereinbart worden, ist eine Anpassung nach § 1a Satz 2 AStG i. V. mit § 1 Abs. 1 Satz 1 AStG nicht möglich. Der Wortlaut von § 1a Satz 2 AStG *„Wurde eine solche Regelung nicht vereinbart und [...]“* ist insofern eindeutig.

---

1 Vgl. Grotherr, DStZ 2021 S. 954; Kahle, StuB 10/2022 S. 377, 380 f. PAAAI-61730.

2 Dieser Verrechnungspreise entsprach im damaligen Zeitpunkt, basierend auf den bekannten Parametern, auch dem Fremdvergleichspreis.

3 Vgl. Greil, IStR 2009 S. 567; Schreiber in Kroppen/Rasch, Handbuch Internationale Verrechnungspreise, 42. Aufl. 2025, Funktionsverlagerung (FVerlV) Erläuterungen Rz. 16.1; Grotherr, DStZ 2021 S. 954; Grotherr, DB 2021 S. 2451; Kahle, StuB 10/2022 S. 377, 380 f. PAAAI-61730.

4 Vgl. Greil, IStR 2009 S. 567.

Wann eine Anpassungsklausel **sachgerecht** ist, sagt das Gesetz jedoch nicht. 29
Entscheidend sind insoweit die Umstände des Einzelfalles unter Fremdvergleichsaspekten. Eine zivilrechtlich vereinbarte Anpassungsklausel kann daher auch dann dem Fremdvergleichsgrundsatz entsprechen, wenn nach ihr nachträgliche Gewinnentwicklungen nur innerhalb eines **kürzeren Zeitraums** als dem gesetzlichen Siebenjahreszeitraum berücksichtigt werden.[1] So sind Preisanpassungsklauseln bei Unternehmenskäufen (Earn-Out-Klauseln) zwischen fremden Dritten überhaupt nur in sehr wenigen Fällen beobachtbar,[2] was auch zeigt, dass die **Vermutung** des Gesetzgebers, dass fremde Dritte eine solche Preisanpassungsklausel vereinbart hätten, durchaus plausibel **widerlegt** werden kann.[3] Da Earn-Out-Regelungen ökonomisch bei einem hohen asymmetrischen Informationsniveau sinnvoll sind,[4] welches aufgrund von § 1 Abs. 1 Satz 3 AStG bei der Verrechnungspreisbestimmung gerade nicht vorliegt,[5] scheint die Vermutung des Gesetzgeber für den Fall der Verrechnungspreisbestimmung bei symmetrischer Informationsverteilung der Transaktionspartner gerade nicht zutreffend zu sein (siehe → Rz. 1, 35 f.). Der **Zeitraum** tatsächlich vereinbarter Preisanpassungsklauseln liegt dabei deutlich unter sieben Jahren, es sind eher Zeiträume zwischen zwei und fünf Jahren zu beobachten.[6] Darüber hinaus sind fremdübliche Preisanpassungsklauseln regelmäßig zweiseitig ausgestaltet, wirken also auch gewinnmindernd. Die Ausnahmeregelung von § 1a Satz 6 Nr. 3 AStG ist wohl so zu verstehen, dass eine sachgerechte Anpassungsregelung auch dann vorliegt, wenn im Hinblick auf wesentliche immaterielle Werte und Vorteile **Lizenzvereinbarungen** getroffen wurden, die die zu zahlende Lizenz vom Umsatz oder Gewinn des Lizenznehmers abhängig machen oder für die Höhe der Lizenz Umsatz und Gewinn berücksichtigen.[7] Hierdurch wird die zukünftige Gewinn- bzw. Umsatzentwick-

1 Vgl. auch BR-Drucks. 352/08 S. 25; so auch Grotherr, DStZ 2021 S. 954.

2 Die Quote liegt bei verschiedenen empirischen Untersuchungen unter 6 %, siehe hierzu ausführlich Ebering, IStR 2011 S. 419 ff.; Ewelt-Knauser/Knauser/Pex, zfbf 2011, S. 371 ff.

3 Siehe hierzu auch Ditz/Licht in Flick/Wassermeyer/Ditz/Schönfeld, Außensteuerrecht Kommentar, 103. Aufl. 2023, Rz. 34.

4 Vgl. Ewelt-Knauser/Knauser/Pex, zfbf 2011, insbesondere S. 375, 378, 397.

5 So werden bei Management Buy-Outs Earn-Out Klauseln aufgrund der Insidereigenschaft der Käufer kaum verwendet; vgl. Ewelt-Knauser/Knauser/Pex, zfbf 2011, S. 396.

6 Vgl. Ebering, IStR 2011 S. 420 ff.; Ewelt-Knauser/Knauser/Pex, zfbf 2011, S. 396, kommen in ihrer empirischen Untersuchung auf eine durchschnittliche Laufzeit von 2,13 Jahren; siehe auch Greil, IStR 2009 S. 567, der einen Zeitraum von zwei bis sieben Jahren nennt; sowie Greil/Saliger, ISR 2021 S. 334 mit einem Zeitraum von zwei bis drei Jahren; Ketteler-Eising, DStR 2022 S. 1636, sehen *„eine kurze Laufzeit von i. d. R. nicht mehr als drei Jahren bzw. in Einzelfällen bis zu fünf Jahre"*.

7 Diese Regelung war so in § 9 FVerlV a. F. vom 12.8.2008 enthalten.

lung in der Höhe des Verrechnungspreises berücksichtigt und beinhaltete eine systematische Anpassungsregelung, die allerdings im Gegensatz zur gesetzlichen Korrekturmöglichkeit in beide Richtungen wirkt.

30–34 *Einstweilen frei*

E. Ausnahmen von einer Anpassung

35 § 1a Satz 6 AStG enthält **drei explizite Ausnahmen**, die die Anwendung einer Einkünftekorrektur nach § 1a Satz 2 AStG i. V. mit § 1 Abs. 1 Satz 1 AStG ausschließen. Diese Öffnungsklauseln sind unabhängig voneinander anwendbar.[1] So erfolgt nach § 1a Satz 6 **Nr. 1** AStG keine Anpassung, wenn der Steuerpflichtige **glaubhaft** macht,[2] dass die tatsächlich abweichende **Gewinnentwicklung** auf Umständen beruht, die zum Zeitpunkt des Geschäftsabschlusses **nicht vorhersehbar** waren. Der Grundgedanke dieser **ersten** Ausnahmeregelung findet sich auch in Tz. 6.193 i. Nr. 2 der OECD-Leitlinien. Im Ergebnis muss der Steuerpflichtige somit darlegen, dass im Zeitpunkt des Geschäftsabschlusses die Umstände, die zu einer abweichenden Gewinnentwicklung führten, nicht vorhersehbar waren. Dabei ist zu berücksichtigen, dass Markthandeln grundsätzlich von Unsicherheit geprägt ist (siehe Nientimp, § 1 AStG Rz. 303). Daher ist fraglich, wann überhaupt die tatsächliche Gewinnentwicklung auf **vorhersehbaren Umständen** beruht.

36 Noch verwirrender wird die Frage der **Vorhersehbarkeit** von Gewinnentwicklungen bei der Anwendung des Fremdvergleichsgrundsatzes nach § 1 AStG. § 1 Abs. 1 Satz 3 AStG bestimmt, dass die „voneinander unabhängigen Dritten alle wesentlichen Umstände der Geschäftsbeziehung kennen“, unterstellt also eine realitätsferne Informationssymmetrie für die Bestimmung steuerlicher Verrechnungspreise (siehe → Rz. 1; Nientimp, § 1 AStG Rz. 95 ff). Bei der ex ante Verrechnungspreisbestimmung kennen beide Transaktionspartner zwar alle wesentlichen **Umstände**[3] der Geschäftsbeziehungen, allerdings nur die bekannten.[4] Falls diese bekannten Umstände bei der Verrechnungspreisermittlung angemessen berücksichtigt wurden, scheint die Glaubhaftmachung, dass eine spätere abweichende Gewinnermittlung auf nicht vorhersehbaren Um-

1 Vgl. Kahle, StuB 10/2022 S. 377, 382 f. PAAAI-61730.

2 Die Gesetzesbegründung spricht hier abweichend von „nachweisen“, siehe BT-Drucks. 19/27632 S. 77.

3 Unklar ist, ob der Begriff der „Umstände“ in § 1a Satz 6 Nr. 1 und in § 1 Abs. 1 Satz 3 AStG das Gleiche meint, wofür aber vieles spricht.

4 Jedenfalls hatten beide Transaktionspartner die gleichen unvollkommenen Informationen über die Umstände.

ständen beruht einfach zu sein. Wären die Umstände vorhersehbar gewesen, hätten sie bei der Ermittlung der Fremdvergleichspreise ex ante Berücksichtigung gefunden. Unabhängig davon ob die Umstände vorhersehbar waren oder nicht, hatten die Transaktionspartner eventuell eine unterschiedliche Einschätzung dieser Umstände oder eine unterschiedliche Ausganposition. Eine solche unterschiedliche Einschätzung, Risikoneigung, Kostenstruktur, oder Präferenz der Transaktionspartner wird zwischen fremden Dritten aber gerade nicht über Preisanpassungsklauseln gelöst.[1] Dies zeigt, dass die Preisanpassungsklausel des § 1a AStG in Zusammenhang mit der Hellseherklausel von § 1 Abs. 1 Satz 3 AStG verfehlt ist und eine Glaubhaftmachung nicht vorhersehbarer Umstände einfach möglich ist.

Im Rahmen der **zweiten** Alternative muss der Steuerpflichtige **nachweisen**, dass die **Unsicherheiten** der Zukunft angemessen bei der Bestimmung des Verrechnungspreises **berücksichtigt** wurden. Hiermit kann der Steuerpflichtige die gesetzliche Vermutung widerlegen, dass fremde Dritte Unsicherheiten stets mit expliziten Preisanpassungsklauseln begegnen (siehe → Rz. 11). Die Gesetzesbegründung spricht hier von einer ökonomisch plausiblen Berücksichtigung, die „*insbesondere durch extern veröffentlichte Informationen seitens des Unternehmens und auf der Grundlage von ökonomisch anerkannten Prinzipien und Methoden erfolgen [kann], bspw. durch fremdübliche Risikozuschläge oder Risikoabschläge*".[2] Der Grundgedanke dieser Regelung findet sich auch in der Tz. 6.193 i. Nr. 1 der OECD-Leitlinien. Auch hier scheint ein solcher Nachweis der Berücksichtigung der Unsicherheit keine große Hürde zu sein. Die „ökonomisch anerkannten Bewertungsmethoden", welche nach § 1 Abs. 3 Satz 7 AStG für den hypothetischen Fremdvergleich verlangt werden, berücksichtigen regelmäßig die Unsicherheit der Zukunft[3]; deren ex ante Angemessenheit wäre somit nachzuweisen. 37

Die **dritte** Ausnahmeregelung von § 1a Satz 6 Nr. 3 AStG übernimmt die bisher in § 9 FVerlV a. F.[4] enthaltene Regelung, dass eine sachgerechte Anpassungsregelung auch dann vorliegt, wenn im Hinblick auf wesentliche immaterielle 38

1 *„Zu einem freiwilligen Tausch kommt es dann, wenn jeder Tauschende bei seinem Wissen im Zeitpunkt der Tauschvereinbarung (des Vertragsabschlusses) das zu Erwerbende höher schätzt als das Hinzugebende […]. Das Mehr des über den Tausch Erworbenen gegenüber dem Hingegebenen besteht zunächst nur in der subjektiven Einschätzung eines Tauschenden: […]. Nachträglich mag ein Tausch in Enttäuschung enden."*, Schneider, Betriebswirtschaftslehre Band 1: Grundlagen, 2. Aufl. 1995, S. 4.

2 BT-Drucks. 19/27632 S. 77.

3 Jedenfalls im Rahmen der Modellannahmen.

4 FVerlV v. 12.8.2008.

Werte und Vorteile **Lizenzvereinbarungen** getroffen wurden, die die zu zahlende Lizenz vom Umsatz oder Gewinn des Lizenznehmers abhängig machen oder für die Höhe der Lizenz Umsatz und Gewinn berücksichtigen. Die Dauer der fremdüblichen Lizenz muss dabei nicht zwingend dem Siebenjahreszeitraum von § 1a Satz 2 AStG entsprechen.[1]

1 Vgl. Grotherr, DStZ 2021 S. 957; Kahle, StuB 10/2022 S. 377, 383 PAAAI-61730.

Verwaltungsgrundsätze Verrechnungspreise 2024

BMF v. 12. 12. 2024 - IV B 3 - S 1341/19/10017 :004 BStBl 2025 I S. 207

In der Anlage übersende ich Ihnen die Neufassung der „Verwaltungsgrundsätze Verrechnungspreise – Grundsätze für die Korrektur von Einkünften gemäß § 1 AStG" nebst Anlagen.

Verwaltungsgrundsätze Verrechnungspreise Grundsätze für die Korrektur von Einkünften gemäß § 1 AStG

Nach der Erörterung mit den obersten Finanzbehörden der Länder gelten folgende Grundsätze für die internationale Einkunftsabgrenzung nach dem Maßstab des Fremdvergleichs in den Regelungen des innerstaatlichen Rechts und der Doppelbesteuerungsabkommen:

Kapitel I Grundsätze der Einkünftekorrektur

A. Regelungen zur Einkünftekorrektur und Konkurrenzverhältnis

1.1 Bei Geschäftsbeziehungen zum Ausland eines Steuerpflichtigen zu ihm nahestehenden Personen ist zu prüfen, ob die darauf beruhenden Einkünfte unter Berücksichtigung des Fremdvergleichsgrundsatzes ermittelt worden sind. Bei Einzelunternehmen und Personengesellschaften sind dabei insbesondere die Regelungen zur

- Einlage (§ 4 Absatz 1 Satz 8 Einkommensteuergesetz – EStG) und
- Entnahme (§ 4 Absatz 1 Satz 2 ff. EStG)

zu berücksichtigen. Bei Körperschaften können insbesondere die Regelungen zur

- verdeckten Gewinnausschüttung (§ 8 Absatz 3 Satz 2 Körperschaftsteuergesetz – KStG) und
- verdeckten Einlage (§ 8 Absatz 3 Satz 3 ff. KStG)

Anwendung finden.

Unabhängig von der Rechtsform des Steuerpflichtigen ist zusätzlich § 1 Außensteuergesetz (AStG) zu beachten, um die zutreffenden inländischen Einkünfte zu ermitteln.

1.2 In Betriebsstättensachverhalten sind § 1 Absatz 5 AStG sowie die Betriebsstättengewinnaufteilungsverordnung (BsGaV) zu beachten. Danach werden Betriebsstätten für Zwecke des Fremdvergleichsgrundsatzes weitgehend wie eigenständige und unabhängige Unternehmen behandelt. Auf die Verwaltungsgrundsätze Betriebsstättengewinnaufteilung (VWG BsGa) vom 22. Dezember 2016, BStBl 2017 S. 182, sowie auf das BMF-Schreiben vom 17. Dezember 2019, BStBl 2020 S. 84 zu Betriebsstätten ohne Personalfunktion wird in diesem Zusammenhang verwiesen.

1.3 Die Einkünftekorrekturvorschriften sind grundsätzlich voneinander unabhängig und nebeneinander anwendbar. Aus der Formulierung „unbeschadet anderer Vorschriften" in § 1 Absatz 1 Satz 1 AStG ergibt sich kein Wahlrecht für die Anwendung des § 1 AStG oder einer daneben anwendbaren anderen Einkünftekorrekturnorm. § 1 AStG ist ergänzend (vergleiche insbesondere Rn. 1.4) oder in besonderen Fällen anstelle der anderen Korrekturnormen anzuwenden, soweit durch diese Korrekturnormen die Erfassung des zutreffenden Inlandsgewinns nicht sichergestellt wird. Die Höhe des zutreffenden Inlandsgewinns ist in einer Gesamtschau unter Berücksichtigung von Korrekturen und Gegenkorrekturen zu ermitteln, wobei die Auswirkungen auf die Einkünfte im Sinne des § 20 Absatz 1 Nummer 1 Satz 2 EStG außer Betracht zu lassen sind. Ist danach die Erfassung des zutreffenden Inlandsgewinns bereits durch die Regelungen zur verdeckten Gewinnausschüttung oder verdeckten Einlage sichergestellt, erübrigt sich die Anwendung des § 1 AStG. Sofern sich Korrektur und Gegenkorrektur (Vorteilsverbrauch) im Inland kompensieren, ist ausschließlich § 1 AStG anzuwenden und die Anwendung der anderen Korrekturnormen – auch auf Gesellschafterebene – wird suspendiert. Ein solcher Fall ist gegeben, wenn ein aus einer Korrektur nach § 8 Absatz 3 Satz 2 KStG resultierender Vorteilsverbrauch wiederum im Inland zu berücksichtigen wäre, da sich die verdeckte Gewinnausschüttung und der sich daraus ergebende Vorteilsverbrauch insoweit neutralisieren (vergleiche BFH vom 27. November 2019, I R 40/19 [ehem. I R 14/16], BFH/NV 2020 S. 1307).

1.4 Sollten sich im Einzelfall nur der Höhe nach weitergehende Rechtsfolgen aus der Anwendung des § 1 AStG ergeben, sind die weitergehenden Berichtigungen neben den Rechtsfolgen der anderen Vorschriften durchzuführen (§ 1 Absatz 1 Satz 4 AStG).

Beispiel (verdeckte Gewinnausschüttung):

Die M-AG (Sitz im Ausland) liefert an ihre Tochtergesellschaft, die T-AG (Sitz im Inland), Waren zu einem Preis von zehn Millionen Euro. Festgestellt wird eine Bandbreite fremdüblicher Preise für diese Waren von fünf Millionen Euro bis sieben Millionen Euro. Der gemeine Wert soll sieben Millionen Euro betragen. Sämtliche Waren wurden sofort weiterveräußert, weitergehende innerbilanzielle Anpassungen sind daher nicht veranlasst. Im Rahmen der Regelungen zur verdeckten Gewinnausschüttung erfolgt nun eine Einkünftekorrektur auf den gemeinen Wert (hier sieben Millionen Euro), sodass eine Einkünftekorrektur in Höhe von drei Millionen Euro bei der T-AG nach § 8 Absatz 3 Satz 2 KStG vorzunehmen ist. Da der von der Steuerpflichtigen angesetzte Wert außerhalb der fremdüblichen Bandbreite liegt und die Steuerpflichtige keinen anderen dem Fremdvergleichsgrundsatz entsprechenden Wert glaubhaft gemacht hat, erfolgt eine weitergehende Berichtigung nach § 1 AStG auf den Median (§ 1 Absatz 3a Satz 4 AStG); hier annahmegemäß sechs Millionen Euro. Die weitergehende Berichtigung nach § 1 AStG beträgt damit eine Million Euro.

Beispiel (verdeckte Entnahme):

Die M-AG (Sitz im Ausland) liefert an ihre Tochterpersonengesellschaft, die T-GmbH & Co. KG (Verwaltungssitz im Inland), Waren zu einem Preis von zehn Millionen Euro. Festgestellt wird eine Bandbreite fremdüblicher Preise für diese Waren von fünf Millionen Euro bis sieben Millionen Euro. Der Teilwert soll sieben Millionen Euro betragen. Sämtliche Waren wurden sofort weiterveräußert, weitergehende innerbilanzielle Anpassungen sind daher nicht veranlasst. Im Rahmen der Regelungen zur verdeckten Entnahme erfolgt nun eine Einkünftekorrektur auf den Teilwert (hier sieben Millionen Euro), sodass eine Einkünftekorrektur in Höhe von drei Millionen Euro bei der T-GmbH & Co. KG nach § 4 Absatz 1 Satz 2 EStG vorzunehmen ist. Da der von der Steuerpflichtigen angesetzte Wert außerhalb der fremdüblichen Bandbreite liegt und die Steuerpflichtige keinen anderen dem Fremdvergleichsgrundsatz entsprechenden Wert glaubhaft gemacht hat, erfolgt eine weitergehende Berichtigung nach § 1 AStG auf den Median (§ 1 Absatz 3a Satz 4 AStG); hier annahmegemäß sechs Millionen Euro. Die weitergehende Berichtigung nach § 1 AStG beträgt damit eine Million Euro.

Weitere Beispiele zur Anwendungskonkurrenz dem Grunde nach:

Beispiel (Nutzungsvorteil):

Die M-AG (Sitz im Inland) ist Alleingesellschafterin sowohl der T1 GmbH (Sitz im Inland) als auch der T2 s.r.o mit Sitz und Ort der Geschäftsleitung in Tschechien. Die T1 GmbH gewährt der T2 s.r.o. ein zinsloses Darlehen. Der angemessene Zins beträgt zehn Millionen Euro p. a.

Ungeachtet von Artikel 9 DBA-Tschechien ist das Einkommen der T1 GmbH nach § 8 Absatz 3 Satz 2 KStG außerbilanziell um zehn Millionen Euro zu erhöhen. Als Folge dieser verdeckten Gewinnausschüttung erzielt die M-AG sonstige Bezüge im Sinne der § 20 Absatz 1 Nummer 1 Satz 2 EStG, § 8 Absatz 1 KStG in Höhe von zehn Millionen Euro, die innerhalb der Bilanz grundsätzlich als Ertrag zu erfassen sind. Da dem aber in gleicher Höhe auf der Aufwandsseite ein Vorteilsverbrauch gegenübersteht, ändert sich die Steuerbilanz nicht. Mangels Einlagefähigkeit des Vermögensvorteils erhöhen sich die Anschaffungskosten der Beteiligung an der T2 s.r.o. nicht. Außerhalb der Bilanz ist das Einkommen der M-AG um die steuerfreien Bezüge nach § 8b Absatz 1 Satz 1 KStG und unter Berücksichtigung der nichtabziehbaren Betriebsausgaben nach § 8b Absatz 5 KStG um insgesamt -9,5 Millionen Euro zu korrigieren.

Aufgrund von Artikel 9 DBA-Tschechien hat die Gegenberichtigung bei der T2 s.r.o. als Vorteilsempfängerin und nicht bei der M-AG zu erfolgen. Insofern hat nun § 1 AStG gegenüber § 8 Absatz 3 Satz 2 KStG Vorrang, so dass es insgesamt nur noch zu einer außerbilanziellen Einkünfteberichtigung nach § 1 AStG in Höhe von zehn Millionen Euro bei der T1 GmbH kommt.

Beispiel (einlagefähiges Wirtschaftsgut):

Die M-AG (Sitz im Inland) ist Alleingesellschafterin sowohl der T1 GmbH (Sitz im Inland) als auch der T2 s.r.o mit Sitz und Ort der Geschäftsleitung in Tschechien. Die T1 GmbH überträgt der T2 s.r.o. unentgeltlich ein Wirtschaftsgut. Der gemeine Wert entspricht dem Fremdvergleichspreis und beträgt zehn Millionen Euro.

Ungeachtet von Artikel 9 DBA-Tschechien ist das Einkommen der T1 GmbH nach § 8 Absatz 3 Satz 2 KStG außerbilanziell um zehn Millionen Euro zu erhöhen. Als Folge dieser verdeckten Gewinnausschüttung erzielt die M-AG sonstige Bezüge im Sinne der § 20 Absatz 1 Satz 2 Nummer 1 EStG, § 8 Absatz 1 KStG in Höhe von zehn Millionen Euro, die innerhalb der Bilanz grundsätzlich als Ertrag zu erfassen sind. Außerhalb der Bilanz ist das Einkommen der M-AG um die steuerfreien Bezüge nach § 8b Absatz 1 Satz 1 KStG und unter Berücksichtigung der nichtabziehbaren Betriebsausgaben gemäß § 8b Absatz 5 KStG um insgesamt -9,5 Millionen Euro zu korrigieren. Da es sich um einen einlagefähigen Vermögensvorteil handelt, liegt eine verdeckte Einlage vor und es erhöhen sich die Anschaffungskosten der Beteiligung an der T2 s.r.o. entsprechend. Ein Vorteilsverbrauch ist somit nicht als Aufwand bei der M-AG zu erfassen. Bei der T2 s.r.o liegt eine verdeckte Einlage in Höhe von zehn Millionen Euro vor, die – wäre sie mit ihrem Einkommen im Inland steuerpflichtig – bei der Einkommensermittlung nach § 8 Absatz 3 Satz 3 KStG abzuziehen und dem steuerlichen Einlagekonto nach § 27 KStG zuzuführen wäre.

Aufgrund von Artikel 9 DBA-Tschechien hat die Gegenberichtigung bei der T2 s.r.o. als Vorteilsempfängerin zu erfolgen. Da bei ihr eine verdeckte Einlage vorliegt, findet nur § 8 Absatz 3 Satz 2 KStG Anwendung. Zu einer weitergehenden außerbilanziellen Einkünfteberichtigung nach § 1 AStG kommt es somit nicht.

1.5 Der Fremdvergleichsgrundsatz ist in von Deutschland abgeschlossenen Abkommen zur Vermeidung der Doppelbesteuerung (DBA) enthalten (entsprechend Artikel 9 Absatz 1 OECD-/UN-Musterabkommen [MA]). Die Artikel 9 Absatz 1 OECD-/UN-MA nachgebildeten Artikel im jeweiligen DBA erlauben damit eine Berichtigung der Einkünfte auf Basis des Fremdvergleichsgrundsatzes. Rechtsgrundlage für die Berichtigung der Einkünfte sind die Regelungen zur Einkünftekorrektur des nationalen deutschen Steuerrechts. § 1 AStG setzt den internationalen Fremdvergleichsgrundsatz um (vergleiche BT-Drucksache VI/2883, 23 ff.). Dabei bezieht sich die Anwendung des Fremdvergleichsgrundsatzes auch auf den Grund und die weiteren Bedingungen einer Geschäftsbeziehung und nicht allein auf die Korrektur eines Verrechnungspreises (vergleiche BFH vom 27. Februar 2019, I R 81/17, BStBl II 2020, S. 443 und BFH vom 9. Juni 2021, I R 32/17, BStBl II 2023, S. 686, Rn. 26 f.).

1.6 Die Regelungen zur Einkünftekorrektur des nationalen deutschen Steuerrechts bleiben dabei auch in den Fällen der Interessenverflechtung anwendbar, die in den DBA nicht genannt sind. Die Anwendung wird auch diesbezüglich nicht durch ein DBA gesperrt.

B. Konkurrenz zur Hinzurechnungsbesteuerung

1.7 Die Regelungen zur Einkünftekorrektur, mit grundsätzlicher Ausnahme des § 1 AStG (vergleiche BFH vom 20. April 1988, I R 41/82, BStBl II 1988 S. 868), gelten auch für Geschäftsbeziehungen der zwischengeschalteten Gesellschaften im Sinne des § 5 AStG oder der Zwischengesellschaften im Sinne der §§ 7 ff. AStG.

Beispiel:

Die M-AG (Sitz im Inland) ist zu 100 Prozent an der T-AG im niedrig besteuernden Ausland beteiligt. Diese ist Zwischengesellschaft im Sinne des §§ 7 ff. AStG; ihre gesamten Einkünfte sind als passiv zu qualifizieren. Die T-AG steht mit der E-AG (ansässig in einem anderen ausländischen Staat) in einer Geschäftsbeziehung. Die TAG vergibt an die E-AG ein Darlehen in Höhe von einer Million Euro zu einem unangemessen niedrigen Zinssatz (ein Prozent, fremdüblich wären zehn Prozent). Eine Korrektur seitens der ausländischen Finanzverwaltung wurde nicht vorgenommen. Im Rahmen der Anwendung der Regelungen über die Hinzurechnungsbesteuerung wird eine Einkommenserhöhung in Höhe von 90 000 Euro bei der T-AG nicht vorgenommen, da § 1 AStG bei der Ermittlung der dem Hinzurechnungsbetrag zugrundeliegenden Einkünfte keine Anwendung findet. Die Voraussetzungen für eine Einkommenskorrektur nach den Grundsätzen der verdeckten Einlage oder der verdeckten Gewinnausschüttung liegen ebenfalls nicht vor. Damit werden bei der M-AG nur 10 000 Euro aus dem Darlehensverhältnis hinzugerechnet.

1.8 Eine etwaige hieraus resultierende doppelte Besteuerung derselben Einkünfte ist sachgerecht aufzulösen. So ist bei der Ermittlung der hinzurechnungspflichtigen Einkünfte der Zwischengesellschaft (§ 10 Absatz 3 AStG) gegebenenfalls eine Gegenberichtigung vorzunehmen (vergleiche BFH vom 19. März 2002, I R 4/01, BStBl II 2002 S. 644).

Beispiel:

Die M-AG (Sitz im Inland) steht in Geschäftsbeziehung zu ihrer Tochtergesellschaft (T-AG) im Ausland. Diese ist Zwischengesellschaft im Sinne des §§ 7 ff. AStG; ihre gesamten Einkünfte sind als passiv zu qualifizieren. Sollten die Einkünfte der M-AG aufgrund dieser Geschäftsbeziehung gemindert sein, sind diese zunächst nach dem Fremdvergleichsgrundsatz zu korrigieren.

Variante 1 (Nutzungsüberlassung): Die M-AG vergibt ein Darlehen in Höhe von einer Million Euro an die T-AG zu einem fremdunüblich niedrigen Zinssatz (ein Prozent, fremdüblich wären zehn Prozent). Die Berichtigung nach § 1 AStG führt zu einer Einkommenserhöhung in Höhe von 90 000 Euro bei der M-AG. Im Ausland wurde bei der T-AG keine Gegenberichtigung nachvollzogen. Für Zwecke der Anwendung der Hinzurechnungsbesteuerung ist eine fiktiv korrespondierende Gegenberichtigung in Form eines Zinsabzugs bei der T-AG vorzunehmen, um eine Doppelbesteuerung der Einkünfte der Zwischengesellschaft im Rahmen der Anwendung der Regelungen über die Hinzurechnungsbesteuerung zu vermeiden. Die nach § 10 AStG a. F. abziehbaren oder nach § 12 AStG anzurechnenden Steuern sind entsprechend zu kürzen, auch wenn im Ausland keine Gegenberichtigung stattfindet.

Sollte die Erstberichtigung in einem anschließenden Verständigungs- oder Schiedsverfahren rückgängig gemacht werden, kann die fiktiv korrespondierende Gegenberichtigung insoweit rückgängig zu machen und bei der Hinzurechnungsbesteuerung entsprechend zu berücksichtigen sein; auf §§ 174, 175a Abgabenordnung (AO) wird hingewiesen. Sofern der ausländische Staat eine Gegenberichtigung vornimmt, sind auch die anrechenbaren Steuern zu berichtigen.

Variante 2: Die M-AG überträgt unentgeltlich ein Wirtschaftsgut mit einem Teilwert in Höhe von 900 000 Euro an die T-AG. Der Fremdvergleichspreis beträgt eine Million Euro. Die Berichtigung nach § 1 AStG führt zu einer Einkommenserhöhung in Höhe von 100 000 Euro bei der M-AG (900 000 Euro haben schon innerbilanziell die Anschaffungskosten der Beteiligung an der T-AG erhöht, da es sich um eine verdeckte Einlage des Wirtschaftsguts gehandelt hat). Im Ausland wurde bei der T-AG das Wirtschaftsgut mit 900 000 Euro ergebnisneutral erfasst, und es wird linear über zehn Jahre abgeschrieben. Für Zwecke der Anwendung der Hinzurechnungsbesteuerung ist eine fiktiv korrespondierende Gegenberichtigung in Form eines zusätzlichen jährlichen AfA-Betrags in Höhe von einem Zehntel von 100 000 Euro = 10 000 Euro bei der T-AG vorzunehmen, um eine Doppelbesteuerung der Einkünfte der Zwischengesellschaft im Rahmen der Anwendung der Regelungen über die Hinzurechnungsbesteuerung zu vermeiden. Die nach § 10 AStG

a. F. abziehbaren beziehungsweise nach § 12 AStG anzurechnenden Steuern sind entsprechend zu kürzen, auch wenn im Ausland keine Gegenberichtigung stattfindet.

C. Nahestehende Personen (§ 1 Absatz 2 AStG)

1.9 Eine Einkünfteberichtigung gemäß § 1 AStG setzt voraus, dass dieser eine Geschäftsbeziehung des Steuerpflichtigen mit einer ihm nahestehenden Person zugrunde liegt (§ 1 Absatz 2 AStG). Dem Steuerpflichtigen nahestehende Personen in diesem Sinne können natürliche und juristische Personen sein sowie gemäß § 1 Absatz 1 Satz 2 Halbsatz 2 AStG auch Personengesellschaften oder Mitunternehmerschaften.

1.10 Die Verflechtung durch beherrschenden Einfluss (vergleiche § 1 Absatz 2 Nummer 2 und Nummer 3 Buchstabe c AStG) kann auf rechtlicher oder tatsächlicher Grundlage oder dem Zusammenwirken beider beruhen. Unter beherrschendem Einfluss anderer können auch natürliche Personen stehen. Die Verflechtung wird bereits durch die Möglichkeit begründet, einen beherrschenden Einfluss auszuüben.

1.11 Unmittelbare und mittelbare Beteiligungen eines Steuerpflichtigen sind für die Beurteilung, ob ein Nahestehen im Sinne des § 1 Absatz 2 AStG vorliegt, zusammenzurechnen (vergleiche BFH vom 28. Juni 1978, I R 90/76, BStBl II 1978 S. 590).

Beispiel:

A ist zu 15 Prozent an der ausländischen Gesellschaft T1 unmittelbar beteiligt. Ferner erwirbt A eine weitere unmittelbare Beteiligung in Höhe von 20 Prozent an der ausländischen Gesellschaft T2, die ihrerseits mit zehn Prozent an der Gesellschaft T1 beteiligt ist. Somit ist A sowohl unmittelbar als auch mittelbar an T1 beteiligt. Die Ermittlung der Beteiligungsquote folgt einer wirtschaftlichen Betrachtungsweise. Das bedeutet, dass die Beteiligungsquoten der mittelbaren Beteiligungen anteilsmäßig berechnet werden. 10 Prozent x 20 Prozent/100 Prozent = zwei Prozent. Die unmittelbare und mittelbare Beteiligung des A an der T1 beträgt somit bei einer wirtschaftlichen Betrachtungsweise insgesamt 17 Prozent.

1.12 Für das Vorliegen eines Einflusses außerhalb der Geschäftsbeziehung (vergleiche § 1 Absatz 2 Nummer 4 erste Alternative AStG) ist kein beherrschender Einfluss erforderlich. Die nahestehende Person oder der Steuerpflichtige müssen aber tatsächlich dazu imstande sein, einen allgemeinen außerhalb der Geschäftsbeziehung begründeten Einfluss auf den jeweils anderen auszuüben. Es muss also eine Möglichkeit bestehen, dass bei der Gestaltung der jeweiligen Geschäftsbeziehungen aufgrund des Einflusses kein für die fremdübliche Aushandlung von deren Bedingungen genügender Interessengegensatz besteht.

1.13 Ein eigenes Interesse an der Erzielung der Einkünfte eines anderen (vergleiche § 1 Absatz 2 Nummer 4 zweite Alternative AStG) kann sowohl wirtschaftlicher als auch persönlicher Natur sein (vergleiche BFH vom 19. Januar 1994, I R 93/93, BStBl II 1994 S. 725). Das Interesse muss sich auf die zu überprüfenden Einkünfte selbst beziehen.

1.14 Von einem eigenen Interesse an der Erzielung der Einkünfte des anderen kann auch bei allen Beteiligten an Netzwerken und deren Organisationseinheiten auszugehen sein. Ein Netzwerk liegt vor, wenn Personen bei ihrer Berufsausübung zur Verfolgung gemeinsamer wirtschaftlicher Interessen für eine gewisse Dauer zusammenwirken (vergleiche § 319b Handelsgesetzbuch). Mithin können auch rechtlich selbständige Unternehmen in einem globalen Netzwerk, die sich insbesondere durch eine enge strategische und fachliche Vernetzung dieses Netzwerks ausweisen, einander nahestehende Personen sein.

1.15 Ebenso kann im Einzelfall von dem Vorliegen eines eigenen Interesses an den Einkünften eines anderen bei pyramidalen Organisationsstrukturen ausgegangen werden. Pyramidale Organisationen zeichnen sich beispielsweise dadurch aus, dass die Mitglieder sich einem einheitlichen Regelwerk beziehungsweise Statuten unterwerfen und ein gemeinsames Ziel verfolgen (zum Beispiel die Durchführung eines Wettbewerbs). Dabei ist es grundsätzlich für alle Mitglieder von Interesse, dass das in der Hierarchie beziehungsweise im pyramidalen Aufbau höchste Mitglied insbesondere finanziell gut gestellt ist, da dies wiederum positive Auswirkungen auf alle anderen Mitglieder haben kann.

D. Geschäftsbeziehung (§ 1 Absatz 4 AStG)

1.16 Geschäftsbeziehungen sind einzelne oder mehrere zusammenhängende wirtschaftliche Vorgänge (Geschäftsvorfälle) zwischen einem Steuerpflichtigen und einer ihm nahestehenden Person (vergleiche § 1 Absatz 4 AStG). Hierunter fallen beispielsweise Warenlieferungen, Dienstleistungen, Finanzierungsbeziehungen, die Überlassung oder Übertragung von immateriellen Werten, Arbeitnehmerüberlassungen und Umlagen. Maßgebend ist eine wirtschaftliche Betrachtung. Es kommt dabei nicht darauf an, ob ein angemessenes, ein unangemessenes oder kein Entgelt vereinbart worden ist.

1.17 Geschäftsbeziehungen zum Ausland zwischen einander nahestehenden Personen können auch mittels inländischer oder ausländischer Betriebsstätten bestehen.

Beispiel 1:

Eine inländische Gesellschaft unterhält zu einer ihr nahestehenden inländischen Gesellschaft Geschäftsbeziehungen, die steuerlich einer ausländischen Betriebsstätte der nahestehenden Gesellschaft zuzuordnen sind.

Beispiel 2:

Eine ausländische Gesellschaft unterhält zu einer ihr nahestehenden ausländischen Gesellschaft Geschäftsbeziehungen, die steuerlich einer inländischen Betriebsstätte der nahestehenden Gesellschaft zuzuordnen sind.

Beispiel 3:

Eine ausländische Gesellschaft unterhält zu einer ihr nahestehenden ausländischen Gesellschaft eine Geschäftsbeziehung, die steuerlich einer inländischen Betriebsstätte der ausländischen Gesellschaft zuzuordnen ist.

Beispiel 4:

Eine inländische Gesellschaft unterhält zu einer ihr nahestehenden inländischen Gesellschaft eine Geschäftsbeziehung, die steuerlich einer ausländischen Betriebsstätte der inländischen Gesellschaft zuzuordnen ist.

1.18 Geschäftsbeziehungen zum Ausland können auch bestehen, wenn ein Geschäftsvorfall zwischen ausländischen einander nahestehenden Personen vorliegt, der sich auf die Höhe der inländischen Einkünfte einer der Personen auswirkt (zum Beispiel im Fall der Vermietung inländischen Grundbesitzes).

1.19 Gesellschaftsvertragliche Vereinbarungen sind keine Geschäftsbeziehungen. Unter einer gesellschaftsvertraglichen Vereinbarung im Sinne des § 1 Absatz 4 AStG ist eine Vereinbarung zu verstehen, die unmittelbar zu einer rechtlichen Änderung der Gesellschafterstellung führt (zum Beispiel der Beteiligungshöhe oder der Beteiligungsrechte); mithin eine Vereinbarung, die das Verhältnis zwischen Gesellschaft und Gesellschafter regelt.

1.20 Die formale Aufnahme eines Geschäftsvorfalls oder einer Geschäftsbeziehung in den Gesellschaftsvertrag führt als solche nicht zu einer gesellschaftsvertraglichen Vereinbarung, die den Anwendungsbereich des § 1 AStG ausschließt, es sei denn, der Geschäftsvorfall oder die Geschäftsbeziehung führt zu einer tatsächlichen Änderung der materiellen Gesellschafterstellung. Die bloße Aufnahme in den Gesellschaftsvertrag kann bereits deshalb nicht genügen, weil sie das Merkmal der Geschäftsbeziehungen und damit den Tatbestand des § 1 Absatz 4 AStG in das Belieben der Beteiligten stellen würde. Entscheidend ist vielmehr, ob der Geschäftsvorfall unter Heranziehung des für die nahestehende Person geltenden Gesellschaftsrechts auf einer gesellschaftsvertraglichen Abrede beruht, die mit einer Änderung der materiellen Gesellschafterstellung verbunden ist (vergleiche BFH vom 27. April 2000, I R 58/99, BStBl II 2001 S. 168 zur „Kapitalrücklage" im ausländischen Handels- und Gesellschaftsrecht).

1.21 Die Übertragung von Stimmrechten kann eine Geschäftsbeziehung darstellen, wenn mit ihr ein wirtschaftlicher Vorteil einhergeht, der unter fremden Dritten vergütet werden würde.

Beispiel:

Die A-GmbH ist an der im Ausland ansässigen B Corp. zu sechs Prozent und an der im Ausland ansässigen C Corp. zu 30 Prozent beteiligt. Die C Corp. wiederum ist zu 24 Prozent an der B Corp. beteiligt. Die C Corp. benötigt zur Erzielung bestimmter steuerlicher und wirtschaftlicher Vorteile eine Sperrminorität der Stimmrechte an der B Corp. Die C Corp. könnte sich daher mit der A GmbH zu einem Aktionärspool zusammenschließen und einen Stimmbindungsvertrag abschließen.

1.22 Im Rahmen der Geschäftsbeziehungen werden Bedingungen vereinbart oder auferlegt, die dem Fremdvergleich zugänglich sind. Zu diesen Bedingungen gehören insbesondere Vereinbarungen über Preise, Vertragslaufzeiten, (Rück-)Zahlungsmodalitäten, Durchführungsbedingungen, Rabatte oder Boni, Preisanpassungsklauseln, Sicherheiten sowie Vertragsänderungs- und -kündigungsmöglichkeiten. Die aufgrund der fehlenden Fremdüblichkeit einzelner Bedingungen veranlassten Einkunftsminderungen unterfallen dem Berichtigungsbefehl von § 1 AStG (vergleiche BFH vom 9. Juni 2021, I R 32/17, BStBl II 2023 S. 686 Rn. 34 f.). Allein die Fremdunüblichkeit einzelner Bedingungen führt aber nicht dazu, dass die Geschäftsbeziehung als solche als fremdunüblich zu qualifizieren ist. Es bedarf der Würdigung aller Gesamtumstände im Einzelfall.

1.23 Nicht zu diesen Bedingungen gehören Umstände, die nicht von den einander nahestehenden Personen beeinflusst werden können. Sie sind als gegeben hinzunehmen. Ihre Auswirkungen auf den Preis sind zu beachten. Hierzu gehören zum Beispiel gesetzliche Rahmenbedingungen oder die Gegebenheiten des jeweiligen Marktes.

Kapitel II Bedeutung der OECD-Verrechnungspreisleitlinien für die Prüfung der grenzüberschreitenden Geschäftsbeziehungen

2.1 Für die Prüfung der Einkunftsabgrenzung wird auf die Anlage 1 verwiesen, um eine internationale Ausrichtung und eine Orientierung an den OECD-Verrechnungspreisleitlinien (OECD-Transfer Pricing Guidelines for Multinational Enterprises and Tax Administrations) zu gewährleisten. Nur auf diese Weise kann sichergestellt werden, dass eine international einheitliche Umsetzung des Fremdvergleichsgrundsatzes erfolgt und hierdurch eine Doppelbesteuerung sowie (doppelte) Nichtbesteuerung vermieden werden.

2.2 Die OECD-Verrechnungspreisleitlinien unterstützen sowohl die Steuerpflichtigen als auch Finanzverwaltungen, um den jeweiligen Einzelfall einer im internationalen Kontext sachgerechten Lösung zuzuführen. Entsprechend orientiert sich die deutsche Finanzverwaltung im Rahmen des geltenden innerstaatlichen Rechts grundsätzlich an den OECD-Verrechnungspreisleitlinien und zwar unabhängig davon, ob es sich um einen Sachverhalt handelt, bei dem ein DBA anwendbar ist, das mit einem OECD-Mitgliedstaat oder Nicht-OECD-Mitgliedstaat vereinbart wurde, oder ob kein DBA anwendbar ist.

2.3 Ob eine statische oder dynamische Auslegung von Artikel 9 Absatz 1 OECD-MA oder UN-MA nachgebildeten Artikeln in den jeweiligen DBA zu erfolgen hat (allgemein für eine statische Auslegung von Abkommensvorschriften etwa BFH vom 11. Juli 2018, I R 44/16, BStBl II 2023 S. 430), ist in Bezug auf den Fremdvergleichsgrundsatz nicht entscheidungserheblich (diese Annahme zugrunde legend BFH vom 17. Oktober 2001, I R 103/00, BStBl 2004 II S. 171 sowie vom 18. Mai 2021, I R 4/17, BStBl II 2023 S. 678 Rn. 39). Aus einem Artikel 9 Absatz 1 OECD-/UN-MA nachgebildeten Artikel und § 1 AStG folgt nur, dass der Fremdvergleichsgrundsatz zur Anwendung zu bringen ist. Der Fremdvergleichsgrundsatz basiert vor allem auf der Anwendung von ökonomischen Prinzipien, die zeit- und kontextabhängig sind (vergleiche Artikel 9 OECD-Musterkommentar 2017 Rn. 1). Der Fremdvergleichsgrundsatz enthält daher genügend Flexibilität, um auf aktuelle Entwicklungen, wie die fortschreitende Digitalisierung der Wirtschaft, zu reagieren und diese, ohne weitere gesetzliche Maßnahmen, berücksichtigen zu können. Entsprechend ist auch die fortwährende Entwicklung der OECD-Verrechnungspreisleitlinien zu verstehen. Die fortlaufende Überarbeitung der OECD-Verrechnungspreisleitlinien erfolgt im Rahmen der Auslegungsmöglichkeiten des Artikels 9 Absatz 1 OECD-MA und stellt damit nicht jeweils eine neue Interpretation dieses Artikels dar.

2.4 Die nachfolgenden Randnummern enthalten gegenüber den OECD-Verrechnungspreisleitlinien weitergehende Konkretisierungen, die zur Sicherstellung einer gleichmäßigen Besteuerung notwendig sind.

2.5 Darüber hinaus können für die Prüfung von grenzüberschreitenden Geschäftsbeziehungen auch die Verlautbarungen des Gemeinsamen EU-Verrechnungspreisforums (EU Joint Transfer Pricing Forum – JTPF) hilfreich sein, insbesondere wenn ein Sachverhalt in Bezug zu einem EU-Mitgliedstaat zu würdigen ist.

2.6 Insbesondere in Bezug zu Entwicklungs- und Schwellenländern enthält auch das Verrechnungspreishandbuch der Vereinten Nationen für Entwicklungsländer (United Nations Practical Manual on Transfer Pricing for Developing Countries) unterstützende, praktische und hilfreiche, aber nicht bindende Leitlinien.

Kapitel III Leitlinien

A. Fremdvergleichsgrundsatz

3.1 Geschäftsbeziehungen zwischen einem Steuerpflichtigen und einer ihm nahestehenden Person sind steuerlich danach zu beurteilen, ob sich die Beteiligten wie voneinander unabhängige Dritte verhalten haben oder verhalten (Fremdvergleich). Zugrunde zu legen ist die verkehrsübliche Sorgfalt eines ordentlichen und gewissenhaften Geschäftsleiters gegenüber Fremden (vergleiche BFH vom 16. März 1967, I 261/63, BStBl III 1967 S. 626; BFH vom 10. Mai 1967, I 187/64, BStBl III 1967 S. 498). Ein ordentlicher und gewissenhafter Geschäftsleiter wird mit der gebotenen Sorgfalt den Fremdvergleichspreis aus den verfügbaren oder ihm zugänglichen Daten ableiten. Ob eine Vergütung zu entrichten und gegebenenfalls in welcher Höhe ein Fremdvergleichspreis anzusetzen ist, richtet sich dabei stets nach der Denkfigur des doppelten ordentlichen und gewissenhaften Geschäftsleiters.

3.2 Maßgebend für die Betrachtung der Geschäftsbeziehungen zwischen einem Steuerpflichtigen und einer ihm nahestehenden Person sind gemäß § 1 Absatz 3 Satz 1 AStG die dem jeweiligen Geschäftsvorfall zugrundeliegenden tatsächlichen Verhältnisse nach ihrem wirtschaftlichen Gehalt (vergleiche BFH vom 30. Juli 1965, VI 288/63 U, BStBl III 1965 S. 613; vom 26. Februar 1970, I R 42/68, BStBl II 1970 S. 419 und vom 15. Januar 1974, VIII R 63/68, BStBl II 1974 S. 606), also die tatsächlich durchgeführte Geschäftsbeziehung. Die Anwendung des Fremdvergleichsgrundsatzes erfordert daher eine umfassende Sachverhaltsaufklärung durch die Steuerpflichtigen, um eine sachgerechte Würdigung des Einzelfalls zu ermöglichen.

3.3 Der Fremdvergleichsgrundsatz als solcher ist im In- und Outboundfall einheitlich anzuwenden.

3.4 Die Zugehörigkeit des Steuerpflichtigen zu einer multinationalen Unternehmensgruppe ist bei der Prüfung der Verrechnungspreise in dem nachfolgend dargestellten Rahmen zu berücksichtigen. Es sind nicht die Gewinne zu ermitteln, die der Steuerpflichtige erzielt hätte, wenn er gänzlich unabhängig gewesen wäre, sondern diejenigen, die er als ein einer Unternehmensgruppe zugehöriges Unternehmen bei Vereinbarung von Bedingungen wie zwischen voneinander unabhängigen Dritten erzielt hätte (siehe beispielsweise Rn. 3.71 und 3.126 zum Konzernrückhalt). In diesem Zusammenhang sind auch die nicht dispositiven rechtlichen Gegebenheiten als Umstand hinzunehmen, die den Preis zwischen einander nahestehenden Personen beeinflussen (vergleiche Rn. 1.23). Sieht zum Beispiel das Insolvenzrecht eines Staates vor, dass nahestehende Personen stets nachrangig zu befriedigen sind, ist dieser Umstand bei der Bepreisung des Geschäftsvorfalls sachgerecht zu berücksichtigen (vergleiche BFH vom 18. Mai 2021, I R 62/17, BStBl II 2023 S. 723 Rn. 15).

3.5 Bei der Durchführung des Fremdvergleichs ist in einem ersten Schritt eine Funktions- und Risikoanalyse der an dem Geschäftsvorfall Beteiligten vorzunehmen, § 1 Absatz 3 Satz 2 AStG. Den Kern bildet hierbei der Risikokontrollansatz, wonach eine Zuordnung von Risiken auf Grundlage von (Personal-)Funktionen zur Kontrolle der Risiken erfolgt sowie von den finanziellen Mitteln zur Übernahme von Risiken abhängt. Kontrolle wird dabei definiert als die Fähigkeit, darüber zu entscheiden, Risiken einzugehen und Risiken zu managen, und diese Entscheidungsfunktionen auch auszuüben (Tz. 1.65 der Anlage 1).

3.6 Es ist daher zu analysieren, welche an dem Geschäftsvorfall Beteiligten (insbesondere Unternehmen) die personellen Ressourcen sowie die tatsächliche Möglichkeit zur Kontrolle von Risiken und die finanziellen Mittel zur Tragung von Risiken haben (Tz. 1.61 der Anlage 1). Voraussetzung hierfür ist grundsätzlich, dass die Entscheidungsträger die notwendigen Erfahrungen und Kompetenzen haben und über eine ausreichende Informationsbasis verfügen (Tz. 1.66 der Anlage 1).

3.7 Die nach dieser Analyse einem Unternehmen zugeordneten Funktionen, Risiken und eingesetzten Vermögenswerte sind ein Maßstab für die Wertigkeit der Tätigkeit im Rahmen der Gesamttätigkeit der multinationalen Unternehmensgruppe. Auf der Basis der Beschreibung des Wertschöpfungsprozesses der multinationalen Unternehmensgruppe kann eine Wertschöpfungsanalyse durchgeführt werden. Diese ist Grundlage für die funktions- und risikoadäquate Zuordnung des anteiligen Gewinns am Gesamtgewinn der multinationalen Unternehmensgruppe.

3.8 Bei der Durchführung des Fremdvergleichs sind die realistischerweise zur Verfügung stehenden Handlungsalternativen einzubeziehen. Die Anerkennung und Beachtung der Zugehörigkeit zu einer Unternehmensgruppe sowie geschäftspolitische Strategien der multinationalen Unternehmensgruppe stehen dem Fremdvergleichsgrundsatz nicht entgegen.

B. Verrechnungspreismethoden und Bewertungstechniken

3.9 Für die Ermittlung und Prüfung von Verrechnungspreisen sind die Grundsätze des Kapitels II der Anlage 1 anzuwenden. Verrechnungspreismethoden sind insbesondere die

a) Preisvergleichsmethode,
b) Wiederverkaufspreismethode,
c) Kostenaufschlagsmethode,
d) geschäftsvorfallbezogene Nettomargenmethode und
e) geschäftsvorfallbezogene Gewinnaufteilungsmethode (vergleiche hierzu insbesondere als praktische Prüfungshilfe auch das Arbeitspapier zur Anwendung des Profit Split in der EU „The application of the profit split method within the EU, DOC: JTPF/002/2019/EN des JTPF)".

3.10 Die angeführten Methoden stellen keine abschließende Aufzählung dar. Zwar führt auch die OECD nur diese fünf Methoden als Verrechnungspreismethoden an, jedoch kann auch eine Kombination der Methoden im Einzelfall angebracht sein.

3.11 Bei der Verwendung von Nettogewinnindikatoren zur Bestimmung von Fremdvergleichspreisen mittels der geschäftsvorfallbezogenen Nettomargenmethode ist zu beachten, dass nicht betriebliche Elemente wie Zinserträge und Zinsaufwendungen, Erträge und Aufwendungen aus Beteiligungen, Wertpapieren und anderen Finanzanlagen sowie Ertragsteuern grundsätzlich bei der Bestimmung des Nettogewinns ausgeschlossen werden (Tz. 2.00 der Anlage 1). Im Einzelfall können bestimmte Finanzierungserträge oder -aufwendungen sachgerecht zu berücksichtigen sein (vergleiche Tz. 2.87 der Anlage 1). Auch rechnerische Finanzierungsanteile betrieblicher Einnahmen und Aufwendungen (zum Beispiel Zinsanteil der Zuführungen zu Pensionsrückstellungen) können bei der Ermittlung des Nettogewinns einzubeziehen sein. Dies erfordert eine genaue Sachverhaltsermittlung hinsichtlich der Gründe für den Finanzierungsbedarf und der Auswirkung auf die Preisgestaltung. Hinsichtlich der Kriterien zur Ermittlung der geeigneten Bezugsgröße für den Nettogewinn vergleiche Tz. 2.92 ff. der Anlage 1.

3.12 Können für die Bestimmung eines Fremdvergleichspreises keine Vergleichswerte festgestellt werden, ist der Fremdvergleichspreis nach dem hypothetischen Fremdvergleich im Sinne des § 1 Absatz 3 Satz 7 AStG unter Beachtung des § 1 Absatz 1 Satz 3 AStG zu bestimmen. Hiervon ist grundsätzlich auszugehen,

a) wenn immaterielle Werte oder Rechte Gegenstand eines Geschäftsvorfalls sind,

b) wenn eine Funktionsverlagerung stattfindet oder

c) soweit bei Anwendung der in Rn. 3.9 Buchstabe e genannten Methode keine Vergleichswerte für die Ermittlung von Werten festgestellt werden können.

3.13 Beim hypothetischen Fremdvergleich wird auf ökonomisch anerkannte Bewertungsmethoden abgestellt. Solche anerkannten Methoden sind insbesondere die Ertragswertmethoden und Discounted-Cashflow-Methoden, die auf dem abgezinsten Wert prognostizierter zukünftiger Einnahmeströme oder Cashflows des Bewertungsobjekts basieren. Grundsätzlich erfordern alle anerkannten Bewertungsmethoden unter anderem realistische und verlässliche Werte in Bezug auf finanzielle Prognosen, Wachstumsraten, Abzinsungssätze, Lebens- oder Nutzungsdauern und steuerliche Effekte.

3.14 Bei der Prüfung einer Bewertungsmethode sollen der Bewertungszweck sowie gegebenenfalls die Annahmen und Bewertungsparameter in vom Steuerpflichtigen für nichtsteuerliche Zwecke durchgeführten anderen Bewertungen berücksichtigt werden. Bei Inkonsistenzen zwischen den Annahmen in einer für Verrechnungspreiszwecke durchgeführten Bewertung und den Annahmen in einer für andere Zwecke durchgeführten Bewertung, die in einem zeitlich zusammenhängenden Kontext steht, soll vom Steuerpflichtigen eine Erklärung verlangt werden.

3.15 Ein nach §§ 9, 11 Absatz 2 Satz 2 Bewertungsgesetz (BewG) ermittelter gemeiner Wert für Anteile an Kapitalgesellschaften, Beteiligungen an Personengesellschaften oder Vermögensmassen kann als Anhaltspunkt für den Fremdvergleichspreis dienen. Der Substanzwert nach § 11 Absatz 2 Satz 3 BewG ist regelmäßig kein Fremdvergleichspreis. Das vereinfachte Ertragswertverfahren nach §§ 199 ff. BewG ist ein stark vereinfachtes Bewertungsmodell, bei dem die Ergebnisse der Vergangenheit als Anhaltspunkt für die voraussichtlichen künftigen Ergebnisse dienen. Es kann zum Beispiel bei Schätzungen wegen mangelnder Mitwirkung des Steuerpflichtigen, bei erheblichen Schwierigkeiten bei der Ermittlung von künftigen Ergebnissen auf den Zeitpunkt des Geschäftsvorfalls oder nicht plausiblen Prognoserechnungen im Rahmen des Fremdvergleichsgrundsatzes angewandt werden.

3.16 Auf den Bericht des JTPF über den Einsatz von Methoden zur wirtschaftlichen Bewertung von Verrechnungspreisen „Report on the use of economic valuation techniques in transfer pricing (DOC: JTPF/003/2017/FINAL/EN)“ und Kapitel VI der Anlage 1, insbesondere D.2.6.3 – D.2.6.4.5 wird verwiesen.

3.17 Ist der bei der Anwendung des hypothetischen Fremdvergleichs bestimmte Mindestpreis des Leistenden höher als der Höchstpreis des Leistungsempfängers, ist zu prüfen, ob die Ursache hierfür in einer weiteren Geschäftsbeziehung begründet liegt. Ist dies nicht der Fall, ist die Differenz zwischen den am Geschäftsvorfall beteiligten Unternehmen aufzuteilen (Tz. 28 des Berichts des JTPF über den Einsatz von Methoden zur wirtschaftlichen Bewertung von Verrechnungspreisen, am angegebenen Ort.).

C. Vergleichbarkeitsanalyse

C.1 Grundsatz

3.18 Für die Prüfung der Vergleichbarkeit nach § 1 Absatz 3 Satz 3 AStG sind die Grundsätze des Kapitels III der Anlage 1 anzuwenden. Auf den Bericht des JTPF zur Nutzung von Vergleichswerten in der EU “Report on the use of comparables in the EU (DOC: JTPF/007/2016/FINAL/EN)“ wird besonders hingewiesen.

3.19 Ein Vergleich der Geschäftsbeziehungen, wie sie einerseits zwischen fremden Dritten und andererseits zwischen einander nahestehenden Personen zustande kommen, und ein Vergleich der Ergebnisse unabhängiger Unternehmen mit denen des geprüften Unternehmens sind nur dann aussagefähig, wenn die Verhältnisse, die den Geschäftsbeziehungen jeweils zugrunde liegen, identifiziert wurden und vergleichbar sind. Für die Vergleichbarkeitsprüfung sind alle Faktoren heranzuziehen, die sich auf die Preisgestaltung auswirken könnten. Dazu gehören

a) die vertraglichen Bedingungen, die dem Geschäftsvorfall zugrunde liegen (vergleiche Tz. 1.42 bis 1.50 der Anlage 1),
b) die von den einzelnen am Geschäftsvorfall beteiligten Unternehmen ausgeübten Funktionen unter Berücksichtigung der genutzten Vermögenswerte und übernommenen Risiken, einschließlich der Zusammenhänge zwischen diesen Funktionen und der allgemeinen Wertschöpfung der multinationalen Unternehmensgruppe, der die Beteiligten angehören, der Begleitumstände des Geschäftsvorfalls und der branchenüblichen Gepflogenheiten (Funktions- und Risikoanalyse, vergleiche Tz. 1.51 ff. der Anlage 1),
c) die Eigenschaften des übertragenen Wirtschaftsguts oder der geleisteten Dienste (vergleiche Tz. 1.127 bis 1.129 der Anlage 1),
d) die wirtschaftlichen Verhältnisse der Beteiligten und des Markts, auf dem sie tätig sind (vergleiche Tz. 1.130 bis 1.133 der Anlage 1) sowie
e) die von den Beteiligten verfolgten Geschäftsstrategien (vergleiche Tz. 1.134 bis 1.138 der Anlage 1).

Insbesondere diese Faktoren sind im Rahmen der Aufzeichnungspflicht nach § 90 Absatz 3 AO zu erfassen (vergleiche Verwaltungsgrundsätze 2020 vom 3. Dezember 2020, BStBl I 2020 S. 1325).

3.20 Die sachgerechte Durchführung der Vergleichbarkeitsanalyse erfordert

a) eine Bestimmung der Jahre, die erfasst werden;
b) eine sorgfältige Analyse der Umstände des Steuerpflichtigen;
c) eine Funktions- und Risikoanalyse;
d) eine Bewertung von existierenden internen Vergleichswerten;
e) eine Feststellung von zugänglichen Informationsquellen zu externen Vergleichswerten;
f) eine Auswahl der am besten geeigneten Verrechnungspreismethode;
g) eine Identifizierung von potenziellen Vergleichswerten;
h) Feststellungen und Durchführung von Vergleichbarkeitsanpassungen;
i) eine Interpretation und Nutzung der erfassten Daten.

3.21 Bei der Analyse greift grundsätzlich das Prinzip der Abschnittsbesteuerung. Um die wirtschaftlichen Auswirkungen von Geschäfts-, Produkt- und Konjunkturzyklen sowie Sondereffekte zu berücksichtigen, kann es jedoch zweckmäßig sein, Mehrjahresanalysen durchzuführen. Durchschnittswerte von Vergleichswerten mehrerer Vorjahre dürfen daher verwendet werden, wenn dies zu einer besseren Qualität der Vergleichswerte führt als die Betrachtung von Vergleichswerten nur eines Wirtschaftsjahrs (vergleiche Buchstabe e) bis i) der Empfehlung 6 des Berichts des JTPF zur Nutzung von Vergleichswerten in der EU, am angegebenen Ort.).

3.22 Eine Vergleichbarkeit ist nicht gegeben, wenn Geschäftsbedingungen oder Umstände eines zum Vergleich herangezogenen Geschäftsvorfalls, die eine nicht unwesentliche Auswirkung auf den Preis oder den Gewinn haben, sich so erheblich voneinander unterscheiden, dass die Unterschiede durch Anpassungsrechnungen nicht beseitigt werden können. Dies gilt insbesondere, wenn spezielle, besonders wertvolle immaterielle Werte oder Rechte daran Gegenstand der Geschäftsbeziehung sind oder sich die maßgeblichen Funktionen oder Risiken im Rahmen von Geschäftsbeziehungen erheblich unterscheiden. Gleiches gilt, wenn für einen zum Vergleich herangezogenen Geschäftsvorfall die für die Beurteilung seiner Vergleichbarkeit relevanten Daten so lückenhaft, unüberprüfbar oder im Hinblick auf ihre Qualität so unzuverlässig sind, dass ihnen keine Aussagekraft beigemessen werden kann. In diesen Fällen sind verwendbare Vergleichswerte nicht feststellbar.

C.2 Zusammenfassung von Geschäftsvorfällen

3.23 Die Vergleichbarkeitsanalyse ist grundsätzlich für den einzelnen Geschäftsvorfall vorzunehmen. Sind einzelne Geschäftsvorfälle eines Steuerpflichtigen so eng miteinander verbunden oder folgen so eng aufeinander, dass eine sachgerechte Beurteilung jedes einzelnen Geschäftsvorfalls nicht möglich ist, sollten diese unter Anwendung der am besten geeigneten Verrechnungspreismethode zusammen beurteilt werden (Tz. 3.9 der Anlage 1). Dies gilt insbesondere in Fällen

a) langfristiger Verträge über Warenlieferungen und Dienstleistungen,
b) einheitlicher Preisgestaltung für im Hinblick auf Art, Produktion oder Vertrieb eng miteinander verbundener Produkte (Palettenbetrachtung).

Entspricht es der Geschäftsstrategie des Steuerpflichtigen, bestimmte Geschäftsvorfälle zu bündeln, um über die Gesamtheit der Geschäftsvorfälle und nicht unbedingt durch ein bestimmtes Produkt innerhalb dieses Portfolios einen angemessenen Gewinn zu erzielen (Portfolioansatz), sind diese Geschäftsvorfälle ebenfalls zusammen zu analysieren (Tz. 2.96 und 3.10 der Anlage 1). Dies bedeutet aber nicht, dass für diese bei einem Steuerpflichtigen zusammengefassten Geschäftsvorfälle immer eine einheitliche Verrechnungspreismethode anzuwenden ist. Zudem ist es nicht fremdvergleichskonform, wenn bei Anwendung des Portfolioansatzes auf Ebene der Unternehmensgruppe ein Steuerpflichtiger eine unter dem fremdvergleichsüblichen Niveau liegende Vergütung erhält, um einem anderen Unternehmen dieser Unternehmensgruppe Vorteile zu verschaffen (Tz. 3.10, Tz. 1.130 der Anlage 1).

3.24 Werden mehrere unterschiedliche Leistungen im Rahmen eines Vertrags als Gesamtpaket zur Verfügung gestellt (Paketbetrachtung, Tz. 3.11 der Anlage 1) und wird hierfür ein Gesamtpreis vereinbart, kann von der Bestimmung von Einzelpreisen für die einzelnen Leistungen nur dann abgesehen werden, wenn für das Gesamtpaket verlässliche Fremddaten vorgelegt werden oder ein Wert auf Basis des hypothetischen Fremdvergleichs verlässlich bestimmt werden kann.

C.3 Vorteilsausgleich

3.25 Ein Ausgleich von Vorteilen mit Nachteilen aus Geschäftsvorfällen ist grundsätzlich nur dann fremdüblich, wenn der Steuerpflichtige bei Geschäftsvorfällen mit der ihm nahestehenden Person nachteilige Bedingungen im Hinblick darauf vereinbart hat, dass er von dieser nahestehenden Person im Rahmen der in Betracht stehenden Geschäftsbeziehung im Gegenzug Vorteile erhält (Tz. 3.13 bis 3.16 der Anlage 1).

3.26 Der Vorteilsausgleich setzt voraus, dass

a) die Geschäfte in einem inneren Zusammenhang zueinander stehen,
b) die Vor- und Nachteile bei den einzelnen Geschäftsvorfällen quantifiziert werden können und
c) die Vorteilsverrechnung bewusst vereinbart war oder zur Geschäftsgrundlage des nachteiligen Geschäfts gehörte.

3.27 Ergibt sich für einen Geschäftsvorfall bereits im Rahmen der Preisbestimmung ein Verlust oder ein unangemessen niedriger Gewinn, ist dieser Nachteil nur anzuerkennen, wenn er durch einen anderen Geschäftsvorfall mit demselben Vertragspartner ausgeglichen wird.

3.28 Sind die nachteiligen Bedingungen nicht während des Wirtschaftsjahres, in dem sie sich ausgewirkt haben, ausgeglichen worden, so verhindert ein Ausgleich nur dann die eigentlich vorzunehmende Einkünfteberichtigung, wenn spätestens zum Ende dieses

Wirtschaftsjahres bestimmt ist, wann und durch welche Vorteile die Nachteile ausgeglichen werden. Die Nachteile müssen innerhalb eines überschaubaren Zeitraums ausgeglichen werden (Tz. 3.14 der Anlage 1; siehe auch Grundsätze im Zusammenhang mit Verlusten Kapitel III; C.5). Ein Ausgleich ist auch dann gegeben, wenn die den Vorteil begründende Leistung aktiviert wird.

C.4 Bandbreitenbetrachtung

3.29 Die Anwendung des Fremdvergleichsgrundsatzes führt regelmäßig zu einer Bandbreite von Vergleichswerten, von denen alle mehr oder minder gleich zuverlässig sind (Tz. 3.55 bis 3.62 der Anlage 1). Sofern feststellbar ist, dass manche dieser Werte auf Geschäftsvorfällen beruhen, die einen geringeren Grad an Vergleichbarkeit aufweisen als andere, sollten diese ausgeschlossen werden, § 1 Absatz 3a Satz 2 AStG. Hierdurch soll erreicht werden, dass nur Werte in der Bandbreite verbleiben, die für einen Vergleich am besten geeignet sind.

3.30 Geben die danach verbleibenden Werte selbst keinen Anhaltspunkt für eine bestimmte Einengung und verbleibt eine Anzahl von Werten, die es zulassen, statistische Methoden zur Einengung von Bandbreiten sinnvoll anzuwenden, ist gemäß § 1 Absatz 3a Satz 3 AStG zur Einengung der Bandbreite die sog. Interquartilsmethode zu verwenden.

C.5 Verluste

3.31 Unabhängige Unternehmen würden verlustbringende Geschäftsaktivitäten einstellen, wenn keine vernünftige, betriebswirtschaftlich fundierte Erwartung besteht, innerhalb eines überschaubaren Zeitraums einen angemessenen Totalgewinn erzielen zu können (vergleiche BFH vom 17. Februar 1993, I R 3/92, BStBl II 1993 S. 457; BFH vom 17. Oktober 2001, I R 103/00, BStBl II 2004 S. 171; BFH vom 6. April 2005, I R 22/04, BStBl II 2007 S. 658; Tz. 3.64 der Anlage 1). Im Gegensatz dazu kann es für eine multinationale Unternehmensgruppe ökonomisch sinnvoll sein, wenn ein zur Unternehmensgruppe zugehöriges Unternehmen seinen unwirtschaftlichen Geschäftsbetrieb fortführt (Tz. 1.149 der Anlage 1). In solchen Fällen ist dieses Unternehmen von den davon profitierenden Unternehmen zu vergüten. Maßgebend ist das Jahresergebnis vor Steuern und gegebenenfalls vor Ergebnisabführung.

3.32 Die Organisation der betrieblichen Abläufe liegt in der unternehmerischen Dispositionsfreiheit. Im Falle von Verlusten ist es erforderlich, neben den tatsächlich ausgeübten Funktionen, übernommenen Risiken und eingesetzten Vermögenswerten auch die Verlustursachen (beispielsweise lokales Missmanagement oder Markteroberung im Unternehmensgruppeninteresse) festzustellen. Verfügt ein Unternehmen weder über die maßgeblichen Entscheidungskompetenzen, Risiken einzugehen oder zu vermindern, noch über die finanzielle Kapazität, solche Risiken übernehmen zu können, ist eine steuerliche Zuweisung von Risiken mit den daraus resultierenden Aufwendungen zu diesem Unternehmen fremdunüblich.

3.33 Nicht als Strategieträger zu qualifizierende unabhängige Unternehmen dürften daher im Regelfall keine länger andauernde Verlustperiode hinnehmen (Tz. 3.64 der Anlage 1), ohne einen angemessenen Totalgewinn innerhalb eines bestimmten überschaubaren Kalkulationszeitraums zu erwarten. Erzielt ein solches vergleichbares abhängiges Unternehmen aus einer Geschäftsbeziehung innerhalb von fünf Wirtschaftsjahren keinen angemessenen Gesamtgewinn, ist grundsätzlich davon auszugehen, dass

a) die Verrechnungspreise unangemessen sind,

b) Geschäftsvorfälle nicht identifiziert und bepreist wurden, oder

c) Aufwendungen durch Interessen anderer Gruppenmitglieder mitverursacht sind (zum Beispiel Markenwerbung, Statthalterfunktion in einem bestimmten Markt). In solchen Fällen bemisst sich die Höhe einer Berichtigung nach einem Aufwendungsersatz zuzüglich Gewinnaufschlag und nicht etwa nach den an andere Gruppenmitglieder gegebenenfalls entrichteten Leistungsentgelten (zum Beispiel Lizenzen, Zinsen, Wareneinkauf).

Beispiel (Anfangsverluste):

Die T GmbH erzielt nach Beginn ihrer Geschäftstätigkeit Verluste in den Jahren 01 bis 03. Um einen angemessenen Totalgewinn über den Zeitraum der Jahre 01 bis 05 vorzuweisen, ist ein ausreichend kompensierender Gewinn in den Jahren 04 und 05 erforderlich.

Abwandlung: Die T-GmbH erzielt aus ihrer Geschäftstätigkeit Gewinne in den Jahren 01 bis 10 und Verluste in den Jahren 11 bis 13 (zum Beispiel infolge der Einführung eines neuen Produkts). Um einen angemessenen Totalgewinn über den Zeitraum der Jahre 11 bis 15 vorzuweisen, ist ein ausreichend kompensierender Gewinn in den Jahren 14 und 15 erforderlich.

3.34 Der Zeitraum kann aufgrund besonderer Umstände länger (zum Beispiel bei Geschäftsmodellen, die zu Beginn hohe Anfangsinvestitionen erfordern oder in Zeiten schwieriger, von der Unternehmensgruppe nicht beeinflussbarer Marktbedingungen) oder kürzer (zum Beispiel bei Produkten mit kurzem Lebenszyklus) als fünf Jahre sein. Ist im Zeitpunkt der Prüfung noch ungewiss, ob ein angemessener Totalgewinn erzielt werden kann, sollten die Steuerfestsetzungen vorläufig durchgeführt werden (§ 165 Absatz 1 Satz 1 AO).

3.35 Die Prüfung, ob ein Unternehmen aus der Ausübung von Routinefunktionen innerhalb eines überschaubaren Zeitraums einen angemessenen (Total-)Gewinn erzielt, umfasst auch die Frage, ob der erzielte Gewinn gemessen am Funktions- und Risikoprofil des Unternehmens angemessen hoch ist. Grundsätzlich ist das angemessene handelsrechtliche Jahresergebnis vor Steuern und gegebenenfalls Ergebnisabführung maßgebend, wobei bei Vorliegen mehrerer Geschäftsbeziehungen das Ergebnis jeder einzelnen Geschäftsbeziehung zu betrachten ist; es sei denn, es liegen die Voraussetzungen von Rn. 3.23 vor.

3.36 Eine Berichtigung der vom Steuerpflichtigen angesetzten Verrechnungspreise kann auch dann erfolgen, wenn eine Vertriebsgesellschaft zu gleichen Preisen beliefert wird wie fremde Dritte, sich die sonstigen Geschäftsbedingungen aber unterscheiden (zum Beispiel Marktverhältnisse, Umsatz- oder Kostensituation oder vertragliche Verhältnisse, wie zum Beispiel Verpflichtung zur Abnahme des gesamten Sortiments).

3.37 Werden Verluste eines Unternehmens durch Kapitalzuführungen oder kapitalersetzende Maßnahmen (zum Beispiel Forderungsverzicht, Patronatserklärung) anderer gruppenzugehöriger Unternehmen ausgeglichen, ist dies ein Indiz dafür, dass die Fortführung der unrentablen Geschäftstätigkeit im (Mit-)Interesse der multinationalen Unternehmensgruppe liegt.

C.6 Zeitpunkt des Fremdvergleichs

3.38 Maßgebender Zeitpunkt für den Fremdvergleich ist grundsätzlich der Abschluss des Vertrags, nicht der Erfüllungszeitpunkt (vergleiche BFH vom 9. März 1983, I R 182/78, BStBl II 1983 S. 744), § 1 Absatz 3 Satz 4 AStG. Hierfür hat der Steuerpflichtige alle zu diesem Zeitpunkt verfügbaren, zur Preisbestimmung notwendigen Informationen zu ermitteln und nur diese zu berücksichtigen. Der Steuerpflichtige kann sich auf nachträglich bekannt gewordene externe Vergleichswerte stützen, soweit sich diese auf den Zeitpunkt der Vereinbarung des Geschäftsvorfalls beziehen.

3.39 Ein ordentlicher und gewissenhafter Geschäftsleiter würde bei der Verhandlung von Verträgen auch die Vereinbarung etwaiger Kündigungs- und Änderungsoptionen eruieren und entsprechend auch insbesondere Vereinbarungen mit längerer Laufzeit daraufhin überprüfen, ob eine Änderung der Vereinbarung rechtlich möglich und für sein Unternehmen wirtschaftlich vorteilhaft ist oder andere realistisch zur Verfügung stehende Handlungsalternativen bestehen. In derartigen Fällen ist für den Fremdvergleich grundsätzlich auf den Zeitpunkt abzustellen, an dem ein ordentlicher und gewissenhafter Geschäftsleiter eine bestehende Geschäftsbeziehung neu ausgestaltet hätte oder auf Basis einer anderen realistisch zur Verfügung stehenden Handlungsalternative eine neue Geschäftsbeziehung eingegangen wäre.

3.40 Steuerpflichtige können Verrechnungspreise unter Berücksichtigung innerbetrieblicher Plandaten (zum Beispiel Absatzzahlen und Umsatzerlöse, Stückzahlen und Produktionskosten, Vertriebskosten und sonstige betriebliche Kosten) und vorsichtiger Gewinnprognosen festlegen (Planrechnungen). Die Verwendung von Planrechnungen kommt insbesondere in Betracht, wenn mit der jeweiligen Verrechnungspreismethode nicht unmittelbar Fremdvergleichspreise ermittelt werden, sondern lediglich angemessene Werte für bestimmte Renditekennziffern (zum Beispiel Rohgewinnmarge, Kostenaufschlagsatz, operative Marge, Kapital- oder Anlagenrendite).

3.41 Planrechnungen sind anhand der Erfahrungen bereits abgelaufener Zeiträume und kaufmännischer, betriebswirtschaftlich fundierter, vorsichtiger Prognosen zu begründen (vergleiche BFH vom 17. Februar 1993, I R 3/92, BStBl II 1993 S. 457). Die tatsächliche Entwicklung der zugrundeliegenden Plandaten und Renditekennziffern sollte unterjährig abgeglichen werden (Soll-Ist-Vergleich), um rechtzeitig auf einen geänderten Geschäftsverlauf reagieren zu können. Wird unterjährig kein Soll-Ist-Vergleich durchgeführt, ist zumindest zum Abschluss des Wirtschaftsjahres ein Vergleich der Planrechnung mit dem tatsächlichen Ergebnis durchzuführen.

3.42 Liegt das tatsächliche Ergebnis außerhalb der Bandbreite fremdüblicher Ergebnisse für die jeweilige Renditekennziffer, ist insoweit eine nachträgliche Anpassung des Ergebnisses vorzunehmen.

3.43 Planrechnungen sollen fremdübliches Verhalten widerspiegeln. Die Planrechnungen sollen als Element der Vergleichbarkeitsanalyse dazu beitragen, die Bedingungen zu identifizieren, die bei Preisvereinbarungen unter voneinander unabhängigen Unternehmen zustande kommen würden. Bei Geschäftsvorfällen zwischen voneinander unabhängigen Unternehmen hat jedes Unternehmen, auch wenn es nur Routinefunktionen ausübt, die Chance und das Risiko, aufgrund der eigenen Geschäftstätigkeit in einem bestimmten Rahmen bessere oder schlechtere Ergebnisse zu erzielen. Mit den festgesetzten Verrechnungspreisen und den prognostizierten Plandaten sollte daher bei einer vorsichtigen Gewinnprognose ein mittlerer Wert innerhalb einer Bandbreite für die jeweilige Renditekennziffer erreicht werden.

3.44 Führen nachträgliche Anpassungen nach Vornahme des Soll-Ist-Vergleichs dazu, dass ein Unternehmen bevorzugt oder benachteiligt wird (zum Beispiel durch das stetige Abstellen auf den obersten oder untersten Wert einer Bandbreite angemessener Ergebnisse), deuten solche Anpassungen grundsätzlich auf fremdunübliche (Vertrags-)Bedingungen hin.

D. Verwaltungsansätze zur Vermeidung und Beilegung von Verrechnungspreiskon-flikten

3.45 Es wird auf das Merkblatt zu internationalen Verständigungs- und Schiedsverfahren (Streitbeilegungsverfahren) auf dem Gebiet der Steuern vom Einkommen und vom Vermögen vom 27. August 2021 (BStBl I 2021 S. 1495) sowie das Merkblatt über koordinierte steuerliche Außenprüfungen mit Steuerverwaltungen anderer Staaten und Gebiete vom 9. Januar 2017 (BStBl I 2017 S. 89) hingewiesen.

E. Dokumentation

3.46 Auf die Verwaltungsgrundsätze 2020 vom 3. Dezember 2020 (BStBl I 2020 S. 1325) und den Anwendungserlass zur Abgabenordnung insbesondere zu §§ 90, 138a und 162 wird hingewiesen.

F. Immaterielle Werte

F.1 Grundsatz

3.47 Für die Prüfung der Einkunftsabgrenzung bezüglich der Übertragung oder Überlassung von immateriellen Werten zwischen nahestehenden Personen sind die Grundsätze des Kapitels VI der Anlage 1 anzuwenden. Immaterielle Werte sind im Einklang mit Kapitel VI der Anlage 1 Vermögenswerte,

a) die weder materielle Wirtschaftsgüter oder Beteiligungen noch Finanzanlagen sind,
b) die Gegenstand eines Geschäftsvorfalls sein können, ohne einzeln übertragbar sein zu müssen, und
c) die einer Person eine tatsächliche oder rechtliche Position über diesen Vermögenswert vermitteln können.

3.48 Die Übertragung oder Überlassung zur Nutzung eines immateriellen Werts ist zu vergüten, wenn diese auf der Grundlage einer Geschäftsbeziehung erfolgt und hiermit eine finanzielle Auswirkung für den Übernehmer, den Nutzenden, den Übertragenden oder den Überlassenden verbunden ist.

3.49 Eine Entgeltfähigkeit der Höhe nach ist daher nur dann anzunehmen, wenn der Nutzende aus einer tatsächlichen oder rechtlichen Einräumung der Nutzung, zum Beispiel der Nutzung eines Unternehmenskennzeichens, einer Firma oder einer Marke, einen wirtschaftlichen Vorteil erwarten kann (vergleiche BFH vom 21. Januar 2016, I R 22/14, BStBl II 2017 S. 336 konkret auf die unternehmerische Tätigkeit bezogene Analyse der Vorteilhaftigkeit), unabhängig davon, ob dieser Vorteil tatsächlich eintritt (Ex-ante-Betrachtung). Die Bewertung richtet sich dann nach dem voraussichtlich eintretenden Nutzen. Tritt der erwartete wirtschaftliche Vorteil nicht ein, so würden voneinander unabhängige Dritte ihre Vereinbarungen überprüfen (Rn. 3.39).

3.50 Die Verrechnung von Nutzungsentgelten entspricht nicht dem Fremdvergleichsgrundsatz, wenn die Nutzungsüberlassung im Zusammenhang mit Lieferungen oder Leistungen steht, bei denen unter Fremden die Überlassung des immateriellen Werts im Preis der Lieferung oder Leistung mit abgegolten sein würde. Dies kann insbesondere bei immateriellen Werten angenommen werden, die lediglich in Zusammenhang mit Vertriebsaktivitäten eines Unternehmens einer multinationalen Unternehmensgruppe genutzt werden, welches ausschließlich und erkennbar Produkte der multinationalen Unternehmensgruppe vertreibt. Ein Ausgleich von Vor- und Nachteilen bei gesonderter Inrechnungstellung von Lieferungen und Leistungen einerseits und für derartige Nutzungsüberlassungen andererseits ist anzuerkennen.

3.51 Ein Entgelt wird von einem ordentlichen Geschäftsleiter nur bis zu der Höhe gezahlt, bei der für ihn ein angemessener Betriebsgewinn aus der Nutzung des immateriellen Werts verbleibt.

3.52 Die in Tz. 6.186 bis 6.195 der Anlage 1 vorgenommene Differenzierung von immateriellen Werten in schwer zu bewertende immaterielle Werte und andere immaterielle Werte ist unbeachtlich, da § 1a AStG eine eigenständige Preisanpassungsklausel normiert.

F.2 DEMPE-Funktionen

3.53 Grundsätzlich erfolgt die Zuordnung von Erträgen aus immateriellen Werten nach den übernommenen Funktionen und Risiken und deren Kontrolle und folgt damit nicht alleine dem Eigentum oder der Inhaberschaft. Es ist daher auf die Wertschöpfungsbeiträge, die aus der Ausübung von sog. DEMPE-Funktionen resultieren, abzustellen. Für diese beschreibende Betrachtung ist eine eigene Funktions- und Risikoanalyse erforderlich. Maßgebend ist, welche Gesellschaften in Bezug auf die Entwicklung (**d**evelopment), Verbesserung (**e**nhancement), Erhaltung (**m**aintenance), den Schutz (**p**rotection) und die Verwertung (**e**xploitation) immaterieller Werte die maßgeblichen (Personal-)Funktionen ausüben, die personellen und finanziellen Kapazitäten zur Übernahme und Kontrolle der damit verbundenen Risiken haben und in welchem Umfang sie wertvolle immaterielle

Werte einsetzen (Tz. 6.32 der Anlage 1). Dies führt dazu, dass der Inhaber oder Eigentümer eines immateriellen Werts nicht zwingend berechtigt ist, die Erträge aus einem immateriellen Wert abschließend zu vereinnahmen. Übernehmen andere Unternehmen DEMPE-Funktionen im Hinblick auf den immateriellen Wert, steht diesen ein fremdüblicher Anteil an den aus dem immateriellen Wert erzielten Erträgen zu (vergleiche zur funktionsorientierten Vergütung auch BFH vom 9. August 2000, I R 12/99, BStBl II 2001 S. 140). Eine bestimmte Verrechnungspreismethode ist damit nicht verbunden. Es ist stets die am besten geeignete Verrechnungspreismethode anzuwenden.

3.54 Die allgemeinen Bestimmungen über die Zurechnung von Vermögenswerten und Einkünften sowie über die Ermittlung der Steuerbemessungsgrundlage (zum Beispiel §§ 39 bis 42 AO) bleiben hiervon unberührt.

F.3 Nutzung von Unternehmenskennzeichen und Marken

3.55 Die bloße Nutzung eines Unternehmenskennzeichens innerhalb einer multinationalen Unternehmensgruppe ohne die Überlassung von Markenrechten oder anderen immateriellen Werten ist grundsätzlich nicht entgeltfähig. Dies gilt nicht, wenn sich allein aus der Nutzung von Unternehmenskennzeichen wirtschaftliche Vorteile ergeben und Dritte von dieser Nutzung ausgeschlossen werden können.

3.56 Die Nutzung eines Markenrechts innerhalb einer multinationalen Unternehmensgruppe ist zu entgelten, wenn sich aus der Nutzung des Markenrechts wirtschaftliche Vorteile ergeben und Dritte von dieser Nutzung nach einer für ein geographisches Gebiet, in dem die Nutzung erfolgt, geltenden Rechtsordnung ausgeschlossen werden könnten.

3.57 Auch in den Fällen, in denen die Marke mit dem Unternehmenskennzeichen identisch oder nach wirtschaftlichen Aspekten untrennbar verbunden ist, kann die Nutzung des Markenrechts unter den genannten Voraussetzungen dem Grunde nach entgeltfähig sein.

Beispiel:

Die A-GmbH (ansässig im Inland) räumt der Konzerngesellschaft B-SARL (ansässig in Frankreich) ein Nutzungsrecht an der Marke A ein, sodass die B-SARL dieses auf dem französischen Markt nutzen darf.

Variante 1: Der Markenrechtsschutz für die Marke A gilt nur in Deutschland. Dem Grunde nach ist die Einräumung des Nutzungsrechts schon nicht entgeltfähig, da die B-SARL die Marke auf dem französischen Markt auch frei nutzen könnte.

Variante 2: Der Markenrechtsschutz für die Marke A gilt auch in Frankreich. Dem Grunde nach ist die Einräumung des Nutzungsrechts entgeltfähig, da die B-SARL die Marke auf dem französischen Markt nicht frei nutzen dürfte. Die A-GmbH könnte die B-SARL von der Nutzung ausschließen.

Variante 3: Wie Variante 2, allerdings folgt aus der Nutzung der Marke A auf dem französischen Markt kein wirtschaftlicher Vorteil für die B-SARL, da die Marke in Frankreich gänzlich unbekannt ist. Die B-SARL muss die Marke erst noch mittels Marketingmaßnahmen bekannt machen. Damit mag die Nutzungsüberlassung dem Grunde nach entgeltfähig sein, sie ist aber nicht werthaltig.

3.58 Beim Vertrieb von Markenerzeugnissen ist die Benutzung von Marken und Unternehmenskennzeichen regelmäßig nicht separat zu vergüten, da der wirtschaftliche Vorteil hieraus bereits im Abgabepreis für diese Erzeugnisse berücksichtigt wurde.

3.59 Die Höhe einer etwaigen Lizenzgebühr bemisst sich im Regelfall nach dem hypothetischen Fremdvergleich.

3.60 Der Ansatz eines Schadensersatzanspruchs für eine gegebenenfalls vorliegende Rechtsverletzung genügt dem Fremdvergleichsgrundsatz im Regelfall nicht, da

a) sonst ignoriert würde, dass die Nutzungsmöglichkeit im Regelfall vom Berechtigten ermöglicht wird, und

b) sonst lediglich eine einseitige Betrachtung vorgenommen und ein Preisbildungsprozess nicht abgebildet würde.

3.61 Als Ausgangspunkt der vorzunehmenden Einzelfallprüfung können die vom Bundesgerichtshof (vergleiche BGH vom 29. Juli 2009, I ZR 169/07, GRUR 2010, S. 239) anerkannten Grundsätze der Lizenzanalogie dienen. Etwaige Verletzerzuschläge sind herauszurechnen.

G. Warenlieferungen und Dienstleistungen

G.1 Warenlieferungen

3.62 Werden im Zusammenhang mit der Lieferung von Gütern oder Waren Finanzierungsleistungen (zum Beispiel nicht handelsübliche Zahlungsziele, Kundenfinanzierung), Beistellungen oder Nebenleistungen vereinbart, hat der Fremdvergleichspreis dies zu berücksichtigen. Soweit über diese Leistungen gesonderte Verträge abgeschlossen werden, kann ein Vorteilsausgleich zulässig sein.

3.63 Sind Güter oder Waren unter Nutzung eines immateriellen Werts (zum Beispiel eines gewerblichen Schutzrechts, eines Geschmacksmusterrechts, eines Urheberrechts, einer nicht geschützten Erfindung oder einer sonstigen die Technik bereichernden Leistung, eines Sortenschutzrechts, eines Geschäfts- oder Betriebsgeheimnisses oder eines ähnlichen Rechts oder Wertes) hergestellt worden, liegt in deren Erwerb und dem anschließenden Gebrauch oder Verbrauch durch den Erwerber regelmäßig keine entgeltfähige und entgeltpflichtige Nutzung des immateriellen Werts.

3.63a Für Geschäftsvorfälle, die unter den Anwendungsbereich von Kapitel 3 der Anlage 4 fallen, ist es nicht zu beanstanden, wenn sich der Verrechnungspreis für diese Geschäftsvorfälle nach dem in Anlage 4 beschriebenen vereinfachten und abgestimmten Ansatz bestimmt. Das gilt nur, wenn es sich um eine Geschäftsbeziehung zu einem Steuerhoheitsgebiet im Sinne der Anlage 5 handelt, mit dem ein Doppelbesteuerungsabkommen besteht und das kein nicht kooperatives Steuerhoheitsgebiet im Sinne des Steueroasen-Abwehrgesetzes ist.

G.2 Dienstleistungen

G.2.1 Grundsatz

3.64 Für die Prüfung der Einkunftsabgrenzung bei Dienstleistungen zwischen einander nahestehenden Personen sind die Grundsätze des Kapitels VII der Anlage 1 anzuwenden.

3.65 Eine Dienstleistung ist nur dann entgeltfähig (Tz. 7.6 bis 7.8 der Anlage 1), wenn

a) ein unabhängiger Dritter als Leistender dazu bereit wäre, diese Dienstleistung gegen Entgelt zu erbringen, und ein unabhängiger Dritter bereit wäre, eine Vergütung für diese Dienstleistung zu entrichten, oder
b) ein unabhängiger Dritter im eigenen Unternehmen die Dienstleistung als Eigenleistung erbringen würde.

3.66 Die Vermittlung einer Dienstleistung stellt eine eigenständige Dienstleistung dar. Es sind nur die Kosten der Vermittlungstätigkeit zu berücksichtigen. Die Kosten der vermittelten Dienstleistung bleiben unberücksichtigt.

3.67 Die Leistungen müssen tatsächlich erbracht und benötigt worden sein. Das bloße Angebot in einer multinationalen Unternehmensgruppe genügt nicht. Es ist nicht zu beanstanden, wenn bei schwankendem Leistungsfluss Durchschnittsentgelte verrechnet werden, die der tatsächlichen Abnahme innerhalb eines mehrjährigen Zeitraumes entsprechen.

3.68 Die Vergütungsfähigkeit von Dienstleistungen auf Abruf ist nur dann gegeben, wenn auch ein unabhängiger Dritter für die Möglichkeit einer Verfügbarkeit im Bedarfsfall ein Entgelt zu entrichten bereit gewesen wäre (Optionswert). Ein unabhängiger Dritter würde eine Vergütung für auf Abruf zur Verfügung stehende Dienstleistungen grundsätzlich nicht entrichten, wenn

a) die Wahrscheinlichkeit, dass die Dienstleistung benötigt wird, gering ist,

b) der Vorteil von auf Abruf zur Verfügung stehenden Dienstleistungen unerheblich ist oder

c) die fraglichen Dienstleistungen zeitnah aus anderen Quellen bezogen werden könnten und die Vergütungen hierfür in der Summe geringer wären als die für den Abruf.

3.69 Gesellschafteraufwand ist nicht entgeltfähig. Gesellschafteraufwand ist der durch die Tätigkeit oder Leistung eines Unternehmens der multinationalen Unternehmensgruppe veranlasste Aufwand, der aufgrund der Stellung oder der Pflichten einer kapital- oder vermögensmäßigen Beteiligung verursacht ist, Tz. 7.9 der Anlage 1. Insbesondere sind dies Tätigkeiten oder Leistungen

a) des Vorstands oder des Aufsichtsrats oder vergleichbarer ausländischer Leitungs oder Kontrollgremien;

b) im Zusammenhang mit Gesellschafterversammlungen, der Ausgabe von Anteilen am Kapital und der Börsennotierung des Gesellschafters;

c) im Zusammenhang mit der rechtlichen Organisation der multinationalen Unternehmensgruppe als solcher;

d) im Zusammenhang mit dem Schutz und der Verwaltung der Beteiligungen einschließlich Führungs- und Kontrolltätigkeiten;

e) im Zusammenhang mit der Unternehmensgruppenführung.

3.70 Eine Dienstleistung, die ein Unternehmen im Interesse des Gesellschafters erbringt, ist vom Gesellschafter gegenüber dem Leistungserbringer fremdüblich zu vergüten.

3.71 Vorteile, die sich aus der Zugehörigkeit zur multinationalen Unternehmensgruppe und ohne aktives Zutun ergeben, wie etwa ein Rückhalt in der multinationalen Unternehmensgruppe, sind nicht vergütungsfähig.

3.72 Für die Bestimmung von Fremdvergleichspreisen von Dienstleistungen ist grundsätzlich die Kostenaufschlagsmethode unter Einbezug aller hierfür notwendigen direkten und indirekten Kosten anzuwenden, wenn die Anwendung der Preisvergleichsmethode nicht die geeignetste Methode ist. Dies gilt grundsätzlich auch für Finanzierungsdienstleistungen und Versicherungs- und Rückversicherungsdienstleistungen.

3.73 Stehen Dienstleistungen im Zusammenhang mit Warenlieferungen, können sie nicht gesondert verrechnet werden, wenn sie üblicherweise zwischen Dritten durch den Warenpreis abgegolten sind (zum Beispiel Garantie-, Wartungs- oder branchenübliche Kulanzleistungen).

G.2.2 Routinedienstleistungen mit geringer Wertschöpfung

3.74 Für eine entgeltfähige Routinedienstleistung mit geringer Wertschöpfung innerhalb einer multinationalen Unternehmensgruppe ist der Fremdvergleichspreis grundsätzlich nach der Kostenaufschlagsmethode zu bestimmen. Ein Kostenaufschlag in Höhe von fünf Prozent kann im Regelfall als fremdüblich angesehen werden, wenn dies in der multinationalen Unternehmensgruppe nachweislich einheitlich tatsächlich umgesetzt wird (Tz. 7.61 der Anlage 1).

3.75 Eine Routinedienstleistung mit geringer Wertschöpfung (Tz. 7.45 der Anlage 1) ist eine Dienstleistung, die von einem oder mehreren Mitgliedern einer multinationalen Unternehmensgruppe im Auftrag eines oder mehrerer anderer Gruppenmitglieder ausgeübt wird, und

a) die einen unterstützenden Charakter aufweist,

b) die nicht Gegenstand der Haupttätigkeit der multinationalen Unternehmensgruppe im Außenverhältnis zu Dritten ist,

c) zu deren Erbringung weder einzigartige noch wertvolle immaterielle Werte verwendet oder geschaffen werden,

d) die für den Leistenden weder mit der Übernahme oder der Kontrolle wesentlicher Risiken verbunden ist noch die Entstehung wesentlicher Risiken zur Folge hat.

3.76 Routinedienstleistungen mit geringer Wertschöpfung können demzufolge beispielsweise Dienstleistungen im Bereich des Rechnungswesens (unter anderem Buchhaltung) oder der Erfüllung öffentlich-rechtlicher Verpflichtungen (zum Beispiel der Erstellung von Steuererklärungen) sowie Aufgaben des Personalwesens (unter anderem Personaleinstellung) sein (Tz. 7.49 der Anlage 1).

3.77 Keine Routinedienstleistung mit geringer Wertschöpfung sind insbesondere folgende Tätigkeiten (Tz. 7.47 der Anlage 1):

a) Forschung und Entwicklung,

b) Herstellung und Produktion,

c) Verkauf, Marketing und Vertrieb.

G.2.3 Konzernumlagen

3.78 Bei Konzernumlagen gelten die bisher in diesem Kapitel dargelegten allgemeinen Grundsätze zu Dienstleistungen. Werden durch ein Unternehmen einer multinationalen Unternehmensgruppe zentral wahrgenommene Lenkungs- und Verwaltungsaufgaben für andere gruppeninterne Unternehmen erbracht, kann die Zuordnung der in diesem Zusammenhang entstandenen Einzel- und Gemeinkosten (zum Beispiel allgemeine Konzernverwaltung, zentrales Finanzmanagement) gegenüber den die Leistungen empfangenden Unternehmen anhand eines sachgerechten Verteilungsschlüssels (indirekte Abrechnung, Konzernumlage) anerkannt werden, wenn eine direkte Zuordnung den beteiligten Unternehmen nur mit unverhältnismäßigem Aufwand möglich gewesen wäre (Tz. 7.24 der Anlage 1). Ein sachgerechter Verteilungsschlüssel kann in Abhängigkeit von der jeweiligen Aufgabe beispielsweise der Umsatz, die Anzahl der Mitarbeiter oder die Anzahl der Computerarbeitsplätze sein (Tz. 7.25 der Anlage 1). Um der Finanzbehörde eine Beurteilung der Sachgerechtigkeit der Konzernumlage und des Umlageschlüssels zu ermöglichen, sind insbesondere der Umfang der tatsächlich im Interesse des jeweiligen Empfängers erbrachten Dienstleistungen sowie die Angemessenheit der hierfür dem Steuerpflichtigen oder von dem Steuerpflichtigen in Rechnung gestellten Verrechnungspreise vom Steuerpflichtigen im Rahmen seiner Mitwirkungspflichten darzulegen.

3.79 Die Berechnung hat auf Istkostenbasis zu erfolgen. Sollte zunächst eine Berechnung auf Plankostenbasis vorgenommen worden sein, ist spätestens zum Jahresende ein Abgleich mit den Istkosten und eine entsprechende Aufteilung vorzunehmen.

G.3 Arbeitnehmerentsendungen

3.80 Auf das BMF-Schreiben betreffend „Steuerliche Behandlung des Arbeitslohns nach den Doppelbesteuerungsabkommen" vom 12. Dezember 2023 (BStBl I 2023 S. 2179) wird verwiesen. Auch bei Arbeitnehmerüberlassungen ist der Fremdvergleichsgrundsatz zu beachten.

H. Kostenumlagen

3.81 Für die Prüfung der Einkunftsabgrenzung durch Umlageverträge zwischen nahestehenden Personen sind die Grundsätze des Kapitels VIII der Anlage 1 anzuwenden.

3.82 Wirken mehrere Unternehmen einer multinationalen Unternehmensgruppe im gemeinsamen Interesse zusammen, übernehmen gemeinsam Risiken und leisten Beiträge,

a) um Vermögenswerte gemeinsam zu entwickeln (Entwicklungskostenumlage) oder

b) um Dienstleistungen in Anspruch zu nehmen (Dienstleistungskostenumlage), sind die Beiträge zu Fremdvergleichspreisen zu bewerten und von den Unternehmen anhand der jeweils zu erwartenden Vorteile zu vergüten (Tz. 8.12 und 8.13 der Anlage 1). Kapitel I der Anlage 1 ist daher auch für die Bewertung der jeweiligen Beiträge anzuwenden (Tz. 8.4 der Anlage 1). Rein kostenbasierte Bewertungen der Beiträge sind grundsätzlich nicht fremdüblich.

3.83 Auf die möglichen Ausnahmen hiervon, die in Tz. 8.27 und 8.28 der Anlage 1 beschrieben werden, wird besonders hingewiesen. Die Voraussetzungen hierfür können insbesondere dann vorliegen, wenn

a) die Kosten-Wert-Differenz marginal ist (etwa bei der Erbringung von Dienstleistungen mit geringer Wertschöpfung),
b) der administrative Aufwand erheblich wäre, oder
c) die Werte der Beiträge betragsmäßig korrespondieren und damit ausgewogen sind.

3.84 Als Teilnehmer einer Entwicklungskostenumlage kann nur anerkannt werden, wer

a) über eine berechtigte Erwartung verfügt, einen Vorteil aus der Entwicklungskostenumlage zu erzielen (Tz. 8.14 der Anlage 1), und
b) die Möglichkeit besitzt, die Risiken, die mit einer solchen Entwicklungskostenumlage für ihn verbunden sind, zu kontrollieren (Tz. 8.15 der Anlage 1).

3.85 Beenden Unternehmen die Entwicklungskostenumlage, steht diesen jeweils ein fremdüblicher Anteil an den Ergebnissen der Tätigkeit zu (Tz. 8.49 der Anlage 1). Dies gilt entsprechend, wenn ein Unternehmen aus der Entwicklungskostenumlage austritt (Tz. 8.46 der Anlage 1). Beteiligt sich ein Unternehmen an einer schon bestehenden Entwicklungskostenumlage, hat dieses ein fremdübliches Entgelt für die Beteiligung an den bisher entwickelten Vermögenswerten an die übrigen Teilnehmer der Entwicklungskostenumlage zu entrichten (Tz. 8.44 der Anlage 1). Es kann auch dem Fremdvergleich entsprechen, signifikante Veränderungen bei der Zuordnung der Vorteile nach dem gleichen Prinzip auszugleichen.

3.86 Die Umlageverträge sollten regelmäßig auf mögliche notwendige Anpassungen der Umlageschlüssel hin überprüft werden (Tz. 8.22 der Anlage 1).

I. Funktionsverlagerung

I.1 Grundsätze

3.87 Für die Prüfung der Einkunftsabgrenzung bezüglich einer Funktionsverlagerung sind ergänzend die Grundsätze der Kapitel I, VI und insbesondere IX der Anlage 1 in Übereinstimmung mit § 1 Absatz 3 Satz 7 und Absatz 3b, § 1a AStG und den Regelungen der Funktionsverlagerungsverordnung (FVerlV) anzuwenden.

I.2 Begriffsbestimmung der Funktion

3.88 Funktionen im Sinne des § 1 Absatz 1 FVerlV sind Ausdruck der Aufgabenteilung innerhalb eines Unternehmens. Eine Funktion ist ein organischer Teil eines Unternehmens, wenn sie sich entweder beim verlagernden oder beim übernehmenden Unternehmen als eine zweckgerichtete, abgrenzbare Tätigkeit unter Nutzung von bestimmten Wirtschaftsgütern, immateriellen Werten oder sonstigen Vorteilen zur Erwirtschaftung von Ergebnisbeiträgen darstellt. Es ist ausreichend, dass die betroffenen Teilaufgaben einen inneren wirtschaftlichen und organisatorischen Zusammenhang erkennen lassen und somit für die fragliche Geschäftstätigkeit im Falle der Verlagerung für die beteiligten Unternehmen konkrete Zahlungsflüsse beziehungsweise sachgerecht abgrenzbare Gewinnauswirkungen festgestellt werden können. Dies gilt auch bei Geschäftstätigkeiten innerhalb einer Unternehmensgruppe.

3.89 Als Funktionen kommen beispielsweise in Betracht: Geschäftstätigkeiten, die aus Geschäftsleitung, Forschung und Entwicklung, Materialbeschaffung, Lagerhaltung, Produktion, Verpackung, Vertrieb, Montage, Bearbeitung oder Veredelung von Produkten,

Qualitätskontrolle, Finanzierung, Transport, Organisation, Verwaltung, Marketing oder Kundendienst bestehen. Auch die Ausübung der Kontrolle von Risiken sowie DEMPE-Funktionen (vergleiche dazu bereits Rn. 3.53) stellen Funktionen im Sinne des § 1 Absatz 3b AStG dar.

3.90 Zur eindeutigen Abgrenzung einer Funktion von der übrigen Geschäftstätigkeit ist es in Verlagerungsfällen notwendig, die betreffende Funktion anhand der verwendeten Wirtschaftsgüter und insbesondere der immateriellen Werte sowie der sonstigen Vorteile und der mit der bestimmten Geschäftstätigkeit konkret verbundenen Chancen und Risiken tätigkeitsbezogen und objektbezogen zu definieren. Dieses Verständnis liegt § 1 Absatz 2 Satz 1 FVerlV für die Verlagerung von Funktionen und §§ 2 und 3 Absatz 1 FVerlV für deren Bewertung zugrunde. Eine Funktion kann insoweit zum Beispiel die Produktion eines bestimmten Produkts oder einer bestimmten Produktgruppe, der Vertrieb eines bestimmten Produkts, einer bestimmten Produktgruppe oder eine bestimmte Geschäftstätigkeit für eine bestimmte Region sein.

I.3 Verlagerung einer Funktion

3.91 Funktionsverlagerungen setzen eine Funktionseinschränkung bis hin zur Funktionseinstellung beim verlagernden Unternehmen voraus. Auch die Abschmelzung von Funktionen und Risiken von einem Unternehmen mit hohem Funktions- und Risikoprofil auf ein Unternehmen mit niedrigem Funktions- und Risikoprofil gehört dazu. Auf Kapitel IX Abschnitt B.1.1. der Anlage 1 wird verwiesen. Typische Beispiele sind insbesondere:

- Umstellung eines Eigenproduzenten zum Lohnfertiger
- Umstellung eines Eigenhändlers zum Kommissionär
- Umstellung eines Eigenforschers/-entwicklers zum Auftragsforscher/-entwickler

3.92 Maßgebend für die Beurteilung einer Funktionsverlagerung sind die Ergebnisse der Funktions- und Risikoanalysen vor und nach der Umstrukturierung und die sich hieraus ergebenden Veränderungen (Kapitel IX Abschnitt B der Anlage 1).

3.93 Für die Beurteilung, ob das übernehmende Unternehmen eine Funktion ausüben kann, kommt es nicht darauf an, ob das übernehmende Unternehmen die Funktion auch in gleicher Weise wie das verlagernde Unternehmen ausübt. Eine Funktionsverlagerung liegt nach § 1 Absatz 2 FVerlV auch vor, wenn das übernehmende Unternehmen eine vergleichbare Funktion bereits vorher ausgeübt hat und diese durch die Übernahme der Funktion vom verlagernden Unternehmen ausweiten kann.

Beispiel:

Das in Deutschland ansässige Unternehmen (X) produziert und vertreibt ein Produkt in den Varianten A, B und C für den inländischen Markt und für ausländische Märkte, einschließlich des ausländischen Staates Y. Der weltweite Vertrieb aller Produkte von X wird von dessen Vertriebsabteilung ausgeübt. Das Unternehmen Y, eine Tochter von X, produziert und vertreibt in Staat Y das Produkt von X in den lokalen Varianten D und E. Außerdem vertreibt Y auch die Varianten A, B und C, die es von X bezieht, im lokalen Markt. X stellt im Wirtschaftsjahr 01 den eigenen Vertrieb der Variante A nach Staat Y ein. Dieser wird künftig von Y organisiert. Im Wirtschaftsjahr 03 übernimmt Y auch die Produktion der Variante A für den lokalen Markt Y. Sowohl die im Wirtschaftsjahr 01 verwirklichte Verlagerung des Vertriebs der Variante A im Staat Y als auch die im Wirtschaftsjahr 03 verwirklichte Verlagerung der Produktion der Variante A stellen jeweils eine Funktionsverlagerung dar. Es kommt nicht darauf an, dass Y zuvor bereits vergleichbare Funktionen ausgeübt hat. Unerheblich ist auch, ob Y die übernommene Produktionsfunktion mit eigenen Maschinen, eigenem Produktions-Know-how etc. ausführt oder solche Wirtschaftsgüter in dem Transferpaket enthalten sind. Falls derartige Wirtschaftsgüter mit der Produktionsfunktion übertragen worden sein sollten, würden sie zu der Funktion als Ganzes im Sinne des § 1 Absatz 3b Satz 1 AStG, also zum Transferpaket, gehören.

3.94 Wird Personal des verlagernden Unternehmens im unmittelbaren wirtschaftlichen Zusammenhang mit einer Funktionsverlagerung für das übernehmende Unternehmen tätig, ist im Regelfall davon auszugehen, dass es im Auftrag des verlagernden Unternehmens Dienstleistungen erbringt. Derartige Dienstleistungen und die damit verbundenen Vorteile für das übernehmende Unternehmen sind Teil des Transferpakets. Zu den Vorteilen können zum Beispiel gehören: Kenntnisse des Produkt- oder Prozess-Know-hows, Kenntnisse über Forschungsprojekte, Kenntnisse über die Betriebsorganisation, persönliche Netzwerkbeziehungen zu anderen Konzernunternehmen, Markt- oder Branchenkenntnisse oder personengebundene Aufträge im Beratungsgeschäft.

3.95 Die Entsendung von Personal im Konzern stellt als solche regelmäßig noch keine Funktionsverlagerung dar. Eine Funktionsverlagerung kann in Personalentsendungsfällen aber zum Beispiel dann vorliegen, wenn das entsandte Personal seinen bisherigen Zuständigkeitsbereich aus dem entsendenden Unternehmen mitnimmt und im aufnehmenden Unternehmen die gleiche Tätigkeit ausübt. Dies führt in der Regel zu einer Einschränkung der Geschäftstätigkeit des entsendenden Unternehmens, es werden Wirtschaftsgüter und Vorteile übertragen oder zur Nutzung überlassen beziehungsweise es gehen Chancen und Risiken über. In solchen Fällen gelten vorrangig die Regelungen zur Funktionsverlagerung.

3.96 Der Vorgang einer Funktionsverlagerung kann sich über mehrere Wirtschaftsjahre erstrecken. Nach § 1 Absatz 2 Satz 3 FVerlV sind Geschäftsvorfälle zusammenzufassen, die innerhalb von fünf Wirtschaftsjahren verwirklicht werden und sich wirtschaftlich als Bestandteile eines einheitlichen Verlagerungsvorgangs darstellen. Soweit nachträglich festgestellt wird, dass eine Funktionsverlagerung vorliegt, ist diese zu dem Zeitpunkt verwirklicht, zu dem die Tatbestandsvoraussetzungen durch ihre gemeinsame Verwirklichung wirtschaftlich erfüllt sind, das heißt der Tatbestand vollendet ist. Für die Annahme eines einheitlichen, sich über mehrere Veranlagungszeiträume erstreckenden Verlagerungsvorgangs ist auf objektive Kriterien abzustellen, nicht auf die Absicht in den beteiligten Unternehmen.

Beispiel:

Das inländische Unternehmen P ist Hersteller von bestimmten Bauteilen. Im November 01 entscheidet die Geschäftsführung, dass für den asiatischen Markt vor Ort ein neuer Produktionsstandort für eine bestimmte Produktreihe errichtet werden soll, die bisher ausschließlich im Inland produziert wurde. Es ist beabsichtigt, dem neuen ausländischen Tochterunternehmen T die erforderlichen immateriellen Werte zur Nutzung zu überlassen. Im Januar 02 werden verschiedene fremde Dritte beauftragt, Entscheidungsgrundlagen für die Standortwahl zu erarbeiten. Im Dezember 02 wird der Bauauftrag für das neue Werk der T erteilt. Die Produktion wird von T im Februar 04 aufgenommen, gleichzeitig stellt P die Produktion im Inland ein. Da sich die Funktionsverlagerung über mehrere Wirtschaftsjahre erstreckt, ist eine zusammenfassende Betrachtung notwendig. Das ergibt sich schon aus der Planung der P. Soweit einzelne Geschäftsvorfälle für sich betrachtet keine Funktionsverlagerung darstellen, führt die wirtschaftliche Verknüpfung zu einer einheitlichen Funktionsverlagerung, die im Wirtschaftsjahr 04 verwirklicht wurde.

3.97 In Fällen von Funktionsverlagerungen sind immaterielle Wirtschaftsgüter wesentlich im Sinne des § 1 Absatz 3 FVerlV, wenn sie für die verlagerte Funktion erforderlich sind (qualitativer Maßstab) und ihr Fremdvergleichspreis insgesamt mehr als 25 Prozent der Summe der Einzelpreise aller Wirtschaftsgüter des Transferpakets beträgt (quantitativer Maßstab). Für die Bestimmung, ob der quantitative Maßstab erfüllt ist, sind die Bestandteile des Transferpakets (gegebenenfalls einschließlich der geschäftswertbildenden Faktoren) unabhängig von deren Ausweis als Wirtschaftsgut zu berücksichtigen. Ist ein sonstiger Vorteil Bestandteil des Transferpakets, kommt die Anwendung von § 1 Absatz 3b Satz 2 AStG nicht in Betracht.

3.98 Erbringt ein übernehmendes Unternehmen die bisher ausschließlich gegenüber dem verlagernden Unternehmen erbrachten Routineleistungen in Zukunft auch als eigenständiger Vertragspartner, ganz oder teilweise, gegenüber anderen Unternehmen, sind zwei Fallgestaltungen zu unterscheiden:

- Das übernehmende Unternehmen nutzt für seine Leistungen keine vom verlagernden Unternehmen beigestellten immateriellen Wirtschaftsgüter und sonstigen Vorteile. Indiz dafür ist, dass die von fremden Dritten gezahlte Vergütung dem entspricht, was bisher vom verlagernden Unternehmen für die erbrachten Leistungen vergütet worden ist. Die Regelungen zu Funktionsverlagerungen sind nicht anzuwenden.
- Das übernehmende Unternehmen erzielt gegenüber den anderen Unternehmen Preise, die höher sind als das Entgelt, das bisher vom verlagernden Unternehmen für die erbrachten Leistungen vergütet worden ist, beziehungsweise die Preise wären entsprechend dem Fremdvergleichsgrundsatz höher anzusetzen (§ 1 Absatz 4 FVerlV). Zum Zeitpunkt der erstmaligen Erbringung gegenüber den anderen Unternehmen ist im Hinblick auf die Umsätze mit diesen Unternehmen für bisher unentgeltlich vom verlagernden Unternehmen für die Leistungserbringung zur Verfügung gestellte Wirtschaftsgüter und sonstige Vorteile ein Entgelt zu verrechnen. Die betreffenden Wirtschaftsgüter und sonstige Vorteile gelten als ein Transferpaket, soweit hierfür im Einzelfall die Voraussetzungen gegeben sind, zum Beispiel wenn ein bisheriger Lohnfertiger zum Eigenfertiger wird.

3.99 Wenn innerhalb von fünf Jahren nach der Aufnahme einer Funktion durch das übernehmende Unternehmen keine entsprechende Einschränkung beim verlagernden Unternehmen festzustellen ist, liegt keine Funktionsverlagerung, sondern im Sinne des § 1 Absatz 5 Satz 1 FVerlV eine Funktionsverdoppelung vor. Eine Funktionsverdoppelung liegt zum Beispiel vor, wenn trotz Aufnahme einer Produktion im Ausland die bisherige Produktions- und Vertriebstätigkeit des inländischen Unternehmens unverändert ausgeübt wird. Eine Funktionsverlagerung liegt dagegen vor, wenn im Ausland die Vertriebsfunktion neu aufgenommen wird und dadurch die Vertriebsfunktion des verlagernden Unternehmens eingeschränkt wird (Indikator: Umsatz), zum Beispiel weil das übernehmende Unternehmen bisherige Kunden des verlagernden Unternehmens beliefert. Die Frage, ob eine Funktion eingestellt oder eingeschränkt wird, bezieht sich auf den mit der konkreten Funktion erzielten Umsatz und erfasst auch Fälle der Substitution einer Funktion durch eine andere. Nach § 1 Absatz 5 Satz 2 FVerlV liegt keine Funktionsverlagerung vor, wenn die Einschränkung nicht in unmittelbarem wirtschaftlichen Zusammenhang mit der Funktionsverdoppelung steht. Das ist beispielsweise der Fall, wenn die Einschränkung auf höhere Gewalt (etwa einen Brand in einer Produktionsstätte) zurückgeht.

Beispiel a (Funktionseinstellung ohne Substitution):

Ein Produkt A, das bisher ausschließlich von der inländischen Konzernmuttergesellschaft (M) hergestellt und vertrieben wurde, wird zukünftig nur noch von ihrer ausländischen Tochtergesellschaft (T) hergestellt und vertrieben. Die materiellen und die immateriellen Wirtschaftsgüter werden auf T übertragen. Die Herstellung und der Vertrieb des Produkts A stellen Funktionen dar. Die Ausübung dieser Funktionen stellt M im Rahmen des Vorganges ein.

Beispiel b (Funktionseinstellung mit Substitution):

Wie Beispiel a, aber die Muttergesellschaft (M) produziert und vertreibt in Zukunft das von ihr entwickelte Nachfolgeprodukt B, das im Wesentlichen auf anderen immateriellen Werten beruht. Sie erzielt damit bei unverändertem Personaleinsatz einen höheren Umsatz als mit dem Vorgängerprodukt A. Eine Funktionseinstellung liegt vor, da die konkreten Funktionen „Produktion und Vertrieb von Produkt A" im Inland entfallen. M erzielt aus diesen Funktionen keinen Umsatz mehr. Bei der Produktion von Produkt A sowie der Produktion von Produkt B handelt es sich jeweils um verschiedene Funktionen, da im Wesentlichen andere immaterielle Werte eingesetzt werden. Unerheblich ist, dass M keinen Personalabbau vornimmt und mit Produkt B sogar einen höheren Umsatz erzielt.

Beispiel c (Funktionseinschränkung):

Wie Beispiel a, aber das Produkt A wird zukünftig sowohl von M im Inland als auch von T im Ausland selbständig hergestellt und sowohl von M als auch von T an bisherige Kunden von M vertrieben. Für M führt dies zu einem Produktionsrückgang und zu entsprechenden Umsatzeinbußen. Insofern erfolgt eine Einschränkung der Funktionen, da die Ausübung der Funktionen Produktion und Vertrieb von Produkt A durch M aufgrund des Vorgangs reduziert wird.

3.100 Für sämtliche zum Zweck der Funktionsverdoppelung übertragenen oder zur Nutzung überlassenen Wirtschaftsgüter, immateriellen Werte oder sonstigen Vorteile und für alle in diesem Zusammenhang erbrachten Dienstleistungen sind in Anwendung des Fremdvergleichsgrundsatzes angemessene Verrechnungspreise anzusetzen.

I.4 Transferpaket und Wertermittlung

3.101 Für ein Transferpaket wird es grundsätzlich nicht möglich sein, uneingeschränkt oder eingeschränkt vergleichbare Fremdvergleichswerte festzustellen. Deshalb wird in Fällen von Funktionsverlagerungen im Ergebnis regelmäßig der hypothetische Fremdvergleich nach § 1 Absatz 3 Satz 7 AStG anzuwenden sein. Für die Verrechnungspreisbestimmung in diesen Fällen ist insbesondere der zukünftig zu erwartende finanzielle Nutzen aus dem Transferpaket maßgebend, der sich aufgrund einer betriebswirtschaftlichen Bewertung nach einem kapitalwertorientierten Verfahren ergibt, das als Bewertungsstandard anerkannt und auch im gewöhnlichen Geschäftsverkehr für nichtsteuerliche Zwecke üblich ist.

3.102 Im hypothetischen Fremdvergleich können Elemente eines tatsächlichen Fremdverhaltens zu berücksichtigen sein. Das gilt zum Beispiel, wenn ein internes Berechnungsbeziehungsweise Kalkulationsschema in vergleichbaren Situationen von Steuerpflichtigen sowohl gegenüber nahestehenden Unternehmen als auch gegenüber fremden Dritten für Funktionsverlagerungen (beziehungsweise für die Nutzungsüberlassung von Wirtschaftsgütern, immateriellen Werten oder sonstigen Vorteilen) verwendet wird, etwa ein an den erwarteten Ertrag des Lizenznehmers anknüpfendes Lizenzsystem, das betriebswirtschaftlichen Grundsätzen genügt. Das bedeutet aber keineswegs, dass im hypothetischen Fremdvergleich Lizenzraten aus Datenbanken abgeleitet werden können.

3.103 Die bei der Ermittlung der finanziellen Überschüsse zu berücksichtigenden Steuern sind die voraussichtlich festzusetzenden oder tatsächlich festgesetzten und gezahlten und um einen gegebenenfalls bestehenden Ermäßigungsanspruch gekürzten Steuern vom Ertrag des jeweiligen Unternehmens. Auf den nominalen Steuersatz kommt es nicht an. Persönliche Ertragsteuern der Gesellschafter bleiben bei Kapitalgesellschaften unberücksichtigt. Bei Personenunternehmen kann auf die Berücksichtigung der persönlichen Ertragsteuern grundsätzlich nicht verzichtet werden. Typisierend können die anzusetzenden Steuern jedoch in Höhe der Ertragsteuern angesetzt werden, die entstanden wären, wenn statt Personenunternehmen Kapitalgesellschaften an der Funktionsverlagerung beteiligt gewesen wären. Eine (gegebenenfalls fiktive) Steuerbelastung auf Gewinnausschüttungen ist nicht zu berücksichtigen.

I.5 Bestandteile des Transferpakets

3.104 Im Rahmen einer Funktionsverlagerung werden häufig gesonderte Verträge für die Übertragung von Wirtschaftsgütern (Verkauf), für die Nutzungsüberlassung von Wirtschaftsgütern (zum Beispiel Miete, Lizenzierung) und für die Erbringung von Dienstleistungen (zum Beispiel Personalüberlassung) vorliegen oder entsprechend dem Fremdvergleichsgrundsatz anzunehmen sein (§ 1 Absatz 4 Satz 2 AStG). Übersteigt der Wert des Transferpakets nach § 2 FVerlV (Wert des Transferpakets als Ganzes) die Summe der Einzelverrechnungspreise, ist nach § 1 AStG eine Korrektur auf den Wert des Transferpakets vorzunehmen.

3.105 In den in § 3 Absatz 2 FVerlV genannten Fällen sind die Verrechnungspreise für die zuletzt verwirklichten Geschäftsvorfälle dem Fremdvergleichsgrundsatz entsprechend so anzusetzen, dass sie zusammen mit den zuerst verwirklichten Geschäftsvorfällen in der Summe dem Wert des Transferpakets (§ 2 FVerlV) entsprechen. Dadurch können Änderungen der Verrechnungspreise für die zuerst verwirklichten Geschäftsvorfälle und damit internationale Doppelbesteuerungskonflikte vermieden werden.

I.6 Kapitalisierungszinssatz und Kapitalisierungszeitraum (§§ 4 und 5 FVerlV)

3.106 Der angemessene Kapitalisierungszins stellt die Rendite einer zum Bewertungsobjekt hinsichtlich Laufzeit, Risiko und Besteuerung äquivalenten Alternativanlage dar. Je nach Wahl des konkreten Bewertungsverfahrens ist dabei die Eigenkapitalrendite oder die Rendite aus Eigen- und Fremdkapital zu berücksichtigen. Zur Ermittlung des Kapitalisierungszinssatzes ist auf die Risikozuschlagmethode abzustellen. Im Rahmen dieser Methode wird der Kapitalisierungszinssatz in seine Komponenten Basiszinssatz und Risikozuschlag aufgeteilt. Der Risikozuschlag ergibt sich als Produkt aus Marktrisikoprämie und Betafaktor. Für den Zeitraum einer ewigen Rente ist im Kapitalisierungszinssatz ein Wachstumsabschlag zu berücksichtigen.

3.107 In Fällen von Funktionsabschmelzungen werden die vertraglichen Beziehungen der im Inland verbleibenden Routinefunktionen regelmäßig neu vereinbart Die insoweit abgeschlossenen Verträge enthalten oftmals Kündigungsklauseln mit oder ohne Anspruch auf Entschädigung für den Fall einer vertragsgemäßen Kündigung. Diese Regelungen sind entsprechend Kapitel IX Abschnitt F der Anlage 1 unter dem Gesichtspunkt der Fremdvergleichs zu prüfen.

3.108 In Fällen, in denen eine fremdübliche Kündigungsklausel vereinbart wurde, sind der Bewertung der Routinefunktion im Wege einer Szenario-Betrachtung Erwartungswerte zugrunde zu legen, die sowohl die finanziellen Überschüsse bei Fortführung der Funktion als auch die finanziellen Überschüsse im Fall der Kündigung des Routinevertrags (beispielsweise Schließungskosten oder Entschädigungszahlungen) in Höhe ihrer jeweiligen Eintrittswahrscheinlichkeit berücksichtigen.

3.109 Sind bei der Ermittlung der Erwartung der finanziellen Überschüsse des übernehmenden Unternehmens eigene Aufwendungen für den Erhalt beziehungsweise Ersatz immaterieller Werte berücksichtigt worden, spricht dies für einen längeren Nutzungs- und damit Kapitalisierungszeitraum der Funktion. Unabhängig davon, ob in den Erwartungen der finanziellen Überschüsse solche Aufwendungen berücksichtigt worden sind, kann es sachgerecht sein, für betroffene wesentliche immaterielle Werte innerhalb der Nutzungsdauer von sinkenden Erwartungen auszugehen. Sind in den Erwartungen der finanziellen Überschüsse des übernehmenden Unternehmens keine Aufwendungen für den Erhalt beziehungsweise Ersatz immaterieller Werte enthalten, führt dies nicht zwingend zu einem kurzen Kapitalisierungszeitraum.

3.110 Sowohl für das verlagernde als auch für das übernehmende Unternehmen kann aus Vereinfachungsgründen typisierend von einem einheitlichen Kapitalisierungszeitraum ausgegangen werden.

I.7 Bestimmung des Einigungsbereichs

3.111 Beispiele zur Bestimmung des Einigungsbereichs sind in Anlage 3 dargestellt.

3.112 Für das verlagernde Unternehmen können die in der Vergangenheit aus der Funktion erzielten Ergebnisse erste Anhaltspunkte für die wegfallenden finanziellen Überschüsse sein (Vergangenheitsanalyse). Für den Mindestpreis des verlagernden Unternehmens kann es außerdem von Bedeutung sein, ob es zum Zeitpunkt der Funktionsverlagerung aus tatsächlichen oder rechtlichen Gründen in der Lage war, die betreffende Funktion selbst in Zukunft uneingeschränkt auszuüben.

3.113 In Verlustfällen wird die Untergrenze des Einigungsbereichs des verlagernden Unternehmens durch die zu erwartenden Verluste und durch die Schließungskosten bestimmt. Auch ein unabhängiges Unternehmen stünde vor der Alternative, die Funktion entweder mit laufenden Verlusten fortzuführen oder sie einzustellen und die Schließungskosten hinzunehmen.

Beispiel 1:

Der Barwert der Ergebnisse aus der verlagerten Funktion beträgt -0,5 Millionen Euro, die Schließungskosten betragen 1,5 Millionen Euro. Sofern die Schließungskosten (-1,5 Millionen Euro) die zu erwartenden Verluste (-0,5 Millionen Euro) übersteigen, wird ein unabhängiges Unternehmen als Entgelt für die Übertragung der Funktion mindestens den übersteigenden Betrag (1 Million Euro) verlangen, da ihm insoweit durch die Funktionsverlagerung zusätzliche Kosten entstehen. Als Mindestpreis sind 1 Million Euro anzusetzen.

Beispiel 2:

Der Barwert der Ergebnisse aus der verlagerten Funktion beträgt -2,5 Millionen Euro, die Schließungskosten betragen 1,5 Millionen Euro. Sind die Schließungskosten (-1,5 Millionen Euro) niedriger als die zu erwartenden Verluste (-2,5 Millionen Euro), kann es für ein unabhängiges Unternehmen betriebswirtschaftlich sinnvoll sein, diese Funktion einzustellen. Durch die Verlagerung der Funktion entstehen daher keine wirtschaftlichen Nachteile für das verlagernde Unternehmen. Der Mindestpreis ist mit 0 Euro anzusetzen. Ein unabhängiges Unternehmen würde gleichwohl versuchen, seine Kosten mit Hilfe der erzielbaren Erlöse für die Funktion zu mindern. Ein fremder Übernehmer kann durchaus bereit sein, ein Entgelt für das Transferpaket zu zahlen, sofern er aus der Übernahme der Funktion Gewinne erzielen kann.

Beispiel 3:

Der Barwert der Ergebnisse aus der verlagerten Funktion beträgt -2,5 Millionen Euro, die Schließungskosten aufgrund der Verlagerung betragen 1,25 Millionen Euro. Ohne Verlagerung der Funktion wären Schließungskosten von 1,75 Millionen Euro angefallen. Soweit durch die Funktionsverlagerung Schließungskosten oder zu erwartende laufende Verluste aus dieser Funktion für das verlagernde Unternehmen vermieden werden (hier: geringere Schließungskosten in Höhe von 0,5 Millionen Euro), ist dies bei der Ermittlung des Mindestpreises zu berücksichtigen. Der Mindestpreis beträgt deshalb -0,5 Millionen Euro.

Beispiel 4:

Der Barwert der Ergebnisse aus der verlagerten Funktion beträgt -1,5 Millionen Euro, die Schließungskosten aufgrund der Verlagerung 1,25 Millionen Euro. Ohne Verlagerung hätten die Schließungskosten 3 Millionen Euro betragen. Die Verlagerung (-1,25 Millionen Euro) ist die günstigere Handlungsalternative gegenüber der Weiterführung der verlustträchtigen Funktion (-1,5 Millionen Euro). Die Schließung ohne Verlagerung (-3 Millionen Euro) wäre keine ernstliche Handlungsoption. Der Mindestpreis ist in Höhe der Ersparnis mit -0,25 Millionen Euro anzusetzen.

3.114 Für die Berechnung des Mindestpreises des verlagernden Unternehmens ist auch die zu erwartende Steuerbelastung hinsichtlich der Verlagerung der Funktion zu berücksichtigen (Steuerzuschlag, Tax Gross Up/Exit-Steuer, vergleiche Tz. 9.56 in Verbindung mit Tz. 6.178 der Anlage 1).

3.115 In Fällen der Substitution eines technisch oder wirtschaftlich veralteten Produkts ist es nicht zu beanstanden, wenn unter folgenden, kumulativ vorliegenden Voraussetzungen für das verlagernde Unternehmen von einem Mindestpreis von Null ausgegangen wird:

- Das Produkt wird wegen eines Nachfolgeprodukts auf den bisher hauptsächlich belieferten Märkten nicht mehr abgesetzt.
- Die Verlagerung war erforderlich, um die Produktion eines direkten Nachfolgeprodukts mit höherer Gewinnerwartung im Inland aufnehmen zu können.
- Die für die verlagerte Produktion notwendigen immateriellen Werte, einschließlich des Prozess-Know-hows, werden nicht veräußert, sondern lizenziert.

3.116 Ein Fall, in dem das verlagernde Unternehmen im Sinne des § 6 Absatz 2 FVerlV nicht mehr in der Lage ist, die Funktion mit eigenen Mitteln auszuüben, kann beispielsweise vorliegen, wenn ein Kunde die Verlagerung zwingend verlangt oder wenn wegen der räumlichen Entfernung zum Markt eine direkte Belieferung durch das verlagernde Unternehmen zukünftig nicht mehr sinnvoll ist. Der Liquidationswert i. S. d §6 Absatz 2 FVerlV ist die Differenz aus dem Liquidationserlös der übertragenen Wirtschaftsgüter und immateriellen Werte abzüglich der damit in wirtschaftlichem Zusammenhang stehenden zu tilgenden Schulden und der Schließungskosten. Der Liquidationswert kann auch negativ sein.

3.117 Für die Berechnung des Höchstpreises des übernehmenden Unternehmens sind auch die steuerlichen Auswirkungen aus der Übernahme der verlagerten Funktion zu berücksichtigen (zum Beispiel Abschreibungen auf erworbene Wirtschaftsgüter, Tax Amortisation Benefit, Tz. 9.56 in Verbindung mit Tz. 6.178 der Anlage 1).

3.118 Kommt es zu einem negativen Einigungsbereich, können die Gründe dafür in unzutreffenden Annahmen im Bewertungsmodell liegen. Zusätzlich wird auf Rn. 3.17 verwiesen.

I.8 Schadensersatz-, Entschädigungs- und Ausgleichsansprüche

3.119 Auf Tz. 9.79 der Anlage 1 wird verwiesen. Schadensersatz-, Entschädigungs- und Ausgleichsansprüche sind beispielsweise:

- gesetzliche Ausgleichsansprüche des Handelsvertreters, Kommissionärs, Agenten oder Vertragshändlers aus § 89b HGB beziehungsweise aus dessen analoger Anwendung,
- vertraglich vereinbarter Schadensersatz, zum Beispiel für nicht amortisierte Investitionen eines Vertragshändlers, die auf Veranlassung des Herstellers vorgenommen wurden,
- vertraglich vereinbarter Schadensersatz, zum Beispiel für entgangene Gewinne und für entstandene Schließungskosten (zum Beispiel weiterlaufende Miete) bei vorzeitiger Vertragsauflösung,
- Ansprüche aufgrund eines Verstoßes gegen ein Wettbewerbsverbot.

Daneben sind auch Ansprüche aus einem vertraglichen oder tatsächlichen Ausschluss von bestehenden Handlungsalternativen für eines der beteiligten Unternehmen – wie zwischen voneinander unabhängigen Dritten – denkbar. In diesen Fällen ist eine zweiseitige Betrachtung notwendig (Tz. 9.116 der Anlage 1).

I.9 Anwendung auf Betriebsstättenfälle (§ 8 FVerlV)

3.120 Die Regelungen zur Funktionsverlagerung sind auch auf Funktionsverlagerungen zwischen einer Betriebsstätte und dem übrigen Unternehmen oder zwischen Betriebsstätten eines Unternehmens anzuwenden. Auf den OECD-Betriebsstättenbericht 2010 wird hingewiesen. Die VWG BsGa (BMF-Schreiben vom 22. Dezember 2016, BStBl I 2017 S. 182) bleiben unberührt.

J. Finanzierungsbeziehungen

J.1 Allgemein

3.121 Für die Prüfung der Einkunftsabgrenzung bei Finanzierungsbeziehungen zwischen nahestehenden Personen sind die Grundsätze des Kapitels X der Anlage 1 in Übereinstimmung mit § 1 Absatz 3d und § 1 Absatz 3e AStG anzuwenden.

3.122 Wie auch bei anderen unternehmensgruppeninternen Geschäftsbeziehungen hat die sachgerechte Abgrenzung der Geschäftsvorfälle im Zusammenhang mit Finanzierungsaktivitäten auf Basis einer Funktions- und Risikoanalyse zu erfolgen.

J.2 Finanzierungsbeziehung dem Grunde nach (§ 1 Absatz 3d Satz 1 Nummer 1 AStG)

3.123 Die nachfolgenden Ausführungen beziehen sich auf die Korrektur von fremdunüblichen Aufwendungen für Finanzierungen mit Fremdkapital. Ob und inwieweit eine relevante Finanzierungsbeziehung vorliegt, muss im Lichte der jeweiligen Gegebenheiten bezogen auf den tatsächlichen Geschäftsvorfall untersucht werden (Tz. 10.4, 10.6, 10.8 und 10.11 der Anlage 1).

3.124 Die wesentlichen Kriterien sind das glaubhaft erwartete Erbringen beziehungsweise Bedienen können des Kapitaldienstes (insbesondere in Form von Zins- und Tilgungsleistungen) seitens des Schuldners und die ernstliche Abrede der Überlassung von Kapital auf Zeit (§ 1 Absatz 3d Satz 1 Nummer 1 Buchstabe a) AStG). Mithin gilt es insbesondere festzustellen, ob von Anfang an ausreichende Vermögenswerte oder Zahlungsflüsse zu erwarten sind, um den Darlehensgeber zu befriedigen; d. h. die mit dem überlassenen Kapital erworbenen Vermögenswerte oder andere Vermögenswerte des Schuldners können in die Betrachtung einzubeziehen sein. Die Überlassung des Kapitals ist nicht schon deswegen fremdunüblich, weil eine Anschlussfinanzierung notwendig wird. Dies ist in der Gesamtschau der Verhältnisse zu beurteilen. Weitere Indikatoren sind das Vorhandensein eines festen Rückzahlungstermins (vergleiche auch BFH vom 6. 11. 2003 IV R 10/01, BStBl II 2004 S. 416 und BFH vom 17. 12. 2014 I R 23/13, Rz. 26, BStBl II 2016 S. 261), die Verpflichtung und die Modalitäten zur Zahlung von Zinsen, das Recht auf Durchsetzung der Kapital- und Zinszahlung sowie die Fähigkeit des Empfängers der finanziellen Mittel, Darlehen unter vergleichbaren Bedingungen von unabhängigen Dritten aufzunehmen (Tz. 10.12 der Anlage 1).

3.125 Das schließt die Fremdüblichkeit besonders risikobehafteter Finanzierungsbeziehungen, die beispielsweise im Bereich der Start-up-Finanzierung marktüblich sind, nicht aus. So erfolgen beispielsweise Finanzierungen in der Frühphase von Unternehmen, wenn deren Risiken, aber auch deren Wachstumschancen, besonders hoch sind.

3.126 Die Finanzierung muss auch wirtschaftlich benötigt worden sein (§ 1 Absatz 3d Satz 1 Nummer 1 Buchstabe b) AStG). Dies ist insbesondere dann gegeben, wenn die Finanzierung für den Betrieb oder zur Aufrechterhaltung der Geschäftstätigkeit erforderlich ist. Hierbei kann es sich zum Beispiel um die Finanzierung von Betriebsmitteln oder Investitionen in Anlagen handeln. Ein ordentlicher und gewissenhafter Geschäftsleiter wird kein Fremdkapital am Markt aufnehmen, wenn damit nicht wenigstens eine begründete Aussicht auf eine Rendite besteht, die die Finanzierungskosten deckt. Grundsätzlich ist dabei von einer Nachsteuerbetrachtung auszugehen, es sei denn, dass in der Unternehmensgruppe einheitlich auf Basis von Vorsteuergrößen die Analyse vorgenommen wird. Ein ordentlicher und gewissenhafter Geschäftsleiter würde dabei auch analysieren, welche realistischen Handlungsalternativen für den Darlehensnehmer zur Verfügung stehen.

3.127 Die Verwendung des Fremdkapitals muss zudem im Einklang mit dem Unternehmenszweck stehen. Ein ordentlicher und gewissenhafter Geschäftsleiter wird bemüht sein, das Kapital für den Zweck des Unternehmens einzusetzen. Eine Anlage auf dem Tagesgeldkonto oder eine Einlage in einen unternehmensgruppeninternen Cash Pool, insbesondere wenn damit keine höhere Rendite erwartet wird, ist regelmäßig nicht vereinbar mit dem Kerngeschäft des Unternehmens. Das Vorhalten von fremdüblichen Liquiditätsreserven oder Kapitalpuffern ist damit jedoch nicht ausgeschlossen. Eine Darlehensaufnahme für Zwecke einer Gewinnausschüttung widerspricht im Rahmen der unternehmensüblichen Ausschüttungspolitik des ausschüttenden Unternehmens grundsätzlich nicht dem Unternehmenszweck.

3.128 Der wirtschaftliche Bedarf und die Verwendung des Kapitals hängen regelmäßig miteinander zusammen. Nimmt beispielsweise ein Unternehmen Kapital bei einer nahestehenden Person auf, um eine Akquisition zu finanzieren, so wird es grundsätzlich fremdüblich sein, mit einem Kapitalpuffer zu planen und diesen kurzfristig beispielsweise im unternehmensgruppeninternen Cash Pool anzulegen. Ebenso kann es in Abhängigkeit vom Funktions- und Risikoprofil fremdüblich sein, Kapital zur Erfüllung regulatorischer Vorgaben aufzunehmen oder um geplante Investitionen tätigen zu können.

3.129 Der Steuerpflichtige hat die in § 1 Absatz 3d Satz 1 Nummer 1 AStG genannten Voraussetzungen kumulativ zu erfüllen. Zur Glaubhaftmachung gehört, dass die konkreten Umstände substantiiert und in sich schlüssig dargelegt werden. Es genügt daher die überwiegende Wahrscheinlichkeit, dass die Kriterien erfüllt werden. Der Steuerpflichtige hat demzufolge aufzuzeigen, ob und wie der Kapitaldienst erbracht werden kann.

Das zum Zeitpunkt des Vertragsabschlusses der Finanzierungsbeziehung für die Zinssatzbestimmung verwendete Rating kann zur Glaubhaftmachung herangezogen werden, sofern die Rating-Klassifizierung ein Investment-Grade aufweist. Bei kurzfristigen Kapitalüberlassungen, insbesondere aus einem Cash Pool, kann regelmäßig von der Erbringung des Kapitaldienstes ausgegangen werden. Darüber hinaus hat der Steuerpflichtige aufzuzeigen, welchen Zweck er mit dem überlassenen Kapital verfolgt und wie das Kapital verwendet wird. Beispielsweise können hierfür Prognose- beziehungsweise Investitionsrechnungen, die auch Anschlussfinanzierungen einschließen können, verwendet werden.

3.130 Soweit der Steuerpflichtige die Erfüllung der Voraussetzungen nicht glaubhaft machen kann, entspricht die Finanzierungsbeziehung gemäß § 1 Absatz 3d Satz 1 Nummer 1 AStG nicht dem Fremdvergleichsgrundsatz. Gemäß § 1 Absatz 1 AStG ist die durch die Finanzierungsbeziehung verursachte Minderung der Einkünfte in Höhe des fremdunüblichen Teils rückgängig zu machen; dazu gehören ebenso Folgekosten, wie beispielsweise Bereitstellungszinsen, Vorfälligkeitsentschädigungen und weitere Kreditnebenkosten (vergleiche Tz. 10.13 der Anlage 1).

3.131 § 41 AO bleibt unberührt.

J.3 Fremdüblicher Zinssatz (§ 1 Absatz 3d Satz 1 Nummer 2 AStG)

3.132 Bei der Bemessung der Vergütung für eine Kapitalüberlassung (Zinssatz) ist neben anderen Faktoren, wie beispielsweise Zweck des Darlehens, regulatorischen Rahmenbedingungen, Laufzeit, Währungsrisiken, ESG-Risiken (Environment – Umwelt, Social – Soziales, Governance – Unternehmensführung), Darlehensvolumen oder Besicherung, insbesondere das konkrete Debitorenrisiko des Darlehensnehmers (Bonität) zu berücksichtigen (vergleiche auch Tz. 10.88-10.108 der Anlage 1). Erst wenn aus der Gesamtschau ein fremdunüblicher Zinssatz resultiert, der außerhalb der Bandbreite fremdüblicher Zinssätze liegt (vergleiche § 1 Absatz 3a AStG), und hierdurch die Einkünfte fremdunüblich gemindert werden, ist insoweit eine Korrektur vorzunehmen.

3.133 Gemäß § 1 Absatz 3d Satz 1 Nummer 2 AStG ist grundsätzlich die Bonität der Unternehmensgruppe maßgebend, es sei denn die Bonität des betreffenden Darlehensnehmers ist besser. Dabei reflektiert die Bonität der Unternehmensgruppe das (Kreditausfall-) Risiko, welches in einer Unternehmensgruppe besteht und ein Marktakteur bei einer Kapitalüberlassung an eine einzelne oder mehrere Gesellschaften einer Unternehmensgruppe eingeht. Im Grundsatz richtet sich somit der zu bestimmende Zinssatz nach der Kreditwürdigkeit der gesamten Unternehmensgruppe.

3.134 Gleichbedeutend mit dem Rating der Unternehmensgruppe soll auch das Rating des Konzerns sein. In den Fällen, in denen sich der Umfang der einzubeziehenden Unternehmen einer Unternehmensgruppe von dem eines Konzerns unterscheidet, ist zu beachten, wie Ratingagenturen mit einer solchen Situation umgehen; auf Rn. 3.136 wird hingewiesen.

3.135 Sollte die Unternehmensgruppe über ein Rating gemäß Artikel 2 Absatz 1 der Verordnung (EG) Nummer 1060/2009 in der jeweils geltenden Fassung verfügen, ist dieses Rating zu verwenden. Private Ratings, die von Ratingagenturen aufgrund eines Einzelauftrags abgegeben und ausschließlich an die Person weitergegeben werden, die den Auftrag erteilt hat, und die nicht zur öffentlichen Bekanntgabe oder zur Weitergabe an Abonnenten bestimmt sind, sind hierzu nachrangig zu verwenden. Ein Rating kann auch mittels einer am Markt üblichen Ratingsoftware erstellt werden. Der Steuerpflichtige hat in diesem Fall jedoch zu dokumentieren, wie qualitative Faktoren beim Rating sachgerecht berücksichtigt wurden.

3.136 Sollte die Unternehmensgruppe über kein Rating verfügen, kann auch auf ein bestehendes Rating der obersten Gruppengesellschaft abgestellt werden. Sollte die oberste Gruppengesellschaft über kein Rating verfügen, kann aus Vereinfachungsgründen akzeptiert werden, dass ein Unternehmensgruppenrating auf den Zeitpunkt der Darlehensvergabe anhand der Finanzierungskosten der Unternehmensgruppe gegenüber fremden Dritten bestimmt wird. Zudem ist eine durch die Deutsche Bundesbank für den Zeitpunkt des Vertragsabschlusses der Finanzierungsbeziehung erstellte Bonitätsanalyse für die Unternehmensgruppe anzuerkennen.

3.137 Nur wenn vom Steuerpflichtigen nachgewiesen wird, dass ein vom Unternehmensgruppenrating abgeleitetes Rating dem Fremdvergleichsgrundsatz entspricht, kann dieses für die Bestimmung des Zinssatzes verwendet werden. Entsprechend müssen unter anderem die Bonitätseinschätzung, inklusive der fremdüblichen quantitativen und qualitativen Faktoren, sowie die Effekte aus dem Bestehen der Unternehmensgruppe (Konzernrückhalt, vergleiche Rn. 3.138) dargelegt werden.

3.138 Der Konzernrückhalt beschreibt lediglich den rechtlichen und wirtschaftlichen Rahmen der Unternehmensverflechtung. Der Konzernrückhalt stellt damit keine eigenständige rechtlich durchsetzbare Sicherheit dar und ist auch nicht stellvertretend hierfür heranzuziehen. Dem Konzernrückhalt kommt jedoch bei der Bemessung der subjektiven Ausfallwahrscheinlichkeit des Darlehensnehmers Bedeutung zu und er wirkt sich damit de facto auf dessen Bonität aus (BFH vom 18. Mai 2021, I R 4/17, BStBl II 2023 S. 678). Je nach der wirtschaftlichen Stellung und Bedeutung des jeweiligen Darlehensnehmers innerhalb der Unternehmensgruppe – auch unter Berücksichtigung des Zwecks der Darlehensgewährung – würde dieser für den Fall, dass er eine wirtschaftliche Schieflage erleidet, gestützt werden. Je bedeutender also der Darlehensnehmer für die Unternehmensgruppe ist, desto eher würde dieser eine Stützung seitens der Unternehmensgruppe erfahren. Im gleichen Maße tritt die isolierte Betrachtung des Darlehensnehmers bei der Beurteilung der Bonität in den Hintergrund.

3.139 Bei der Analyse des Konzernrückhalts sind insbesondere folgende Aspekte einzubeziehen.

- die wirtschaftliche Bedeutung des Unternehmens für die Unternehmensgruppe;
- die wirtschaftliche und strategische Bedeutung des zu finanzierenden Projekts für die Unternehmensgruppe;
- die Wahrscheinlichkeit, dass das Unternehmen innerhalb der kommenden zwölf Monate veräußert wird;
- trägt das Unternehmen wirtschaftlich zu einem signifikanten Anteil der Unternehmensgruppe bei;
- nutzt das Unternehmen den Namen und/oder die Marke der Unternehmensgruppe;
- trägt das Unternehmen zu bedeutenden Faktoren für den Gesamtgewinn der Unternehmensgruppe bei;
- ist das Unternehmen mit Produkten und/oder Dienstleistungen der Unternehmensgruppe betraut, die die höchsten Umsatzerlöse innerhalb Unternehmensgruppe erzielen; und
- ist das Unternehmen in für die Unternehmensgruppe wichtigen geografischen Märkten tätig.

3.140 Für die Bonitätseinschätzung ist auch das Funktions- und Risikoprofil des Darlehensnehmers zu berücksichtigen.

3.141 Ergebnis der Analyse ist die Feststellung, ob und inwieweit das Unternehmen für die Unternehmensgruppe strategisch bedeutend ist. Dies wirkt sich auf das Rating des konkreten Unternehmens entsprechend aus.

Strategische Bedeutung des Darlehensnehmers für die Unternehmensgruppe	**Erläuterung** der (strategischen) Bedeutung	**Potenzielle Kreditwürdigkeit** des Darlehensnehmers
	Top-down-Ansätze	
Kernbereich	Integraler Bestandteil der aktuellen Identität und der künftigen Strategie der Unternehmensgruppe. Die Unternehmensgruppe wird dieses Unternehmen wahrscheinlich unter allen vorhersehbaren Umständen unterstützen.	Entspricht in etwa dem Kreditrating der Unternehmensgruppe
Sehr strategisch	Fast integraler Bestandteil der gegenwärtigen Identität und der künftigen Strategie der Unternehmensgruppe. Die Unternehmensgruppe wird wahrscheinlich diese Einheiten unterstützen.	In der Regel eine Stufe („Notch") unter dem Kreditrating der Unternehmensgruppe
	Bottom-up-Ansätze	
Strategisch wichtig	Weniger integraler Bestandteil der Unternehmensgruppe als hochstrategische Einheiten. Der Rest der Unternehmensgruppe wird wahrscheinlich zusätzliche Liquidität beziehungsweise Kapital zur Unterstützung bereitstellen. Einige Faktoren lassen jedoch Zweifel am Umfang der Unterstützung durch die Unternehmensgruppe aufkommen	In der Regel drei Stufen über dem Einzelrating des Darlehensnehmers; begrenzt auf das Unternehmensgruppenrating.
Mäßig/weniger strategisch	Nicht wichtig genug, um eine zusätzliche Liquiditäts-, Kapital- oder Risikotransfer durch den Rest der Unternehmensgruppe zu rechtfertigen. Dennoch besteht die Möglichkeit für eine gewisse Unterstützung durch die Unternehmensgruppe	In der Regel eine Stufe über dem Einzelrating
Nicht-strategisch	Keine strategische Bedeutung für die Unternehmensgruppe. Diese Unternehmen könnten kurz- bis mittelfristig verkauft werden	In der Regel das Einzelrating des Unternehmens

3.142 Im Hinblick auf die Erstellung des Ratings gilt Rn. 3.135 entsprechend. Damit der Nachweis seitens des Steuerpflichtigen erbracht werden kann, ist es erforderlich, dass

- in das Rating für den konkreten Darlehensnehmer qualitative sowie quantitative Faktoren sachgerecht einbezogen werden;
- Verzerrungen der für das Rating maßgebenden Finanzkennzahlen durch Geschäftsvorfälle mit nahestehenden Personen eliminiert wurden und demzufolge nur Kennzah-

len verwendet werden, die sich im Einklang mit dem Fremdvergleichsgrundsatz befinden;

- das Rating nachvollziehbar und reproduzierbar ist, und
- die am Markt übliche Ratingmethodik zum Zeitpunkt der Darlehensgewährung angewendet wird.

Sollte in einer vergleichbaren Situation, insbesondere im Hinblick auf Darlehensvolumen und -laufzeit, und in zeitlicher Nähe zum Zeitpunkt des Vertragsabschlusses der unternehmensgruppeninternen Finanzierungsbeziehung ein fremder Dritter ein vom Unternehmensgruppenrating abweichendes Rating verwendet haben, kann dieses als Nachweis herangezogen werden. Dies gilt nur, wenn die Finanzierungsbeziehung mit dem fremden Dritten auch tatsächlich durchgeführt wird. Darüber hinaus ist eine durch die Deutsche Bundesbank für den Zeitpunkt des Vertragsabschlusses der Finanzierungsbeziehung erstellte Bonitätsanalyse anzuerkennen.

3.143 Ein durch die gesellschaftsrechtlich begründeten Einfluss- und Kontrollmöglichkeiten vorhandener Wissensvorsprung würde zwischen fremden Dritten eingepreist werden, wenn er auf eine vertraglich eingeräumte Position zurückginge. Das Ausmaß und die Auswirkungen des auf die Unternehmensverflechtung zurückgehenden Wissensvorsprungs sind im jeweiligen Einzelfall sachgerecht zu berücksichtigen.

3.144 Sowohl eine Besicherung als auch eine Nichtbesicherung von Darlehen kann fremdüblich sein. Ob eine fehlende Darlehensbesicherung fremdvergleichskonform ist, hängt davon ab, ob auch ein fremder Dritter – gegebenenfalls unter Berücksichtigung möglicher Risikokompensationen – das Darlehen unter gleichen Bedingungen ausgereicht hätte (BFH vom 13. Januar 2022, I R 15/21, BStBl II 2023 S. 675). Inwieweit eine Nichtbesicherung zwischen Nahestehenden fremdüblich sein kann, hängt von den Umständen des jeweiligen Einzelfalls ab. Bei der Beurteilung sind folgende Aspekte im Rahmen einer Gesamtschau von besonderer Bedeutung:

- Verhalten der Unternehmensgruppe gegenüber fremden Dritten: Werden Verbindlichkeiten im Außenverhältnis grundsätzlich besichert, so erscheint eine Nichtbesicherung innerhalb der Unternehmensgruppe fremdunüblich.
- Wirtschaftliche Vorteilhaftigkeit: Sollte die Vereinbarung einer Sicherheit aus wirtschaftlicher Sicht vorteilhaft sein, um beispielsweise einen niedrigeren Zinssatz zu erreichen, so würde ein fremder Dritter, um seinen Gewinn zu maximieren, auf eine Sicherheit nicht verzichten.
- Realistisch zur Verfügung stehende Handlungsalternativen: Würde beispielsweise der Darlehensnehmer zeitgleich noch ein Darlehen eines fremden Dritten benötigen und die Begebung der Sicherheit an den fremden Dritten zu einer gegenüber der nahestehenden Person erhöhten Kostenreduktion führen, so wäre es wirtschaftlich vorteilhafter, dieses Darlehen zu besichern. Eine Sicherheit stünde damit für das Darlehen zwischen den nahestehenden Personen nicht mehr realistisch zur Verfügung (vorausgesetzt, der Darlehensnehmer hätte sonst keine weiteren Vermögenswerte, die sich zur Besicherung eignen würden).
- Erwartete Befriedigung von Ansprüchen: Es ist von Bedeutung, ob ausreichend Vermögenswerte vorhanden sind beziehungsweise im Rahmen einer etwaigen Insolvenz genügend Masse zur Verfügung stünde, um die entsprechenden Ansprüche zu befriedigen (vergleiche unter anderem § 39 InsO).
- Darlehenssumme: Nicht jede Kapitalüberlassung wird zwischen fremden Dritten besichert. Entscheidende Kriterien sind dabei auch die Höhe des Darlehensbetrags, der seitens des Darlehensgebers gewährt wird, und die Risikotragfähigkeit des Darlehensgebers.
- Geschäftsstrategie des Darlehensgebers: Verfolgt der Darlehensgeber im Rahmen seiner gewöhnlichen Geschäftstätigkeit typischerweise nicht (riskante) Finanzinvestitionen, so wird dieser regelmäßig versuchen, sein Risiko aufgrund dieser Tätigkeit zu minimieren. Hierzu kann es entsprechend gehören, dass Kapitalüberlassungen besichert vorzunehmen sind.

In diesen Fallkonstellationen ist jeweils auch zu berücksichtigen, welche Handlungsalternativen den nahestehenden Personen zur Verfügung stehen und ob diese zu vorteilhafteren Konditionen für den Schuldner geführt hätten (vergleiche Tz. 10.19 der Anlage 1).

3.145 Wendet die Unternehmensgruppe in Bezug auf alle Finanzierungsbeziehungen zum Inland (sowohl in- als auch outbound) das Rating der Unternehmensgruppe durchgängig an, so ist eine Vergütung für eine erhöhte Kreditwürdigkeit (siehe Rn. 3.150) in Bezug auf die unternehmensgruppeninternen Finanzierungsbeziehungen ebenfalls nicht anzusetzen.

3.146 Zum zeitlichen Anwendungsbereich siehe § 21 Absatz 1a Satz 2 AStG. Bei einem unternehmensgruppeninternen Cash Pool ist nicht der Tag der Implementierung des Cash Pooling-Systems als solches entscheidend, sondern das Datum der jeweiligen Kapitalüberlassung und -aufnahme, da es sich hierbei regelmäßig um kurzfristige Darlehensbeziehungen handelt (vergleiche Rn. 3.154). Wird die Finanzierungsbeziehung in Form eines Dauerschuldverhältnisses über den 31. Dezember 2024 fortgeführt, ist es für die Anwendung des § 1 Absatz 3d Satz 1 Nummer 1 Buchstabe a) AStG nicht zu beanstanden, wenn glaubhaft gemacht wird, dass die Voraussetzungen zum 31. Dezember 2024 erfüllt werden. Werden betroffene Finanzierungsbeziehungen nach dem 31. Dezember 2023 und vor dem 1. Januar 2025 wesentlich geändert, ist § 1 Absatz 3d AStG nicht auf Aufwendungen anzuwenden, die vor der wesentlichen Änderung entstehen (vergleiche § 21 Absatz 1a Satz 3 AStG). Wird die Finanzierungsbeziehung wesentlich geändert, ist es für die Anwendung des § 1 Absatz 3d Satz 1 Nummer 1 Buchstabe a) AStG nicht zu beanstanden, wenn glaubhaft gemacht wird, dass die Voraussetzungen zum Zeitpunkt der wesentlichen Änderung erfüllt werden.

J.4 Finanzierungsbeziehungen als funktions- und risikoarme Dienstleistung (§ 1 Absatz 3e AStG)

3.147 Die Bestimmung eines Fremdvergleichspreises für die Fremdkapitalüberlassung zwischen nahestehenden Personen richtet sich grundsätzlich nach der Preisvergleichsmethode (BFH, 18. Mai 2021, I R 4/17 BStBl II 2023 S. 678). Entscheidende Vergleichbarkeitsfaktoren hierfür sind in Rn. 3.132 genannt. Sollte eine gruppenzugehörige Finanzierungsgesellschaft, die nicht über die Fähigkeit und die Befugnis, das Risiko dieses Finanzierungsgeschäfts zu kontrollieren oder es zu tragen, dazwischengeschaltet sein, steht ihr als Vergütung für die Vermittlung, die Hingabe beziehungsweise Weiterreichung des Kapitals und die damit verbundene funktions- und risikoarme Dienstleistung nur eine risikolose Rendite zu (Tz. 1.100, 1.103, 1.108 bis 1.116, 10.25 der Anlage 1). Fallen demzufolge die Ausreichung des Darlehens und die tatsächliche Kontrolle der damit verbundenen Funktionen oder Risiken auseinander, liegt eine weitere Transaktion zwischen der Finanzierungsgesellschaft und der Gesellschaft, die die tatsächliche Kontrolle der mit der Ausreichung des Darlehens verbundenen Funktionen oder Risiken ausübt, vor (BFH, 18. Mai 2021, I R 4/17 BStBl II 2023 S. 678). Maßgebend ist für diese Beurteilung das mit der Kapitalüberlassung verbundene Risiko. Ist letztere Gesellschaft eine inländische Gesellschaft, ist zu prüfen, welche Vergütung dieser zuzuordnen ist. Grundsätzlich bestimmt sich diese nach der Differenz zwischen dem fremdüblichen Zinssatz und der risikolosen Rendite. Auf die Hinzurechnungsbesteuerung bei einer beherrschten ausländischen Finanzierungsgesellschaft (BMF-Schreiben vom 22. 12. 2023, BStBl 2023 I Sonder-Nummer 1 S. 2) sowie auf die Dokumentationsverpflichtungen (§ 90 Absatz 3 AO, GAufzV, BMF-Schreiben vom 3. Dezember 2020,BStBl I 2020 S. 1325) und den Informationsaustausch im Rahmen der internationalen Verwaltungszusammenarbeit (BMF-Schreiben vom 17. August 2017, BStBl I 2017 S. 1228) wird hingewiesen.

3.148 An der in Rn. 3.147 beschriebenen Handhabe ändert § 1 Absatz 3e AStG nichts. § 1 Absatz 3e AStG beschreibt lediglich, dass die dort genannten Tätigkeiten, wie die Tätigkeit einer Finanzierungsgesellschaft, grundsätzlich als eine funktions- und risikoarme Dienstleistung anzusehen sind (Tz. 10.45, 10.46, 10.130 der Anlage 1). Finanzierungsfunktionen stellen in der Regel Unterstützungsfunktionen für das wertschöpfende Kerngeschäft dar (Tz. 10.45 der Anlage 1). Etwas anderes gilt insbesondere, wenn die Finanzierungsfunktion eine Primärfunktion und damit Kernbestandteil des Wertschöpfungsmodells ist, wie etwa im Banken- oder Versicherungsbereich (Tz. 10.47 der Anlage 1). Die Verrechnungspreisbestimmung folgt der Systematik, die insbesondere in § 1 Absatz 3 AStG dargelegt ist.

3.149 Sollte eine der in § 1 Absatz 3e AStG genannten Tätigkeiten im Inland ausgeübt werden, folgt hieraus nicht, dass die zuständige Finanzbehörde für die Verrechnungspreisbestimmung von einer funktions- und risikoarmen Dienstleistung ausgehen muss. Sie kann ebenfalls anhand einer Funktions- und Risikoanalyse nachweisen, dass es sich bei der konkreten Tätigkeit nicht um eine funktions- und risikoarme Dienstleistung handelt; die Dokumentationspflichten bleiben hiervon unberührt. An die Anforderungen des Nachweises sind dieselben Voraussetzungen zu stellen, wie für den Steuerpflichtigen. Hierzu gehört, dass die konkreten Umstände substantiiert und in sich schlüssig dargelegt werden. Es genügt daher die überwiegende Wahrscheinlichkeit, dass die Kriterien erfüllt werden.

J.5 Vergütung für eine erhöhte Kreditwürdigkeit

3.150 Für die Vorteile einer nachgewiesenen erhöhten Kreditwürdigkeit eines Unternehmens ist ein dem Fremdvergleichsgrundsatz entsprechender Verrechnungspreis anzusetzen. Die Vorteile können sich daraus ergeben, dass mindestens ein Mitglied der multinationalen Unternehmensgruppe die Verpflichtung gegenüber einem fremden Dritten übernimmt, die Zahlungsverpflichtungen des Unternehmens sicherzustellen. Dies kann insbesondere durch eine Garantie, eine Bürgschaft, einen Kreditauftrag, eine harte Patronatserklärung oder durch Realsicherheiten erfolgen. Ein Verrechnungspreis ist nur anzusetzen, wenn der Verpflichtete eine tatsächliche Risikoposition übernimmt. Bei der Bestimmung des anzusetzenden Fremdvergleichspreises ist grundsätzlich davon auszugehen, dass sich die Vorteile einer erhöhten Kreditwürdigkeit auf die Differenz zwischen den Bedingungen für die multinationale Unternehmensgruppe als solche und den Bedingungen für das die Verpflichtung übernehmende Unternehmen beschränken.

3.151 Wird ein Unternehmen erst durch die Verpflichtung der multinationalen Unternehmensgruppe oder eines Mitglieds dieser multinationalen Unternehmensgruppe gegenüber einem fremden Dritten in die Lage versetzt, Kapital aufnehmen zu können, handelt es sich in EU-EWR-Fällen bei der Verpflichtungsübernahme um einen Gesellschafterbeitrag (Rn. 3.69), wenn ein wirtschaftlicher Grund im Sinne des EuGH-Urteils vom 31. Mai 2018 in der Rechtssache C-382/16 (Hornbach) vorliegt.

J.6 Cash Pool als Finanzierungsbeziehung innerhalb einer multinationalen Unternehmensgruppe

3.152 Cash Pooling stellt eine Liquiditätsbündelung in multinationalen Unternehmensgruppen dar. Der Cash Pool-Leiter erbringt dabei grundsätzlich lediglich eine funktions- und risikoarme Dienstleistung (Tz. 10.130 der Anlage 1), wobei im jeweiligen Einzelfall das Funktions- und Risikoprofil entscheidend ist. Die Vergütung des Cash Pool-Leiters bestimmt sich entsprechend im Regelfall auf Basis einer kostenorientierten Methode. Es ist nicht zu beanstanden, wenn der Kostenaufschlag auf die direkt zuzurechnenden Kosten zwischen fünf Prozent und zehn Prozent beträgt. Finanzierungskosten gehen nicht in die Bemessungsgrundlage ein.

3.153 Die am Cash Pool beteiligten Unternehmen haben im Verhältnis zur Gesamtanzahl der Teilnehmer den Verrechnungspreis anteilig zu übernehmen. Cash Pooling-Strukturen sind ein Beispiel für die Generierung von Synergieeffekten in multinationalen Unternehmensgruppen (Tz. 1.177 ff. der Anlage 1). Gerade aber die Aufteilung dieser Synergieeffekte auf die einzelnen Unternehmenseinheiten ist nicht verursachungsgerecht möglich. Entsprechend ist hier eine besondere Würdigung im Einzelfall unter Berücksichtigung der Akzeptanz der Struktur im Ausland vorzunehmen. Zur Vergütung der Cash Pool Teilnehmer wird auf Kapitel X Abschnitt C.2.3.2. der Anlage 1 hingewiesen.

Beispiel:
Die M-AG (ansässig im Inland) stattet die FinCo. (ansässig im Ausland) zu 100 Prozent mit Eigenkapital aus. Die FinCo. agiert als Cash Pool Leiter und organisiert den Cash Pool innerhalb der multinationalen Unternehmensgruppe ohne die Kontrolle oder Übernahme von Risiken. Die Vergütung hängt von dem Ergebnis der Funktionsund Risikoanalyse ab. Das Entgelt für die Tätigkeit eines Cash Pool Leiters beschränkt sich dabei grundsätzlich auf die direkt zurechenbaren Betriebskosten, wie etwa den Personaleinsatz, samt einem fremdüblichen Gewinnaufschlag. Die Umlage der Kosten inklusive des Gewinnaufschlages könnte insbesondere im Wege einer Konzernumlage quotal auf Basis der Anzahl der Teilnehmer erfolgen.

3.154 Handelt es sich bei den jeweiligen Geldeinlagen und -aufnahmen der Cash Pool Teilnehmer nicht um kurzfristige Geldeinlagen und -aufnahmen, handelt es sich wirtschaftlich betrachtet insoweit nicht um einen Bestandteil des Cash Pools, sondern um einzelne längerfristige Darlehensbeziehungen, die entsprechend zu behandeln sind (Tz. 10.122 der Anlage 1).

J.7 Sonstige Finanzierungsinstrumente und Eigenversicherer

3.155 Der Einsatz von Finanzinstrumenten im Sinne des § 1 Absatz 11 des Kreditwesengesetzes innerhalb von multinationalen Unternehmensgruppen ist entsprechend den am Markt zum Zeitpunkt des Geschäftsabschlusses bestehenden Gegebenheiten und entsprechend dem Fremdvergleichsgrundsatz unter Beachtung der Risikoverteilung zwischen den Vertragsparteien zu vergüten.

3.156 Ein Eigenversicherer ist für die Übernahme seiner Tätigkeit entsprechend den am Markt zum Zeitpunkt des Geschäftsabschlusses bestehenden Gegebenheiten und entsprechend dem Fremdvergleichsgrundsatz unter Beachtung der Risikoübernahme, der Kapitalausstattungsanforderungen und der Synergieeffekte aufgrund der Gruppenzugehörigkeit zu vergüten.

K. Preisanpassungsklausel

3.157 In Fällen, in denen eine sachgerechte Preisanpassungsklausel vertraglich vereinbart wurde, ist die Anwendung von § 1a AStG ausgeschlossen.

Kapitel IV Weitere allgemeine Grundsätze

A. Erstkorrektur

4.1 Auf die Verwaltungsgrundsätze 2020 vom 3. Dezember 2020 (am angegebenen Ort.) wird verwiesen.

4.2 Eine Korrektur ist für den Veranlagungszeitraum vorzunehmen, in dem die jeweilige Einkünfteminderung eingetreten ist. Der Korrekturbetrag ist derselben Einkunftsart zuzurechnen wie die korrigierten Einkünfte.

B. Behandlung von Ausgleichszahlungen

4.3 Gleichen die Beteiligten in Verrechnungspreisfällen eine von der deutschen Finanzbehörde vorgenommene Korrektur dadurch aus, dass sie durch Ausgleichszahlungen den Zustand herbeiführen, der bei Beachtung des Grundsatzes des Fremdvergleichs eingetreten wäre, ist dieser Ausgleich

a) bei einer Korrektur wegen der Annahme einer verdeckten Gewinnausschüttung einer inländischen Körperschaft grundsätzlich als Einlage zu behandeln (vergleiche BFH vom 29. Mai 1996, I R 118/93, BStBl II 1997 S. 92),
b) bei einer Korrektur wegen der Annahme einer verdeckten Einlage in eine ausländische Körperschaft grundsätzlich als Leistung zu behandeln, die beim Gesellschafter zu Bezügen im Sinne des § 20 Absatz 1 Nummer1 EStG führt,

c) bei einer Korrektur wegen der Annahme einer Entnahme als Einlage und bei der Berichtigung wegen einer Einlage als Entnahme zu behandeln,
d) bei Vorgängen, die zu einer auf § 1 AStG zu stützenden Berichtigung geführt haben, aus Billigkeitsgründen außerhalb der Bilanz mit dem zu Zwecken der Berichtigung vorgenommenen Zuschlag zu verrechnen (vergleiche BFH vom 30. Mai 1990, I R 97/88, BStBl II 1990 S. 875). Dies gilt nur, wenn die Ausgleichszahlungen innerhalb eines Jahres nach Bekanntgabe des berichtigten Steuerbescheids tatsächlich geleistet worden sind.

4.4 Wird eine Beteiligung an einer nahestehenden ausländischen Gesellschaft veräußert oder wird eine solche Gesellschaft liquidiert und haben Vorgänge früherer Veranlagungszeiträume beim Gesellschafter zu einer Berichtigung nach § 1 AStG geführt, die noch nicht verrechnet worden ist (Rn. 4.3 Buchstabe d), ist das Vermögen der ausländischen Gesellschaft höher als es wäre, wenn die Gesellschaft einen dem Fremdvergleich entsprechenden Preis an den Gesellschafter gezahlt hätte. Zur Vermeidung einer Doppelbesteuerung kann in diesen Fällen der außerhalb der Bilanz angesetzte Berichtigungsbetrag aus Billigkeitsgründen (§ 163 AO) abgezogen werden. Die Kürzung kann auch zu einem Negativbetrag führen. Unterliegt ein nach dieser Billigkeitsregelung um den Berichtigungsbetrag nach § 1 AStG verminderter Veräußerungs- oder Liquidationsgewinn der Vorschrift des § 8b KStG, so sind die pauschalen nichtabziehbaren Betriebsausgaben im Sinne des § 8b Absatz 3 Satz 1 und Absatz 5 Satz 1 KStG nur vom verminderten Gewinn zu ermitteln. Ein sich durch die Anwendung dieser Billigkeitsregelung ergebender oder erhöhender Veräußerungs- oder Liquidationsverlust ist insgesamt nach § 8b Absatz 3 Satz 3 KStG außerbilanziell hinzuzurechnen, sodass sich im Verlustfall trotz Anwendung der Billigkeitsregelung keine Auswirkung auf das Einkommen der Anteilseigner-Kapitalgesellschaft ergibt. Ist auf Ebene des Anteilseigners das Teileinkünfteverfahren (§§ 3 Nummer 40c, 3c Absatz 2 EStG) anzuwenden, so kann der Berichtigungsbetrag nach § 1 AStG unter analoger Anwendung des § 3c Absatz 2 EStG nur zu 60 Prozent bei der Ermittlung des Gewinns oder Verlusts berücksichtigt werden. Entsprechendes gilt auch beim Gesellschafter, sofern die Berichtigung nach § 1 AStG nicht beim Gesellschafter selber, sondern bei dessen Tochtergesellschaft erfolgte und sofern § 1 AStG Vorrang gegenüber § 8 Absatz 3 Satz 2 KStG hat.

4.5 Im Fall der Liquidation ist die Kürzung in dem Veranlagungszeitraum vorzunehmen, in dem nach den Grundsätzen ordnungsmäßiger Buchführung ein etwaiger Liquidationserlös erfolgswirksam zu vereinnahmen ist. Eine Kürzung im Zeitpunkt des Liquidationsbeschlusses kommt deshalb nur in Betracht, wenn eine Abwicklung mangels Masse nicht stattfindet und ein Liquidationserlös nicht anfällt.

C. Gegenberichtigung

4.6 Eine Berichtigung der Einkünfte durch eine ausländische Steuerverwaltung kann zu einer Doppelbesteuerung im Hinblick auf die Einkünfte des inländischen nahestehenden Steuerpflichtigen führen. Passt der Steuerpflichtige daraufhin seine künftigen Verrechnungspreise an, unterliegt der Vorgang der Aufzeichnungspflicht gemäß § 90 Absatz 3 AO. Eine nachträgliche Gegenberichtigung ist nur anzuerkennen, soweit sie nach deutschem Steuerrecht materiell- und verfahrensrechtlich zulässig ist. Die Gegenberichtigung ist nach deutschem Steuerrecht materiell-rechtlich in der Weise durchzuführen, in der der Fremdvergleichsgrundsatz von Beginn an zutreffend berücksichtigt worden wäre; dementsprechend sind nationale Abzugsbeschränkungen wie beispielsweise die Zinsschranke (§ 4h EStG, § 8a KStG) bei der Gegenberichtigung zu beachten. Der Grundsatz der Abschnittbesteuerung ist zu beachten. Abkommensrechtlich eröffnen die Artikel 9 OECD-MA (insbesondere Artikel 9 Absatz 2 OECD-MA) nachgebildeten Artikel im jeweiligen DBA einen Anspruch auf Gegenberichtigung im anderen Vertragsstaat, soweit die Erstkorrektur nach Auffassung der Steuerverwaltung dieses anderen Vertragsstaats berechtigt ist. Als Änderungsvorschrift können innerhalb dieses Rahmens auf deutscher Seite neben den innerstaatlichen Abgrenzungsregelungen auch § 164 Absatz 2, § 173 Absatz 1 Nummer 2 AO zur Anwendung kommen, ohne dass zuvor ein Verständigungs-

oder Schiedsverfahren durchgeführt worden ist (einseitige Abhilfe). Zwecks Umsetzung einer Verständigungsvereinbarung oder eines Schiedsspruchs, die gegebenenfalls auch zu einer weitergehenden Gegenberichtigung führen können, ist insoweit § 175a AO anzuwenden.

D. Zoll

4.7 Der für die Einkunftsabgrenzung maßgebliche Fremdvergleichspreis kann von dem der Verzollung zu Grunde liegenden Zollwert im Sinne des Artikels 70 Unionszollkodex (UZK; VO (EU) 952/2013 des Europäischen Parlaments vom 9. Oktober 2013, ABl. L 269, S. 1) oder von dem zur Erhebung der Einfuhrumsatzsteuer zu Grunde liegenden Einfuhrumsatzsteuerwert abweichen. Ungeachtet dessen kann die Zollwertermittlung eine ergänzende Hilfestellung bei der Bestimmung von Fremdvergleichspreisen leisten.

4.8 Nachträgliche Verrechnungspreisanpassungen in Form von Nachbelastungen durch den Verkäufer sind vom Anmelder dem zuständigen Hauptzollamt unverzüglich anzuzeigen (§ 153 AO). Bei nachträglichen Verrechnungspreisanpassungen in Form von Gutschriften des Verkäufers besteht mitunter ein Erstattungsanspruch. Voraussetzung ist jedoch, dass die Anpassung zwischen den Kaufvertragsparteien vor den Einfuhren dem Grunde und der Höhe nach vertraglich vereinbart wurde und produktbezogen erfolgt.

Kapitel V Glossar

5.1 Auf das Glossar in der Anlage 2 sowie das Glossar der OECD über steuerliche Begriffe (Glossary of Tax Terms) wird hingewiesen.

Kapitel VI Aufhebung von BMF-Schreiben und Anwendungsvorschrift

6.1 Das BMF-Schreiben vom 9. November 2001 betreffend die „Grundsätze für die Prüfung der Einkunftsabgrenzung zwischen international verbundenen Unternehmen in Fällen der Arbeitnehmerentsendung“ (Verwaltungsgrundsätze – Arbeitnehmerentsendung)“, BStBl I 2001 S. 796, wird aufgehoben.

6.2 Dieses Schreiben ist mit Ausnahme der Rn. 3.63a erstmals für den Veranlagungszeitraum 2024 anzuwenden. Rn. 3.63a dieses Schreibens ist erstmals für den Veranlagungszeitraum 2025 anzuwenden.

Das BMF-Schreiben vom 6. Juni 2023 betreffend die „Grundsätze für die Korrektur von Einkünften gemäß § 1 AStG vom 6. Juni 2023, BStBl I 2023 S. 1093 (Verwaltungsgrundsätze Verrechnungspreise 2023) ist letztmalig für den Veranlagungszeitraum 2023 anzuwenden.

Anlage 1

Anlage 1 dieses Schreibens entspricht der Anlage 1 des BMF-Schreibens vom 6. Juni 2023 betr. die „Grundsätze für die Korrektur von Einkünften gemäß § 1 AStG vom 6. Juni 2023, BStBl I 2023 S. 1093 (Verwaltungsgrundsätze Verrechnungspreise 2023), abgedruckt in BStBl 2023 I Nummer 15 S. 1130.

Anlage 2

Die Definitionen, die im Glossar in Anlage 1 angeführt sind, gelten entsprechend. Das nachfolgende Glossar enthält daher nur Definitionen, die dort nicht enthalten sind.

Cash Pool	Ein Cash Pool liegt vor, wenn die Salden der Zahlungsverkehrskonten von beteiligten Unternehmen einer multinationalen Unternehmensgruppe regelmäßig auf einem Sammelkonto eines Unternehmens dieser multinationalen Unternehmensgruppe virtuell oder tatsächlich konsolidiert werden.
Cash Pool-Leiter	Das Unternehmen der multinationalen Unternehmensgruppe, welches das Sammelkonto führt.
EBT	Earnings Before Taxes (Gewinn vor Steuern)
Eigenversicherer	Ein Unternehmen einer multinationalen Unternehmensgruppe oder mehrerer multinationalen Unternehmensgruppen, welches Versicherungen zu über 50 Prozent für Unternehmen dieser multinationalen Unternehmensgruppen anbietet. Für diese Beurteilung ist insbesondere auf die verdienten Beiträge für eigene Rechnung (Nettoprämie) abzustellen.
Fremdvergleichspreis	Der dem Fremdvergleichsgrundsatz entsprechende Verrechnungspreis.
Funktion	Eine Geschäftstätigkeit, die aus einer Zusammenfassung gleichartiger betrieblicher Aufgaben besteht, die von bestimmten Stellen oder Abteilungen eines Unternehmens erledigt werden. Sie ist ein organischer Teil eines Unternehmens, ohne dass ein Teilbetrieb im steuerlichen Sinn vorliegen muss.
Inbound-Sachverhalt	Geschäftsbeziehung, bei der eine Leistung vom inländischen Steuerpflichtigen empfangen wird.
Multinationale Unternehmensgruppe	Besteht aus mindestens zwei in verschiedenen Staaten ansässigen, im Sinne des § 1 Absatz 2 AStG einander nahestehenden Personen oder aus mindestens einer Person mit mindestens einer Betriebsstätte in einem anderen Staat. Der Begriff multinationale Unternehmensgruppe ist demnach nicht deckungsgleich mit dem Begriff Konzern.
Nettomarge	Der Nettogewinn eines Geschäftsvorfalls in Relation zu einer nach den Umständen des Einzelfalles geeigneten Bezugsgröße.
Outbound-Sachverhalt	Geschäftsbeziehung, bei der eine Leistung vom inländischen Steuerpflichtigen erbracht wird.
Risiko	Die einem Geschäftsvorfall im Sinne des § 1 Absatz 4 des Außensteuergesetzes immanente Möglichkeit, dass aus der Unvorhersehbarkeit der Zukunft resultierende Ereignisse eintreten, die zu einer Abweichung von geplanten Zielwerten führen können. Der Begriff Risiko umfasst auch die Chance, die eine positive Abweichung von geplanten Zielwerten darstellt.
Routineunternehmen	Ein Unternehmen, das als Ergebnis einer Funktions- und Risikoanalyse für den jeweiligen Geschäftsvorfall allein oder zusammen mit anderen nahestehenden Personen a) die Routinefunktionen ausübt, b) nur in geringem Umfang Vermögenswerte einsetzt und c) nur geringe Risiken trägt.

Rückhalt in der multinationalen Unternehmensgruppe (Konzernrückhalt)	Der Topos des sog. Konzernrückhalts beschreibt lediglich den rechtlichen und wirtschaftlichen Rahmen der Unternehmensverflechtung.
Strategieträger	Ein Unternehmen, das als Ergebnis einer Funktions- und Risikoanalyse für den jeweiligen Geschäftsvorfall allein oder zusammen mit anderen nahestehenden Personen a) die wesentlichen Funktionen ausübt, b) die wesentlichen materiellen Wirtschaftsgüter und immateriellen Werte einsetzt und c) die wesentlichen Risiken übernimmt.
Vergleichswerte	Insbesondere zum Vergleich herangezogene Preise und sonstige Geschäftsbedingungen, Kostenaufteilungen, Gewinnaufschläge, Bruttospannen, Nettospannen, Gewinnaufteilungen, wenn die Bedingungen der diesen zugrunde liegenden Geschäftsvorfälle vergleichbar sind.
Verhältnisse	Sind insbesondere a) die vertraglichen Bedingungen eines Geschäftsvorfalls, soweit diese dem tatsächlichen Verhalten der an dem jeweiligen Geschäftsvorfall Beteiligten entsprechen, b) die ausgeübten Funktionen der an dem Geschäftsvorfall Beteiligten unter Berücksichtigung der verwendeten Vermögenswerte und der übernommenen Risiken, einschließlich der Zusammenhänge zwischen diesen Funktionen und der allgemeinen Wertschöpfung der multinationalen Unternehmensgruppe, der Begleitumstände des Geschäftsvorfalls und der branchenüblichen Gepflogenheiten, c) die Eigenschaften übertragener oder überlassener Vermögenswerte oder erbrachter Dienstleistungen, d) die wirtschaftlichen Verhältnisse der an dem Geschäftsvorfall Beteiligten und die Verhältnisse des für den Geschäftsvorfall relevanten Marktes, einschließlich Standortvorteilen sowie der rechtlichen Rahmenbedingungen und e) die von den an dem Geschäftsvorfall Beteiligten verfolgten Geschäftsstrategien.
Vermögenswerte	Wirtschaftsgüter und Vorteile. Zu den Vermögenswerten gehören insbesondere materielle Wirtschaftsgüter, immaterielle Werte einschließlich immaterieller Wirtschaftsgüter, Beteiligungen und Finanzanlagen.
Vorteile	Unter anderem eine eingespielte Betriebsorganisation, eingespielte Belegschaft/Mitarbeiterstamm (assembled workforce). Sie stellen die Möglichkeit der Steigerung des Einkommens oder liquider Mittel dar.
Wertschöpfung	Misst den Ertrag aus wirtschaftlicher Tätigkeit als Differenz zwischen der Leistung einer Wirtschaftseinheit und der zur Leistungserstellung benötigten Vorleistungen.

Anlage 3 Beispiel zur Wertermittlung für Funktionsverlagerungen[1]

Sachverhalt und allgemeine Annahmen

Eine inländische Mutter-Kapitalgesellschaft (MG) hat zum 01.01. des Jahres ein Transferpaket auf eine neu gegründete ausländische Tochter-Kapitalgesellschaft (TG) übertragen.

Der nachhaltig erzielbare finanzielle Überschuss (FÜ) i. S. § 2 FVerlV aus der übertragenen Funktion aus Sicht der verlagernden MG beträgt voraussichtlich jährlich 600 TEUR. Die übernehmende TG rechnet hingegen mit einem FÜ in Höhe von jährlich 700 TEUR. Die inländische Ertragsteuerbelastung der MG soll 25 % (s_{U_MG}), die ausländische Belastung der TG 20 % (s_{U_TG}) betragen.

Für beide Unternehmen sollen folgende, weitere Annahmen gleichermaßen gelten:

- Nachschüssiger Zufluss der o. g. FÜ ab dem Bewertungsstichtag.
- Vollständige Eigenkapitalfinanzierung (MG und TG ist unverschuldet).
- Anwendung des Capital Asset Pricing Modells (CAPM).
- Laufzeitäquivalenter Kapitalisierungszinssatz (i) aller künftiger Perioden (T):

Marktrisikoprämie vor persönlichen Ertragsteuern		MRP_{vSt}	8,00 %
×	Betafaktor für das Eigenkapital	β_{EK}	1,00
=	Risikozuschlag		8,00 %
+	Risikoloser (Basis-)Zinssatz	r_f	2,00 %
=	Erwartete Rendite der Eigenkapitalgeber	$r_{EK} = i$	10,00 %

Fallvariante A

– Berücksichtigung von beispielhaften Synergie- und Steuereffekten (§ 2 FVerlV) –

Zusätzlich zu den allgemeinen Angaben (s. o.) sei ein unbegrenzter Kapitalisierungszeitraum anzunehmen. Zudem sollen die Buchwerte (BW_{MG}) der im Transferpaket enthaltenen Wirtschaftsgüter im Inland steuerlich vollständig abgeschrieben sein. Im Ausland sollen diese Wirtschaftsgüter steuerlich linear auf 3 Jahre (stl_ND_{TG}) abschreibbar sein. Die Summe der Werte dieser Wirtschaftsgüter soll dem Gesamtwert des Transferpakets entsprechen.

a) Ermittlung des Mindestpreises für MG (Beispiel EXIT-Steuer)

aa) Ertragswert (NPV) aus Sicht MG

$$\mathbf{NPV_{MG}} = {FÜ_{MG}}/{i_{MG}} = {600\ TEUR}/{10\%} = \mathbf{6.000\ TEUR}$$

ab) Mindestpreis MG unter Berücksichtigung der EXIT-Steuer aus dem Transfer

$$\mathbf{Mindestpreis_{MG}} = {NPV_{MG} - (s_{U\_MG} \times BW_{MG})}/{(1 - s_{U\_MG})} = {6.000\ TEUR - (25\% \times 0\ TEUR)}/{1 - 25\%} = \mathbf{8.000\ TEUR}$$

b) Ermittlung des Höchstpreises für TG (Beispiel Tax-Amortization-Benefit):

ba) Ertragswert (NPV) aus Sicht TG

$$\mathbf{NPV_{TG}} = {FÜ_{TG}}/{i_{TG}} = {700\ TEUR}/{10\%} = \mathbf{7.000\ TEUR}$$

bb) Höchstpreis TG unter Berücksichtigung des „Tax-Amortization-Benefit“ (TAB)

$Perioden_{t1\_bis\_t3}$	**1**	**2**	**3**
Diskontsätze: 1 ÷ $(1 + i_{TG})^t$	0,9091	0,8264	0,7513
× AfA in % p. a. für stl_ND_{TG}	33 %	33 %	33 %
= Barwerte der AfA	0,3030	0,2755	0,2504
× s_{U_TG}	20 %	20 %	20 %
= Steuerersparnis aus AfA	0,0606	0,0551	0,0501

1 Die Kalkül-Variablen in den Beispielen wurden vereinfachend angenommen und sind daher nicht mit den reellen Marktgegebenheiten vergleichbar.

→ Summe dieser Steuerersparnisse (StE): 0,1658

→ **Step-Up-Factor$_{TAB}$**: 1 ÷ (1 - StE) = 1 ÷ (1 - 0,1658) = **1,1987**

Höchstpreis$_{TG}$ = NPV$_{TG}$ × Step-Up-Factor$_{TAB}$ =
= 7.000 TEUR 1,1987 × = **8.391 TEUR**

c) Ermittlung des Einigungswertes:

Der Mindestpreis ist mit 8.000 TEUR und der Höchstpreis mit 8.391 TEUR anzunehmen. Da keine Anhaltspunkte vorliegen, die gegen die Annahme des Mittelwertes des Einigungsbereichs als Einigungswert sprechen, entspricht dieser einem Wert in Höhe von 8.196 TEUR.

Fallvariante B

– Beschränkte Kapitalisierungszeiträume –

Zusätzlich zu den allgemeinen Angaben (s. o.) soll die Annahme gelten, dass aufgrund der künftig erwartbaren Entwicklungen der Kapitalisierungszeitraum für MG auf 3 Jahre (TMG = 3) und für TG auf 5 Jahre (TTG =5) zu beschränken ist. Die Gründe hierfür seien glaubhaft dargelegt worden (§ 5 FVerlV). Die jährlichen FÜ sollen unverändert in jeder Periode (t) im oben genannten Umfang anfallen. Zudem sollen die Buchwerte (BW$_{MG}$) der im Transferpaket enthaltenen Wirtschaftsgüter im Inland noch 1.000 TEUR betragen. Für die TG sei der Step-Up-Factor$_{TAB}$ weiterhin 1,1987.

a) Ermittlung des Mindestpreises (Beispiel beschränkter Kapitalisierungszeitraum):

aa) Ertragswert (NPV) aus Sicht MG

Perioden$_{t1_bis_t3}$			**1**	**2**	**3**
Diskontsätze: 1 ÷ (1 + i_{MG})^t			0,9091	0,8264	0,7513
×	Zahlungsüberschüsse (FÜ$_{MG}$)		600 TEUR	600 TEUR	600 TEUR
=	Barwerte in t_0		545 TEUR	496 TEUR	451 TEUR

→ Summe der Barwerte in t_0 = **NPV$_{MG}$: 1.492 TEUR**

ab) Mindestpreis MG unter Berücksichtigung der EXIT-Steuer aus dem Transfer

Mindestpreis$_{MG}$ = $^{NPV_{MG} - (s_{U\_MG} \times BW_{MG})}/_{(1 - s_{U\_MG})}$ = $^{1.492 \text{ TEUR} - (25\% \times 1.000 \text{ TEUR})}/_{1 - 25\%}$ = **1.656 TEUR**

b) Ermittlung des Höchstpreises für TG (Beispiel Tax-Amortisation-Benefit):

ba) Ertragswert (NPV) aus Sicht TG

Perioden$_{t1_bis_t5}$	**1**	**2**	**3**	**4**	**5**
Diskontsätze: 1 ÷ (1 + i_{TG})^t	0,9091	0,8264	0,7513	0,6830	0,6209
× Zahlungsüberschüsse (FÜ$_{TG}$)	700 TEUR	700 TEUR	700 TEUR	700 TEUR	700 TEUR
= Barwerte in t_0	636 TEUR	579 TEUR	526 TEUR	478 TEUR	435 TEUR

→ Summe der Barwerte in t_0 = **NPV$_{TG}$: 2.654 TEUR**

bb) Höchstpreis TG unter Berücksichtigung des „Tax-Amortisation-Benefit" (TAB)

→ **Step-Up-Factor$_{TAB}$** unverändert ggü. Fallvariante A: **1,1987**

Höchstpreis$_{TG}$ = NPV$_{TG}$ × Step-Up-Factor$_{TAB}$ =
= 2.654 TEUR 1,1987 × = **3.181 TEUR**

b) Ermittlung des Einigungswertes:

Der Mindestpreis$_{MG}$ beträgt 1.656 TEUR und der HöchstpreisTG 3.181 TEUR. Da für die Bestimmung des Einigungswertes keine Anhaltspunkte gegen den Mittelwert (2.419 TEUR) des Einigungsbereiches sprechen, ist dieser Wert der Besteuerung zugrunde zu legen.

Abwandlung der Fallvariante B

– Preisanpassungsklausel –

Bei der Folgeprüfung wird festgestellt, dass die TG – abweichend von der ursprünglichen Planung (vgl. Fallvariante B, Buchstabe b)) – tatsächliche FÜ i. H. v. 805 TEUR (statt 700 TEUR) erzielt hat und im sechsten Jahr (nun TTG = 6) immer noch erzielt. Künftig sei nun aber mit keinen weiteren FÜ aus dem Transferpaket zu rechnen. Die Parteien (MG und TG) hatten weder eine Preisanpassungsklausel noch eine Lizenzvereinbarung getroffen. Die gesetzliche Vermutung des § 1a Satz 1 AStG, dass zum Zeitpunkt des Geschäftsabschlusses Unsicherheiten im Hinblick auf die Preisvereinbarung bestanden und unabhängige Dritte eine sachgerechte Anpassungsregelung vereinbart hätten, konnte der Steuerpflichtige nicht widerlegen. Der bisherige Mindestwert$_{MG}$ i. H.v. 1.656 TEUR gilt unverändert fort. Der neue Höchstpreis$_{TG}$ ermittelt sich wie folgt:

a) Neuer Ertragswert (NPV) aus Sicht TG

Perioden$_{t1_bis_t5}$	1	2	3	4	5	6
Diskontsätze: 1 ÷ $(1 + i_{TG})^t$	0,9091	0,8264	0,7513	0,6830	0,6209	0,5645
× Zahlungsüberschüsse ($FÜ_{TG}$)	805 TEUR	805 TEUR	805 TEUR	805 TEUR	805 TEUR	805 TEUR
= Barwerte in t_0	732 TEUR	665 TEUR	605 TEUR	550 TEUR	500 TEUR	454 TEUR

→ Summe der Barwerte in t_0 = **NPV$_{TG}$: 3.506 TEUR**

b) Neuer Höchstpreis TG unter Berücksichtigung des „Tax-Amortisation-Benefit" (TAB)

→ **Step-Up-Factor$_{TAB}$** unverändert ggü. Fallvariante A: **1,1987**

Höchstpreis$_{TG}$	=	NPV_{TG} × Step-Up-Factor$_{TAB}$	=
	=	3.506 TEUR 1,1987 ×	= **4.203 TEUR**

Aufgrund der tatsächlichen Gewinnentwicklung der TG ergibt sich ein neuer Höchstpreis von 4.203 TEUR. Der Mittelwert des neuen Einigungsbereichs (1.656 TUER bis 4.203 TEUR) beträgt 2.930 TEUR. Eine erhebliche Abweichung i. S. § 1a Satz 1 AStG ist gegeben, da der tatsächliche Wert i. H. v. 2.930 TEUR über dem Wert von 2.903 TEUR (2.419 TEUR bisheriger hypothetischer Einigungswert zzgl. 20 % hierauf) liegt (§ 1a Satz 3 AStG). Nach § 1a Satz 5 AStG lässt sich in Folge ein angemessener Anpassungsbetrag i. H. v. 511 TEUR (2.930 TEUR abzgl. 2.419 TEUR) ermitteln. Die Einkünfte sind entsprechend nach § 1 Absatz 1 Satz 1 AStG zu berichtigen.

Anlage 4

Vorwort

In einer zunehmend globalisierten Wirtschaft verfügen multinationale Unternehmen über umfassende Wertschöpfungsketten, die sich über zahlreiche Länder erstrecken. Infolgedessen können langwierige grenzüberschreitende Steuerstreitigkeiten entstehen, insbesondere im Zusammenhang mit grundlegenden Marketing- und Vertriebstätigkeiten. Diese Streitigkeiten stellen oft für alle Beteiligten eine Belastung ihrer Finanz- und Verwaltungsressourcen dar. Besonders stark davon betroffen sind Staaten mit geringen Kapazitäten, deren Steuerverwaltungen häufig ohnehin nur begrenzte Ressourcen und unzureichende Daten zur Verfügung stehen. Der vorliegende Bericht soll sowohl für Steuerverwaltungen als auch für Steuerpflichtige als Handreichung zur Vereinfachung der Anwendung der Verrechnungspreisvorschriften auf grundlegende Marketing- und Vertriebstätigkeiten, Verringerung des Verwaltungsaufwands, Senkung der Befolgungskosten und Erhöhung der steuerlichen Rechtssicherheit dienen.

Dem im Oktober 2020 veröffentlichten Bericht des OECD/G20 Inclusive Framework on Base Erosion and Profit Shifting (*Tax Challenges Arising from Digitalisation – Report on Pillar One Blueprint*) zufolge soll mit Amount B die Anwendung des Fremdvergleichsgrundsatzes auf grundlegende Marketing- und Vertriebstätigkeiten vereinfacht und effizient gestaltet werden, wobei der Schwerpunkt auf den besonderen Bedürfnissen von Staaten mit geringen Kapazitäten liegen soll. Im Oktober 2021 verständigte sich das Inclusive Framework dann auf eine Zwei-Säulen-Lösung für die steuerlichen Herausforderungen der Digitalisierung der Wirtschaft.

In den vergangenen zwei Jahren haben die Mitglieder des Inclusive Framework gleichberechtigt daran mitgewirkt, Amount B so zu konzipieren, dass die Preisbestimmung bei grundlegenden Marketing- und Vertriebstätigkeiten sinnvoll vereinfacht wird und dabei insbesondere die Schwierigkeiten von Staaten mit geringen Kapazitäten bei der Anwendung der Verrechnungspreisvorschriften berücksichtigt werden. Bei der Ausgestaltung von Amount B konnte das Inclusive Framework von den Beiträgen von Unternehmen, Steuerfachleuten, Wissenschaftlern und anderen Interessengruppen im Rahmen der öffentlichen Konsultationen vom Dezember 2022 und Juli 2023 profitieren. Mit Amount B wird eine zentrale Zielsetzung der Säule 1 verfolgt: Zum einen soll der Befolgungsaufwand für Steuerpflichtige reduziert werden, zum anderen sollen auch die Steuerverwaltungen in die Lage versetzt werden, ihre Ressourcen auf risikoreichere und komplexere Geschäftsvorfälle zu konzentrieren und so effizienter und wirkungsvoller zu arbeiten.

Dieser Bericht wurde vom Inclusive Framework genehmigt und freigegeben.[2]

2 Anmerkung Indiens: In Ermangelung von Begriffsbestimmungen der Ausdrücke „Staaten mit geringen Kapazitäten" und „qualifizierte Staaten" sowie eines angemessen konzipierten optionalen qualitativen Anwendungskriteriums möchte Indien einen Vorbehalt hinsichtlich der Unvollständigkeit des Berichts zu Protokoll geben. Darüber hinaus möchte Indien einen Vorbehalt zu verschiedenen Aspekten der Ausgestaltung von Amount B zu Protokoll geben, u. a. hinsichtlich des Betriebskostenabgleichs und der Gesamtkonzeption der Preisbestimmungsmethode. Die Vorbehalte im Einzelnen sind den Fußnoten des Berichts zu entnehmen.

Inhaltsverzeichnis

Zusammenfassung

Im Oktober 2021 verständigte sich das OECD/G20 Inclusive Framework on Base Erosion and Profit Shifting (Inclusive Framework) darauf, die Anwendung des Fremdvergleichsgrundsatzes auf innerstaatliche grundlegende Marketing- und Vertriebstätigkeiten zu vereinfachen und effizient zu gestalten und dabei einen besonderen Schwerpunkt auf die Bedürfnisse von Staaten mit geringen Kapazitäten zu legen. Entsprechend diesem Mandat enthält der vorliegende Bericht eine Handreichung zum Thema „Besondere Überlegungen bezüglich grundlegender Vertriebstätigkeiten", die als Anhang zu Kapitel IV in die *OECD-Verrechnungspreisleitlinien für multinationale Unternehmen und Steuerverwaltungen 2022* aufgenommen wird. Mit dem darin geschilderten vereinfachten und effizienten Ansatz soll die steuerliche Rechtssicherheit erhöht und der Befolgungsaufwand sowohl für Steuerpflichtige als auch für Steuerverwaltungen verringert werden, insbesondere in Staaten mit geringen Kapazitäten, denen nur begrenzte Ressourcen zur Verfügung stehen.

Die Staaten können sich dafür entscheiden, den vereinfachten und effizienten Ansatz auf qualifizierte Geschäftsvorfälle berechtigter Unternehmen mit grundlegenden Vertriebstätigkeiten anzuwenden. In diesem Bericht werden die Merkmale von in den Anwendungsbereich fallenden Vertriebsunternehmen beschrieben, die beispielsweise keine wirtschaftlich signifikanten Risiken eingehen und keine einzigartigen und wertvollen immateriellen Werte besitzen dürfen. Darüber hinaus können bestimmte Tätigkeiten ein Vertriebsunternehmen vom Anwendungsbereich ausschließen, darunter der Vertrieb von Rohstoffen oder digitalen Gütern. Der vereinfachte und effiziente Ansatz schafft einen Rahmen für die Preisbestimmung, bei dem für in den Anwendungsbereich fallende Vertriebsunternehmen in einem dreistufigen Verfahren eine Umsatzrendite ermittelt wird. Schließlich enthält der Bericht auch Hinweise zu Dokumentation, Umstrukturierungsfragen und Aspekten der steuerlichen Rechtssicherheit.

Einführung

In seiner Erklärung vom Oktober 2021 verständigte sich das OECD/G20 Inclusive Framework on Base Erosion and Profit Shifting (Inclusive Framework) darauf, die Anwendung des Fremdvergleichsgrundsatzes auf innerstaatliche grundlegende Marketing- und Vertriebstätigkeiten zu vereinfachen und effizient zu gestalten und dabei einen besonderen Schwerpunkt auf die Bedürfnisse von Staaten mit geringen Kapazitäten zu legen. Im Juli 2023 wurde innerhalb des Inclusive Framework vereinbart, einen Abschlussbericht zu Amount B zu veröffentlichen, der bis Januar 2024 teilweise in die *OECD-Verrechnungspreisleitlinien für multinationale Unternehmen und Steuerverwaltungen 2022* aufgenommen werden sollte, wobei sowohl die Bedürfnisse von Staaten mit geringen Kapazitäten als auch die Wechselbeziehung zwischen Amount B und der Unterzeichnung und dem Inkrafttreten des Mehrseitigen Übereinkommens zur Umsetzung von Amount A der Säule 1 („MLC") angemessen berücksichtigt werden sollten.[3]

Mit dem vorliegenden Bericht wird das Mandat des Inclusive Framework erfüllt, einen optionalen vereinfachten und effizienten Ansatz – zuvor als Amount B bezeichnet – vorzulegen, den die Staaten freiwillig auf in den Anwendungsbereich fallende Vertriebsunternehmen anwenden können, die in ihrem Hoheitsgebiet ansässig sind.[4] Er gibt den Konsens innerhalb des Inclusive Framework wieder und berücksichtigt die Stellungnahmen, die zu den öffentlichen Konsultationspapieren vom 8. Dezember 2022 und 17. Juli 2023 eingegangen sind. In der aktuellen Projektphase arbeitet das Inclusive Framework an einem ergänzenden optionalen qualitativen Anwendungskriterium, das die Staaten in einem zusätzlichen Schritt heranziehen können, um zu ermitteln, welche Vertriebsunternehmen für die Zwecke des vereinfachten und effizienten Ansatzes nicht-grundlegende Tätigkeiten ausüben. Diese Arbeitsphase wird bis zum 31. März 2024 abgeschlossen, woraufhin etwaige Ergänzungen in die OECD-Verrechnungspreisleitlinien aufzunehmen sind.[5]

Der vereinfachte und effiziente Ansatz stützt sich auf die allgemeinen Grundsätze in den OECD-Verrechnungspreisleitlinien und wird als Anhang zu Kapitel IV in diese aufgenommen. Die vorliegende Handreichung ist jedoch ausdrücklich nicht als Grundlage für die Auslegung der Anwendung der allgemeinen Grundsätze aus dem Rest der OECD-Verrechnungspreisleitlinien auf Geschäftsvorfälle zu verstehen; ebenso wenig stellt sie eine Änderung dieser Grundsätze dar. Nach Veröffentlichung dieses Berichts können die

---

3 OECD (2023), Outcome Statement on the Two-Pillar Solution to Address the Tax Challenges Arising from the Digitalisation of the Economy – 11. Juli 2023 (http//www.arbeitnehmerkammer.dehttps://www.oecd.org/tax/beps/outcome-statement-on-the-two-pillar-solution-to-address-the-tax-challenges-arising-from-the-digitalisation-of-the-economy-july-2023.htm).

4 Der Inhalt dieses Berichts und alle Komponenten des beschriebenen Ansatzes stehen unter dem Vorbehalt künftiger Arbeiten zu Amount B, etwa zur Wechselbeziehung zwischen Amount B und der Unterzeichnung und dem Inkrafttreten des MLC.

5 Anmerkung Indiens: Indien ist der Auffassung, dass nur mit einem in geeigneter Weise konzipierten qualitativen Kriterium gewährleistet werden kann, dass ausschließlich Unternehmen mit grundlegenden Vertriebstätigkeiten in den Anwendungsbereich von Amount B fallen. Sofern ein solches Kriterium nicht als Teil der Anwendungskriterien in diesen Bericht aufgenommen wird, sieht sich Indien nicht in der Lage, die Arbeiten im Zusammenhang mit Amount B weiter zu unterstützen.

Staaten den vereinfachten und effizienten Ansatz freiwillig für Wirtschaftsjahre mit Beginn ab dem 1. Januar 2025 auf in den Anwendungsbereich fallende Geschäftsvorfälle untersuchter Unternehmen in ihrem Hoheitsgebiet anwenden.

Die Staaten können sich für die Anwendung des vereinfachten und effizienten Ansatzes auf die qualifizierten Geschäftsvorfälle ihrer in den Anwendungsbereich fallenden untersuchten Unternehmen in Form einer der in Abschnitt 2 beschriebenen Optionen entscheiden. Ähnlich wie bei anderen optionalen Ansätzen in den OECD-Verrechnungspreisleitlinien ist das Ergebnis, das ein Staat, der sich für die Anwendung des vereinfachten und effizienten Ansatzes auf qualifizierte Geschäftsvorfälle seines in den Anwendungsbereich fallenden untersuchten Unternehmens entschieden hat, anhand dieses Ansatzes ermittelt hat, für den anderen Staat, in dem das am konzerninternen Geschäftsvorfall beteiligte verbundene Unternehmen gelegen ist, nicht bindend. Vorbehaltlich ihrer innerstaatlichen Rechtsvorschriften und ihrer Verwaltungspraxis verpflichten sich die Mitglieder des Inclusive Framework jedoch, das anhand des vereinfachten und effizienten Ansatzes für in den Anwendungsbereich fallende Geschäftsvorfälle ermittelte Ergebnis anzuerkennen, wenn dieser Ansatz von einem Staat mit geringen Kapazitäten[6] angewendet wird, und alle zumutbaren Schritte zu unternehmen, um eine Doppelbesteuerung zu beseitigen, die sich aus der Anwendung dieses Ansatzes durch einen solchen Staat möglicherweise ergibt, sofern zwischen den betreffenden Staaten ein wirksames bilaterales Doppelbesteuerungsabkommen besteht.[7] Das Inclusive Framework wird sich im Jahr 2024 mit der Umsetzung dieser Verpflichtung befassen und u. a. Vereinbarungen zwischen den zuständigen Behörden ausarbeiten, die im Rahmen bilateraler Abkommensbeziehungen verwendet werden können, wobei das zweifache Ziel bilateraler Doppelbesteuerungsabkommen berücksichtigt werden soll, sowohl eine Doppelbesteuerung zu vermeiden als auch eine doppelte Nichtbesteuerung zu verhindern. Das Inclusive Framework wird sich 2024 im Konsens auf die Komponenten des beschriebenen Ansatzes und die Liste der Staaten mit geringen Kapazitäten verständigen, die unter diese Verpflichtung fallen. Auf die Liste der Staaten mit geringen Kapazitäten wird sich das Inclusive Framework bis zum 31. März 2024 einigen.[8]

In Abschnitt 3 dieses Berichts ist aufgeführt und definiert, welche qualifizierten Geschäftsvorfälle in den Anwendungsbereich des vereinfachten und effizienten Ansatzes fallen und welche Merkmale in den Anwendungsbereich fallende Vertriebsunternehmen folglich aufweisen müssen. In den Anwendungsbereich fallende Vertriebsunternehmen dürfen beispielsweise weder einzigartige und wertvolle immaterielle Werte besitzen noch bestimmte wirtschaftlich signifikante Risiken eingehen. Dabei dürfen sie im Rahmen des vereinfachten und effizienten Ansatzes auch Geschäftsvorfälle außerhalb des Vertriebs tätigen, sofern diese nach den allgemeinen Grundsätzen der OECD-Verrechnungspreisleitlinien gesondert sachgerecht beurteilt und zuverlässig bepreist werden können. Auch geringfügige Einzelhandelsverkäufe sind zulässig, wohingegen der Vertrieb von digitalen Gütern, Rohstoffen und Dienstleistungen vom Anwendungsbereich ausgeschlossen ist.

In Abschnitt 4 dieses Berichts wird erläutert, in welcher Beziehung der vereinfachte und effiziente Ansatz zum Grundsatz der am besten geeigneten Methode steht, und Abschnitt 5 enthält ein dreistufiges Verfahren zur Ermittlung einer Umsatzrendite für ein in den Anwendungsbereich fallendes Vertriebsunternehmen, mit dem sich ein fremdvergleichskonformes Ergebnis näherungsweise bestimmen lässt. Dieser Rahmen für die Preisbestim-

---

6 Die Liste der Staaten, die für diese Zwecke als Staaten mit geringen Kapazitäten gelten sollen, wird auf der OECD-Website veröffentlicht.

7 Möglicherweise sind einzelne Mitglieder des Inclusive Framework im Rahmen ihrer innerstaatlichen Rechtsvorschriften und ihrer Verwaltungspraxis in der Lage und bereit, diese Verpflichtung auf Fälle auszuweiten, in denen kein bilaterales Doppelbesteuerungsabkommen besteht.

8 Anmerkung Indiens: Indien sieht sich nicht in der Lage, in Bezug auf eine undefinierte Gruppe von Staaten, die in einem unvollständigen Amount-B-Bericht als „Staaten mit geringen Kapazitäten" bezeichnet werden, eine politische Verpflichtung einzugehen. Indien ist der Auffassung, dass zunächst der Bericht fertiggestellt und die Begriffsbestimmung des Ausdrucks „Staaten mit geringen Kapazitäten" vereinbart werden sollte, bevor die Frage der politischen Verpflichtung thematisiert wird.

mung umfasst eine Renditematrix[9], einen Betriebskostenabgleich[10] und einen Datenverfügbarkeitsmechanismus.[11, 12] In den Abschnitten 6 und 7 werden die Dokumentation sowie Umstrukturierungsfragen thematisiert, in Abschnitt 8 die steuerliche Rechtssicherheit und die Beseitigung der Doppelbesteuerung.

Das Inclusive Framework fordert die Arbeitsgruppe 1 zur Formulierung eines Texts auf, der in den Kommentar zu Artikel 25 des OECD-Musterabkommens aufgenommen werden kann, um in geeigneter Weise auf den vereinbarten Wortlaut dieses Berichts, insbesondere in Abschnitt 8, hinzuweisen. Die Arbeitsgruppe 1 plant, diese Änderungen im Jahr 2024 auszuarbeiten, damit sie in die nächste Aktualisierung des OECD-Musterabkommens aufgenommen werden können.

Sobald der vereinfachte und effiziente Ansatz eine Zeit lang angewendet wurde, wird das Inclusive Framework Informationen zu seiner praktischen Anwendung zusammentragen. Das Konzept dafür soll im Jahr 2024 ausgearbeitet werden.[13] Dabei sollen Informationen herangezogen werden, die im Rahmen der aktuellen Berichtspflichten und Prüfverfahren in den Staaten zur Verfügung stehen, außerdem soll berücksichtigt werden, welche Ressourcen für diese Maßnahme benötigt werden. Daher dürfte den Steuerverwaltungen kein übermäßiger Verwaltungsaufwand entstehen. Darüber hinaus könnte bei Bedarf die Erstellung weiterer Umsetzungshinweise in Betracht gezogen werde

Die folgenden Abschnitte dieses Berichts werden als Anhang zu Kapitel IV in die OECD-Verrechnungspreisleitlinien aufgenommen.

Besondere Überlegungen bezüglich grundlegender Vertriebstätigkeiten

Begriffsbestimmungen

Die folgende Ausdrücke haben ausschließlich im Sinne dieser Handreichung die nachstehend festgelegte Bedeutung.

---

9 Anmerkung Indiens: Indien gibt einen Vorbehalt zu den Komponenten der Verrechnungspreismethode zu Protokoll, u. a. in Bezug auf den Ausschluss des Goodwill vom immateriellen Anlagevermögen bei der Berechnung des Nettobetriebsvermögens eines untersuchten Unternehmens, die große zulässige Schwankungsbreite von +/- 0,5 % gegenüber dem Median in den einzelnen Zellen der Preisbestimmungsmatrix, die Entwicklung der Preisbestimmungsmatrix anhand einer einzigen kommerziellen Datenbank ohne geografisch repräsentativen Datenbestand, die Eignung der Filterkriterien, den in der Matrix verwendeten Faktor und die Kategorisierung.

10 Anmerkung Indiens: Indien erhebt einen grundsätzlichen Einwand gegen die Verwendung einer auf den Betriebskosten basierenden Messgröße für den Abgleich zur Begrenzung der Rendite der Vertriebsunternehmen nach oben oder unten im Rahmen von Amount B. Indien ist der Auffassung, dass sich der Wert der funktionalen Beiträge eines Vertriebsunternehmens nicht an dessen Betriebskosten ablesen lässt, sondern am von ihm erzielten Umsatz. Außerdem ist Indien der Ansicht, dass Länder mit niedrigerem Einkommen durch den Abgleich benachteiligt werden könnten, da die Betriebskosten vergleichbar aufgestellter Vertriebsunternehmen dort seiner Einschätzung nach systematisch niedriger ausfallen als in Ländern mit hohem Einkommen, und dass dieses Problem durch die alternativen Obergrenzen möglicherweise nicht hinreichend gelöst wird.

11 Wie in den Konsultationspapieren vom Dezember 2022 und Juli 2023 dargelegt, hat das Inclusive Framework bei der Ausgestaltung von Amount B mehrere Möglichkeiten zum Umgang mit geografischen Unterschieden ausgelotet.

12 Anmerkung Indiens: Indien erhebt Einwand gegen die Nichtaufnahme einer geeigneten Begriffsbestimmung des Ausdrucks „qualifizierte Staaten" für die Abschnitte 5.2 und 5.3 und den Vorschlag, diese zu einem späteren Zeitpunkt zu ergänzen.

13 Anmerkung Indiens: Indien gibt einen Vorbehalt zu dem Vorschlag zu Protokoll, ein Konzept für das Zusammentragen von Informationen zur praktischen Anwendung von Amount B auszuarbeiten, da hierzu keine näheren Details vorgelegt wurden. Zudem hat Indien Bedenken hinsichtlich des hohen Ressourcenaufwands, der mit einer solchen Maßnahme verbunden ist, insbesondere aus der Sicht von Staaten mit begrenzten Kapazitäten.

Vertriebsunternehmen steht für Großhändler, Verkaufsvertreter und Kommissionäre, die am Verkauf von Waren beteiligt sind.[14] Gegebenenfalls kann auch konkret auf einen Groß- oder Einzelhändler, Verkaufsvertreter oder Kommissionär abgestellt werden.

Großhandelsvertrieb umfasst den Vertrieb an alle Arten von Kunden mit Ausnahme von Endverbrauchern. Für die Zwecke dieser Handreichung gilt bei einem Vertriebsunternehmen, das sowohl im Großhandels- als auch im Einzelhandelsvertrieb tätig ist, seine Tätigkeit als auf den Großhandelsvertrieb beschränkt, wenn der gewichtete Dreijahresdurchschnitt seiner Nettoeinzelhandelserlöse höchstens 20 % des gewichteten Dreijahresdurchschnitts seiner Nettoerlöse beträgt.[15]

Einzelhandelsvertrieb ist der Vertrieb an Endverbraucher, in der Regel über den stationären oder Online-Handel.

Grundlegender Vertrieb steht für die von Vertriebsunternehmen ausgeübten Tätigkeiten, wenn diese Vertriebsunternehmen als untersuchte Unternehmen an qualifizierten Geschäftsvorfällen nach Ziffer 10 dieser Handreichung beteiligt sind und sie die Anwendungskriterien nach den Ziffern 13 und 14 dieser Handreichung erfüllen.

Zentrale Vertriebsfunktionen sind Vertriebsfunktionen, die typischerweise von Unternehmen mit grundlegenden Vertriebstätigkeiten ausgeübt werden und vom Geschäftsmodell des Vertriebsunternehmens abhängen, d. h. davon, ob es sich um ein Buy-sell-Vertriebsunternehmen, einen Verkaufsvertreter oder einen Kommissionär handelt. Zu den zentralen Vertriebsfunktionen können der Einkauf von Waren für den Wiederverkauf, die Gewinnung von Neukunden und Pflege von Kundenbeziehungen, bestimmte Kundendienstleistungen, Werbe- und Marketingtätigkeiten, die Lagerung von Waren, die Auftragsabwicklung sowie Logistik, Rechnungsstellung und Inkasso zählen. Sie können unterschiedlich intensiv und komplex sein und umfassen ausdrücklich keine Nicht-Vertriebstätigkeiten, aufgrund derer ein Vertriebsunternehmen nicht in den Anwendungsbereich des vereinfachten und effizienten Ansatzes fallen würde (vgl. Abschnitt 3.3.4 dieser Handreichung).

Nicht-Vertriebstätigkeiten sind wirtschaftliche Tätigkeiten, bei denen es sich nicht um Großhandelsvertrieb handelt, u. a. Fertigung, Forschung und Entwicklung, Beschaffung oder Finanzierung, sofern diese nicht mit einem qualifizierten Geschäftsvorfall zusammenhängen. Ausschließlich für die Zwecke des Anwendungskriteriums nach Ziffer 14 Buchstabe b umfassen Nicht-Vertriebstätigkeiten auch Einzelhandelsvertriebstätigkeiten oberhalb des in der Begriffsbestimmung des Ausdrucks „Großhandelsvertrieb" genannten Schwellenwerts (bei Überschreitung dieses Schwellenwerts gilt der gesamte Einzelhandelsvertrieb als Nicht-Vertriebstätigkeit).

Globaler Datensatz steht für die Liste von Unternehmen, die eine Suche in einer kommerziellen Datenbank mit weltweiten Unternehmensfinanzdaten ohne Anwendung eines geografischen Filters ergeben hat und die teilweise die Grundlage für die näherungsweise Bestimmung fremdvergleichskonformer Ergebnisse im Rahmen des vereinfachten und effizienten Ansatzes nach Abschnitt 5 bildet.

14 Der Anwendungsbereich dieser Handreichung ist auf den Großhandelsvertrieb materieller Güter beschränkt und umfasst keine Dienstleistungen (auch keine digitalen Dienstleistungen).

15 Zur Feststellung, ob dieser Schwellenwert überschritten wird, ist für jedes Jahr ein gewichteter Dreijahresdurchschnitt zu berechnen. Bei einem Geschäftsvorfall im Wirtschaftsjahr *x* würde der gewichtete Dreijahresdurchschnitt beispielsweise wie folgt ermittelt werden: Die Summe der jährlichen Einzelhandelserlöse für die Jahre *x-3*, *x-2* und *x-1* wird durch die Summe der jährlichen Nettoerlöse im selben Zeitraum geteilt. Daraus ergibt sich der jeweilige Prozentsatz. Betrifft der qualifizierte Geschäftsvorfall nur zwei Jahre, wird der gewichtete Zweijahresdurchschnitt zugrunde gelegt; betrifft er nur ein Jahr, wird der Prozentsatz anhand der Finanzergebnisse für das jeweilige Jahr ermittelt.

Geltende Rechnungslegungsgrundsätze steht für alle Rechnungslegungsgrundsätze, die in dem Staat, in dem das untersuchte Unternehmen ansässig ist, das grundlegende Vertriebstätigkeiten ausübt, als Grundlage für die Aufstellung von Jahresabschlüssen verwendet werden dürfen, sowie für sonstige Rechnungslegungsgrundsätze, die im betreffenden Staat bei Anwendung des vereinfachten und effizienten Ansatzes nach Abschnitt 5 zugrunde gelegt werden dürfen.

Nettoerlöse steht für die Gesamtumsatzerlöse ohne Umsatzrenditen, Preisnachlässe und Rabatte, die gemäß den geltenden Rechnungslegungsgrundsätzen berechnet wurden.

Ergebnis vor Zinsen und Steuern (EBIT) steht für den Gewinn vor Ertragsteuern und Finanzerträgen/-aufwendungen. Die Finanzerträge/-aufwendungen umfassen u. a. Zinseinkünfte, Zinsaufwendungen sowie Gewinne und Verluste aus Kapitalanlagen.[16] Generell darf das EBIT keine außergewöhnlichen Posten enthalten, die nicht in Zusammenhang mit wiederkehrenden Geschäftstätigkeiten stehen; diese sind gemäß den geltenden Rechnungslegungsgrundsätzen zu quantifizieren.

Umsatzrendite steht für das nach den geltenden Rechnungslegungsgrundsätzen ermittelte Verhältnis des EBIT zu den Nettoerlösen in Prozent.

Nettobetriebsvermögen steht für das materielle und immaterielle Anlagevermögen zuzüglich Betriebskapital und wird für ein gegebenes Wirtschaftsjahr nach den geltenden Rechnungslegungsgrundsätzen auf Durchschnittsbasis[17] berechnet. Zum materiellen Anlagevermögen zählen Sachanlagen abzüglich kumulierter Abschreibungen und zuzüglich Grundstücken und Netto-Finanzierungsleasing. Zum immateriellen Anlagevermögen zählt das gesamte immaterielle Anlagevermögen abzüglich kumulierter Abschreibungen und ohne Goodwill. Das Betriebskapital entspricht der Summe aus Vorräten und Debitoren abzüglich Kreditoren[18].

Betriebskosten steht für die gemäß den geltenden Rechnungslegungsgrundsätzen berechneten Gesamtkosten ohne Wareneinsatz, bei der sachgerechten Abgrenzung des Geschäftsvorfalls ausgenommene Durchlaufkosten[19] und mit Finanzierung, Anlagetätigkeiten oder Ertragsteuern verbundene Kosten. Ferner dürfen sie keine außergewöhnlichen Posten enthalten, die nicht in Zusammenhang mit wiederkehrenden Geschäftstätigkeiten stehen; diese sind gemäß den geltenden Rechnungslegungsgrundsätzen zu quantifizieren.

16 Vgl. Ziffer 2.88 dieser Leitlinien zu besonderen Überlegungen zu Wechselkursrisiken und damit verbundenen Kosten sowie deren Berücksichtigung bei der Berechnung der Nettoerlöse, des Wareneinsatzes und anderer Posten und Kennzahlen, die beim vereinfachten und effizienten Ansatz eine Rolle spielen. Bei wirtschaftlich signifikanten Risiken kann es unter Umständen sein, dass ein Unternehmen, das entsprechende Risiken eingeht, die Anwendungskriterien nach Abschnitt 3.2 nicht erfüllt.

17 Berechnung des Nettobetriebsvermögens auf Durchschnittsbasis bedeutet, dass das Nettobetriebsvermögen eines Wirtschaftsjahrs (d. h. die Schlussbilanz) und das Nettobetriebsvermögen des vorhergehenden Wirtschaftsjahrs (d. h. die Eröffnungsbilanz) addiert werden und die Summe anschließend durch zwei geteilt wird.

18 Zu den Kreditoren zählen Verbindlichkeiten gegenüber Dritten sowie konzerninterne Verbindlichkeiten. Bei Ermittlung der Kreditoren des untersuchten Unternehmens findet zur Verringerung des Risikos verfälschender Kreditkonditionen eine Kappungsgrenze von 90 Tagen für das Lieferantenziel Anwendung. Fußnote 31 in Abschnitt 5 enthält hierzu praktische Hinweise.

19 Auf die Relevanz und Behandlung von Durchlaufkosten wird in Fußnote 25 in Abschnitt 3 dieser Handreichung näher eingegangen.

Nettobetriebsvermögensintensität (OAS) steht für das Verhältnis des Nettobetriebsvermögens zu den Nettoerlösen in Prozent.[20]

Betriebskostenintensität (OES) steht für das Verhältnis der Betriebskosten zu den Nettoerlösen in Prozent.[21]

Branchengruppe steht für jede der drei Kategorien von Branchen und Branchensektoren, in denen in den Anwendungsbereich fallende Vertriebsunternehmen tätig sind, wobei diese Kategorien anhand des festgestellten Verhältnisses zwischen bestimmten Branchen/Produkten und der dem grundlegenden Vertrieb dieser Produkte zugerechneten Rentabilität festgelegt wurden. Folgende Waren fallen in die einzelnen Branchengruppen:

- Gruppe 1 – leicht verderbliche Lebensmittel, Nahrungsmittel, Haushaltswaren, Baumaterial und -zubehör, Sanitärbedarf sowie Metall
- Gruppe 2 – IT-Hardware und -Komponenten, Elektrobauteile und -zubehör, Futtermittel, landwirtschaftliches Zubehör, Alkohol und Tabak, Tiernahrung, Bekleidung und Schuhe, Kunststoffe und Chemikalien, Schmierstoffe, Färbemittel, Arzneimittel, Kosmetika, Gesundheits- und Wellnessprodukte, Haushaltsgeräte, Unterhaltungselektronik, Möbel, Schreibwaren und Büroartikel, Drucksachen, Papier und Verpackungen, Schmuck, Textilien, Häute und Felle, neue und gebrauchte Privatfahrzeuge, Fahrzeugteile und -zubehör, Mischprodukte sowie nicht unter Gruppe 1 oder 3 aufgeführte Produkte und Bauteile
- Gruppe 3 – Medizintechnik, Industriemaschinen einschließlich Industrie- und Landwirtschaftsfahrzeugen, Industriewerkzeuge, Industriebauteile sowie sonstiges Zubehör

Faktorintensitätsstufe steht für jede der fünf Stufen, in die die Nettobetriebsvermögensintensität und Betriebskostenintensität anhand des festgestellten Verhältnisses zwischen der Vermögens- und Kostenintensität und der dem grundlegenden Vertrieb zugerechneten Rentabilität je nach ihrer Höhe unterteilt wurden. Die Faktorintensitätsstufen sind in der Preisbestimmungsmatrix in Tabelle 5.1 in Abschnitt 5 definiert.

Qualifizierte(r) Staat(en) im Sinne von Abschnitt 5.3 steht für Staaten, in denen zur Ermittlung angepasster Renditen für in ihrem Gebiet gelegene untersuchte Unternehmen der in Abschnitt 5.3 beschriebene Datenverfügbarkeitsmechanismus Anwendung findet. Die Qualifizierungskriterien werden bei einer späteren Aktualisierung in diese Handreichung aufgenommen. Die Liste der qualifizierten Staaten im Sinne von Abschnitt 5.3 wird zu einem späteren Zeitpunkt anhand dieser Qualifizierungskriterien festgelegt, auf der OECD-Website veröffentlicht und alle 5 Jahre aktualisiert.

Länderrating steht für das öffentlich abrufbare langfristige Kreditrating, das einem Staat von einer anerkannten unabhängigen Ratingagentur regelmäßig zugewiesen bzw. von einer solchen bestätigt wird und das für Abschnitt 5.3 dieser Handreichung relevant ist.

Anerkannte unabhängige Ratingagentur(en) steht für folgende unabhängige Ratingagenturen: Moody's Investors Service, S&P Global Ratings und Fitch Ratings. Diese sind für Abschnitt 5.3 dieser Handreichung relevant.

---

20 Zur Ermittlung der Faktorintensitätsstufe ist dieses Verhältnis für jedes Wirtschaftsjahr anhand des gewichteten Dreijahresdurchschnitts zu berechnen. Bei einem untersuchten Unternehmen im Wirtschaftsjahr *x* würde der gewichtete Dreijahresdurchschnitt beispielsweise wie folgt ermittelt werden: Die Summe des jährlichen Nettobetriebsvermögens für die Jahre *x-3*, *x-2* und *x-1* wird durch die Summe der jährlichen gesamten Nettoerlöse im selben Zeitraum geteilt. Daraus ergibt sich der jeweilige Prozentsatz. Betrifft der qualifizierte Geschäftsvorfall nur zwei Jahre, wird der gewichtete Zweijahresdurchschnitt zugrunde gelegt; betrifft er nur ein Jahr, wird das Verhältnis anhand der Finanzergebnisse für das jeweilige Jahr ermittelt.

21 Zur Feststellung, ob die in den Anwendungskriterien genannten Schwellenwerte eingehalten werden, und zur Ermittlung der Faktorintensitätsstufe ist dieses Verhältnis für jedes Wirtschaftsjahr anhand des gewichteten Dreijahresdurchschnitts zu berechnen. Bei einem untersuchten Unternehmen im Wirtschaftsjahr *x* würde der gewichtete Dreijahresdurchschnitt beispielsweise wie folgt ermittelt werden: Die Summe der jährlichen Betriebskosten für die Jahre *x-3*, *x-2* und *x-1* wird durch die Summe der jährlichen gesamten Nettoerlöse im selben Zeitraum geteilt. Daraus ergibt sich der jeweilige Prozentsatz. Betrifft der qualifizierte Geschäftsvorfall nur zwei Jahre, wird der gewichtete Zweijahresdurchschnitt zugrunde gelegt; betrifft er nur ein Jahr, wird das Verhältnis anhand der Finanzergebnisse für das jeweilige Jahr ermittelt.

Gleichwertige Betriebskostenrendite steht für die gemäß Abschnitt 5.1 berechnete und zwecks Durchführung des Betriebskostenabgleichs nach Abschnitt 5.2 in ein entsprechendes Verhältnis EBIT/Betriebskosten umgerechnete Umsatzrendite eines untersuchten Unternehmens.

Obergrenze für Betriebskosten steht für die in Tabelle 5.2 angegebene maximale gleichwertige Betriebskostenrendite, die der vereinfachte und effiziente Ansatz für ein konkretes untersuchtes Unternehmen nach Abschnitt 5.2 ergeben kann.

Untergrenze für Betriebskosten steht für die in Tabelle 5.2 angegebene minimale gleichwertige Betriebskostenrendite, die der vereinfachte und effiziente Ansatz für ein konkretes untersuchtes Unternehmen nach Abschnitt 5.2 ergeben kann.

Qualifizierte(r) Staat(en) im Sinne von Abschnitt 5.2 steht für Staaten, in denen bei Ermittlung der Bandbreite für Betriebskosten für in ihrem Gebiet gelegene untersuchte Unternehmen alternative Obergrenzen gelten. Die Qualifizierungskriterien werden bei einer späteren Aktualisierung in diese Handreichung aufgenommen. Die Liste der qualifizierten Staaten im Sinne von Abschnitt 5.2 wird zu einem späteren Zeitpunkt anhand dieser Qualifizierungskriterien festgelegt, auf der OECD-Website veröffentlicht und alle 5 Jahre aktualisiert.

Rest dieser Leitlinien und *diese Leitlinien* steht für die gesamten OECD-Verrechnungspreisleitlinien für multinationale Unternehmen und Steuerverwaltungen mit Ausnahme der Handreichung in diesem Anhang.

Diese Handreichung steht für den gesamten vorliegenden Anhang und nicht für den Rest dieser Leitlinien.

1 Einleitung

1. Der Vertrieb ist für multinationale Konzerne eine notwendige Funktion, um den in den verschiedenen Phasen ihrer Geschäftstätigkeit geschaffenen Mehrwert erfolgreich realisieren zu können. Grundsätzlich ist der Begriff des Vertriebs weit gefasst, er umfasst jedoch wenigstens die Durchführung zentraler Vertriebstätigkeiten.

2. Verrechnungspreiskonflikte im Zusammenhang mit Vereinbarungen über grundlegende Marketing-und Vertriebstätigkeiten können für Steuerverwaltungen, insbesondere in Staaten mit geringen Kapazitäten, administrative Probleme und für Steuerpflichtige einen hohen Befolgungsaufwand mit sich bringen. Derartige Konflikte können bei der sachgerechten Abgrenzung einer Vereinbarung entstehen. Zudem können sie bei der Preisbestimmung im Zusammenhang mit Marketing- und Vertriebsvereinbarungen entstehen, insbesondere in Fragen wie der Wahl der Verrechnungspreismethode, der Eignung der Vergleichsanalyse (v. a. der Ermittlung und Auswahl nichtinländischer Vergleichswerte) oder gegebenenfalls der Vornahme angemessener Vergleichbarkeitsanpassungen.

3. Der in dieser Handreichung beschriebene vereinfachte und effiziente Ansatz basiert auf den Kapiteln I bis III und berücksichtigt Kapitel IV Abschnitt E dieser Leitlinien. Es handelt sich um einen vereinfachten und effizienten Ansatz zur näherungsweisen Bestimmung eines fremdvergleichskonformen Ergebnisses bei in den Anwendungsbereich fallenden Vereinbarungen über grundlegende Marketing- und Vertriebstätigkeiten. Damit soll regelkonformes Verhalten gefördert, die Entstehung von Verrechnungspreiskonflikten verhindert und die Beilegung entstandener Konflikte effizienter gestaltet werden.

4. Der vereinfachte und effiziente Ansatz ist als Vereinfachungsmaßnahme zur Preisbestimmung bei in den Anwendungsbereich fallenden Vertriebsvereinbarungen zu betrachten, die sich auf die allgemeinen Grundsätze im Rest dieser Leitlinien stützt. Die Handreichung in diesem Anhang ist weder als Änderung dieser allgemeinen Grundsätze zu verstehen noch zur Auslegung der Anwendung des Rests dieser Leitlinien auf Geschäftsvorfälle heranzuziehen.

2 Überlegungen bezüglich der Anwendung des vereinfachten und effizienten Ansatzes

5. Staaten haben einen unterschiedlichen Hintergrund und können bei der Anwendung des Fremdvergleichsgrundsatzes auf unterschiedliche Schwierigkeiten stoßen. Staaten, die beispielsweise mit begrenzten Kapazitäten oder Problemen bei der Ermittlung zuverlässiger Informationsquellen konfrontiert sind, können sich dafür entscheiden, auf die in ihrem Gebiet ansässigen Vertriebsunternehmen den vereinfachten und effizienten Ansatz anzuwenden.

6. Der vereinfachte und effiziente Ansatz ist so konzipiert, dass er die Preisbestimmung für in den Anwendungsbereich fallende Geschäftsvorfälle durch eine Lösung vereinfacht, die einem fremdvergleichskonformen Ergebnis im Staat des untersuchten Unternehmens nahekommt. In Staaten, die sich für die Anwendung des vereinfachten und effizienten Ansatzes entscheiden[22], gilt das durch ihn ermittelte Ergebnis als fremdvergleichskonform. In Staaten, die sich nicht für die Anwendung des vereinfachten und effizienten Ansatzes entscheiden, gilt ein durch ihn ermitteltes Ergebnis nicht als fremdvergleichskonform (auch nicht für die Zwecke von Artikel 9 und im weiteren Sinne Artikel 25 des Musterabkommens). Das von einem Staat nach dem vereinfachten und effizienten Ansatz ermittelte Ergebnis ist für den Kontrahentenstaat nicht bindend.[23]

7. Ein Staat, der sich für die Anwendung des vereinfachten und effizienten Ansatzes entscheidet, kann zwischen zwei Optionen wählen, die sich darin unterscheiden, welche Unternehmen den Ansatz in Anspruch nehmen können.[24] Bei der ersten Option kann ein Staat den in seinem Gebiet ansässigen untersuchten Unternehmen die Möglichkeit einräumen, den vereinfachten und effizienten Ansatzes freiwillig anzuwenden. Bei der zweiten Option kann ein Staat seiner Steuerverwaltung und den in seinem Gebiet ansässigen untersuchten Unternehmen die Anwendung des vereinfachten und effizienten Ansatzes vorschreiben, sodass die Steuerverwaltung festlegen kann, dass die Steuerpflichtigen bei Erfüllung der Anwendungskriterien den Ansatz anwenden müssen, und sie ihrerseits verpflichtet wäre, ihn unter vergleichbaren Umständen anzuwenden.

8. Unabhängig davon, für welche der beiden Optionen sich ein Staat entscheidet, sollten die zuständigen Behörden und die Steuerpflichtigen die jeweiligen Auswirkungen auf die Entlastung von der Doppelbesteuerung prüfen und dabei die Hinweise in den Ziffern 4.117 und 4.131 dieser Leitlinien sowie in Abschnitt 8 dieser Handreichung beachten. Steuerpflichtige dürfen sich zur Begründung, dass ein Ergebnis als fremdvergleichskonform gilt, nicht auf den vereinfachten und effizienten Ansatz berufen, wenn sie ihre Steuererklärung in Staaten abgeben, die den Ansatz nicht anwenden.[25] Dies wäre bei Steuererklärungen im Staat des untersuchten Unternehmens der Fall, wenn dieser Staat den vereinfachten und effizienten Ansatz nicht eingeführt hat. Ebenso wäre es bei Steuererklärungen im Kontrahentenstaat der Fall, wenn dieser den vereinfachten und effizienten Ansatz nicht eingeführt hat, selbst wenn das untersuchte Unternehmen in einem Staat ansässig ist, der ihn eingeführt hat.

9. Das fremdvergleichskonforme Ergebnis für Geschäftsvorfälle außerhalb des Anwendungsbereichs ist streng nach den Grundsätzen im Rest dieser Leitlinien zu prüfen. Kommt eine Tätigkeit nicht für den vereinfachten und effizienten Ansatz nach dieser

22 Die Liste der Staaten, die bei untersuchten Unternehmen in ihrem Gebiet den vereinfachten und effizienten Ansatz anwenden, wird auf der OECD-Website veröffentlicht werden.

23 Dabei ist zu beachten, dass die Anwendung des vereinfachten und effizienten Ansatzes in einigen Fällen zu demselben Ergebnis führen kann wie die Anwendung des Rests dieser Leitlinien.

24 Vgl. Kapitel IV dieser Leitlinien, insbesondere die Ziffern 4.102 und 4.108.

25 Vgl. auch die Abschnitte 6 und 8 (insbesondere Ziffer 72) dieser Handreichung. Gibt ein Steuerpflichtiger seine Steuererklärung nach dem vereinfachten und effizienten Ansatz in einem Staat ab, der sich nicht für dessen Anwendung entschieden hat, kann es sein, dass damit die einschlägigen nationalen Berichtspflichten, einschließlich der Dokumentationspflichten, nach den innerstaatlichen Vorschriften dieses Staates nicht erfüllt werden.

Handreichung infrage, ist dies darüber hinaus nicht so auszulegen, als würden mit dieser Tätigkeit niedrigere oder höhere Renditen erzielt als nach dem vereinfachten und effizienten Ansatz zulässig oder als stellten die für in den Anwendungsbereich fallende Steuerpflichtige geltenden Renditen generell eine Unter- oder Obergrenze für Renditen aus Vertriebstätigkeiten dar.

3 In den Anwendungsbereich fallende Geschäftsvorfälle

3.1. Qualifizierte Geschäftsvorfälle

10. Für den vereinfachten und effizienten Ansatz gelten die folgenden konzerninternen Geschäftsvorfälle als qualifizierte Geschäftsvorfälle:

a) Buy-sell-Geschäftsvorfälle im Bereich Marketing und Vertrieb, bei denen das Vertriebsunternehmen von einem oder mehreren verbundenen Unternehmen Waren für den Großhandelsvertrieb an fremde Dritte einkauft, sowie

b) Geschäftsvorfälle unter Einbindung von Verkaufsvertretern und Kommissionären, bei denen der Verkaufsvertreter oder Kommissionär zum Warengroßhandelsvertrieb eines oder mehrerer verbundener Unternehmen an fremde Dritte beiträgt.[26]

11. Vor Anwendung der Anwendungskriterien sollte unter Berücksichtigung aller fünf Vergleichbarkeitsfaktoren und der wirtschaftlich relevanten Merkmale des Geschäftsvorfalls eine sachgerechte Abgrenzung des qualifizierten Geschäftsvorfalls im Einklang mit Kapitel I dieser Leitlinien erfolgen.[27] Ein qualifizierter Geschäftsvorfall, der sachgerecht abgegrenzt wurde, unterliegt dem vereinfachten und effizienten Ansatz, wenn er die Anwendungskriterien in Abschnitt 3.2 erfüllt. Daher sind bei der Prüfung, ob jedes der Anwendungskriterien erfüllt ist, und somit zur Feststellung, ob ein Geschäftsvorfall dem vereinfachten und effizienten Ansatz unterworfen werden kann, die bei der sachgerechten Abgrenzung des Geschäftsvorfalls gewonnenen Informationen zu heranzuziehen.

12. Die Feststellung, ob ein qualifizierter Geschäftsvorfall in den Anwendungsbereich fällt, hängt nicht von bestimmten Bezeichnungen ab, sondern in erster Linie von den ausgeübten Funktionen, den verwendeten Vermögenswerten und den von den an dem qualifizierten Geschäftsvorfall Beteiligten übernommenen Risiken. Wenngleich diese Handreichung keine erschöpfende Auflistung grundlegender Marketing- und Vertriebstätigkeiten vorgeben soll, haben Vertriebsunternehmen bei in den Anwendungsbereich fallenden Geschäftsvorfällen bestimmte zentrale Vertriebsfunktionen auszuüben.

3.2. Anwendungskriterien

13. Damit ein qualifizierter Geschäftsvorfall in den Anwendungsbereich des vereinfachten und effizienten Ansatzes fällt, müssen folgende Voraussetzungen erfüllt sein:

a) Der qualifizierte Geschäftsvorfall muss wirtschaftlich relevante Merkmale aufweisen, anhand derer er mit einer einseitigen Verrechnungspreismethode und dem Vertriebsunternehmen, Verkaufsvertreter oder Kommissionär als untersuchtem Unternehmen zuverlässig bepreist werden kann.[28]

---

26 Das verbundene Unternehmen, das den Verkaufsvertreter oder Kommissionär beauftragt und bei einem potenziell qualifizierten Geschäftsvorfall der Auftraggeber des Verkaufsvertreters beziehungsweise Kommissionärs ist, muss die Waren unmittelbar an fremde Dritte verkaufen, d. h. ohne dass es selbst bzw. der Verkaufsvertreter oder Kommissionär zwischen sich und dem fremden Dritten andere verbundene Unternehmen als Vermittler einbindet.

27 Siehe auch Ziffer 1.34 dieser Leitlinien, die bei der Anwendung des vereinfachten und effizienten Ansatzes zu berücksichtigen ist.

28 Vgl. 2.4, 2.65, 2.66, 2.126, 3.10 und 3.19. Vgl. auch Kapitel II Teil III Abschnitt B, in dem die wirtschaftlich relevanten Begleitumstände erörtert werden, unter denen die geschäftsvorfallbezogene Nettomargenmethode die am besten geeignete Methode darstellt. In Abschnitt 4 der vorliegenden Handreichung wird dieses Thema im Zusammenhang mit der Ermittlung fremdüblicher Renditen beim vereinfachten und effizienten Ansatz weiter erörtert.

b) Die jährlichen Betriebskosten des an dem qualifizierten Geschäftsvorfall beteiligten untersuchten Unternehmens dürfen nicht unter 3 % bzw. über einer Obergrenze von 20 % bis 30 % seiner jährlichen Nettoerlöse liegen.[29, 30]

14. Qualifizierte Geschäftsvorfälle, die nach Ziffer 13[31] nicht außerhalb des Anwendungsbereichs des vereinfachten und effizienten Ansatzes liegen, sind dennoch vom Anwendungsbereich ausgeschlossen, wenn

a) der qualifizierte Geschäftsvorfall den Vertrieb immaterieller Güter, Dienstleistungen oder das Marketing, den Handel oder Vertrieb von Rohstoffen beinhaltet oder

b) das untersuchte Unternehmen neben dem qualifizierten Geschäftsvorfall auch Nicht-Vertriebstätigkeiten ausübt, außer wenn der qualifizierte Geschäftsvorfall gesondert sachgemäß beurteilt und von den Nicht-Vertriebstätigkeiten getrennt zuverlässig bepreist werden kann.[32][33]

3.3. Kommentar

15. In diesem Unterabschnitt soll die Anwendung der Anwendungskriterien auf qualifizierte Geschäftsvorfälle erläutert und veranschaulicht werden.

3.3.1. Anwendungskriterium 13.a – Der qualifizierte Geschäftsvorfall muss wirtschaftlich relevante Merkmale aufweisen, anhand derer er mit einer einseitigen Verrechnungspreismethode und dem Vertriebsunternehmen als untersuchtem Unternehmen zuverlässig bepreist werden kann.

16. Anwendungskriterium 13.a begrenzt die Anwendung des vereinfachten und effizienten Ansatzes auf die Geschäftsvorfälle, die mit einer einseitigen Methode und dem Vertriebsunternehmen als untersuchtem Unternehmen zuverlässig bepreist werden können.

17. Bei der Prüfung, ob ein qualifizierter Geschäftsvorfall in den Anwendungsbereich fällt, ist die Feststellung, dass keine zweiseitige Verrechnungspreismethode angewendet werden darf, besonders wichtig. Daher legt das erste Anwendungskriterium fest, dass ein in den Anwendungsbereich fallendes Vertriebsunternehmen wirtschaftlich relevante Merkmale aufweisen muss, anhand derer der qualifizierte Geschäftsvorfall mit einer einseitigen Methode zuverlässig bepreist werden kann. Nach Abschnitt 4 stellt die geschäftsvorfallbezogene Nettomargenmethode beim vereinfachten und effizienten Ansatz die am besten geeignete Methode zur Preisbestimmung für in den Anwendungsbereich fallende Geschäftsvorfälle dar, mit Ausnahme der Fälle, in denen die Preisvergleichsmethode unter Verwendung interner Vergleichswerte verlässlich angewendet werden kann und die erforderlichen Informationen den Steuerverwaltungen und Steuerpflichtigen ohne Weiteres zur Verfügung stehen.

---

29 Ist der Kommissionär oder Verkaufsvertreter nicht das Unternehmen, das den Verkauf tätigt, wird das Verhältnis der Betriebskosten zum Umsatz anhand der Umsätze des Auftraggebers des Kommissionärs bzw. Verkaufsvertreters (d. h. des Unternehmens, das den Verkauf an den fremden Dritten tätigt) berechnet, wohingegen im Zähler grundsätzlich nur die Nettobetriebskosten des Kommissionärs oder Verkaufsvertreters berücksichtigt werden.

30 Staaten, die sich für den vereinfachten und effizienten Ansatz entscheiden, legen die Obergrenze für dieses Anwendungskriterium bei der Einführung fest, wobei sie nicht unter 20 % und nicht über 30 % liegen darf.

31 Anm. d. Übers.: Im englischen Original steht hier fälschlicherweise „Ziffer 4".

32 Vgl. Ziffern 3.9 bis 3.12 dieser Leitlinien

33 Übt ein an einem qualifizierten Geschäftsvorfall beteiligtes untersuchtes Unternehmen Nicht-Vertriebstätigkeiten aus, sodass das Anwendungskriterium 14.b geprüft werden muss, sollte die Berechnung der zur Feststellung, ob dieser qualifizierte Geschäftsvorfall in den Anwendungsbereich fällt, erforderlichen Quoten oder anderer für die Bewertung des qualifizierten Geschäftsvorfalls nach dieser Handreichung erforderlicher Quoten nur in Bezug auf die für den qualifizierten Geschäftsvorfall relevanten Erlöse, Aufwendungen oder Vermögenswerte erfolgen.

18. In Kapitel II Teil III Abschnitt C.2.2 werden drei zentrale wirtschaftlich relevante Merkmale qualifizierter Geschäftsvorfälle beschrieben, die darauf hinweisen, dass eine einseitige Verrechnungspreismethode nicht geeignet ist, um für einen qualifizierten Geschäftsvorfall fremdübliche Bedingungen zu ermitteln. Diese Merkmale sollten bei der Beurteilung, ob ein qualifizierter Geschäftsvorfall für den vereinfachten und effizienten Ansatz geeignet ist, berücksichtigt werden. Der erste Fall liegt vor, wenn die Beiträge aller Beteiligten zu dem qualifizierten Geschäftsvorfall „einzigartig und wertvoll" sind, einschließlich der Beiträge in Form von einzigartigen und wertvollen immateriellen Werten (C.2.2.1).[34] Der zweite Fall liegt vor, wenn das Vertriebsunternehmen und seine Vertragspartner bei dem qualifizierten Geschäftsvorfall Funktionen ausüben, Vermögenswerte verwenden und Risiken übernehmen, die so eng miteinander verbunden sind, dass ihre Beiträge nicht verlässlich voneinander getrennt bewertet werden können (C.2.2.2). Der dritte Fall liegt vor, wenn das Vertriebsunternehmen und seine Vertragspartner ein oder mehrere wirtschaftlich signifikante Risiken des Geschäftsvorfalls gemeinsam übernehmen oder wenn die verschiedenen wirtschaftlich signifikanten Risiken im Zusammenhang mit dem Geschäftsvorfall zwar von den Beteiligten getrennt getragen werden, diese Risiken aber so eng miteinander verbunden sind und/oder zusammenhängen, dass die Folgen der von den einzelnen Beteiligten übernommenen Risiken nicht verlässlich voneinander getrennt werden können (C.2.2.3).

19. Die Beispiele 1 bis 4 in Anhang II zu Kapitel II dieser Leitlinien enthalten nützliche Hinweise für die praktische Anwendung dieses Anwendungskriteriums.

20. Je nach sachgerechter Abgrenzung des qualifizierten Geschäftsvorfalls können zu den einzigartigen und wertvollen Beiträgen eines Vertriebsunternehmens u. a. Beiträge zur Entwicklung, Verbesserung, Erhaltung, zum Schutz und zur Verwertung immaterieller Werte gehören, die im Zusammenhang mit dem qualifizierten Geschäftsvorfall selbst einzigartig und wertvoll sind. Weitere Erläuterungen zum Eigentum an immateriellen Werten und den mit diesen Werten verbundenen Funktionen, Vermögenswerten und Risiken finden sich in Kapitel VI Abschnitte B.1 und B.2 dieser Leitlinien, zusammen mit dem unter Ziffer 6.34 beschriebenen Rahmen, der bei der Analyse von Geschäftsvorfällen mit immateriellen Werten anzuwenden ist. Des Weiteren enthält Ziffer 6.56 dieser Leitlinien einige Beispiele für Beiträge, die von Bedeutung sein können.[35] Einzigartige und wertvolle Beiträge dieser Art sind sowohl bei der Beurteilung immaterieller Werte, die von einem Vertriebsunternehmen selbst geschaffen wurden, als auch bei der Beurteilung erworbener immaterieller Werte zu berücksichtigen.

21. Weitere Hinweise, die für die Ermittlung einzigartiger und wertvoller Beiträge bei der sachgerechten Abgrenzung des qualifizierten Geschäftsvorfalls hilfreich sein können, finden sich unter den Ziffern 1.169 bis 1.171 dieser Leitlinien. Darin wird darauf hingewiesen, dass unter bestimmten Umständen z. B. eine für den Marktzutritt erforderliche auf-

---

34 Vgl. Glossar und Ziffern 2.126, 2.130 und 2.131-2.132. Dieses Kriterium gilt insbesondere für alle Fälle, in denen die Beiträge des Vertriebsunternehmens zu dem qualifizierten Geschäftsvorfall einzigartig und wertvoll sind.

35 Für Zwecke des vereinfachten und effizienten Ansatzes dienen die Beispiele unter Ziffer 6.56 nur der Veranschaulichung und jede Schlussfolgerung, dass solche Beiträge einzigartig und wertvoll sind, sollte auf einer sachgerechten Abgrenzung des qualifizierten Geschäftsvorfalls beruhen. Ausgehend von den unter Ziffer 6.56 angeführten Beispielen können einzigartige und wertvolle Beiträge im Rahmen qualifizierter Geschäftsvorfälle u. a. die Gestaltung und Steuerung von Marketingprogrammen, die Ausrichtung und Prioritätensetzung für kreative Unternehmungen im Zusammenhang mit der Vermarktung der vertriebenen Produkte, die Kontrolle über strategische Entscheidungen in Bezug auf Programme für die Entwicklung immaterieller Werte oder die Verwaltung und Kontrolle der damit verbundenen Etats umfassen. Weitere relevante Beiträge können auch wichtige Entscheidungen in Bezug auf die Verteidigung und den Schutz immaterieller Werte wie Marken oder Firmennamen sein sowie wichtige Entscheidungen über die laufende Qualitätskontrolle für Funktionen, die von unabhängigen oder verbundenen Unternehmen ausgeübt werden und die einen wesentlichen Effekt auf den Wert des betreffenden immateriellen Werts haben können.

sichtsrechtliche Zulassung ein immaterieller Wert sein kann, dessen Wert im Zusammenhang mit dem jeweiligen Geschäftsvorfall von mehreren Faktoren abhängt, u. a. davon, ob die Zulassung ohne Weiteres beschafft werden kann und ob sie die Zahl der Wettbewerber auf dem Markt einschränkt. Bei der Beurteilung des Effekts der zur Erlangung der Zulassung geleisteten Beiträge ist es wichtig, sowohl die vom Vertriebsunternehmen als auch von anderen Konzernunternehmen bei der Bereitstellung der zur Erlangung der Zulassung erforderlichen Fähigkeiten geleisteten Beiträge zu berücksichtigen. Bei der Beurteilung dieser Funktionen und der Frage, ob sie einen einzigartigen und wertvollen Beitrag darstellen, sollte Kapitel VI Abschnitt B, insbesondere Ziffer 6.34, berücksichtigt und angewendet werden.

3.3.2. Anwendungskriterium 13.b – quantitativer Filter

22. Nach Prüfung des Anwendungskriteriums 13.a dient das Anwendungskriterium 13.b dazu, qualifizierte Geschäftsvorfälle mithilfe quantitativer Filter vom Anwendungsbereich des vereinfachten und effizienten Ansatzes auszuschließen.

23. Diese quantitativen Filter bieten in Verbindung mit den anderen Anwendungskriterien einen vereinfachten Mechanismus für die Beurteilung, ob ein untersuchtes Unternehmen in den Anwendungsbereich fällt.[36] Die Obergrenze dient beispielsweise als Hilfsvariable, um qualifizierte Geschäftsvorfälle vom Anwendungsbereich auszuschließen, wenn das Verhältnis zwischen Betriebskosten und Umsatz darauf hindeuten könnte, dass zusätzliche Funktionen ausgeübt werden, sodass die in Abschnitt 5 dieser Handreichung dargestellte Verrechnungspreismethode de facto weniger zuverlässig wäre. Der quantitative Filter stellt somit sicher, dass die in Abschnitt 5 dieser Handreichung dargestellte Verrechnungspreismethode zur Ermittlung fremdüblicher Preise für qualifizierte Geschäftsvorfälle verlässlich angewendet werden kann.

Berechnung der quantitativen Filter aus 13.b

24. Da sowohl die Betriebskosten als auch die Nettoerlöse im Laufe der Zeit schwanken, wird dies zwangsläufig dazu führen, dass bestimmte Vertriebsunternehmen mal in den Anwendungsbereich fallen und mal nicht. Um die Einordnung in den Anwendungsbereich konsistenter zu gestalten, sollte die Berechnung der oben genannten Quote auf der Grundlage eines gewichteten Dreijahresdurchschnitts erfolgen. Zur Feststellung, ob ein qualifizierter Geschäftsvorfall in den Anwendungsbereich fällt, sollte der gewichtete Dreijahresdurchschnitt auf Jahresbasis berechnet werden. So würde z. B. für einen qualifizierten Geschäftsvorfall im Wirtschaftsjahr x die gewichtete Dreijahresdurchschnittsquote er-

36 Quantitative Filter dienen beim vereinfachten und effizienten Ansatz der Vereinfachung und geben keinen eindeutigen Aufschluss darüber, welche Funktionen ausgeübt werden oder wie Vertriebsunternehmen, die nicht in den Anwendungsbereich fallen, oder Vertriebsunternehmen allgemein zu charakterisieren sind. Liegt ein Vertriebsunternehmen nicht im Anwendungsbereich, sollte daraus – unabhängig von den angelegten Anwendungskriterien – kein fremdüblicher Preis für den konzerninternen Geschäftsvorfall abgeleitet werden. Zur Klarstellung wird ausdrücklich darauf hingewiesen, dass die Bestimmung von Fremdvergleichspreisen unter diesen Umständen anhand der im Rest dieser Leitlinien aufgestellten Grundsätze erfolgen sollte. Die quantitativen Filter, die angewendet werden, um festzustellen, ob ein qualifizierter Geschäftsvorfall in den Anwendungsbereich des vereinfachten und effizienten Ansatzes fällt, werden nur zu diesem Zweck eingesetzt und nicht beispielsweise in die Verrechnungspreismethode zur Ermittlung der Renditen für in den Anwendungsbereich fallende Vertriebsunternehmen übernommen.

mittelt werden, indem die Summe der jährlichen Betriebskosten für die Jahre x-3, x-2 und x-1 durch die Summe der jährlichen Nettoerlöse im selben Zeitraum geteilt wird, um den entsprechenden Prozentsatz erhalten.[37][38]

Betrifft der qualifizierte Geschäftsvorfall nur zwei Jahre, wird der gewichtete Zweijahresdurchschnitt zugrunde gelegt; betrifft er nur ein Jahr, wird der Prozentsatz anhand der Finanzergebnisse für das jeweilige Jahr ermittelt.

3.3.3. Anwendungskriterium 14.a – Ausschluss von immateriellen Gütern und Dienstleistungen sowie von Rohstoffen

Immaterielle Güter und Dienstleistungen

25. Der vereinfachte und effiziente Ansatz gilt für materielle Güter und erfasst nicht den Vertrieb und das Marketing von immateriellen Gütern oder Dienstleistungen. Er gilt für qualifizierte Geschäftsvorfälle, die den Vertrieb materieller Güter beinhalten und bei denen die gesamte Lieferkette und die Funktionsanalyse weitgehend konsistent sind.

Rohstoffe

26. Qualifizierte Geschäftsvorfälle, die den Handel, das Marketing oder den Vertrieb von Rohstoffen beinhalten, sind vom Anwendungsbereich ausgeschlossen. In diesem Unterabschnitt werden der Umfang dieses Ausschlusses erläutert und die betroffenen Rohstoffe definiert, wobei sowohl ein allgemeiner Grundsatz aufgestellt wird als auch einige Rohstoffe konkret als Beispiele aufgeführt werden.

27. Dem allgemeinen Grundsatz zufolge ist der Ausschluss umfassend und erstreckt sich auf Geschäftsvorfälle, die den Handel, das Marketing oder den Vertrieb von Produkten mit Rohstoffcharakter beinhalten, unabhängig davon, ob sie einen notierten Preis haben, und gilt auch für Geschäftsvorfälle, bei denen die Rohstoffe einer qualifizierten Verarbeitung unterzogen wurden. Für die Zwecke des vereinfachten und effizienten Ansatzes fällt Folgendes unter Rohstoffe:

a) Ein erneuerbares oder nicht erneuerbares physisches Produkt, das hauptsächlich aus der Erdkruste, dem Boden oder dem Wasser gewonnen wird. Diese erneuerbaren oder nicht erneuerbaren physischen Produkte können in festem, flüssigem oder gasförmigem Zustand vorkommen und verschiedene Formen annehmen, z. B. Kohlenwasserstoffe, Minerale, Mineraloide und landwirtschaftliche Erzeugnisse.

b) Ein erneuerbares oder nicht erneuerbares physisches Produkt, das einer qualifizierten Verarbeitung unterzogen wurde.

c) Ein Produkt, das der in Ziffer 2.18 dieser Leitlinien enthaltenen Begriffsbestimmung von Rohstoffen entspricht.

37 Wenn ein Vertriebsunternehmen Nicht-Vertriebstätigkeiten ausübt und nach Prüfung des Anwendungskriteriums 14.b weiterhin in den Anwendungsbereich fällt, sollten die unter 13.b beschriebenen Quoten nur auf Grundlage der Erlöse und Betriebskosten berechnet werden, die auf die Vertriebstätigkeit aufgeteilt bzw. ihr zugeordnet werden.

38 Wichtig bei der Berechnung der einzelnen Quoten ist die Bestimmung der geeigneten Betriebskosten sowie der geeigneten Nettoerlöse, die jeweils zu berücksichtigen sind. Diese Bestimmung sollte anhand einer sachgerechten Abgrenzung des Geschäftsvorfalls und unter Anwendung der in Kapitel II dieser Leitlinien dargelegten Grundsätze erfolgen. Bei der Bestimmung einer sachgerechten Behandlung der Betriebskosten können die Ziffern 2.99 und 2.100 dieser Leitlinien hilfreich sein. Darüber hinaus enthalten die Ziffern 2.96 und 2.97 dieser Leitlinien einige relevante Hinweise für die Bestimmung der geeigneten Behandlung von Erlösen, Rabatten und Preisnachlässen. Bei der Berechnung der Quote sollte auch die Behandlung von Durchlaufkosten geprüft werden. Bei einer sachgerechten Abgrenzung des Geschäftsvorfalls kann es unter Umständen vorkommen, dass Durchlaufkosten abgegrenzt werden und bei der Berechnung der Quote nicht berücksichtigt werden sollten. Dies sollte unter Berücksichtigung der an anderer Stelle in diesen Leitlinien dargelegten allgemeinen Grundsätze und der jeweiligen Umstände festgestellt werden. Darüber hinaus ist zu beachten, dass die Bezugnahme auf die Ziffern 2.96, 2.97, 2.99 und 2.100 dieser Leitlinien nicht so auszulegen ist, als würden die bestehenden Hinweise zu den am besten geeigneten Methoden für die Bewertung einer fremdüblichen Vergütung von Vertriebsunternehmen dadurch geändert.

28. Kohlenwasserstoffe, Minerale, Mineraloide und landwirtschaftliche Rohstoffe werden wie folgt definiert:

a) Kohlenwasserstoff bedeutet jede organische Verbindung, die überwiegend aus Kohlenstoff- und Wasserstoffmolekülen besteht und in festem, flüssigem oder gasförmigem Zustand natürlich in oder auf der Erde oder im Meeresboden oder Untergrund vorkommt und durch einen geologischen Prozess gebildet wurde oder einen geologischen Prozess durchlaufen hat, und umfasst u. a. Rohöl, Ölsand, Schweröl und Erdgas, das in einer unterirdischen Öl- und Gaslagerstätte oder einer Halde vorkommt.

b) Mineral bedeutet jeden anorganischen Stoff in festem Zustand, der kristalline Eigenschaften aufweist und natürlich in oder auf der Erdkruste oder im oder unter Wasser vorkommt und der durch einen geologischen Prozess gebildet wurde oder einen geologischen Prozess durchlaufen hat, und umfasst u. a. Ton, Edelsteine, Kies, Metall, Erz, Gestein, Sand, Erde, Stein, Salz und alle entsprechenden Stoffe, die in einer Erzlagerstätte, Halde oder einem Abraum vorkommen.

c) Mineraloid bedeutet jeden Stoff in festem, flüssigem oder gasförmigem Zustand, der keine kristallinen Eigenschaften aufweist und natürlich in oder auf der Erde oder im oder unter Wasser vorkommt und der durch einen geologischen Prozess gebildet wurde oder einen geologischen Prozess durchlaufen hat, und umfasst u. a. Bernstein, Kohle, Obsidian und Opale und alle entsprechenden Stoffe, die in einer Erzlagerstätte, Halde oder einem Abraum vorkommen.

d) Landwirtschaftlich bezeichnet rohe oder verarbeitete Primärprodukte, die für den Verbrauch vermarktet werden, und umfasst u. a. tierische Nebenprodukte wie Milchprodukte oder Fasern, Vieh, Getreide, Kaffee, Tee, Fischereiprodukte, forstwirtschaftliche Produkte, Obst und Gemüse.

29. Der Ausdruck „qualifizierte Verarbeitung" bedeutet die zur Bindung, Konzentrierung, Isolierung, Reinigung, Raffination, Mischung, Trennung, Aufzucht, Ernte, Erzeugung oder Freisetzung von Kohlenwasserstoffen, Mineralen, Mineraloiden oder landwirtschaftlichen Erzeugnissen vorgenommene Verarbeitung. Er umfasst auch die Verarbeitung zur Herstellung aller aus Kohlenwasserstoffen, Mineralen, Mineraloiden oder landwirtschaftlichen Erzeugnissen gewonnenen Zwischenprodukte, u. a. der in folgender Auflistung genannten Produkte:

- Flüssigerdgas, Flüssiggas und andere Erdgaskondensate, Diesel, Kerosin, Benzin und Wasserstoff
- Metalloxide, Metallhydroxide, Anoden, Kathoden, Gussmetalle, Aluminium und Legierungen
- Rinder, Geflügel, Schweine, Schafe, Ziegen, Weizen, Milchpulver, Baumwolle, Mais, Gerste, Reis, Sojabohnen, Kakao.

30. Um in Bezug auf den Ausschluss von Rohstoffen zusätzlich für Klarheit zu sorgen, werden hier – ohne Anspruch auf Vollständigkeit – Beispiele für ausgeschlossene Rohstoffe aufgeführt. Gängige Beispiele für Metalle sind Aluminium, Kupfer, Nickel, Eisen, Zinn, Gold, Blei, Metalle der Platingruppe, Silber, Mangan, Kobalt, Molybdän, Lithiumcarbonat/-hydroxid, Borsäure, Titan, Uran und Zink sowie Metalloxide und Metallhydroxide. Beispiele für Anoden sind Kupfer- und Grafitanoden. Beispiele für Kathoden sind Kupfer-, Kobalt-und Nickelkathoden. Gängige Beispiele für Öl- und Gaserzeugnisse sind Rohöl, Ölsand, Schweröl, Erdgas, Naphtha, Flüssigerdgas, Flüssiggas und andere Erdgaskondensate, Diesel, Kerosin, Benzin und Wasserstoff. Gängige Beispiele für landwirtschaftliche Erzeugnisse sind Vieh wie Rinder, Geflügel, Schweine, Schafe, Ziegen, weiche Rohstoffe wie Weizen, Baumwolle, Mais, Hafer, Gerste, Reis, Sojabohnen, Kakao, Zucker, Kaffee sowie forstwirtschaftliche Produkte, Obst und Gemüse.

31. Die aufgelisteten Produkte befinden sich in der Regel in der letzten Stufe des Produktionsprozesses, es kann jedoch sein, dass ein multinationaler Konzern auch Produkte verkauft, die sich in einer vorgelagerten Stufe befinden, d. h. Zwischenprodukte. Sofern die Zwischenprodukte die o. g. Begriffsbestimmungen erfüllen, würden sie dennoch unter den für Rohstoffe geltenden Ausschluss fallen.

3.3.4. Anwendungskriterium 14.b – vom qualifizierten Geschäftsvorfall getrennte Nicht-Vertriebstätigkeiten

32. Vertriebsunternehmen, die an qualifizierten Geschäftsvorfällen beteiligt sind, üben teilweise auch Nicht-Vertriebstätigkeiten aus. Übt ein solches untersuchtes Unternehmen Nicht-Vertriebstätigkeiten aus, fällt der qualifizierte Geschäftsvorfall nur dann weiterhin in den Anwendungsbereich, wenn er anhand einer sachgerechten Abgrenzung getrennt von jeglichen Nicht-Vertriebstätigkeiten sachgemäß bewertet und nach den Grundsätzen der Ziffern 3.9 bis 3.12 dieser Leitlinien getrennt von jeglichen Nicht-Vertriebstätigkeiten zuverlässig bepreist werden kann. Beispiele für die Anwendung der Ziffern 3.9 bis 3.12 im Rahmen des vereinfachten und effizienten Ansatzes finden sich in den Ziffern 35 bis 37[39].

33. Beispiele für Nicht-Vertriebstätigkeiten sind Tätigkeiten wie Fertigung, Forschung und Entwicklung, Beschaffung, Finanzierung oder Einzelhandelsvertriebstätigkeiten, die über dem in den Begriffsbestimmungen dieser Handreichung genannten Schwellenwert liegen. Um festzustellen, ob das Vertriebsunternehmen solche Tätigkeiten ausübt, können objektive Messgrößen herangezogen werden, z. B.

- für Fertigung das Vorhandensein von zur Fertigung genutzten Lagerbeständen (Fertigungslohnkosten und/oder Umlaufbestände) und/oder Vermögenswerten (z. B. Sachanlagen),
- für Forschung und Entwicklung das Entstehen von Forschungs- und Entwicklungskosten, auch wenn sie erstattet werden,
- für Beschaffung das Vorhandensein von Einnahmen in Form von Beschaffungsprovisionen,
- für Finanzierung das Vorhandensein von Kreditforderungen in der Bilanz und
- für Einzelhandel das Verkaufsprofil des Vertriebsunternehmens (z. B. vorhandene Vertriebskanäle und Umfang der Verkäufe an Einzelhandelskunden) oder Besitz bzw. Pacht von Ladenlokalen.

34. Ein untersuchtes Unternehmen kann eine Kombination aus Vertriebs- und Nicht-Vertriebstätigkeiten ausüben, für die es keine gesonderten Preise festlegt, und diese in der Praxis als einen gebündelten Geschäftsvorfall behandeln. So könnte ein Vertriebsunternehmen, das Produkte vertreibt, auch von dem Vertriebsgeschäft getrennte Dienstleistungen erbringen und für diese kombinierte Bereitstellung von Produkten und Dienstleistungen als gebündelten Geschäftsvorfall nur einen Preis berechnen. Da diese getrennten Tätigkeiten (in diesem Fall Vertrieb und Dienstleistungen) nicht separat mit verbundenen Unternehmen oder unverbundenen Unternehmen abgewickelt und fremdvergleichskonform bepreist werden, kann die Vertriebstätigkeit möglicherweise nicht sachgerecht gesondert beurteilt bzw. zuverlässig gesondert bepreist werden, da es für den gebündelten Geschäftsvorfall keine separaten Umsatzströme gibt. Der folgende Unterabschnitt enthält Beispiele für Fälle, in denen eine sachgerechte gesonderte Beurteilung und eine zuverlässige gesonderte Preisbestimmung schwierig sein können.

Beispiele für Probleme in Bezug auf eine sachgerechte gesonderte Beurteilung des Vertriebsgeschäftsvorfalls bzw. zuverlässige gesonderte Preisbestimmung

35. Die Ziffern 3.9 bis 3.12 dieser Leitlinien enthalten Beispiele für Geschäftsvorfälle, die so eng miteinander verbunden sind oder so eng aufeinanderfolgen, dass eine sachgerechte Beurteilung jedes einzelnen Geschäftsvorfalls nicht möglich ist. Im Folgenden werden einige Beispiele im Zusammenhang mit dem vereinfachten und effizienten Ansatz angeführt.

36. Es sei angenommen, dass ein Vertriebsunternehmen zur Entwicklung von Fertigungspatenten für Produkte beiträgt, die nicht mit den von ihm vertriebenen Produkten in Verbindung stehen. Unter der Voraussetzung, dass die mit der Entwicklung der Patente verbundenen Erlöse, direkten und indirekten Kosten und Vermögenswerte – unabhängig

39 Anm. d. Übers.: Im englischen Original steht hier fälschlicherweise „Ziffern 26 bis 28“.

davon, ob sie zugerechnet oder aufgeteilt werden – von dem qualifizierten Geschäftsvorfall zuverlässig getrennt werden können, sodass sich alle verbleibenden Erlöse, direkten und indirekten Kosten oder Vermögenswerte nur auf den qualifizierten Geschäftsvorfall des Vertriebs beziehen, würde der qualifizierte Geschäftsvorfall weiterhin in den Anwendungsbereich fallen.

37. Eine weitere Konstellation, bei der sowohl eine sachgerechte gesonderte Beurteilung als auch eine zuverlässige gesonderte Preisbestimmung problematisch sind, ist dann gegeben, wenn ein multinationaler Konzern die Bereitstellung von Waren und Dienstleistungen bündelt, sodass es schwierig sein kann, diese Tätigkeiten voneinander zu trennen und die der jeweiligen Tätigkeit zurechenbaren Erlöse und Gewinne zu quantifizieren. Ein Beispiel hierfür ist, wenn ein Vertriebsunternehmen neben dem Verkauf materieller Güter auch Konsumentenfinanzierung anbietet (z. B. Ratenzahlung oder unmittelbar mit dem Produktverkauf verbundene Finanzierung). In solchen Fällen könnte es schwierig werden, die mit dem Vertrieb der materiellen Güter verbundenen Finanzergebnisse von der Finanzierung zu trennen.[40]

Hinweise zur praktischen Zuordnung von Erlösen, Kosten, Vermögenswerten und Verbindlichkeiten zu den Vertriebstätigkeiten

38. Die Ziffern 2.83, 2.84, 2.85, 2.86, 2.91 und 2.98 sowie Kapitel VII Abschnitte B.2.2.2 und B.2.3 enthalten die allgemeinen Grundsätze für die Zuordnung von Erlösen, Kosten, Vermögenswerten und Verbindlichkeiten in Bezug auf einen Geschäftsvorfall im Vertrieb sowie andere Geschäftsvorfälle. Eine Zuordnung von Vermögenswerten zur Preisbestimmung des in den Anwendungsbereich fallenden qualifizierten Geschäftsvorfalls sollte im Einklang mit diesen Hinweisen und den zugrunde liegenden Grundsätzen erfolgen, auch wenn Vermögenswerte darin nicht ausdrücklich erwähnt werden.

39. Die Steuerverwaltungen benötigen verschiedene Informationen, um die Zuverlässigkeit der Zuordnung bzw. Aufteilung von Erlösen, Kosten, Vermögenswerten und Verbindlichkeiten beurteilen zu können, und die Steuerpflichtigen sollten diese Informationen gemäß den in Abschnitt 6 beschriebenen Dokumentationspflichten bereitstellen. Gegebenenfalls müssen die Steuerverwaltungen die interne Rechnungslegung, das Organigramm und die Managementstruktur des Unternehmens über mehrere Wirtschaftsjahre hinweg beurteilen. Dabei müssen sie unter Umständen auch prüfen, ob die Zuordnung bzw. Aufteilung von Erlösen, Kosten, Vermögenswerten und Verbindlichkeiten einheitlich vorgenommen wurde.

4 Anwendung des Grundsatzes der am besten geeigneten Methode auf in den Anwendungsbereich fallende Geschäftsvorfälle

40. Die Auswahl der Verrechnungspreismethode zielt immer darauf ab, für jeden Einzelfall die am besten geeignete Methode zu finden. Bei Prüfung der verschiedenen Methoden für in den Anwendungsbereich fallende Geschäftsvorfälle muss jedoch weder nachgewiesen werden, dass eine bestimmte Methode unter den gegebenen Umständen *nicht* geeignet ist, noch müssen bei der Auswahl der am besten geeigneten Methode *alle* Verrechnungspreismethoden eingehend analysiert oder in jedem Fall getestet werden.[41]

---

40 Nach Kapitel I Abschnitt D.8 und Ziffer 1.179 dieser Leitlinien können bei konzerninternen Geschäftsvorfällen innerhalb eines multinationalen Konzerns Synergien entstehen, die eine spezifische fremdvergleichskonforme Vergütung rechtfertigen können. Die entsprechenden Grundsätze sind auch beim vereinfachten und effizienten Ansatz zu berücksichtigen. Trägt beispielsweise ein Vertriebsunternehmen zur Entstehung solcher Konzernsynergien bei oder führt eine innerhalb des multinationalen Unternehmens, dem das Vertriebsunternehmen angehört, ausgeübte wirtschaftliche Nicht-Vertriebstätigkeit zu ähnlichen Beiträgen, die dem Vertriebsunternehmen zugutekommen, kann dies eine sachgerechte gesonderte Beurteilung des qualifizierten Geschäftsvorfalls erschweren, da für die Synergieerzeugung möglicherweise eine Vergütung berechnet werden muss.

41 Vgl. Ziffern 2.2 und 2.8 dieser Leitlinien.

41. Ausgehend von den wirtschaftlich relevanten Merkmale der in den Anwendungsbereich fallenden Geschäftsvorfälle und der verfügbaren Informationen über vergleichbare Fremdgeschäftsvorfälle gilt beim vereinfachten und effizienten Ansatz die geschäftsvorfallbezogene Nettomargenmethode als die am besten geeignete Methode.

42. Dabei kann es durchaus Fälle geben (die aufgrund des Ausschlusses des Vertriebs von Rohstoffen vom Anwendungsbereich jedoch selten sein dürften), in denen die Preisvergleichsmethode unter Verwendung interner Vergleichswerte zur Preisbestimmung der in den Anwendungsbereich fallenden Geschäftsvorfälle besser geeignet sein könnte. In diesen Fällen kann bei in den Anwendungsbereich des vereinfachten und effizienten Ansatz fallenden Geschäftsvorfällen zur zuverlässigen Preisbestimmung ausnahmsweise die Preisvergleichsmethode unter Verwendung interner Vergleichswerte verwendet werden, sofern dies im Einklang mit Kapitel II Teil II Abschnitt B und Kapitel III Abschnitt A.4.2 dieser Leitlinien steht und sowohl die Vergleichswerte als auch alle zur Feststellung, dass die Preisvergleichsmethode besser geeignet ist, herangezogenen Informationen den Steuerverwaltungen und Steuerpflichtigen ohne Weiteres zur Verfügung stehen.

5 Ermittlung der Rendite nach dem vereinfachten und effizienten Ansatz

43. Die Methodik und die Hinweise in Abschnitt 5, einschließlich der unter 5.1, 5.2 und 5.3 beschriebenen Komponenten und ihnen zugrunde liegenden Begriffsbestimmungen, beziehen sich ausdrücklich auf die Anwendung des vereinfachten und effizienten Ansatzes. Ebenso wie alle anderen Komponenten des vereinfachten und effizienten Ansatzes sind weder der Betriebskostenabgleich noch der Datenverfügbarkeitsmechanismus noch einzelne Elemente dieser Komponenten so auszulegen, als wären sie auch bei Anwendung einer nach dem Rest dieser Leitlinien für einen Geschäftsvorfall als am besten geeignet ermittelten Methode einzubeziehen.

5.1. Preisbestimmungsmatrix

44. Durch Anwendung der maßgeblichen Benchmarking-Suchkriterien sowie eine weitere Prüfung und manuelle Durchsicht zur Berücksichtigung der Anwendungskriterien wurde ein globaler Datensatz von Unternehmen mit grundlegenden Marketing- und Vertriebstätigkeiten erstellt. Die aus diesem globalen Datensatz abgeleiteten Finanzinformationen bildeten teilweise die Grundlage für die näherungsweise Bestimmung fremdvergleichskonformer Ergebnisse, anhand derer eine Preisbestimmungsmatrix entwickelt wurde.[42]

45. Dabei wurde die näherungsweise Bestimmung der fremdvergleichskonformen Ergebnisse anhand folgender Faktoren als Matrixsegmente abgebildet: Nettobetriebsvermögensintensität (OAS), Betriebskostenintensität (OES) und Branchengruppen.

46. Für die Zwecke des vereinfachten und effizienten Ansatzes wurde zur Ermittlung von Verrechnungspreisergebnissen für in den Anwendungsbereich fallende Geschäftsvorfälle die Umsatzrendite als Nettogewinnindikator verwendet.

42 Näheres hierzu siehe Anlage A.

Tabelle 5.1 Preisbestimmungsmatrix (Umsatzrendite in %) auf Grundlage des globalen Datensatzes

Branchengruppe	Branchengruppe 1	Branchengruppe 2	Branchengruppe 3
Faktorintensität			
[A] hohe OAS/ OES > 45%/ jedes Niveau	**3,50 %**	**5,00 %**	**5,50 %**
[B] mittlere/hohe OAS/ OES 30%-44,99%/ jedes Niveau	**3,00 %**	**3,75 %**	**4,50 %**
[C] mittlere/niedrige OAS/ OES 15%-29,99%/ jedes Niveau	**2,50 %**	**3,00 %**	**4,50 %**
[D] niedrige OAS/ nicht niedrige OES < 15%/ 10% oder höher	**1,75 %**	**2,00 %**	**3,00 %**
[E] niedrige OAS/ niedrige OES < 15% OAS/ < 10% OES	**1,50 %**	**1,75 %**	**2,25 %**

47. Um für ein untersuchtes Unternehmen, das an in den Anwendungsbereich fallenden Geschäftsvorfällen beteiligt ist, die Rendite für das betreffende Geschäftsjahr zu ermitteln, wenden die Steuerverwaltung und der betroffene Steuerpflichtige[43] folgendes dreistufige Verfahren an:

a) Schritt 1 – Feststellung der relevanten Branchengruppe(n) des untersuchten Unternehmens anhand der drei möglichen Gruppen (d. h. Branchengruppe 1, 2, 3) und Ermittlung der für diese Branchengruppe(n) geltenden Spalte(n) der Umsatzrendite in der Preisbestimmungsmatrix in Tabelle 5.1. Fallen die vertriebenen Produkte in mehr als eine Branchengruppe, ist der jeweilige Anteil des Umsatzes zu berechnen, der auf die einzelnen Branchengruppen entfällt. Entfallen mindestens 80 % des Umsatzes auf eine einzige Branchengruppe und weniger als 20 % des Umsatzes auf andere Branchengruppen, sind letztere für die Festlegung der Matrixrendite nicht maßgeblich; stattdessen wird die Rendite nur anhand der entsprechenden Matrixzelle für die Branchengruppe festgelegt, auf die der Großteil des Umsatzes entfällt. Werden mehr als 20 % des Umsatzes mit Produkten erzielt, die in eine zweite und/oder dritte Branchengruppe fallen, ist eine gewichtete Durchschnittsrendite zu berechnen.

b) Schritt 2 – Feststellung der für das untersuchte Unternehmen zutreffenden Faktorintensitätsstufe[44] (d. h. Faktorintensitätsstufe A, B, C, D und E) und der entsprechenden Zeile der Umsatzrendite in der Preisbestimmungsmatrix in Tabelle 5.1. Die Faktorintensitätsstufe des untersuchten Unternehmens ist auf Grundlage eines gewichteten Durchschnitts der drei vorangegangenen Wirtschaftsjahre zu berechnen.[45]

c) Schritt 3 – Ermittlung der Bandbreite aus dem Segment der Preisbestimmungsmatrix, das den Schnittpunkt der Branchengruppe(n) und der Faktorintensitätsstufe des un-

43 In Bezug auf die unter Ziffer 7 dieser Handreichung beschriebenen Umsetzungsoptionen bezieht sich der Begriff „betroffener Steuerpflichtiger" auf i) Steuerpflichtige, die sich für die Anwendung des vereinfachten und effizienten Ansatzes in einem Ansässigkeitsstaat entscheiden, der eine solche Entscheidung zulässt, und ii) Steuerpflichtige, die anderweitig verpflichtet sind, in ihrem Ansässigkeitsstaat den vereinfachten und effizienten Ansatz anzuwenden.

44 Zur Berechnung des Nettobetriebsvermögens des untersuchten Unternehmens für die relevanten Jahre und Verringerung des Risikos verfälschender Kreditkonditionen findet eine Kappungsgrenze von 90 Tagen für das Lieferantenziel Anwendung, sodass der in den jeweiligen Berechnungen verwendete Kreditorenwert nicht höher sein darf als Wareneinsatz/ 365 x 90. Die praktische Anwendung der Kappungsgrenze für das Lieferantenziel wird durch Beispiel 6 in Anlage B veranschaulicht.

45 Betrifft der qualifizierte Geschäftsvorfall nur zwei Jahre, wird der gewichtete Zweijahresdurchschnitt zugrunde gelegt; betrifft er nur ein Jahr, wird der Prozentsatz anhand der Finanzergebnisse für das jeweilige Jahr ermittelt.

tersuchten Unternehmens darstellt. Um für alle Umsätze des betreffenden Vertriebsunternehmens eine einzige gewichtete Durchschnittsrendite zu erhalten, ist diese zu berechnen, indem die Renditen aus den entsprechenden Zellen der Matrix mit dem damit zu bepreisenden Umsatzanteil multipliziert werden und diese anteiligen Renditen summiert werden. Auf diese Weise stützt sich die Gewichtung der Faktorintensitätsstufen nur auf den der jeweiligen Branchengruppe zugeordneten Umsatzanteil und erfordert keine Berechnung, bei der die Betriebskosten und das Betriebsvermögen jeder einzelnen Branchengruppe berücksichtigt werden müssen.

48. Die aus der Anwendung von Schritt 3 in Abschnitt 5.1 abgeleitete Rendite ergibt eine Bandbreite, die dem aus der Preisbestimmungsmatrix (Tabelle 5.1) abgeleiteten Prozentsatz der Umsatzrendite[46] plus/minus 0,5 % entspricht. Jeder Punkt innerhalb dieser akzeptablen Bandbreite kann zum Nachweis der Einhaltung von Abschnitt 5.1 herangezogen werden und bildet die Grundlage für die gegebenenfalls nach den Abschnitten 5.2 und 5.3 vorzunehmenden Anpassungen.

49. Für die Zwecke des vereinfachten und effizienten Ansatzes haben die betroffenen Steuerpflichtigen das tatsächliche Ergebnis der in den Anwendungsbereich fallenden Geschäftsvorfälle anzuwenden und zu prüfen, um ex post zu zeigen, dass die Bedingungen dieser Geschäftsvorfälle dem vereinfachten und effizienten Ansatz entsprachen (sog. „Arm's length outcome-testing"-Ansatz). Eine solche Prüfung wird in der Regel im Zuge der Erstellung der Steuererklärung zum Jahresende durchgeführt.[47]

50. Bei der Anwendung des vereinfachten und effizienten Ansatzes auf in den Anwendungsbereich fallende Geschäftsvorfälle sollten die Steuerverwaltungen die Hinweise in Ziffer 3.60 dieser Leitlinien zu konzerninternen Geschäftsvorfällen, die innerhalb der Bandbreite liegen, berücksichtigen. Liegt die von einem betroffenen Steuerpflichtigen angegebene Marge außerhalb der Bandbreite, die sich aus der sachgerechten Anwendung des vereinfachten und effizienten Ansatzes durch die Steuerverwaltung ergibt, sollten die Steuerverwaltungen außerdem den aus der Preisbestimmungsmatrix (Tabelle 5.1) abgeleiteten Prozentsatz der Umsatzrendite verwenden, um die Marge des konzerninternen Geschäftsvorfalls anzupassen.

5.2. Betriebskostenabgleich

51. Für die Zwecke des vereinfachten und effizienten Ansatzes erfolgt ein Betriebskostenabgleich mittels einer Sicherheitsspanne, innerhalb derer die Umsatzrendite als primärer Nettogewinnindikator angewendet wird. Führt die Anwendung des Nettogewinnindikators in Form der Umsatzrendite zu einem Ergebnis, das außerhalb der in Tabelle 5.2 dargestellten Bandbreite für Betriebskosten liegt, wird die Rentabilität des untersuchten Unternehmens gemäß Ziffer 52 Buchstabe d angepasst.

Tabelle 5.2 Bandbreite für Betriebskosten

	Bandbreite für Betriebskosten		
Faktorintensität	Standardobergrenzen	Alternative Obergrenzen für qualifizierte Staaten	Untergrenze
Hohe OAS (A)	70 %	80 %	10 %
Mittlere OAS (B + C)	60 %	70 %	
Niedrige OAS (D + E)	40 %	45 %	

46 Werden mehr als 20 % des Umsatzes mit Produkten erzielt, die nicht zur größten Branchengruppe des untersuchten Unternehmens gehören, ergibt die in Schritt 3 ermittelte Rendite eine Bandbreite, die der gemäß Ziffer 47 ermittelten gewichteten Durchschnittsrendite plus/minus 0,5 % entspricht.

47 Vgl. Ziffer 3.70 dieser Leitlinien.

52. Der Betriebskostenabgleich gilt für alle in den Anwendungsbereich fallenden Geschäftsvorfälle und sieht vor, dass die Steuerverwaltung und der betroffene Steuerpflichtige folgendes vierstufige Verfahren anwenden müssen:

a) Schritt 1 – Die Steuerverwaltung und der Steuerpflichtige ermitteln die Umsatzrendite des untersuchten Unternehmens gemäß Abschnitt 5.1 und leiten davon eine gleichwertige Betriebskostenrendite ab.

b) Schritt 2 – Die Steuerverwaltung und der Steuerpflichtige ermitteln anhand von Tabelle 5.2 die zutreffende Bandbreite für Betriebskosten. Die jeweilige Obergrenze wird anhand folgender Faktoren ermittelt: i) der Faktorintensitätsstufe des untersuchten Unternehmens[48] und ii) der Feststellung, dass das untersuchte Unternehmen den Standardobergrenzen[49] bzw. den alternativen Obergrenzen[50] für qualifizierte Staaten im Sinne von Abschnitt 5.2 unterliegt.

c) Schritt 3 – Die Steuerverwaltung und der Steuerpflichtige gleichen die gleichwertige Betriebskostenrendite des untersuchten Unternehmens mit der in Schritt 2 ermittelten Ober- und Untergrenze für Betriebskosten ab.

d) Schritt 4 – Wenn die in Schritt 1 ermittelte gleichwertige Betriebskostenrendite des untersuchten Unternehmens innerhalb der Bandbreite für Betriebskosten liegt, ist keine weitere Anpassung der in Abschnitt 5.1 berechneten Umsatzrendite erforderlich. Übersteigt die in Schritt 1 ermittelte gleichwertige Betriebskostenrendite des untersuchten Unternehmens jedoch die Obergrenze für Betriebskosten, wird die Umsatzrendite des untersuchten Unternehmens nach unten korrigiert, bis die gleichwertige Betriebskostenrendite der Obergrenze entspricht. Umgekehrt wird bei einer gleichwertigen Betriebskostenrendite des untersuchten Unternehmens unterhalb der Untergrenze für Betriebskosten die Umsatzrendite des untersuchten Unternehmens nach oben korrigiert, bis die gleichwertige Betriebskostenrendite der Untergrenze entspricht.

5.3. Datenverfügbarkeitsmechanismus für qualifizierte Staaten

53. Der Datenverfügbarkeitsmechanismus soll den Fällen Rechnung tragen, in denen für einen bestimmten Staat eines untersuchten Unternehmens keine oder nur unzureichende Daten im globalen Datensatz vorhanden sind und dieser Staat ein qualifizierter Staat im Sinne von Abschnitt 5.3 ist.[51]

54. Ist ein untersuchtes Unternehmen in einem qualifizierten Staat gelegen, wird die zuvor gemäß Abschnitt 5.1 bzw. 5.2 ermittelte Rendite angepasst. Somit würde ein betroffener Steuerpflichtiger in einem qualifizierten Staat eine anhand folgender Formel angepasste Rendite erzielen:

angepasste Umsatzrendite = $ROS^{TP} + (NRA^{J} \times OAS^{TP})$

Wobei Folgendes gilt:

– ROS^{TP} ist die Umsatzrendite des untersuchten Unternehmens (in %), die gemäß Abschnitt 5.1 bzw. 5.2 berechnet wird.

48 Diese entspricht der gemäß Abschnitt 5.1 Ziffer 47 Buchstabe b ermittelten Faktorintensitätsstufe des untersuchten Unternehmens.

49 Ist das untersuchte Unternehmen nicht in einem qualifizierten Staat im Sinne von Abschnitt 5.2 gelegen, gelten für die Zwecke von Schritt 2 die Standardobergrenzen.

50 Ist das untersuchte Unternehmen in einem qualifizierten Staat im Sinne von Abschnitt 5.2 gelegen, gelten für die Zwecke von Schritt 2 die alternativen Obergrenzen.

51 Vgl. Ziffer 1.167 dieser Leitlinien.

- NRA^{J} ist die Nettorisikoanpassung des qualifizierten Staates (in %) laut der nachstehenden Tabelle 5.3, wobei die jeweilige Kategorie anhand des am ersten Tag des betreffenden Wirtschaftsjahrs geltenden Länderratings[52] des qualifizierten Staates des untersuchten Unternehmens festgestellt wird.[53]
- OAS^{TP} ist die Nettobetriebsvermögensintensität des untersuchten Unternehmens für das betreffende Wirtschaftsjahr (in %), die jedoch bei Berechnung der angepassten Umsatzrendite des untersuchten Unternehmens 85 % nicht überschreiten darf.

Tabelle 5.3 Nettorisikoanpassung zur Anwendung auf die OAS untersuchter Unternehmen in qualifizierten Staaten (in %)

Länderrating-Kategorie		Nettorisikoanpassung in %[54]
Investment grade	BBB+	0,0 %
	BBB	0,0 %
	BBB-	0,3 %
Non-investment grade	BB+	0,7 %
	BB	1,2 %
	BB-	1,8 %
	B+	2,8 %
	B	3,8 %
	B-	4,9 %
	CCC+	5,9 %
	CCC	7,5 %
	CCC- (oder niedriger)	8,6 %

5.4. Regelmäßige Aktualisierungen

55. Um den Befolgungsaufwand beim vereinfachten und effizienten Ansatz möglichst gering zu halten, wird die Analyse zur Festlegung der in Abschnitt 5.1 und Abschnitt 5.2 genannten Bandbreiten bzw. Ober-und Untergrenzen für Betriebskosten alle fünf Jahre aktualisiert, es sei denn, es besteht zwischenzeitlich Aktualisierungsbedarf aufgrund einer wesentlichen Änderung der Marktbedingungen.

56. Die in den Abschnitten 5.1 und 5.3 genannten Finanzdaten und sonstigen Datenpunkte werden jährlich überprüft und gegebenenfalls aktualisiert.

6 Dokumentation

57. Grundsätzlich wird durch die Verrechnungspreisdokumentation gewährleistet, dass die Steuerverwaltungen Zugang zu den für die Durchführung von Risikobewertungen

52 Liegen für einen qualifizierten Staat mehrere unterschiedliche Länderratings der anerkannten unabhängigen Ratingagenturen vor, ist der anzuwendende Prozentsatz der Nettorisikoanpassung in Tabelle 5.3 anhand des Länderratings zu ermitteln, das am nächsten zum ersten Tag des betreffenden Wirtschaftsjahrs abgegeben bzw. bestätigt wurde.

53 Liegt für einen qualifizierten Staat kein Länderrating der anerkannten unabhängigen Ratingagenturen vor, entspricht der anzuwendende Prozentsatz der Nettorisikoanpassung dem durchschnittlichen Prozentsatz der Nettorisikoanpassung für alle Ratings der Kategorie „Non-investment grade“ in Tabelle 5.3.

54 Zur Berechnung der Prozentsätze der Nettorisikoanpassung in dieser Tabelle wurde für jede Ratingstufe der Fünfjahresdurchschnitt des Risikoaufschlags für Staatsanleihen (nach den von Aswath Damodaran, NYU Stern School of Business, zusammengestellten Daten) ermittelt und um Doppelzählungseffekte bereinigt, um so das im globalen Datensatz vorhandene Länderrisiko näherungsweise zu bestimmen.

und/oder Prüfung der Verrechnungspreispraxis des Steuerpflichtigen erforderlichen Informationen haben.[55] Beim vereinfachten und effizienten Ansatz ist die Dokumentation wichtig, um sicherzustellen, dass den Steuerverwaltungen ausreichende und verlässliche Informationen vorliegen, um zu prüfen, ob die qualifizierten Geschäftsvorfälle der Steuerpflichtigen die Anwendungskriterien erfüllen und die Steuerpflichtigen den vereinfachten und effizienten Ansatz ordnungsgemäß auf in den Anwendungsbereich fallende Geschäftsvorfälle angewendet haben.

58. In diesem Abschnitt werden die wesentlichen Angaben in der Einzeldokumentation (Local File) aufgeführt, die für die Begründung der Position des Steuerpflichtigen zur Anwendbarkeit des vereinfachten und effizienten Ansatzes nützlich sein können und den Steuerverwaltungen die relevanten Informationen für dessen Anwendung liefern. Bei der Prüfung der Einführung gezielter Dokumentationspflichten für den vereinfachten und effizienten Ansatz können die Staaten eine Vereinfachung dieser Pflichten für kleine und mittlere Unternehmen erwägen, um deren Kosten und Befolgungsaufwand zu begrenzen.[56]

59. Der in Kapitel V beschriebene dreistufige Ansatz für die Verrechnungspreisdokumentation umfasst eine Einzeldokumentation mit ausführlichen Informationen über die konkreten konzerninternen Geschäftsvorfälle des Steuerpflichtigen. Beim vereinfachten und effizienten Ansatz wird davon ausgegangen, dass der aktuelle Inhalt der Einzeldokumentation (vgl. Anhang II zu Kapitel V) die Informationen und Unterlagen enthält, die für die Prüfung der Position des Steuerpflichtigen relevant sind.

60. Die folgenden Informationen können in der Einzeldokumentation bereits enthalten und für die Steuerverwaltungen besonders relevant und nützlich bei der Prüfung sein, ob die qualifizierten Geschäftsvorfälle des Steuerpflichtigen die Anwendungskriterien erfüllen und ob der Steuerpflichtige die Verrechnungspreismethode ggf. ordnungsgemäß angewendet hat:

a) Erläuterung der Abgrenzung des in den Anwendungsbereich fallenden qualifizierten Geschäftsvorfalls, einschließlich der Funktionsanalyse des Steuerpflichtigen und der jeweiligen verbundenen Unternehmen mit Bezug auf die in den Anwendungsbereich fallenden Geschäftsvorfälle, sowie des Kontextes, in dem diese Geschäftsvorfälle stattfinden (z. B. das mögliche Vorliegen anderer kaufmännischer oder finanzieller Beziehungen zwischen dem untersuchten Unternehmen/Steuerpflichtigen und anderen verbundenen Unternehmen, die die sachgerechte Abgrenzung des möglicherweise in den Anwendungsbereich fallenden qualifizierten Geschäftsvorfalls beeinflussen könnten);

b) schriftliche Verträge oder getroffene Vereinbarungen zur Regelung des qualifizierten Geschäftsvorfalls und Untermauerung der unter Buchstabe a beschriebenen Erläuterung der Abgrenzung des in den Anwendungsbereich fallenden qualifizierten Geschäftsvorfalls;

c) Berechnungen, aus denen die Bestimmung der relevanten Erlöse, Kosten und Vermögenswerte hervorgeht, die dem in den Anwendungsbereich fallenden Geschäftsvorfall zugeordnet oder zugerechnet werden;

d) Informationen und Aufteilungsschlüssel, aus denen hervorgeht, wie die bei der Prüfung der Anwendbarkeit des vereinfachten und effizienten Ansatzes und der Anwendung der Verrechnungspreismethode herangezogenen Finanzdaten mit dem Jahresabschluss verknüpft sind.

61. In Bezug auf Ziffer 60 Buchstabe b würde die Vorlage eines schriftlichen Vertrags, sofern er mit den Anwendungskriterien und dem Verhalten der Beteiligten in Einklang steht, die Anwendung des vereinfachten und effizienten Ansatzes erleichtern, wenn ein Steuerpflichtiger ihn auf einen qualifizierten Geschäftsvorfall anwenden möchte. Unabhängig vom Vorliegen eines schriftlichen Vertrags können die Steuerverwaltungen oder Steuer-

55 Vgl. Ziffern 5.5 und 5.6 dieser Leitlinien.

56 Vgl. Ziffer 5.33 dieser Leitlinien.

pflichtigen den Ansatz jedoch auf Grundlage der gemäß den Grundsätzen in Kapitel I dieser Leitlinien durchgeführten sachgerechten Abgrenzung des Geschäftsvorfalls in Anspruch nehmen oder ablehnen.[57]

62. Um beurteilen zu können, ob der qualifizierte Geschäftsvorfall die Anwendungskriterien erfüllt, werden Finanzinformationen zum untersuchten Unternehmen benötigt, unabhängig davon, ob es sich um ein inländisches oder ausländisches Unternehmen handelt.[58] Folglich muss der Steuerpflichtige auch die jährliche Rechnungslegung des untersuchten Unternehmens für die betreffenden Wirtschaftsjahre vorlegen.

63. Sind einzelne für die Prüfung der Anwendung des vereinfachten und effizienten Ansatzes relevante Informationen nicht in der Verrechnungspreisdokumentation enthalten, können die Steuerverwaltungen festlegen, dass diese vom Steuerpflichtigen auf Ersuchen vorzulegen sind. Werden den Steuerverwaltungen diese Informationen im Rahmen der jährlichen Erfüllung der Verrechnungspreisanforderungen bzw. auf Ersuchen zur Verfügung gestellt, kann dies den großen Vorteil haben, dass für den Steuerpflichtigen weniger Folgeersuchen um Informationen und weniger Prüfungen anfallen und dass die Ressourcen der Steuerverwaltungen effizienter genutzt werden.

64. Zusätzlich zu den Informationen in der Einzeldokumentation sollten die Steuerpflichtigen und Steuerverwaltungen die Informationen in der Stammdokumentation (Master File) heranziehen, um ihre Positionen im Hinblick auf die Anwendung des Preisbestimmungsansatzes zu untermauern. Die Stammdokumentation kann vor allem wertvolle Informationen über die Geschäftstätigkeit des multinationalen Konzerns liefern, wie z. B. die wichtigsten Produkte, die wichtigsten geografischen Märkte, die Preispolitik oder seine allgemeine Strategie für Entwicklung, Eigentum und Verwertung immaterieller Werte. Um einen überhöhten Befolgungsaufwand für die Steuerpflichtigen zu vermeiden, sollten die Steuerverwaltungen bei der Beurteilung der Anwendbarkeit des vereinfachten und effizienten Ansatzes auf qualifizierte Geschäftsvorfälle eines bestimmten Steuerpflichtigen im Sinne einer guten Praxis davon absehen, den Steuerpflichtigen zur Vorlage oder Übermittlung von ihnen bereits vorliegenden Informationen aufzufordern.

65. Auch wenn ein Steuerpflichtiger die oben genannten Informationen erstellt und der Steuerverwaltung vorgelegt hat, kann diese die Selbsteinschätzung des Steuerpflichtigen daraufhin überprüfen, ob die Anwendungskriterien erfüllt sind und die Verrechnungspreismethode ordnungsgemäß angewendet wurde.

66. Schließlich sollte ein Steuerpflichtiger, wenn er den vereinfachten und effizienten Ansatz zum ersten Mal anwenden möchte, der Einzeldokumentation oder anderen für die Anwendung des Ansatzes relevanten Dokumenten seine Zustimmung beifügen, den Ansatz mindestens drei Jahre lang anzuwenden, es sei denn, die Geschäftsvorfälle fallen während dieses Zeitraums nicht mehr in den Anwendungsbereich oder es gibt eine wesentliche Änderung in der Geschäftstätigkeit des Steuerpflichtigen, und dies den Steuerbehörden der von dem qualifizierten Geschäftsvorfall betroffenen Staaten mitteilen. Bei der erstmaligen Mitteilung können die Steuerverwaltungen den Steuerpflichtigen zur Vorlage einiger oder aller unter Ziffer 60 aufgeführten Informationen auffordern. Darüber hinaus können sie von Steuerpflichtigen, die den vereinfachten und effizienten Ansatz anwenden möchten, die Vorlage eines vor dem qualifizierten Geschäftsvorfall unterzeichneten schriftlichen Vertrags verlangen. Dadurch soll in keiner Weise die in Kapitel I Abschnitt D.1 erörterte Rolle eines schriftlichen Vertrags bei der sachgerechten Abgrenzung des Geschäftsvorfalls geändert werden.

57 Vgl. Ziffer 1.49 dieser Leitlinien.

58 Vgl. Ziffer 3.22 dieser Leitlinien.

7 Umstrukturierungsfragen

67. Multinationale Konzerne können ihre Vertriebsgeschäftsmodelle umstrukturieren und infolgedessen qualifizierte Geschäftsvorfälle tätigen, die die Voraussetzungen erfüllen, um in den Anwendungsbereich des vereinfachten und effizienten Ansatzes zu fallen. Ebenso kann es multinationale Konzerne geben, deren in den Anwendungsbereich fallende Geschäftsvorfälle die Voraussetzungen für die Anwendung des vereinfachten und effizienten Ansatzes nach einer Umstrukturierung ihrer Vertriebsvereinbarungen nicht mehr erfüllen.

68. Wie unter Ziffer 9.34 ausgeführt, steht es multinationalen Konzernen frei, ihre Geschäftstätigkeit so zu organisieren, wie sie es für angebracht halten, und die Steuerverwaltungen haben nicht das Recht, multinationalen Konzernen vorzuschreiben, wie sie ihre Geschäftsstrukturen zu gestalten haben oder wo sie ihre Geschäftsbereiche ansiedeln sollen. Die Steuerverwaltungen haben jedoch das Recht, die steuerlichen Folgen einer Umstrukturierung zu bestimmen. Insofern bleiben die Hinweise in Kapitel IX relevant, unabhängig davon, ob der vereinfachte und effiziente Ansatz auf die qualifizierten Geschäftsvorfälle vor oder nach einer Umstrukturierung anwendbar ist.

69. Einige verbundene Unternehmen könnten versuchen, durch eine künstliche Umstrukturierung ihrer Vereinbarungen Steuervorteile aus der Anwendung des vereinfachten und effizienten Ansatzes zu ziehen. Die Steuerbehörden könnten solche Szenarien einer verstärkten Prüfung unterziehen, um zu verhindern, dass der Ansatz für Steuerplanungsmöglichkeiten genutzt wird, und die Staaten solchen Bedenken mit gezielten Maßnahmen entgegenwirken.[59]

70. In einigen Fällen kann der vereinfachte und effiziente Ansatz auch für ein umstrukturiertes Vertriebsunternehmen mit Verlusten aus früheren Wirtschaftsjahren gelten. Die steuerliche Behandlung solcher Verluste, insbesondere ihre Nutzbarkeit oder Abzugsfähigkeit, hängt von den innerstaatlichen Rechtsvorschriften und Verwaltungsverfahren der einzelnen Staaten ab und ist nicht Gegenstand dieser Handreichung.

8 Steuerliche Rechtssicherheit und Beseitigung der Doppelbesteuerung

71. Nimmt eine Steuerverwaltung eine Primärberichtigung vor, die zu einer Doppelbesteuerung der Gewinne aus dem betreffenden qualifizierten Geschäftsvorfall führt, kann diese durch eine Gegenberichtigung, bei der die Steuerschuld des verbundenen Unternehmens in einem zweiten Staat herabgesetzt wird, gemildert oder beseitigt werden. Einige Staaten können bei wirtschaftlicher Doppelbesteuerung Abhilfe schaffen, indem sie durch Anwendung ihrer innerstaatlichen Rechtsvorschriften unilaterale Gegenberichtigungen vornehmen.[60] Für die meisten Staaten sind Gegenberichtigungen jedoch nur im Rahmen eines Verständigungsverfahrens möglich.[61]

72. Steuerpflichtige, die ein Verständigungsverfahren beantragen, sollten sich in Fällen, in denen einer oder mehrere der am Verständigungsverfahren beteiligten Staaten sich nicht für die Anwendung oder Anerkennung des vereinfachten und effizienten Ansatzes

59 Jede Umstrukturierung der Geschäftstätigkeit sollte in der Stamm- und Einzeldokumentation ordnungsgemäß dokumentiert werden. Vgl. Ziffern 9.32 und 9.33 dieser Leitlinien.

60 Vgl. Ziffer 12 des Kommentars zu Artikel 25.

61 Vgl. Ziffer 4.32 dieser Leitlinien.

entschieden haben, bei der Begründung ihrer Position[62] ausschließlich auf den Rest dieser Leitlinien stützen.[63] In einem Verständigungsverfahren oder sich daraus ergebenden Schiedsverfahren dürfen die zuständigen Behörden beider daran beteiligten Staaten in dem Fall, dass einer oder mehrere der am Verständigungsverfahren beteiligten Staaten sich nicht für die Anwendung oder Anerkennung des vereinfachten und effizienten Ansatzes entschieden haben, ihre Position ausschließlich auf Grundlage des Rests dieser Leitlinien begründen. In solchen Fällen dürfen die betreffenden zuständigen Behörden den vereinfachten und effizienten Ansatz nach dieser Handreichung ausdrücklich nicht als Ansatz betrachten oder heranziehen, der zu einem akzeptablen Ergebnis führt.[64] Für die Zwecke der Durchführung des Verständigungsverfahrens schließt dies ein, dass er auch nicht als Grundlage für die Beilegung des Verständigungsverfahrens und auch nicht von den an der Durchführung eines Schiedsverfahrens Beteiligten (einschließlich Schiedsrichtern) herangezogen werden darf.[65]

73. Dieser allgemeine Grundsatz wird im Folgenden anhand von zwei möglichen Ursachen der Doppelbesteuerung erläutert. Diese Szenarien sind nicht als erschöpfend zu betrachten, sondern vielmehr als Versuch, das Verfahren zur Beseitigung einer solchen Doppelbesteuerung zu veranschaulichen.

74. Eine mögliche Ursache der Doppelbesteuerung liegt in der Anwendung des vereinfachten und effizienten Ansatzes durch einen Steuerpflichtigen zur Preisbestimmung eines in den Anwendungsbereich fallenden Geschäftsvorfalls in einem Staat, der sich für die Anwendung des Ansatzes entschieden hat, und der anschließenden Vornahme einer Primärberichtigung durch den Kontrahentenstaat auf Grundlage des Rests dieser Leitlinien.

75. Um Abhilfe bei einer sich ggf. daraus ergebenden Doppelbesteuerung zu schaffen, sollte ein Antrag auf Gegenberichtigung nach Artikel 9 Absatz 2 geprüft werden. Da die Primärberichtigung von einem Staat auf Grundlage des Rests dieser Leitlinien vorgenommen wird, könnte dieser Antrag bei dem Staat gestellt werden, in dem der vereinfachte und effiziente Ansatz gilt.[66] Soweit die Primärberichtigung auf Grundlage des Rests dieser Leitlinien begründet werden kann[67], gewährt in einem solchen Fall die zuständige Behörde des Staates, in dem der vereinfachte und effiziente Ansatz gilt, eine Entlastung von der Doppelbesteuerung durch eine Gegenberichtigung.

76. Kann eine Entlastung von der Doppelbesteuerung nicht auf diese Weise nach Artikel 9 Absatz 2[68] erreicht werden, kann dies zu einem Verständigungsverfahren führen. In

62 Dies bezieht sich ausdrücklich auf Fälle, in denen ein Steuerpflichtiger bei Beantragung eines Verständigungsverfahrens seine Position gegenüber einer zuständigen Behörde darlegen sollte oder sich freiwillig dafür entscheidet, und bedeutet nicht, dass ein Steuerpflichtiger zur Darlegung seiner Position verpflichtet ist, um Zugang zu einem Verständigungsverfahren zu erhalten. Mit anderen Worten: Ein Steuerpflichtiger, der seine Position nicht ausschließlich auf Grundlage des Rests dieser Leitlinien begründet, hat trotzdem Zugang zu einem Verständigungsverfahren.

63 Liegt eine Vereinbarung zwischen den zuständigen Behörden vor, die die Anwendung des vereinfachten und effizienten Ansatzes vorsieht, oder entscheiden sich die Staaten der beiden an dem Geschäftsvorfall Beteiligten für seine Anwendung in dem betreffenden Fall, werden sich die zuständigen Behörden auf den vereinfachten und effizienten Ansatz stützen. Unter diesen Umständen können sich auch die Steuerpflichtigen auf diesen Ansatz stützen. Liegt eine solche Vereinbarung zwischen den zuständigen Behörden nicht vor und haben sich die zuständigen Behörden nicht anderweitig auf die Anwendung des vereinfachten und effizienten Ansatzes in dem betreffenden Fall geeinigt, sollte sich der Steuerpflichtige im Fall der Darlegung seiner Position auf den Rest dieser Leitlinien stützen.

64 Vgl. Fußnote 56.

65 Für die unter Ziffer 71 beschriebenen unilateralen Gegenberichtigungen nach dem innerstaatlichen Recht der Staaten, in denen solche Verfahren rechtlich zulässig sind, gelten dieselben Grundsätze.

66 Je nach geltendem Doppelbesteuerungsabkommen muss ein Steuerpflichtiger das Verständigungsverfahren möglicherweise in seinem Ansässigkeitsstaat beantragen.

67 Vgl. Ziffer 6 des Kommentars zu Artikel 9 Absatz 2 des Musterabkommens.

68 Ebenfalls unter Berücksichtigung der Ziffer 6 des Kommentars zu Artikel 9 Absatz 2 des Musterabkommens.

diesen Fällen sollten die an einem Verständigungsverfahren beteiligten Steuerpflichtigen ihre Position ausschließlich auf den Rest dieser Leitlinien stützen.

77. Handelt es sich bei einem der am Verständigungsverfahren beteiligten Staaten um einen Staat, der sich gegen die Anwendung des vereinfachten und effizienten Ansatzes nach dieser Handreichung entschieden hat, darf dieser von den zuständigen Behörden nicht als Ansatz betrachtet oder herangezogen werden, der zu einem für die Zwecke des Verständigungsverfahrens oder eines Schiedsverfahrens als akzeptabel geltenden Ergebnis führt.[69] Für die Zwecke der Durchführung des Verständigungsverfahrens schließt dies ein, dass er auch nicht als Grundlage für die Beilegung des Verständigungsverfahrens und auch nicht von den an der Durchführung eines Schiedsverfahrens Beteiligten (einschließlich Schiedsrichtern) herangezogen werden darf. In solchen Fällen muss die zuständige Behörde der Steuerverwaltung, die den vereinfachten und effizienten Ansatz ursprünglich angewendet oder dessen Anwendung anerkannt hat, ihre Position in dem Verständigungsverfahren und in einem sich daraus ergebenden Schiedsverfahren auf Grundlage des Rests dieser Leitlinien begründen.

78. Eine weitere mögliche Ursache der Doppelbesteuerung liegt in der Anwendung des vereinfachten und effizienten Ansatzes gemäß der unter Ziffer 7 erörterten zweiten Option und der anschließenden Vornahme einer Primärberichtigung durch eine Steuerverwaltung, damit die Besteuerung im Einklang mit dem Ergebnis der Anwendung des vereinfachten und effizienten Ansatzes erfolgt. In solchen Fällen kann beim Kontrahentenstaat im Rahmen eines Verständigungsverfahrens ein Antrag auf Entlastung von der Doppelbesteuerung gestellt werden. Die betreffenden zuständigen Behörden sollten bei dem Versuch, die Doppelbesteuerung zu mindern, die Hinweise in den Ziffern 4.117 und 4.131 dieser Leitlinien beachten. Hat der Kontrahentenstaat der Anwendung des vereinfachten und effizienten Ansatzes weder im Rahmen einer Vereinbarung zwischen den zuständigen Behörden mit dem die Berichtigung vornehmenden Staat noch speziell zur Beseitigung der Doppelbesteuerung in dem betreffenden Fall zugestimmt[70], muss die zuständige Behörde des Staates, in dem die Berichtigung vorgenommen wurde, ihre Position in einem Verständigungsverfahren oder sich daraus ergebenden Schiedsverfahren auf Grundlage des Rests dieser Leitlinien unter Beachtung der unter Ziffer 72 dargelegten allgemeinen Grundsätze begründen.

79. Unabhängig davon, ob er den vereinfachten und effizienten Ansatz anwendet oder nicht, kann ein Staat im Einzelfall eine Gegenberichtigung entsprechend dem Ergebnis dieses Ansatzes vornehmen, wenn er der Auffassung ist, dass dies im konkreten Fall zu einem akzeptablen Ergebnis führt.[71] Die Staaten können auch entscheiden, Vereinbarungen zwischen den zuständigen Behörden mit anderen Staaten zu schließen, um Gegenberichtigungen entsprechend dem anhand des vereinfachten und effizienten Ansatzes ermittelten Ergebnis vornehmen zu können. Der Staat, der die Gegenberichtigung erwägt, sollte im Rahmen einer solchen Vereinbarung prüfen können, ob der qualifizierte Ge-

69 Die Anwendung des vereinfachten und effizienten Ansatzes kann jedoch in einigen Fällen zu demselben Ergebnis führen wie die Anwendung des Rests dieser Leitlinien.

70 Vgl. Ziffer 79.

71 Entscheiden sich die Staaten beider am Geschäftsvorfall Beteiligten für die Anwendung des vereinfachten und effizienten Ansatzes, wird von ihnen erwartet, dass sie das durch Anwendung dieses Ansatzes auf den in den Anwendungsbereich fallenden Geschäftsvorfall ermittelte Ergebnis akzeptieren und gegenseitig Gegenberichtigungen vornehmen bzw. das Ergebnis als Ergebnis eines Verständigungsverfahrens entsprechend akzeptieren.

schäftsvorfall die Voraussetzungen für die Anwendung des Ansatzes erfüllt und der Ansatz bei Ermittlung der Höhe der Primärberichtigung korrekt angewendet wurde.[72]

80. Zur Klarstellung sei darauf hingewiesen, dass die Bedingungen einer nach Artikel 25 des Musterabkommens erzielten Einigung (u. a. in bilateralen oder multilateralen Vorabverständigungen über die Verrechnungspreise sowie Verständigungsfällen)[73], die vor Umsetzung des vereinfachten und effizienten Ansatzes zustande gekommen ist, weiterhin in Bezug auf die darunter fallenden qualifizierten Geschäftsvorfälle gelten. Im Rahmen dieses Ansatzes werden rechtsverbindliche Einigungen anerkannt, Unklarheiten darüber vermieden, ob zwischen den zuständigen Behörden bereits beigelegte Streitigkeiten einer Überprüfung und Neubewertung unterzogen werden können, und die Vorhersehbarkeit für die betroffenen Steuerpflichtigen erhöht.

Anlage A – Maßgebliche Benchmarking-Suchkriterien

In dieser Anlage werden die maßgeblichen Benchmarking-Suchkriterien beschrieben, anhand derer Unternehmen mit grundlegenden Marketing- und Vertriebstätigkeiten ermittelt wurden und der globale Datensatz erstellt wurde, der teilweise die Grundlage für die näherungsweise Bestimmung fremdvergleichskonformer Ergebnisse im Rahmen des vereinfachten und effizienten Ansatzes bildet.

Datenbankfilterung

Für die erste Recherche zur Festlegung maßgeblicher Benchmarking-Suchkriterien wurde die Datenbank Orbis[74] von Moody's/BvD herangezogen, wobei zunächst nur die folgenden Kriterien angesetzt wurden:

1. aktive Unternehmen
2. Unternehmen mit den primären NACE-Codes 45 – Handel mit Kraftfahrzeugen; Instandhaltung und Reparatur von Kraftfahrzeugen sowie 46 – Großhandel (ohne Handel mit Kraftfahrzeugen und Krafträdern)[75]
3. Unternehmen mit konsolidierten Jahresabschlüssen bzw. Unternehmen ohne Konsolidierung, wenn sie an ihren Tochtergesellschaften jeweils zu weniger als 50 % beteiligt sind
4. Unternehmen, bei denen kein Anteilseigner mehr als 50 % der Unternehmensanteile besitzt
5. Unternehmen, zu denen für die Jahre 2017, 2018 und 2019 Daten zum Betriebsertrag und EBIT vorliegen
6. Unternehmen mit einem durchschnittlichen Betriebsertrag in Höhe von mindestens 2 Mio. EUR über 5 Jahre (2015–2019)
7. Unternehmen mit einer Internetadresse

72 Vgl. die Hinweise in den Ziffern 5 und 6 des Kommentars zu Artikel 9 sowie Kapitel IV Abschnitt C.2 dieser Leitlinien.

73 Im Rahmen dieses Ansatzes werden im Fall von unilateralen Vorabverständigungen über die Verrechnungspreise, die vor Einführung des effizienten und vereinfachten Ansatzes geschlossen wurden, rechtsverbindliche Einigungen zwischen einem Staat und einem Steuerpflichtigen anerkannt, jedoch wird zugleich eingeräumt, dass es im Rahmen eines bilateralen Verständigungsverfahrens zu Änderungen solcher Vorabverständigungen kommen kann. Vgl. auch Ziffer 4.140 sowie grundsätzlich Kapitel IV Abschnitt F dieser Leitlinien.

74 Die Nutzung und Weitergabe detaillierter Daten und Unternehmensinformationen unterliegt im Rahmen der Datenbanklizenz bestimmten Beschränkungen.

75 Im Rahmen der im Folgenden beschriebenen qualitativen Durchsicht erfolgte eine weitere Ausdifferenzierung.

8. Unternehmen, zu denen die Datenbank Informationen enthält, die einen Geschäftsüberblick geben
9. Ausschluss von Unternehmen mit einem Verhältnis FuE/Umsatz von mehr als 3 %[76]

Manuelle Durchsicht der Unternehmensbeschreibungen

Nach der oben beschriebenen Filterung erfolgte eine manuelle Durchsicht der Unternehmen.

Ziel dabei war es, alle Unternehmen, die den in Abschnitt 2 beschriebenen Anwendungskriterien zufolge mehr als nur grundlegende Marketing- und Vertriebstätigkeiten im Großhandel ausüben, aus dem endgültigen Datensatz auszuschließen.

Zunächst wurden anhand einer Stichwortsuche Unternehmen aussortiert, anschließend erfolgte eine manuelle Durchsicht der Unternehmen im Datensatz, wobei ausschließlich die in der Datenbank vorhandenen Unternehmensbeschreibungen herangezogen wurden.

Ziel der Durchsicht war der

- Ausschluss von Unternehmen mit folgenden Stichwörtern im Geschäftsüberblick:
  - „Konstruktion und Fertigung“
  - „Finanz“
  - „Versicherung“
  - „Fertigung“
  - „Forschung“, „Softwaree“ und „Systemintegr“
- Ausschluss aller Unternehmen, die den Großhandelsvertrieb nicht als ihre Haupttätigkeit angeben
- Ausschluss von Unternehmen, die Entwicklungs-, Forschungs- oder Fertigungstätigkeiten jeglicher Art oder in mehr als nur geringfügigem oder untergeordnetem Umfang weitere Tätigkeiten wie Einzelhandel, Instandhaltung und Wartung sowie andere Dienstleistungen nennen

Quantitative Durchsicht der Unternehmensdaten

Unternehmen mit einem gewichteten Fünfjahresdurchschnitt von über 1 % beim Verhältnis des immateriellen Anlagevermögens zum Umsatz wurden ausgeschlossen.

Von den Unternehmen, die Zahlen zu Forschung und Entwicklung ausweisen, wurden alle Unternehmen mit einem gewichteten Fünfjahresdurchschnitt von über 0 % beim Verhältnis der FuE-Kosten zum Umsatz ausgeschlossen.

Unternehmen, die in 3, 4 oder 5 der bei dieser Auswertung berücksichtigten 5 Jahre Verluste auswiesen, wurden als langjährige Verlustunternehmen ausgeschlossen.

Anwendung des Ausschlusses von Rohstoffen

Bei den im Datensatz verbliebenen Unternehmen wurden zudem die Unternehmenswebsite und die Internetinformationen einer umfassenden qualitativen Durchsicht unterzogen, um festzustellen, welche Produkte sie vertreiben. Unternehmen, die Produkte vertreiben, die unter die Begriffsbestimmung von Rohstoffen in dieser Handreichung fallen, wurden aufgrund des Ausschlusses von Rohstoffen vom Anwendungsbereich aus dem Datensatz gestrichen.

---

76 Hierbei handelt es sich um ein erstes Kriterium für die Datenbanksuche, das später durch den manuellen Ausschluss von Unternehmen, die ihrer Unternehmensbeschreibung zufolge Forschungs- und Entwicklungstätigkeiten ausüben, sowie die im Folgenden beschriebene weitere quantitative Filterung noch ausdifferenziert wurde.

Anlage B – Veranschaulichende Beispiele

Die Annahmen in den folgenden Zahlenbeispielen dienen lediglich der Veranschaulichung und sind nicht so zu verstehen, als würden sie in konkreten Fällen oder bestimmten Branchen Anpassungen bzw. fremdvergleichskonforme Vereinbarungen vorschreiben.

Wenngleich die Beispiele das Zusammenspiel der verschiedenen Komponenten der Verrechnungspreismethode nach Abschnitt 5 veranschaulichen sollen, muss der vereinfachte und effiziente Ansatz in jedem Einzelfall entsprechend den konkreten Gegebenheiten und Umständen angewendet werden.

In den veranschaulichenden Beispielen wird bei der Anpassung nach Abschnitt 5.1 der Mittelwert zugrunde gelegt, für den Nachweis der Einhaltung von Abschnitt 5.1 kann jedoch jeder Wert innerhalb einer Spanne von plus/minus 0,5 % um die aus der Preisbestimmungsmatrix (Tabelle 5.1) abgeleitete Umsatzrendite in Prozent herangezogen werden.

1. In den folgenden 8 Beispielen wird gezeigt, wie die Umsatzrendite eines in den Anwendungsbereich des vereinfachten und effizienten Ansatzes fallenden untersuchten Unternehmens zu berechnen ist. Dabei wird davon ausgegangen, dass die in den Beispielen genannten Staaten den vereinfachten und effizienten Ansatz eingeführt haben und das untersuchte Unternehmen die Anwendungskriterien erfüllt, ohne dass ein Ausschluss greift. Die Bilanzposten in den Beispielen werden gemäß Fußnote 4 der Handreichung auf Durchschnittsbasis berechnet.

Beispiel 1 – Mustersachverhalt bei Branchengruppe 1 und Faktorintensitätsstufe [C]

2. Es sei angenommen, dass es sich beim Konzern AB um einen multinationalen Konzern handelt, der Haushaltswaren herstellt und vertreibt. Unternehmen A ist die Muttergesellschaft des Konzerns und in Staat A ansässig. Unternehmen B ist eine in Staat B ansässige Tochtergesellschaft des Konzerns AB, die in Staat B im Großhandelsvertrieb tätig ist.

3. Unternehmen A verkauft Haushaltswaren an Unternehmen B, das die Produkte anschließend ohne weitere Veränderungen an konzernfremde Einzelhändler in Staat B verkauft. Sofern in den Beispielen nicht anders angegeben, handelt es sich bei Staat B nicht um einen qualifizierten Staat im Sinne der Abschnitte 5.2 und 5.3.

4. Es sei angenommen, Unternehmen B weist die folgenden Zahlen aus (vor Berechnung der Rendite nach dem vereinfachten und effizienten Ansatz):SÄULE 1 – AMOUNT B © OECD 2024

a) Gewinn- und Verlustrechnung von Unternehmen B in den Jahren X-3 bis X

		Jahr*X-3*	**Jahr***X-2*	**Jahr***X-1*	**Jahr***X*
(a)	Umsatz	199	195	205	200
(b)	Wareneinsatz	(145)	(142)	(154)	(144)
(c)= (a) + (b)	Bruttogewinn	54	53	51	56
(d)	Betriebskosten	(50)	(47)	(46)	(49)
(e)= (c) +(d)	Ergebnis vor Zinsen und Steuern (EBIT)	4	6	5	7
(f) = (e)/ (a)	*Umsatzrendite (%)*	*2,01 %*	*3,08 %*	*2,44 %*	*3,50 %*
(g) = (e)/ (d)	*Betriebskostenrendite*	*8,00 %*	*12,77 %*	*10,87 %*	*14,29 %*

b) Bilanzposten von Unternehmen B auf Durchschnittsbasis für die Jahre X-3 bis X-1

	Jahr*X-3*	**Jahr***X-2*	**Jahr***X-1*	**Jahr***X*
Aktiva:				
Anlagevermögen	50	42	40	
Debitoren	30	22	26	
Vorräte	25	18	25	
Passiva:				
Kreditoren	33	34	36	

5. Zur Ermittlung der Rendite von Unternehmen B im Jahr X nach dem vereinfachten und effizienten Ansatz sind folgende Schritte durchzuführen:

- **Schritt 1** – Ermittlung der Branchengruppe, der das untersuchte Unternehmen zuzuordnen ist

  Unternehmen B fällt in Gruppe 1 der in den Begriffsbestimmungen der Handreichung aufgeführten Branchengruppen.
- **Schritt 2** – Ermittlung der zutreffenden Faktorintensitätsstufe
  - Wie den folgenden Tabellen zu entnehmen ist, beträgt die Nettobetriebsvermögensintensität von Unternehmen B, die anhand eines gewichteten Durchschnitts des vorangegangenen Dreijahreszeitraums (von Jahr X-3 bis Jahr X-1) berechnet wurde, 29,22 % und die Betriebskostenintensität für denselben Zeitraum 23,87 %. Nach der Preisbestimmungsmatrix in Abschnitt 5.1 fällt Unternehmen B daher in die Faktorintensitätsstufe [C].
  - Wie in Tabelle c berechnet, kommt die in den Fußnoten 5 und 31 der Handreichung erwähnte Kappungsgrenze von 90 Tagen für das Lieferantenziel nicht zum Tragen.

c) Anpassungen aufgrund der Kappungsgrenze für das Lieferantenziel

		Jahr*X-3*	**Jahr***X-2*	**Jahr***X-1*	**Jahr***X*
(a)	Kreditoren	33	34	36	
(b)	Wareneinsatz	145	142	154	
(c)= (a)/ (b)	Verhältnis Kreditoren/ Wareneinsatz	0,23	0,24	0,23	
(d)= (c) x 365	*Lieferantenziel (in Tagen)*	*83,07*	*87,39*	*85,32*	
e)	Grenzwert von 90 Tagen einge-	*Ja*	*Ja*	*Ja*	

d) Berechnung des Betriebskapitals für die Jahre X-3 bis X-1

		Jahr*X-3*	**Jahr***X-2*	**Jahr***X-1*	**Jahr***X*
(a)	Vorräte	25	18	25	
(b)	Debitoren	30	22	26	
(c)	Kreditoren	33	34	36	
(d)=(a)+(b)-(c)	Betriebskapital	22	6	15	

e) Berechnung der Nettobetriebsvermögensintensität (OAS) Nettobetriebsvermögen

		Jahr*X-3*	**Jahr***X-2*	**Jahr***X-1*	**Jahr***X*
(a)	Anlagevermögen	50	42	40	
(b)	Betriebskapital	22	6	15	
(c)=(a)+(b)	Nettobetriebsvermögen	72	48	55	

Nettobetriebsvermögensintensität (OAS)

		Jahr*X-3*	**Jahr***X-2*	**Jahr***X-1*	**Gewichteter Dreijahres-durchschnitt**
(a)	Umsatz	199	195	205	*599*
(b)	Nettobetriebsvermögen	72	48	55	*175*
(c)=(b)/(a)	*OAS (%)*				*29,22 %*

f) Berechnung der Betriebskostenintensität (OES)

		Jahr*X-3*	**Jahr***X-2*	**Jahr***X-1*	**Gewichteter Dreijahres-durchschnitt**
(a)	Umsatz	199	195	205	*599*
(b)	Betriebskosten	50	47	46	*143*
(c)=(b)/(a)	*OES (%)*				*23,87 %*

- **Schritt 3** – Bestimmung und Anwendung der Bandbreite aus dem zutreffenden Matrixsegment
  Der Preisbestimmungsmatrix in Abschnitt 5.1 zufolge sollte die Rendite von Unternehmen B im Jahr X bei 2,5 % (+/- 0,5 %) liegen.
- **Schritt 4** – Durchführung des Betriebskostenabgleichs nach Abschnitt 5.2
  Aus dem in Abschnitt 5.2 beschriebenen Betriebskostenabgleich ergibt sich kein Anpassungsbedarf, da die gleichwertige Betriebskostenrendite (10,20 %) innerhalb der Bandbreite für Betriebskosten (10 % bis 60 %) liegt.
- **Schritt 5** – Anwendung des Datenverfügbarkeitsmechanismus nach Abschnitt 5.3
  Der in Abschnitt 5.3 beschriebene Datenverfügbarkeitsmechanismus kommt nicht zum Tragen, da Staat B kein qualifizierter Staat ist.

6. Die nachstehende Tabelle veranschaulicht die Berechnung der operativen Marge des untersuchten Unternehmens nach dem vereinfachten und effizienten Ansatz.

Jahr X			
		GuV *(vor Berechnung gemäß Abschnitt 5)*	**GuV** *(nach Berechnung gemäß Abschnitt 5)*
(a)	Umsatz	200	200
(b)	Wareneinsatz	(144)	(146)
(c)= (a) + (b)	Bruttogewinn	56	54
(d)	Betriebskosten	(49)	(49)
(e)= (c) + (d)	Ergebnis vor Zinsen und Steuern (EBIT)	7	5
(f)= (e)/ (a)	*Umsatzrendite (%)*	*3,5 %*	
(g)= (e)/ (d)	*Betriebskostenrendite*	*14,29 %*	

(h)	*Umsatzrendite (%) nach Abschnitt 5.1*		*2,5 %*
(i)= (a) x (h)	*EBIT nach Abschnitt 5.1*		*5*
(j)= (i)/ (d)	*gleichwertige Betriebskostenrendite*		*10,20 %*

Beispiel 2 – Mustersachverhalt bei Branchengruppe 3 und Faktorintensitätsstufe [D]

7. Der Sachverhalt entspricht dem in Beispiel 1 mit dem Unterschied, dass sich die Zahlen der Gewinn- und Verlustrechnung sowie die auf Durchschnittsbasis berechneten Bilanzposten von Unternehmen B in den Jahren X-3 bis X wie folgt geändert haben und der multinationale Konzern Medizintechnik herstellt und verkauft.

a) Gewinn- und Verlustrechnung von Unternehmen B in den Jahren X-3 bis X

		Jahr *X-3*	**Jahr** *X-2*	**Jahr** *X-1*	**Jahr** *X*
	Umsatz	199	195	205	200
b)	Wareneinsatz	(156)	(163)	(164)	(156)
(c)= (a) + (b)	Bruttogewinn	43	32	41	44
(d)	Betriebskosten	37	(26)	(33)	(36)
(e)= (c) + (d)	Ergebnis vor Zinsen und Steuern (EBIT)	6	6	8	8
(f) = (e)/ (a)	*Umsatzrendite (%)*	*3,02 %*	*3,08 %*	*3,90 %*	*4,00 %*
(g) = (e)/ (d)	*Betriebskostenrendite*	*16,22 %*	*23,08 %*	*24,24 %*	*22,22 %*

b) Bilanzposten von Unternehmen B auf Durchschnittsbasis für die Jahre X-3 bis X-1

	Jahr *X-3*	**Jahr** *X-2*	**Jahr** *X-1*	**Jahr** *X*
Aktiva:				
Anlagevermögen	26	28	22	
Debitoren	15	18	22	
Vorräte	20	16	20	
Passiva:				
Kreditoren	33	36	35	

8. Zur Ermittlung der Rendite von Unternehmen B im Jahr X nach dem vereinfachten und effizienten Ansatz sind folgende Schritte durchzuführen:

- **Schritte 1 und 2 –** Wie Tabelle c zu entnehmen ist, fällt Unternehmen B in die Branchengruppe 3 und die Faktorintensitätsstufe [D]. Die in den Fußnoten 5 und 31 der Handreichung erwähnte Kappungsgrenze von 90 Tagen für das Lieferantenziel kommt nicht zum Tragen.

c) Betriebskapital, Nettobetriebsvermögen, Nettobetriebsvermögensintensität (OAS) und Betriebskostenintensität (OES)

	Jahr*X-3*	**Jahr***X-2*	**Jahr***X-1*	**Gewichteter Dreijahres-durchschnitt**
Betriebskapital	**2**	**2.**	**7**	**-**
Nettobetriebsvermögen	**28**	**26**	**29**	**-**
OAS (%)	**-**	**-**	**-**	**13,86 %**
OES (%)	**-**	**-**	**-**	**16,03 %**

- **Schritte 3 bis 5 –** Der Preisbestimmungsmatrix in Abschnitt 5.1 zufolge sollte die Rendite von Unternehmen B im Jahr X bei 3 % (+/- 0,5 %) liegen. Aus dem in Abschnitt 5.2 beschriebenen Betriebskostenabgleich ergibt sich kein Anpassungsbedarf, da die gleichwertige Betriebskostenrendite (16,67 %) innerhalb der Bandbreite für Betriebskosten (10 % bis 40 %) liegt, und der in Abschnitt 5.3 beschriebene Datenverfügbarkeitsmechanismus kommt nicht zum Tragen, da Staat B kein qualifizierter Staat ist.

9. Die nachstehende Tabelle veranschaulicht die Berechnung der operativen Marge des untersuchten Unternehmens nach dem vereinfachten und effizienten Ansatz.

Jahr X			
		GuV *(vor Berechnung gemäß Abschnitt 5)*	**GuV** *(nach Berechnung gemäß Abschnitt 5)*
(a)	(a)	(a)	(a)
(b)	b)	b)	(b)
(c)= (a) + (b)	Bruttogewinn	44	42,00
(d)	Betriebskosten	(36)	(36)
(e)= (c) + (d)	Ergebnis vor Zinsen und Steuern (EBIT)	8	6
(f)= (e)/ (a)	*Umsatzrendite (%)*	*4,00 %*	
(g)= (e)/ (d)	*Betriebskostenrendite*	*22,22 %*	
(h)	*Umsatzrendite (%) nach Abschnitt 5.1*		*3,00 %*
(i)= (a) x (h)	*EBIT nach Abschnitt 5.1*		*6,00*
(j)= (i)/ (d)	*gleichwertige Betriebskosten-rendite*		*16,67 %*

Beispiel 3 – Anwendung des Datenverfügbarkeitsmechanismus bei qualifizierten Staaten

10. Der Sachverhalt entspricht dem in Beispiel 2 mit den Unterschied, dass Staat B ein qualifizierter Staat im Sinne der Abschnitte 5.2 (Betriebskostenabgleich) und 5.3 (Datenverfügbarkeitsmechanismus) ist und im betreffenden Wirtschaftsjahr über ein Länderrating von BB- verfügt.

11. Wie in Beispiel 2 ergibt sich aus dem in Abschnitt 5.2 beschriebenen Betriebskostenabgleich kein Anpassungsbedarf, da die gleichwertige Betriebskostenrendite (16,67 %) innerhalb der Bandbreite für Betriebskosten (10 % bis 45 %) liegt.

12. Gemäß dem Datenverfügbarkeitsmechanismus würde Unternehmen B eine anhand der folgenden Formel berechnete angepasste Rendite erzielen:

$$\text{angepasste Umsatzrendite} = ROS^{TP} + (NRA^{J} \times OAS^{TP})$$

13. ROS^{TP} beträgt 3 % (nach Abschnitt 5.1 bzw. 5.2 berechnete Umsatzrendite des untersuchten Unternehmens in Prozent), NRA^{J} beträgt 1,8 % (Nettorisikoanpassung bei einem Staat mit dem Länderrating BB-), und OAS^{TP} beträgt 13,86 %[77] (Nettobetriebsvermögensintensität von Unternehmen B auf Basis des gewichteten Durchschnitts der Jahre X-3 bis X-1). Die angepasste Umsatzrendite von Unternehmen B nach Anwendung des Datenverfügbarkeitsmechanismus ist der nachstehenden Tabelle zu entnehmen.

	Jahr X	
(a)	Umsatzrendite (%) nach Abschnitt 5.1	3 %
(b)	Nettorisikoanpassung (%)	1,80 %
(c)	OAS (%)	13,86 %
(d)= (a) + ((b) x (c))	**angepasste Umsatzrendite (%) nach Abschnitt 5.3**	**3,25 %**

Beispiel 4 – Überschreitung der Obergrenze für Betriebskosten

14. Der Sachverhalt entspricht dem in Beispiel 2 mit dem Unterschied, dass sich die Zahlen der Gewinn- und Verlustrechnung in den Jahren X-3 bis X sowie die auf Durchschnittsbasis berechneten Bilanzposten in den Jahren X-3 bis X-1 von Unternehmen B wie folgt geändert haben und der multinationale Konzern Unterhaltungselektronik herstellt und verkauft:

a) Gewinn- und Verlustrechnung von Unternehmen B in den Jahren X-3 bis X

		Jahr*X-3*	**Jahr***X-2*	**Jahr***X-1*	**Jahr***X*
a)	Umsatz	199	195	205	200
(b)	Wareneinsatz	(181)	(178)	(187)	(182)
(c)= (a) + (b)	Bruttogewinn	18	17	18	18
(d)	Betriebskosten	(11)	(11)	(11)	(10)
(e)= (c) +(d)	Ergebnis vor Zinsen und Steuern (EBIT)	7	6	7	8
(f) = (e)/ (a)	*Umsatzrendite (%)*	*3,52 %*	*3,08 %*	*3,41 %*	*4,00 %*
(g) = (e)/ (d)	*Betriebskostenrendite*	*63,64 %*	*54,55 %*	*63,64 %*	*80,00 %*

b) Bilanzposten von Unternehmen B auf Durchschnittsbasis für die Jahre X-3 bis X-1

	Jahr*X-3*	**Jahr***X-2*	**Jahr***X-1*	**Jahr***X*
Aktiva:				
Anlagevermögen	48	42	45	
Debitoren	31	37	33	
Vorräte	20	16	20	
Passiva:				
Kreditoren	33	36	35	

15. Zur Ermittlung der Rendite von Unternehmen B im Jahr X nach dem vereinfachten und effizienten Ansatz sind folgende Schritte durchzuführen:

- **Schritte 1 und 2 –** Wie Tabelle c zu entnehmen ist, fällt Unternehmen B in die Branchengruppe 2 und die Faktorintensitätsstufe [B]. Die in den Fußnoten 5 und 31 der Handreichung erwähnte Kappungsgrenze von 90 Tagen für das Lieferantenziel kommt nicht zum Tragen.

77 Die Kappungsgrenze von 85 % für die Nettobetriebsvermögensintensität nach Abschnitt 5.3 wird nicht überschritten.

c) Betriebskapital, Nettobetriebsvermögen, Nettobetriebsvermögensintensität (OAS) und Betriebskostenintensität (OES)

	Jahr*X-3*	**Jahr***X-2*	**Jahr***X-1*	**Gewichteter Dreijahres-durchschnitt**
Betriebskapital	**18**	**17**	**18**	-
Nettobetriebsvermögen	**66**	**59**	**63**	-
OAS (%)	-	-	-	**31,39 %**
OES (%)	-	-	-	**5,51 %**

- **Schritt 3 –** Der Preisbestimmungsmatrix in Abschnitt 5.1 zufolge sollte die Rendite von Unternehmen B im Jahr X bei 3,75 % (+/- 0,5 %) liegen.
- **Schritt 4** – Aus dem in Abschnitt 5.2 beschriebenen Betriebskostenabgleich ergibt sich ein Anpassungsbedarf, da die gleichwertige Betriebskostenrendite (75,00 %) außerhalb der Bandbreite für Betriebskosten (10 % bis 60 %) liegt. Da die gleichwertige Betriebskostenrendite die Obergrenze für Betriebskosten überschreitet, wird die Umsatzrendite von Unternehmen B nach unten korrigiert, bis die gleichwertige Betriebskostenrendite der Obergrenze entspricht. Die Umsatzrendite nach der Anpassung beträgt 3,00 %.
- **Schritt 5** – Der in Abschnitt 5.3 beschriebene Datenverfügbarkeitsmechanismus kommt nicht zum Tragen, da Staat B kein qualifizierter Staat ist.

16. Die nachstehende Tabelle veranschaulicht die Berechnung der operativen Marge des untersuchten Unternehmens nach dem vereinfachten und effizienten Ansatz.

		Jahr X		
		GuV *(vor Berechnung gemäß Abschnitt 5)*	**GuV** *(nach Berechnung gemäß Abschnitt 5.1)*	**GuV** *(nach Berechnung gemäß Abschnitt 5.2)*
(a)	Umsatz	200	200	200
(b)	Wareneinsatz	(182)	(182.5)	(184)
(c)= (a) + (b)	Bruttogewinn	18	17,5	16
(d)	Betriebskosten	(10)	(10)	(10)
(e)= (c) + (d)	Ergebnis vor Zinsen und Steuern (EBIT)	8	7,5	6
(f)= (e)/ (a)	**Umsatzrendite (%)**	**4,00 %**		
(g)= (e)/ (d)	**Betriebskosten-rendite**	**80,00 %**		
(h)	**Umsatzrendite (%) nach Abschnitt 5.1**		**3,75 %**	
(i)= (a) x (h)	**EBIT nach A bschnitt 5.1**		**7,5**	
(j)= (i)/ (d)	**gleichwertige Betriebskostenrendite**		**75,00 %**	
(k)= (d) x 60 %	**angepasstes EBIT nach Abschnitt 5.2**			**6**
(l)= (k)/ (a)	**angepasste Umsatzrendite (%) nach Abschnitt 5.2**			**3,00 %**

Beispiel 5 – Durchführung des Betriebskostenabgleichs und Anwendung des Datenverfügbarkeitsmechanismus

17. Der Sachverhalt entspricht dem in Beispiel 4 mit dem Unterschied, dass Staat B ein qualifizierter Staat im Sinne der Abschnitte 5.2 (Betriebskostenabgleich) und 5.3 (Datenverfügbarkeitsmechanismus) ist und im betreffenden Wirtschaftsjahr über ein Länderrating von B- verfügt.

18. Wie in Beispiel 4 ergibt sich aus dem in Abschnitt 5.2 beschriebenen Betriebskostenabgleich ein Anpassungsbedarf, da die gleichwertige Betriebskostenrendite (75,00 %) außerhalb der Bandbreite für Betriebskosten (10 % bis 70 %) liegt. Da die gleichwertige Betriebskostenrendite die Obergrenze für Betriebskosten überschreitet, wird die Umsatzrendite von Unternehmen B nach unten korrigiert, bis die gleichwertige Betriebskostenrendite der Obergrenze entspricht. Die Umsatzrendite nach der Anpassung beträgt 3,50 %.

19. Gemäß dem Datenverfügbarkeitsmechanismus würde Unternehmen B eine anhand der folgenden Formel berechnete angepasste Rendite erzielen:

angepasste Umsatzrendite = $ROS^{TP} + (NRA^{J} \times OAS^{TP})$

20. ROS^{TP} beträgt 3,50 % (Umsatzrendite nach Anpassung gemäß Abschnitt 5.2), NRA^{J} beträgt 4,9 % (Nettorisikoanpassung bei einem Staat mit dem Länderrating B-), und OAS^{TP} beträgt 31,39 %[78] (Nettobetriebsvermögensintensität von Unternehmen B auf Basis des gewichteten Durchschnitts der Jahre X-3 bis X-1). Die angepasste Umsatzrendite von Unternehmen B nach Anwendung des Datenverfügbarkeitsmechanismus ist der nachstehenden Tabelle zu entnehmen.

	Jahr X	
(a)	Umsatzrendite (%) nach Abschnitten 5.1 und 5.2	3,50 %
(b)	Nettorisikoanpassung (%)	4,90 %
(c)	OAS (%)	31,39 %
(d)= (a) + ((b) x (c))	**angepasste Umsatzrendite (%) nach Abschnitt 5.3**	**5,04 %**

Beispiel 6 – Überschreitung der Kappungsgrenze für das Lieferantenziel

21. Der Sachverhalt entspricht dem in Beispiel 4 mit dem Unterschied, dass sich die Zahlen der Gewinn- und Verlustrechnung sowie die auf Durchschnittsbasis berechneten Bilanzposten von Unternehmen B in den Jahren X-3 bis X-1 wie folgt geändert haben und die in den Fußnoten 5 und 31 der Handreichung erwähnte Kappungsgrenze von 90 Tagen für das Lieferantenziel überschritten wird.

a) Gewinn- und Verlustrechnung von Unternehmen B in den Jahren X-3 bis X

		Jahr *X-3*	**Jahr** *X-2*	**Jahr** *X-1*	**Jahr** *X*
(a)	Umsatz	199	185	195	200
(b)	Wareneinsatz	(181)	(168)	(177)	(182)
(c)= (a) + (b)	Bruttogewinn	18	17	18	18
(d)	Betriebskosten	(11)	(11)	(11)	(10)
(e)= (c) +(d)	Ergebnis vor Zinsen und Steuern (EBIT)	7	6	7	8
(f) = (e)/ (a)	*Umsatzrendite (%)*	*3,52 %*	*3,24 %*	*3,59 %*	*4,00 %*

78 Die Kappungsgrenze von 85 % für die Nettobetriebsvermögensintensität nach Abschnitt 5.3 wird nicht überschritten.

b) Bilanzposten von Unternehmen B auf Durchschnittsbasis für die Jahre X-3 bis X1

	Jahr *X-3*	Jahr *X-2*	Jahr *X-1*	Jahr *X*
Aktiva:				
Anlagevermögen	48	42	45	
Debitoren	31	39	39	
Vorräte	36	28	20	
Passiva:				
Kreditoren	65	65	55	

22. Zur Ermittlung der Rendite von Unternehmen B im Jahr X nach dem vereinfachten und effizienten Ansatz sind folgende Schritte durchzuführen:

- **Schritt 1** – Unternehmen B fällt in Gruppe 2 der in den Begriffsbestimmungen dieser Handreichung aufgeführten Branchengruppen.
- **Schritt 2** – Wie Tabelle e zu entnehmen ist, fällt Unternehmen B in die Faktorintensitätsstufe [B]. Da die in den Fußnoten 5 und 31 der Handreichung erwähnte Kappungsgrenze von 90 Tagen für das Lieferantenziel zum Tragen kommt und die Kreditoren angepasst werden, sind das Betriebskapital und die Nettobetriebsvermögensintensität (OAS) anhand der angepassten Kreditoren zu berechnen.

c) Anpassungen aufgrund der Kappungsgrenze für das Lieferantenziel

		Jahr *X-3*	Jahr *X-2*	Jahr *X-1*	Jahr *X*
(a)	Kreditoren	65	65	55	
(b)	Wareneinsatz	181	168	177	
(c)= (a)/ (b)	**Verhältnis Kreditoren/Wareneinsatz**	**0,36**	**0,39**	**0,31**	
(d)= (c) x 365	**Lieferantenziel (in Tagen)**	**131,08**	**141,22**	**113,42**	
(e)	**Grenzwert von 90 Tagen eingehalten**	**Nein**	**Nein**	**Nein**	
(f)= [(b)/ 365] x 90	**angepasste Kreditoren**	**44,63**	**41,42**	**43,64**	
(g)= (f)/ (b)	**angepasstes Verhältnis Kreditoren/ Wareneinsatz**	**0,25**	**0,25**	**0,25**	
(h)= (g) x 365	**angepasstes Lieferantenziel**	**90 Tage**	**90 Tage**	**90 Tage**	

d) Angepasste Bilanzposten von Unternehmen B auf Durchschnittsbasis infolge der Kappungsgrenze für das Lieferantenziel

	Jahr *X-3*	Jahr *X-2*	Jahr *X-1*	Jahr *X*
Aktiva:				
Anlagevermögen	48	42	45	
Debitoren	31	39	39	
Vorräte	36	28	20	
Passiva:				
Kreditoren	44,63	41,42	43,64	

e) Betriebskapital und Nettobetriebsvermögen, OAS (%) und OES (%)

	Jahr *X-3*	**Jahr** *X-2*	**Jahr** *X-1*	**Gewichteter Dreijahres-durchschnitt**
Betriebskapital mit angepassten Kreditoren	**22,37**	**25,58**	**15,36**	-
Nettobetriebsvermögen mit angepassten Kreditoren	**70,37**	**67,58**	**60,36**	-
nicht angepasste OAS (%)	-	-	-	**24,70 %**
angepasste OAS (%)	-	-	-	**34,25 %**
OES (%)	-	-	-	**5,70 %**

- **Schritt 3** – Der Preisbestimmungsmatrix in Abschnitt 5.1 zufolge sollte die Rendite von Unternehmen B im Jahr X bei 3,75 % (+/- 0,5 %) liegen.
- **Schritt 4** – Aus dem in Abschnitt 5.2 beschriebenen Betriebskostenabgleich ergibt sich ein Anpassungsbedarf, da die gleichwertige Betriebskostenrendite (75,00 %) außerhalb der Bandbreite für Betriebskosten (10 % bis 60 %) liegt. Da die gleichwertige Betriebskostenrendite die Obergrenze für Betriebskosten überschreitet, wird die Umsatzrendite von Unternehmen B nach unten korrigiert, bis die gleichwertige Betriebskostenrendite der Obergrenze entspricht. Die Umsatzrendite nach der Anpassung beträgt 3,0 %.
- **Schritt 5** – Der in Abschnitt 5.3 beschriebene Datenverfügbarkeitsmechanismus kommt nicht zum Tragen, da Staat B kein qualifizierter Staat ist.

Die nachstehende Tabelle veranschaulicht die Berechnung der operativen Marge des untersuchten Unternehmens nach dem vereinfachten und effizienten Ansatz.

		Jahr X		
		GuV *(vor Berechnung gemäß Abschnitt 5)*	**GuV** *(nach Berechnung gemäß Abschnitt 5.1)*	**GuV** *(nach Berechnung gemäß Abschnitt 5.2)*
(a)	Umsatz	200	200	200
(b)	Wareneinsatz	(182)	(182.5)	(184)
(c)= (a) + (b)	Bruttogewinn	18	17,5	16
(d)	Betriebskosten	(10)	(10)	(10)
(e)= (c) + (d)	Ergebnis vor Zinsen und Steuern (EBIT)	8	7,5	6
(f)= (e)/ (a)	**Umsatzrendite (%)**	4,0 %		
(g)= (e)/ (d)	**Betriebskosten-rendite**	80,00 %		
(h)	**Umsatzrendite (%) nach Abschnitt 5.1**		3,75 %	
(i)= (a) x (h)	**EBIT nach Abschnitt 5.1**		7,5	
(j)= (i)/ (d)	**gleichwertige Betriebskostenrendite**		75,00 %	

(k)= (d) x 60 %	**angepasstes EBIT nach Abschnitt 5.2**		6
(l)= (k)/ (a)	**angepasste Umsatzrendite (%) nach Abschnitt 5.2**		3,00 %

Beispiel 7 – Mehrere Branchengruppen bei Überschreitung des Schwellenwerts von 20 % des Umsatzes

23. Der Sachverhalt entspricht dem in Beispiel 1 mit dem Unterschied, dass der multinationale Konzern sowohl Haushaltswaren als auch Elektrobauteile und -zubehör herstellt und verkauft und Unternehmen B im Jahr X 60 % des Umsatzes mit dem Verkauf von Haushaltswaren und 40 % des Umsatzes mit dem Verkauf von Elektrobauteilen und -zubehör erzielt.

24. Da Unternehmen B Waren verkauft, die in mehr als eine Branchengruppe fallen (Haushaltswaren in Branchengruppe 1 und Elektrobauteile und -zubehör in Branchengruppe 2), und der Schwellenwert von 20 % des Umsatzes bei beiden Branchengruppen überschritten wird, ist wie in der folgenden Tabelle dargestellt eine gewichtete Durchschnittsrendite zu berechnen.

Auszug aus der Gewinn- und Verlustrechnung von Unternehmen B im Jahr X

Gewinn- und Verlustrechnung nach Geschäftsbereichen im Jahr X			
	Gesamt	*Branchengruppe 1 Stufe [C]*	*Branchengruppe 2 Stufe [C]*
Umsatz	200	120	80
Anteil am Gesamtumsatz		*60 %*	*40 %*
Umsatzrendite (%) nach Abschnitt 5.1	*(60 % x 2,50 %) + (40 % x 3,00 %)= 2,70 % (+/- 0,5 %)*		

Beispiel 8 – Mehrere Branchengruppen bei Nichterreichen des Schwellenwerts von 20 % des Umsatzes

25. Der Sachverhalt entspricht dem in Beispiel 7 mit dem Unterschied, dass Unternehmen B im Jahr X 93 % des Umsatzes mit dem Verkauf von Haushaltswaren und 7 % des Umsatzes mit dem Verkauf von Elektrobauteilen und -zubehör erzielt.

26. Obwohl Unternehmen B Waren verkauft, die in mehr als eine Branchengruppe fallen (Haushaltswaren in Branchengruppe 1 und Elektrobauteile und -zubehör in Branchengruppe 2), muss keine gewichtete Durchschnittsrendite berechnet werden, da der Schwellenwert von 20 % des Umsatzes bei der Branchengruppe 2 nicht erreicht wird.

Auszug aus der Gewinn- und Verlustrechnung von Unternehmen B im Jahr X

Gewinn- und Verlustrechnung nach Geschäftsbereichen im Jahr X			
	Gesamt	*Branchengruppe 1 Stufe [C]*	*Branchengruppe 2 Stufe [C]*
Umsatz	200	186	14
Anteil am Gesamtumsatz		*93 %*	*7 %*
Umsatzrendite (%) nach Abschnitt 5.1	100 % x 2,50 % = 2,50 % (+/- 0,5 %)		

Erklärung über die Begriffsbestimmungen des Ausdrucks „qualifizierter Staat“ im Sinne von Abschnitt 5.2 bzw. Abschnitt 5.3 des vereinfachten und effizienten Ansatzes

Inhaltsverzeichnis

1. Einleitung

1. Der Bericht zu Amount B, der einen vereinfachten und effizienten Ansatz für grundlegende Marketing- und Vertriebstätigkeiten vorsieht, wurde am 19. Februar 2024 vom Inclusive Framework angenommen und veröffentlicht sowie als Anhang zu Kapitel IV in die OECD-Verrechnungspreisleitlinien aufgenommen.

2. Zum Zeitpunkt der Veröffentlichung des Berichts war die Arbeit an einigen administrativen Aspekten der Handreichung, u. a. den Begriffsbestimmungen des Ausdrucks „qualifizierter Staat“ im Sinne des Abschnitts 5.2 bzw. 5.3, noch nicht abgeschlossen.

2. Begriffsbestimmung des Ausdrucks „qualifizierter Staat“ für Abschnitt 5.2 (Betriebskostenabgleich)

3. Im Rahmen des vereinfachten und effizienten Ansatzes erfolgt ein Betriebskostenabgleich mittels einer Sicherheitsspanne, innerhalb derer die Umsatzrendite als primärer Nettogewinnindikator angewendet wird. Dieser Mechanismus sieht Standardobergrenzen und alternative Obergrenzen vor, wobei Letztere für in einem qualifizierten Staat gelegene untersuchte Unternehmen gelten.

4. Analysen deuten darauf hin, dass der Betriebskostenabgleich bei Vertriebsunternehmen in Staaten mit niedrigerem Einkommen möglicherweise häufiger zu Anpassungen führen wird als bei Vertriebsunternehmen in Staaten mit höherem Einkommen. Nach Auffassung einiger IF-Mitglieder ist dieses Ergebnis unangemessen und ungerecht, aus Sicht anderer IF-Mitglieder stellt es dagegen ein wirtschaftlich sachgerechtes Resultat des Betriebskostenabgleichs dar. Um beiden Standpunkten Rechnung zu tragen, wurde als Kompromiss eine zweite Kategorie mit höheren Obergrenzen für Betriebskosten eingeführt, die in Fällen mit Beteiligung „qualifizierter Staaten“ gelten.

5. Von einigen IF-Mitgliedern wurde der Kompromiss mit dem Argument akzeptiert, dass häufigere Anpassungen infolge des Betriebskostenabgleichs bedeuten würden, dass die Sicherheitsspanne ungerechterweise auf Grundlage der Betriebskosten konzipiert wurde, wohingegen er von anderen IF-Mitgliedern mit dem Argument akzeptiert wurde, dass Staaten mit geringen Kapazitäten durch häufigere Anpassungen ein höherer Aufwand bei der Anwendung der Sicherheitsspanne entstehen würde. Vor diesem Hintergrund wurde in die Begriffsbestimmung die Regelung aufgenommen, dass keine Rückschlüsse gezogen werden dürfen, d. h. dass die Festlegung alternativer Obergrenzen für die Sicherheitsspanne nicht so auszulegen ist, als würde der Betriebskostenabgleich (ohne die alternativen Obergrenzen) auf Staaten mit niedrigerem Einkommen entweder aufgrund der niedrigeren Betriebskosten in diesen Staaten im Vergleich zu Staaten mit höherem Einkommen oder aufgrund der geringeren Kapazitäten in diesen Staaten im Vergleich zu Staaten mit höherem Einkommen in sachgerechter oder unsachgerechter Weise Anwendung finden.

6. Beide Gruppen von IF-Mitgliedern waren sich jedoch einig, dass der Ausdruck „qualifizierter Staat" nicht anhand des Kriteriums geringer Kapazitäten zu definieren ist.

Die als Platzhalter dienende bisherige Begriffsbestimmung im Abschnitt „Begriffsbestimmungen" der Handreichung im Anhang zu Kapitel IV der OECD-Verrechnungspreisleitlinien soll durch folgenden Wortlaut ersetzt werden:

„Qualifizierte(r) Staat(en) im Sinne von Abschnitt 5.2 steht für Staaten, die der aktuellsten einkommensbezogenen Länderklassifizierung der Weltbankgruppe zufolge als Staaten mit niedrigem Einkommen, mittlerem Einkommen im unteren Bereich oder mittlerem Einkommen im oberen Bereich eingestuft werden. Die Liste der qualifizierten Staaten im Sinne von Abschnitt 5.2 wird mit Wirkung für die Zukunft festgelegt, auf der OECD-Website veröffentlicht und alle 5 Jahre aktualisiert. Im Einklang mit Ziffer 43 dieser Handreichung dürfen aus der Aufnahme alternativer Obergrenzen für qualifizierte Staaten im Sinne des Betriebskostenabgleichs sowie aus der Aufnahme (bzw. Nichtaufnahme) eines Staates in die Liste keine Rückschlüsse gezogen werden."

Liste der qualifizierten Staaten im Sinne von Abschnitt 5.2 (Betriebskostenabgleich) – Juni 2024

- Afghanistan
- Albanien
- Algerien
- Angola
- Argentinien
- Armenien
- Aserbaidschan
- Bangladesch
- Belarus
- Belize
- Benin
- Bhutan
- Bolivien
- Bosnien und Herzegowina
- Botsuana
- Brasilien
- Bulgarien
- Burkina Faso
- Burundi
- Cabo Verde
- Kambodscha
- Kamerun
- Zentralafrikanische Republik
- Tschad
- China
- Kolumbien
- Komoren
- Kongo
- Costa Rica
- Côte d'Ivoire
- Kuba
- Demokratische Republik Kongo

- Dschibuti
- Dominica
- Dominikanische Republik
- Ecuador
- Ägypten
- El Salvador
- Äquatorialguinea
- Eritrea
- Eswatini
- Äthiopien
- Fidschi
- Gabun
- Gambia
- Georgien
- Ghana
- Grenada
- Guatemala
- Guinea
- Guinea-Bissau
- Haiti
- Honduras
- Indien
- Indonesien
- Irak
- Jamaika
- Jordanien
- Kasachstan
- Kenia
- Kiribati
- Kosovo
- Kirgisistan
- Demokratische Volksrepublik Laos
- Libanon
- Lesotho
- Liberia
- Libyen
- Madagaskar
- Malawi
- Malaysia
- Malediven
- Mali
- Marshallinseln
- Mauretanien
- Mauritius
- Mexiko

- Mikronesien
- Republik Moldau
- Mongolei
- Montenegro
- Marokko
- Mosambik
- Myanmar
- Namibia
- Nepal
- Nicaragua
- Niger
- Nigeria
- Nordmazedonien
- Pakistan
- Palau
- Papua-Neuguinea
- Paraguay
- Peru
- Philippinen
- Ruanda
- St. Lucia
- St. Vincent und die Grenadinen
- Samoa
- São Tomé und Príncipe
- Senegal
- Serbien
- Sierra Leone
- Salomonen
- Somalia
- Südafrika
- Südsudan
- Sri Lanka
- Sudan
- Suriname
- Arabische Republik Syrien
- Tadschikistan
- Tansania
- Thailand
- Timor-Leste
- Togo
- Tonga
- Tunesien
- Türkei
- Turkmenistan
- Tuvalu

- Uganda
- Ukraine
- Usbekistan
- Vanuatu
- Venezuela
- Vietnam
- Westjordanland und Gazastreifen
- Sambia
- Simbabwe

Mit der Liste der qualifizierten Staaten wird weder impliziert, dass die vorstehend genannten Staaten zur Einführung des vereinfachten und effizienten Ansatzes verpflichtet sind, noch, dass sie ihn einführen werden.

3. Begriffsbestimmung des Ausdrucks „qualifizierter Staat" für Abschnitt 5.3 (Datenverfügbarkeitsmechanismus)

7. Im Rahmen des Datenverfügbarkeitsmechanismus werden die aus der Preisbestimmungsmatrix abgeleiteten Renditen unter bestimmten Umständen nach oben korrigiert. Der Mechanismus soll den Fällen Rechnung tragen, in denen der globale Datensatz zu einem Staat eines konkreten untersuchten Unternehmens keine oder nur unzureichende Daten enthält, anhand derer sich die Eignung der Amount-B-Preisbestimmungsmatrix prüfen lässt, und in denen gleichzeitig hinreichende Anhaltspunkte dafür vorliegen, dass der betreffende Staat als „Staat mit erhöhtem Risiko" gelten kann. Die Feststellung, ob es sich um einen „Staat mit erhöhtem Risiko" handelt, und die Quantifizierung der im Rahmen des Mechanismus vorzunehmenden Anpassung erfolgen anhand von Länderratings.

Die als Platzhalter dienende bisherige Begriffsbestimmung im Abschnitt „Begriffsbestimmungen" der Handreichung im Anhang zu Kapitel IV der OECD-Verrechnungspreisleitlinien soll durch folgenden Wortlaut ersetzt werden:

„Qualifizierte(r) Staat(en) im Sinne von Abschnitt 5.3 steht für Staaten[79] mit i) einem öffentlich abrufbaren langfristigen Länderrating[80] einer anerkannten unabhängigen Ratingagentur von BBB+ (bzw. einem gleichwertigen Rating) oder niedriger und ii) weniger als 5 Vergleichswerten im globalen Datensatz. Die Liste der qualifizierten Staaten im Sinne von Abschnitt 5.3 wird mit Wirkung für die Zukunft festgelegt, auf der OECD-Website veröffentlicht und alle 5 Jahre aktualisiert. Im Einklang mit Ziffer 43 dieser Handreichung dürfen aus der Aufnahme bzw. Nichtaufnahme eines Staates in die Liste der qualifizierten Staaten keine Rückschlüsse gezogen werden, die über ihre Relevanz für den Mechanismus nach Abschnitt 5.3 des vereinfachten und effizienten Ansatzes hinausgehen."

Liste der qualifizierten Staaten im Sinne von Abschnitt 5.3 (Datenverfügbarkeitsmechanismus) – Juni 2024

- Afghanistan
- Albanien
- Algerien
- Andorra
- Angola

79 Mit Ausnahme von EU-Mitgliedstaaten.

80 Staaten mit weniger als 5 Vergleichswerten im globalen Datensatz, zu denen kein langfristiges Länderrating einer anerkannten unabhängigen Ratingagentur vorliegt, gelten dennoch als qualifizierte Staaten, wenn sie der einkommensbezogenen Länderklassifizierung der Weltbankgruppe zufolge als Staaten mit niedrigem Einkommen, mittlerem Einkommen im unteren Bereich oder mittlerem Einkommen im oberen Bereich eingestuft werden.

- Argentinien
- Armenien
- Aserbaidschan
- Bahrain
- Bangladesch
- Barbados
- Belarus
- Belize
- Benin
- Bhutan
- Bolivien
- Botsuana
- Brasilien
- Burkina Faso
- Burundi
- Cabo Verde
- Kambodscha
- Kamerun
- Zentralafrikanische Republik
- Tschad
- Komoren
- Kongo
- Cookinseln
- Costa Rica
- Côte d'Ivoire
- Kuba
- Curaçao
- Demokratische Republik Kongo
- Dschibuti
- Dominica
- Dominikanische Republik
- Ecuador
- Ägypten
- El Salvador
- Äquatorialguinea
- Eritrea
- Eswatini
- Äthiopien
- Fidschi
- Gabun
- Gambia
- Georgien
- Ghana
- Grenada
- Guatemala

- Guinea
- Guinea-Bissau
- Haiti
- Honduras
- Indonesien
- Irak
- Jamaika
- Jordanien
- Kasachstan
- Kenia
- Kiribati
- Kosovo
- Kirgisistan
- Demokratische Volksrepublik Laos
- Libanon
- Lesotho
- Liberia
- Libyen
- Madagaskar
- Malawi
- Malaysia
- Malediven
- Mali
- Marshallinseln
- Mauretanien
- Mauritius
- Mexiko
- Mikronesien
- Republik Moldau
- Mongolei
- Montenegro
- Montserrat
- Marokko
- Mosambik
- Myanmar
- Namibia
- Nepal
- Nicaragua
- Niger
- Nigeria
- Nordmazedonien
- Oman
- Pakistan
- Palau
- Panama

- Papua-Neuguinea
- Paraguay
- Peru
- Philippinen
- Ruanda
- St. Lucia
- St. Vincent und die Grenadinen
- Samoa
- San Marino
- São Tomé und Príncipe
- Seychellen
- Sierra Leone
- Salomonen
- Somalia
- Südafrika
- Südsudan
- Sri Lanka
- Sudan
- Suriname
- Arabische Republik Syrien
- Tadschikistan
- Tansania
- Timor-Leste
- Togo
- Tonga
- Trinidad und Tobago
- Tunesien
- Turkmenistan
- Turks- und Caicosinseln
- Tuvalu
- Uruguay
- Usbekistan
- Vanuatu
- Venezuela
- Westjordanland und Gazastreifen
- Jemen
- Simbabwe

Mit der Liste der qualifizierten Staaten wird weder impliziert, dass die vorstehend genannten Staaten zur Einführung des vereinfachten und effizienten Ansatzes verpflichtet sind, noch, dass sie ihn einführen werden.

Anlage 5 Erklärung über die Begriffsbestimmung des Ausdrucks „er-fasster Staat" für die Zwecke der politischen Verpflichtung des Inclusive Framework zu Amount B

Inhaltsverzeichnis

1. Einleitung

1. Der Bericht zu Amount B, der einen vereinfachten und effizienten Ansatz für grundlegende Marketing- und Vertriebstätigkeiten vorsieht, wurde am 19. Februar 2024 vom Inclusive Framework (IF) angenommen und veröffentlicht sowie als Anhang zu Kapitel IV in die OECD-Verrechnungspreisleitlinien aufgenommen.

2. Zum Zeitpunkt der Veröffentlichung des Berichts war die Arbeit an einigen administrativen Aspekten der Handreichung, u. a. den Begriffsbestimmungen des Ausdrucks „qualifizierter Staat“ im Sinne des Abschnitts 5.2 bzw. 5.3, noch nicht abgeschlossen. Eine nachträgliche Annahme durch das Inclusive Framework erfolgte am 10. April 2024.

3. Im Bericht wurde zudem festgestellt, dass es weiterer Arbeit bedarf, um die Liste der unter die politische Verpflichtung zu Amount B fallenden Staaten festzulegen. Im Rahmen dieser politischen Verpflichtung wird anerkannt, dass sich die IF-Mitglieder vorbehaltlich ihrer innerstaatlichen Rechtsvorschriften und ihrer Verwaltungspraxis verpflichten, das anhand des vereinfachten und effizienten Ansatzes für in den Anwendungsbereich fallende Geschäftsvorfälle ermittelte Ergebnis anzuerkennen, wenn dieser Ansatz von einem erfassten Staat angewendet wird, und alle zumutbaren Schritte zu unternehmen, um eine Doppelbesteuerung zu beseitigen, die sich aus der Anwendung dieses Ansatzes durch einen solchen Staat möglicherweise ergibt, sofern zwischen den betreffenden Staaten ein wirksames bilaterales Doppelbesteuerungsabkommen besteht.

4. Somit ist die Begriffsbestimmung des Ausdrucks „erfasster Staat“ für die Zwecke der politischen Verpflichtung des Inclusive Framework die letzte noch zu klärende Frage, damit der vereinfachte und effiziente Ansatz ab dem 1. Januar 2025 umgesetzt werden kann.

2. Wichtige Hinweise

5. Es wird der neutrale Ausdruck „erfasster Staat“ verwendet, um den Eindruck zu vermeiden, dass es sich bei den von der Verpflichtung erfassten Staaten zwingend um Staaten mit geringen Kapazitäten handeln muss. Dies erfolgt aufgrund der Ausweitung der Verpflichtung auf bestimmte OECD- und G20-Mitglieder mit niedrigem oder mittlerem Einkommen. Auf dieser Grundlage und zur Klarstellung sei darauf hingewiesen, dass die vorgeschlagene Begriffsbestimmung des Ausdrucks „erfasster Staat“ nicht auf dem Kriterium geringer Kapazitäten beruht.

6. Die Kriterien umfassen eine Ausweitung der politischen Verpflichtung auf OECD- und G20-Mitgliedstaaten mit niedrigem oder mittlerem Einkommen, die bis März 2024 ihre Bereitschaft zur Anwendung von Amount B bekundet haben. Eine solche Interessensbekundung wurde von Argentinien, Brasilien, Costa Rica, Mexiko und Südafrika abgegeben.

7. Die Aufnahme zusätzlicher Länder in die Liste der von der politischen Verpflichtung des Inclusive Framework erfassten Staaten unterliegt der Genehmigung durch das Inclusive Framework.

8. Die Liste der erfassten Staaten wird alle 5 Jahre überprüft. Dabei erfolgt eine routinemäßige Überprüfung des Status dieser Staaten als Länder mit niedrigem bzw. mittlerem Einkommen anhand der aktuellsten Klassifizierung der Weltbank. Der erste 5-Jahres-Zeitraum der politischen Verpflichtung des Inclusive Framework dauert vom 1. Januar 2025 (dem frühesten Zeitpunkt, zu dem Amount B wirksam wird) bis zum 31. Dezember 2029.

9. Einige Staaten haben eine mögliche Überprüfung ihrer politischen Verpflichtung im Hinblick auf die Ausweitung auf OECD- und G20-Mitgliedsländer mit niedrigem oder mitt-

lerem Einkommen nach diesen ersten 5 Jahren angekündigt, bevor sie einer Verlängerung der Ausweitung der politischen Verpflichtung zustimmen oder sofern diese Länder das Mehrseitige Übereinkommen zur Umsetzung von Amount A der Säule 1 bis Ende 2025 nicht unterzeichnet haben.

10. Die Begriffsbestimmung des Ausdrucks „erfasster Staat" gilt nur für die Zwecke der politischen Verpflichtung des Inclusive Framework.

3. Begriffsbestimmung des Ausdrucks „erfasster Staat"

11. Folgende Kriterien sind für die Festlegung der Liste der erfassten Staaten maßgeblich:

a. IF-Staaten mit niedrigem oder mittlerem Einkommen gemäß der einkommensbezogenen Länderklassifizierung der Weltbankgruppe, ausgenommen EU-, OECD- und G20-Mitgliedstaaten.

b. Ausweitung auf IF-Staaten mit niedrigem oder mittlerem Einkommen, bei denen es sich um OECD- oder G20-Mitgliedstaaten handelt, die das erste Kriterium erfüllen und bis März 2024 gegenüber dem Inclusive Framework ihre Bereitschaft zur Anwendung von Amount B bekundet haben.

c.[81, 82]

d. Nicht dem Inclusive Framework angehörende Staaten, die das erste Kriterium erfüllen und gegenüber dem Inclusive Framework ihre Bereitschaft zur Anwendung von Amount B bekunden, werden der Liste der erfassten Staaten hinzugefügt.[83]

e. Die Liste der erfassten Staaten soll auf der OECD-Website veröffentlicht werden.

Sie wird alle 5 Jahre überprüft.[84, 85]

f. Mitglieder des Inclusive Framework können ihre politische Verpflichtung bilateral auf jeden anderen Staat ausweiten, der dem Inclusive Framework angehört bzw. nicht angehört.

Liste der von der politischen Verpflichtung des Inclusive Framework zu Amount B erfassten Staaten – Juni 2024

- Albanien
- Angola
- Argentinien
- Armenien
- Aserbaidschan
- Belarus
- Belize

81 Eine solche Interessensbekundung gegenüber dem Inclusive Framework wurde von Argentinien, Brasilien, Costa Rica, Mexiko und Südafrika abgegeben.

82 Einige Staaten haben eine mögliche Überprüfung ihrer politischen Verpflichtung im Hinblick auf die Ausweitung auf OECD- und G20-Mitgliedsländer mit niedrigem oder mittlerem Einkommen nach diesen ersten 5 Jahren angekündigt, bevor sie einer Verlängerung der Ausweitung der politischen Verpflichtung zustimmen oder sofern diese Länder das Mehrseitige Übereinkommen zur Umsetzung von Amount A der Säule 1 bis Ende 2025 nicht unterzeichnet haben.

83 Auf Antrag und nach Genehmigung durch das Inclusive Framework.

84 Die Aufnahme zusätzlicher Länder in die Liste der erfassten Staaten unterliegt der Genehmigung durch das Inclusive Framework. Mitgliedern des Inclusive Framework steht es frei, ihre politische Verpflichtung nicht auf Länder auszuweiten, die der Liste der erfassten Staaten in Zukunft möglicherweise hinzugefügt werden.

85 Anmerkung der Türkei: Die Türkei hat angemerkt, dass sich ihre politische Verpflichtung nur auf erfasste Staaten erstreckt, mit denen sie bilaterale Doppelbesteuerungsabkommen geschlossen hat, die zum Zeitpunkt der Annahme dieser Begriffsbestimmung durch das Inclusive Framework in Kraft sind.

- Benin
- Bosnien und Herzegowina
- Botsuana
- Brasilien
- Burkina Faso
- Cabo Verde
- Kamerun
- Kongo
- Costa Rica
- Côte d'Ivoire
- Demokratische Republik Kongo
- Dschibuti
- Dominica
- Dominikanische Republik
- Ägypten
- Eswatini
- Fidschi
- Gabun
- Georgien
- Grenada
- Haiti
- Honduras
- Jamaika
- Jordanien
- Kasachstan
- Kenia
- Liberia
- Malaysia
- Malediven
- Mauretanien
- Mauritius
- Mexiko
- Republik Moldau
- Mongolei
- Montenegro
- Marokko
- Namibia
- Nigeria
- Nordmazedonien
- Pakistan
- Papua-Neuguinea
- Paraguay
- Peru
- Philippinen
- St. Lucia

- St. Vincent und die Grenadinen
- Samoa
- Senegal
- Serbien
- Sierra Leone
- Südafrika
- Sri Lanka
- Thailand
- Togo
- Tunesien
- Ukraine
- Usbekistan
- Vietnam
- Sambia

Mit der Liste der erfassten Staaten wird weder impliziert, dass die vorstehend genannten Staaten zur Einführung des vereinfachten und effizienten Ansatzes verpflichtet sind, noch, dass sie ihn einführen werden.